21st CENTURY
实用规划教材
21世纪全国高等院校财经管理系列实用规划教材·市场营销系列

市场营销学实用教程

（第2版）

主　编/林小兰
副主编/周　华
参　编/李晨耘
　　　　陆　森

北京大学出版社
PEKING UNIVERSITY PRESS

内容简介

本书依据工商管理类核心课程——市场营销学教学基本要求编写，从当代市场营销理论与实务发展的现状出发，以理论联系实际的编写风格，叙评相结合，案例与论证相互渗透，全面系统地介绍市场营销的基本理论、策略和方法，具有一定的前瞻性和实用性。

本书共16章，具体内容包括：市场营销概述、制定营销战略与营销计划、管理营销信息与衡量市场需求、市场营销环境、分析消费者市场和购买行为、组织市场和购买行为分析、目标市场战略、竞争性市场营销战略、产品策略、品牌策略、价格策略、渠道策略、促销策略、管理整合营销传播、市场营销学的新进展和市场营销组织、控制与审计。

本书可作为高等学校工商管理类专业本科生教材，亦可供从事营销工作的相关人员参考。

图书在版编目(CIP)数据

市场营销学实用教程/林小兰主编．—2版．—北京：北京大学出版社，2014.10

(21世纪全国高等院校财经管理系列实用规划教材·市场营销系列)

ISBN 978-7-301-24958-1

Ⅰ.①市…　Ⅱ.①林…　Ⅲ.①市场营销学—高等学校—教材　Ⅳ.①F713.50

中国版本图书馆CIP数据核字(2014)第232054号

书　　　名：市场营销学实用教程(第2版)

著作责任者：林小兰　主编

策 划 编 辑：王显超

责 任 编 辑：翟　源

标 准 书 号：ISBN 978-7-301-24958-1/F·4066

出 版 发 行：北京大学出版社

地　　　址：北京市海淀区成府路205号　100871

网　　　址：http://www.pup.cn　新浪官方微博:@北京大学出版社

电 子 信 箱：pup_6@163.com

电　　　话：邮购部62752015　发行部62750672　编辑部62750667　出版部62754962

印　刷　者：北京鑫海金澳胶印有限公司

经　销　者：新华书店

787毫米×1092毫米　16开本　25印张　588千字

2010年9月第1版

2014年10月第2版　**2016年7月第3次印刷**

定　　　价：48.00元

第 2 版前言

本书第 1 版于 2010 年 9 月面市，出版以来，受到了学术界和企业界的广泛关注。4 年来，国内、国际环境不断发生变化，营销理论发展迅速，同时，编者对市场营销学这门学科有了更深刻的认识和感悟，正因为如此，编者感到有必要对第 1 版做进一步的修订和补充。这次修订在保持教材相对稳定的基础上，基本沿用第 1 版的架构，内容则在基本不变的前提下，进行了提炼。主要修订包括以下内容。

(1) 新增“营销视野”版块。在该版块探讨了一些重要的营销主题，所选内容翔实、具有一定的现实意义和学术探讨价值，如我国关于产品标识标注规定、追逐长尾理论等内容。

(2) 新增品牌策略一章内容以及新媒体营销一节内容，包括市场开发战略、品牌战略和市场营销新发。品牌策略涉及品牌化策略、品牌归属策略、品牌统分决策、品牌延伸策略和品牌重新定位策略以及品牌资产相关内容及模型。在 Web 2.0 带来巨大革新的年代，营销思维也带来巨大改变，增加了新媒体营销，主要涉及新媒体营销渠道、方式和优势等内容。

(3) 体现教材本色。修订后的第 2 版，充分体现了市场营销学实践性强的特点，突出案例描述与讨论。全书涉及大小案例 50 多个，既有哈根达斯、GE、eBay、汇丰银行、西门子公司、福特、索尼、DELL 等国外著名跨国公司，也包括海尔、联想、中国移动等国内企业。为便于自学者阅读、领会、独立思考，每章末设有应用案例、本章小结。此外，相关指导用书、习题解答等配套教材也将陆续出版。

本书由林小兰担任主编，周华担任副主编，李晨耘担任参编。具体分工（按章节为序）是：林小兰编写第 2、3、7～13 章；李晨耘编写第 1、6、16 章；陆森编写第 4、5 章；周华编写第 14、15 章。

由于编者水平所限，书中疏漏之处在所难免，敬请广大读者批评指正。

编　者

2014 年 7 月

目　　录

第1章

市场营销概述

教学目标

重点掌握市场营销的含义及相关概念；了解市场营销学产生、发展与传播的过程；深刻理解市场营销管理哲学的内涵及演进过程。

教学要求

知识要点	能力要求	相关知识
市场营销学产生、发展与传播的过程	了解市场营销学产生、发展与传播的过程	市场营销学的形成、应用、变革与发展阶段
市场营销的含义及相关概念	(1) 掌握市场营销的含义 (2) 掌握市场营销的相关概念	需要、欲望、需求、产品、效用与价值、交换与交易、关系与网络、市场与市场营销者
市场营销管理哲学的内涵及演进过程	(1) 理解市场营销管理哲学的内涵 (2) 了解市场营销管理哲学的演进过程	生产观念、产品观念、推销观念、市场营销观念、社会营销观念

基本概念

市场；市场营销；需要；欲望；需求；交易；市场营销者；市场营销学；市场营销管理哲学

引 例

哈根达斯“奢侈品”的制胜之道

哈根达斯是1989年从欧洲起步的高档冰激凌制造商，它的价格比普通冰激凌贵5～10倍，比同类高档次产品贵30%～40%。在美国本土，哈根达斯确实和路雪是同档次的品牌，但在中国，迄今为止，没有任何品牌可与它相比。

在中国市场上，要论价格，哈根达斯毫无优势可言。一般的冰激凌球都是30元左右，“冰火情缘”火锅一般在120～160元，一种饮料60～70元不等。但它通过独特的营销策略，在中国做成了顶级冰激凌品牌，做得深入人心——甚至成为某种生活标志，哪一个小资不知道它的大名呢。高端的消费阶层固然是它的忠实顾客；中低端的消费者也被它所吸引，一旦有了闲钱，也会奢侈一把。哈根达斯硬生生地在已经成熟的冰激凌市场挖了一块地，其“奢侈品”营销手段成为业内经典案例。

定位——追求高贵的消费心态

哈根达斯最初切入上海市场的时候，认真地分析了上海消费者的心态。当时上海人认为：出入高档办公场所的公司白领和金发碧眼的老外是时尚生活的代言人。于是，哈根达斯就邀请那些人士参加特别活动，再吸引电视台、报纸的视线，争相报道，一举把“哈根达斯”定义为时尚生活的同义词。一批在哈根达斯有过“高贵时尚生活”的人成了口碑宣传，很快更多的人趋之若鹜，蜂拥而至。让消费者觉得物有所值。这种分析消费者心态、口碑宣传的手法被业内认为是哈根达斯的专长，而且极为有效，它的新店每进入一个新的城市，就如法炮制一遍，从未失手。

策略——留住核心顾客

留住消费者和赢得消费者同样重要，哈根达斯做足了水磨功夫。哈根达斯的高档消费定位使得其目标消费群体要小得多，为此，哈根达斯几乎从不大张旗鼓地做电视广告，原因是电视的覆盖面太广、太散，对于哈根达斯来说，没必要。哈根达斯的广告大部分都是平面广告，而且是在某些特定媒体上发布大幅面的广告。如此既节省了广告费，又增强了广告效果。这样就锁定了那些金字塔尖消费者，与此同时，哈根达斯还有选择地切入了其他零售渠道，以扩大自己的零售面，在上海，它挑剔地选择了五六百家超市，杀入家庭冰激凌市场。

哈根达斯为了留住消费者，采取了会员制，一位顾客消费累积500元，就可以填写一张表格，成为他们的会员。到目前为止，哈根达斯的数据库里已经有了几万名核心会员的资料。哈根达斯细心呵护每一位重点会员，其结果是在中国市场上这些消费者的品牌忠诚度之高、之久，很少有其他品牌能企及。策略包括：定期寄直邮广告，自办“酷”杂志来推销新产品；不定期举办核心消费群体的时尚PARTY，听取他们对产品的意见；针对不同的消费季节、会员的消费额和特定的产品发放折扣券延伸—增加品牌亲和力。

申奥成功的时候，哈根达斯邀请了申奥形象大使刘璇出席，举行公益活动。同时，在上海的瑞安广场和中信泰富等高档写字楼，给来来往往的行人派发卡片，卡片里就有一张印制精美的哈根达斯书签，因为这种小东西往往可以让消费者带回家中，较长久地保留下来，于是不知不觉，心中就有了这种产品品牌概念。

哈根达斯最经典的动作之一，就是给自己贴上了爱情标签，由此吸引恋人们频繁光顾。在某年的情人节，哈根达斯把店里店外布置得柔情蜜意，不但特别推出由情人分享的冰激凌产品，而且还给来此的情侣们免费拍合影照，让他们对哈根达斯从此“情有独钟”。

方式——近距离接触目标顾客

中国巨大的企业购买市场也吸引了哈根达斯的眼光。去年他们针对中秋节礼品市场，专门开发了价高质优的冰激凌月饼，向所在城市的各大公司推销，很多公司把这款月饼作为给员工的节日礼物，着实让哈根达斯猛赚了一把。

哈根达斯的销售员还专门带上新鲜的冰激凌样品跑各大公司，让那些主管当场品尝。这种近距离营销的新鲜手法也吸引了一些大客户。有一年，上海对外服务公司——与所有外企有关系的部门，一年向哈根达斯订了两万多份产品作为礼物。其实这部分销售额还是小收益，哈根达斯最大的收获就是接触到了这些目标消费群体，又一次将其品牌触角伸向了他们。

资料来源：http://www.cnki.com.cn/Article/CJFDTotal－CFZH200504033.htm

引例点评：在定位目标市场上，哈根达斯的中国之路延续了该品牌创立之初的市场策略。在很多竞争者以为中国国内的市场正陷于价格战的时候，哈根达斯凭着高超的市场敏感度和营销手段，开辟了一个高端市场确实值得学习。作为一个商业经营模式，新兴的营销方式，又一次是美国人创造的经营理念。

本章将对市场营销的内涵、市场营销学的发展与市场营销观念的演进进行具体介绍。

1.1　市场营销与市场营销学

1.1.1　市场营销的含义

1. 市场营销的定义

西方市场营销学者从不同角度及发展的观点对市场营销下了不同的定义。

有些学者从宏观角度对市场营销下定义。例如，E. J. Mccarthy 把市场营销定义为一种社会经济活动过程，其目的在于满足社会和人类需要，实现社会目标。又如，Philip Kotler 指出，“市场营销是与市场有关的人类活动。市场营销意味着和市场打交道，为了满足人类需要和欲望，去实现潜在的交换。”

有些定义是从微观角度来表述，例如，美国市场营销协会于 1960 年对市场营销下的定义是：“市场营销是引导产品或劳务从生产者流向消费者的企业营销活动。”

E. J. McCarthy 于 1960 年也对微观市场营销下了定义：“市场营销是企业经营活动的职责，它将产品及劳务从生产者直接引向消费者或使用者以便满足顾客需求及实现公司利润。”这一定义虽比美国市场营销协会的定义前进了一步，指出了满足顾客需求及实现企业盈利成为公司的经营目标，但这两种定义都说明，市场营销活动是在产品生产活动结束时开始的，中间经过一系列经营销售活动，当商品转到用户手中就结束了，因而把企业营销活动仅局限于流通领域的狭窄范围，而不是视为企业整个经营销售的全过程，即包括市场营销调研、产品开发、定价、分销广告、宣传报道、销售促进、人员推销、售后服务等。

Philip Kotler 于 1984 年对市场营销下的定义是：“市场营销是指企业的这种职能，认识目前未满足的需要和欲望，估量和确定需求量大小，选择和决定企业能最好地为其服务的目标市场，并决定适当的产品、劳务和计划(或方案)，以便为目标市场服务。”

美国市场营销协会(AMA)于 1985 年对市场营销下了更完整和更全面的定义：“市场营销是对思想、产品及劳务进行设计、定价、促销及分销的计划和实施的过程，从而产生满足个人和组织目标的交换。”这一定义比前面的诸多定义更为全面和完善。主要表现为：①产品概念扩大了，它不仅包括产品或劳务，还包括思想；②市场营销概念扩大了，市场营销活动不仅包括营利性的经营活动，还包括非营利性的组织活动；③强调了交换过程；④突出了市场营销计划的制订与实施。

此外，这一概念还表明了以下几点。

（1）市场营销是一种企业活动，是企业有目的、有意识的行为。

（2）满足和引导消费者的需求是市场营销活动的出发点和中心。企业必须以消费者为中心，面对不断变化的环境，做出正确的反应，以适应消费者不断变化的需求。满足消费者的需求不仅包括现在的需求，还包括未来潜在的需求。现在的需求表现为对已有产品的购买倾向，潜在需求则表现为对尚未问世产品的某种功能的购买愿望。

（3）分析环境，选择目标市场，确定和开发产品，产品定价、分销、促销和提供服务以及对它们进行最佳组合，是市场营销活动的主要内容。市场营销组合中有4个可以人为控制的基本变数，即产品、价格、(销售)地点和促销方法。由于这4个变数的英文均以字母“P”开头，所以又叫“4P”。企业市场营销活动所要做的就是密切注视不可控制的外部环境的变化，恰当地组合4P，千方百计使企业可控制的变数(4P)与外部环境中不可控制的变数迅速相适应，这也是企业经营管理能否成功、企业能否生存和发展的关键。

（4）实现企业目标是市场营销活动的目的。不同的企业有不同的经营环境，不同的企业也会处在不同的发展时期，不同的产品所处生命周期里的阶段亦不同，因此，企业的目标是多种多样的。利润、产值、产量、销售额、市场份额、生产增长率、社会责任等均可能成为企业的目标，但无论是什么样的目标，都必须通过有效的市场营销活动完成交换，与顾客达成交易才能实现。

2. 市场营销的相关概念

市场营销涉及其出发点，即满足顾客需求，还涉及以何种产品来满足顾客需求，如何才能满足消费者需求，即通过何种交换方式，产品在何时、何处交换，谁实现产品与消费者的连接。可见，市场营销的核心概念应当包含需求及相关的欲求、需要，产品及相关的效用、价值和满足，交换及相关的交易和关系，市场、市场营销及市场营销者。因此，市场营销涉及如下核心概念：需要、欲望和需求；产品、效用、价值和满足；交换、交易和关系；市场、市场营销与市场营销者。

1）需要、欲望和需求

需要描述了基本的人类要求，如人们为了生存，需要食物、衣服、房屋等生理需求及安全感、归属感、受人尊重和自我实现等心理需要。市场营销者不能创造这种需要，而只能适应它。

欲望指得到上述需要的具体满足品的愿望。不同背景下的消费者欲望不同，比如中国人需要食物则欲求大米饭，法国人需要食物则欲求面包，美国人需要食物则欲求汉堡包。人的欲望受社会因素及机构因素，诸如职业、团体、家庭、教会等影响。因而，欲望会随着社会条件的变化而变化。市场营销者能够影响消费者的欲望，如建议消费者购买某种产品。

需求指有支付能力和愿意购买某种物品的欲望。可见，消费者的欲望在有购买力时就变成为需求。许多人想购买奥迪牌轿车，但只有具有支付能力的人才能购买。因此，市场营销者不仅要了解有多少消费者欲求其产品，还要了解他们是否有能力购买。

人类的需要和欲望是市场营销活动的出发点。需要是没有得到某些基本满足的感受状态。欲望是想得到基本需要的具体满足物的愿望。而需求是对于有能力购买并且愿意购买的某个具体产品的欲望。人类为了生存，需要食品、衣服、住所、安全感、归属感、受人尊重等，这些需要可用不同方式来满足。人类的需要有限，但其欲望却很多。当具有购买能力时，欲望便转化成需求。将需要、欲望和需求加以区分，其重要意义就在于阐明这样一个事实，即：市场营销者并不创造需要；需要早就存在于市场营销活动出现之前；市场营销者，连同社会上的其他因素，只是影响了人们的欲望，并试图向人们指出何种特定产品可以满足其特定需要，进而通过使产品富有吸引力，适应消费者的支付能力且使之容易得到，来影响需求。

2）产品

人类靠产品来满足自己的各种需要和欲望。因此，可将产品表述为能够用以满足人类某种需要或欲望的任何东西。

产品包括有形与无形的、可触摸与不可触摸的。有形产品是为顾客提供服务的载体。无形产品是通过其他载体，如人、地、活动、组织和观念等来提供的。当我们感到疲劳时，可以到音乐厅欣赏歌星唱歌(人)，可以到公园游玩(地)，可以到室外散步(活动)，可以参加俱乐部活动(组织)，或者接受一种新的意识(观念)。服务也可以通过有形物体和其他载体来传递。实体产品的重要性不仅在于拥有它们，更在于使用它们来满足人们的欲望。人们购买小汽车不是为了观赏，而是因为它可以提供一种叫作交通的服务。所以，实体产品实际上是向人们传送服务的工具。如果生产者关心产品甚于关心产品所提供的服务，那就会陷入困境。过分钟爱自己的产品，往往导致生产者忽略顾客购买产品是为了满足某种需要这样一个事实。人们不是为了产品的实体而买产品，而是因为产品实体是服务的外壳，即通过购买某种产品实体能够获得自己所需要的服务。市场营销者的任务是向市场展示产品实体中所包含的利益或服务，而不能仅限于描述产品的形貌。否则，企业将导致“市场营销近视”，即在市场营销管理中缺乏远见，只看见自己的产品质量好，看不见市场需要在变化，最终使企业经营陷入困境。

3）效用、价值和满足

在对能够满足某一特定需要的一组产品进行选择时，人们所依据的标准是各种产品的效用和价值。效用是消费者对满足其需要的产品的全部效能的估价，是指产品满足人们欲望的能力。效用实际上是一个人的自我心理感受，它来自人的主观评价。

例如，某消费者到某地的交通工具，可以是自行车、摩托车、汽车、飞机等。这些可供选择的产品构成了产品的选择组合。又假设某消费者要求满足不同的需求，即速度、安全、舒适及节约成本，这些构成了其需求组合。这样，每种产品有不同能力来满足其不同需求，如自行车省钱，但速度慢，欠安全；汽车速度快，但成本高。消费者要决定一项最能满足其需求的产品。将最能满足其需求到最不能满足其需求的产品进行排列，从中选择出最接近理想产品的产品，它对顾客的效用最大，如顾客到某目的地所选择理想产品的标准是安全、速度，他可能会选择汽车。

顾客选择所需的产品除效用因素外，产品价格高低亦是因素之一。如果顾客追求效用最大化，他就不会简单地只看产品表面价格的高低，而会看每一元钱能产生的最大效用，如一辆好汽车价格比自行车昂贵，但由于速度快、修理费少、相对于自行车更安全，其效用可能更大，从而更能满足顾客需求，这就涉及价值的概念。

价值是一个很复杂的概念，也是一个在经济思想中有着很长历史的概念。马克思认为，价值是人类劳动当作商品共有的社会实体的结晶，商品价值量的多少由社会必要劳动时间来决定，而“社会必要劳动时间是在现有的社会正常的生产条件下，在社会平均的劳动熟练程度和劳动强度下制造某种使用价值所需要的劳动时间。”而边际效用学派则认为，消费者根据不同产品满足其需要的能力来决定这些产品的价值，并据此选择购买效用最大的产品。他所愿支付的价格(即需求价格)取决于产品的边际效用。这一论点最先由 19 世纪后期奥地利学派代表人物庞巴维克提出。庞巴维克为了反对马克思的劳动价值论，系统地发挥了门格尔和维塞尔提出的边际效用价值论。按照他的理论，所谓边际效用就是指最后增加的那个产品所具有的效用，产品的价值取决于其边际效用。由于消费者收入是有限的，为了从有限的花费中取得最大的效用，消费者必须使其花费在每一种物品上的最后一个单位货币所产生的效用相等。这一理论又叫作戈森第二定律，戈森是法国经济学家，边际效用价值论的先驱者之一，他曾对边际效用理论的基本原理进行了数学探讨，从而推动了数理经济学的发展。

4）交换、交易和关系

交换是一个过程，而不是一种事件。如果双方正在洽谈并逐渐达成协议，称为在交换中。如果双方通过谈判并达成协议，交换便发生。交易是交换的基本组成部分。交易是指买卖双方价值的交换，它是以货币为媒介的，而交换不一定以货币为媒介，它可以是物物交换。交易涉及几个方面，即两件有价值的物品，双方同意的条件、时间、地点，还有用来维护和迫使交易双方执行承诺的法律制度。交易营销是关系营销大观念中的一部分。关系营销可以减少交易费用和时间，处理好企业同顾客关系的最终结果是建立起市场营销网络。市场营销网络是由企业同市场营销中介人建立起的牢固的业务关系。下面，将详细讨论各个概念。

交换是市场营销的核心概念。当人们决定以交换方式来满足需要或欲望时，就存在市场营销了。一个人可以通过 4 种方式获得自己所需要的产品：第一种方式是自行生产。一个饿汉可以通过打猎、捕鱼或采集野果来充饥。这个人不必与其他任何人发生联系。在这种情况下，既没有市场，更无所谓市场营销。第二种方式是强制取得。一个饿汉可以从另一个人那里夺取或偷得食物。对另一个人而言，除了可能未被伤害之外，毫无益处。第三种方式是乞讨。一个饿汉可以向别人乞讨食物。除了一声谢谢之外，乞讨者没有拿出任何有形的东西作回报。第四种方式是交换。一个饿汉可以用自己的钱、其他物品或服务与拥有食物的人进行交换。市场营销活动产生于第四种获得产品的方式。

所谓交换，是指通过提供某种东西作为回报，从别人那里取得所需物的行为。交换的发生必须具备以下 5 个条件。

(1) 至少有两方。

(2) 每一方都有被对方认为有价值的东西。

(3) 每一方都能沟通信息和传送物品。

(4) 每一方都可以自由接受或拒绝对方的产品。

(5) 每一方都认为与另一方进行的交换是适当的或称心如意的。

具备了上述条件，就有可能发生交换行为。但交换能否真正发生，取决于双方能否找到交换条件，即交换以后双方都比交换以前好(至少不比以前差)。

交易是交换活动的基本单元，是由双方之间的价值交换所构成的行为。一次交易包括 3 个可以量度的实质内容：①至少有两个有价值的事物，②买卖双方所同意的条件，③协议时间和地点。

交易与转让不同。在转让过程中，甲将某物给乙，甲并不接受任何实物作为回报。市场营销管理不仅要考察交易行为，也要研究转让行为。事实上，与交易有关的市场营销活动，即交易市场营销，只是另外一个大概念即关系市场营销的一部分。关系市场营销这个概念最先由巴巴拉·本德·杰克逊于 1985 年提出，她认为，关系市场营销将使企业获得较之其在交易市场营销中所得到的更多。精明的市场营销者总是试图与其顾客、分销商、经销商、供应商等建立起长期的互信互利关系。这就需要以公平的价格、优质的产品、良好的服务与对方交易，同时，双方的成员之间还需加强经济、技术及社会等各方面的联系与交往。双方越是增进相互了解和信任，便越有利于互相帮助。关系市场营销还可节省交易成本和时间，并由过去逐次逐项的谈判交易发展成为例行的程序化交易。

关系市场营销可定义为：企业与其顾客、分销商、经销商、供应商等建立、保持并加强关系，通过互利交换及共同履行诺言，使有关各方实现各自目的。企业与顾客之间的长期关系是关系市场营销的核心概念。交易市场营销能使企业获利，但企业更应着眼于长远利益，因而保持并发展与顾客的长期关系是关系市场营销的重要内容。建立关系是指企业向顾客做出各种许诺。保持关系的前提是企业履行诺言。发展或加强关系是指企业履行从前的诺言后，向顾客做出一系列新的许诺。关系市场营销与交易市场营销存在着一定的区别。例如，在交易市场营销情况下，一般说来，除产品和企业的市场形象之外，企业很难采取其他有效措施与顾客保持持久的关系。如果竞争者用较低的价格向顾客出售产品或服务，用类似的技术解决顾客的问题，则企业与顾客的关系就会终止。而在关系市场营销情况下，企业与顾客保持广泛、密切的联系，价格不再是最主要的竞争手段，竞争者很难破坏企业与顾客的关系。再如：交易市场营销强调市场占有率。在任何时刻，管理人员都必须花费大量费用，吸引潜在顾客，取代不再购买本企业产品或服务的老顾客。关系市场营销则强调顾客忠诚度，保持老顾客比吸引新顾客更重要。企业的回头客比率越高，市场营销费用就越低。关系市场营销的最终结果，将为企业带来一种独特的资产，即市场营销网络。

所谓市场营销网络，是指企业及其与之建立起牢固、互相信赖的商业关系的其他企业所构成的网络。在市场营销网络中，企业可以找到战略伙伴并与之联合，以获得一个更广泛更有效的地理占有。这种网络已经超出了纯粹的“市场营销渠道”的概念范畴。借助该网络，企业可在全球各地市场上同时推出新产品，并减少由于产品进入市场的时间滞后而被富有进攻性的模仿者夺走市场的风险。市场营销管理也正逐渐由过去追求单项交易的利润最大化，转变为追求与对方互利关系的最佳化。其经营信条是：建立良好关系，有利可图的交易随之即来。

5）市场

市场由一切有特定需求或欲求并且愿意和可能从事交换来使需求和欲望得到满足的潜在顾客所组成。一般说来，市场是买卖双方进行交换的场所。生产商到资源市场购买资源(包括劳动力、资本及原材料)，转换成商品和服务之后卖给中间商，再由中间商出售给消费者。消费者则到资源市场上出售劳动力以获取货币来购买产品和服务。政府从资源市场、生产商及中间商购买产品，支付货币，再向这些市场征税及提供服务。因此，整个国家的经济及世界经济都是由交换过程所联结而形成的复杂的相互影响的各类市场所组成的。

市场营销学主要研究作为销售者的企业的市场营销活动，即研究企业如何通过整体市场营销活动，适应并满足买方的需求，以实现经营目标。因此，在这里，市场是指某种产品的现实购买者与潜在购买者需求的总和。站在销售者市场营销的立场上，同行供给者及其他销售者都是竞争者，而不是市场。销售者构成行业，购买者构成市场。

市场包含 3 个主要因素，即有某种需要的人、为满足这种需要的购买能力和购买欲望。用公式来表示就是：市场＝人口＋购买力＋购买欲望。

市场的这 3 个因素是相互制约、缺一不可的，只有三者结合起来才能构成现实的市场，才能决定市场的规模和容量。例如，一个国家或地区人口众多，但收入很低，购买力有限，则不能构成容量很大的市场；又如，一个国家或地区购买力虽然很大，但人口很少，也不能成为很大的市场。只有人口既多，购买力又高的国家或地区，才能成为一个有潜力的大市场。但是，如果产品不适合需要，不能引起人们的购买欲望，对销售者来说，仍然不能成为现实的市场。所以，市场是上述 3 个因素的统一。市场是指具有特定需要和欲望，而且愿意并能够通过交换来满足这种需要或欲望的全部潜在顾客。因此，市场的大小，取决于那些有某种需要，并拥有使别人感兴趣的资源，同时愿意以这种资源来换取其需要的东西的人数。

在现代市场经济条件下，每个人在从事某项生产，接受报偿，并以此来购买所需之物。每一个国家的经济和整个世界经济都是由各种市场组成的复杂体系，而这些市场之间则由交换过程来联结。

6）市场营销与市场营销者

由上述分析可知，可以将市场营销理解为与市场有关的人类活动，即以满足人类各种需要和欲望为目的，通过市场变潜在交换为现实交换的活动。在交换双方中，如果一方比另一方更主动、更积极地寻求交换，则前者称为市场营销者，后者称为潜在顾客。所谓市场营销者，是指希望从别人那里取得资源并愿意以某种有价之物作为交换的人。市场营销者可以是卖主，也可以是买主。假如有几个人同时想买正在市场上出售的某种奇缺产品，每个准备购买的人都尽力使自己被卖主选中，这些购买者就都在进行市场营销活动。在另一种场合，买卖双方都在积极寻求交换，那么，就把双方都称为市场营销者，并把这种情况称为相互市场营销。

1.1.2 市场营销学的产生、发展与传播

德鲁克认为，市场营销最早起源于 17 世纪的日本，而不是西方。他指出：市场营销

是由日本三井家族的一位成员于 1650 年发明的。他在东京成立了世界上第一家百货商店，并为该商店制定了一些经营原则。250 年之后，美国的西尔斯·罗巴克公司才提出类似原则。

德鲁克还指出，直到 19 世纪中叶，市场营销才在美国国际收割机公司产生。麦克密(Cyrus H. McCormick，1809—1884)是收割机的发明者，他还发明了现代市场营销的基本工具——市场研究与市场分析、市场定位观念、定价政策、向顾客提供零部件和各种服务、提供分期付款信贷等。

又过了 50 年，市场营销才进入美国学术界，进而登上企业经营管理的舞台。直到 20 世纪初期，“市场营销”这个名词才首次作为大学课程名称。1904 年，克鲁希(W. E. Kreusi)在宾夕法尼亚大学讲授了一门名为“产品市场营销”的课程。1910 年，R. S. 巴特勒(Ralph Starr Butler)在威斯康星大学讲授了一门名为“市场营销方法”的课程。20 世纪 50 年代，现代市场营销理论形成。20 世纪五六十年代传播到欧美日等发达国家。20 世纪六七十年代传播到亚洲四小龙、巴西、苏联、东欧等地。1978 年中国重新引进。20 世纪八九十年代传播到非洲大陆等地。

1. 市场营销学在西方的形成与发展

市场营销学从产生至今，已经 100 多年了。它是在 19 世纪末 20 世纪初自由竞争资本主义向垄断资本主义过渡，资本主义基本矛盾日益尖锐的基础上产生的，迄今大体经历了以下几个阶段。

1）形成阶段

19 世纪末到 20 世纪初，随着垄断资本主义的出现，以及“科学管理”的实施，企业的生产效率大大提高，生产能力大大增强，一些产品的销售遇到了困难。为了解决产品的销售问题，一些经济学家和企业就根据企业销售活动的需要，开始研究销售的技巧，研究各种推销方法，1905 年，美国宾夕法尼亚大学开设了名为“产品市场营销”的课程。1912 年，第一本以分销和广告为主要内容的《市场营销学》教科书在美国哈佛大学问世。这是市场营销学从经济学中分离出来的起点。但这时的市场营销学主要研究有关推销术、分销及广告等方面的问题，而且仅限于某些大学的课堂中，并未引起社会的重视，也未应用于企业营销活动。

2）应用阶段

从 20 世纪 30 年代到第二次世界大战结束，是市场营销学逐步应用于社会实践的阶段。1929—1933 年，资本主义国家爆发了严重的经济危机，生产过剩，产品大量积压，因而，企业产品如何转移到消费者手中就很自然地成了企业和市场学家们认真思考和研究的课题，市场营销学也因此从课堂走向了社会实践，并初步形成体系。这期间，美国相继成立了全国市场营销学和广告学教师协会(1926 年)、美国市场营销学学会(1936 年)。理论与实践的结合促进了企业营销活动的发展，同时，也促进了市场营销学的发展。但这一阶段的市场营销仍局限于产品的推销、广告宣传、推销策略等，仅处于流通领域。

3）变革阶段

变革阶段是从传统的市场营销学转变为现代市场营销学的阶段。20 世纪 50 年代后，随着第三次科技革命的发展，劳动生产率空前提高，社会产品数量剧增，花色品种不断翻新，市场供过于求的矛盾进一步激化，原有的只研究在产品生产出来后如何推销的市场营销学，显然不能适应新形势的需求。许多市场学者纷纷提出了生产者的产品或劳务要适合消费者的需求与欲望以及营销活动的实质就是企业对于动态环境的适应的创造性观点，并通过他们的著作予以论述。从而，使市场营销学发生了一次变革，企业的经营观点从“以生产为中心”转为“以消费者为中心”，市场也就成了生产过程的起点而不仅仅是终点，营销也就突破了流通领域，延伸到生产过程及售后过程；市场营销活动不仅是推销已经生产出来的产品，而且是通过对消费者的需要与欲望的调查、分析和判断，通过企业整体协调活动来满足消费者的需求。

4）发展阶段

进入20世纪70年代，市场营销学更紧密地结合了经济学、哲学、心理学、社会学、数学及统计学等学科，成为一门综合性的边缘应用科学，并且出现了许多分支，例如，消费心理学，工业企业市场营销学，商业企业市场营销学等。现在，市场营销学无论在国外还是在国内都得到了广泛的应用。

2. 市场营销学在中国的传播与发展

新中国建立之前，中国学者虽然曾对市场营销学有过一些研究(当时称“销售学”)，但也仅限于几所设有商业或管理专业的高等院校。在1949—1978年，除了中国台湾和中国港澳地区的学术界、企业界对这门学科有广泛的研究和应用外，在整个中国大陆，市场营销学的研究一度中断。在这长达30多年的时间里，国内学术界对国外市场营销学的发展情况知之甚少。党的十一届三中全会以后，党中央提出了对外开放、对内搞活的总方针，从而为我国重新引进和研究市场营销学创造了有利的环境。1978年，北京、上海、广州的部分学者和专家开始着手市场营销学的引进研究工作。虽然当时还局限在很小的范围内，而且在名称上还称为外国商业概论或销售学原理，但毕竟在市场营销学的引进上迈出了第一步。经过十几年的时间，我国对于市场营销学的研究、应用和发展已取得了可喜的成绩。从整个发展过程来看，大致经历了以下几个阶段。

1）引进时期(1978—1982年)

在此期间，通过对国外市场营销学著作、杂志和国外学者讲课的内容进行翻译介绍，选派学者、专家到国外访问、考察和学习，邀请外国专家和学者来国内讲学等方式，系统介绍和引进了国外市场营销理论。因为当时该学科的研究还局限于部分大专院校和研究机构，从事该学科引进和研究工作的人数还很有限，所以对于西方市场营销理论的许多基本观点的认识也比较肤浅，大多数企业对于该学科还比较陌生。但这一时期的努力毕竟为我国市场营销学的进一步发展打下了基础。

2）传播时期(1983—1985年)

经过前一时期的努力，全国各地从事市场营销学研究、教学的专家和学者开始意识到，要使市场营销学在中国得到进一步的应用和发展，必须在各地成立市场营销学的研究团体，以便相互交流和切磋研究成果，并利用团体的力量扩大市场营销学的影响，推进市场营销学研究的进一步发展。1984年1月，全国高等综合大学、财经院校市场学教学研究会成立，在以后的几年时间里，全国各地、各种类型的市场营销学研究团体纷纷成立。各团体在做好学术研究和学术交流的同时，还做了大量的传播工作。例如，广东市场营销学会定期出版会刊《营销管理》，全国高等综合大学、财经院校市场学教学研究会在每届年会后都向会员印发各种类型的简报。这些团体也分别举办各种类型的培训班、讲习班，有些还通过当地电视台、广播电台举办市场营销学的电视讲座和广播讲座。通过这些活动，既传播了市场营销学知识，又扩大了学术团体的影响。在此期间，市场营销学在学校教学中也开始受到重视，有关市场营销学的著作、教材、论文在质量和数量上都有了很大的提高。

3）应用时期(1986—1988 年)

1986 年以后，我国经济体制改革的步伐进一步加快，市场环境的改善为企业应用现代市场营销原理指导经营管理实践提供了有利条件，但各地区、各行业的应用情况又不尽相同，具体表现为：①以生产经营指令性计划产品为主的企业应用得较少，以生产经营指导性计划产品或以市场调节为主的产品的企业应用得较多、较成功；②重工业、交通业、原材料工业等和以经营生产资料为主的行业所属的企业应用得较少，而轻工业、食品工业、纺织业、服装业等以生产经营消费品为主的行业所属的企业应用得较多、较成功；③经营自主权小、经营机制僵化的企业应用得较少，而经营自主权较大、经营机制灵活的企业应用得较多、较成功；④商品经济发展较快的地区(尤其是深圳、珠海等经济特区)的企业应用市场营销原理的自觉性较高，应用得也比较好。在此期间，多数企业应用市场营销原理时，偏重于分销渠道、促销、市场细分和市场营销调研部分。

4）扩展时期(1988—1994 年)

在此期间，无论是市场营销教学研究队伍，还是市场营销教学、研究和应用的内容，都有了极大的扩展。全国各地的市场营销学学术团体，改变了过去只有学术界、教育界人士参加的状况，开始吸收企业界人士参加，其研究重点也由过去的单纯教学研究改为结合企业的市场营销实践进行研究。全国高等综合大学、财经院校市场学教学研究会也于 1987 年 8 月更名为“中国高等院校市场学研究会”。学者们已不满足于仅仅对市场营销一般原理的教学研究，而对其各分支学科的研究日益深入，并取得了一定的研究成果。在此期间，市场营销理论的国际研讨活动进一步发展，这极大地开阔了学者们的眼界。1992 年春，邓小平南方讲话以后，学者们还对市场经济体制的市场营销管理，中国市场营销的现状与未来，跨世纪中国市场营销面临的挑战、机遇与对策等重大理论课题展开了研究，这也有力地扩展了市场营销学的研究领域。

5）国际化时期(1995 年至今)

1995 年 6 月，由中国人民大学、加拿大麦吉尔大学和康克迪亚大学联合举办的第五届市场营销与社会发展国际会议在北京召开。中国高等院校市场学研究会等学术组织作为协办单位，为会议的召开做出了重要的贡献。来自 46 个国家和地区的 135 名国外学者和 142 名国内学者出席了会议，25 名国内学者的论文被收入《第五届市场营销与社会发展国际会议论文集》(英文版)，郭国庆等 6 名中国学者的论文荣获国际优秀论文奖。从此，中国市场营销学者开始全方位、大团队地登上国际舞台，与国际学术界、企业界的合作进一步加强。

尽管如此，学术界在研究市场营销的过程中仍然存在很多问题。这主要表现为学术研究缺乏积累，有中国特色的市场营销理论尚未建立起来。任何理论的发展都是一个逐渐积累的过程，是对实践的不断总结。回顾市场营销思想的发展过程，可以清楚地看到，市场营销理论是由几代人共同研究、不断继承和积累而建立起来的。中国学者对市场营销的研究基本上是引进和解释西方的营销理论，但吸收和消化不够，还没有把西方的营销理论中国化。

1.1.3 市场营销学的研究对象

“Marketing”一词在英文中既作市场营销解释，同时也作市场营销学解释，但这是两个既有联系又有区别的不同概念。市场营销是企业的经营、销售活动，而市场营销学则是研究市场营销活动及其规律的科学。市场营销的研究对象是：企业在动态市场上如何有效地管理其市场营销活动，提高经济效益，求得生存和发展，实现企业的目标。因此，市场营销学的全部研究都是以产品适销对路、扩大市场销售为中心而展开的，并为此提供理论、思路和方法。

市场营销学的研究对象是市场营销活动及其规律，即研究企业如何识别、分析评价、选择和利用市场机会，从满足目标市场顾客需求出发，有计划地组织企业的整体活动，通过交换，将产品从生产者手中转向消费者手中，以实现企业营销目标。

1.1.4 市场营销学的研究内容

基于市场营销学是以市场营销及其规律性为研究对象的科学，根据市场营销活动的主要内容和目的，市场营销学的主要内容大体可以归纳成3个部分：环境与市场分析，营销活动与营销策略研究，市场营销计划、组织与控制。

第一部分内容着重分析企业与市场的关系，分析影响和制约企业营销活动的各种环境因素，分析各类购买者的行为，进而提出企业进行市场细分和选择目标市场的理论和方法，并就市场调查和市场需求预测做了介绍。这部分内容具有市场营销基础的意义，阐述了市场营销的若干基本原理和基本思路。

第二部分内容是企业营销活动与营销策略研究，是市场营销学的核心内容。其任务在于论述企业如何运用各种市场营销手段以实现企业的预期目标，因而全部都是围绕企业经营决策展开的。市场营销活动中所包含的可控制的变数很多，美国学者尤金·麦卡锡把这些变数概括为4个基本变数，即产品、价格、(销售)地点和促销，简称为“4P”，对“4P”策略的研究，构成了营销活动研究的四大支柱。这部分内容不仅就每个基本变数可供选择的营销策略进行了分析，而且提出了“市场营销组合”这一十分重要的概念，强调4个基本变数不是彼此孤立的、分割的，必须依据外部环境的动向，进行产品、定价、分销及促销四大策略的最佳组合，以保证从整体上满足顾客的需求。

第三部分内容是关于市场营销计划、组织与控制的研究，主要阐述了企业为保证营销活动的成功而应在计划、组织、控制等方面采取的措施与方法。

1.1.5 市场营销学的研究方法

研究市场营销学的方法是随着市场营销学的发展而变化的。在20世纪50年代前，对市场营销学的研究主要采取传统的研究方法，包括产品研究法、机构研究法、功能研究法。20 世纪 50 年代以后，市场营销学从传统市场营销学演变为现代市场营销学，研究方法主要是现代科学方法，包括管理研究方法、系统研究方法及社会研究方法。

1. 传统研究方法

1）产品研究法

产品研究法是以产品为中心的研究方法。以产品为主体，对某类产品诸如农产品、工业品、矿产品、消费品及劳务等进行分别研究。主要研究这些产品的设计、包装、厂牌、商标、定价、分销、广告及各类产品的市场开拓。这种研究方法可详细地分析研究各类产品市场营销中遇到的具体问题，但需耗费巨大的人力、物力和财力，而且重复性很大。

2）机构研究法

机构研究法是一种以人为中心的研究方法。这种方法以研究市场营销制度为出发点，即研究渠道制度中各个环节及各种类型的市场营销机构，诸如代理商、批发商、零售商等市场营销问题。

3）功能研究法

功能研究法是从市场营销的各种职能，诸如交换功能(购买与销售)，供给功能(运输与储存)，便利功能(资金融通、风险承担、市场信息等)以及企业执行的各种功能中必定或可能遇到的问题，来研究和认识市场营销问题的方法。

2. 现代研究方法

进入 20 世纪 50 年代以后，市场营销学发生了革命，研究市场营销学的方法也随之发生了变化，主要采取的是管理研究法、系统研究法和社会研究法。

1）管理研究法

管理研究法是一种从管理决策的角度来分析、研究市场营销问题的方法，它综合了产品研究法、机构研究法和功能研究法。从管理决策的观点看，企业营销受两大因素的影响：一是企业不可控因素，诸如人口、经济、政治、法律、物质、自然、社会文化等因素；二是企业可控因素，即产品、价格、分销及促销。企业营销管理的任务在于全面分析外部不可控因素的作用，针对目标市场需求特点，结合企业目标和资源，制定出最佳的营销组合策略，实现企业盈利目标。

2）系统研究法

系统研究法是系统理论具体应用的一种研究方法，是从企业内部系统、外部系统，以及内部和外部系统如何协调来研究市场营销学的。企业内部系统主要是研究企业内部各职能部门，诸如生产部门、财务部门、人事部门、销售部门等如何协调，以及企业内部系统同外部系统的关系如何协调。企业外部环境主要研究企业同目标顾客外部环境的关系。企业内部与外部系统又是通过商品流通、货币流通、信息流通联结起来的。只有市场营销系统的各组成部分相互协调，才能产生高的营销效益。

3）社会研究法

社会研究法是研究企业营销活动对社会利益的影响的方法。市场营销活动，一方面带来了社会经济的繁荣，提高了社会及广大居民的福利；另一方面造成了某些负面效应，诸如污染社会及自然环境，破坏社会生态平衡。因此，有必要通过社会研究方法，寻求使市场营销的负面效应减少到最低限度的途径。

1.2 市场营销管理哲学

企业的市场营销活动是在特定的市场营销管理哲学或经营观念指导下进行的。能否确立正确的市场营销观念，对企业经营成败具有决定性意义。

营销视野

通用电器公司早期营销理念

美国通用电器公司是最早用现代营销的企业之一。在开始树立市场导向的观念时，该公司总经理改变了本公司的经营态度，首先将原来的一个“电扇电毯部”改为“家庭舒适化服务部”。当时，许多同行很不理解，认为这个名称不伦不类，这种做法莫名其妙，此事一时被传为笑谈。但是公司总经理和该部门经理心里都明白，这不是部门名称的简单改变，而是为了满足消费者对家用电器的需要，使他们的家庭生活更舒适、更方便。确立这种营销观念之后，这个部门根据消费者的需求大力研发各种家用电器，产品品种迅速增加，除了继续生产经营电扇电毯以外，又陆续推出了各种电灶、电动调湿器、电动吸尘器和各种照明设备等新产品，销售额迅速增加，企业获得了巨额利润。此时，原来持嘲笑态度的同行才恍然大悟，争相学习通用电器公司的营销态度，树立市场导向的营销观念。

所谓市场营销管理哲学，就是企业在开展市场营销活动的过程中，在处理企业、顾客和社会三者利益方面所持的态度、思想和观念。

企业的市场营销管理哲学可归纳为5种，即生产观念、产品观念、推销观念、市场营销观念和社会市场营销观念。其中前三者称为传统观念。

1.2.1 企业的营销管理哲学

1. 生产观念

生产观念是指导销售者行为的最古老的观念之一，这种观念产生于20世纪20年代前。企业经营哲学不是从消费者需求出发，而是从企业生产出发。其主要表现是“我生产什么，就卖什么”。生产观念认为，消费者喜欢那些可以随处买得到而且价格低廉的产品，企业应致力于提高生产效率和分销效率，扩大生产，降低成本以扩展市场。例如，美国皮尔斯堡面粉公司，从1869年至20世纪20年代，一直运用生产观念指导企业的经营，当时这家公司提出的口号是“本公司旨在制造面粉”。美国汽车大王亨利·福特曾傲慢地宣称：“不管顾客需要什么颜色的汽车，我只有一种黑色的”，也是典型表现。显然，生产观念是一种重生产、轻市场营销的经营哲学。

生产观念是在卖方市场条件下产生的。在资本主义工业化初期以及第二次世界大战末期和战后一段时期内，由于物资短缺，市场产品供不应求，生产观念在企业经营管理中颇为流行。我国在计划经济旧体制下，由于市场产品短缺，企业不愁其产品没有销路，工商企业在其经营管理中也奉行生产观念，具体表现为：工业企业集中力量发展生产，轻视市场营销，实行以产定销；商业企业集中力量抓货源，工业企业生产什么就收购什么，工业企业生产多少就收购多少，也不重视市场营销。

除了物资短缺、产品供不应求的情况之外，有些企业在产品成本高的条件下，其市场营销管理也受产品观念支配。例如，亨利·福特在 20 世纪初期曾倾全力于汽车的大规模生产，努力降低成本，使消费者购买得起，借以提高福特汽车的市场占有率。

2. 产品观念

产品观念是一种较早的企业经营观念。产品观念认为，消费者最喜欢高质量、多功能和具有某种特色的产品，企业应致力于生产高值产品，并不断加以改进。它产生于市场产品供不应求的“卖方市场”形势下。最容易滋生产品观念的场合，莫过于当企业发明一项新产品时。此时，企业最容易导致“市场营销近视”，即不适当地把注意力放在产品上，而不是放在市场需要上，在市场营销管理中缺乏远见，只看到自己的产品质量好，看不到市场需求在变化，致使企业经营陷入困境。

3. 推销观念

推销观念(或称销售观念)产生于 20 世纪 20 年代末至 20 世纪 50 年代前，是为许多企业所采用的另一种观念，表现为“我卖什么，顾客就买什么”。它认为，消费者通常表现出一种购买惰性或抗衡心理，如果听其自然的话，消费者一般不会足量购买某一企业的产品，因此，企业必须积极推销和大力促销，以刺激消费者大量购买本企业产品。推销观念在现代市场经济条件下被大量用于推销那些非渴求物品，即购买者一般不会想到要去购买的产品或服务。许多企业在产品过剩时，也常常奉行推销观念。

推销观念产生于资本主义国家由“卖方市场”向“买方市场”过渡的阶段。在 1920—1945 年，由于科学技术的进步，科学管理和大规模生产的推广，产品产量迅速增加，逐渐出现了市场产品供过于求，卖主之间竞争激烈的新形势。尤其在 1929—1933 年的特大经济危机期间，大量产品销售不出去，因而迫使企业重视采用广告术与推销术去推销产品。许多企业家感到：即使有物美价廉的产品，也未必能卖得出去；企业要在日益激烈的市场竞争中求得生存和发展，就必须重视推销。例如，美国皮尔斯堡面粉公司在此经营观念导向下，当时提出“本公司旨在推销面粉”。推销观念仍存在于当今的企业营销活动中，如对于顾客不愿购买的产品，往往采用强行的推销手段。

这种观念虽然比前两种观念前进了一步，开始重视广告术及推销术，但其实质仍然是以生产为中心的。

4. 市场营销观念

市场营销观念是作为对上述诸观念的挑战而出现的一种新型的企业经营哲学。这种观念是以满足顾客需求为出发点的，即“顾客需要什么，就生产什么”。尽管这种思想由来已久，但其核心原则直到 20 世纪 50 年代中期才基本定型，当时社会生产力迅速发展，市场趋势表现为供过于求的买方市场，同时广大居民个人收入迅速提高，有可能对产品进行选择，企业之间为实现产品销售的竞争加剧，许多企业开始认识到，必须转变经营观念，才能求得生存和发展。市场营销观念认为，实现企业各项目标的关键，在于正确确定目标市场的需要和欲望，并且比竞争者更有效地传送目标市场所期望的物品或服务，进而比竞争者更有效地满足目标市场的需要和欲望。

市场营销观念的出现，使企业经营观念发生了根本性变化，也使市场营销学发生了一次革命。市场营销观念同推销观念相比具有重大的差别。

西奥多·莱维特曾对推销观念和市场营销观念做过深刻的比较，指出：推销观念注重卖方需要，市场营销观念则注重买方需要，推销观念以卖主需要为出发点，考虑如何把产品变成现金，而市场营销观念则考虑如何通过制造、传送产品以及与最终消费产品有关的所有事物，来满足顾客的需要。可见，市场营销观念的4个支柱是：市场中心、顾客导向、协调的市场营销和利润。推销观念的4个支柱是：工厂、产品导向、推销和盈利。从本质上说，市场营销观念是一种以顾客需要和欲望为导向的哲学，是消费者主权论在企业市场营销管理中的体现。

5. 社会市场营销观念

社会市场营销观念是对市场营销观念的修改和补充。它产生于20世纪70年代西方资本主义社会出现能源短缺、通货膨胀、失业增加、环境污染严重、消费者保护运动盛行的新形势下。因为市场营销观念回避了消费者需要、消费者利益和长期社会福利之间隐含着冲突的现实。社会市场营销观念认为，企业的任务是确定各个目标市场的需要、欲望和利益，并以保护或提高消费者和社会福利的方式，比竞争者更有效、更有力地向目标市场提供能够满足其需要、欲望和利益的物品或服务。社会市场营销观念要求市场营销者在制定市场营销政策时，要统筹兼顾三方面的利益，即企业利润、消费者需要的满足和社会利益。

社会市场营销观念的两个重要表现：一是消费者保护；二是绿色营销。

所谓消费者保护，是指一项社会运动，目的在于扩大买者对于卖者所要求的权利和权力。1962年美国总统肯尼迪在国情咨文中，首次提出了“消费者权利”问题，开创了“消费者权利”作为法律用语之先河。消费者的基本权利有：人身财产安全权、知悉真实情况权、自主选择权、公平交易权、依法获得赔偿权、依法结社权、获得消费知识权、人格尊严和风俗习惯受尊重权、依法监督权等。

所谓绿色营销，是指企业在市场营销过程中要保护环境，防止环境污染，充分利用并回收可再生资源，把经济效益和环境效益结合起来，实现人类的可持续发展。

绿色营销的产生背景是：人口剧增，很多人的健康状况不佳；大气污染严重，臭氧层破坏速度加快，全球气候变暖；水污染加剧，海洋环境恶化；森林面积剧减，土地退化和沙漠化；生物物种的消失速度加快；有毒化学品和危险废物猛增，环境公害开始导致巨大的损失。

绿色营销的意义：在营销观念的基础上加上一个“绿色”；营销过程(原材料的供应、生产、包装、分销、使用、废弃物)对环境不造成破坏；企业、环境和社会的和谐发展。

上述5种企业经营观，其产生和存在都有其历史背景和必然性，都是与一定的条件相联系、相适应的。当前，外国企业正在从生产型向经营型或经营服务型转变，企业为了求得生存和发展，必须树立具有现代意识的市场营销观念、社会市场营销观念。但是，必须指出的是，由于诸多因素的制约，当今美国企业不是都树立了市场营销观念和社会市场营销观念。事实上，还有许多企业仍然以产品观念及推销观念为导向。

目前我国处于社会主义市场经济初级阶段，由于社会生产力发展程度及市场发展趋势，经济体制改革的状况及广大居民收入状况等因素的制约，我国企业经营观念仍处于以推销观念为主、多种观念并存的阶段。

1.2.2　营销理论的新发展

企业市场营销管理哲学在经历了生产观念、产品观念、推销观念、市场营销观念、社会市场营销观念5个阶段之后，继续随着实践的发展而不断深化、丰富。这里就主要的理论做一些阐述。

1. 4C组合(顾客导向)

传统营销理论强调产品(Product)、价格(Price)、地点(Place)和促销(Promotion)4要素。这种理论认为，企业只要围绕4P制定灵活的营销组合，产品销售就有了保证。但是，随着经济的发展，市场营销环境发生了很大变化，消费个性化、人文化、多样化特征日益突出，传统的4P理论已不适应新的情况。为此，美国市场营销专家劳特朋曾于20世纪90年代提出，用新的4C理论取代4P理论，其主要内容包括以下几点。

(1) Customer(顾客)。4C理论认为，消费者是企业一切经营活动的核心，企业重视顾客要甚于重视产品，体现在两个方面：①创造顾客比开发产品更重要；②消费者需求和欲望的满足比产品功能更重要。

(2) Cost(成本)。4C理论将营销价格因素延伸为生产经营全过程的成本，包括：①企业生产成本，即企业生产适合消费者需要的产品成本，价格在企业营销中是值得重视的，但价格归根结底是由生产成本决定的，再低的价格也不可能低于成本；②消费者购物成本，它不单是指购物的货币支出，还包括购物的时间耗费、体力和精力耗费以及风险承担。值得注意的是，近年来出现了一种定价的新思维，而以往企业对于产品价格的思维模式是“成本＋适当利益＝适当价格”，新的模式则是“消费者接受的价格－适当的利润＝成本上限”。也就是说，企业界对于产品的价格定义，已从过去由厂商的“指示”价格，转换成了消费者的“接受”价格，可以把这看作是一场定价思维的革命。新的定价模式将消费者接受价格列为决定性因素，企业要想不断追求更高利润，就不得不想方设法降低成本，从而推动生产技术、营销手段进入一个新的水平。

(3) Convenience(便利)。4C理论强调企业提供给消费者的便利比营销渠道更重要。便利就是方便顾客，维护顾客利益，为顾客提供全方位的服务。便利原则应贯穿于营销的全过程：在产品销售前，企业应及时向消费者提供充分的关于产品性能、质量、使用方法及使用效果的准确信息；顾客前来购买商品时，企业应给顾客最大的购物方便；产品售完以后，企业更应重视信息反馈，及时答复、处理顾客意见，对有问题的商品要主动包退包换，对产品的使用故障要积极提供维修方便，对大件商品甚至要终身保修。与传统的渠道战略相比，新的4C理论更重视服务环节，强调企业既出售产品，也出售服务；消费者既购买到商品，也购买到便利。

(4) Communication(沟通)。4C理论用沟通取代促销，强调企业应重视与顾客的双向沟通，以积极的方式适应顾客的情感，建立基于共同利益之上的新型企业、顾客关系。如格朗普斯认为，企业营销不仅仅是企业提出承诺，单向劝导顾客，更重要的是追求企业与顾客的共同利益，“互利的交换与承诺的实现是同等重要的”。同时，强调双向沟通，应有利于协调矛盾，融合感情，培养忠诚的顾客，而忠诚的顾客既是企业稳固的消费者，也是企业最理想的推销者。

2. 4R组合(竞争导向)

21世纪伊始，《4R营销》的作者艾略特·艾登伯格提出4R营销理论。4R理论以关系营销为核心，重在建立顾客忠诚。它阐述了4个全新的营销组合要素：关联(Relativity)、反应(Reaction)、关系(Relation)和回报(Retribution)。

4R理论强调企业与顾客在市场变化的动态中应建立长久互动的关系，以防止顾客流失，赢得长期而稳定的市场；其次，面对迅速变化的顾客需求，企业应学会倾听顾客的意见，及时寻找、发现和挖掘顾客的渴望与不满及其可能发生的演变，同时建立快速反应机制以对市场变化快速做出反应；企业与顾客之间应建立长期而稳定的朋友关系，从实现销售转变为实现对顾客的责任与承诺，以维持顾客再次购买和顾客忠诚；企业应追求市场回报，并将市场回报当作企业进一步保持和发展市场关系的动力与源泉。

4R营销理论的最大特点是以竞争为导向，在新的层次上概括了营销的新框架。该理论根据市场不断成熟和竞争日趋激烈的形势，着眼于企业与顾客互动与双赢，不仅积极地适应顾客的需求，而且主动地创造需求，通过关联、关系、反应等形式与客户形成独特的关系，把企业与客户联系在一起，形成竞争优势。

3. 6P组合(大市场营销观念)

6P与4P的不同在于营销学界的泰斗Philip Kotler加上的两个P：Power(权力)和Public Relations(公共关系)。科特勒认为，企业能够而且应当影响自己所在的营销环境，而不应单纯地顺从和适应环境。在国际国内市场竞争都日趋激烈，各种形式的政府干预和贸易保护主义再度兴起的新形势下，要运用政治力量和公共关系，打破国际或国内市场上的贸易壁垒，为企业的市场营销开辟道路。同时他还发明了一个新的单词Mega Marketing(大市场营销)，来表示这种新的营销视角和战略思想。

所谓大市场营销，是指为了成功地进入特定市场，并在那里从事业务经营，在战略上协调使用经济的、心理的、政治的和公共关系等手段，以获得各有关方面如经销商、供应商、消费者、市场营销研究机构、有关政府人员、各利益集团及宣传媒介等的合作及支持。

大市场营销是在一般市场营销基础上的深化与发展，但大市场营销又具有与一般市场营销不同的特点和作用。

(1) 从市场营销目标看，对一般市场营销而言，市场已经存在，消费者已了解这种产品。大市场营销所面临的首要问题是如何打进市场，特别是进入封闭的市场，这势必要求国际及国内市场营销人员掌握更多的技巧，花费更多的时间。

（2）从参与市场营销活动的各种人员看，一般市场营销人员经常是同顾客、经销商、广告商、市场调研公司打交道。而大市场营销者除了与上述人员打交道外，还与立法机关、政府部门、政党、公共利益集团、工会、宗教机构等打交道，以争取各方的支持与合作，使这些力量不起阻碍作用。可见，大市场营销所涉及的人员更多、更复杂。

（3）从市场营销手段看，一般市场营销手段主要包括产品、价格、分销和促销。大市场营销除包括4大营销策略外，还包括政治权力及公共关系，即6P。也就是说，大营销者不仅向顾客提供适销对路的产品或服务，还使用劝诱和赞助的手段取得对方的支持和合作。

（4）从诱导方式看，一般市场营销人员采用正面积极诱导以说服各方人员给予合作，正面诱导的基础是自愿交换的原则及等价交换的原则。大市场营销认为常规的诱导方式已不够，因为对方或提出不合理要求，或不接受正面诱导，因此，企业不得不借助政府采用政治权力迫使对方让步。

（5）从期限看，一般市场营销者将产品导入市场只需较短时间，大市场营销者将产品导入市场时间较长，而且还需打开许多封闭的国内及国际市场。

（6）从投入成本看，由于大市场营销需要持续较长的时间，并且需要许多额外的支出来取得各方的配合，因此，比一般市场营销支出更大。

（7）从参加的人员看，一般市场营销活动，由企业的营销人员诸如产品经理、广告专家、市场营销调研人员及推销人员等负责；大市场营销除上述营销人员外，还需要最高管理者、律师、公共关系等人员参加。

4. 顾客让渡价值

菲利普·科特勒在1994年出版的《市场营销管理——分析、规划、执行和控制》（第8版）中，新增了《通过质量、服务和价值建立顾客满意》一章，提出了“顾客让渡价值(Customer Delivered Value)”的新概念。这一概念的提出，是对市场营销理论的最新发展。

（1）“顾客让渡价值”的含义。“顾客让渡价值”是指顾客总价值(Total Customer Value)与顾客总成本(Total Customer Cost)之间的差额。顾客总价值是指顾客购买某一产品与服务所期望获得的一组利益，它包括产品价值、服务价值、人员价值和形象价值等。顾客总成本是指顾客为购买某一产品所耗费的时间、精神、体力以及所支付的货币资金等，因此，顾客总成本包括货币成本、时间成本、精神成本和体力成本等。

由于顾客在购买产品时，总希望把有关成本包括货币、时间、精神和体力等降到最低限度，而同时又希望从中获得更多的实际利益，以使自己的需要得到最大限度的满足，因此，顾客在选购产品时，往往从价值与成本两个方面进行比较分析，从中选择出价值最高、成本最低，即“顾客让渡价值”最大的产品作为优先选购的对象。

企业为在竞争中战胜对手，吸引更多的潜在顾客，就必须向顾客提供比竞争对手具有更多“顾客让渡价值”的产品，这样，才能使自己的产品为消费者所注意，进而购买本企业的产品。为此，企业可从两个方面改进自己的工作：一是通过改进产品、服务、人员与形象，提高产品的总价值；二是通过降低生产与销售成本，减少顾客购买产品的时间、精神与体力的耗费，从而降低货币与非货币成本。

(2) 顾客总价值。使顾客获得更大“顾客让渡价值”的途径之一，是增加顾客购买的总价值。顾客总价值由产品价值、服务价值、人员价值和形象价值构成，其中每一项价值因素的变化均对总价值产生影响。

① 产品价值。产品价值是由产品的功能、特性、品质、品种与式样等所产生的价值。它是顾客需要的中心内容，也是顾客选购产品的首要因素，因而在一般情况下，它是决定顾客购买总价值大小的关键和主要因素。

② 服务价值。服务价值是指伴随产品实体的出售，企业向顾客提供的各种附加服务，包括产品介绍、送货、安装、调试、维修、技术培训、产品保证等所产生的价值。服务价值是构成顾客总价值的重要因素之一。在现代市场营销实践中，随着消费者收入水平的提高和消费观念的变化，消费者在选购产品时，不仅注意产品本身价值的高低，而且更加重视产品附加价值的高低。特别是在同类产品质量与性质大体相同或类似的情况下，企业向顾客提供的附加服务越完备，产品的附加价值越大，顾客从中获得的实际利益就越大，从而购买的总价值也越大；反之，则越小。因此，在提供优质产品的同时，向消费者提供完善的服务，已成为现代企业市场竞争的新焦点。

③ 人员价值。人员价值是指企业员工的经营思想、知识水平、业务能力、工作效益与质量、经营作风、应变能力等产生的价值。企业员工直接决定着企业为顾客提供的产品与服务的质量，决定着顾客购买总价值的大小。一个综合素质较高又具有顾客导向经营思想的工作人员，会比知识水平低、业务能力差、经营思想不端正的工作人员为顾客创造更高的价值，从而创造更多的满意的顾客，进而为企业创造市场。人员价值对企业、顾客的影响作用是巨大的，并且这种作用往往是潜移默化、不易度量的。因此，高度重视对企业人员综合素质与能力的培养，加强对员工日常工作的激励、监督与管理，使其始终保持较高的工作质量与水平就显得至关重要。

④ 形象价值。形象价值是指企业及其产品在社会公众中形成的总体形象所产生的价值。它包括企业的产品、技术、质量、包装、商标、工作场所等所构成的有形形象所产生的价值，公司及其员工的职业道德行为、经营行为、服务态度、作风等行为形象所产生的价值，以及企业的价值观念、管理哲学等理念形象所产生的价值等。形象价值与产品价值、服务价值、人员价值密切相关，在很大程度上是上述 3 个方面价值综合作用的反映和结果。形象对于企业来说是宝贵的无形资产，良好的形象会对企业的产品产生巨大的支持作用，赋予产品较高的价值，从而带给顾客精神上和心理上的满足感、信任感，使顾客的需要获得更高层次的满足，从而增加顾客购买的总价值。因此，企业应高度重视自身形象塑造，为企业进而为顾客带来更大的价值。

(3) 顾客总成本。使顾客获得更大“顾客让渡价值”的途径之二，是降低顾客购买的总成本。顾客总成本不仅包括货币成本，而且还包括时间成本、精神成本、体力成本等非货币成本。一般情况下，顾客购买产品时首先要考虑货币成本的大小，因此，货币成本是构成顾客总成本大小的主要和基本因素。在货币成本相同的情况下，顾客在购买时还要考虑所花费的时间、精神、体力等，因此这些支出也是构成顾客总成本的重要因素。这里主要考察后面 3 种成本。

① 时间成本。在顾客总价值与其他成本一定的情况下，时间成本越低，顾客购买的总成本越小，从而“顾客让渡价值”越大。因此，努力提高工作效率，在保证产品与服务质量的前提下，尽可能减少顾客的时间支出，降低顾客的购买成本，是为顾客创造更大的“顾客让渡价值”、增强企业产品市场竞争力的重要途径。

② 精力成本(精神与体力成本)。精力成本是指顾客购买产品时，在精神、体力方面的耗费与支出。在顾客总价值与其他成本一定的情况下，精神与体力成本越小，顾客为购买产品所支出的总成本就越低，从而“顾客让渡价值”越大。因为消费者购买产品的过程是一个从产生需求、寻找信息、判断选择、决定购买到实施购买，以及购后感受的全过程。在购买过程的各个阶段，均需付出一定的精神与体力。如当消费者对某种产品产生了购买需求后，就需要搜集该种产品的有关信息。消费者为搜集信息而付出的精神与体力的多少会因购买情况的复杂程度不同而有所不同。因此，企业采取有效措施减少顾客为此所耗费的精神和体力，从而降低精神与体力成本，对增加顾客购买的实际利益，降低购买的总成本，获得更大的“顾客让渡价值”具有重要意义。

5. *顾客满意战略*(Customer Satisfaction)

进入 20 世纪 90 年代，正当国内企业纷纷导入 CI 设计时，欧美等西方国家代之而起的是与 CI 思想方法颇有不同的 CS。如果把 CS 营销战略与 CI 策划相比，可以发现：CS 考虑问题的起点是顾客，CI 要建立的是企业形象；CS 要建立的是企业为顾客服务，使顾客感到满意的系统，CI 仍然摆脱不了推销的色彩。因此，就经营理念而言，CS 要比 CI 更深一层，更高一筹。

企业实施 CS 营销战略，主要应从以下几方面入手。

(1) 开发顾客满意的产品。CS 营销战略要求企业的全部经营活动都要以满足顾客的需要为出发点，所以企业必须熟悉顾客，了解用户。只有这样，企业才能科学地确定产品的开发方向和生产数量，准确地选择服务的具体内容和重点对象。把顾客需求作为企业开发产品的源头是 CS 营销战略中比较重要的一环。企业在开发满意产品的同时还要实施全面质量管理(Total Quality Management，TQM)。通用电气公司董事长约翰·韦尔奇说：“质量是我们维护顾客忠诚最好的保证，是我们对付外国竞争最有力的武器，是我们保持增长和盈利的唯一途径。”

美国质量管理协会认为，质量是某一特定的产品或服务的整体特色和特征满足所期望需要的能力。

越来越多的公司已经任命一位“质量副总经理”专门负责全面质量管理。TQM 要求确认下面有关质量改进的诸条件。

① 质量必须为顾客所认知。质量工作必须以顾客的需要为始点，以顾客的知觉为终点。如果顾客要求较高的可靠性、耐用性或者高性能，那么这些就构成了顾客眼中的质量。质量改善只有在被顾客认知时才是有意义的。

② 质量必须在公司每一项活动中体现出来，而不仅仅是在公司的产品中。通用电气公司的伦纳德·摩根曾经说过：“我们不能只考虑产品的质量，还应考虑广告、服务、产品介绍文献、送货、售后服务等方面的质量。”

③ 质量要求全体员工的承诺。唯有当公司全体员工都承诺要保证质量，以质量为动力，并得到良好培训时，质量才有保证。成功的公司是那些能消除部门障碍的公司。这些公司的员工犹如一个团队，共同为核心业务和预定的目标而工作。员工们都渴望满足他们的内部顾客以及他们的外部顾客。

④ 质量要求高质量的合伙伙伴。一个公司所提供的质量，只有当它的价值链上的伙伴都对质量做出承诺时，才有保证。所以，质量驱动型公司有责任发现和联合高质量的供应商和分销商。

⑤ 质量不断改进。最佳公司坚信，“每个人应持续不断地改善每项工作”。改善质量的最好方法就是根据“最佳等级”竞争者作为公司业绩的基准，然后努力赶上他们，或者超越他们。例如，美国铝业公司衡量了最佳等级竞争者，然后确定一个目标，要在两年内缩小 80%的差距。

⑥ 质量改进有时需要总体突破。尽管质量应持续不断地加以改进，但对一个公司来说，有时确定一个总体改进目标是必要的。小的改进常常通过努力工作就可以实现。而大的改进则要求新的思路和更高明的工作。例如，惠普公司的约翰·杨不是要求一个 10%的降低缺陷率，而是标一个 10 倍的降低率。

⑦ 质量未必要求更高成本。菲利普·克罗斯比认为，“质量不用花钱”。传统的想法是提高质量就会增加成本，降低产量。但是，质量实际上是通过学习掌握“第一次就把事情做好”的方法得以改善的。质量不是检查出来的，质量必须是设计进去的。当事情在第一次就做得很完美时，诸如抢救、修理等许多成本都可以免除，更不用提顾客不满意的损失了。摩托罗拉公司声称，在最近 5 年里，该公司的质量驱动使制造成本节省了 7 亿美元。

⑧ 质量是必要的，但不是充分的。由于买方的要求越来越高，改进一个公司的产品或服务质量无疑是十分必要的。然而同时，高质量并不保证必胜的优势，尤其是当竞争者也处于大致相同的质量水平时，例如，新加坡航空公司享有世界上最佳航线的声誉。但是，竞争的航空公司近年来已夺走了大量旅客，因为这些公司缩小了它们与新加坡航空公司在服务质量上的差距。

⑨ 质量驱动并不能挽救一个缺陷产品。庞蒂亚克仅仅靠质量驱动，无法挽救菲罗汽车，因为这车缺少一个运动发动机。换言之，质量驱动不能弥补产品缺陷。

一些国家与地区组织为了鼓励企业努力改进产品和服务的质量设立了质量奖。日本 1951 年设立了戴明奖，戴明奖把质量看作是由过程决定的，注重统计质量控制技术的应用，其总目标为确保产品和服务而进行控制。美国 1987 年创立了波多里奇(Malcolm Baldrige)国家质量奖。评审标准有 3 个基本要素：驱动因素(高级主管的领导能力)、体系(战略性质量计划、信息与分析、人力资源开发与管理、生产质量管理)和评估(顾客导向与满意度，质量与作业的成果)。评审标准：顾客导向与满意度，质量与作业的成果，生产质量管理，人力资源开发与管理，策略性质量计划，信息与分析，高级主管的领导能力。欧洲 1992 年创办了欧洲质量奖。1996 年作了改进，最明显的 3 个变化是：一是增加了合作关系和合作伙伴两个要素，反映了由于市场要求的提高与企业内部资源不足的矛盾而在当今企业管理理论与实践中出现的新趋势；二是强调顾客与创新，把创新与学习作为推进实施模型运动的关键环节和推动器、反馈器；三是把名称改为欧洲卓越企业模型，这反映了质量界的重要趋势，即把质量融入企业的各项活动中，狭窄的专门的质量职能将消失，质量将作为一种理念贯彻于企业经营的全过程、全方位。

(2) 提供顾客满意的服务。不断完善服务系统，最大限度地使顾客感到安心与便利。为此，需做好以下工作：①在价格设定方面，要力求公平、明码标价、优质优价和基本稳定；②在包装方面，一要安全，二要方便，不要让顾客买回商品使用时感到不方便、不称心；③经营中要尺足、秤满、量平；④在售后服务方面，一要访问，二要帮助安装，三要传授使用技术，四要提供零配件，帮助维修。

热情、真诚、为顾客着想的服务能给顾客带来满意，而满意的顾客又是再次上门的主要因素。美国哈佛商业杂志发表的一项研究报告指出："公司利润的25%～85%来自于再次光临的顾客，而吸引他们再来的因素，首先是服务质量的好坏，其次是产品本身，最后才是价格。"据美国汽车业的调查，一个满意的顾客会引发8笔潜在生意，其中至少有1笔成交；而一个不满意的顾客会影响25个人的购买意愿。

(3) 进行CS观念教育。对企业全体员工进行CS观念教育，使"顾客第一"的观念深入人心，使全体员工能真正了解和认识到CS行动的重要性，并形成与此相适应的企业文化，一种对顾客充满爱心的观念和价值观。

(4) 建立CS分析方法体系。用科学的方法和手段来检测顾客对企业产品和服务的满意程度，及时反馈给企业管理层，为企业不断改进工作，及时、真正地为满足顾客的需要服务。

当今时代，企业必须把工作重心转移到顾客身上。从某种意义上说，使顾客感到满意的企业是不可战胜的。

(5) 数字化整合营销。数字化整合营销模式是指从客户价值出发，以客户占有率为中心，运用现代信息技术和管理信息系统，通过与每个客户的互动对话，与客户逐一建立持久、长远的双赢关系，为客户提供定制化的产品和服务，从而实现企业利润和满足顾客需求目标的一系列营销活动过程。其实质是客户战略，其活动都是围绕着客户来展开的。数字化整合营销可以概括为"一四二"模式：一个中心即客户占有率，四个手段即营销技术数字化、客户关系互动化、产品服务定制化和沟通响应适时化，二个目标即实现企业利润和满足顾客需求。

① 营销技术数字化。"接近客户"一直是商界成功的座右铭，但只有信息技术的发展，才能为企业低成本应用、提高销售与盈利提供条件。一个传统年代的销售人员要记录个别客户的所有交易详情，需要很多人力与物力。但对于今天的销售人员来说，在很短的时间内就可以跟进和追溯数百万客户的交易记录。现在无论是数据库技术还是通信技术均已达到能以低成本广泛使用的程度。

② 客户关系互动化。从一个人对于某一信息的接受情况来看，大致在以下的比例模式：看(10%)，看＋听(30%)，看＋听＋说(40%)，看＋听＋说＋思考(70%)。也就是说，单纯的看或者听，其效果是十分微弱的，加之大量信息的交叉干扰，其有效率更是微乎其微。如果能充分调动人的各种器官，特别是思考的能力，与客户建立互动关系，那将会呈现出截然不同的结果。互联网与无线通信等技术的迅速发展使信息的互动更加方便。

这种客户战略的重点是关心“客户体验”，而非产品的制造和销售过程，体现了以客户为本的思想。

与客户进行互动的信息交流，是在网络经济时代相对于传统商务模式最有力的手段，能带给顾客非同一般的购物体验。

③ 产品服务定制化。企业要想在网络经济时代大显身手，就必须遵循个性化战略。产品应是积木式的。它是在大规模定制的基础上，针对特定客户所需要的产品或服务的体系：包括产品线的宽度、广度、产品的个性化定制、质量状况，甚至包括产品的售后服务的各个要素。数字化整合营销真正的意义，在于以不同的方式对待不同的顾客，而这种方式对这位顾客具有独特的意义。

④ 沟通响应适时化。数字化整合营销鼓励企业与每个客户进行对话，并让这种对话促成一种“学习的关系”。顾客会指出他或她所需要的产品和服务，企业则为他们提供所需的东西。顾客在这种合作关系中会提供意见，并具体说需要什么样的新产品。在此期间客户会对企业进行教育，由于这种教育的过程比较困难，所以顾客改用其他供货商的转换成本就比较高。

企业应从培养客户的忠诚度出发，全面了解客户的所需，包括他们需要什么、何时需要、如何需要，从而提供合适的、个性化的、即时的产品和促销方案，“锁定”客户。而这需要从和客户所有的往来中搜集数据并有效运用这些数据，实现顾客关系的电子化管理，并增加交叉销售与向上销售的机会。

应用案例

宝洁公司与一次性尿布

1956 年，宝洁公司开发部主任维克·米尔斯在照看其出生不久的孙子时，深切感受到一篮篮脏尿布给家庭主妇带来的烦恼。洗尿布的责任给了他灵感。于是，米尔斯就让手下几个最有才华的人研究开发一次性尿布。

一次性尿布的想法并不新鲜。事实上，当时美国市场上已经有好几种牌子了。但市场调研显示：多年来这种尿布只占美国市场的 1%。原因首先是价格太高；其次是父母们认为这种尿布不好用，只适合在旅行或不便于正常换尿布时使用。调研结果：一次性尿布的市场潜力巨大。美国和世界许多国家正处于战后婴儿出生高峰期。将婴儿数量乘以每日平均需换尿布次数，可以得出一个大得惊人的潜在销量。

宝洁公司产品开发人员用了一年的时间，最初样品是在塑料裤衩里装上一块打了褶的吸水垫子。但在 1958 年夏天现场试验结果，除了父母们的否定意见和婴儿身上的痱子以外，一无所获。

1959 年 3 月，宝洁公司重新设计了它的一次性尿布，并在实验室生产了 37000 个样品，拿到纽约州去做现场试验。这一次，有三分之二的试用者认为该产品胜过布尿布。降低成本和提高新产品质量，比产品本身的开发难度更大。到 1961 年 12 月，这个项目进入了能通过验收的生产工序和产品试销阶段。

公司选择地处美国最中部的城市皮奥里亚试销这个后来被定名为“娇娃”(Pampers)的产品。发现皮奥里亚的妈妈们喜欢用“娇娃”，但不喜欢尿布 10 美分一片的价格。在 6 个地方进行的试销进一步表明，定价为 6 美分一片，就能使这类新产品畅销。宝洁公司把生产能力提高到使公司能以该价格在全国销售“娇娃”尿布的水平。

“娇娃”尿布终于成功推出，直至今天仍然是宝洁公司的拳头产品之一。

资料来源：吴健安．市场营销学[M]. 2 版．北京：高等教育出版社，2003.

思考题：

1. 宝洁公司开发一次性尿布的决策是在什么基础上进行的？
2. 宝洁公司是否把握了现代市场营销的基本精神？

简要评析：

宝洁公司开发一次性尿布的决策充分证明了企业进行产品开发和市场营销活动必须真正理解和把握市场需求，而对市场需求的把握和确认则必须以科学且充分的市场调研为基础。

一次性尿布虽然不是宝洁公司最先开发的产品，但该公司却通过详尽的市场调研认识到了该产品巨大的市场潜力和其他品牌的产品不能畅销的根本原因。于是根据调研所了解的有关资讯对该产品进行重新设计，使之符合市场要求，并设法降低成本和销售价格使之符合消费者的支付能力和期望价格，从而使一次性尿布终于成为具有方便、卫生和经济等诸多优点且满足市场消费需求特征的畅销产品。

宝洁公司开发一次性尿布的过程，始终是一个深入了解消费需求、适应消费需求的过程。向人们充分展示了现代市场营销“在适当的时间和地点、以适当的价格把适当的产品提供给适当的消费者”的本质，充分体现了现代市场营销以消费需求为中心，在满足消费需求的基础上讲求企业长期合理利润的基本精神。

本章小结

市场营销是通过创造和交换产品及价值来满足个人或群体的需求和欲望的一种社会过程和管理过程。其核心概念是交换，基本目标是满足需求和欲望，达成顾客满意，并建立自己的竞争优势。作为一门管理学科，市场营销学产生于20世纪初的美国，它经历了形成、应用、革新和发展4个阶段，并在实践中不断充实、提高和创新，形成了系统的理论、策略和方法论体系，为各个国家和地区的经济发展做出了重要贡献。

市场营销管理哲学是指企业对其营销活动及管理的基本指导思想。其核心是如何处理企业、顾客和社会这三者之间的利益关系。市场营销管理哲学在营销实践中表现为生产观念、产品观念、推销观念、市场营销观念和社会营销观念等几种形式，而且在不断地创新与发展。

习　题

一、单选题

1. 市场是一个由消费者决定并由(　　)推动的过程。

A. 生产者　　B. 中间商　　C. 政府　　D. 零售商

2. 市场营销的核心是(　　)。

A. 生产　　B. 分配　　C. 交换　　D. 促销

3. 从市场营销的角度看，市场就是(　　)。

A. 买卖的场所　　B. 商品交换关系的总和

C. 交换过程本身　　D. 具有购买欲望和支付能力的消费者

4. 在交换双方中，如果一方比另一方更主动、更积极地寻求交换，我们就将前者称为(　　)，后者称为潜在顾客。

A. 厂商　　B. 市场营销者　　C. 推销者　　D. 顾客

5. 市场营销学作为一门独立的经营管理学科诞生于20世纪初的(　　)。

A. 欧洲　　B. 日本　　C. 美国　　D. 中国

6. 市场营销学第二次“革命”的标志是提出了(　　)的观念。

A. 以消费者为中心　　B. 以生产者为中心

C. 市场营销组合　　D. 网络营销

7. 站在经营者角度，人们常常把卖方称为(　　)，而将买方称为市场。

A. 企业　　B. 厂商　　C. 供货者　　D. 行业

8. 从营销理论的角度而言，企业市场营销的最终目标是(　　)。

A. 满足消费者的需求和欲望　　B. 获取利润

C. 求得生存和发展　　D. 把商品推销给消费者

9. 消费者未能得到满足的感受状态称为(　　)。

A. 欲望　　B. 需要　　C. 需求　　D. 愿望

10. 与顾客建立长期合作关系是(　　)的核心内容。

A. 关系营销　　B. 绿色营销　　C. 公共关系　　D. 相互市场营销

11. 当买卖双方都表现积极时，我们就把双方都称为(　　)，并将这种情况称为相互市场营销。

A. 市场营销者　　B. 相互市场营销　　C. 生产者　　D. 推销者

12. 在20世纪30年代以前，市场营销的研究领域还主要局限于(　　)，真正的市场营销观念尚未形成。

A. 生产领域　　B. 流通领域　　C. 交换领域　　D. 消费领域

13. 功能研究法属于(　　)的范畴。

A. 传统研究法　　B. 管理研究法　　C. 历史研究法　　D. 系统研究法

14. 以“顾客需要什么，我们就生产供应什么”作为其座右铭的企业属于(　　)企业。

A. 生产导向型　　B. 推销导向型

C. 市场营销导向型　　D. 社会市场营销导向型

15. 某种具有良好市场前景的产品，因生产成本很高，必须通过提高生产率和降低成本来扩大市场时，则会导致企业奉行于(　　)。

A. 生产观念　　B. 产品观念

C. 市场营销观念　　D. 社会市场营销观念

16. 通过满足顾客需求达到(　　)，最终实现包括利润在内的企业目标，是现代市场营销的基本精神。

A. 顾客价值　　B. 顾客满意　　C. 顾客偏好　　D. 顾客购买

二、多选题

1. 按照美国学者基恩凯洛斯的看法，人们对市场营销的各种定义，大致可划分为以下哪几类？(　　)

A. 企业的生产活动　　B. 为消费者服务的理论

C. 对社会现象的一种认识　　D. 生产者和消费者之间的交换过程

E. 通过销售渠道把生产企业同市场联系起来的过程

2. 经济学家从揭示经济实质的角度出发，把市场看作是(　　)。

A. 一个商品经济范畴　　B. 商品内在矛盾的表现

C. 商品供求关系　　D. 商品交换关系的总和

E. 通过交换反映出来的人与人之间的关系

3. 按照菲利普・科特勒教授的定义，我们可将市场营销的概念归纳为以下要点(　　)。

A. 市场营销的最终目的是满足需求和愿望

B. 交换是市场营销的核心

C. 交换过程是一个满足双方需求和欲望的社会过程和管理过程

D. 整体营销是实现交换的主要手段

E. 交换过程是否能够顺利进行取决于企业对交换过程的管理水平和企业产品满足顾客需求的程度

4. 交换的产生，必须具备以下条件(　　)。

A. 至少有交换双方

B. 每一方都有双方需要的有价值的东西

C. 每一方都有沟通和运送货品的能力

D. 每一方都可以自由地接受或拒绝

E. 每一方都认为与对方交易是合适或称心的

5. 市场营销理论在中国的传播和发展大致有以下几个阶段(　　)。

A. 20 世纪三四十年代的首次引进　　B. 1978—1983 年的再次引进

C. 1995 年以来的发展创新　　D. 1984—1994 年的广为传播

E. 1995 年以来的发展和创新

6. 按照管理大师彼得·德鲁克的说法，企业的基本职能是(　　)。

A. 生产　　B. 组织　　C. 市场营销

D. 创新　　E. 控制

7. 企业未能全面贯彻市场营销职能的原因主要有(　　)。

A. 外部环境的制约和影响

B. 企业各部门因认识差异而相互抵制

C. 企业组织和成员接受营销观念有一个过程

D. 企业管理者和员工常把营销等同于推销和广告

E. 企业顺利成长时极易忘记营销原则和理论

三、判断题

1. 在组成市场的双方中，买方的需求是决定性的。　(　　)

2. 市场营销就是推销和广告。　(　　)

3. 消费者尚未得到满足的感受状态，称为消费欲望。　(　　)

4. 消费者之所以购买商品，根本目的在于获得并拥有产品本身。　(　　)

5. 交换是一个过程，在这个过程中，如果双方达成了一项协议，就称为发生了交易。　(　　)

6. 市场营销的最终目标是企业获取利润。　(　　)

7. 在通常情况下，消费者往往根据其对产品效用的主观评价来决定是否购买该产品。　(　　)

8. 在购买决策中，消费者获得最大效用的前提是花费在不同商品上的每一元货币所提供边际效用相等。　(　　)

四、简答题

1. 现实市场的形成需要具备哪些条件?

2. 为什么说企业的基本职能就是营销和创新?

3. 简述企业推销观念和市场营销观念的区别。

4. 简述市场营销学的主要研究方法。

五、论述题

1. 试述市场营销学的形成与发展过程。

2. 试述西方企业 100 多年来市场营销管理哲学(观念)的演变及其历史背景。

第2章

制定营销战略与营销计划

教学目标

了解市场营销战略规划的一般过程；明确企业市场营销战略的层次结构；明确企业市场营销战略规划的过程与内容；了解经营单位的战略规划；掌握市场营销的计划的内容。

教学要求

知识要点	能力要求	相关知识
市场营销战略	(1) 理解市场意义和特点 (2) 掌握市场营销战略规划的过程与内容	(1) 营销战略的意义 (2) 营销战略的特点 (3) 企业战略层次
营销计划	(1) 了解制订营销计划的过程 (2) 掌握管理营销活动的过程	(1) 通用电气公司方法等 (2) 制订营销计划的过程

基本概念

市场营销战略；营销计划；总体战略；经营战略；职能战略

引　例

西门子公司的战略调整

西门子公司是全球最大的电子工程企业之一，拥有 46 万名员工，其业务遍布全球 190 个国家，2005 年其销售收入高达 960 亿美元。在 2005 年，该公司通过新产品创新实现了持续的增长。同时，该公司也是世界上科研投入最大的五家企业之一。不过，西门子公司在医疗影像、洁净煤技术、污染控制和风力发电以及水资源利用等领域也通过并购的方式实现了成长。该公司的高层管理人员遵循着这样一个管理哲学，即对于那些问题业务而言，要么是加以改进、要么是进行出售或者关闭。例如，该公司把亏损的手机部门出售给了中国台湾的一家企业——明基公司。另外，由于与手机供应商诺基亚公司在通信网络设备领域建立的合资企业境况不佳，该公司也对这家合资企业做出了相应的调整。

引例点评：在营销管理过程中，关键因素就是能够指导营销活动的、具有远见卓识的、创造性的营销战略和营销计划。随着超竞争环境的形成，中国和世界上其他国家，已进入知识经济时代，是战略制胜的时代。

本章将对市场营销战略概念及特点、市场营销计划的制订、为战略业务单位进行业务组合的方法等做出详细的介绍。

2.1　市场营销战略概述

2.1.1　营销战略的概念与特点

在现代社会的经济活动中，战略是企业管理中最重要的观念之一，它存在于任何组织中。“战略”一词本是军事术语，原意是指任何一个组织的全局性或决定性的谋划规划。战略问题是研究全局行动的方向、目标和实现目标的最好途径。把“战略”的概念应用在企业营销活动中，就称为营销战略。一个企业要有效地开展经营活动，实现其目标并得到发展，必须在现代市场经营观念的基础上，制定有效的市场营销战略。市场营销战略(Marketing Strategy)是指企业通过识别外部环境提供的机会和威胁，并根据自己的资源情况，对企业整个营销活动所提出的未来某个时期要达到的目标和实现目标应采取的一系列行动。

企业的营销战略关键是把握环境变化趋势和自身能力，根据自身拥有的优势，进行科学战略决策，制定企业的发展方针、目标、产品结构和方向，实现企业环境、企业能力与企业经营目标的动态平衡和统一，谋求良好的经济效益。中国直到目前仍有不少企业缺乏战略管理的观念，使企业营销无战略成为比较普遍的现象。无论哪种企业，如果不对自己的营销活动制定有效的战略，不进行战略管理，只想“凭运气”，结果一定是“败多胜少”。

企业营销战略着眼于整个企业发展的全局，目的在于解决那些对全局有长期决定影响和带方向性的重大问题。因此，营销战略属于营销管理活动中最高层次的营销决策，对企业的生存发展生死攸关，它统率着企业各种不同的具体营销活动。营销战略具有以下特点。

1. 长远性

企业营销战略是关于企业长远发展的纲领，是企业为适应未来环境的变化，有长远目标的对策，它不是为了维持企业的现状，而是为了创造企业的未来。

2. 全局性

企业营销战略是带有全局性的策略，确定企业的战略就要从整个企业的生存和发展来加以考虑，包括企业对自身发展的总体规划和整体策略手段，它是企业在市场经营中做出事关企业全局和把握企业未来发展的关键。

3. 对抗性

正像没有战争就没有战略一样，没有激烈的市场竞争，也就不需要经营人员去谋划，去搞营销战略。企业营销战略总是要针对特定的环境和对手制定。战略的对抗性也表现出比营销战术问题更需要发挥人的智慧和创造性。通过战略中的“神机妙算”，一个实力相对较弱的对手，甚至能够战胜一个实力强大的对手，这在古今中外，无论是军事、政治还是营销活动领域，都曾出现并将继续出现。由此可见，能选择和奉行正确的营销战略，不仅能弥补企业有形资源的不足，而且正确的战略本身就是最宝贵的(无形)资源；相反，如果执行的是错误的营销战略，则会使企业即使具有资源优势也不能发挥出相应的效用。

4. 应变性

战略营销是确定企业未来行动的，而未来企业的外部环境是发展变化的，能否把握环境变化，做出重大战略决策，就带有很大的风险性。因此，应在条件变化的情况下，适时加以调整，以适应变化后的情况。

5. 特殊性

战略营销不同于具体管理技术和手段，每个战略是以适应企业的资源情况和市场情况提出的，没有一个固定不变的战略方案和模式。因此，企业经营人员在战略上难以模仿别人，必须自己制定适合本企业情况的营销战略。先进的企业可能是学习的对象，且能够学习的只能是别人的战略思维方法，战略分析问题和战略控制方法，不可能照搬。

2.1.2 企业战略的层次结构

企业战略一般分为三个基本层次(见图 2.1)。

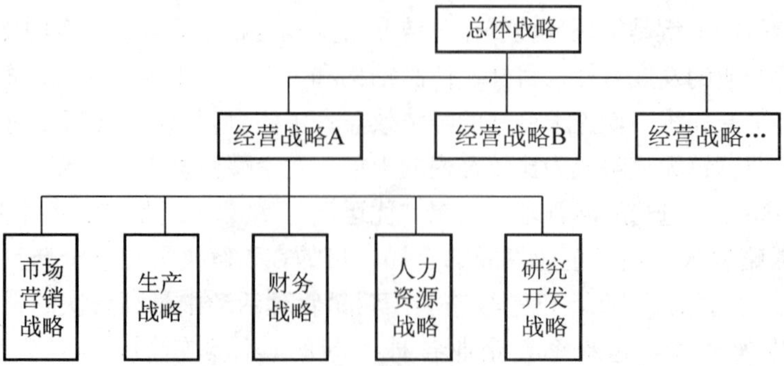

图 2.1 企业经营战略的层次结构

1. 总体战略

又称公司战略，是企业的战略总纲，是企业最高管理层指导和控制企业的一切行为的最高行动纲领。企业需要在分析企业外部环境与内在条件的基础上，根据企业使命选择企业经营活动的领域，合理配置企业资源，以保证企业稳定、持续、长远的发展。通常，总体战略由公司高层负责制定并监督落实。

2. 经营战略

又称经营单位战略、竞争战略。大企业，特别是多种经营的企业，往往从组织形态上把一些具有共同战略因素的单位(如事业部、子公司等)或其中的某些部分组合成一个战略业务单位。一个战略经营单位一般有着自己独立的产品和细分市场。经营战略通常由战略经营单位的主管负责制定并落实。迈克尔·波特把竞争战略归纳为三种类型：总成本领先战略、差别化战略和集中战略。

总成本领先战略意味着企业努力发现和挖掘所有的资源优势，特别强调生产规模和出售一种标准化的产品，在行业内保持整体成本领先地位，从而以行业最低价格为其产品定价的竞争策略。也叫低成本战略。差异化战略是指企业向顾客提供的产品和服务在行业范围内独具特色，这种特色可以给产品带来额外的加价，如果一个企业的产品或服务的溢出价格超过因其独特性所增加的成本，那么，拥有这种差异化的企业将取得竞争优势。集中战略是公司把力量集中在一个或几个范围相对较窄的细分市场上，从而使企业可以了解这些(或这个)细分市场的需求与偏好。在具体实施中，要么在选定的市场上运用总成本领先战略，要么运用差别化战略。

3. 职能战略

又称职能部门战略，是为了贯彻、实施和支持总体战略与经营单位战略而在企业特定的职能管理领域制定的战略。职能战略一般可分为营销战略、人力资源战略、财务战略、生产战略、研发战略等。职能战略可以使各职能部门及其管理人员更加清楚地认识到本部门在实施总体战略和经营战略过程中的任务，更加有效地发挥本部门的管理职能，从而保证企业目标的实现。

2.1.3　制定企业营销战略的意义

制定企业营销战略，从总体上对企业的市场营销活动进行规划、指导和约束，对于现代企业来讲，具有以下重要的意义。

1. 企业生存和发展的根本保证

企业能否在竞争激烈的市场中求得长期的生存和发展，在很大的程度上取决于企业的经营活动是否能适应外部环境的变化，企业营销战略确定了企业经营活动的方向、中心、重点和发展模式，以及结合企业的资源情况，去适应环境的变化，是企业在竞争中求生存求发展的关键。

2. 使营销活动有整体规划和统一安排

通过营销战略的总体规划，才能实现营销活动要求的企业活动目标一体化，也就是说，企业营销战略使企业的各部门、各环节都能按统一的目标来运行，得到一个协调的运转机制，才会为企业经营活动的有效性提供相应的保证。

3. 提高企业对资源的利用效率

企业营销战略计划本身就是从诸多的可以达到既定目标的行动方案中选择一个对于企业来说最好的方案，因此，凡是制订得合理和正确的、并得到了正确执行的战略计划，就能够保证企业的资源得到最有效的配置和最充分的利用。

4. 增强企业营销活动的稳定性

由于企业外部环境的不断变化，企业经营战术活动也需不断地变化和调整，任何调整都不应是盲目的、随心所欲的或仓促被动的。因此，只有在企业营销战略计划的规定下，企业才能主动地、有预见地、方向明确地按照营销环境的变化来调整自己的战术活动，主动适应环境变化，减少营销活动的盲目性，处变不惊，使企业始终能够在多变的环境中按既定的可行的目标稳步前进。

5. 企业参加市场竞争的有力武器

在激烈的市场竞争中，企业与竞争对手的竞争，不仅是企业现有实力的较量，而且是经营企业的人的智慧和才能的较量。如同在军事上存在着无数的以少胜多、以弱胜强的战例一样，企业在市场竞争中主要还是同竞争对手比较谋略。要想在市场竞争中取得胜利，首先必须要有正确的、高人一筹的或能出奇制胜的战略谋划。因为市场竞争和军事上的敌我较量的原理是相通的，竞争双方的实力固然重要，但并不是决定性的因素，决定性的因素是人，是具有更高谋略和智慧的人。所以，制订正确的并得到有效贯彻的战略计划，才能使企业在竞争中取得预期的成功。

2.2 制订营销计划

企业的市场营销工作应遵循企业总体战略所规定的战略方向。企业的总体战略计划或整体战略计划是一个在组织目标、资源和它的各种市场机会之间建立与保持一种可行的适应性管理过程。战略计划工作的目标是帮助企业不断选择、组织和调整企业的业务，使企业拥有足够健康的业务，即使企业在某些业务或产品决策中出现失误或遭受到意想不到的挫折，也能使企业健康地成长，获得满意的目标利润和持续的发展。

战略计划对于确保选择合适的活动并加以实施至关重要。一般而言，战略计划需要包括三个主要方面的内容：首先把企业的业务作为一项投资组合进行管理；其次是通过分析市场增长率和企业在市场中的地位，评估每项业务的优势；最后是制订相应的战略。

现代大型企业一般都是由 4 个组织层次构成，分别是公司(决策)层、部门(职能)层、业务层和产品层。企业总部负责制订总体战略计划，以指导整个企业的发展方向，并决定资源的分配和发展新的业务计划等。企业的每个业务单位必须在总体战略指导下，制订自己的战略计划，即经营战略，以便有效地利用各种分配的资源，取得良好的经济效益。当然，各业务单位也必须制定业务单位战略计划，以便确保该业务单位在将来是有利可图的。最后在每个业务单位内的产品层次，每个产品、产品线、品牌都要制订一个营销计划，以求达到某个特定产品的市场预定目标。

营销计划是指导和协调市场营销努力的核心工具。一般而言，营销计划的制订包括两个层次：战略营销计划和战术营销计划。其中，战略营销计划是在分析当前最佳市场机会的基础上确定目标市场并提出价值主张。战术营销计划则描绘了特定时期的营销战术，包括产品特征、促销、销售规范、定价、销售渠道和服务等。

营销视野

英特尔(Intel)

世界上 80%的个人计算机微处理器都是英特尔公司的。在以前，英特尔公司的微处理器只是简单地以其工程数字来命名，如“80386”或“80486”，并把其芯片产品定位成最先进的微处理器芯片。但后来，英特尔公司发现，数字是不能作为商标的。竞争对手会随即生产出“486”的芯片，从而使英特尔公司无法突显自己。更糟糕的是，英特尔公司的产品是隐藏在个人计算机最里面的。因为经营的是隐藏在里面的、无商标产品，所以英特尔公司很难劝说消费者花高价来购买其优质产品。

为此，英特尔公司开展了史无前例的营销活动。该公司选择一个商标名称——奔腾(Pendium)，并开展了“内置英特尔”(Intel Inside)的营销活动，以便提高品牌认知度，并通过在个人计算机的外部贴上英特尔的商标来强化消费者的记忆。

英特尔公司还通过创新性的合作计划来拓展上述营销活动：如果生产商在广告中包含了英特尔商标，那么英特尔公司就帮助使用英特尔微处理器的计算机制造商宣传它们所生产的计算机产品。如果制造商同意在笔记本计算机外部注明英特尔商标，英特尔公司也会给它们提供一定的补偿。

直到今天，英特尔公司仍在进行基于配件的整合营销活动。例如，在把移动迅驰(Centrino)微处理器投放到市场上时，英特尔公司通过电视广告在美国和其他 11 个国家进行了宣传。在这些广告中，包括动画的企业标识和现在人们熟悉的五音符品牌信号旋律。然后，英特尔公司又开展了印刷广告、网络广告和户外广告宣传活动。英特尔公司还面向重要报纸创作了长达 8 页纸的报纸插页广告，其中重点强化密切联系的世界里不仅可以无线联系，而且还足够清晰、没有烦恼、没有妥协、没有压力。

英特尔公司在主要城市(如纽约、芝加哥、洛杉矶和西雅图等)举行了“无线日”大型活动。除了允许参与者免费试用基于 WiFi 的无线接入技术，英特尔公司还在每个城市记性了这样的活动——现场音乐演唱、产品展示盒价格折让。

“无线日”活动是英特尔公司的另一项营销活动。英特尔公司耗资 3 亿美元在媒体上宣传其移动迅驰技术平台。其中，包括与制造商的合作广告费用。这笔广告投入，使英特尔公司在前九个月里就产生了 20 亿美元的收入。

这类活动仍在继续。在 2006 年，英特尔公司推出了新的品牌识别活动，并在全球范围内投入 20 亿美元来支持这项活动。英特尔公司推出了新的标识，其中包括不同的字体和更新的视觉图案，并提出新的口号——“超越未来”(Leap Ahead)。除了新的标志和新的口号以外，英特尔公司还开发了 Viiv(与“five”谐音)的新微处理平台，它的目标顾客是那些热衷与家庭娱乐的人。这些活动的目的，是为了让人觉得英特尔是令人兴奋的、不拘一格的消费品公司，拥有计算机之外的其他产品。英特尔仍然是世界上最有价值的品牌之一。在 2006 年的国际品牌和商业周刊对世界品牌的排名中，它的品牌价值是 320 亿美元，位于世界第五位。

(资料来源：[美]菲利普·科特勒等．营销管理[M].13 版．王永贵等，译．上海：格致出版社、上海人民出版社，2009.11.)

企业整体战略是企业和部门的战略计划，通过确定企业的使命、战略和目标，为企业的各个部门和业务单位建立战略计划的框架。

特别提示

(1) 企业战略计划涉及3个关键问题。

(2) 要把企业的业务管理作为一项投资组合来管理。

(3) 企业的每项业务的利润潜力都是不同的，企业应当把有限的资源分配给更有发展、更有潜力的业务，要准确预测企业每项业务的利润潜力。

(4) 企业要根据产品的市场成长率、企业市场地位和对市场的适应性来预测每项业务将来的获利能力，而仅凭当前的销售量和利润来评价是不够的。

企业要为每一项业务制订战略计划，即根据企业在市场中的地位以及企业的目标、机会、技能和资源确定一个最有效的战略，从而实现长期发展的目标。

企业营销战略计划的制订通过以下几个步骤循序进行：确定企业使命、制定营销战略任务、建立战略业务单位。

2.2.1 确定企业使命

一个企业组织存在，首先就是为了要做某些和某种事情即使命(Mission)。通常当为了做某件事成立的公司，似乎不存在“我们是做什么的问题”，但是随着环境变化，原来做的事现在不做了，原来只做某件事现在则还要做更多的事了，因此这样的问题就出现了，公司到底是做什么的？或者，应该做什么。当所谓的使命模糊的时候，就是失去目标的时候。不清楚自己使命的公司，就可能成为一个随波逐流而不是一个具有主动性的公司。一个企业要明确和完成自己的使命，可以参考彼得·德鲁克的五个经典问题：

我们的企业是干什么的？

我们的顾客是谁？

我们对顾客的价值是什么？

我们的业务将是什么？

我们的业务应该是什么？

这些听上去很简单的问题正是企业必须做出答复的根本的营销战略问题。成功的企业经常向自己提出这类问题，并慎重而全面地做出回答。由于企业市场经营环境的不断变化，会使企业原来的发展轨迹或方向与已发生变化的环境发生冲突；由于企业的组织、产品、资源和人员的变更，也会使企业原定的任务变得模糊不清；或者，由于新的市场机会的出现，企业必须变更原来的经营方向和业务范围来充分利用有利的市场机会；或者创建一个新企业；如此等等。确定企业的战略任务，就是规定企业在一个比较长的时间内所要取得的发展结果。营销战略任务涉及企业全面发展提出的要求或目标。因此，企业的战略任务就是企业的使命或宗旨，它是企业为其经营活动所下的定义，它是企业经营哲学的具体化。费雷德·史密斯希望“无论在美国的哪一个地方，邮件的到达时间都不迟于第二天早上10点半”，结果他创建了联邦快递公司。好的企业使命往往具有以下特点：第一，集中在有限目标上。第二，应该强调公司的主要政策和价值观。第三，应该明确公司想要参与竞争的主要领域与范围。第四，必须立足于长期视角。

2.2.2　制订营销战略任务

一个组织的战略任务受 5 个关键性要素的影响所形成，企业在制订营销战略任务时，应考虑这 5 个因素的影响。

1. 发展历史

每个组织都有自己的目标、方针和成功的历史。在企业的发展过程中，企业积累了许多经验和不少可以利用的财富。所以，企业不能忽视其发展历史。当企业为实现一个新的目标时，该组织必须了解和尊重它自己历史上的卓著特征，在制定新的战略任务时，才能充分发挥企业现有的和潜在的优势。

2. 管理者和所有者的当前偏好

企业的主要管理决策人员有他们自己个人的目的和观念，有其特有的性格、业务专长、文化背景和管理风格，由此形成其对企业当前发展和管理的偏好。比如一个企业的经理，在其任期内追求的是更稳妥的发展，而不愿意冒过大的风险，则那种具有较大风险的发展方向，会使这类经理难以适应和承担，当然，他也不会选择这类发展方向。

3. 市场环境

市场环境会影响企业的目标。这些环境构成了企业发展的主要机会和威胁，必须加以考虑。企业的战略发展方向应该是能充分利用出现的市场机会，避开环境的威胁，尤其是那些对企业发展可能具有毁灭性的威胁，必须具有切实的措施或对策来防止其可能对企业所造成的危害。

4. 资源

组织的资源使得企业某些任务能够实现，同时又会限制另外一些任务的实现。企业的资源不仅是指传统上所讲的人、财、物这些资源，也包括企业人员素质、管理水平、社会形象、品牌的知名度、使用和开发新技术的能力等。企业所制定的战略任务，最终能否完成，必定受企业资源的限制。所以，规定企业的战略任务，必须是既有资源的保证，又能充分利用企业的资源。

5. 独有能力

企业目标的选择应该建立在它所独有的能力上。在面对新的市场环境，即使是有些看上去非常诱人的机会，如不能扬企业之所长，未必是企业可以利用的。也许麦当劳公司完全有机会进入太阳能行业，但是这样一来便失去了它的主要特色——为广大顾客提供廉价食品和快速服务。

为了使企业任务更加明确，许多企业制定了任务说明书，全面和具体阐述了企业的发展目标、方向和机会，使企业的每个成员都负有一种使命感，都能为实现企业的目标努力工作。此外企业的任务书还包括了为达成企业使命，所要涉及的主要竞争范围。

2.2.3 任务书涉及的主要竞争范围

1. 行业范围

企业应考虑行业范围。有的企业只在某一行业经营，有些可能跨行业经营，有些企业只要能赚钱，什么行业都可以进入。

2. 产品与应用范围

企业生产的产品和应用领域，企业可以限制产品的应用对象，例如，轮胎制造商可以限制其业务是为航空业生产轮胎。

3. 能力范围

企业能够掌握和支配的技术与其他核心能力所涉及的范围。例如，海尔公司在家用电器方面建立了核心能力，它就能提供洗衣机、电冰箱、空调等产品。

4. 市场细分范围

这是企业想要服务的市场或顾客类型。

5. 纵向范围

企业满足自己需要的供应程度。一个极端是企业完全依靠自己的力量，满足全部生产和经营的需要。另一个极端是企业完全没有纵向的结合，只有一个人守着一部电话和一张写字台，与各种供应商联系，包括设计、制造、营销和实体分配，例如所谓的“纯粹的营销公司”。

6. 地理范围

即企业希望活动的区域范围。

企业的使命不是一成不变的，随着时间的推移，企业具有的能力会变，环境也会变化，因此，企业的使命将随着这些变化而变化。使命的变化通常就是战略转变的含义。营销管理人员如果在需要战略转变的时候，不能审时度势，尽快地实现变化，对企业生存来说都是危险的。Intel 公司在 20 世纪 80 年代初期，遭遇日本和韩国公司在公司原来主要业务领域——半导体储存芯片的进攻，当时公司总裁葛洛夫提出公司应转向专门搞 CPU 业务，遭到从公司董事会到一般管理人员的“上下一致”反对，但葛洛夫竟以辞职进行“摊牌”，使 Intel 公司实现了这次战略转变，并成为世界上盈利能力最强和发展前途最好的公司之一。为此，就有了葛洛夫的“只有偏执狂才能生存”的名言！但是，人们也不乏见到，像中国巨人集团那种不清楚自己使命，随意转向，将一个原来在 IT 行业中很好的公司转到房地产而终“走麦城”。

2.2.4 建立战略业务单位

企业在确定了战略任务后，还须进一步规定企业的业务范围，以便进行战略管理，使企业的战略任务更加具体。

特别提示

(1) 企业的业务范围可以从 3 个方面加以确认。

(2) 企业所要服务的顾客群，即明确市场类型。

(3) 企业所要满足的顾客需要，即明确市场需求类型。

(4) 企业用以满足顾客需要的技术和技术方法，即明确适宜的产品类型或产品服务形式。

企业在确定其业务范围时要注意以下事项。

(1) 在确定其业务范围时应该从产品导向转向市场导向。因为企业的市场定义远比企业的产品定义更加重要，企业经营必须看成是一个顾客满足的过程，而不是一个产品生产的过程。产品是短暂的，有其生命周期，而顾客群和顾客的需要则是永恒的。一家生产人力运输车的企业在汽车问世后不久就会被淘汰，但是同样一个企业，如果它明确规定企业的任务是提供交通工具，它就会从人力运输车的生产转向汽车生产。

(2) 在制定企业的业务范围时，要避免两种倾向：一种是对企业的业务范围规定得过于狭窄，这将导致在市场上出现有利于企业发展的机会时不能把握，限制了企业的进一步发展；另一种是把企业的业务范围过于夸大，这将使企业在发展过程中目标不明确，经营无重点，从而使企业丧失有利的市场。

由于大多数企业，包括一些较小的企业都可能同时经营若干业务。在划分了不同的业务范围后，就可以建立战略业务单位，每一个独立的经营业务范围就是企业的一个战略业务单位(Strategic Business Units，SBU)。一个战略业务单位应当是企业能为其制订专门的营销战略计划的最小经营单位。有时候战略业务单位就是企业的一个部门或几个部门或者是某部门的某类产品，或者就是某种产品或品牌。

特别提示

(1) 一个战略业务单位有 3 个基本特征。

(2) 它是一项业务和几项相关业务的集合，在性质上可以和企业其他业务分开而独立地运作。

(3) 它有自己的竞争者。

(4) 它有专职的经理，来负责战略计划、利润业绩，并且有能力控制影响利润的大多数因素。

战略业务单位的建立的必要性在于不同的业务，其面对的市场情况，竞争情况，开展这项业务需要的内部条件和组织方式都有不同，不能将它们纳入到一个业务计划中来。必须将它们分开，进行战略规划。每项业务完成了自己的战略目标，企业总体战略目标也就实现了。

2.3　为战略业务单位(SBU)分配资源

企业在明确了战略任务，并根据战略任务的规定，确定了战略目标并建立了战略业务单位以后，就要对企业各战略业务单位进行资源分配。这种分配提供了战略业务单位的完成计划目标的能力，分配的主要形式是对资金分配，通常也称为企业的业务投资组合分配。企业建立战略业务单位的目的，就是要将企业有限的资源在各个战略业务单位之间进行合理的分配。之所以要进行资源分配，一是因为在新的战略任务的规定下，原有的某些业务将会被放弃；二是企业某些现在所经营的业务需要在企业现有的资源规模限制下进行调整，或是扩大，或是缩小。企业在一定的时期，拥有的资源是有限的，它必须以有限的资源来充分保证企业重点发展的业务。为每个战略业务单位分配资源，就是将企业的资源在各战略业务单位之间，按战略任务和目标要求合理配置，以决定企业将要建立、维持、收缩和淘汰哪些现有的业务。

由于企业在经营计划制订以后，企业有限的资源就被分配到各个战略业务单位，这种资源的分配在一定的时期(一般指一个战略周期)具有“不可逆”的特点，即某项业务一旦投入运作，就开始消耗企业的资源，不经过运营，是无法再取回来的。为每个战略业务单位分配资源就成为企业战略计划工作中一件需要极其慎重对待的事。在制订企业业务组合计划时，有两个著名的方法。

2.3.1 BCG 矩阵图法

1. BCG 矩阵图法

BCG 矩阵图是从二维角度来分析产品结构是否合理，这二维指标是市场增长率和相对市场占有率，如图 2.2 所示。

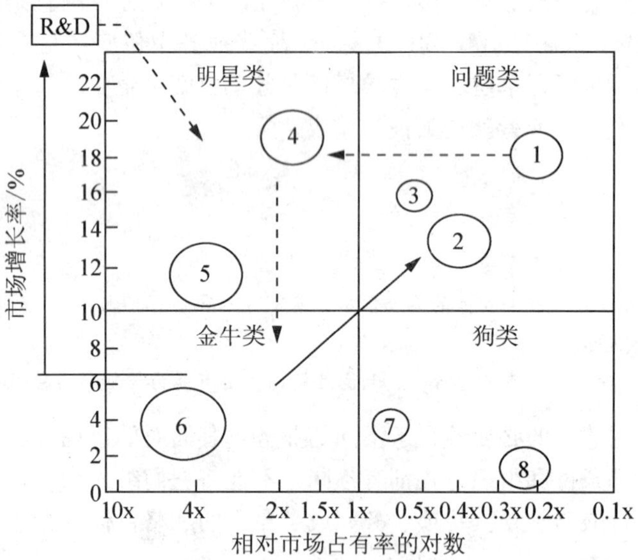

图 2.2 公司经营组合图 1

图 2.2 中横坐标表示相对市场占有率，以对数尺度表示，指某企业各个产品的市场占有率与同行业中最大竞争对手的市场占有率之比。图中⑥号产品的相对市场占有率为 4x，表明该产品是市场领先者，它的市场占有率为名列第二位产品市场占有率的 4 倍。凡大于 1x 的产品都是市场领先者，小于 1x 的产品则是市场占有率较小者。

纵坐标表示市场增长率，①、②、③、④、⑤产品都处在高市场增长位置，而⑥、

⑦、⑧产品则处在低市场增长率位置。

BCG 矩阵图有以下特征。

(1) 始终把企业的产品放在一个开放的环境中去研究、去把握。判断一个企业的产品结构是否合理，关起门来研究无法抓住问题的实质。因为所谓产品结构合理就是指企业生产或经营的全部产品线、产品项目的配备和组合具有市场优势，离开市场也就无所谓优势和劣势，也失去了评价和调整的基础。

(2) 科学地选择评价指标。BCG 矩阵图并没有采用利润、销售额等绝对值指标来判断产品的市场竞争力，而是选用了市场增长率指标和相对市场占有率指标。前者说明的是企业产品所处市场的发展性质，即该产品正处在生命周期的哪一个阶段，是导入期、成长期、成熟期，还是衰退期。后者则表明企业产品在某一市场中的地位，是领先者、挑战者、追随者，还是补缺者。值得指出的是，利润额、销售额指标并不能准确反映企业的经营业绩和市场地位，相对市场占有率这一相对指标却能客观地反映这一点。例如，某企业一产品的利润今年比去年增加 50%，但市场占有率却下降 5%，这一态势表明该产品整体有较大发展，但该企业的业绩却在大幅度下滑。

特别提示

(1) 产品组合：一个企业生产或经营的全部产品线、产品项目的配置和组合方式。

(2) 产品线：具有相同的使用功能，但其型号规格由不同的一组类似的产品项目组合，又称产品大类。

(3) 产品项目：产品线中按尺寸、价格、外形、价格等区分的产品单位。

(4) 产品组合的宽度：一个企业生产经营的产品线(或大类)的多少，也称产品组合广度。

(3) 根据二维指标形成的 4 个象限，把产品分别归类研究。二维指标构成的矩阵形成了问题类、明星类、金牛类和狗类 4 个象限。BCG 矩阵图正是根据不同象限产品的不同特点来分析某一企业产品结构是否合理。

(4) 指标简洁，可操作性强。由通用电气公司(GE)首创的 GE 矩阵法为了对产品线组合进行评估分析，采用了行业吸引力和产品线实力两大指标。其中，行业吸引力主要根据该行业的市场规模、市场增长率、历史毛利率、竞争强度、技术要求、通货膨胀、能源要求、环境影响以及社会、政治、法律因素等加权评分得出，分为高、中、低三档。产品线实力主要根据企业产品线的市场份额、市场增长率、产品质量、品牌信誉、分销网、促销效率、生产能力与效率、单位成本、物资供应、研究与开发实绩、管理人员等加权评分得出，分为强、中、弱三档。GE 矩阵法较之 BCG 矩阵图法综合考虑更多因素、更显全面。然而，过于繁复的评价内容反而使评估分析工作的可操作性大大降低。

2. BCG 矩阵图的运用

BCG 矩阵图作为决策咨询的工具，适用于以下领域和方面。

(1) 判断企业产品组合是否合理。把企业产品在矩阵图上定位以后，就可以明确地判断企业产品组合得合理与否。一般来说，不合理的产品组合就是有太多的狗类或问题类产品，以及太少的明星类和金牛类产品。由于历史等原因，一些传统企业生产的产品大都是传统产品，且市场份额都不大，几乎所有产品都挤在“狗类”。应该指出，上述情况在传统型国有企业中具有一定的代表性；反之，外资、合资企业却往往从市场增长率高的问题类产品做起，凭借实力和合理经营，逐步进入明星类和金牛类，当产品接近狗类时则应果断淘汰之，使其产品结构始终处在优化的状态。

(2) 针对不同产品确定发展目标。由于企业不同产品的市场增长率和相对市场占有率不同，因而它们对企业经济效益的贡献或是大，或是小；或是正，或是负。为此，应为每一个产品确定一个目标。结合 BCG 矩阵和 GE 矩阵，可以形成图 2.3。对此图所形成的 9 个象限，分别给予不同的发展目标定位，分别进行管理。

图 2.3　公司经营组合图 2

(3) 分析企业产品的走势。由于相对市场份额指标能比较客观、准确地反映企业的经营实绩，市场增长率指标又能反映某一产品市场的发展态势，所以某一产品历年在 BCG 矩阵图中的位置变化，又能动态地反映出该产品的走势。某企业核心产品 1985—1999 年的走势如图 2.4 所示。

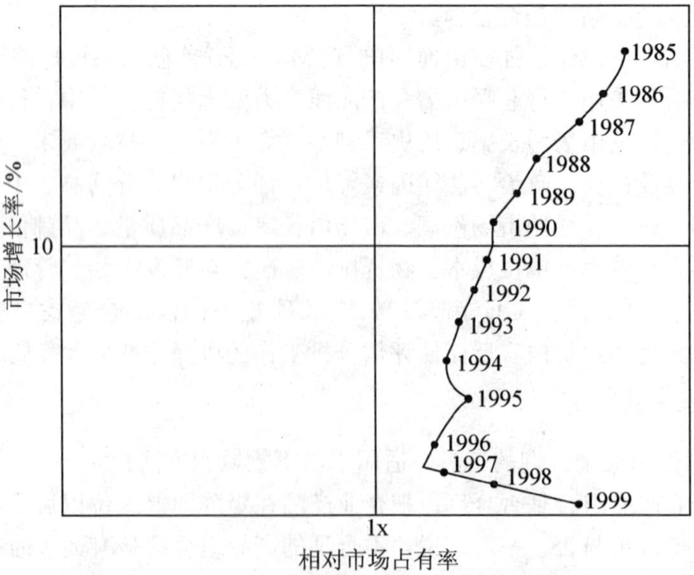

图 2.4　某企业核心产品 1985—1999 年的走势图

图 2.4 表明，该产品从未成为市场领先者，近年来市场份额连年减少，而且没有任何材料可以证明该产品的市场增长率会上升，相对市场占有率会提高。因而，该企业就面临着产品调整的重大抉择。

(4) 分析加入 WTO 的影响。我国加入 WTO 后，某些行业将会受到一定的冲击。其冲击程度用 BCG 矩阵图来表示。例如，某产品原来处在高相对市场占有率的位置(即明星类和金牛类)，可是，当有强大的竞争对手进入目标市场，同时竞争对手成为市场领先者时，原领先者的市场位置将由明星类或金牛类右移至问题类或狗类，竞争对手实力越强，原领先者的右移程度也越大。这意味着原来盈利产品将成为微利产品或者亏损产品。当然，这一研究思路也适合分析企业面临其他强大对手挑战时所受的影响。

(5) 多元化经营利弊分析。当一个企业的资源分散于许多个产品，每个产品实力都很弱时，该企业产品没有一个处在明星类和金牛类，其结构呈现极不合理的格局，经济效益一般较差，即为“多元化陷阱”。对于这类企业应相对集中资源培育核心产品，或者实现“有限相关多元化”，使企业的核心能力得以积累和壮大。

(6) 追踪和分析某大类商品的结构变化和发展趋势研究。如果将 BCG 矩阵图的指标适当改变，这一工具适用面更宽。波士顿咨询公司中国分公司 1995 年曾用这一工具分析“中国城镇对食品新品种的需求”，如图 2.5 所示。

在图 2.5 中，各类食品都有自己的位置，这对于了解各品种的发展趋势和市场容量特别直观和生动。

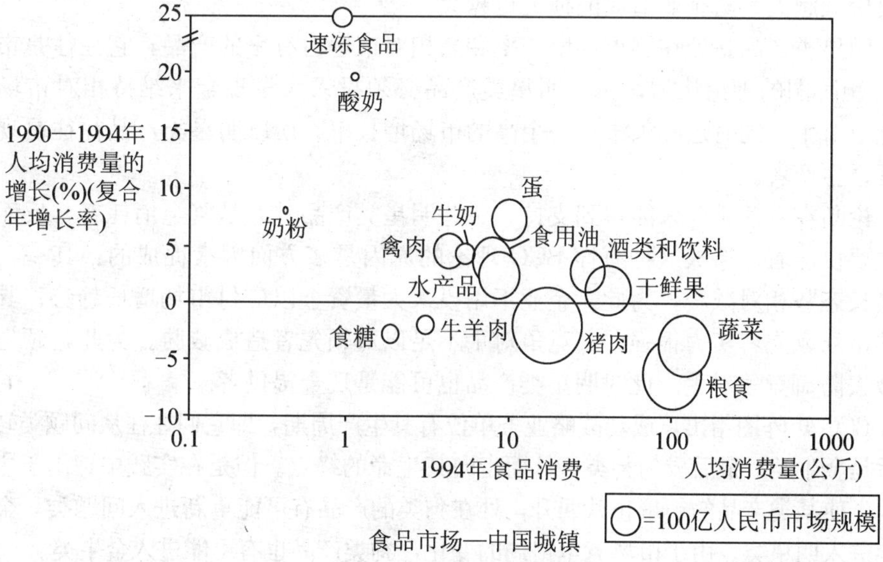

图 2.5　公司经营组合图 3

3. BCG 矩阵图的缺陷

实践证明，BCG 矩阵图是一个很有用的分析工具。可是，这一工具存在以下问题。

(1) 在选择评价指标时，BCG 矩阵图有其特色，但是，市场增长率指标不仅要取正值，而且也应包括负值，这样更符合实际。在我国，有不少商品的市场增长率处在负增长区域，如图 2.5 所示的粮食、蔬菜、猪肉、牛羊肉、食糖等。这些产品虽然市场增长率下降，但仍是社会不可缺少的，其绝对量仍是一个巨大的市场，因而仍会吸引一大批企业生产和经营，而这样的产品在 BCG 矩阵图中找不到位置。为此，BCG 矩阵图可以扩展为 7 个象限，如图 2.6 所示。

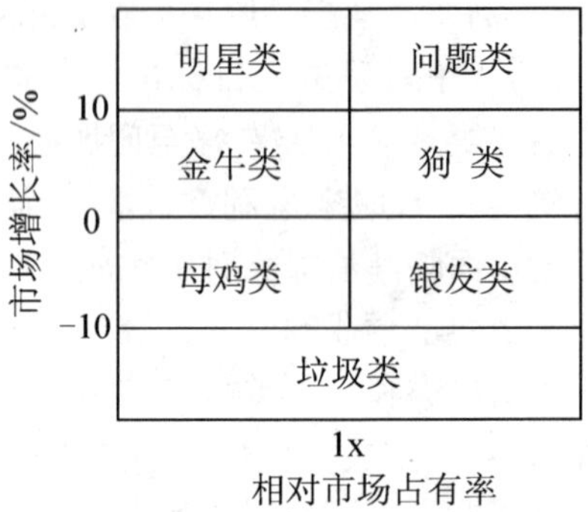

图 2.6　公司经营组合图 4

凡处在市场负增长幅度较小而相对市场占有率高的产品，称为母鸡类产品。这一类产品由于市场负增长，企业不必再投入大量资金，又因为是领先者，所以能取得一定的规模效益。银发类产品市场负增长且相对市场占有率低，这类产品如果没有特色、定位不准确，其经营将很困难。垃圾类产品是指该类商品销量急剧下降，已经处在淘汰期，垃圾类产品相对份额越大，给企业造成的损失也越大。

(2) 明星类产品是处在高市场增长率和高相对市场占有率的产品，它往往是市场领先者。BCG 矩阵图的理论认为，由于明星类产品必须投入大量现金来维持相对市场占有率来击退竞争对手，同时还必须维持一个高的市场增长率，所以明星类产品往往是现金消耗者而非现金生产者。

这一论断在一些企业未能得到支持，一些明星类产品并非是资金消耗者，反而是企业利润的主要供应者。造成这种有悖 BCG 理论的原因是多方面因素促成的：其一，某类产品市场增长态势相对减缓，为此，企业不用投入大量资金以应付市场增长趋势；其二，该类产品的市场领先者实力很强，其竞争对手不足以对领先者造成威胁。为此，领先者不用花费资金去防御竞争对手。此时明星类产品也可能是现金提供者。

(3) BCG 矩阵图指出，成功战略业务单位有其生产周期，即它们往往从问题类转向明星类，然后是金牛类，最后成为狗类，从而走向其生命的终点。但是在实践中，由于主客观的种种原因，使某类产品的销量止跌回升，处在狗类的产品有可能重新进入问题类，金牛类产品也可能进入明星类。由于市场竞争格局的变化，狗类产品也有可能进入金牛类。

2.3.2　通用电气公司方法

说到 GE 矩阵就一定要结合 BCG 矩阵一起比较讨论，因为 GE 矩阵可以说是为了克服 BCG 矩阵缺点而开发出来的。由于基本假设和很多局限性都和 BCG 矩阵相同，最大的改善就在于用了更多的指标来衡量两个维度。

针对波士顿矩阵所存在的很多问题，美国通用电气公司(GE)于 20 世纪 70 年代开发了新的投资组合分析方法——GE 矩阵。相信很多人都听过 GE 多元化的故事了，如果非“数一数二”的 SBUs 都要脱离 GE 的航母，GE 就是用这个矩阵的。GE 矩阵相比 BCG 矩阵，GE 矩阵也提供了产业吸引力和业务实力之间的类似比较，但不像 BCG 矩阵用市场增长率来衡量吸引力，用相对市场份额来衡量实力，只是单一指标；而 GE 矩阵使用数量更多的因素来衡量这两个变量，纵轴用多个指标反映产业吸引力，横轴用多个指标反映企业竞争地位，同时增加了中间等级。也由于 GE 矩阵使用多个因素，可以通过增减某些因素或改变它们的重点所在，很容易地使 GE 矩阵适应经理的具体意向或某产业特殊性的要求。

GE 矩阵可以用来根据事业单位在市场上的实力和所在市场的吸引力对这些事业单位进行评估，也可以表述一个公司的事业单位组合判断其强项和弱点。在需要对产业吸引力和业务实力做广义而灵活的定义时，可以以 GE 矩阵为基础进行战略规划。按市场吸引力和业务自身实力两个维度评估现有业务(或事业单位)，每个维度分三级，分成 9 个格以表示两个维度上不同级别的组合。两个维度上可以根据不同情况确定评价指标。

绘制 GE 矩阵，需要找出外部(行业吸引力)和内部(企业竞争力)因素，然后对各因素加权，得出衡量内部因素和市场吸引力外部因素的标准。当然，在开始搜集资料前仔细选择哪些有意义的战略事业单位是十分重要的。

(1) 定义各因素。选择要评估业务(或产品)实力和市场吸引力所需的重要因素。在 GE 内部，分别称之为内部因素和外部因素，如图 2.7 所示。图中列出的是经常考虑的一些因素(可能需要根据各公司情况做出一些增减)。确定这些因素的方法可以采取头脑风暴法或名义群体法等，关键是不能遗漏重要因素，也不能将微不足道的因素纳入分析中。

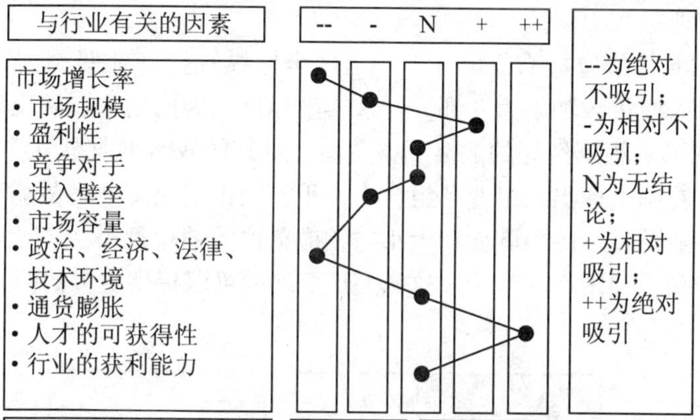

企业竞争力评估准则	评分	重要性	加权后的分数
• 营销能力	4	0.15	0.6
• 知名度	5	0.1	0.5
• 技术开发能力	4	0.05	0.2
• 产品质量	3	0.1	0.3
• 行业经验	4	0.05	0.15
• 融资能力	4	0.15	0.6
• 管理水平	3	0.05	0.6
• 产品系列宽度	5	0.1	0.25
• 生产、销售能力和人员水平	4	0.05	0.2

图 2.7　GE 矩阵考虑因素

(2) 估测内部因素和外部因素的影响。从外部因素开始，纵览图 2.7(使用同一组经理)，并根据每一因素的吸引力大小对其评分。若一因素对所有竞争对手的影响相似，则对其影响做总体评估；若一因素对不同竞争者有不同影响，可比较它对自己业务的影响和重要竞争对手的影响。在这里可以采取五级评分标准(1＝毫无吸引力，2＝没有吸引力，3＝中性影响，4＝有吸引力，5＝极有吸引力)。然后也使用五级标准对内部因素进行类似的评定(1＝极度竞争劣势，2＝竞争劣势，3＝同竞争对手持平，4＝竞争优势，5＝极度竞争优势)。在这一部分，应该选择一个总体上最强的竞争对手做对比的对象。

具体的方法如下所示。

确定内外部影响的因素，并确定其权重。

根据产业状况和企业状况定出产业吸引力因素和企业竞争力因素的级数(五级)。

最后，用权重乘以级数，得出每个因素的加权数，并汇总，得到整个产业吸引力的加权值。

(3) 对外部因素和内部因素的重要性进行估测，得出衡量实力和吸引力的简易标准。这里有定性和定量两种方法可以选择。

定性方法：审阅并讨论内外部因素，以在第二步中打的分数为基础，按强中弱 3 个等级来评定该战略事业单位的实力和产业吸引力如何。

定量方法：将内外部因素分列，分别对其进行加权，使所有因素的加权系数总和为 1，然后用其在第二步中的得分乘以其权重系数，再分别相加，就得到所评估的战略事业单位在实力和吸引力方面的得分(介于 1 和 5 之间，1 代表产业吸引力低或业务实力弱，而 5 代表产业吸引力高或业务实力强)。

(4) 将该战略事业单位标 GE 矩阵上。矩阵坐标纵轴为产业吸引力，横轴为业务实力。每条轴上用两条线将数轴划为 3 部分，这样坐标就成为网格图。两坐标轴刻度可以为高中低或 1.0 至 10.0。根据经理的战略利益关注，对其他战略事业单位或竞争对手也可做同样分析。另外，在图上标出一组业务组合中位于不同市场或产业的战略事业单位时，可以用圆来表示各企业单位，图中圆面积大小与相应单位的销售规模成正比，而阴影扇形的面积代表其市场份额，如图 2.8 所示。这样 GE 矩阵就可以提供更多的信息。

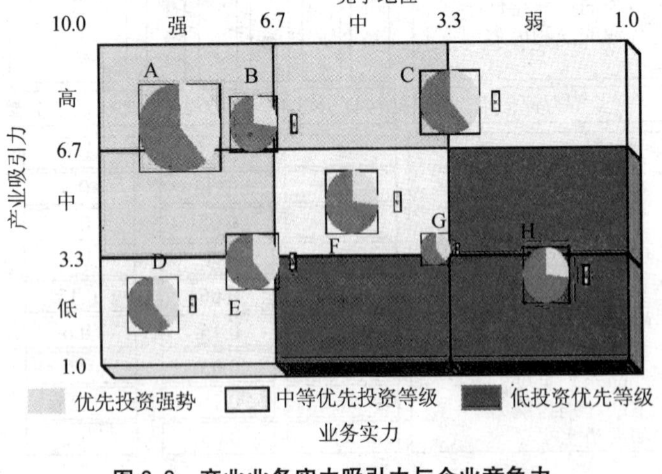

图 2.8　产业业务实力吸引力与企业竞争力

(5) 对矩阵进行诠释。通过对战略事业单位在矩阵上的位置分析，公司就可以选择相应的战略举措。归结为一句话“高位优先发展，中位谨慎发展，低位捞他一把”。如果用图 2.8 进行分析则如下。

绿色区域：采取增长与发展战略，应优先分配资源。

黄色区域：采取维持或有选择发展战略，保护规模，调整发展方向。

红色区域：采取停止、转移、撤退战略。

一般比较具体的战略图如图 2.9 所示。

产业吸引力 \ 竞争力	高	中	低
高	尽量扩大投资，谋求主导地位	市场细分以追求主导地位	专门化，采取购并策略
中	选择细分市场大力投入	选择细分市场专门化	专门化，谋求小块市场份额
低	维持地位	减少投资	集中于竞争对手盈利业务，或放弃

图 2.9　企业战略图

2.4　市场营销计划的内容

在战略业务单位内，企业为实现本业务要求的战略目标，必须制订产品层次的营销计划。产品市场营销计划主要针对的是企业在此项业务内的产品线、品牌或新的产品编制的计划，它对于业务战略计划而言，也是具体执行的计划。因为该计划一般涉及具体的产品，也被称为“商业计划书”。一个企业的产品经理必须负责编制此计划并在批准后负责组织实施。一个常见的产品营销计划由 8 个标准部分的内容组成。从编制方法讲，最前面的部分应在整个计划编制完后进行，但它应放在整个计划书的最前面。

1. 计划概要

营销计划的开始应对计划的主要内容和关键点进行一个简明扼要的概括，以便企业的决策者能迅速了解计划的主要内容。在概要之后是整个计划书的目录表。

2. 目前的营销状况

这一部分包括市场、产品、竞争、分销和宏观环境的背景资料。

1) 市场状况

这里提供的是有关企业目标市场的主要数据。市场的规模和成长，由过去几年的总销售量、各细分市场、区域市场来表示。数据要反映顾客的需求、观念和购买行为的发展趋势。

2）产品状况

要反映企业过去几年中主要产品的销售量、价格、边际收益和净利润。

3）竞争状况

要识别企业主要的竞争对手，他们的规模、目标、市场份额、产品质量、营销战略和行动。

4）分销状况

要对企业的销售渠道规模和现状进行描述。

5）宏观环境状况

这一部分要对影响企业产品前途的各种宏观因素进行分析，包括人口的、经济的、技术的、政治的、法律的、社会和文化的。

3. 机会和问题分析

现在企业的产品经理要从产品线出发，找出所面临的主要机会与威胁、优势和劣势，以及产品线所面临的问题。

1）机会与威胁分析

产品经理要通过各种渠道来明确所面临的主要机会和威胁。

2）优势与劣势分析

企业必须辨别所面临的优势和劣势。

3）问题分析

确定企业所面临的主要问题。

4. 目标

企业必须对计划的目标做出决策，包括财务目标和营销目标。

1）财务目标

如确定投资收益率、利润和现金流量等。

2）营销目标

财务目标必须转化为营销目标，才具有可操作性。如销售收入目标、产品价格、产品销量目标、市场份额目标，以及产品知名度、分销范围等，营销目标要尽量具体化和数量化。

5. 营销战略

企业或产品经理要制订技术书所涉及的产品的营销战略。战略可以用下述结构表现。

(1) 目标市场：如中等收入的家庭。

(2) 定位：如最好的质量，最可靠的性能。

(3) 产品线：撤销和增加产品线或某条产品线中的产品项目。

(4) 价格：如高于竞争品牌。

(5) 分销：如专业电器商店，力争进入百货商店。

(6) 销售人员：如扩大10%。

(7) 广告：如制订一个新的广告活动，支持新的两款高价产品，增加20%的广告预算。

(8) 销售促进：如促销预算增加 15%，增加 POP 广告。

(9) 研究与开发：如增加 25%的费用开发更好的产品。

(10) 制定战略：产品经理要与企业其他部门进行协商，以保证计划的可行性。

6. 行动方案

为了实现业务目标所采取的主要营销行动，如将要做什么，什么时候做，谁来做，成本是多少等。

7. 预测损益表

在行动计划中，要表明计划的预算。如收入要反映预计的销售量和价格；费用要反映成本的构成和成本的细目。两者之差就是预计的利润。企业要对计划的预算进行核查，预算如果太高，就要适当削减。

8. 控制

计划的最后一个内容是控制，主要用来监测计划的进度。通常目标和预算是按月或季度来制订的，企业要对计划的执行结果进行核查，出现问题要及时弥补和改进。对预先难以做出预测的因素，要制订应急计划。

应用案例

豪情联想：几度风雨几度春秋

从 1984 年到现在，联想已经走过了 30 个春秋，联想现在正踏在告别乳臭未干而逐渐成熟的关口。“刚成立公司一个月，20 万的股本就被人骗走了 14 万；1987 年公司还很小的时候的一次业务活动，差点被人骗去 300 万，李总就在那次吓得得了心脏病，我天天半夜被吓醒。1991 年的进口海关问题，1992 年黑色风暴，还有外国企业大举进入的最痛苦的 1993 年，哪一年不是把人惊得魂飞魄散，哪一年没有几个要死要活的问题”，这是柳传志回首前尘时的动容。30 年来联想跨过了坎坎坷坷，经历了风风雨雨，演绎着常人无法“联想”的豪情之路。

1. 联想的风雨历程

回首过去，柳传志的语气云淡风轻。也许就是因为他经历过“大江东去，浪淘尽，千古风流人物”的人生轨迹后，已达到“上善若水，水润万物而不争”的境界吧。娓娓的讲述，依然有当年的豪情余韵。

柳传志来自中国科学院，过去在中科院做磁性储存工作。因为没有将成果转化为产品的方式，柳传志不得不把设计扔在一边。1984 年，当中国改革初见成效时，国家领导人号召将研发成果转化为市场化的产品。柳传志为做这种工作而激动，但是多数人不理解。人们将科研看做是基础性工作，看不起商业活动。更重要的是，虽然公司是国有企业，但是一开始就是按照私人公司模式构建的。他必须从银行和外部融资。20 万人民币的初期投资太少了，对开公司根本不够。随着时间流逝，他希望联想能自己制造 PC，因为有技术专长。但当时，中国完全是计划经济。政府不准许联想生产计算机，因为在中国生产电脑必须要有生产许可证。政府认为，中国有很多工厂，为什么应当将 PC 生产许可权授给联想？于是他制定了移师香港的战略，那里不需要许可证。他们在香港建立了公司，首先做贸易，后来建了工厂。当国家计委看到他们有能力之后，给了他们许可证。所以他们又回到了中国。

1988 年，柳传志坚决在联想贯彻“大船结构”，是因为此时联想在各地的子公司不听北京总部号令，自顾自地“划自己小船”，甚至出现贪污腐败行为。

“大船结构”将权力收归集团之后，“小船”是划不成了，但下面也没积极性了。1993年，联想第一次没有完成任务。

1994年，为解决“大船”笨拙问题，柳传志提出“舰队模式”，以释放各条“小船”的活力，但同时又用统一的财务将各条小船“拴”成舰队。硬的维系建立之后，1996年，柳传志开始组织联想高级干部培训班，做文化上的工作，将办企业的思想和思路统一。

这是联想高于四通、柳传志高瞻远瞩的地方。1989年，万润南出走，四通从此失去了灵魂人物，开始子公司林立。子公司分立，各显神通，确实能解决一时的利润和生存问题；但因为资源分散，各子公司都长不大。时间长，竞争激烈，市场环境恶化，这些子公司就只能随缘而生，随缘而死。

柳传志不单是联想的代名词，他的“贸工技”路径也是对20世纪80年代诞生企业成长的概括。

四通、联想、海尔都是如此。在国内市场处于短缺经济年代，需求的诞生简单而巨大，柳传志的联想1990年代初以“双子星座”电脑打下联想电脑品牌，在互联网初起时以“天禧”电脑“一键上网”畅销一时。

那个年代被联想比喻为“沼泽地”时期，即对于进入中国的国外企业来说，关税、国情和渠道都是一个个障碍，提高了进入成本，给予国内企业成长的时间和空间。

高歌猛进的联想形成的强大市场包装和造势能力，但当市场日趋饱和，新的技术趋势出现和产业升级时，即使看到也力有未逮。杨元庆接任后遍访各家跨国企业，联想先学IBM做IT服务，其后学惠普提出“关联应用”，但企业蓄积的人才力量和技术势力却非一朝一夕可得，于是联想困惑。

做一个企业是如此复杂，做一个大企业就像成年人要面对的诸多烦恼，学不动了也要学，变不了也要变。过去20年是联想做大规模的童年期和少年期。就像个孩童，没有到工厂当学徒，先到商铺学贸易，长大了，却需要和全球来的对手竞赛科学知识。

没有规模，生存不下来，只能指望“二十年后又是一条好汉”。而没有技术，结果则可能是“三十年河东、三十年河西”。

2. 联想的发展道路

联想最大的业务是惠普激光打印机和喷墨打印机。第二是东芝笔记本电脑。第三是思科网络设备。还经销IBM小型机以及微软应用软件。在经销东芝笔记本的同时，他们也有自己的品牌，目前它已在中国市场上占据了第一。几年前，中国笔记本电脑市场很小，一年仅有几千台。后来，联想成为东芝的独家代理之后，将其发展为中国市场第一品牌。近两年来，在联想推出自有品牌后，他们超过了东芝。此外，在激光打印机市场上，惠普是第一，联想是第二，这就形成了竞争。在网络产品上，联想与自己所代理的台湾品牌竞争同样产品。思科是高端产品，故不与其竞争。为了更有效地以制造商和代理商的身份展开竞争，他们决定将品牌生产业务与第三方代理业务分离。联想电脑将继续保留在香港的上市公司地位，集中于品牌电脑生产。神州数码作为新上市公司主要做第三方产品代理业务。

从长期看，联想关注两个领域，在这两方面都以美国公司作为样板。其一是建立上市公司。他们相信在重组后，联想能够走上与美国上市公司相同的轨道。这使得他们能向员工提供股票期权，这对员工的表现有着十分积极的意义。第二是建立一个坚实的管理基础。他们将管理看作两个层次。第一层次上是具体细节，营销和促销、渠道管理、产品营销、订货和后勤管理，这些在公司中已经建立。第二是更深层次，他们称其为文化，也可叫作激励和道德。这些东西比建立具体的管理细节具有更大意义。

随着联想的逐渐成熟，其除了“贸工技”创新外，在战略的制定和实施也更加趋于科学和规范。

联想常把制订战略比喻为找路。在前面，草地、泥潭和道路混成一片无法区分的时候，我们要反反复复细心观察，然后小心翼翼地、轻手轻脚地去踩、去试。当踩过3步、5步、10步、20步，证实了脚下踩的确实是坚实的黄土路的时候，则毫不犹豫，撒腿就跑。这个去观察、去踩、去试的过程是谨慎地制定战略的过程；而撒腿就跑则比喻的是坚决执行的过程，这和军校里讲的“四快一慢”的战术原则相符合。

联想选择只在本土发展而把业务面做宽，从一种产品发展到多种产品，从产品业务发展到信息服务业务。因为从 1994 年起联想和国外强大对手的竞争中发挥的几乎全都是本土优势。在资金、管理能力、技术水准、人力资源等诸方面联想都不如，甚至远不如竞争对手；然而，竞争是在中国展开的，联想熟悉中国市场，熟悉中国客户，熟悉中国环境，能更充分地调动中国员工的积极性，在中国联想的市场推广、渠道管理、服务组织、物流控制的运作更有效，成本更低，联想研究开发的产品更符合中国市场的需要。所以在过去六年的竞争中，联想占了上风。联想把本土优势发挥得淋漓尽致，应该讲，在其他方面，目前联想还处于劣势。

联想不仅对未来的战略目标、路线进行了设计，而且对达到近期目标、实行路线的具体战术步骤都做了分析、设计，并进行了调整。联想对未来充满信心。

资料来源：http://wenku.baidu.com/view/a4152fd4b9f3f90f76c61b13.html

思考题：

联想是怎样制订战略的？

简要评析：联想集团极为重视企业管理，把“建班子、定战略、带队伍”总结为管理的三要素。

“建班子”是指有一个透明的、有战斗力的、能统一意志的领导班子，主要内容是：“第一把手是有战斗力的班子的核心，第一把手应该具备什么条件，应该如何进行自身修养？第一把手应该如何选择班子的其他成员？其他成员不合标准怎么办？班子的成员如何进行考核？没有一个意志统一的、有战斗力的班子，什么定战略、带队伍都做不出来。宗派是形成班子的绝症，要杜绝一切可能产生宗派的因素。”

“定战略”是指能制定符合主客观情况的发展战略，其主要内容是：(1)确定长远目标；(2)决定大致分几个阶段；(3)当前的目标是什么；(4)选什么道路到达；(5)行进中要不要调整方向。

“带队伍”是指能形成一支有战斗力的骨干队伍，即以优良的组织结构、管理体制、激励方式和企业文化去指导员工实现其战略目标。

本章小结

在营销管理过程中，关键因素就是能够指导营销活动的、具有远见卓识的、创造性的营销战略和营销计划。本章主要论述市场营销战略及营销计划。战略主要描述一个企业打算怎样实现目标，具有全局性、长远性、抗争性、应变性和特殊性的特征。战略规划是企业面对市场竞争，为长期生存和发展进行的谋划和思考，是关于企业大局的科学规定。本章内容首先介绍了营销战过程、战略的意义和特点，然后介绍了营销计划的制订步骤和具体内容；最后说明为战略业务单位分配资源的方法。

习　题

一、论述题

1. 总体战略、经营战略与职能战略是什么关系？
2. 应当怎样理解和协调市场营销管理与其他管理职能的关系？
3. 如何科学界定企业使命？
4. 怎样区分不同的战略经营单位？
5. 怎样规划企业的投资组合战略？

6. 比较“市场成长率/市场占有率”矩阵和“多因素投资组合”矩阵的共同点和不同点。

7. 怎样依据企业总体战略的要求进行市场营销管理?

二、案例分析题

沃尔玛：从乡村小店到超级“商业恐龙”

1955 年，当美国著名财经杂志《财富》首次推出“全球 500 强”排行榜时，它尚在孕育之中。历经数十年的风雨历程，它在 2002 年、2003 年、2004 年连续荣登《财富》“全球 500 强”之首。它就是铸就“环球商业神话”的美国沃尔玛零售连锁集团。

沃尔玛的辉煌成就令人很难置信它从无到有，直至独霸一方的发展历程仅有短短数十年。1940 年，沃尔玛公司的创始人山姆·沃尔顿(Sam Walton)获密苏里大学经济学学士学位。第二次世界大战期间，沃尔顿服役于陆军情报团。1950 年山姆·沃尔顿在美国阿肯色州本顿威尔镇，开办了店名为“5—10 美分”的廉价商店，只是当地一家名不见经传的小企业。1962 年，沃尔玛公司开办了第一家连锁商店。1970 年建立起第一家配送中心，走上了快速发展之路。1983 年，第一家山姆俱乐部建立。1988 年，第一家沃尔玛超级购物中心(Super Shopping Center)开设。1991 年，沃尔玛年销售额突破 400 亿美元，成为全球大型零售企业之一。据 1994 年 5 月美国《幸福》杂志公布的全美服务行业分类排行榜，沃尔玛 1993 年销售额高达 673.4 亿美元，比上一年增长 118 亿多，超过了 1992 年排名第一位的西尔斯(Sears)，雄居全美零售业榜首。1995 年沃尔玛销售额持续增长，并创造了零售业的一项世界纪录，实现年销售额 936 亿美元，在《财富》杂志美国最大企业排行榜上名列第四。事实上，沃尔玛的年销售额相当于全美所有百货公司的总和，而且至今仍保持着强劲的发展势头。

截至 2001 年 4 月 15 日，该公司在国内外共有 4249 家连锁店，分为折扣商店、购物广场、山姆会员店、家居商店 4 种形式，全部由该公司控股，实行直营连锁。遍布美国、墨西哥、加拿大、波多黎各、巴西、阿根廷、南非、中国、印尼等处。它在短短几十年中有如此迅猛的发展，不得不说是零售业的一个奇迹。下面来看一下沃尔玛是怎样打造这一奇迹的。

一、以顾客为导向

沃尔玛坚信，“顾客第一”是其成功的精髓。1985 年被美国《福布斯》杂志列为首富，1992 年美总统自由勋章获得者，沃尔玛庞大事业的缔造者山姆·沃尔顿这样说过：“我们的老板只有一个，那就是我们的顾客。是他付给我们每月的薪水，只有他有权解雇上至董事长的每一个人。道理很简单，只要他改变一下购物习惯，换到别家商店买东西就是了。”沃尔玛的营业场所总是醒目地写着其经营信条：“第一条：顾客永远是对的；第二条：如有疑问，请参照第一条。”

沃尔玛这种服务顾客的观念并非只停留在标记和口号上，而是深入到经营服务行动。沃尔玛店铺内的通道、灯光设计都为了令顾客更加舒适；店门口的欢迎者较其他同行更主动热情；收银员一律站立工作以示对顾客的尊敬；当任何一位顾客距营业员 3 米的时候，营业员都必须面向顾客，面露微笑，主动打招呼，并问“有什么需要我效劳的吗?”沃尔玛力图让顾客在每一家连锁店都感到“这是他们的商店”，都会得到“殷勤、诚恳的接待”，以确保“不打折扣地满足顾客需要”。正是这事事以顾客为先的点点滴滴为沃尔玛赢得了顾客的好感和信赖。

二、天天低价

沃尔玛一直特别注重价格竞争，长期奉行薄利多销的经营方针。沃尔顿的名言是：“一件商品，成本 8 毛，如果标价 1 元，可是销售数量却是 1.2 元时的 3 倍，我在一件商品上所赚不多，但卖多了，我就有利可图”。所以，沃尔玛提出了一个响亮的口号：“销售的商品总是最低的价格”。在同类商品中，沃尔玛的价格要比最大的竞争对手之一凯马特的价格低 5%。然而，维持长期低价并不是一件轻而易举的事，沃尔玛之所以能长期保持价格优势还得益于其有效的成本控制。

(1) 争取低廉进价。沃尔玛避开了一切中间环节直接从工厂进货，其雄厚的经济实力使之具有强大的议价能力。更重要的是，沃尔玛并不因自身规模大、实力强而以肆意损害供应商来增加自身利润，而是重视与供应商建立友好融洽的协作关系，保护供应商的利益。沃尔玛给予供应商的优惠远超同行。美国第三大零售商凯马特对供应的商品平均 45 天付款，而沃尔玛仅为平均 29 天付款，大大激发了供应商与沃尔玛建立业务的积极性，从而保证了沃尔玛商品的最优进价。

(2) 完善的物流管理系统。沃尔玛被称为零售配送革命的领袖。其独特的配送体系，大大降低了成本，加速了存货周转，成为“天天低价”的最有力的支持。沃尔玛的补充存货的方法被称为“交叉装卸法”。这套“不停留送货”的供货系统共包括三部分。

高效率的配送中心。沃尔玛的供应商根据各分店的订单将货品送至沃尔玛的配送中心，配送中心则负责完成对商品的筛选，包装和分拣工作。沃尔玛的配送中心具有高度现代化的机械设施，送至此处的商品 85%都采用机械处理，这就大大减少了人工处理商品的费用。同时，由于购进商品数量庞大，使自动化机械设备得以充分利用，规模优势充分显示。

迅速的运输系统。沃尔玛的机动运输车队是其供货系统的另一无可比拟的优势。至 1996 年，沃尔玛已拥有 30 个配送中心，2000 多辆运货卡车，保证进货从仓库到任何一家商店的时间不超过 48 小时，相对于其他同业商店平均两周补货一次，沃尔玛可保证分店货架平均一周补两次。快速的送货，使沃尔玛各分店即使只维持极少存货也能保持正常销售，从而大大节省了存贮空间和费用。由于这套快捷运输系统的有效运作，沃尔玛 85%的商品通过自己的配送中心运输，而凯马特只有 5%，其结果是沃尔玛的销售成本因此低于同行业平均销售成本 2%～3%，成为沃尔玛全年低价策略的坚实基石。

先进的卫星通信网络。巨资建立的卫星通信网络系统使沃尔玛的供货系统更趋完美。这套系统的应用，使配送中心，供应商及每一分店的每一销售点都能形成连线作业，在短短数小时内便可完成“填妥订单→各分店订单汇总→送出订单”的整个流程，大大提高了营业的高效性和准确性。

(3) 营销成本的有效控制。沃尔玛对营销成本的控制非常严格。沃尔玛的广告开支仅相当于美国第二大连锁店西尔斯的三分之一，每平方英尺销售额比美国第三大连锁店凯马特高一倍。沃尔玛的营销成本仅占销售额的 1.5%，商品损耗率仅为 1.1%，而一般美国零售商店这两项指标的平均值分别高达 5%和 2%。这些都使得沃尔玛实施低价策略的实力进一步加强。

三、“一站式”购物新理念

在沃尔玛，消费者可以体验“一站式”购物(One—Stop Shopping)的新概念。在商品结构上，它力求富有变化和特色，以满足顾客的各种喜好。其经营项目繁多，包括食品、玩具、新款服装、化妆用品、家用电器、日用百货、肉类果菜等。

另外，沃尔玛为方便顾客还设置了多项特殊的服务类型。

(1) 免费停车。例如，深圳的山姆店营业面积 12000 多平方米，有近 400 个免费停车位，而另一家营业面积达 17800 多平方米的沃尔玛购物广场也设有约 150 个停车位。

(2) 沃尔玛将糕点房搬进了商场，更设有“山姆休闲廊”，所有的风味美食、新鲜糕点都给顾客在购物劳动之余以休闲的享受。

(3) 店内聘有专业人士为顾客免费咨询电脑、照相机、录像机及其相关用品的有关情况，有助于减少盲目购买带来的风险。

(4) 店内设有兰克施乐文件处理商务中心，可为顾客提供包括彩色文件制作、复印，工程图纸放大缩小，高速文印在内的多项服务。

(5) 一次购物满 2000 元或以上，沃尔玛皆可提供送货服务，在指定范围内每次 49 元(因为商品价格中不含送货成本)。

(6) 另外，深圳山姆店办理一切移动电脑售机业务，移动局销售的所有机型。价格均比其他代办网点便宜100元；它还代理销售润讯的通信产品，代收各类机型的台费，各种中文机、数字机均比市面其他润讯网点便宜50元。

在店址选择上，沃尔玛也以方便顾客购物为首要考虑因素。在美国，它的触角伸向西尔斯、凯马特所不屑一顾的偏远小乡镇。从明尼苏达到密西西比，从南加州到俄克拉荷马，沃尔玛无所不在。只要哪座乡镇缺乏廉价商店，沃尔玛就在哪里开业。

四、激励员工

员工利益与沃尔玛紧紧相连。除了让工资奖金与员工自身的工作业绩挂钩外，沃尔玛还实行职工入股、利润分享等制度。沃尔玛的员工为合伙人，坚持让员工从公司的成长中获得好处。沃尔玛的最大股东是员工分红信托基金组织。1977年，该基金只有440万美元，到1983年已达9850万美元，随着沃尔玛的成长，该基金也不断增加。1982年，沃尔玛发给每一位员工的红利，相当于其年薪的5.6%。此外，沃尔玛的员工可以通过扣薪的方式购买公司股票，公司补助15%的价款。沃尔玛股票从20世纪80年代开始成为纽约证券交易所的明星，1977—1987年，股票价格上涨了20倍，1992年，沃尔玛公司董事会宣布自1971年以来的第10次一分为二的股票拆细，20年的股票回报高达近4000倍。参加股票购买方案的员工都得到了丰厚的回报。正因为沃尔玛与员工利益紧密相连，沃尔玛的每个基层店，都挂有这样的标记牌："今天我们公司的股票价格，就靠我们的工作。"

员工强烈的归属感和自豪感。沃尔玛的员工不是被称为"雇员(Employee)"，而是被称为"合作者(Partner)"或"同事(Associate)"从总裁到营业员的每一员工左胸前都佩戴着工作牌，除姓名外更醒目地印着"我们的员工与众不同"为提高员工士气，沃尔玛还设有一连串奖励办法，如地区明星奖，特殊区域明星荣誉榜、销售竞赛奖、百货销售荣誉、控制损失奖等。得奖人的姓名和照片都刊登在公司刊物《Wal—Mart世界》上。

充足的职工培训。沃尔玛雇佣当地人，给予训练，并鼓励他们提出问题。公司非常重视对职工的培养和教育，在总部和各级商店开设各类培训班，利用晚间上课；并设有沃尔顿零售学校、萨姆营运学院等培训组织，专门培养高级管理人员。沃尔玛还非常注重提高分店经理的业务能力，并且在做法上别具一格。沃尔玛的最高管理层不是直接指导每家分店负责人该怎样做生意，而是要创造一种环境，让分店经理们从市场、其他分店学习这门功课。例如，沃尔玛先进的情报资讯系统，为分店经理提供了有关顾客行为的详细资料。此外，沃尔玛还投资购置了专机，定期载送各分店经理飞往公司总部，参观有关市场趋势及商品采购的研讨会。后随公司规模的持续扩大又装置了卫星通信系统，公司总部经常召开电话会议，分店经理无须跨出店门便能和其他分店彼此交换市场信息。沃尔玛正是通过其独特的培训方法，长此以往，迅速提高了员工的能力和业务水平。

附：沃尔玛(Wal—Mart)小档案：

1950年

山姆·沃尔顿开设了第一家特价商店。

1962年

沃尔顿以"Wal—Mart"为名在阿肯色州拉杰斯市开办了第一家沃尔玛平价商店。

1972年

沃尔玛公司在纽约上市股票，其价值在以后的17年间(到1989年)翻了100倍。

1979年

沃尔玛总销售额首次突破10亿美元。

1983年

成功地开设了凭会员资格方能平价购物的山姆会员商店(SAM's Club)。

1984年

美国著名财经杂志《福布斯》把沃尔顿列为全美首富。

1987年

在德州加伦市开设了第一家综合性百货商店(HyperMart)，并建立起美国最大的私人卫星通信系统之一，将下属分店与总部联结起来。

1988年3月

在密苏里州华盛顿市成立了第一家沃尔玛平价购物广场(Super Center)。

1991年

在墨西哥与当地著名的Cifas. A合作建立起45家山姆会员商店和沃尔玛购物广场，又在加拿大开设了122家连锁店。

1992年3月17日

沃尔顿荣获“总统自由勋章”。

1992年

在英、法、德等欧洲国家已拥有330家零售商店，其海外营业额已占总营业额的27.6%。

1993年

正式成立国际业务部，专门负责境外事务。

1996年8月12日

中国第一家沃尔玛平价购物广场和山姆会员商店在深圳开业。

山姆·沃尔顿成功经营十大法则：

(1) 全心经营，比别人更尽心尽力。

(2) 和同事分享利润。

(3) 激励你的同事。

(4) 凡事和同事沟通。

(5) 感激同事对公司的贡献。

(6) 成功要大肆庆祝，失败则不必丧志。

(7) 聆听公司内每一个人的意见。

(8) 超越顾客的期望，他们就会一再光临。

(9) 控制成本低于竞争对手。

(10) 逆流而上，走不同的路，放弃传统观念。

思考题：

1. 通过本案例，你怎样看沃尔玛的核心竞争力?
2. 从沃尔玛的经验中可以学到哪些东西?
3. 你认为中国零售企业如何应对沃尔玛的挑战?

第3章 管理营销信息与衡量市场需求

教学目标

了解营销调研的基本内容和基本方法；会用调研方法；会撰写简单的调研报告；了解需求测量的基本内容；理解需求测量的方法。

教学要求

知识要点	能力要求	相关知识
市场营销调研系统	(1) 准确理解营销调研的基本内容和基本方法 (2) 学会进行问卷调查的基本方法和拟订问卷技巧	(1) 营销信息系统 (2) 营销调研过程 (3) 探测性、描述性调研等
衡量市场需求	(1) 了解需求测量的基本内容 (2) 理解需求测量的估量方法	(1) 总需求潜量的估量方法等 (2) 专家意见法、德尔菲预测法等 (3) 指数平滑法、回归分析法等

基本概念

营销信息系统；案头法；专家意见法；德尔菲法

引　例

USAA 公司顾客满意服务

USAA 是一家向美国军职人员及其家庭提供财务服务的公司，它拥有一个关于顾客购买历史及信息的数据库。为更新数据库，公司按时调查遍布世界的 500 万顾客的信息，包括有无子女(如果有，子女的年龄)，是否最近刚搬家以及准备何时退休。USAA 利用数据库束修改营销方案，以满足个体顾客的特殊需求。例如，如果子女在上大学，公司向这些子女提供如何管理信用卡的信息；如果子女还小，公司赠送有关如何支付教育费用的小册子；如果准备退休，公司则提供不动产信息。通过充分应用数据库，USAA 向每位顾客提供专门服务，拥有很高的顾客忠诚度和销售增长。这家公司留住了 97%的顾客。

资料来源：[美]菲利普・科特勒，等．市场营销原理[M]．楼尊，译．13 版．北京：中国人民大学出版社，2010.

引例点评： 任何一家公司欲给顾客提供满意的服务，必须了解顾客的需求，要真正了解顾客的需求，必须通过市场营销调研来解决。这是一项十分细致而复杂的工作。这项工作为企业进行市场营销提供有力的依据。

本章将对市场营销信息系统、市场营销调研系统、衡量市场需求做出详细的介绍。

3.1　市场营销信息系统

营销信息系统(Marketing Information System，MIS)是指由人、设备和程序组成的一个持续的彼此关联的结构。其任务是准确、及时地对有关的信息进行收集、分析、评估和分发，供营销决策者运用，以便使营销计划、执行和控制具有高度的科学性和准确性。

1. 市场信息及其功能

市场信息泛指与企业市场活动心关的所有数据和资料，它是在一定时间和条件下，在市场经济运行中，各种事物发展变化和特征的真实反映，是反映它们实际状况、特性、相互关系的各种消息、资料、数据、情报的总称。

市场信息是市场经济的产物，并随着市场经济的发展而发展。市场信息最为突出的特征是它的时效性，一条市场信息可以价值千金，错过了时机则一文不值。不失时机地掌握市场信息，已成为企业市场营销成败的关键。它主要有以下几个方面的功能。

1）决策反馈功能

由于企业处于一个开放的社会环境里，必然与周围事物进行物质和信息的交换来寻求发展。一个企业经营得好，优秀的决策方案是基础。正确的决策是建立在对大量市场信息进行认真研究基础上的思维判断推理，因此要对市场的广度和深度有灵敏的嗅觉、并能及时获得市场反馈信息。

2）引导消费功能

对消费者进行广泛而深入地研究是企业营销管理工作的重点。要研究用户的需求动机和购买欲望，研究用户的分布状况、用户自身的知识素养、用户的兴趣趋向和用户的心理规律等，使潜在用户成为现实用户。这种研究的结果使企业对产品的开发销售能做到有的放矢，保证产品很好的扩散性，使产品能渗入到各个社会阶层。调查研究用户是现代经营中的一个重要方案，它对各类型用户进行分类研究，找出其共同喜好，理顺生产者与消费者的关系。探索消费倾向是收集市场信息源头的一个重要方面，市场信息也是指导消费者进行成熟消费的润滑剂。真实的市场信息对于产品的市场定位以及营销策略的实施都有直接的现实作用。

3）降低风险功能

在企业经营管理过程中，风险与收益是成正比例的。没有风险意识，企业就会缺乏忧患和竞争意识，就会缺乏相应的活力；同样，没有对其潜在风险进行科学评估，将来可能就会酿成灾难，这种风险是一种危险。市场风险对企业的影响是直接的，必须对市场进行充分论证研究，从现在展望未来，认真研究市场目标函数的可能性、市场的冗余度、市场的发展潜力；在项目投资方向上要考虑政策因素、环保因素、潜力因素、市场因素。要尽量把投资风险降到最低；要研究目标市场容量、市场销售潜在的购买人数、整个产品在市场中的相对占有率、营销策略对产品销售和市场占有率的影响；要研究不同地区的销售机会和潜力。只有在对市场宏观环境和微观环境进行综合研究后，才能把市场风险控制在较低范围内，才能体现出投资收益。

4）市场公关功能

企业要努力向社会推广自己的企业理念、公关形象、产品形象策划、销售经营策略以及企业家意识行为和信念，这种企业形象的公关策划应在广泛占有市场信息的基础上使自己企业具有鲜明个性。如百事可乐公司的文化理念是“年轻、动感、活力”，年轻人一看到它的瓶子就会有一种轻松活泼的感觉。企业需要建立一套与自己产品相适应的公关方案，通过电视、广播、报纸和讲座等媒体来推广自己的形象。同时，研究市场对这种公关策略的反应，也许就会把握一个市场切入点，树立起独特的企业文化。另外，注意对社会公益事业的投入，也能在无形中达到宣传自己企业形象的目的。

2. 营销信息系统的构成

营销信息系统的构成，如图 3.1 所示。

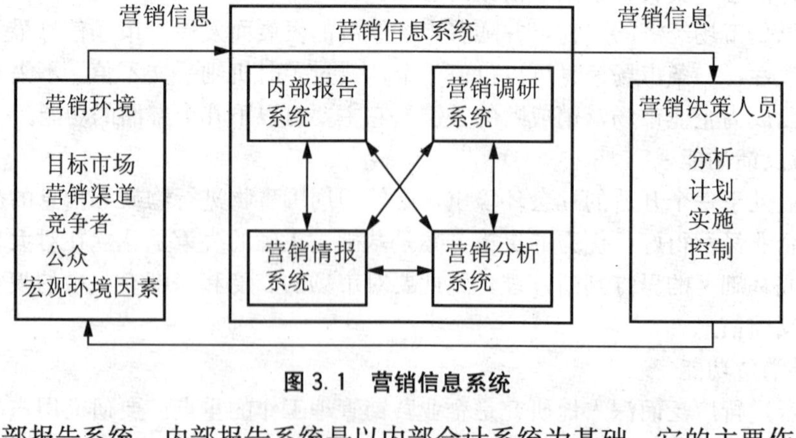

图 3.1　营销信息系统

(1) 内部报告系统。内部报告系统是以内部会计系统为基础，它的主要作用是报告企业的订货、库存、销售、费用、现金流量以及应收应付款等方面的数据资料。

（2）营销情报系统。营销情报系统可以概括为营销人员日常收集有关企业外部市场营销资料的一些来源或程序。它与内部报告系统的区别在于：它主要提供营销环境发生变化的信息，而内部报告系统则是提供本企业内部的财务、库存、销售等信息。

（3）营销调研系统。营销调研系统的主要职能任务是根据企业营销工作面临的主要问题，即对与某项具体的营销决策有关信息进行系统的收集、分析和报告的过程。

（4）营销分析系统。营销分析系统是分析营销数据的统计模型和统计数据，即用一些先进的技术和方法来分析市场营销信息，以更好地进行营销决策。

3. 有效的市场营销信息系统

（1）它能向各级管理人员提供从事工作所必需的一切信息。

（2）它能对信息进行选择，以便使各级管理人员获得与他们能够且必须采取的行为有关的信息。

（3）它提供信息的时间限于管理人员能够且应当采取行动的时间。

（4）它提供所要求的任何形式的分析、数据与信息。

（5）它所提供的信息一定是最新的，并且所提供的信息形式都是有关管理人员最容易了解和消化的。

3.2　市场营销调研系统

市场调研就是运用科学的方法，有目的、有计划地收集、整理和分析有关市场营销方面的信息，提出解决问题的建议，供营销管理人员了解营销环境，发现机会与问题，作为市场预测和营销决策的依据。

市场调研与市场调查二者互相联系又互相区别。市场调查主要是通过各种调查方式与方法，系统地收集有关商品产、供、销的数据与资料，进行必要的整理和分析，如实反映市场供求与竞争的实况；而市场调研则是在市场调查的基础上，运用科学的方法，对所获得的数据与资料进行系统、深入地分析研究，从而得出合乎客观事物发展规律的结论。

市场营销调研是一个在市场营销观念指导下，以满足顾客需求为中心，通过调研信息把消费者、客户、大众和市场人员联系起来，营销者借助这些信息可发现和确定营销机会和问题，开展、改善、评估和监控营销活动并加深对市场营销过程的认识。得出的市场营销信息资料为企业营销管理者制定正确的营销决策提供依据。

3.2.1　营销调研程序

营销调研的程序，如图 3.2 所示。

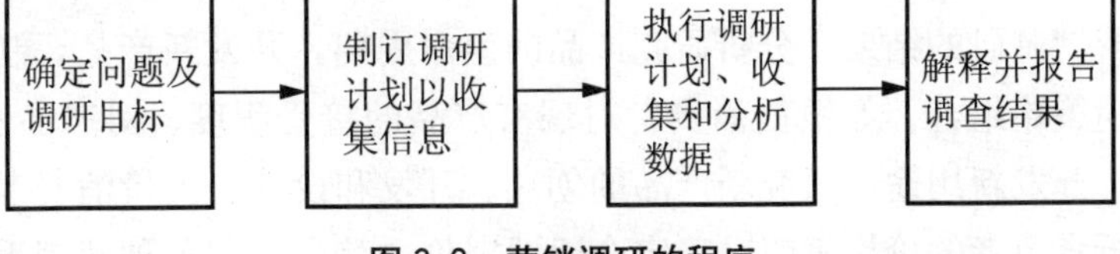

图 3.2　营销调研的程序

1. 确定问题及调研目标

在任何一个问题上都存在着许许多多可以进行调研的因素。因此，企业营销管理者必须善于稳妥地把握，对问题的规定要适量，既不要太宽，也不要太狭窄。市场研究目标在确定时要做到明确具体，而要做到明确具体，必须考虑以下几个方面：研究目的、研究内容、研究结果的用处、研究结果的读者。

2. 制订调研计划

对某项研究的组织领导、人员配备和考核、完成时间、工作进度和费用预算等预先进行的安排，目的是使市场研究工作能够有计划、有秩序地进行，以保证市场研究方案的实现。

3. 执行调研计划

组织研究人员深入实际，按照研究方案的要求和工作计划的安排，系统地搜集各种资料依据。

4. 解释并报告调研结果

市场调研报告要根据调研的目的和所搜集到的信息资料，经过分析研究，做出判断性结论，提出建设性意见，使市场调研报告发挥应有的作用。

3.2.2 市场营销调研的作用

市场营销调研是营销活动的首要工作，没有可靠的信息就无法做出正确的决策。菲利普·科特勒认为营销调研(Marketing Research)是系统地设计、收集、分析和提出数据资料以及提出跟公司所面临的特定的营销状况有关的调查研究结果。市场营销调研就是运用科学的方法，有目的、有计划地收集、整理和分析研究有关市场营销方面的信息，获得合乎客观事物发展规律的见解，提出解决问题的建议，供营销管理人员了解营销环境，发现机会与问题，并将其作为市场预测和营销决策的依据。市场营销调研对企业营销活动的起十分重要的作用，具体表现如下。

1. 有利于制定科学的营销规划

企业只有通过营销调研、分析市场和了解市场，才能根据市场需求及其变化、市场规模和竞争格局、消费者意见与购买行为、营销环境的基本特征，科学地制定和调整企业营销规划。

2. 有利于优化营销组合

企业根据营销调研的结果，分析研究产品的生命周期，开发新产品，制定产品生命周期各阶段的营销策略组合。如根据消费者对现有产品的接受程度、对产品及包装的偏好，改进现有产品，开发新用途，研究新产品的创意、开发和设计；测量消费者对产品价格变动的反应，分析竞争者的价格策略，确定合适的定价；综合运用各种营销手段，加强促销活动、广告宣传和售后服务，增进产品知名度和顾客满意度；尽量减少不必要的中间环节，节约储运费用，降低销售成本，提高竞争力。

3. 有利于开拓新的市场

通过市场营销调研，企业可发现消费者尚未满足的需求，测量市场上现有产品及营销策略满足消费需求的程度，从而不断开拓新的市场。营销环境的变化，往往会影响和改变消费者的购买动机和购买行为。给企业带来新的机会和挑战，企业可据以确定和调整发展方向。

3.2.3　市场营销调研的类型

市场营销调研经常遇到不同性质的问题，需要以不同的方法取得不同的资料。按其研究的问题、目的、性质和形式的不同，一般分为以下 14 种类型。

1. 探测性调研

探测性调研用于探询企业所要研究问题的一般性质。如果研究者对所需要研究的问题或范围不甚明确时，可采用探测性调研，以便发现问题，确定研究的重点。例如，某公司近几个月来产品销售量一直在大幅度下降，是什么原因造成的？是竞争者抢走了自己的生意？或是经济衰退的影响？或是顾客的爱好发生了变化？或是广告支出的减少？显然，影响的因素很多，公司无法一一查知。企业只好先用探测性研究法来寻求一些最可能的原因，从一些用户或中间商那里去搜集多方面的信息资料，从分析中发现问题，以便进一步调查。

探测性调研的目的是明确的，但研究的问题和范围较大。在方法上比较灵活，事先不需要进行周密的策划，在研究过程中可根据情况随时进行调整。探测性调研的资料主要来源于二手资料或请教一些内行、专家，让他们发表意见，谈自己的想法，或参照过去类似的实例来进行分析，多以定性研究为主。

2. 描述性调研

描述性调研主要进行事实资料的收集、整理，着重回答消费者买什么、何时买、如何买等问题，是通过详细的调查和分析，对市场营销活动的某一方面进行客观的描述，是对已经找出的问题的如实的反映和具体的回答。多数的市场营销调研都为描述性调研。例如，对市场潜力和市场占有率、竞争对手的状况描述等；在调查中，收集与市场有关的各种资料，并对这些资料进行分析研究，揭示市场发展变化的趋势，为企业的市场营销决策提供科学的依据。这类调研的目的在于对某一专门问题提出答案，所以比探测性调研更为深入细致，研究的问题更加具体。在研究之初，通常根据决策的内容，把研究的问题进一步分解。描述性调研需要事先拟订周密的调研方案，并做详细的调研计划和提纲，包括各项准备工作，以确保调研工作的顺利进行。

3. 因果性调研

描述性调研可以说明某些现象或变量之间的相互关系，但要说明某个变量是否影响或决定着其他变量的变化，就要用到因果性调研。

因果性调研的目的就是要找出关联现象或变量之间的因果关系，一般是为回答调研中“为什么”的问题提供资料。如要了解企业可控制的变量，如产品产量、产品价格、各项销售促进费用等与企业无法控制的变量、产品销售量、市场的供求关系等之间的变化关系和影响程度、需通过因果性调研得知。因果性调研是在描述性调研的基础上进一步分析问题发生的因果关系，弄清原因和结果之间的数量关系，揭示和鉴别某种变量的变化究竟受哪些因素的影响及影响程度如何。

因果性调研，同样要有详细的计划，并且做好各项准备工作。实验法是调研中一种主要的研究方法。

4. 预测性调研

对未来市场的需求进行估计，即预测性调研，是企业制订有效的营销计划和进行市场营销决策的前提。它是在前述调研的基础上进行组织处理信息，估计市场未来需求，对于企业今后发展有着一定的意义。预测性调研涉及的范围比较大，可采用的研究方法比较多，研究方式比较灵活。

5. 问卷调查

问卷调查是市场营销调研中较常用、较为有效的方法，是用于收集第一手资料的最普遍的工具，是调查人员与被调查对象之间信息交流的桥梁，通过问卷调查可以使企业根据调查结果了解市场需求、消费者倾向等，从而做出相应的决策，促进企业的发展。

1）调查问卷的设计

调查问卷的设计是市场调研的一项基础性工作，需要认真仔细地设计、测试和调整，其设计得是否科学直接影响到市场调研的成功与否。

设计调查问卷主要有以下原则。

(1) 主题明确。根据调查目的，确定主题，问题目的明确突出重点。

(2) 结构合理。问题的排序应有一定的逻辑顺序，符合被调查者的思维顺序。

(3) 通俗易懂。调查问卷要使被调查者一目了然，避免歧义，愿意如实回答。调查问卷中语言要平实，语气诚恳，避免使用专业术语。对于敏感问题应采取一定技巧，使问卷具有较强的可答性和合理性。

(4) 长度适宜。问卷中所提出的问题不宜过多、过细、过繁，应言简意赅，回答问卷时间不应太长，一份问卷回答的时间一般不多于30分钟。

(5) 便于统计。设计时要考虑问卷回收后的数据汇总处理，便于进行数据统计处理。

2）设计调查问卷的程序步骤

设计调查问卷要求有清晰的思路、丰富的经验，一定的设计技巧以及极大的耐心。设计调查问卷的过程应当遵循一个符合逻辑的顺序。

基本步骤如下。

(1) 深刻理解调研计划的主题。

(2) 决定调查表的具体内容和所需要的资料。

(3) 逐一列出各种资料的来源。

（4）写出问题，要注意一个问题只能包含一项内容。

（5）决定提问的方式，哪些用多项选择法；哪些用自由回答法；哪些需要作解释和说明。

（6）将自己放在被调查人的地位，考察这些问题能否得到确切的资料，哪些能使被调查人方便回答，哪些难以回答。

（7）按照逻辑思维，排列提问次序。

（8）每个问题都要考虑怎样对调查结果进行恰当的分类。

（9）审查提出的各个问题，消除含义不清、倾向性语言和其他疑点。

（10）以少数人应答为实例，对问卷进行小规模的测试。

（11）审查测试结果，对不足之处予以改进。

（12）打印调查问卷。

3）调查问卷的组成

一般来说，一个正式的调查问卷由 3 部分组成。

（1）前言。主要说明调查主题、调查目的、调查的意义，以及向被调查者致意等。最好强调调查者与被调查者的利害关系，以取得消费者的信任和支持。

（2）正文。它是问卷的主体部分。依照调查主题，设计若干问题要求被调查者回答。这是问卷的核心部分，一般要在有经验的专家指导下完成设计。

（3）附录。可把有关调查者的个人档案列入，也可以对某些问题附带着说明，还可以再次向消费者致意。附录可随各调查主题不同而增加内容。结构要合理，正文应占整个问卷的三分之二到五分之四，前言和附录只占很少部分。

4）调查问卷的外观

问卷的外观也是调查问卷设计中不可忽视的一个重要因素。外观影响到被调查者是否愿意、顺畅、容易地答题，诸如问卷所用的纸张品种、颜色，问卷的编排，字体样式等，都会影响到被调查者回答问卷的质量水平。因此，调查问卷外观的设计应注意以下几点。

（1）小张纸比大张纸好。四小张比两大张使应答人感到有压力的可能性小。

（2）外观庄重、正式的问卷可使应答者感觉到这是一份有价值的问卷。

（3）问卷应当只印在纸张的一面，而且必须为答案留出足够的空白，关键词应当画线或用醒目字体。

（4）问卷的每一页应当印有供识别用的顺序号，以免在整理时各页分散。

5）调查问卷的问题设计

一份调查问卷是由许多问题组成的，而调查问卷是非常灵活的，这就涉及多种的提问方法和技巧。一份调查问卷需要对每一个问题进行分析、测试和调整，它的设计是否合理，关系到是否能取得真实可靠的第一手资料，应答人员是否易于回答等。一份好的调查问卷必定是经过深思熟虑的。

6）问题设计不合理的问卷的案例与启示

某航空公司设计了一份调查问卷，请乘客回答以下问题。

（1）如以百元为单位，您的收入是多少？

人们一般不愿意透露自己的收入，何况未必知道以百元为单位的收入。

(2) 您是偶然地还是经常性地乘坐飞机?
偶然与经常进行判断的标准是什么呢?
(3) 您喜欢本航空公司吗?
这个问题的目的何在，能了解什么呢？对于初次坐飞机的人又如何回答呢?
(4) 今年四月里您在电视上看到几次航空公司的广告?
谁会记得呢?
(5) 您认为在评价航空公司时，最显著的、决定性的属性是什么?
什么是最显著的、决定性的属性，太笼统，使应答人无从回答。
(6) 您认为政府对飞机票加税从而剥夺了许多人乘坐飞机的机会是对的吗?
这个问题另有用意，有误导、偏见的嫌疑，使人不知如何回答。

6. 案头调研

特别提示

案头调研：对已经存在并已为某种目的而收集起来的信息进行的调研活动，也就是对二手资料进行搜集、筛选，并据以判断它们的问题是否已局部或全部地解决，即使进行实地调研，也需要案头调研提供参考资料。

市场营销调研，不论它的内容如何，按信息来源不同，可分为案头调研与实地调研两种形式。当一个市场的资料有限而且已有可靠的文字资料时，案头调研往往是比较有效的调研方法。但是当需要更深入地了解一个市场情况时，实地调研是必不可少的。因此，案头调研往往是实地调研的基础和前奏。案头调研的任务有：为实地调研提供背景材料，为确定调查市场提供资料，可用于市场趋势分析和对总体参数的估算，可以为企业的内部改革提供依据。显然，案头调研在市场营销调研中占相当的比重。开展案头调研最主要的是获取第二手资料。

1) 案头资料来源

案头资料包括有企业内部的资料和企业外部的资料。所谓企业内部的资料是指企业内部的市场营销信息系统收集的各种资料，企业外部的资料主要是企业外部的单位所持有的资料。

(1) 内部资料的来源主要有以下几方面。

① 企业各信息系统提供的统计资料。如客户订货单、销售分布、销售损益表、库存、资产负债表等。由此可以了解到企业的基本情况，有针对性地进行测试。

② 营销部门汇编的资料。营销部门如能做好每个调研课题全部资料的汇总编辑归档工作，及时将其进行分类整理，那在遇到同样问题时则无需从头调查，既节省物力、人力，又节约时间，提高效率。这些资料包括在具体调研中所获得的资料和从组织机构中收到的报刊和简报。

(2) 外部资料的来源主要有以下几方面。

① 国家统计机关公布的统计资料，如统计年鉴、商业报告、企业普查资料等。

② 行业协会发布的行业资料。

③ 图书馆中保存的大量资料。

④ 各种相关的书籍、文献、报刊。

⑤ 银行的咨询报名、商业评论期刊，这些期刊往往有最完善的报道和记载。

⑥ 专业组织的调查报告，如消费者组织、质量监督机构、证券交易所等专业组织发表的统计资料和分析报告。

⑦ 研究机构、调查公司的商业资料，许多大的调查咨询公司和研究机构提供市场各方面的咨询材料。

2）案头调研的步骤

实施一项调研活动，面对如此多的材料如何将其充分利用达到解决问题和调查的目的是成功开展调研的重要标志，这就涉及进行案头调研的程序、步骤。

现成资料是指从其他人或其他单位所取得的已经积累起来的第二手资料。在信息爆炸的时代，案头的资料越来越多，但不一定都与调研有关，关键是调研人员应根据他的特定需要来对眼前的资料进行评价，选择与主旨相关的部分。评价可从以下几个方面进行考虑。

（1）内容：现有的资料是否全面、精确地满足调研课题的要求。

（2）水平：资料的专业程度和水平如何。

（3）时间：资料所涉及的时期是否适当、时效性如何。

（4）准确：资料的精确性如何，是否可信。

（5）便捷：资料获得的成本大小和迅速程度如何。

从以上这些方面进行综合评价是这一阶段的评价标准，当然实际情况千变万化，可灵活应用。

3）收集情报的途径

具体调查项目确定后，经过前一阶段对现成资料的评价，随着调查的深入，仍需要从相关处收集获得更加详细的资料。从一般线索到特殊线索收集情报，是每个调研人员收集情报的必经之路。调研人员从寻找提供市场总体概况的第一类资料到收集提供相关信息，详细精确程度较高的第二类资料和情报，是调研过程中的必经之路。例如，调研人员需要分析某公司电视广告播出的反应情况，他从一般资料来源开始，调查该地区电视拥有率、收视状况，再从中随机抽取消费者，写信向他们询问广告的播出效果。

资料收集后，调研人员应根据调研课题的需要和要求，剔除与课题无关的资料和不完整的情报。这就要求调研人员有一定的技术水平，对资料的取舍得当。例如，调研人员在分析进入哪些市场的报告中，他就可以从分析以下因素着手：产品的可接受性、分销渠道、价格、竞争情况、市场消费能力和潜力等。

4）撰写案头报告

报告是所有调查工作过程和调查成果赖以表达的工具，是对此次调研工作的总结。撰写报告时应注意以下几点。

（1）针对性强，简单明了：抓住课题特点，用统计图表来反映问题，方便读者了解分析。

（2）有说服力：报告的分析要有理有据，数据确凿，图表精确。

(3) 结论明确：是调研报告意义和价值的体现，非常重要。

(4) 时效性强：报告应及时，起到调研工作的画龙点睛作用，是进行决策的重要依据。

通过这些步骤，案头调研过程基本结束，但实际工作中经常需要进行调查活动，是提高管理水平的一个有效工具，但在某些情况下，调研人员发现不离开办公桌，只能收集到一些模糊的资料，其他详细资料无从知晓，这时案头调研就不能完成任务，则有必要进行实地调研。

7. 实地调研

在一些情况下，案头调研无法满足调研目的，收集资料不够及时准确，就需要适时地进行实地调研来解决问题，取得第一手的资料和情报，使调研工作有效顺利地开展。所谓实地调研，就是指对第一手资料的调查活动。随着社会经济的发展和营销活动的深入开展，现场搜集信息的方法越来越多，一般可归纳为 3 种方法。

(1) 访问法，是指将拟调查的事项，以当面、电话或书面等形式向被调查者提出询问，以获得所需资料的调查方法。它是最常用的一种实地调研方法。访问法的特点在于整个访谈过程是调查者与被调查者相互影响、相互作用的过程，也是人际沟通的过程。它包括面谈、电话访问、信函调查、会议调查和网上调查等。

(2) 观察法，是指调查者在现场从侧面对被调查者的情况进行观察、记录，以收集市场情况的一种方法。它与访问法的不同之处在于，后者调查时让被调查人感觉到“我正在接受调查”，而前者观察法则不一定让被调查人感觉出来，只能通过调查者对被调查者的行为、态度和表现的观察来进行推测判断问题的结果。常用的观察法有直接观察调查和实际痕迹测量法等方法。

(3) 实验法，是最正式的一种方法。它是指在控制的条件下，对所研究的对象从一个或多个因素进行控制，以测定这些因素间的关系，它的目的是通过排除观察结果中带有竞争性的解释来捕捉因果关系，在因果性的调研中，实验法是一种非常重要的工具。它主要有产品试销和市场实验等方法。

8. 面谈访问

根据调查者与被调查者或应答者之间的接触形式的不同，访问法则相应地划分为面谈访问、电话访问、邮寄调查、会议交流调查和计算机网上调查等形式。

面谈访问是市场调研中最通用和最灵活的一种调查方法。通常多根据事先拟订的问题发问，也可围绕调查主题自由交谈。究竟采用何种方式较为适宜，视调查目的与性质而定。面谈访问的交谈方式，可以采用个人面谈和小组面谈等多种形式。面谈访问的主要优点是除了得到被访问者的回答外，还能仔细地观察他们的面部表情和动作反应，从而获得许多有价值的信息。

特别提示

面谈访问：又称个人访问，是调查者在面对面的情况下，向被调查者询问有关问题，应答者所提供资料可当场予以记录而获取市场信息的方法。

电话访问：指通过电话向被调查者询问调查内容和征询市场反映的一种调查方法。

邮寄调查：指调查人员将设计印制好的调查问卷或调查表格，通过邮政系统寄给已选定的被调查者，由被调查者按要求填写后再将其寄回，调查者对收回的调查问卷进行整理分析，取得信息的一种调查方法。

会议调查：指通过召开有关会议，利用会议的便利条件展开市场调查的一种调查方法。

网络调查：指应用计算机网络技术和传统调查技术相结合的、具有良好交互界面的、为适应网络时代而出现的一种现代调查技术。

直接观察调查：指调研人员到现场观察记录发生的情况以收集信息资料的方法。

在具体开展一项调查需要进行面谈访问时，除了抽取一定比例的样本，安排调查人员外，最重要的部分则是访问方式的选择，即采用什么样的问题和形式进行访问。一般来说，有以下3种方式。

(1) 自由问答，是指调查者与被调查者之间自由交谈，获取所需信息的一种访问方式，一般在调查开始时采用这种方式。自由问答方式，可以不受时间、地点、场合的限制，被调查者能不受限制地回答问题，调查者则可以根据调查内容和时机、调查进程灵活地采取讨论、质疑等形式进行调查，对于不清楚的问题可采取讨论方式解决。通过如“您认为××商品的质量如何”，“您最想购买哪种牌子的××商品”等询问消除隔阂，创造良好的交谈气氛。但调查者要注意把握引导谈话中心和主题，避免走题和延误调查时间。

(2) 发问式调查，又称倾向性调查，是指调查人员事先拟订好调查提纲，面谈时按提纲进行询问。如调查洗发水市场，可以这样排列问题：您选用什么品牌的洗发水？为什么？您觉得这个品牌的特点是什么？通过询问，可以判断消费者对某商品的偏爱程度及偏爱理由。这种访问方式谈话简明，便于归总统计数据。可采用一问一答的形式进行，但要注意调节气氛，这种访问方式对于较熟悉的调查对象效果较好。

(3) 限定选择，又称强制性选择，是指面谈访问时同时列出说明商品特征的句子，被调查者从中选择接近或赞同的句子进行回答的询问方式。如询问购买××牌洗发水时，有这样几个句子供被调查者选择：①××洗发水价格适中；②××洗发水是知名品牌；③××洗发水洗发效果良好。被调查者可以根据自己对××洗发水的认识、喜好、偏爱程度进行选择，调查者则可从中进行汇总分析。

9. 电话访问

一般由调查员按照规定的样本范围，用电话询问对方的意见，这是为解决带有普遍性的急需问题而采用的一种调查方法。它主要有以下几个优点。

(1) 经济，相对于面谈访问与邮寄调查，费用最低。

(2) 快速与节省时间，对于一些急于收集到的资料而言，采用电话调查最快、最及时。

(3) 适宜访问不易接触到的被调查者，电话访问较易被人接受，对于选取样本中有重要人物因工作繁忙，或有些家庭不愿陌生人进屋等情况，电话访问可以消除这些顾虑与不便。

(4) 统一性，用电话访问，多按已拟订好的标准问卷询问，因此资料的统一性程度较高。

(5) 坦白，电话访问可以涉及有些面谈访问不便于回答的问题，尤其对女性，在电话访问中能获得比较坦白地回答。

电话访问同时也存在这样的缺点。

(1) 总体欠完整，电话访问是根据电话用户名单作为抽样基础的，但并非所有的消费者或家庭皆有电话。因此抽样总体不够完整，有的消费者在电话簿上仍用公司名称，如做消费者调查，显然总体名单上会漏掉这些人。

(2) 问题不能深入，电话访问询问时间不能太长，故通常问卷较短，有些问题无法深入询问和回答，较复杂的问题类型也不能使用，要求被调查者对某种问题发表意见时，只能做简短说明。

电话访问主要是在企业之间，如信息中心、调研咨询公司等借助电话向企业了解商品供求以及价格信息等，现在也越来越多地通过电话向消费者家庭进行有关信息的咨询调查。采用电话调查时，提高电话访问效率和最有效的办法是提前寄一封信或先打电话进行预约，告知应答者电话访问的目的和有关内容，在询问时，尽可能采用两项选择进行询问，方便资料的汇总。电话询问时，要求调查员言语简洁、清晰、缓和，使应答者能够较快领会调查内容并乐于接受访问。

10. 邮寄调查

此方法在国内外的市场调查中广泛使用。

邮寄调查主要有以下优点。

(1) 调查区域广，采用邮寄调查可选择较广的样本范围。

(2) 调查费用较低，只需花费少量邮资和印刷费用，成本较低。

(3) 被调查者可获得充裕时间填写问卷，相对前两种调查法而言，邮寄调查法给予被调查者较多时间去搜集、整理并回答有关问题，且回答者无时间上的压力，能够利用休闲时间去从容回答，这样也有助于得到较真实可信的答复信息。

(4) 无调查者的偏见，调查员不在场，被调查者在回答时避免受到调查者态度、情绪等因素的影响，回答更客观。

邮寄调查主要有以下缺点。

(1) 回收率低，邮寄调查因被调查者对调查内容不感兴趣，或是问卷太长或复杂，可能使被调查者没有时间和耐心完成调查问卷，对此不予重视，因此邮寄调查一般回收率较低，达到25%就已算理想的了。

(2) 时间周期长，邮寄调查从设计、印刷、邮寄到回收调查问卷往往需要较长时间，花费时间太多，信息反馈太慢，使调查结果的时效性受到较大影响。

(3) 易产生差错，无从判定被调查者的性格特征，也无法评价其回答的可靠程度，如被调查者有可能误解问题的实质，有可能不是其本人填写等，出现这些情况会影响样本的代表性。

(4) 对被调查者的要求较高，为了保证调查的准确、高效，邮寄调查要求被调查者有一定的文字理解能力和表达能力，不适用于文化程度较低者。

针对邮寄调查存在的优缺点，在具体操作时要扬长避短，要尽可能地使收信人乐于合作。在信封上的称呼要与被调查者的称呼相同，回答的问题当男女有别时要分别设计，为了提高问卷回收率在调查之前用电话或信件方式提前通知被调查者，在发出的信件中要附有贴好邮资的回邮信封，随问卷附上小礼物或规定在回信后将给予少量报酬或纪念品，调查问卷最后由发送方领导人亲笔签名以示尊重被调查者的真诚合作。

11. 会议调查

在各种各样的会议上利用不同场所提供的机会进行相关的调查，是每个商家都不会忽视的。在我国广州举办的“中国出口商品交易会”和在上海举办的“华东地区出口商品交易会”，以及各种工业品或服装的订货会、物资交流会、展销会等，都是开展市场调查的有效场所。调查的形式主要有以下几种。

(1) 发调查表。对参加会展的代表分发各种调查表格，征询对本企业产品的意见和建议，提高产品的知名度，以便改进产品的质量、款式、包装及商标设计等，同时也可了解不同商家的同类产品在市场上的占有竞争情况。

(2) 出样订货。购销双方在会展上签订交易合同，不仅能促进商品交流，而且能广泛调查了解各地市场的需求情况，便于指导生产，组织供应。

(3) 召开座谈会或个别交流。这种通过会议形式进行交流的调查的最大特点是产销直接见面，联系面广，便于收集分散的市场动态，综合各种信息，进行筛选，根据市场需求组织生产。主要缺点是很多会展只是工商企业之间的业务活动，并没有与消费者直接见面，以致有些商品成交以后，并不完全适合市场需求。

12. 网络调查

计算机信息技术的不断发展，使网络成为社会生活的重要组成部分，各种类型的网站纷纷开通，网络已经成为传输信息、加快信息沟通交流的重要工具，这无疑会加强人们对信息搜集渠道及其质量的重视，给市场调查行业提供了许多商机。随着网络的普及，出现一项新的调查方法——网络调查。这种调查技术的出现，最大特点就是调查传播媒介的改变，它利用了网络优势，具有如下一些特点。

(1) 不受时空限制，数据采集过程不受地域限制，而且还可以 24 小时全天候进行调查，减少许多诸如制度、天气和时间等因素的影响，这样可以使调查组织简单、快速，且调查范围更广。

(2) 利用多媒体技术具有声图文并茂、友好的交互界面这个特有优势，常见的形式有电子邮件(E-mail)，电子公告板(BBS)，网络寻呼机(ICQ)，网络实时交谈(IRC)，网络会议(NET-meeting)及网络电话等，在需要时可以实时显示出生动的统计结果。

(3) 一定程度上可以降低调查成本，省去调查实施过程中访问人员费用等人工介入成本、产品费、交通费等支出项。

(4) 减少了传统调查“入户难”的程度，在一定程度上提高了问卷的应答率。

(5) 客观性较强。应答者可以不受调查员经验、情绪等主观因素的影响，能获得真实反映应答者态度的数据。

(6) 问卷处理程序简化，主要指网络调查可以减少数据录入和数据转换等工作。

针对以上特点，目前网络调查主要用来做产品研究方面的市场调查，通过诸如产品市场占有率、产品推广渠道等内容的调查，获取一手关于自身及竞争对手的信息，为企业生产和营销决策提供参考，在一定程度上还可以扩大广告效应，加快与客户的联系，树立良好的企业形象。

13. 直接观察调查

它不像访问调查那样，向被调查者提出问题要求其回答，而是凭调查人员的直接感觉或是借助于某些摄录设备和仪器，跟踪、记录和考察被调查者的活动和现场事实，来获取有关的市场信息。

观察法往往是被调查者并不感到自己在被调查，直接观察法的特点如下所述。

(1) 自然。被调查者在不知晓的情况下，会自然、毫不掩饰地流露自己的想法，不受调查人员的干预和影响，所获资料的准确性高。

(2) 直接、客观。观察法是对现场发生的现象进行观察和记录，了解事物的实际发生情况，体现出客观性；调查人员亲临其境对市场现象直接观察，直接记录现场的环境和事实，直接性非常强。

(3) 全面。调查人员观察市场客观事物发生、发展和变化，根据调查目的要求对在一定时间、空间内所发生的现象没有遗漏地全部记录，全面反映事物运动过程的全貌。

直接观察法有这样的特点，取得样本的调查质量是相对较高的，直接观察法的优点如下所述。

(1) 直观、可靠。观察调查是在被调查者没有察觉自己的行动正在被观察的情况下进行的，被观察者完全正常的活动使调查人员可以客观地记录、搜集第一手资料，调查资料真实可靠，准确性高，结果比较接近实际。

(2) 简单、易行。灵活性较强，只要选择好合适的时间和地点，明确调查的内容，可随时进行调查。

(3) 干扰少。观察调查基本是单方面的调查者活动，它不与被调查者进行沟通和人际交往，可以避免语言交流或人际交往中可能发生的种种干扰。

直接观察法当然也存在一些缺点。

(1) 观察深度不够。只能观察到被调查对象的外部动作和表面现象，对其内在因素和动机可能观察不到，有时需投入大量的人员，长时间的观察才可发现某些规律性。

(2) 限制性比较大。在实施观察调查时，常会受到时间、空间和经费的限制。直接观察调查一般需要大量人员到现场长时间观察，费用支出较大，比较适用于小范围的对微观市场的调查活动。

(3) 受调查人员自身条件的制约较大。直接观察调查对调查人员的技术要求较高，观察力、记忆力和心理素质等应有一定的水平，否则易出现主观臆想、观察不够细致，影响调查效果和质量。

直接观察运用得比较广泛，可进行以下内容的调查。

(1) 顾客行为观察：了解顾客对商品的偏好、顾客行为特征、顾客构成、服务方式等重要市场信息。

(2) 营业状况观察：了解营业现场商品陈列、橱窗布置、价格变动等情况，从中查找存在的问题，提出相应的改进建议。

(3) 顾客流量：市场竞争情况和广告宣传情况等的观察。

为了改善观察调查的效果，调查人员要在观察前做好计划，设计好观察记录表格，以取得详细、深入、全面的资料，做出准确的调查结论。

14. 市场实验

市场实验是实验法中的一种。实验法是一种特殊的市场调查方法，它是根据一定的调查研究目的，确定某一调查对象，创造某些条件，采取某种措施，然后观察其后果的一种调查方法。实验法应用范围非常广，凡是某一种商品需改变包装、设计、价格和广告策略时都可应用实验法。市场实验则是调研人员选择某一特定市场，控制一个或数个营销自变量，研究其他营销因变量的因果关系。虽然市场上不能控制的因素很多，例如，消费者的偏好、政府的政策等，但探索因素关系这个特点是访问法和观察法所不具备的。实验法的最大特点是把调查对象置于非自然的状态下开展市场调查。

市场实验具有以下一些优点。

(1) 实验结果具有一定的客观性和实用性。它通过实地市场实验来进行调查，将实验和正常的市场活动结合起来，取得的数据比较客观，具有一定实用性和可信度。

(2) 有一定的可控性和主动性。实验调查中，调查者可以主动地引起市场因素的变化，并通过控制其变化来分析、观察某些市场现象之间的因果关系以及相互影响程度，是进行因果性测试、研究事物因果关系的最好方法。

(3) 有助于提高调查的精确度。在市场实验中，可以根据调查项目需要，进行合适的实验设计，有效地控制实验环境，进行反复研究，取得相应的数据，提高调查的精确度。

当然市场实验也存在一些缺点。

(1) 可变因素难以掌握，实验结果不易相互比较。市场包罗万象，政治、经济、社会、自然等各种因素都会对市场发生作用，这必然会给实验结果带来影响，每次实验完全相同的条件是不存在的。

(2) 时间周期较长。市场实验要求指定精确的实验方案和计划，实验时间较长，比较适用于意义重大、具有一定社会价值的调查项目。

(3) 风险大，费用高。市场实验要冒一定的风险，在操作时要由专门人员来运用，难度较大，费用也相对较高。

美国某公司准备改进咖啡杯的设计，为此进行了市场实验。首先，他们进行咖啡杯选型调查，他们设计了多种咖啡杯子，让 500 个家庭主妇进行观摩评选，研究主妇们用干手拿杯子时，哪种形状好；用湿手拿杯子时，哪一种不易滑落。调查研究结果，选用四方长腰果型杯子。然后对产品名称、图案等，也同样进行调查。接着他们利用各种颜色会使人产生不同感觉的特点，通过调查实验，选择颜色最合适的咖啡杯子。他们的方法是，首先请了 30 多人，让他们每人各喝 4 杯相同浓度的咖啡，但是咖啡杯的颜色，则分别为咖啡色、青色、黄色和红色 4 种。试饮的结果，使用咖啡色杯子的人都认为“太浓了”的占 2/3，使用青色杯子的人都异口同声地说“太淡了”，使用黄色杯子的人都说“不浓，正好”，而使用红色杯子的 10 人中，竟有 9 个说“太浓了”。根据这一调查，公司咖啡店里的杯子以后一律改用红色杯子。该店借助于颜色，既可以节约咖啡原料，又能使绝大多数顾客感到满意。结果这种咖啡杯投入市场后，与市场上的通用公司的产品开展激烈竞争，以销售量比对方多两倍的优势取得了胜利。

3.2.4 调查方法的选择

以上所述的调查方法是市场调查中常用的，每种方法各有所长，具体调查过程中，究竟采用哪一种方法，应根据调查目的、要求和调查对象的特点来相应选择。

一般应考虑如下一些因素。

(1) 调查项目的伸缩性。调查内容只要求一般回答的，宜采用邮寄、网上计算机调查；需要灵活改变题目、深入探求的内容则以面谈访问或电话访问为好；如调查项目要求取得较为真实可靠的数据，则以直接观察调查和市场实验为好。

(2) 需要调查资料的范围。资料范围广泛，可采用邮寄、网上调查；调查项目资料简单的可用电话访问。

(3) 调查表及问卷的复杂程度。较复杂和要求较高的，宜采用面谈、市场实验等调查方法；一般的和较简单的则可采用邮寄、网上调查。

(4) 掌握资料的时效性。需要调查的项目急需收集到一定的信息以利迅速决策的，宜采用电话访问或面谈访问；时效性要求不太高，不很紧迫的可采用其他几种方法。

(5) 调查成本的大小。根据调查项目的规模、需要和目的，调查者的人力、物力、财力，在保证调查质量的前提下，精打细算，统筹安排调查方法，以求事半功倍。

在实际工作中，选择一种或多种调查方法，可大致考虑以上一些因素，但是经济现象是千变万化发展的，要灵活地进行选择。可选择一种方法为主，辅以其他方法，或是几种方法并用的形式，会取得好的效果。

3.3 衡量市场需求

市场需求量的测量是企业制定正确营销战略的前提条件。在激烈的市场竞争中，哪家企业能正确估计当前的市场需求并把握未来需求的态势。该企业就可能掌握市场变动的主动权，从而在竞争中求得生存和发展。

3.3.1 市场需求测量中“需求”的含义

“需求”的含义是比较广泛的，在不同场合必须加以区分。这里将从“测量”的角度对需求做出相应的规定。

1. 市场需求

市场需求指对某种产品的市场需求，即指在特定的地理区域、特定的时间、特定的营销环境中，由特定的消费者群购买某种产品的总量。

在这个定义中包括8个要素。

(1) 产品。由于产品的范围是广泛的，且即使是同一类产品在实际需求上往往亦存在着多种差异。如消费者对照相机类产品便有着规格、功能、档次等方面不同的使用要求，因而企业在进行需求测量时，应明确规定产品的范围。

(2) 总量。它通常直接表明了需求的规模，应注意的是，虽然它可以用金额单位来表示，但在市场价格波动较大时期，销售金额往往不能准确反映实际销售数量，对此，应注意辨别影响因素，或同时使用实物单位指标。

(3) 消费者群。市场细分原理提示了消费者的差异性，因而在对市场需求加以测量时，要注意分别对各细分市场的需要加以确定，而不宜仅仅着眼总市场的需求。

(4) 地理区域。在一个地域较广的国家里，不同地域间客观上存在着差异，消费需求必须以明确的地理区域为基础。

(5) 时间周期。企业的营销计划一般有长期、中期与短期之分，与之相呼应需有不同时期的需要测量，即在进行市场需求测量时，必须以明确的时期为限。

(6) 营销环境。前面有关章节中已专门分析过营销环境对营销活动的影响，对此，在进行市场需求测量时，应注意对该类因素的相关分析。

(7) 实际购买。显而易见，市场需求最终要通过购买行为表现出来；反过来讲，只有最终进行购买的需求才是真正的市场需要。

(8) 企业的营销活动。在通常情况下，企业的营销决策(如企业的促销决策)对市场需求有直接影响，因而，应考虑企业自身的营销行为对市场需求变动的可能影响。理解市场需求概念，重要的还在于必须看到它不是一个常量，而是一个函数，在特定的营销环境下，市场需求是市场营销费用的函数。在不支出任何刺激需求的费用时，需求表现为一个基础值(市场最低值 Q1)。随着营销费用增加，需求水平呈上升状态；但当营销费用达到一定水平后，再增加却不会激起需求的进一步上升，也就是说还存在着一个市场需求的上限(需求潜量 Q2)。

2. 需求潜量

需求潜量指在特定的营销环境下，随着行业营销活动的强化及不懈努力，某类产品的市场需求所能达到的最大极限(或者称为最高市场需求)。

在这个概念中，“特定的营销环境”这一点是十分重要的，因为它最终决定了市场需求的潜量。例如，在经济繁荣时期与经济萧条时期这两种不同环境下，需求潜量的差异是极其明显的，通常在前者条件下比在后者条件下需求潜量要大得多。

3. 企业需求

企业需求通常指某企业在市场需求中所占的份额。

用公式表示为

$$Q_i = S_i Q$$

式中：Q_i——企业需求量；

S_i——i 企业的市场占有率；

Q——市场需求总量。

从上式可见，企业需求量的大小不仅受到市场需求总量的影响，而且受到企业市场占有率的影响。在一般情况下，影响企业市场占有率的主要因素有：市场营销费用、市场营销组合策略及市场营销功效等。

4. 企业潜量

企业潜量通常指某企业需求所能达到的最大极限。在特殊情况时，企业需求的最大极限可能与需求潜量等同；但在绝大多数情况下，企业潜量是低于需求潜量的。

从以上4个概念的关系来看，需求潜量与当前市场需求的差额反映了某一市场潜力和市场机会的大小；而企业潜量与企业需求的差额则反映了企业进一步做出营销努力的潜力。如果企业需求已接近企业潜量，说明企业在该市场上已尽了最大努力，不会再有太大作为；如果企业需求与企业潜量差距较大，说明企业营销活动强度不够(或效果欠佳)，需增加营销费用，设计更有效的市场营销组合，在现有市场上挖掘更大的潜力。

3.3.2 需求测量的基本内容

市场需求测量，可以根据测量所要达到的目的及所需的条件多层次、多侧面地进行。在企业实践中，可以依据测量对象在发生时间上的不同，分为两大类型，即对目前需求的估量和对未来需求的预测。就目前需求的估量而言，其特征在于，对正在发生过程中的需求加以分析和评价；而对未来的预测，则是依据历史资料和现实状况，依据经验和教训，通过系统的、科学的方法和手段，在市场调查的基础上，对影响市场需求发展变化的各种因素进行综合分析，预见市场需求在未来一定环境中的发展趋势及其状态。显然，预测的特征，在于对尚未发生的不确定的或未知的事件做出描述。通常情况下，对未来需求的预测比对目前需求的估量要复杂和困难得多，而且预测的时距越长，越困难。

3.3.3 对目前需求的估量方法

1. 总需求潜量的估量方法

总需求潜量可用下面的公式估算：

$$Q=mqp$$

式中：Q——总需求潜量；

m——假定条件下，在特定的产品/市场上的购买者数量；

q——每个购买者的平均购买量；

p——单位产品的平均价格。

用上述方法估算总需求潜量，其中较难把握的因素是m。一般的做法是先从总人口着眼，从中排除那些显然不会购买的人数，然后进一步对余下的“可能的购买者”加以分析(分析的基本思路，在前面有关章节中已有过专门的阐述)。这种分析，虽然有时要从不同角度进行，或从消费者的收入水平等着眼，经过一步步剔除后，剩下那些“最有可能的购买者”。

对总需求潜量的估计，有时还使用“上加法”，即先估量各细分市场的需求潜量，然后汇总，得出总需求潜量。

2. 区域需求潜量的估量方法

每个企业都希望选择较理想的区域，同时亦有一个有效地在区域间分配营销预算的要求，因而必须估量不同地区的需求潜量。对此，美国比较有效地使用了两种方法，即市场建立法和购买力指数法。

市场建立法主要用来估量生产资料的区域需求潜量。具体方法是采用美国普查局的“标准行业分类系统”来确定每个区域市场上所有潜在的生产资料的购买者数量及其购买量。该分类系统把整个制造业分为若干个大行业群，进而把每一大行业群划分为若干个行业组，每一个行业组又再进一步细分为若干个产品品种。这样，每一个产品品种都可以用行业群代码、行业组代码和品种代码的组合标识出来。标准统一的数字序列给分类、查询和统计带来了便利。

企业在使用市场建立法时，首先通过《标准行业分类系统手册》查出某地区中可能对某种生产资料感兴趣的用户企业名单，并向他们进行询问，以了解其购买的可能性；然后估计有关企业可能需要的数量，并由此推算出该区域的需求潜量。

购买力指数法——主要用于估量消费品的区域需求潜量。公式表示为

$$B_i=0.5y_i+0.3r_i+0.2p_i$$

式中：B_i——i 地区占全国购买力的百分率；

y_i——i 地区占全国个人可支配收入的百分率；

r_i——i 地区占全国零售总额的百分率；

p_i——i 地区占全国人口的百分率。

必须指出的是，式中 3 个系数是依据一定时期美国的实际情况测算而定的，对使用者仅仅是一种参考。

此外，当估量某些以家庭为消费单位的消费品需求潜量时，需将 p_i 替换为 h_i，即

$$B_i=0.5y_i+0.3r_i+0.2h_i$$

式中：h_i 中的 i 地区家庭数目占全国家庭的百分率。

B_i 被确定之后，用其乘以总需求潜量，即可估计出 i 地区的区域需求潜量。

实际预测情况将会更复杂，有时需相应加入其他一些因素，如竞争因素、季节差异因素、地区特征因素等，对预测值做出必要调整。

3.3.4　未来需求的预测方法

企业对未来需求进行预测，一般要经过“环境预测—行业预测—企业销售预测”这样的过程。在目前相当部分的企业预测活动中，往往忽略了对环境的预测，认为环境的变化难以琢磨，甚至认为未来环境的状况与企业关系不大。实际上，需求预测就是“预见需求在未来的一定环境中的发展变化趋势及其状态”，况且，环境对需求的影响是不言而喻的。因而，在下面的阐述中，将首先讨论与环境预测有关的方法。

1. 用于环境预测的主要方法

1）专家意见法

由专家们对未来可能出现的各种趋势做出评价的方法。这种方法亦可用于行业预测和销售预测，但在环境预测中的作用显得更明显。专家意见法又被称为“德尔菲预测法”，在 20 世纪 40 年代由美国的兰德公司创立，日后在实际应用中得到了进一步的完善。该种

方法首先依据预测目的，选定某些专家形成一专家组，然后以函询方式(个别面对面亦可)向专家提出问题，同时提供所有与预测有关的资料供其参考，请专家们分别独自做出各自的预测(各专家之间不能交换意见，以免相互影响)。在此基础上，将各位专家的意见加以综合、整理和归纳，匿名反馈给每位专家，再次征求意见。专家们参考他人的意见，可修正自己第一次预测时做出的预测结果。如此反复若干次，直到无人再修正为止，最后将趋于一致的意见作为最终预测结果。

德尔菲预测法的特点如下。

(1) 参加预测的专家之间不发生直接联系，因而避免了一些弊病(如召开大家均在场的会议时，某些“权威人士”的发言会左右会场等)。

(2) 多次反复，使每位专家能够形成自己较成熟的意见，又发挥了专家们相互借鉴的积极作用。采用这种方法进行预测时，若想使预测结果尽可能地可靠，对企业来讲，关键是要选好专家。对此，一般是确定了预测目标后，依据目标特点，选择那些确有专门研究的人员。特别是在进行环境预测时，由于环境问题的复杂性和广泛性，更要注意专家的构成与分布。

2) 趋势延伸法

利用过去的时间序列资料，导出最佳曲线进行外推的方法。这种预测方法的原理是：趋势是时间序列在一定时期内总的平均运动，因而，可以通过对它的量度和分析去说明某些变量的长期运动方向。但是，如果事件的发展出现了根本性的变化，则本方法将失去应有作用。趋势延伸法的程序包括：分析时间序列历史资料及其目前状态、选择最佳方程配合趋势、估算并验证方程、说明方程的预测能力、展开方程到预测期、求出预测值。该方法被认为是较易于掌握、成本较低且效率较高的预测方法，尤其是用于中期预测时。

3) 交叉影响分析法

找出那些重要性和可能性较高的主要趋势，然后分析并判断它们可能对其他方面产生影响的方式。这种预测方法的原理是：对一组可能在未来发生的新事件用两种数据加以描述，前一种数据估计特定时期内将要发生的每种新事件的概率，后一种数据估计任何一种可能的新事件的出现会影响到其他每一种新事件出现的概率。从中可以发现每个未来新事件的发生及其与其他新事件间相互影响的概率，进而使这些概率精确到可以作为决策的依据。所有数据一般应用主观估计法或德尔菲法求得，也可用模拟法来进一步精确估计概率。能够用于环境预测的还有其他一些方法，如相关分析法、动态模型法等。以上所列举的专家意见法、趋势延伸法和交叉影响分析等 3 种方法，具有易于理解和掌握的优点，因而较常用。

2. 用于行业预测和企业销售预测的主要方法

前面所举的 3 种用于环境预测的方法在此也可应用。此外，还有下述一些主要方法。

1) 购买者意向调查法

对购买者意向进行周期性的调查，从中获得信息，通过综合分析，预测出消费者购买意向的主要变动方向。这种预测方法的原理是：只有潜在的购买者最清楚自己将来想要购买的商品种类及其数量，因而他们提供的情报理应是可靠的。一般而言，用购买者意向调查法来预测未来需求，其准确性以用于工业品(生产资料)较高，用于耐用消费品次之，用于一般消费品最低，原因在于影响消费者日常购买的随机因素较多。考虑到这一点，在用此方法对消费品进行预测时，主要应用于耐用品方面。具体方法主要是用“随机抽样”中的简单随机抽样、分类随机抽样，或“非随机抽样”中的判断抽样来选择调查对象，用询问法作为调查手段。为提高预测的可靠性，在用本方法进行销售预测时，常结合进行产品调查(包括产品质量、价格、包装等)、消费者调查(包括消费者的构成、收入、消费偏好等)和市场份额调查。

2) 销售人员意见综合法

因某些原因不宜对购买者直接调查时，可依据销售人员做出的估计加以汇总。这种预测方法的原理是：销售人员在企业中最接近购买者，最了解购买者的动向，他们所做的销售预测理应是可靠的。用此方法进行预测时，首先要求每个销售人员接受预测任务，同时需由企业主管人员向他们提供有关将来环境变动的资料，销售人员可利用这些资料再加上自己的判断，做出自己认为可靠的销售预测，最后由主管部门加以综合。除了本企业的销售人员外，也可向本企业的代理商、经销商和零售商征询。

3) 指数平滑法

指仅依据过去和目前的原始数据，解释时间序列的波动并作出预测的方法。该方法主要用于短期预测。这种预测方法的原理是：通过计算本期和所有前期数值的指数加权平均数，从中确定一时间序列的修正值。这种方法的显著特点是指数平滑的加权程序采用了权数数列，其数值随时间按指数递减，从而就避免了传统时间序列法假定各时期对未来销售的影响程度相同的缺陷，突出了各时期销售对未来销售的影响不同的事实(即近期销售对未来销售影响较大，时间越远，影响力量呈几何级数递减)。计算公式为

$$F_t = aS_{t-1} + (1-a)F_{t-1}$$

式中：F_t——某期预测销售数；

S_{t-1}——前期的实际销售数；

F_{t-1}——前期的预测销售数；

a——加权常数，又叫指数，其值为 0～1。

a 是个经验数据，其大小根据经验选取。a 越大，预测值越接近于上期实际值；a 越小，预测值越接近于上期预测值。在实际工作中，a 常取 0.7～0.8，或试用若干不同数值的 a 计算预测销售数，以预测数与实际值差异最小的为最佳权数。

4) 回归分析法

这是一种因果分析预测方法。前述时间序列预测法(如趋势外推法、指数法)，着重需求变量与时间变动的关系。但是，大量的经济现象不仅与时间有关，还存在着相互之间的因果联系。例如，供求与商品价格，消费者购买支出与收入等，后者是前者的影响因素，但它们之间的关系又不是确定的函数关系。回归分析法就是研究引起未来状态变化的各种因素所起的作用，找出各种因素与未来状态的统计关系。常用的有直线最小平方法和曲线最小平方法两种，其实质是对动态数列进行修正，用修正的递增或递减的理论数列(倾向变动线)来代替实际的动态数列(实际变动线)，并以此变动的走向预测未来。

在进行案头调研和实地调研后，营销调研人员一般已经收集了大量资料。但是，所有

这些原始材料不会向调研人员提供清晰的市场面貌，它们是比较分散、零星的，不会直接显示出所需要的现成答案。为了反映事物的本质，必须把这些原始资料进行整理分析和处理，使之系统化、合理化。市场资料整理分析就是把各种调查所得的数据资料归纳为反映总体特征的数据的过程。

3.3.5 市场数据整理过程

数据的整理分析一般包括以下 3 个程序。

1. 分类

分类是指把资料分开或合并在有意义的类目中，它是数据资料整理的基础，也是保证资料科学性的重要条件。分类的方法有两种：一种是事先分类，即在问卷设计时已将调查问题预先作了分类编号，资料收集后只要按预先的分类进行整理即可；另一种是事后分类，市场调查中有些问题事先无法分类，如购买动机、非结构性问题的询问等，只能在事后分类。资料分类编组一般有按照数量分组、按照时序分组、按照地区分组、按照质量分组 4 种类型。

2. 编校

资料的编校工作包括检查、改错，对资料进行鉴别与筛选。编校时要求按照易读性、一致性、准确性和完整性这 4 个标准来进行，特别是对完整性的要求尤其重要，即市场调查问卷的所有问题，都应有答案。如果发现没有答案的问题，可能是被调查者不能回答或不愿回答，也可能是调查人员遗忘所致，编校工作者应决定是否再向原来的被调查者询问，以填补空白问题，或者询问调查人员有无遗漏，能否追忆被调查者所做的答复，不然就应剔除这些遗漏了的资料，以免影响资料的完整性和准确性。

3. 整理

数据资料整理的方法有手工、机械和电子计算机 3 种，一般以自己动手组织力量为主。

(1) 手工方法。优点是方法简单，不需要其他机器设备；工作人员只需要接受手工整理的训练；发现错误可随时纠正，成本较低。缺点是遇到大量复杂的数据，整理时间太长。

(2) 机械方法。这是用机械在卡片上打孔的方法。调查表上每一类资料都要根据一定的标准，在规定的部位打孔，经过检查后，运用分类机自动将同一部位的卡片分组，并自动在记录器上计算出张数。这种方法的效率比手工方法高，而且可以保证资料整理的准确性。

(3) 计算机方法。电子计算机处理数据是计算机技术的新发展，由于其计算速度快、准确性高，对量大、复杂的数据处理工作特别有效。调查的数据，在计算机中进行处理就要将答案变换成代码，代码通常用数字来表示，也可用字母表示。

3.3.6 市场数据调整

在收集到的数据中，由于非正常因素的影响，往往会导致某些数据突然偏离正常规律忽高忽低。对这些由于偶然因素造成的，不能说明正常规律的数据，应当进行适当的调整和技术处理。

对市场数据进行调整的基本方法有以下几种。

1. 剔除法

剔除法就是将那些不能反映正常趋势的数据直接剔除。如某地区历年来的基本建设投资额的统计数据，见表 3-1。

表 3-1　某地区基本建设投资额统计表

单位：亿元

年度	1985	1986	1987	1988	1989	1990	1991	1992	1993	1994
基本建设投资额	10.0	11.0	12.0	13.5	14.0	14.5	11.0	15.0	16.0	17.5

经分析，历年基本投资额的上升是基本符合当地投资的发展趋势的，只有 1991 年的基本投资额出现了突然下降。经调查分析，突然下降的主要原因是宏观经济紧缩和国家政策的调整。如果使用这个数据和其他数据一起输入预测模型，就会产生较大的偏差，去掉这个数据，有利于预测模型接近正常趋势。

2. 还原法

当采用剔除法减少数据点不利于分析时，还可采用还原法，把数据处理成排除非正常因素时应该表现出的数据。还原法可用算术平均法及几何平均法计算出两种还原值。如上例：

$$\text{算术平均法 } y'_{91}=\frac{y_{90}+y_{92}}{2}=\frac{14.5+15.0}{2}=14.75$$

$$\text{几何平均法 } y'_{91}=\sqrt{y_{90}\cdot y_{92}}=\sqrt{14.5\times 15.0}=14.74$$

这两种方法的选择视整个所得的数据的趋势而定。如果数据的发展趋势呈线形，用算术平均法较好；当发展趋势呈非线性，用几何平均法合适。

3. 拉平法

拉平法主要用来处理商业企业调整或扩大经营范围，生产能力扩大或调整生产品种后的数列。如某厂塑料制品历年销售量，见表 3-2。

表 3-2　某厂塑料制品销售量

单位：万件

年度	1986	1987	1988	1989	1990	1991	1992	1993	1994
销售量	75	80	83	185	190	196	201	206	210

从上述数列中可以看出，从 1988 年到 1989 年间有一个跳跃，这个跳跃是因为企业根据市场需求的发展，经投资扩建，形成了新的 100 万件的生产能力。如按原数列输入预测模型，会造成偏上的误差，如剔除 1988 年以前的数据，那剩下的数据就过少。这时可采用拉平法，把 1988 年以前的数据加上新增能力 100 万件，就把 1988 年前后的生产能力“拉平”了。

在实际操作中视所收集到的数据灵活地运用以上提到的数据调整方法，使调查能够取得一个比较准确可信的成果。

3.3.7 市场调研报告的撰写

市场调研的最后一个步骤就是撰写一份高质量的研究报告，也就是以报告形式表达市场调研所获得的资料和结果，供委托者或本企业管理层作为营销决策的参考。调研报告是研究工作的最终成果，也是制定市场营销决策的重要依据，市场营销调研报告的提出和报告的内容、质量，决定了它对企业领导据此决策行事的有效程度。一份写得拙劣的报告会把出色的调研活动弄得黯然失色。

1. 调研报告的种类

调研报告根据读者的不同需要可分为专题报告和一般性报告。这两种报告分别适合不同兴趣和不同背景的读者，前者是供专门人员做深入研究用的，后者是供企业的行政领导或公众参考的。

1）专题报告

专题报告又称技术性报告，在撰写时应该注意尽可能详细，凡在原始资料中所发现的事实都要列入，以便其他专门人员参考。这种详细的专业报告使得读者能够清晰地了解调研报告的适合程度以及准确程度。因此，一项专业形式的报告应该详述每一个研究步骤以及使用“标准差”这样的专业词汇。

2）一般性报告

一般性报告又称通俗报告，广泛地适合那些只关心研究结果而无兴趣于研究技术的读者。因阅读者人数众多，水平参差不齐，故力求条理清晰，并避免过多引用术语。为了提高阅读人的兴趣，报告要注重吸引力。

2. 调研报告的结构

调研报告的结构一般包括：标题封面、目录、摘要、前言、调查结果、结论及建议、附录这样 7 个部分。

1）标题封面

写明调研题目，承办部门及承办人和日期。这部分让读者知道诸如调研报告的题目、此项报告是为谁而写、此项报告由谁完成和此项报告的完成日期。

2）目录

目录应该列出报告的所有主要部分和细节部分，以及其所在页数，以便使读者能尽快阅读所需内容。但如果研究报告少于 6 页，目录则可省去，只要提供明确的标题即可。

3）摘要

以简明扼要的话陈述研究结果，以便企业的决策者或主管在繁忙的时间内迅速地了解到调研的成果，应该采取什么样的措施或行动。因此，摘要是报告中最重要的部分。

4）前言

在这个部分里要述及调研背景、调研目的和所采用的调研方法。在调研方法里要说明样本设计和抽样方法等。

5）调查结果

这部分是调研报告的核心内容。将研究结果做有组织有条理的整理和陈述。尽可能图文并茂地说明问题，便于读者阅读。

6）结论及建议

研究者的作用不仅在于向读者提供调查事实，而且应该在事实的基础上作出问题的结论并提供建议。

7）附录

附录是调研报告的结尾部分，它起到以数据图表来表述调研报告的作用。有些与报告主体“调查结果”相关的数据图表由于没有地方放置，通常也被放在“附录”这一部分。另外，问卷实地调查概况也包括在这里。

应用案例

Enterprise 租车公司：服务质量评估

卡文·柯克曼驾驶着他那熠熠发光的蓝色宝马轿车进入车道，把档位放在停车上，刹住车，下车检查他的邮箱。每天到家他都要这样做：他翻动一堆目录册和信用卡优惠券，注意到来自 Enterprise 租车公司的一封信。

事故

他在想为什么租车公司会写信给他，然后他记起月初，他出了一起事故。一个下雨天的早晨，他驾车上班，路太滑，另一辆汽车停不下来，撞上了他的车，而他正在等红灯。谢天谢地，卡文和那位司机都没有受伤，但是两辆车都被撞坏了。事实上，卡文已经不能再驾驶他的车。

卡文用手机报了警，在等警察来的时候，他给自己的汽车保险代理打了电话。代理保证，他的保单包括了在修车期间租用汽车的费用。他告诉卡文把车拖到附近的汽车修理厂，并把该地区汽车租赁公司的电话号码给他。代理提醒，他的公司推荐 Enterprise 租车公司，卡文的保单所能支付的租车费用最高为每天 20 美元。

卡文把车放在修理厂，完成了必要的手续，给租赁公司打了电话。10 分钟后，公司职员来到修理厂，把他接到公司，卡文填完了单据，租用了一辆福特 Taurus 车。车修好以前，他共租用 12 天。

不知道 Enterprise 公司为什么现在给我写信。卡文想，保险公司每天支付 20 美元租福特 Taurus 车有些贵。

跟踪顾客满意

他把信放在边座上，开上车道。一进屋，他打开 Enterprise 公司的来信，发现是关于他对租用是否满意的调查表。调查表只有一页纸，上面列有 13 个问题。

Enterprise 公司负责人认为公司正在成为美国最大的汽车租赁公司(在收入、汽车数量、分店等方面)，公司正密切关注顾客满意度。公司的目标是为卡文这样因为出事突然没了车的人服务。当更有名的赫兹公司(Hertz)和艾维斯在残酷的汽车租赁市场上竞争时，公司拓展自己的业务，培养保险代理和修理厂经理作为推荐代理。所以，当他们的客户或顾客需要暂时使用汽车时，代理就会推荐 Enterprise 租车公司。尽管这样的替代租用占公司业务的 80%左右，公司还在自由支配方场(休闲、度假租赁)和企业市场(将车租给短期需要汽车的企业)服务。它也开始在一些机场提供服务。

Enterprise 公司成立后，一直遵循创始人杰克·泰勒的建议。泰勒认为，如果公司把顾客放在第一位，把雇员放在第二位就会赢利，所以公司仔细地跟踪顾客满意度。

大约5%随机挑选的顾客会收到像卡文那样的信，由一家独立的公司将调查信和邮资已付的回信信封寄给顾客。填好调查表被寄回给这家服务公司，由它汇编结果并向Enterprise公司提供报告。

持续改进

在密苏里州的公司总部，公司的高级管理层仍在考虑如何进一步推行他们的顾客满意度项目。公司使用那些对公司服务完全满意的百分比来制定Enterprise质量指数。它使用调查结果来分别统计整个公司和单个分公司的平均服务质量指数的分值。公司的分公司经理依赖并支持这个过程。

然而，高级管理层认为，为了真正实现顾客满意，必须把公司质量指数当成晋升过程的一个重要因素。公司要求分公司的经理们注重服务质量指数，并且在考虑提升分公司经理的时候也把服务质量指数当成一个重要考虑事项。高级管理层相信这样一个过程可以保证公司的经理们和雇员们关注如何使顾客满意。

但是。公司的管理层在进行下一步时发现了两个问题。第一，他们需要更高的调查回复率。尽管公司现在的调查回复率为25%，在这类调查中已经算很好的，但是仍担心缺失了一些重要信息。第二，获得调查结果需要两个月的时间，公司认为有必要更快地获得顾客满意度信息，至少是每个月都能得到相关信息，以使它的分公司经理能够快速有效地确认和解决顾客服务方面的问题。

公司的经理们正在思考着如何改进他们的顾客满意度追踪过程。

服务质量调查表

请在最符合您的答案的括号内作标记。

1. 总的说来，您对自2003年1月1日以来在Enterprise公司的汽车租赁服务满意吗?

非常满意(　　)比较满意(　　)一般(　　)比较不满意(　　)非常不满意(　　)

2. 如果有不满意，您认为公司哪方面可以做得更好?

3. 租赁过程中，您遇到什么问题了吗?

是(　　)否(　　)

4. 如果您向公司提出任何问题，他们的解决让您满意吗?

是(　　)否(　　)没有提过(　　)

5. 如果您曾经打电话预订一辆车，您认为电话预订服务怎么样?

非常好(　　)好(　　)一般(　　)不好(　　)不知道(　　)

6. 您去过公司的办公室吗?

租赁始末都去过(　　)租赁开始去过(　　)租赁结束去过(　　)没去过(　　)

7. 您需要搭乘时，公司职员邀请您了吗?

租赁始末都去过(　　)租赁开始去过(　　)租赁结束去过(　　)没去过(　　)

8. 到达公司后，在下列事情上您用了多少时间拿到租赁汽车(单位：分钟)?

<5(　　)　　5～10(　　)　　11～15(　　)

16～20(　　)　21～30(　　)　>30(　　)　　不知道(　　)

9. 您对下列方面评价如何?

租赁始末您被接待的及时性：非常好(　　)好(　　)一般(　　)不好(　　)不知道(　　)

租车送到或取走的及时性：非常好(　　)好(　　)一般(　　)不好(　　)不知道(　　)

租赁开始：非常好(　　)好(　　)一般(　　)不好(　　)不知道(　　)

租赁结束：非常好(　　)好(　　)一般(　　)不好(　　)不知道(　　)

10. 如果您需要特定类型或尺寸的车，公司能满足您的需要吗?

能(　　)　不能(　　)　不知道(　　)

11. 您租车的原因是什么?

汽车因为事故而在修理(　　)　其他原因的汽车修理或维护(　　)　汽车被盗(　　)

商务需要(　　)　休闲或度假需要(　　)　某些其他原因(　　)

12. 您再需要租车时，会选择本公司吗？

绝对会(　　)　可能会(　　)　不一定(　　)　可能不会(　　)　绝对不会(　　)

13. 您从本公司租车大约总计多少次？(包括本次)

1次(　　)　2次(　　)　3～5次(　　)　6～10次(　　)　11次及更多次(　　)

思考题：

1. 分析Enterprise公司的质量调查，它想收集什么信息？它的调查目标是什么？

2. 公司为收集顾客满意度及其他关于顾客和竞争者的信息，还能够运用什么其他方法来补充或替代邮寄调查？

3. 对于提高调查回复率和反馈及时性，你有什么具体建议？

本章小结

本章主要论述了营销调研和需求测量，首先介绍了营销调研的基本内容和基本方法，然后介绍了理解需求测量的估量方法，最后简介了简单的调研报告撰写方法。

习　　题

一、单选题

1. 一部正在畅销的小说被作者、编剧改编成电视连续剧，并投入制作，搬上荧屏，这是信息的(　　)特性。

A. 可检索性　　B. 可共享性　　C. 可转换性　　D. 可储性

2. 由人、设备和程序组成，为营销决策者收集、挑选、分析、评估和分配所需要的、适时和准确的信息，这被定义为(　　)。

A. 市场营销信息系统　　B. 营销分析系统

C. 内部报告系统　　D. 营销调研系统

3. 企业在情况不明时，为找出问题的症结，明确进一步调研的内容和重点，通常要进行(　　)。

A. 探测性调研　　B. 描述性调研　　C. 因果关系调研　　D. 临时性调研

4. 在其他条件相同的情况下，抽样误差较小、样本代表性较好的抽样方法是(　　)。

A. 纯随机抽样　　B. 机械抽样　　C. 类型抽样　　D. 整群抽样

5. 运用直线趋势法对某商场连续7年的营业额建立的直线趋势方程为$y=0.5+0.3x$(亿元)，则第8年可能实现的营业额预值是(　　)。

A. 2.6亿元　　B. 2.9亿元　　C. 0.8亿元　　D. 1.7亿元

二、多选题

1. 市场营销信息系统由(　　)所构成。

A. 内部报告系统　　B. 外部　　C. 营销情报

D. 营销调研　　E. 营销分析

2. 市场营销调研的目的可分为(　　)。

A. 探测性调研　　B. 描述性调研　　C. 经常性调研

D. 临时性调研　　E. 因果关系调研

3. 市场调研计划的内容主要包括(　　)。

A. 资料来源　　B. 调研方法　　C. 调研工具

D. 抽样计划　　E. 接触方法

三、思考题

1. 目前，社会已走向知识经济时代，我国企业应如何改进市场营销信息工作?
2. 加强营销调研工作对参与市场竞争有何重要意义?
3. 市场需求预测中应深入研究哪些因素?
4. 怎么根据不同的情况选择不同的预测方法?
5. 需求预测中容易出现的失误有哪些?

四、案例分析题

九芝堂的营销管理信息系统

湖南九芝堂股份有限公司是国家重点中药企业，深交所上市公司。其主发起人长沙九芝堂集团有限公司的前身“劳九芝堂药铺”创建于1650年，是中国著名老字号。

多年来，公司的经济效益取得了显著的增长，连续多年被评为“全国医药工业企业经济效益百强”和“湖南省工业企业经济效益百强”，综合经济实力在湖南省医药行业排名第一，并已跻身于全国中药行业十强之列。质量是企业的生存之本，公司在生产和经营中严格按GMP、GSP要求完善自身的软件、硬件建设。1999年11月，公司九芝堂制药厂成为全省首家通过GMP认证验收的企业，2001年5月，公司零售连锁公司也通过了GSP认证验收。在五年一次的药品生产、经营企业换证验收中，公司也均以高分顺利通过换证验收工作，下属药材分公司中药饮片厂更是成为全省中药饮片样板企业。同时公司被国家药品监督管理局批准为具有全国药品跨省连锁经营资格的试点企业之一。

1. 系统情况

九芝堂营销管理信息系统囊括了业务管理、仓库管理、账务管理、客户管理、领导查询、费用管理、计划管理、系统管理等8大子系统，基本涵盖了营销业务领域的方方面面。实现了以事务为基础，以客户为中心，确保账账相符，账实一致的营销管理指导思想。

(1) 业务管理：以对发货单、发票、结算单、往来凭证的流水线式管理为基础，以客户、产品、仓库、业务员、销售机构、销售区域6大要素的组合报表为延伸，以应收账款管理为核心。

(2) 仓库管理：其基本事务是各仓库的单据管理，同时通过发货、收料与业务方面紧密相连，通过入库、领料、残损与账务联成一体。

(3) 账务管理：是业务和仓库管理流程的审结者，它调入业务和仓库基本数据来产生成品账、销售账和销售利润账，还要通过与业务方面的对账来发现和规范业务管理。

(4) 客户管理：在建立全面标准化的客户档案的基础上，保证了客户作为最重要业务资源的有效性、可管理性和可指导、制约业务的特性。

(5) 领导查询：可以调取领导最为关心的营销信息对比表和排比表，实时清晰地了解业务进展情况。

(6) 费用管理：按照品牌、业务员和科目将各项费用细分，同时也与业务的实际发生情况进行了挂钩。

(7) 计划管理：从计划和综合报表(台账等)两个角度，在综合采集业务数据的基础上自动生成。

(8) 系统管理：有两大特色：一在于按岗定职责，二在于可以从数据安全的角度将整套营销系统透明一致地开放给业务员、分(子)公司经理等具有不同数据访问权限的人员使用。

2. 系统业务、技术特色

营销管理信息系统的特点之一在于它充分体现了8/2定律，通过周密细致的客户分析可以使业务会计将注意力集中在20%能带来80%效益的客户上，从而对业务进行指导和监督、审核。

特点之二在于通过实时的库存管理，可以有效地对库存进行控制，从而减少库存损失，减少不合理的库存占用资金，盘活和提高资金的周转率。

特点之三在于进销存财的一体化，数据的透明性和一致性将确保各部门对账的顺畅，减少错误和摩擦正确性，提高工作效率。

特点之四在于通过数据的安全性控制可以将过于集中的营销管理职能适当地分离出去，从而减少内勤部工作压力，提高内勤部的综合战斗力。

特点之五在于通过各类报表(尤其是综合报表和到天的账龄分析表)，可以有效地发挥营销中心的指导和监督、审核职能，将一些更严格的管理规则应用到业务实践中去，通过管理产生效益。例如，通过应收账龄和结算账龄分析来控制对客户发货和开票工作等。

纵观国内医药行业，公司的营销模式是先进而成功的，所以基于这套营销模式的营销管理系统也承继了此特性：严格的客户管理机制，严密的安全体系结构，方便快捷的操作方式，丰富实用的统计报表，进、销、存、财一体化的流程控制。

3. 应用情况实例

(1) 工作效率对比：系统在发货单、发票、结算单等单据登账时速度比原系统提高30多倍(原系统单据登账时，每笔单据登账时间是1分钟，而新系统是1秒多钟)，系统在查询、数据分析时的速度远比原系统高，配合多达400多个实用报表的使用，因此营销中心在每月结算时所用的时间比原来少了一半(数据量比原先多三分之一情况下)。

(2) 安全、稳定对比分析：系统由于在系统设计、数据库方面的先天优势，绝对不会在进行单据处理、登账时丢失数据，而原系统则不能保证数据的稳定性，经常发生莫名其妙丢失数据的情况。从一年多的应用情况来看，新系统没有发生一例此情况(从理论上来说，也不可能)。同时，系统安全特性(按岗定职责、数据权限可分配性)使整个系统在安全方面有了很大的提高。

(3) 数据对账分析：业务系统中增加了关账功能，账务系统中增加了客户对账、产品对账功能，它能使业务、财务、仓库迅速、准确对账，将财务部对账的时间减少一半。

(4) 业务监督、审核对比分析：系统中有客户管理和对客户的应收账款、结算的分析处理功能，在系统中能通过对客户、业务员应收账款指标的设定，能使业务管理部门大大提高对业务员、客户的业务监督、审核的职能，如营销部门在使用此系统后，使原先3671个客户集中到865个客户进行管理，充分地体现了经营的“2/8”原则，减少了因此方面所带来的呆账、烂账等问题。

(5) 实时的仓库管理：在仓库管理中，系统采用了电话拨号的方式，当仓库每进出一批货物时，都及时通过电话拨号与总部进行通信，数据交流、处理业务，使仓库库存能及时、真实地反映，使营销管理人员能有效对库存进行控制。

思考题：

1. 鉴于我国已经开发并投入使用营销信息系统的企业并不是很多，你认为九芝堂的营销管理信息系统能够发挥作用的前提条件是什么?

2. 营销管理信息系统与普通的管理信息系统有何区别?

大连供电公司电力营销管理信息系统

大连供电公司隶属辽宁省电力有限公司，是国家大型Ⅰ类供电企业，供电面积1.3万km^2、抄表用户97万户、用电人口540万、下属10个供电分公司，承担大连市7区、三市和一县的供电任务，为用户提供220kV及以下电力设施的设计、安装、调试、维修以及供用电的咨询服务。

大连供电公司电力营销的信息化建设一直处于国内同行业领先地位，但限于系统建设时的信息技术和网络条件，加之近年来国家电力体制的重大转变对电力营销工作提出了新的要求，大连供电公司迫切希望以较高的起点，重新构建新电力市场化运作模式下的电力营销管理信息系统。

在建设新系统之前，大连供电公司对全国各地的典型供电企业进行了详细考察，并与国内主要的电力营销管理信息系统解决方案提供商进行了多次技术交流，经过公开招标，选定沈阳东软软件股份有限公司作为合作伙伴。大连供电公司选定东软，看重的是东软作为专业的应用软件开发商、在面向电力行业提供的解决方案中，有先进的技术平台和成熟的业务模型，可以保证新的电力营销管理系统有一个较高的技术起点；有系统整体结构，在未来3至5年内，能充分利用信息技术的进步为大连供电公司提供更好的服务。

1. 营销管理信息系统采用全集中方案

为适应电力市场规模化、集约化的发展趋势，提高供电企业在能源市场的整体竞争力，大连供电公司电力营销管理信息系统采取了全集中的技术方案，以配合集中管理、规范服务的应用需求。大连供电公司本部建立了基于HP N4000双机集群、Sybase Adaptive Server数据库的数据中心，为电力营销系统的业务运行提供高性能、高可靠性的数据服务及应用服务。16个人工座席的客户服务呼叫系统也已开通，可以为客户提供7×24的自助服务和人工服务。

作为辽宁省电力公司电力营销管理信息系统的试点项目，辽宁省电力公司、大连供电公司和东软股份共同进行了详尽的业务需求分析，确保系统建成后能满足大连供电公司电力营销的管理需要，业务处理符合辽宁省电力公司的业务规范，并充分考虑各地市供电公司之间的管理差异和目前可预测的电力营销管理模式变化，以利于系统在全省供电企业的推广。大连供电公司电力营销管理信息系统，按照业务逻辑关系分为客户服务、营销业务、营销工作质量管理、营销管理决策支持4个层次。

1) 客户服务层

客户服务是电力营销管理信息系统中与客户进行交互、为客户提供直接服务的软硬件系统的总称。客户服务层主要以规范的服务标准，向用户提供优质的服务，通过客户服务系统综合管理供电公司的客户支持部门，共享服务资源，充分利用客户服务系统提供的多种服务手段(电话、传真、电子邮件、浏览器页面)为客户服务。其主要业务功能有：故障抢修、信息咨询、用电业务查询、投诉、举报、建议、电费催缴等。

2) 营销业务层

这是电力营销管理信息系统的基础信息采集、加工和处理中心，是客户服务层的支持层。主要进行各类供电服务具体事务处理，保证在业务处理的全过程中，数据安全、有序地在供电企业内各业务部门之间流转，并且可控。同时负责向客户服务层实时提供客户的用电信息。其主要的业务功能有：营业受理、电费抄核、电费计算、账务管理、IC卡售电、银行代收代扣、线损管理、计量管理、用电检查等。

3) 营销工作质量管理层

该层是对客户服务层、营销业务层的工作流程及工作质量实行监督管理的控制中心。通过工作流平台，监控各业务部门的工作状况，提供预防性的工作监督手段，实时考核工作绩效，调整内部管理方式。主要向供电分公司和供电公司的管理人员提供营业管理功能，例如营销业务的稽查、各项营销指标的统计等。

4) 营销管理决策支持层

为营销决策提供依据的综合信息分析处理中心。主要从营销市场分析、客户分析、市场预测、需求管理4个方面分析电力营销工作的经营状况、政策实施效果、预测供电市场需求，决策未来经营计划和销售策略。

2. 关键技术应用

新建设的电力营销管理信息系统将全面推广到大连供电公司本部的多个营销管理机构以及下属10个供电分公司各部门，要求系统必须具有较高的产品化程度，实施到不同单位时，能够根据各自的管理需要进行动态的定制和调整。按照辽宁省电力公司的要求，系统将以产品化原型的形式应用在辽宁省电力公司的其他地区级供电公司。

针对这些要求，东软在系统中重点应用了以下技术。

1）大数据量处理

大连市有 97 万用户，在系统采用大集中方式时，如何保证系统有良好的实时响应性能成为比较突出的问题。

在整体数据设计时，东软做了相应的优化设计，在程序代码编码和系统操作习惯上，也进行了针对性的设计。例如，进行大数据量查询时，数据分包传送，系统操作人员感觉不到数据的中断，也不用长时间等待，系统资源和网络资源的占用也不大。

2）安全策略

大连市供电公司的营销管理为集中方式，现场服务的部门是逐级分布在全市各区域的，系统的操作人员也是分散在局域网、城域网中，这样要求数据中心对系统的应用操作权限，要进行多级别分配和控制。

电力营销系统将对客户提供跨越城区的服务，即用电客户可以到大连供电公司任何一个营业点办理业务申请或缴纳电费，但实际的业务处理，要由客户所在区域的现场供电服务部门来进行，业务办理权限和数据的控制权限将是跨越供电行政区域和单位的。这样要求系统安全策略的制定既能满足功能、数据的灵活分配，又要保障跨越区域业务处理时数据的安全。

由于目前大连供电公司广域网络的建设速度尚不能与电力营销系统完全同步，10 个供电分公司系统全部集中还存在一定的困难，因而在近 1 到 2 年内，系统在距离数据中心较远的几个供电分公司，还会存在独立的数据中心，系统安全策略必须满足分布式数据库环境中的集中控制。

系统在安全策略的设计上，实现了跨数据库的分布式多级别安全控制。

3）灵活的可定制功能

为了适应不同区域使用单位的业务处理差异，为每个操作人员定制个性化的应用系统，东软在进行系统设计与开发时，全面贯彻了面向对象的思想，提供了多种开放的可定制界面。例如，电费计算规则的定制，营业受理流程的图形化定制，公共数据的属性定制等。这些定制界面不仅可以让普通操作人员动态调整系统，也为系统能自动适应未来业务规则提供了便捷的手段。

4）符合 J2EE 标准的 N 层体系结构，浏览器操作界面

目前国内开发电力营销系统的厂商，提出 N 层结构方案的较多，实际上真正实现的却几乎没有。东软将自行研发的符合 J2EE 标准的 5 层结构的开发框架 UniEAP，有效地运用在电力营销的营业受理子系统和客户服务呼叫子系统(Call Center)中。这一标准技术框架的使用，明显地提高了应用软件的可管理性、易维护性、可升级性及组件化程度。该系统的前端用户界面采用 Internet 环境下的浏览器方式，不仅易操作，而且结合专为电力营销系统定制的工作流系统，使前端的应用与各业务系统资源形成了一个有机的整体。

2001 年 10 月，大连供电公司电力客户服务呼叫系统向社会正式公开。以电话和传真的方式向供电客户提供了自动应答和人工服务，座席客户代表日平均接听 260 个电话。2001 年 12 月，经过 3 个月的系统试运行、数据核对，电力营销业务层功能(电量电费、收费账务、业扩报装、电能计量、用电检查、统计报表等)正式双轨运行，目前进入系统运行的抄表用户约 22 万，管理监督与决策分析等功能也将陆续上线。

资料来源：计算机世界报 2002.01.24.

思考题：

1. 电力行业建设对营销信息系统有何特殊要求？
2. 分析我国电力行业营销信息系统建设的现状。

第4章 市场营销环境

教学目标

重点掌握并理解市场营销环境的含义和特征、经济环境的内容、社会文化环境的内容、技术环境的内容、企业面对市场营销环境的对策；掌握分析营销环境的意义、微观环境的主要内容；了解自然环境的内容、政治法律环境；理解分析市场营销环境的分析方法及其应用。

教学要求

知识要点	能力要求	相关知识
市场营销环境	(1) 理解市场营销环境的定义、特点 (2) 掌握市场营销环境对营销活动的影响	(1) 环境 (2) 环境对企业营销活动的影响
宏观环境和微观环境	(1) 掌握企业微观环境和宏观环境的具体内容 (2) 理解企业的不同环境将面对不同的机会与威胁，能够进行SWOT分析，制定相应的对策	(1) 微观环境与宏观环境变化对营销活动的影响 (2) 恩格尔系数的变化对企业营销活动的影响

基本概念

市场营销环境；人均国内生产总值；个人收入；个人可支配收入；个人可任意支配的收入；货币收入；实际收入；恩格尔系数

引　　例

马特尔公司和它的芭比娃娃

马特尔(Mattel)的天才在于能够一直保持它的芭比娃娃紧随时尚并且成为一种潮流。从 1959 年芭比娃娃出现以来，她就一直在满足所有女孩子都幻想的一种基本需要——扮演大人的角色。不过芭比的形象也在随着小女孩的梦想而改变。她们的梦想从“空中小姐”、“时装模特”、“护士”到“宇航员”、“摇滚歌手”、“总统候选人”。马特尔每年都会生产新的芭比娃娃以保持她的最佳形象：成就、魅力、浪漫、教育。芭比的形象同样也反映了美国的不同人口组成。马特尔从 1968 年起就介绍非裔美国芭比娃娃(公民权利运动的时候)，并且公司同样介绍了西班牙及亚洲芭比娃娃。近年来，马特尔生产了水晶芭比娃娃(一种豪华型芭比)、波多黎各芭比(“芭比世界”的组合体)、大芭比(紧跟时装迷)、飞机时代芭比(一个飞行员)以及特罗和贝奇(Troll and Baywatch)芭比(儿童流行和电视剧商品)。行业分析估计每分钟可以售出 2 个芭比娃娃。每个美国女孩平均拥有 8 个不同版本的芭比娃娃。从 1993 年起，漂亮的塑料芭比娃娃的年销售额超过了 10 亿美元。

资料来源：菲利普·科特勒．营销管理[M]．北京：中国人民大学出版社，2010.

案例点评：成功的公司高度重视环境分析，通常情况下，其业务采用从外向内的观念。它们认识到营销环境在一直不断地创造新机会和涌现威胁。这些公司认为，持续地监视和适应环境对它们的命运至关重要，马特尔公司和它的芭比娃娃就是一个持续不断创新它的品牌以适应营销环境变化的例子。

本章将对市场营销环境的定义及特点，企业微观环境、宏观环境中的各因素以及如何把握机会和避免威胁，发挥优势并规避劣势进行具体介绍。

企业的营销活动都是在一定的环境下进行的，环境影响和制约企业的营销活动。关注并研究企业内外部营销环境的变化，动态地把握环境变化的趋势，识别由于环境变动而造成的机会和威胁，是营销人员的主要职责之一。在营销过程中，环境既是不可控制的因素，又是不可超越的因素。企业必须根据环境的现实状况与发展趋势，相应制订并不断调整营销策略，自觉地利用市场机会，防范可能出现的威胁，扬长避短，确保在竞争中立于不败之地。只有这样，才能使企业的营销活动正常、迅速地发展，可以说，市场营销活动实质上是企业适应环境变化，并对变化着的环境做出反应的动态过程。

4.1　市场营销环境的含义及特点

4.1.1　市场营销环境的定义

现代系统论认为，环境就是指系统边界以外的所有因素的集合。企业的市场营销环境，是指存在于企业营销系统外部的各种不可控制的因素和力量，这些因素和力量是影响企业营销活动及其目标实现的外部条件。

任何企业的营销活动都不可能脱离周围环境而孤立地进行。企业营销活动要以环境为依据，主动地适应环境，同时通过营销努力去影响外部环境，使环境有利于企业的生存和发展，有利于企业有效地开展营销活动。因此，重视研究市场营销环境及其变化，是企业开展营销活动的最基本环节。

市场营销环境因素复杂多变，可以根据不同的标志加以分类。基于不同观点，营销学者提出了各具特色的环境分析方法，菲利普·科特勒将环境分为微观环境和宏观环境。微观环境(又称作业环境)与宏观环境之间不是并列的关系，而是主从关系，微观营销环境受制于宏观营销环境，微观环境中所有的因素都受宏观环境中各种力量的影响，如图 4.1 所示。

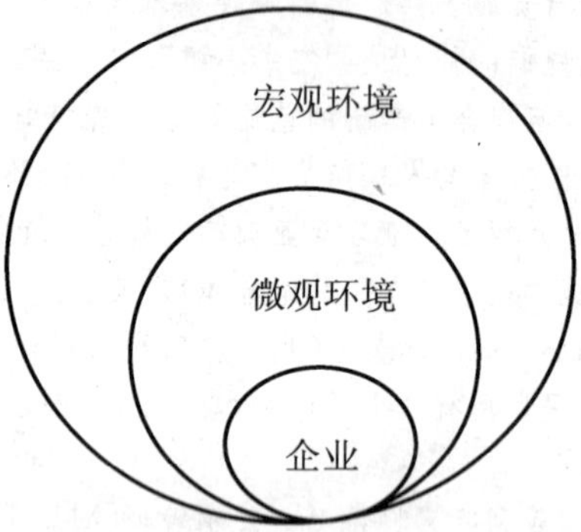

图 4.1　营销环境对企业的作用

微观环境包括市场营销渠道企业、顾客、竞争者以及公众，他们是营销活动的各种参与者，直接影响和制约着企业的营销能力，与企业具有或多或少的经济联系，也称为直接营销环境。宏观环境主要包括人口、经济、政治法律、科学技术、社会文化及自然生态等因素，它们是影响微观环境的一系列巨大的社会力量，宏观环境一般以微观环境为媒介去影响和制约企业的营销活动，在特定场合，也可间接影响企业的营销活动，故又被称作间接营销环境。宏观环境因素与微观环境因素共同构成多因素、多层次、多变的企业市场营销环境的综合体，如图 4.2 所示。

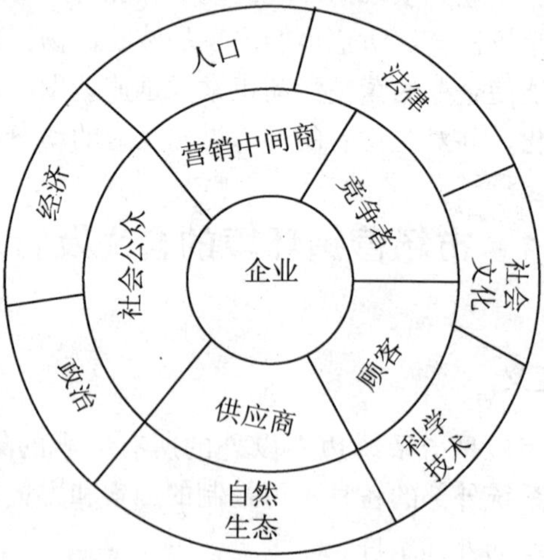

图 4.2　企业市场营销环境

营销环境按照其对营销活动的作用效果区分，可以分为不利环境与有利环境，即形成威胁的环境与带来机会的环境。环境威胁是指环境中一种不利于企业发展所形成的挑战，如果不采取果断的市场营销行动，这种不利趋势将损害企业的市场地位。例如，2001 年，美国“9·11”恐怖事件发生后，外国游客急剧减少，美国许多旅馆和旅游胜地都感到了极大的压力。在洛杉矶市中心主要接待日本游客的纽奥塔尼饭店，客房入住率仅为 25%，而往年同期为 75%。洛杉矶韩国城的天堂旅游公司 2001 年 9 月因旅游订单退订造成 10 万多美元的损失，濒临破产边缘。事件发生 1 周内，美国几个大公司的经营都受到严重影响，见表 4-1。企业的市场营销经理应善于识别所面临的威胁，并按其严重性和出现的可能性进行分类，之后为那些严重性大和可能性也大的威胁制订应变计划。市场营销机会是指对企业市场营销管理富有吸引力的领域。在该领域内，企业将拥有竞争优势。这些机会可以按其吸引力以及每一个机会可能获得成功的概率来加以分类。企业在每一特定机会中成功的概率，取决于其业务实力是否与该行业所需要的成功条件相符合。

表 4-1　美国几个大公司的经营受到“9·11”事件影响的程度

公司名称	经济影响
思科	在未来两年内将回购价值 30 亿美元的股票
花旗	第三季度收益锐减为 2 亿美元，其保险业将用 2 亿美元赔偿因恐怖事件死难人员的家属
大陆航空	将裁员 12000 人，占全部员工的 20%
福特	受恐怖事件的影响，该公司因零件短缺影响生产，因而无法达到第三季度的预期利润
百事可乐	根据纽约证券交易所的规则，百事公司将回购 2 亿美元的本公司的股票
通用电器	该公司宣布第三季度收益将严重受损

营销环境按对企业营销活动作用时间长短来分，可以分为企业的长期环境与短期环境，前者持续时间较长或相当长，后者对企业市场营销的影响比较短暂。

营销视野

2014 年世界经济走势分析

2013 年 12 月 7 日，TPP 部长级会议在新加坡举行。

2014 年，世界经济有望筑底温和回升，全球经济增长点或拓宽，但发展格局生变。美联储退出量化宽松进而收紧宽松货币政策后，将使世界经济进入一个新的“再调整”不稳定期。美国主导的超大“优惠贸易协议”安排，正打乱现行国际经贸格局，全球博弈重心开始由市场转向规则。

1. 世界经济温和增长期

首先，世界经济筑底缓慢回升。2014 年应是全球经济“筑底起稳”回升年，多数经济体将好于前两年。据国际货币基金组织(IMF)估计，2014 年世界经济将增长 3.6%，好于 2013 年。这与经合组织(OECD)和联合国的预测值一致。其中，新兴市场与发展中国家和发达国家经济将分别增长 5.1%和 2%，分别高于 2013 年的 4.5%和 1.2%。

发达经济体增势明显上升：欧元区经济止跌回升，2014 年可望增长 1%；美国经济增速将由 2013 年的 1.6%升到 2.6%；日本受消费税提高影响及“安倍经济学”边际效应下降影响，2014 年经济增速将由

2013 年 2%回落到 1.2%。

新兴市场与发展中国家经济发展依然温和。中国经济增速换挡到中速，据联合国预测，2014—2015 年中国经济将分别增长 7.5%和 7.3%。IMF 则认为，2015—2018 年间中国经济年均增速将放缓到 7%。

其次，全球经济发展分化。后危机时期，各国经济增长动力普遍不足，全球发展环境异常复杂，金融市场乱象纷呈，贸易保护主义盛行，全球发展明显分化。

作为一个整体，新兴市场与发展中国家经济增长依然高于发达国家，但是其各自发展又有不同：非洲经济增势相对强劲，亚洲发展中经济体仍居世界最快，“金砖国家”成色差异凸显，中国经济依然最亮丽。

发达经济体复苏势头整体趋稳：欧洲经济止跌回升，但只是由“重症监护”转到“普通病房”；日本短期复苏似显强劲，但结构改革难有进展，中长期或昙花一现；美国复苏势头趋稳且强劲，但结构性债务与失业问题并未解决。

再次，发达国家与新兴市场将共同牵引。据 IMF 统计，过去 5 年新兴市场对世界经济增长的贡献率年均超过 70%，即使 2013 年新兴市场与发展中国家经济增速降到 4.5%，对全球经济增长的贡献率仍达 69%(购买力平价)，如按美元汇率计算则达 85%。

2014 年，全球经济发展格局将变化，发达国家对世界经济增长的贡献率将增到 54%(美元汇率)。这是自金融危机以来第一次世界经济增长一半强来自发达国家。但是，如按购买力平价计算，发达国家的贡献率降为 35%，新兴市场的贡献率依然达 65%。

无疑，未来发达国家经济发展企稳，在推动世界经济方面发挥更大作用，但依然面临严重的政府债务与高失业问题，私人消费不足，产业需要调整，政府严重缺钱，发展后劲不足。新兴市场由于前期透支式高发展，沉积诸多结构性问题，方式必须转变，增速需要放缓，但仍具备后发优势。

世界经济本是一个整体，理应由发达和新兴经济体共同牵引，两个支点支撑，才能使全球经济“强劲、可持续和均衡”发展。

2. 发展面临诸多不确定性

首先，美联储量化宽松政策退出或打乱新兴市场发展秩序。酝酿数月后，美联储终于从 2014 年 1 月起将量化宽松额度从 850 亿美元缩减到 750 亿美元。美联储主席伯南克坦言，尽管调整政策，但不是撤出刺激，货币政策宽松程度与之前相比将“大体相当”。可见，美联储对退出量化宽松依然持谨慎态度。如果不发生意外，美联储上半年或收窄量化宽松幅度，下半年或全面退出，货币政策或于 2015 年收紧。

这将是世界经济史上前所未有的大规模金融逆向操作(美联储的资产负债表已从危机前不足 1 万亿美元增到目前近 4 万亿美元)，技术性操作难度大，将引发一系列难以预料的风险。2014 年仅是第一阶段，未来较长时期内国际金融经济格局将处于“再调整”进程中。

随着美联储退出量化宽松，全球资本将重新布局，全球资本回流美欧，将引发新兴市场股汇市持续震荡、通胀走高、增长放缓，国内发展风险凸显。2013 年中期此类风险已上演。国际金融协会估计，流入新兴市场的私人资本将从 2012 年的 1.2 万亿美元降至 2014 年的 1 万亿美元。

西方央行收紧宽松货币政策之日，将是新兴市场真正面临风险考验之时。尤其是随着美联储量化宽松政策退出，美元指数将逐渐走强。加上美国“能源独立”与中国经济加速转型，全球初级产品行情下行将加速。严重依赖资源出口的新兴市场国家，将同时面临资本外流和出口资源品价格下跌的双重冲击，发展环境将持续恶化。

20 世纪 70 年代“尼克松冲击”引发西方货币竞争性贬值和发展中国家债务融资高潮，80 年代初美联储紧缩货币政策，引爆席卷拉美和前苏东的债务危机，使拉美经济陷入“失去的十年”，加剧前苏东经济崩溃。面临世界经济中新的不稳定因素，新兴市场应该为 2015 年美联储转变货币政策做好准备。从更长远来看，要加快结构调整，转变增长方式，加强南南合作，降低可能的风险。

当然，2014 年新兴市场面临的冲击或可控。一是自伯南克宣布退出量化宽松以来，全球市场已经做出自我调整，新兴市场经历了第一波资本外流冲击，美长期债券利率上升，房地产市场降温。二是受到政府债务、财政赤字和失业率问题等结构性问题和国内政治极化影响，美国货币政策难以剧烈调整。三是美联储主席一职由鸽派耶伦接替，可预见性增强，市场恐慌情绪降低。

其次，超大型自贸区安排或打乱现行国际经贸格局，加剧全球市场尤其是规则博弈。危机之后，全球化趋势明显减缓，保护主义盛行恶化了国际贸易环境。据统计，从2008年11月到2013年5月，全球共实施贸易保护措施3334项。

与此同时，区域一体化如火如荼，尤其是2014年美国经营数年的经贸“两洋战略”——跨太平洋战略经济伙伴协定(TPP)和跨大西洋贸易与投资伙伴关系(TTIP)即将成型，美国有意借此重掌国际规则制订权。TPP将该地区辛苦经营数十年的区域合作架构全面打乱，各国不得不重新选边，区域合作版图将重组。TTIP则将跨大西洋的美欧重新黏合在一起，加之加拿大与日本的参与，一个扩大版新的“七国集团”开始成型。美国将TPP与TTIP视作“面向21世纪的协议”，其标准与规则超越WTO框架，并将自贸谈判重心置于边境内宏观政策，如放松监管与竞争政策而非关税。一旦两项协议达成，美欲将其标准与规则纳入WTO谈判，这将使非参与方遭遇巨大压力，有一种被规范逼迫而需重新“入世”之感。

总之，世界经济正处在刺激政策退出的消化期、结构调整与转变方式加速的阵痛期，以及由危机前非理性繁荣转向后危机常态发展的温和增长期。全球发展分化则使世界经济仍能保持温和增长，但三重因素叠加将使国际环境异常复杂。

资料来源：中国现代国际关系研究院世界经济研究所所长　陈凤英2014—01—17

4.1.2　市场营销环境的特点

1. 动态性

任何事物都是在动态地发展的，市场营销环境作为一个动态系统，其构成营销环境的诸因素都受众多因素的影响。每一环境因素都随着社会经济的发展而不断变化。20世纪60年代，中国处于短缺经济状态，短缺几乎成为社会经济的常态。改革开放20年后，中国已遭遇“过剩”经济，不论这种“过剩”的性质如何，仅就卖方市场向买方市场转变而言，市场营销环境已产生了重大变化。营销环境的变化，既给企业提供机会，也给企业带来威胁，虽然企业难以准确无误地预见未来环境的变化，但可以通过设立预警系统(Warning System)，追踪不断变化的环境，及时调整营销策略。

2. 客观性

环境作为营销部门外在的不以营销者意志为转移的因素，对企业营销活动的影响具有强制性和不可控性的特点。一般说来，营销部门无法摆脱和控制营销环境，特别是宏观环境，企业难以按自身的要求和意愿随意改变它。如企业不能改变人口因素、政治法律因素、社会文化因素等。但企业可以主动适应环境的变化和要求，制订并不断调整市场营销策略。事物发展与环境变化的关系是适者生存，不适者被淘汰，就企业与环境的关系而言，这一原则也完全适用。有的企业善于适应环境，因而能生存和发展，有的企业不能适应环境的变化，就难免被淘汰。

3. 差异性

不同的国家或地区之间，宏观环境存在着广泛的差异。不同的企业，其微观环境也千差万别。正因营销环境的差异，企业为适应不同的环境及其变化，必须采用各具特点和有针对性的营销策略。环境的差异性还表现为同一环境的变化对不同企业的影响也不同。例如，中国加入世界贸易组织，意味着大多数中国企业进入国际市场，进行“国际性较量”，而这一经济环境的变化，对不同行业所造成的冲击并不相同。企业应根据环境变化的趋势和行业的特点，采取相应的营销策略。

4. 相关性

营销环境诸因素之间相互影响、相互制约，某一因素的变化会带动其他因素的相互变化，形成新的营销环境。例如，竞争者是企业重要的微观环境因素之一，而宏观环境中的政治法律因素或经济政策的变动，均能影响一个行业竞争者加入的多少，从而形成不同的竞争格局。又如，市场需求不仅受消费者收入水平、爱好以及社会文化等方面因素的影响，政治法律因素的变化，往往也会对其产生决定性的影响。再如，各个环境因素之间有时存在矛盾，如某些地方消费者有购买家电的需求，但当地电力供应不正常，无疑是扩展家电市场的制约因素。

4.1.3 营销环境对营销活动的影响

市场营销环境通过其内容的不断扩大及其自身各因素的不断变化，对企业营销活动产生影响。其具体表现如下：首先，市场营销环境的内容随着市场经济的发展而不断变化。20世纪初，西方企业仅将销售市场作为营销环境；20世纪30年代后，将政府、工会、竞争者等与企业有利益关系者也看作环境因素；进入20世纪60年代，又把自然生态、科学技术、社会文化等作为重要的环境因素；20世纪90年代以来，随着政府对经济干预力度的加强，越加重视对政治、法律环境的研究。环境因素由内向外的扩展，国外营销学者称之为“外界环境化”。其次，环境因素经常处于不断变化之中。环境的变化既有环境因素主次地位的互换，也有可控程度以至是否可控的变化，还有矛盾关系的协调。随着我国社会主义市场经济体制的建立与完善，市场营销宏观环境的变化也将日益显著。

营销环境是企业营销活动的制约因素，营销活动依赖于这些环境才得以正常进行。这表现在：营销管理者虽可控制企业的大部分营销活动，但必须注意环境对营销决策的影响，不得超越环境的限制；营销管理者虽能分析、认识营销环境提供的机会，但无法控制所有有利因素的变化，更无法有效地控制竞争对手；由于营销决策与环境之间的关系复杂多变，营销管理者无法直接把握企业营销决策实施的最终结果；此外，企业营销活动所需的各种资源，需要在环境许可的条件下取得，企业生产与经营的各种产品和服务，也需要获得消费者或用户的认可与接纳。

虽然企业营销活动必须与其所处的外部和内部环境相适应，但营销活动决非只能被动地接受环境的影响，营销管理者应积极、主动地去适应营销环境。就宏观环境而言，企业可以以不同的方式增强适应环境的能力，避免来自环境的威胁，有效地把握市场机会。在一定条件下，也可运用自身的资源，积极影响和改变环境因素，创造更有利于企业营销活动的空间。菲利普·科特勒的“大市场营销”理论认为，企业要成功地进入特定的市场，在策略上应协调地使用经济、心理、政治和公共关系等手段，以赢得外国的或地方的各有关方面的合作与支持，以消除封闭型或保护型市场存在的障碍，为企业从事营销活动创造一个宽松的外部环境。就微观环境而言，直接影响企业营销能力的各种参与者，事实上都是企业营销部门的利益共同体。企业内部其他部门与营销部门利益的一致性自不必多说，按市场营销的双赢甚至多赢原则，企业营销活动的成功，也应为顾客、供应商和营销中间商带来利益，并造福于社会公众。即使是竞争者，也存在互相学习、互相促进的因素，在竞争中，有时也会采取联合行动，甚至成为合作者。

4.1.4　企业内部营销环境

企业市场营销活动的开展首先受制于内部各因素的影响。这是因为营销部门不是孤立存在的，它还面对着其他职能部门及高层管理部门。企业营销部门与财务、采购、制造、研究与开发等部门之间既有多方面的合作，也存在争取资源方面的矛盾。这些部门的业务状况如何，它们与营销部门的合作及它们之间是否协调发展，对营销决策的制定与实施影响极大。如：生产部门对各生产要素的配置、生产能力和所需要的人力物力的合理安排有着重要的决策权，营销计划的实施，必须取得生产部门的充分支持；市场营销调研预测和新产品的开发工作需要研究与开发部门的配合和参与。高层管理部门由董事会、总经理及其办事机构组成，负责确定企业的任务、目标、方针政策和发展战略。营销部门在高层管理部门规定的职责范围内做出营销决策，市场营销目标是从属于企业总目标，并为总目标服务的次级目标。营销部门所制订的计划必须在高层管理部门批准和推动下进行。

市场营销部门一般由市场营销副总裁、销售经理、推销人员、广告经理、营销研究与计划人员及定价专家等组成。营销部门在制订和实施营销目标与计划时，不仅要考虑企业外部环境力量，而且要充分考虑企业内部环境力量，争取高层管理部门和其他职能部门的理解和支持。

4.2　微观市场环境

微观环境是指对企业服务其顾客的能力构成直接影响的各种力量，包括市场营销渠道企业、顾客、竞争者和各种公众，如图 4.3 所示。这些都会影响企业为其目标市场服务的能力。

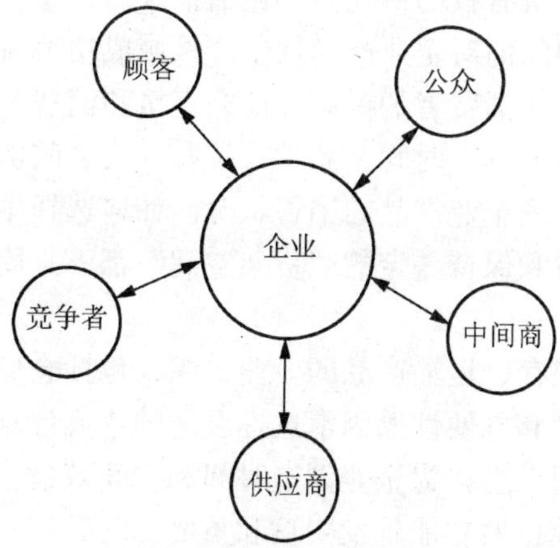

图 4.3　微观环境因素

4.2.1 营销渠道企业

1. 供应商

供应商是向企业及其竞争者供应原材料、部件、能源、劳动力等资源的企业或个人。供应商是能对企业的经营活动产生巨大影响的力量之一。其提供资源的价格往往直接影响企业的成本，其供货的质量和时间的稳定性直接影响了企业服务于目标市场的能力。所以，企业应选择那些能保证质量、交货期准确和低成本的供应商，并且避免对某一家供应商过分依赖，不至于受该供应商突然提价或限制供应的控制。

对于供应商，传统的做法是选择几家供应商。按不同比重分别从他们那里进货，并使他们互相竞争，从而迫使他们利用价格折扣和优质服务来尽量提高自己的供货比重。这样做，虽然能使企业节约进货成本，但也隐藏着很大的风险，如供货质量参差不齐，过度的价格竞争使供应商负担过重放弃合作等。认识到这点后，越来越多的企业开始把供应商视为合作伙伴，设法帮助他们提高供货质量和及时性。

1992 年，菲利普·科特勒提出了整体市场营销(Total Marketing)的观点。他认为，从长远利益出发，企业的市场营销活动应囊括构成其内外环境的所有重要行为者，“供应商”就是其中很重要的内容。因这种市场营销活动与产品流动的方向相反，故也称为“反向市场营销”。“供应商市场营销”主要包括两个方面：一，为选择优秀的供应商严格确定资格标准，如技术水平、财务状况、创新能力和质量观念等；二，积极争取那些业绩卓越的供应商，与他们建立良好的合作关系。

2. 营销中介

营销中介是协助企业推广、销售和分配产品给最终买主的那些企业，包括中间商、物流机构、营销服务机构和金融机构等。

1）中间商

中间商是协助企业寻找顾客或直接与顾客进行交易的商业组织和个人。中间商分为两类：代理中间商和商人中间商。代理中间商指专门协助达成交易，推销产品，但不拥有商品所有权的中间商，如经纪人、代理人和制造商代表等。商人中间商指从事商品购销活动，并对所经营的商品拥有所有权的中间商，包括批发商、零售商。除非企业完全依靠自己建立的销售渠道，否则中间商对企业产品从生产领域成功地流向消费领域有至关重要的影响。中间商是联系生产者和消费者的桥梁，他们直接和消费者打交道，协调生产厂商与消费者之间所存在的数量、地点、时间、品种及持有方式之间的矛盾。因此，他们的工作效率和服务质量就直接影响到企业产品的销售状况。如何选择中间商并与之合作，以及如何在激烈的市场竞争中争取和保持一定的“货架空间”都不是简单的事情。

2）物流机构

物流机构是帮助企业储存、运输产品的专业组织，包括仓储公司和运输公司。企业根据成本、运送速度、安全性和方便性等因素选择合适的物流计划。物流机构的作用在于使市场营销渠道中的物流畅通无阻，为企业创造时间和空间效益。近年来，随着仓储和运输手段的现代化，实体分配单位的功能越发明显和重要。

3）营销服务机构

营销服务机构包括市场调研公司、财务公司、广告公司、各种广告媒体和营销咨询公司等，他们提供的专业服务是企业营销活动不可缺少的。尽管有些企业自己设有相关的部门或配备了专业人员，但大部分企业还是与专业的营销服务机构以合同委托的方式获得这些服务。企业往往比较各服务机构的服务特色、质量和价格，来选择最适合自己的有效服务。

4）金融机构

金融机构包括银行、信贷、保险等对企业营销活动提供融资或保险服务的各种机构。在现代社会里，几乎每一个企业都与金融机构有一定的联系和业务往来。企业的信贷来源、银行的贷款利率和保险公司的保费变动无一不对企业市场营销活动产生直接的影响。

在市场经济蓬勃发展的今天，企业通过各种市场营销中介进行市场营销中的各种活动，既是社会分工的要求，也是社会发展的重要标志之一。

供应商和营销中介都是企业向消费者提供产品或服务价值过程中不可缺少的支持力量，是价值让渡系统中的主要组成部分，企业不仅要把它们视为营销渠道成员，更要视为伙伴，追求整个价值让渡系统业绩的最大化。

4.2.2　顾客

顾客是企业的服务对象，也就是企业的目标市场，是企业产品的直接购买者或使用者。企业与市场营销渠道中的各种力量保持密切关系的目的就是为了有效地向其目标顾客提供产品和服务，顾客的需求正是企业营销努力的起点和核心。因此，认真分析顾客需求的特点和变化趋势是企业极其重要的基础工作。

市场营销学根据购买者和购买目的两个分类标准来对企业的顾客进行分类，可以分成如下几种市场。

(1) 消费者市场。消费者市场是由为了个人消费而购买的个人和家庭构成。

(2) 生产者市场。生产者市场由为了加工生产获取利润而购买的个人和企业构成。

(3) 中间商市场。中间商市场由为了转卖并从中获取利润而购买的批发商和零售商构成。

(4) 政府市场。政府市场由为了履行政府职责而进行购买的各级政府机构构成。

(5) 国际市场。国际市场由国外的购买者构成，包括国外的消费者、生产者、中间商和政府机构。

每种市场类型在消费需求和消费方式上都具有鲜明的特色。企业的目标顾客可以是以上 5 种市场中的一种或几种。也就是说，一个企业的营销对象可以不仅包括广大的消费者，也包括各类组织机构。企业必须分别了解不同类型目标市场的需求特点和购买行为。

4.2.3　竞争者

任何企业都不可能单独服务于某一顾客市场，完全垄断的情况在市场经济国家也是少见的。而且，即使是高度垄断的市场，只要存在着出现替代品的可能性，就可能出现潜在的竞争对手。所以，企业在某一顾客市场上的营销努力总会遇到其他企业类似努力的包围或影响，这些和企业争夺同一目标顾客的力量就是企业的竞争者。企业要在激烈的市场竞争中获得营销的成功，就必须比其竞争对手更有效地满足目标顾客的需求。因此，除了发现并迎合消费者的需求外，识别自己的竞争对手，时刻关注他们，并随时对其行为做出及时的反应亦是成败的关键。1986 年，阿·拉依斯(Ai Ries)和杰克·特拉特(Jack Terout)出版了《市场营销战争》(*Marketing Warfare*)一书，将竞争作为现代营销的生命线。迈克尔·波特在他的著名论著《竞争战略》中对竞争环境和企业的对策做了精彩的分析。

企业必须时时从顾客的角度出发，考虑顾客购买决策过程中可能考虑的因素，通过有效的产品定位，取得竞争优势。值得注意的是，企业的竞争环境不仅包括其他同行企业，而且包括发生于消费者进行购买决策全过程的其他更基本的内容。菲利普·科特勒将企业的竞争环境分为 4 个层次。

(1) 欲望竞争。即消费者想要满足的各种愿望之间的可替代性。当一个消费者休息时可能想看书、进行体育运动或吃东西，每一种愿望都可能意味着消费者将在某个行业进行消费。

(2) 类别竞争。即满足消费者某种愿望的产品类别之间的可替代性。假设前面那个消费者吃东西的愿望占了上风，他可以选择的食品很多，如：水果、冰淇淋、饮料、糖果或其他。

(3) 产品形式竞争。即在满足消费者某种愿望的特定产品类别中仍有不同的产品形式可以选择。假设消费者选中了水果，则苹果、梨、香蕉等多种产品形式可满足他吃水果的欲望。

(4) 品牌竞争。即在满足消费者某种愿望的同种产品中不同品牌之间的竞争。或许那个消费者对苹果感兴趣，并特别喜爱某品牌，于是该品牌的产品在竞争中赢得了最后的胜利。

品牌竞争是这 4 个层次的竞争中最常见和最显在的，其他层次的竞争则比较隐蔽和深刻。有远见的企业并不仅仅满足于品牌层次的竞争，而且会关注市场发展趋势，在恰当的时候积极维护和扩大基本需求。

4.2.4 公众

公众指对企业实现营销目标的能力有实际或潜在利害关系和影响力的个人或团体。企业面对广大公众的态度，会协助或妨碍企业营销活动的正常开展。所有的企业都必须采取积极措施，树立良好的企业形象，力求保持和主要公众之间的良好关系。企业所面临的公众主要有以下几种。

1. 内部公众

企业的员工，包括高层管理人员和一般职工，都属于内部公众。企业的营销计划，需要全体职工的充分理解、支持和具体执行。应经常向员工通报有关情况，介绍企业发展计划，发动员工献计献策，关心职工福利，奖励有功人员，增强内部凝聚力。员工的责任感和满意度，必然传播并影响外部公众，从而有利于塑造良好的企业形象。

2. 融资公众

融资公众是指影响企业融资能力的金融机构，如银行、投资公司、证券经纪公司、保险公司等企业可以通过发布乐观的年度财务报告，回答关于财务问题的询问，稳健地运用资金，在融资公众中树立信誉。

3. 媒介公众

媒介公众主要是报纸、杂志、广播电台、电视台和网络等大众传播媒体。企业必须与媒体建立友好关系，争取有更多更好的有利于本企业的新闻、特写以及评论。

4. 政府公众

政府公众指负责管理企业营销业务的有关政府机构。企业的发展战略与营销计划必须和政府的发展规划、产业政策、法律法规保持一致。注意咨询有关产品安全卫生、广告真实性等法律问题，倡导同业者遵纪守法，向有关部门反映行业的实情，争取立法有利于产业的发展。

5. 社团公众

社团公众包括保护消费者权益的组织、环保组织及其群众团体等。企业营销活动关系到社会各方面的切身利益，必须密切注意来自社团公众的批评和意见。

6. 社区公众

社区公众指企业所在地邻近的居民和社区组织。企业必须重视保持与当地群众的良好关系，积极支持社区的重大活动。为社区的发展贡献力量，争取社区公众理解和支持企业的营销活动。

7. 一般公众

一般公众指上述各种关系公众之外的社会公众。一般公众虽然不会有组织地对企业采取行动，但企业形象会影响他们的惠顾。

4.3 宏观市场环境

宏观营销环境指对企业营销活动造成市场机会和环境威胁的主要社会力量，包括人口、自然、经济、科学技术、政治、社会文化等因素。企业及其微观环境的参与者，无不处于宏观环境之中。

4.3.1 人口环境

市场营销学认为市场是由有购买愿望并且具备购买能力的人构成的，人的需求正是企业营销活动的基础。所以，对人口环境的考察是企业把握需求动态的关键。从量的角度看，人口的数量是市场规模的重要标志，在人均消费水平一定的情况下，人口数量越多，市场需求规模就越大。而从人口的分布、结构及变动趋势等方面进行质的分析，则能够刻画出市场需求的特点和发展趋势，可以从以下方面讨论人口环境及其变化对企业营销活动的影响。

1. 人口总量

一个国家或地区的总人口数量的多少，是衡量市场潜在容量的重要因素。我国现有13亿人口，超过欧洲和北美洲人口的总和。随着社会主义市场经济的发展，人民收入水平不断提高，中国已被视作世界最大的潜在市场。

目前，世界人口环境正发生明显的变化，主要趋势是如下几个方面。

(1) 全球人口总量持续增长。随着世界科学技术的进步、生产力的发展和人民生活条件的改善，世界人口平均寿命延长，死亡率下降，全球人口尤其是发展中国家的人口持续增长。据资料，1999年10月世界总人口已经超过60亿，并将在2025年超过79亿，世界人口的迅速增长意味着人类需求的增长和世界市场的扩大，如图4.4所示。

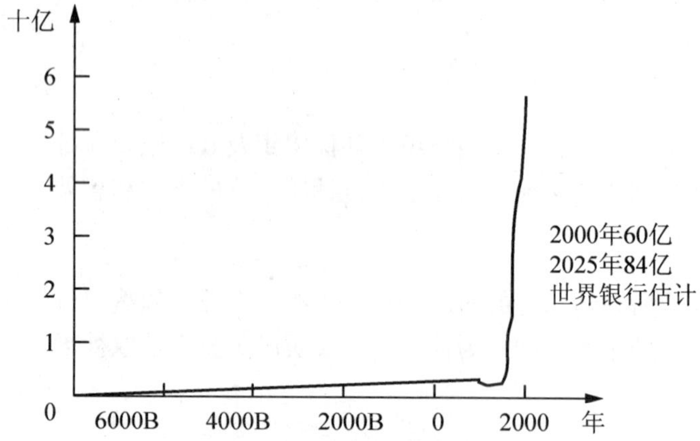

图4.4 世界人口趋势图

(2) 世界人口的增长呈现出极端不平衡。发达国家的人口出生率下降，人口甚至出现负增长，导致这些国家市场需求呈缓慢增长，有的甚至开始萎缩。例如，欧洲儿童数量的减少，给以儿童市场为目标顾客的企业造成威胁，却因为年轻夫妇有更多的闲暇和收入用于旅游和娱乐，为另一些行业带来机会。90%的新增人口在发展中国家，贫穷问题困扰着这些国家的人民，在人口呈几何级数上升的同时，消费者的购买力并没有提高多少，市场需求层次较低，以追求基本需求的满足为主。世界人口的过度膨胀给有限的地球资源带来了巨大的压力，由此，可持续发展战略的研究为市场营销提出了新的课题。

2. 人口结构

人口结构可从其自然结构和社会结构两方面进行分析。

1) 自然结构

(1) 人口的性别构成。人口的性别构成与市场需求的关系密切，男性和女性在生理、心理和社会角色上的差异决定了他们不同的消费内容和特点，一些产品有明显的性别属性，只为男性或女性专用。而男女不同的性别心理和社会角色对消费行为有直接影响。一般来说，男性消费者的需求特征常常表现为粗放型、冒险型、冲动型和事业型；女性比较温柔细腻，善于谨慎从事，以生活和家庭为重，因而女性消费者的需求特点多为谨慎型、生活型和唯美型。随着社会经济的发展，男女的性别角色也在悄然变化，并影响到市场需求的变动。越来越多的女性摆脱传统观念的束缚，走向社会寻求与男性同样的发展机会，女性就业的人数和领域在不断增加和扩大，她们的家庭和社会地位都有所改善，女性不仅在家庭中参与消费决策的权利有所提高，而且职业女性本身日益成为商家关注的重要消费群体。

(2) 人口的年龄构成。人口的年龄结构是企业分析市场环境的又一个重要因素。不同年龄层次的消费者因为生理和心理特征、人生经历、收入水平和负担状况的不同，有着不同的消费需要、兴趣爱好和消费模式。目前，人口老龄化是世界人口年龄结构变化的新特点，其原因在于许多国家尤其是发达国家的人口死亡率普遍下降，平均寿命延长。这一人口环境动向对市场需求的影响是十分深刻的，市场对摩托车、体育用品等青少年用品的需求将会减少，而且，由于老年人对添置住宅、汽车等高档商品兴趣不大，这部分产品的市场需求也呈下降趋势；另一方面，老年人的医疗和保健用品、生活服务、旅游和娱乐的市场需求将会迅速增加。据中国老年协会介绍，中国目前 60 岁以上的老年人口 2.0243 亿，占人口总数 14.9%，并以每年 3%的速度递增。预计到 2030 年中国老年人口将超过欧洲人口。我国老年产品与服务的多种需求构成了一个十分庞大、丰富多彩的市场。据测算，仅其潜在消费每年也在 3000 亿元人民币以上，老年人的消费需求以人寿保险、医疗保健和生活服务为热点。有关人士预测说，在未来的相关产业中，第一产业将出现为老年人饮食特需的农副产品，第二产业将出现为老年人专用商品，第三产业中将出现为照料老年人生活的特殊行业，信息产业中还会出现为老年人提供精神慰藉的服务。

2) 社会结构

(1) 人口的文化素质。人口的文化素质对市场消费需求的影响亦不能忽视。一般来说，随着受教育人数和受教育水平的提高，市场将增加对优质高档产品、旅游、书籍杂志等文化消费品的需求。而且人们的需求会更加追求个性化和多样化，此外，企业采用的营销手段及其效果也因目标顾客的受教育程度而异。

(2) 职业。职业是消费者的社会角色。不同的职业往往和相应的收入水平联系在一起，直接制约消费者的购买能力，特定的职业常常和一定的生活方式相联系，进而影响消费方式、消费习惯。即使收入水平相同，出租车司机和大学教授的消费兴趣也不会相同。

(3) 民族。不同民族的消费者在各自传统民族文化的影响下，其消费行为、消费内容有鲜明的民族性。我国是一个多民族的国家，除占人口绝大多数的汉族外，还有满、藏、壮、维吾尔、蒙古等 50 多个少数民族。每个民族都有特殊的需求和消费习惯。以不同民族消费者为目标顾客的消费者必须尊重民族文化，理解民族文化间的差异。

(4) 家庭。家庭是社会的最基本细胞，也是某些商品的基本消费单位，例如住房、成套家具、电视机、厨房用品等商品的消费数量就和家庭单位的数量密切相关。目前，家庭规模缩小已经是世界趋势，家庭规模小型化，一方面导致家庭总户数的增加，进而引起对家庭用品总需求的增加；另一方面则意味着家庭结构的简单化，从而引起家庭需求结构的变化，例如单人户、双人户和三人户的增加使家庭对产品本身的规格和结构有不同于多世同堂的大家庭对产品的要求。营销者应在产品设计、包装和促销上做出相应的调整。

家庭组成指一个以家长为代表的家庭生活的全过程，也称家庭生命周期。按年龄、婚姻、子女等状况，家庭组成可划分为 7 个阶段。

① 未婚期。年轻的单身者。

② 新婚期。年轻夫妻，没有孩子。

③ 满巢期一。年轻夫妻，有6岁以下的幼童。

④ 满巢期二。年轻夫妻，有6岁及6岁以上儿童。

⑤ 满巢期三。年纪较大的夫妻，有已能自立的子女。

⑥ 空巢期。身边没有孩子的老年夫妻。

⑦ 孤独期。单身老人独居。

一个市场拥有家庭单位和家庭平均成员的多少，以及家庭组成状况等，对市场消费需求的潜量和需求结构，都有十分重要的影响。随着中国计划生育、晚婚、晚育的倡导和实施，职业妇女的增多，单亲家庭和单身者的出现，中国家庭消费需求的变化甚大。

3. 地理分布

人口的地理分布指人口在不同的地理区域的密集程度。由于各区域的自然条件、经济发展水平、市场开放程度以及社会文化传统和社会经济与人口政策等因素的不同，不同区域的人口具有不同的需求特点和消费习惯。例如，在我国不同区域的食品在消费结构和口味上就有很大差异，俗话说“南甜北咸，东辣西酸”，也因此形成了如粤菜、川菜、鲁菜、徽菜等著名菜系。

人口密度是反映人口分布状况的重要指标。人口的地理分布往往不均匀，各区域的人口密度大小不一。人口密度越大，意味着该地区人口越稠密、市场需求越集中。准确地了解这一指标有助于营销者制订有效的营销计划。人口的地理分布并不是一成不变的，它是一个动态的概念，这就是人口流动问题。近几十年来，世界上人口“城市化”是普遍存在的现象，有些国家的城市人口高达70%～80%。但近来，在一些发达国家，与城市化倾向相反，出现了城市人口向郊区及卫星小城镇转移的“城市空心化”趋势。这些人口流动现象无一不造成了市场需求的相应变化，营销者必须充分考虑人口的地理分布及其动态特征对商品需求及流向的决定性影响。

4.3.2 自然环境

自然环境及其变化制约着企业的营销活动的开展。自然环境是人类赖以生存的最基本的活动空间和物质来源，可以说，人类发展的历史就是人与自然关系发展的历史。但是，目前自然环境却面临危机，全球范围内的可持续发展的呼声越来越强烈，其危机主要有以下几个方面。

1. 自然资源面临枯竭

人们习惯将地球上的自然资源分成3大类：①取之不尽、用之不竭的资源，如空气、水等；②有限但可更新的资源，如森林、粮食等；③有限又不能更新的资源，如石油、煤和各种矿物。由于现代工业文明无限度地索取和利用，导致矿产、森林、能源、耕地等资源日益枯竭。甚至连以前认为永不枯竭的水、空气也在世界某些大城市出现短缺，成为紧缺资源。目前，自然资源的短缺已成为各国经济进一步发展的制约力甚至反作用力。

2. 自然污染严重

过去，在粗放型的经济增长方式下，人们肆意挥霍原料、资源、能源特别是矿物燃料作为发展动力，极大地消耗着地球资源，使人类付出了惨重的代价。随着工业化和城市化进程的加快，环境污染程度日益增加。人类面临资源枯竭、海洋污染、土壤沙漠化、温室效应、物种灭绝和臭氧层破坏等一系列资源生态环境危机。人们对这个问题越来越关心，纷纷指责环境污染的制造商，力求达到与自然环境的和谐发展。

自然环境变化及人们环境观的改变，对那些造成污染和以传统的方式利用资源、对自然资源进行超负荷利用和开发的行业和企业无疑是一种环境威胁，在社会舆论的压力和政府的干预下，他们不得不采取一定的措施控制污染或转移投资。另一方面，这种动向也给控制污染、研究开发无污染的新包装材料等行业和企业以发展的良机。由于社会公众竭力要求改善生活环境和提高社会责任感，环境技术是当今世界发展最快的产业之一，专家预测环境技术的全球市场有极大潜力，其产值在2010年达6000亿美元。美、日、欧是环境技术市场的有力竞争者，他们在治理环境方面各有所长，并且都拥有巨大的环境技术市场。

1992年6月，联合国环境与发展大会在巴西里约热内卢通过了包括《21世纪议程》在内的一系列重要文件，指出人类社会应走可持续发展的道路。可持续发展指经济发展应建立在资源可持续利用的基础上，符合生态环境所允许的程度，既能满足当代的发展需求，又不对后代生存和发展构成危害。通过产业结构调整与合理布局，实行清洁生产和文明消费，使社会的发展在代内和代际都达到与环境的和谐。可持续发展理论已被世界各国所接受，并促进绿色产业、绿色消费、绿色市场营销的蓬勃发展。例如，我国政府为落实科学发展观，建设资源节约型和环境友好型社会，从源头上采取有力措施，督促企业生产耐用、易于回收的塑料购物袋，引导、鼓励群众合理使用塑料购物袋，促进资源综合利用，保护生态环境。国务院下发《关于限制生产销售使用塑料购物袋的通知》并实行购物袋有偿使用制度。从世界范围看，环境保护意识和市场营销观念相结合所形成的绿色市场营销观念(Green Marketing Concept)正成为新世纪市场营销的新主流。

4.3.3 经济环境

市场营销学认为，人的需求只有在具备经济能力时才是现实的市场需求。在人口因素既定的情况下，市场需求规模与社会购买力水平成正比关系。经济环境包括许多因素，如产业结构、经济增长率、货币供应量、利率等，而社会购买力正是以上一些经济因素的函数，所以企业必须密切注意其经济环境的动向，尤其要着重分析消费者收入与支出水平、经济发展水平等。

1. 消费者收入水平

市场消费需求指人们有支付能力的需求。仅仅有消费欲望，并不能创造市场，只有既有消费欲望，又有购买力，才具有现实意义。因为只有既想买又买得起，才能产生购买行为。

消费者的收入是消费者购买能力的源泉，包括消费者个人工资、奖金、津贴、股息、租金和红利等一切货币收入。消费者收入水平的高低制约了消费者支出的多少和支出模式的不同，从而影响了市场规模的大小和不同产品或服务市场的需求状况。对消费者收入的分析绝非简单问题，必须准确理解一系列相关概念。

（1）人均国内生产总值。一般指价值形态的人均 GDP，它是一个国家或地区的所有常住单位在一定时期内(如一年)，按人口平均所生产的全部货物和服务的价值，超过同期投入的全部非固定资产货物和服务价值的差额。GDP 总额反映了全国市场的总容量、总规模。我国 2007 年的 GDP 总额全年国内生产总值 246619 亿元，比上年增长 11.4%，居世界第 3 位，近五年来的增长速度如图 4.5 所示。人均 GDP 则从总体上影响和决定了消费结构与消费水平。

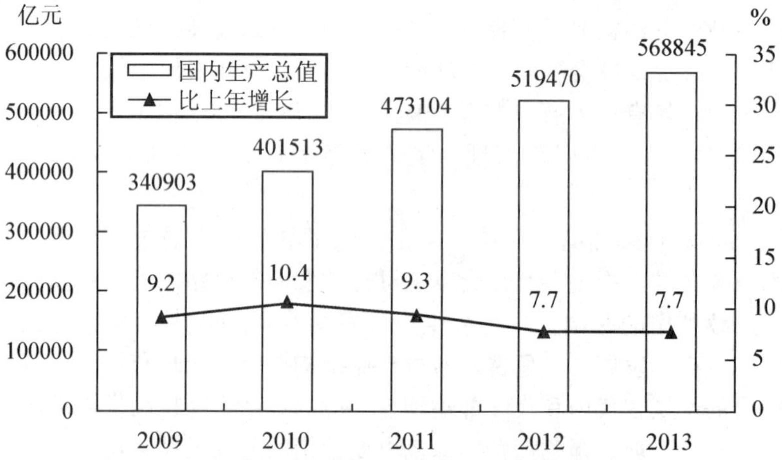

图 4.5　2009—2013 年国内生产总值及其增长速度

资料来源：《我国 2013 年国民经济和社会发展统计公报》

（2）个人收入。指城乡居民从各种来源所得到的收入。各地区居民收入总额，可用以衡量当地消费市场的容量，人均收入多少，反映了购买力水平的高低。我国统计部门每年采用抽样调查的方法，取得城镇居民家庭平均每人全部年收入、农村居民家庭平均每人全年总收入和纯收入等数据。

（3）个人可支配收入和个人可任意支配的收入。个人可支配收入和个人可任意支配的收入是一对重要概念。个人可支配收入指在个人总收入中扣除税金后，消费者真正可用于消费的部分，它是影响消费者购买力水平和消费支出结构的决定性因素。个人可任意支配收入是在个人可支配收入中减去消费者用于购买食品、支付房租及其他必需品的固定支出后所剩下的那部分收入，一般还要扣除稳定的储蓄。非必需品的消费主要受它的限制。

个人可任意支配收入＝个人全部收入－税费－固定开支－储蓄＋手存现金

在这两种收入中，由于国家税收政策的稳定性，个人可支配收入变化趋势缓慢，而个人可任意支配收入变化较大，而且在商品消费中的投向不固定，成为市场供应者竞争的主要目标。

图 4.6 显示了我国城镇居民人均可支配收入，图 4.7 显示了我国城镇居民人均可支配收入，表明我国城乡居民近 5 年来的收入水平逐年增长，消费水平日益提高。

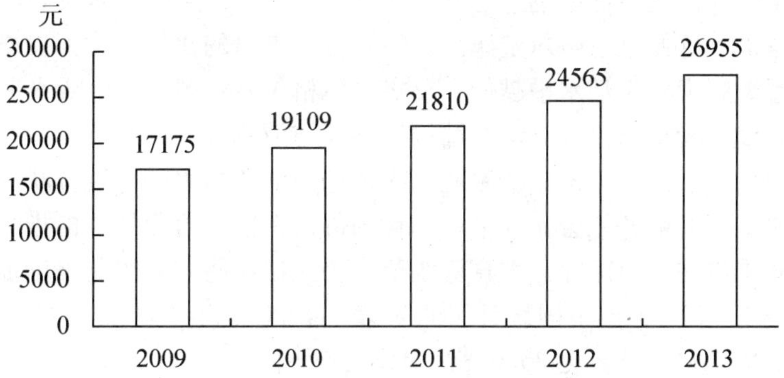

图 4.6 2009—2013 年城镇居民可支配收入

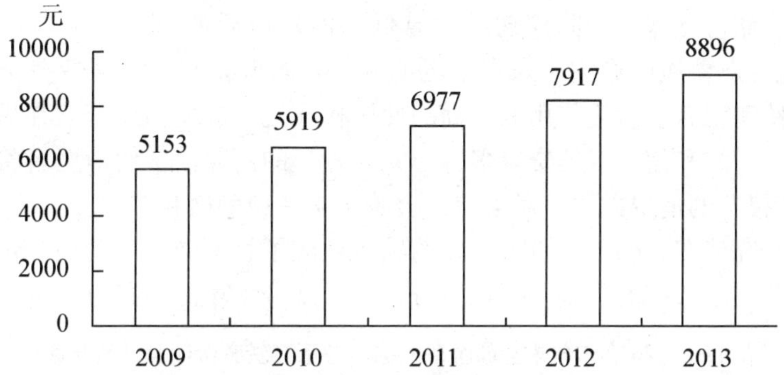

图 4.7 2009—2013 年农村居民人均纯收入

资料来源：《我国 2013 年国民经济和社会发展统计公报》

(4) 货币收入和实际收入。货币收入和实际收入是又一对重要概念，它们的区别在于后者通过了物价因素的修正，而前者没有。货币收入只是一种名义收入，并不代表消费者可购买到的实际商品的价值。所以，货币收入的上涨并不意味着社会的实际购买力提高，而货币收入不变也不一定就是社会购买力不波动。唯有考虑物价因素的实际收入才反映实际社会购买力水平和变化。假设消费者货币收入不变，但物价下跌，消费者的实际收入上升、购买能力提高；相反，如果物价上涨，则消费者的实际收入下降、购买能力降低。即使货币收入随着物价上涨而增长，如果通货膨胀率大于货币收入增长率，消费者的实际收入仍会减少，社会购买力下降。

2. 消费者支出水平

消费支出主要指支出模式和支出结构。消费者收入水平决定着消费者的支出模式和支出结构。

1853—1880 年德国统计学家恩斯特·恩格尔(Ernst Engel)曾对比利时不同收入水平的家庭进行调查，并于 1895 年发表了《比利时工人家庭的日常支出：过去和现在》一文，分析收入增加影响消费支出构成的状况，指出收入的分配，适应收入阶层为一定比率，此比率依照收入的增加而变化。在将支出项目按食物、衣服、房租、燃料、教育、卫生、娱乐等费用分类后，发现收入增加时各项支出比率的变化情况为：食物费所占比率趋向减少，教育、卫生与休闲支出比率迅速上升。换言之，一个家庭收入越少，其支出中用于购买食物的比例越大。这便是恩格尔定律。食物费占总支出的比例，称为恩格尔系数。一般认为，恩格尔系数越大，生活水平越低；反之，恩格尔系数越小，生活水平越高。

研究表明，消费者支出模式与消费结构，不仅与消费者收入有关，而且受以下因素影响：①家庭生命周期所处的阶段；②家庭所在地址与消费品生产与供应状况；③城市化水平；④商品化水平；⑤劳务社会化水平；⑥食物价格指数与消费品价格指数变动是否一致等。中国近几年推进住房、医疗、教育等改革，个人在这些方面的支出增加，无疑影响恩格尔系数的变化。《2013 年中国统计公报》表明：2013 年中国农村居民恩格尔系数为 37.7%，城镇居民恩格尔系数为 35.0%，均较上年下降。

此外，消费者的储蓄额占总收入的比重和可获得的消费信贷也影响实际购买力。表 4-2 为 2013 年年末全部金融机构本外币存贷款余额及其增长速度，一般说来，储蓄意味着推迟了的购买力，储蓄额越大，同期购买力越低，而对以后的市场供给造成压力，有人以“笼子里的老虎”形象地比喻它对未来市场的冲击，与储蓄相反，消费信贷是一种预支的购买能力，它使消费者能够凭信用取得商品使用权在先，按期归还贷款在后。消费信贷有短期赊销、分期付款和信用卡信贷等多种形式。发达的商业信贷使消费者将以后的消费提前了，“寅吃卯粮”的消费方式，对当前社会购买是一种刺激和扩大。

除了分析研究消费者的平均收入外，营销者还应了解不同社会阶层、不同地区、不同职业的收入和收入增长率的差别，并认真分析各个细分市场的购买力分布。

表 4-2　2013 年年末全部金融机构本外币存贷款余额及其增长速度　　单位：亿元

指　标	年末数	比上年末增长/%
各项存款余额	1070588	13.5
其中：住户存款	465437	13.5
其中：人民币	461370	13.6
非金额企业存款	380070	10.1
各项贷款余额	766327	13.9
其中：境内短期贷款	311772	16.3
境内中长期贷款	410346	12.8

资料来源：《我国 2007 年国民经济和社会发展统计公报》

3. 经济发展水平

一个国家或地区经济发展水平制约着企业的市场营销活动，在经济全球化的条件下，国际经济形势也是企业营销活动的重要影响因素。

(1) 经济发展所处的历史时期。经济发展的不同历史阶段，企业开展市场营销活动的方式也不尽相同。经济发展处于相对成熟阶段的国家和地区，着重投资于技术先进、精密、自动化程度高、性能好的生产设备；在重视产品基本功能的同时，比较强调款式、性能及特色；大量进行广告宣传及营业推广活动，非价格竞争较占优势；分销途径复杂且广泛，制造商、批发商与零售商的职能逐渐独立，连锁商店的网点增加。美国学者罗斯托(W. W. Rostow)的经济成长阶段理论，把世界各国经济发展归纳为 5 种类型：①传统经济社会；②经济起飞前的准备阶段；③经济起飞阶段；④经济成熟阶段；⑤大量消费阶段。凡属前3个阶段的国家称为发展中国家，而处于后两个阶段的国家称为发达国家。

（2）经济发展形势。从全球经济形势来看，2008年9月起，发生在美国华尔街的金融风暴，波及全球，也给中国经济带来若干负面影响。由于我国金融市场尚未完全开放，人民币不能自由买卖，外汇储备丰富，短期外债较少，加之政府采取了有效的扩大内需的措施，因而保持了人民币币值的相对稳定，对世界金融体系的稳定做出了积极的贡献。就国内经济形势看，1978—2013年我国改革开放走过35年的历程，国家GDP总量由1978年的3624.1亿元增至2013年的568845亿元，增长了156倍多。特别是2009—2013年GDP的年均增长超过7.7%，极大地增强了我国的综合国力，显著地改善了人民生活。同时，国内经济生活中，也还存在一些困难和问题，如经济发展不平衡、产业结构不够合理、人民币持续升值、就业问题压力很大、全球经济发展减速等，所有这些国内、国际经济形势，国家、地区乃至全球的经济繁荣与萧条，对企业市场营销都有重要的影响。并且，国际或国内经济形势都是复杂多变的，机遇与挑战并存，企业必须认真研究、分析与判断，制定相应营销战略和策略。

4.3.4　科学技术环境

科学是人类对于自然、社会和思维等现象认识的结晶。技术是人类为实现社会需要改造客观世界所采用手段的总和。科学、技术与生产的结合是新技术革命的重要特征之一，作为推动社会生产力发展的主导力量，科学转化为直接的社会生产力的周期日益缩短，科学技术在社会化大生产中的作用呈几何级数递增。第二次世界大战以后，高新技术群继续不断地深化发展，微电子技术、电子计算机技术、原子能技术和生物技术在整个经济结构中的含量急剧上升，新技术革命进入了加速发展的新阶段。人类明确地认识到科学技术是第一生产力，21世纪是高科技继续发展的世纪。

每一种科学技术的新成果都会给社会生产和社会生活带来影响甚至是深刻的变化。营销者应准确地把握科技革命的发展趋势，密切注意技术环境的变化对市场营销活动的影响，并及时地采取适当的对策。新技术的发展和运用给企业带来市场机会也带来威胁。

1. 产生新的市场机会，形成新的行业

据美国《设计新闻》报道，由于大量启用自动化设备和采用新技术，将出现许多新行业，包括新技术培训、新工具维修、计算机教育、信息处理、光导通信、遗传工程、海洋技术和空间技术等。新技术革命的蓬勃发展促进了产业革命，而产业革命所包含的主导技术群和技术体系则催化了社会经济的变革，甚至整个社会结构、时代文化和价值观的更新。

与此同时，新技术也使某些行业遭到环境威胁或毁灭性打击。一些传统行业受到冲击甚至被无情地淘汰，新的消费市场不断替代旧的需求。例如，激光唱盘技术夺走了磁带市场，复印机伤害了复写纸行业，数码相机技术代替胶片照相技术等。

2. 赋予了企业改善经营管理的能力

竞争战略学家迈克尔·波特指出，技术概念除了可狭义地定义为一种科技类的东西外，还可定义为极为广泛的含义，包括管理、组织创新或其他，而运用技术的能力是企业获得竞争优势的源泉。

3. 改变零售业的结构和消费者购物习惯

随着网络技术的发展，消费者轻轻松松在家购物已经从时尚购物逐渐为消费习惯。“网络营销”是现代电子技术高度发展带来的营销方式的重大变革，即借助网络、计算机通信和数字交互式媒体的共同作用来实现营销目标。现代电子技术为营销活动创造了一个由计算机和通信交汇的无形空间，消费者可以在这个空间获取信息、自由购物；企业可以在这个空间进行广告宣传、市场营销研究和推销商品等。所以，看似虚拟的空间，但却是开辟了实实在在的竞争新领域。20 世纪 90 年代以来，涵盖广泛的网络商业热闹非凡，商品销售、电子银行、广告、咨询、拍卖、房地产、旅游服务等业务蓬勃开展，预示了一场方兴未艾的全球经济革命。

尽管全球经济发展速度下滑，但电子商务却迅猛发展，世界各国公司通过 Internet 购买的商品和服务的贸易额逐年递增。美国著名信息市场研究公司国际数据公司日前预测，互联网普及的速度并未受到全球经济不景气的影响。该公司的报告显示，使用互联网的人群越来越多样化，网民的身份已经超越了年龄、教育水平和地理位置的限制。从图 4.8、图 4.9 和图 4.10 可以看出，世界范围内互联网的不断普及正日益改变着人们的行为方式。

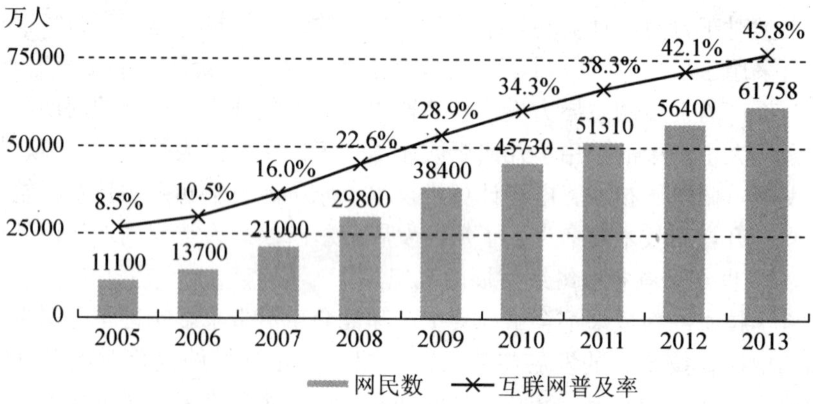

图 4.8　中国网民规模与互联网普及率

资料来源：中国互联网络发展状况统计报告，2014 年 1 月

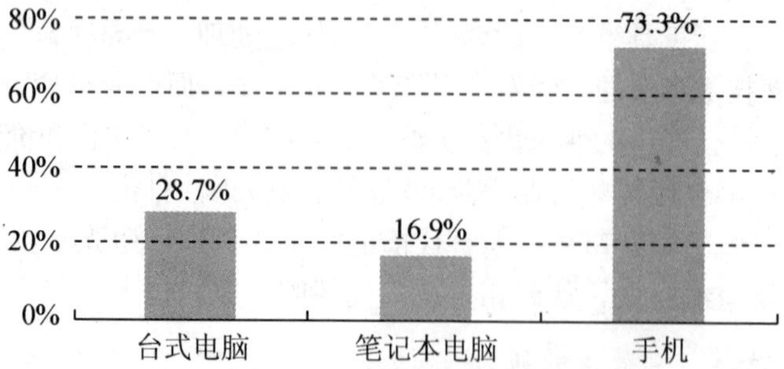

图 4.9　2013 年新增网民上网使用设备情况

资料来源：中国互联网络发展状况统计报告，2014 年 1 月

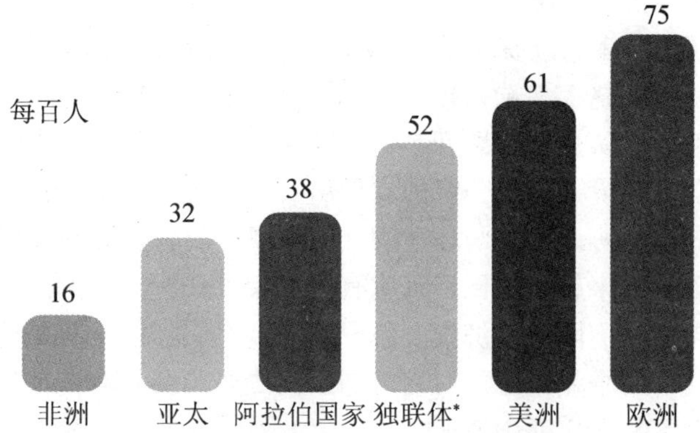

图 4.10　2013 年全球网民的地区分布

资料来源：“国际电联世界电信/信息通信技术指标”数据库

4.3.5　政治法律环境

市场营销决策在很大程度上受政治和法律环境变化的影响。政治与法律环境是由法律、政府机构影响和制约各种组织及个人的压力集团构成的。有时，这些法律可为企业创造机会也会给企业带来威胁。我国政治法律环境自改革开放 30 年来有了较大的改善。具体表现为以下几个方面。

1. 政治环境

政治环境指企业市场营销的外部政治形势。我国安定团结的政治局面，不仅有利于经济发展和人民收入的增加，而且影响群众心理状况，导致市场需求的变化。党和政府的方针、政策，规定了国民经济的发展方向和速度，也直接关系到社会购买力的提高和市场消费需求的增长变化。对国际政治环境的分析，应了解“政治权力”与“政治冲突”对企业营销活动的影响。政治权力影响市场营销，往往表现为由政府机构通过采取某种措施约束外来企业，如进口限制、外汇控制、劳工限制、绿色壁垒等。政治冲突指国际上的重大事件与突发性事件，这类事件在和平与发展为主流的时代从未绝迹，对企业市场营销工作的影响或大或小，有时带来机会，有时带来威胁。

2. 法律环境

法律环境指国家或地方政府颁布的各项法规、法令和条例等。法律环境对市场消费需求的形成具有一定的调节作用。企业研究并熟悉法律环境，既可保证自身严格依法经营管理，也可运用法律手段保障自身的权益。

市场经济是法制经济，我国政府非常重视法制建设；法令、法规、条例特别是有关经济的立法不断出台。国家立法的目的不外乎下面 3 种。

(1) 维护企业的合法权益，避免不正当竞争，保证良好的市场秩序。例如，《公司法》、《反不正当竞争法》、《税收法》、《广告法》、《商标法》、《价格法》、《物权法》等，都为市场经济保持健康稳定的发展提供了可靠的保障。

(2) 保护消费者的合法权益不受侵害。我国对消费者利益的保护立法非常重视，推出了从规定产品的品质、技术标准，到免受不法经营者欺骗等的一系列保障措施。1994 年 1 月 1 日我国施行了《消费者权益保护法》，明确指出国家保护消费者的合法权益不受侵害，保障消费者合法行使其知晓权、选择权、评价权、公平交易权、索赔权等合法权利。

(3) 保护社会利益，防止环境污染。近年来，自然环境日益引起广大公众的高度关注。例如，从保护自然环境、防止公害的立场出发，通过《环境保护法》及相关条例严格限制经济活动的外部性，协调人类与环境的共同发展。随着社会对可持续发展观的进一步认同，企业的经营活动越来越不可回避其应有的社会责任。

各个国家的社会制度不同、经济发展阶段和国情不同，体现统治阶级意志的法制也不同。从事国际市场营销的企业，必须对有关国家的法律制度和有关的国际法规、国际条例和准则，进行研究学习并在实践中遵循。

4.3.6 社会文化

人们赖以成长和生活的社会形成了人们的基本信仰、价值观念和生活准则。人们几乎是不自觉地接受了规定着他们相互之间、与其他人、与自然及与宇宙关系的世界观。

社会文化主要指一个国家、地区的民族特征、价值观念、生活方式、风俗习惯、宗教信仰、伦理道德、教育水平、语言文字等的总和。

社会文化按所处的地位来分有主体文化和次级文化。

主体文化是占据支配地位的，起凝聚整个国家和民族的作用，由千百年的历史所形成的文化，包括价值观、人生观等；次级文化是在主体文化支配下所形成的文化分支，包括种族、地域、宗教等。文化对所有营销参与者的影响是多层次、全方位、渗透性的。它不仅影响企业营销组合，而且影响消费心理、消费习惯等，这些影响多半是通过间接的、潜移默化的方式来进行的。这里主要分析以下几方面。

1. 教育水平

教育水平不仅影响劳动者收入水平，而且影响着消费者对商品的鉴赏力，影响消费者心理、购买的理性程度和消费结构，从而影响着企业营销策略的制订和实施。

2. 宗教信仰

人类的生存活动充满了对幸福、安全的向往和追求，在生产力水平低下、人们对自然现象和社会现象迷惑不解的时期，这种追求容易带有盲目崇拜的宗教色彩。沿袭下来的宗教色彩，逐渐形成一种模式，影响人们的消费行为。

3. 价值观念

价值观念指人们对社会生活中各种事物的态度和看法。不同的文化背景下，价值观念差异很大，影响着消费需求和购买行为。对于不同的价值观念，营销管理者应研究并采取不同的营销策略。

4. 消费习俗

消费习俗指历代传递下来的一种消费方式，是风俗习惯的一项重要内容。消费习惯在饮食、服饰、居住、婚丧、节日、人情往来等方面都表现出独特的心理特征和行为方式。

5. 消费流行

由于社会文化多方面的影响，使消费者产生共同的审美观念、生活方式和情趣爱好，从而导致社会需求的一致性，这就是消费流行。消费流行在服饰、家电以及某些保健品方面，表现最为突出。消费流行在时间上有一定的稳定性，但有长有短，有的可能几年，有的则可能是几个月；在空间上还有一定的地域性，同一时间内，不同地区流行的商品品种、款式、型号、颜色可能不尽相同。

根据人的社会实践和不同的文化现象的特殊性，社会文化基本上可以分成 3 大要素：物质文化、关系文化和观念文化。物质文化是指人们在从事以物质资料为目的的实践活动过程中所创造出来的文化成果，以生产力为首要；关系文化是人们在创造、占有和享受物质文化的过程中形成的社会关系，包括以生产关系为基础的经济关系、阶级关系、民族关系、国际关系等，还包括为维护这些关系而建立的各种社会组织形式和与之相应的政治法律制度、社会道德规范等；观念文化是在前两种文化基础上形成的意识形态文化，包括人们在长期的文化历史发展中积淀而成的社会文化心理、历史文化传统、民族文化性格，以及社会有意识地宣传和倡导的思想理论、理想精神和文学、艺术、宗教、道德等。任何一个社会文化都是这三方面的统一，其中，以价值观为内核的观念文化是最深层次的核心文化，有高度的连续性，不会轻易改变。营销者应分析自己的市场营销活动将涉及哪些层次的文化因素，灵活地采取相应的策略。一家美国公司在日本市场推销某产品时用的鼓动性口号是曾风靡美国市场的“做你想做的!”但没有达到效果，颇感意外。调查后得知，日本文化与美国文化在价值观上有很大差异，并不喜欢标新立异、突出个性，而是非常强调克己、规矩。后来，这家公司更改口号为“做你应做的!”市场反应转好。口号中虽一字之差，引发的思考却耐人寻味。

营销者在进行社会文化环境分析时，还要着重研究亚文化群的动向。每一种文化内部都包含若干亚文化群，即那些有着共同生活经验或生活环境的人类群体，如青少年、知识分子等。这些亚文化群的信念、价值观和风俗习惯既与整体社会文化相符合，又因为他们各有不同的生活经历和环境，从而表现出不同的特点来。这些不同的人群也是消费者群，根据各亚文化群所表现出来的不同需求和不同消费行为，营销人员可以选择这些亚文化群作为他们的目标市场。

图腾文化是民族文化的源头，图腾是一种极其古老的东西，简单地说，就是原始社会作为部落或氏族血统的标志并当作祖先来崇拜的动物或植物等。古老的图腾文化渗透到现代文化中，形成各种风俗习惯和禁忌，进而形成特别的消费习惯。例如，由于古文化中对牛的崇拜，一些民族至今不吃牛肉。再例如，中华民族对龙凤呈祥、松鹤延年的美好企盼，在消费者对产品设计、包装、商标、色彩和推销方式的特殊心理偏好上都有反映。

社会文化的影响深远而广泛，在国际营销活动中尤其如此。国际营销是跨国界、跨文化的活动，不同国家文化差异对其影响很大，在本国市场上成功的营销策略在他国文化中可能行不通，甚至招来厌恶、抵制；在本国文化中属于表层文化的因素，在他国文化中可能是必须严肃对待的“禁区”。这所有的一切，都需要营销者仔细分析，并在充分尊重其文化的基础上，创新性地实现跨文化营销目标。那些有民族特色，又不对他国文化构成利害冲突的营销努力往往会受到欢迎。

4.4 营销环境分析及对策

4.4.1 市场机会与环境威胁

企业开展市场营销活动的过程中，必须了解市场营销环境，通过对营销环境的调研与分析，掌握环境对企业提供的机会或构成的威胁。市场机会是指由环境变化造成的对企业营销活动富有吸引力和利益空间的领域，在这些领域，企业拥有竞争优势。市场机会对不同企业有不同的影响力，企业在每一特定的市场机会中成功的概率，取决于其业务实力是否与该行业所需要的成功条件相符合，如企业是否具备实现营销目标所必需的资源，企业是否能比竞争者利用同一市场机会获得较大的“差别利益”。

环境威胁是指环境中不利于企业营销的因素及其发展趋势，对企业形成挑战，对企业的市场地位构成威胁，这种挑战可能来自于国际经济形势的变化，如2008年爆发的华尔街金融风暴，给世界多数国家的经济和贸易带来负面影响。挑战也可能来自于社会文化环境的变化，如国内外对环境保护要求的提高，某些国家实施的“绿色壁垒”，对某些生产不完全符合环保要求的产品的企业，无疑也是一种严峻的挑战。

4.4.2 机会与威胁分析

企业面对市场机会的吸引力不同和威胁程度不同的营销环境，需要通过环境分析来评估环境机会与环境威胁。企业最高管理层可以用“机会分析矩阵图”和“威胁分析矩阵图”来分析、评价营销环境。

1. 机会分析

机会分析主要考虑市场机会潜在的吸引力(营利性)和成功的可能性(企业优势)的大小，其分析矩阵如图4.11所示。

潜在的吸引力 \ 成功的可能性	大	小
大	3　7	4　2
小	6	1　5　8

图4.11 机会分析矩阵图

图中，处于3、7位置的机会，潜在的吸引力和成功的可能性大，有极大可能为企业带来巨额利润，企业应把握机会，全力发展；处于1、5、8位置的机会，不仅潜在利益小，成功的概率也小，企业应改善自身条件，关注机会的发展变化，审慎而适时地开展营销活动。

2. 威胁分析

对环境威胁的分析，一般着眼于两个方面：一是分析威胁的潜在严重性，即影响程度；二是分析威胁出现的可能性，即出现概率，其分析矩阵如图 4.12 所示。

		出现概率	
影响程度	小	3　5	1　6
	大	2　4　8	7
		高	低

图 4.12　威胁分析矩阵图

图中，处于 3、5 位置的威胁出现的概率和影响程度大，必须特别重视，制订相应对策；处于 7 位置的威胁出现的概率和影响程度小，企业不必过于担心，但应注意其发展变化；处于 1、6 位置的威胁出现概率虽小，但影响程度较大，必须密切注意其出现与发展；处于 2、4、8 位置的威胁影响程度较小，但出现的概率大，也必须充分重视。

用上述矩阵法分析、评价营销环境，可能出现 4 种不同的结果，综合如图 4.13 所示。

	低	高
高	理想业务	冒险业务
低	成熟业务	困难业务

图 4.13　环境分析综合评价图

对于市场机会的分析，还必须深入分析机会的性质，以便企业寻找对自身发展最有利的市场机会。

(1) 环境市场机会与企业市场机会。市场机会实质上是“未满足的需求”。随着需求的变化和产品生命周期的演变，会不断出现新的市场机会。但对不同企业而言，环境机会并非都是最佳机会，只有理想业务和成熟业务才是最适宜的机会。一些成功的企业运用 SWOT 分析法，对企业内部因素的优势(Strengths)和劣势(Weaknesses)按一定标准进行评价，并与环境中的机会(Opportunities)和威胁(Threats)结合起来权衡抉择，力求内部环境与外部环境协调平衡，扬长避短，趋利避害，牢牢把握住对企业最适宜的市场机会。

(2) 行业市场机会与边缘市场机会。企业通常都有特定的经营领域，出现在本企业经营领域内的市场机会，即企业市场机会；出现于不同行业之间交叉与结合部分的市场机会，则称为边缘市场机会。一般来说，对于边缘市场机会的业务，其进入难度要大于行业市场机会的业务，但行业与行业之间的边缘地带，有时会存在市场空隙，企业在发展中也可用以发挥自身的优势。

(3) 目前市场机会和未来市场机会。从环境变化的动态性来分析，企业既要注意发现目前环境变化中的市场机会，也要面对未来，预测未来可能出现的大量需求或大多数人的消费倾向，发现和把握未来的市场机会。

4.4.3 营销对策

企业在环境分析的基础上，对机会与威胁水平不等的各种营销业务，要分别采用不同的对策。

对理想业务，应看到机会难得，甚至转瞬即逝，必须抓住机遇，迅速行动；否则，丧失机会，将后悔不及。

对冒险业务，面对高利润与高风险，既不宜盲目冒进，也不应迟疑不决、坐失良机，应全面分析自身的优势与劣势，扬长避短，创造条件争取突破性的发展。

对成熟业务，机会与威胁处于较低水平，可作为企业的常规业务，用以维持企业的正常运转，并为开展理想业务和冒险业务准备必要的条件。

对困难业务，要么是努力改变环境，走出困境或减轻威胁，要么是立即转移，摆脱无法扭转的困境。

应用案例

海尔沙尘暴里寻商机

海尔集团首席执行官张瑞敏曾多次提出：中国企业要参与国际竞争，必须以速度取胜。也许这正是海尔成功的奥秘所在。在2002年春天的沙尘暴袭来之际，海尔再一次抓住商机，以迅雷不及掩耳之势推出新品，充分体现出以速度取胜的真谛。

1. 沙尘暴里“雪中送炭”

自2002年3月下旬以来，我国北方绝大部分地区都受到了沙尘暴或沙尘天气的影响，沙尘所到之处天空昏暗、空气混浊，居民即使紧闭门户，在粉尘飞扬的室内也很难舒畅呼吸。沙尘暴不折不扣地已成为北方越来越频繁的“城市灾难”。但中国著名的家电品牌海尔集团却在此次沙尘暴中独具慧眼，在灾难中发现了巨大商机。

海尔“防沙尘暴Ⅰ代”商用空调，正值沙尘暴肆虐北方大地、人们生活饱受沙尘之扰苦不堪言之时推出，可谓“雪中送炭”，使产品的使用者在有限的空间之内，有效地将沙尘暴的危害降低到最小限度，筑起一道健康的防护墙。

据悉，在海尔“防沙尘暴Ⅰ代”商用空调推向市场的两周时间内，仅在北京、西安、银川、太原、天津、济南等十几个城市就卖出去了3700多套，部分城市甚至出现了产品供不应求、人们争购的局面。仅凭“防沙尘暴Ⅰ代”商用空调，海尔商用空调在2002年3月份的销量便达到了去年同期的147.8%。

2. 海尔沙里淘金

当多数人都看到沙尘暴的危害时，海尔却看出了商机，根据市场的变化、人们的个性化需求，迅速推出了最受北方地区欢迎的产品——“防沙尘暴Ⅰ代”商用空调。目前国内生产空调的企业已达400多家，家电企业更是数不胜数，为什么只有海尔能做到这一点呢？不难看出海尔在反应速度、市场应变能力、个性化产品开发、技术力量的转化方面所具有的强大优势实力。这大概也是海尔今天能发展成为知名的国际化大企业，而其他企业所难以企及的原因所在了。

据环境监测专家称，2002年我国北方地区沙尘暴形势比较严峻，而且是频繁发生，自1999年起，我国进入新一轮沙尘天气的频发期，这也是继20世纪五六十年代以来我国所遭受的最严重的沙尘暴侵袭。据悉，仅在2001年，我国监测网络就观测到32次沙尘暴现象，虽然我国已启动一系列重大环保工程来恢复沙尘暴源区和附近地区的植被和生态环境，力图从源头控制沙尘暴的爆发，但这也并不能在短期内解决我国北方地区的沙尘暴问题，据专家估计，即使国家环保措施得力，最快也要15～20年方能从根本上解决沙尘暴问题，在这期间沙尘暴仍将频频发生。

沙尘暴给人们带来的种种危害，使人们“谈沙色变”。它使沙尘漫天，空气中弥漫着一股土腥味，外出不便，车辆、楼窗、街道乃至整个城市都蒙上了层层灰尘。但由此也引发了一股“沙尘暴经济潮”，精明的商家看出了其中蕴含的无限商机，采取了相应的策略，从而带动了车辆洗刷、家政服务、环卫清扫、吸尘器、空调、墨镜、口罩等行业的兴旺。如海尔集团便在沙尘暴再现之际迅速开发推出了“防沙尘暴Ⅰ代”商用空调，受到我国北方地区人们的欢迎，其销售业绩在短期内便得到了大幅度提高。

应该说有了市场需求才有相应的产品产生，既然在短期内我国北方地区无法从根本上解决沙尘暴的问题，只有采取种种防御措施，尽可能将沙尘暴给日常生活所带来的负面影响降低到最低。海尔“防沙尘暴Ⅰ代”商用空调的应运而生，给处于沙尘之中的人们带来了重新享受清新生活的希望。这种采用多层HAF过滤网技术、独特的除尘功能、离子集尘技术的海尔“防沙尘暴Ⅰ代”商用空调，可以清除房间内因沙尘暴带来的灰尘、土腥味及各种细菌微粒，经过滤后的空气犹如森林中的空气一般清新，从而在人们日常生活中为抵御沙尘暴的侵袭筑起了一道道绿色的防护城。

思考题：

1. 海尔“防沙尘暴Ⅰ代”商用空调成功的原因是什么？
2. 海尔的成功给我们带来哪些启示？

案例点评：

1. 当多数人都看到沙尘暴的危害时，海尔却看出了商机，根据市场的变化、人们的个性化需求，迅速推出了最受北方地区欢迎的产品——“防沙尘暴Ⅰ代”商用空调。应该说有了市场需求才有相应的产品产生，既然在短期内我国北方地区无法从根本上解决沙尘暴的问题，只有采取种种防御措施，尽可能将沙尘暴给日常生活所带来的负面影响降低到最低。海尔“防沙尘暴Ⅰ代”商用空调的应运而生，给处于沙尘之中的人们带来了重新享受清新生活的希望。

2. 海尔的成功告诉给人们一个范例，也就是当市场环境发生变化时，既有机会也有威胁，以速度抢占先机是企业制胜的关键！

本章小结

企业营销活动建立在各种复杂环境的基础上，本章的重点就是对企业面临的宏观与微观环境的分析。市场营销环境是指与企业市场营销有关的，影响产品的供给与需求的一系列影响和制约企业经营活动的内部和外部因素。市场营销环境包括宏观环境和微观环境两大部分。宏观环境包括人口环境、经济环境、自然环境、科学技术环境、政治法律环境和社会文化环境。微观环境包括公司、中间商、竞争者、公众、供应商和顾客等。每一种环境都相互影响并在不断变化之中，企业经营要审时度势，学会分析、适应和利用环境，避免威胁、寻找机会，采取和调整对策，不断提高生存和发展能力。

习　题

一、单选题

1. (　　)是影响消费需求构成最活跃的因素，成为市场营销者竞争的主要目标。

A. 个人收入　　　　B. 个人可任意支配收入

C. 个人可支配收入　　　　　　　　D. 个人实际收入

2. 恩格尔系数是指(　　)。

A. 购买食品的支出占家庭收入的比例

B. 用于住宅建筑的支出占家庭收入的比例

C. 用于家庭经营的支出和储蓄占家庭收入的比例

D. 用于耐用消费品的支出占家庭收入的比例

3. 研究消费者支出模式变化的最主要的经济学理论是(　　)。

A. 凯恩斯原理　　B. 科克斯定律　　C. 科特勒定律　　D. 恩格尔定律

4. 属于人口的自然结构特征的是(　　)。

A. 性别　　B. 职业　　C. 家庭结构　　D. 受教育程度

5. 代理中间商是属于市场营销环境的(　　)因素。

A. 内部环境　　　　B. 竞争者

C. 市场营销渠道企业　　　　D. 公众环境

6. 下列属于有限但可以更新的资源是(　　)。

A. 水　　B. 森林　　C. 石油　　D. 煤

7. 市场营销环境中的(　　)被称为一种创造性的毁灭力量。

A. 新技术　　B. 自然资源　　C. 社会文化　　D. 政治法律

8. 通过市场调查发现，保健品市场的兴起是由于人们观念引起的，这一因素属于宏观环境因素中的(　　)。

A. 经济因素　　B. 技术因素　　C. 社会文化因素　　D. 人口因素

9. 使产品生命周期迅速缩短的最直接因素是(　　)。

A. 技术因素　　B. 政治因素　　C. 法律因素　　D. 文化因素

10. 与企业紧密相连，直接影响企业营销能力的各种参与者，被称为(　　)。

A. 营销环境　　B. 宏观环境　　C. 微观环境　　D. 营销组合

11. (　　)是企业及其竞争者提供生产经营所需资源的企业或个人。

A. 供应商　　B. 中间商　　C. 广告商　　D. 经销商

12. 国内市场按(　　)可分为消费者市场、生产者市场、中间商市场及非营利组织市场。

A. 购买动机　　B. 商品用途　　C. 购买心理　　D. 人口因素

13. 购买商品和服务供自己消费的个人和家庭，被称为(　　)。

A. 生产者市场　　B. 消费者市场　　C. 中间商市场　　D. 组织市场

14. 旅游业、体育运动消费业、图书出版业及文化娱乐业为争夺消费者一年内的支出而相互竞争，它们彼此之间是(　　)。

A. 愿望竞争者　　B. 平行竞争者　　C. 产品形式竞争者　　D. 品牌竞争者

15. 一中年人为锻炼身体准备购买体育用品和选择运动场地，他在羽毛球和网球运动中选择了去网球场打网球，则这两种运动之间是(　　)。

A. 愿望竞争者　　B. 平行竞争者　　C. 产品形式竞争者　　D. 品牌竞争者

16. 某人从中桥去商业大厦上班，选择了骑自行车而放弃了乘坐公共汽车，则自行车生产厂和公共汽车公司之间是(　　)。

A. 愿望竞争者　　B. 平行竞争者　　C. 产品形式竞争者　　D. 品牌竞争者

17. 某位顾客在选购 29 寸纯平彩电时，在长虹、康佳、创维、TCL、索尼、松下之间进行选择，最终选定 TCL，则这些公司之间是(　　)。

A. 愿望竞争者　　B. 平行竞争者　　C. 产品形式竞争者　　D. 品牌竞争者

18. 影响消费者需求变化的最活跃的因素是(　　)。

A. 个人可支配收入　　B. 可任意支配收入

C. 个人收入　　D. 人均国内生产总值

19. (　　)主要指一个国家或地区的民族特征、价值观念、生活方式、风俗习惯、宗教信仰、伦理道德、教育水平、语言文字等的总和。

A. 社会文化　　B. 政治法律　　C. 科学文化　　D. 自然资源

20. (　　)指人们对社会生活中各种事物的态度和看法。

A. 社会习俗　　B. 消费心理　　C. 价值观念　　D. 营销道德

21. 威胁水平和机会水平都高的业务，被叫作(　　)。

A. 理想业务　　B. 冒险业务　　C. 成熟业务　　D. 困难业务

22. 威胁水平高而机会水平低的业务，被叫作(　　)。

A. 理想业务　　B. 冒险业务　　C. 成熟业务　　D. 困难业务

二、多选题

1. 营销部门在制定和实施营销目标与计划时，要(　　)。

A. 注意考虑企业外部环境力量　　B. 注意考虑企业内部环境力量

C. 争取高层管理部门的理解和支持　　D. 争取得到政府的支持

E. 其他职能部门的理解与支持

2. 营销中间商主要指协助企业促销、销售和经销其产品给最终购买者的机构，包括(　　)。

A. 中间商　　B. 实体分配公司　　C. 营销服务机构

D. 财务中介机构　　E. 证券交易机构

3. 从顾客做出购买决策的过程分析，企业在市场上所面对的竞争者，大体可分为(　　)。

A. 愿望竞争者　　B. 随机型竞争者　　C. 平行(属类)竞争者

D. 产品形式竞争者　　E. 品牌竞争者

4. 对环境威胁的分析，一般着眼于(　　)。

A. 威胁是否存在　　B. 威胁的潜在严重性　　C. 威胁的征兆

D. 预测威胁到来的时间　　E. 威胁出现的可能性

5. 技术因素对市场营销的影响主要表现在(　　)。

A. 新行业的出现　　B. 产品生命周期缩短

C. 消费者的购物方式发生改变　　D. 对人们的价值观念和伦理观念产生影响

6. 目前许多发达国家的人口环境方面的主要动向有(　　)。

A. 数量迅速增长　　B. 出生率的下降

C. 老龄化　　D. 家庭规模缩小

7. 影响消费者支出模式的因素有(　　)。

A. 消费者家庭所在地点　　B. 消费者收入

C. 社会文化环境　　D. 家庭生命周期

8. 人口的社会结构包括(　　)。

A. 受教育程度　　B. 年龄结构　　C. 民族结构　　D. 性别结构

9. 对市场营销活动有直接影响的各种公众利益团体主要有(　　)。

A. 消费者保护方面的团体　　B. 反垄断方面的团体

C. 环境保护方面的团体　　D. 反对种族歧视方面的团体

三、判断题

1. 微观环境与宏观环境之间是一种并列关系，微观营销环境并不受制于宏观营销环境，各自独立地

影响企业的营销活动。（ ）

2. 企业可以按自身的要求和意愿随意改变市场营销环境。（ ）

3. 同一个国家不同地区的企业之间营销环境基本上是一样的。（ ）

4. 市场营销环境是一个动态系统，每一个环境因素都随着社会经济的发展而不断变化。（ ）

5. 营销活动只能被动地受制于环境的影响，因而营销管理者在不利的营销环境面前可以说是无能为力。（ ）

6. 面对目前市场疲软，经济不景气的环境威胁，企业只能等待国家政策的支持和经济形势的好转。（ ）

7. 顾客也是企业最重要的环境因素。（ ）

8. 产品形式竞争者和品牌竞争者是不同行业的竞争者。（ ）

9. 进入难度指企业试图进入某行业时所遇困难的程度，不同的行业，所要求的技术资金和规模等大体上是一样的。（ ）

10. 人口增长首先意味着人民生活必需品的需求增加。（ ）

11. 只有既想买，又买得起，才能产生购买行为。（ ）

12. 恩格尔系数越大，生活水平越低，反之，生活水平越高。（ ）

13. 在经济全球化的条件下，国际经济形式也是企业营销活动的重要影响因素。（ ）

14. 企业只需做好经营管理，无须了解和熟悉有关企业营销活动的法律法规。（ ）

15. 科学技术是第一生产力，给企业营销活动既带来发展机遇，又造成不利的影响。（ ）

16. 文化对市场营销的影响多半是通过直接的方式来进行的。（ ）

17. 如果名义收入的增长率低于通货膨胀率，消费者的实际收入会减少。（ ）

18. 宏观营销环境是企业可控制的变量。（ ）

19. 环境威胁对企业来说是威胁而不是机遇。（ ）

20. 选择数家供应商，借助供应商之间的相互竞争压低资源的购进成本，这是一种降低企业成本和风险的好方法。（ ）

21. 只要存在需求向替代产品转移的可能性，就可能存在潜在的竞争对手。（ ）

22. 公众对企业经营目标的实现起推动作用。（ ）

四、填空题

1. 企业不仅要主动地适应和利用环境，而且透过营销努力去__________外部环境，使环境有利于企业的生存和发展，有利于提高企业营销活动的有效性。

2. 向企业及其竞争者提供生产经营所需资源的企业或个人，被定义为__________。

3. __________主要指协助企业促销、销售和经销产品给最终购买者的机构。

4. 从事商品购销活动，并对所经营的商品拥有__________的批发商、零售商等，被称为商人中间商。

5. 协助厂商推出并促销其产品到恰当的市场的机构，被叫作__________。

6. 市场是由购买欲望同时又有支付能力的__________构成。

7. __________的多少直接影响市场的潜在容量。

8. 家庭是社会的细胞，也是商品的采购和__________的基本单位。

9. 一个国家的 GDP 总额反映了全国市场的__________。

10. 人均收入多少，反映了__________的高低。

11. 机会分析主要考虑其__________和成功的可能性。

12. 代理中间商的报酬称为__________。

13. 企业在营销活动中所面临一系列竞争者大致可以区分为四个种类：__________、__________、__________和__________。

14. 西方“银色市场”的兴起反映了目前人口结构中的__________问题。

15. __________是指对企业实现其市场营销目标构成实际或潜在影响的任何团体。

16. 环境发展趋势基本上分为两大类：一类是__________；另一类是__________。

五、简答题

1. 恩格尔定律的内容有哪些？

2. 从顾客做出购买决策的过程分析，企业在市场上主要有哪些竞争者？

3. 人口老龄化问题在大中城市日益突出，我国也将在 21 世纪步入老龄化社会，列举出这一变化所形成的 3 个方面的市场机会。

六、论述题

1. 试述市场营销活动与市场营销环境的关系。

2. 试述科学技术的发展(特别是知识经济)对市场营销组合的影响。

七、案例分析题

1. 于 1924—1932 年间任西尔斯公司总经理的罗森沃尔德为公司确定的方针是“西尔斯是农民之友”，因为他发现当时美国人口中的一半以上是农民，生活贫困。西尔斯定期向农民寄送“邮购商品目录”，为农民提供各种便利。自此，西尔斯公司的邮售业务蒸蒸日上。

于 1928 年出任总经理的伍德，同样注意人口分析，他发现随着城市人口的大幅增长和交通的日益发达，农民已经可以驱车进城购买，继续以邮售为主就会落后于时代，于是他果断决定在城市建立西尔斯零售连锁商店，取代原来的邮售业务，多方面满足进城购物的农民和城市工薪阶层的购物需要。西尔斯公司重视人口环境分析并主动采取应变措施，因而成为世界的零售连锁企业集团。

结合案例分析营销环境对企业有何意义。

2. 日本的丸井百货公司在其创建之初，是一个只有 13m^2 的小店铺，但如今却已发展为日本国内屈指可数的大百货商店。究其原因，诀窍就在时刻注意对经济环境进行研究并采取有效的营销策略。丸井百货在对整个日本经济进行了研究之后，发现日本青年的收入支出模式已经大大不同于自己的父辈，他们经常有超前消费的需求冲动，于是丸井把分期付款作为自己的主要业务，大受欢迎。根据丸井的有关市场调查资料显示，其固定消费者在其总顾客流量中可高达 82%。

结合案例说明企业营销的经济环境有哪些，对企业的营销有何影响？

第5章

分析消费者市场和购买行为

教学目标

了解消费者市场的含义和特点；掌握分析消费者市场购买行为的模式；了解影响消费者购买的主要因素；掌握消费者购买决策过程，以及消费者在购买过程不同阶段的行为特点。

教学要求

知识要点	能力要求	相关知识
(1) 消费者市场特点 (2) 消费者购买行为模式	(1) 了解消费者市场特点 (2) 掌握消费者购买行为模式	消费者市场特点；刺激—反应模式
影响消费者购买行为的因素	掌握影响消费者购买行为的因素	文化因素；社会因素 个人因素；心理因素
消费者购买决策过程	掌握消费者购买决策过程	消费者购买决策过程的参与者；消费者购买行为类型；消费者购买决策过程的各个阶段

基本概念

7OS研究法；社会阶层；相关群体；学习；信念；态度；个性；消费者购买行为类型

引　例

海尔的电脑桌冰箱

令沃尔玛心动的产品之一是海尔专为学生设计的带活动台面的小冰箱。海尔在营销时发现了许多学生需要的冰箱，不仅要求体积小，而且还应该能当桌子用。它于是迅速开发了一种带活动台面的小冰箱，深受大学生的喜爱，市场份额迅速提升。后来，在这个基础上，海尔又开发了带电脑桌的小冰箱，巩固了在这一消费领域的市场地位。“当那些使用过我们小冰箱的大学生长大结婚后，我们希望他们能够想起我们专门为他们设计的这种冰箱”贾迈尔说。

海尔在营销时发现，美国大学生租的房子很小，根据这样的市场情况，海尔在小冰箱上加了一个折叠台，将冰箱和电脑桌合二为一，创造了一款电脑桌冰箱。这款产品推出后，迅速风靡美国各大高校，并迅速占领美国市场50%以上的份额。数年后，当这批大学生长大参军后，仍然钟情于海尔冰箱，甚至出现美国驻日本冲绳岛的军人点名购买海尔冰箱，这表明一个优秀的品牌被消费过后，就会被认可，就会创造出品牌的忠诚度。据不完全统计，目前为止，全球有超过5200万个家庭，大约超过2.6亿个用户正在使用海尔冰箱。海尔集团公司副总裁周云杰说，海尔产品在美国的市场份额在不断扩大。在200L以下的冰箱市场中，目前海尔产品已经占了美国市场约30%；如果加上其他产品，海尔占有的平均市场份额约为8%；和其他同类厂家相比，海尔的综合势力在美国和全球排名均为第四。

资料来源：胡泳．张瑞敏如是说[M]．北京：中国经济出版社，2003.

引例点评：海尔抓住了美国大学生这个消费群体的特点，有针对性地开发他们需要的小冰箱，从而深受大学生的喜爱，提高了产品的市场份额和忠诚度。这充分说明研究消费者市场的重要性。

本章将对消费者市场的特征、消费者购买行为的模式、影响消费者购买行为的因素和消费者购买决策过程进行阐述。

营销的目标是使目标顾客的需求得到满足。消费者行为研究是研究消费者个人是如何选择、购买和使用产品，以满足他们的需求。消费者行为研究吸收了经济学、心理学、社会学、人类学等学科的研究成果，形成了自身的研究体系，成为企业营销决策者的利器，大大提高了企业营销决策的科学性。

5.1　消费者市场与消费者购买行为模式

5.1.1　消费者市场

1. 消费者市场的定义

消费者市场指所有为了个人消费而购买物品或服务的个人和家庭所构成的市场，它是现代市场营销理论研究的主要对象。研究影响消费者购买行为的主要因素及其购买决策过程，对于开展有效的市场营销活动至关重要。

2. 消费者市场特征分析

与组织市场相比，消费者市场具有如下特点。

(1) 广泛性。生活中的每一个人都不可避免地发生消费行为或消费品购买行为，成为消费者市场的一员，因此，消费者市场人数众多，范围广泛。

(2) 分散性。消费者市场的购买单位是个人或家庭，一般而言，家庭商品储藏地点小，设备少，买大量商品不易存放；家庭人口较少，商品消费量不大。

(3) 复杂性。消费者受到年龄、性别、性格、习惯、文化、职业、收入、教育程度和市场环境等多种因素的影响而具有不同的消费需求和消费行为，所购商品的品种、规格、质量、花色和价格千差万别。

(4) 易变性。消费需求具有求新求异的特性，要求商品的品种、款式不断翻新，有新奇感，不喜欢一成不变的老面孔。

(5) 发展性。人类社会的生产力和科学技术总是在不断进步，新产品不断出现，消费者收入水平不断提高，消费需求也呈现由少到多、由粗到精、由低级到高级的发展趋势。

(6) 情感性。消费品有千千万万，消费者对所购买的商品大多缺乏专门的知识，多属非专家购买，受情感因素影响大，受企业广告宣传和推销活动的影响大。

(7) 伸缩性。消费需求受消费者收入、生活方式、商品价格和储蓄利率影响较大，在购买数量和品种选择上表现出较大的需求弹性或伸缩性。

(8) 替代性。消费品种类繁多，不同品牌甚至不同品种之间往往可以互相替代。

(9) 地区性。同一地区的消费者在生活习惯、收入水平、购买特点和商品需求等方面有较大的相似之处，而不同地区消费者的消费行为则表现出较大的差异性。

(10) 季节性。分为3种情况：一是季节性气候变化引起的季节性消费；二是季节性生产而引起的季节性消费；三是风俗习惯和传统节日引起的季节性消费。

5.1.2 消费者购买行为模式

消费者市场涉及的内容千头万绪，从哪里入手进行分析？市场营销学家一般用7OS法来进行研究。

市场营销研究人员研究消费者市场的7OS法见表5-1。

表5-1 消费者市场的7OS法

该市场由谁构成(Who)	购买者(Occupants)
在该市场购买什么(What)	购买对象(Objects)
为何购买(Why)	购买目的(Objectives)
谁参与购买活动(Who)	购买组织(Organizations)
怎样购买(How)	购买行为(Operations)
何时购买(When)	购买时机(Occasions)
何地购买(Where)	购买地点(Outlets)

研究消费者购买行为理论中最有代表性的是刺激—反应模式，如图5.1所示。营销和环境的刺激进入购买者的意识。购买者的个性和决策过程导致了一定的购买决策。营销者的任务是要了解在外部刺激和购买决策之间购买者的意识发生了什么变化。

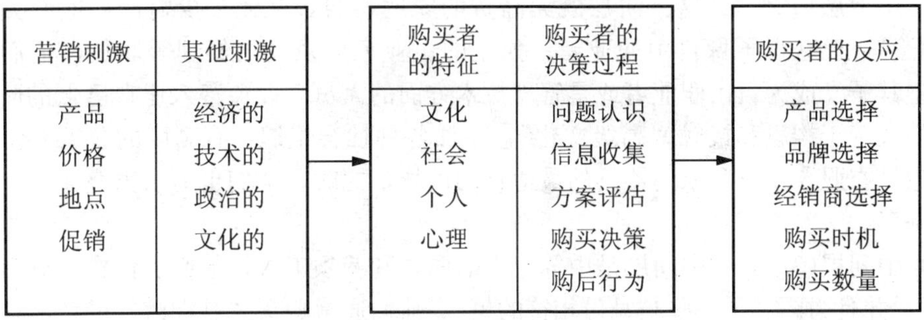

图 5.1　消费者购买行为模式

5.2　影响消费者购买行为的因素

消费者购买行为受到文化、社会、个人和心理因素的影响。其中，文化因素的影响最为广泛和深远。

5.2.1　文化因素

文化因素对消费者的行为具有最广泛和最深远的影响。

文化、亚文化和社会阶层对购买行为起到了重要作用。文化是人类欲望和行为最基本的决定因素。在社会中成长的儿童通过其家庭和其他主要机构学到了基本的一套价值、知觉、偏好和行为的整体观念。

每一文化都包含着能为其成员提供更为具体的认同感和社会化的较小的亚文化。亚文化包括民族、宗教、种族和地理亚文化群。当亚文化群体不断成长，影响越来越大时，许多公司开始制定相应的营销方案为这些人提供服务，这些方案被称为差异化营销。

社会阶层(Social Classes)是在一个社会中具有相对的同质性和持久性的群体，它们是按等级排列的，每一阶层成员具有类似的价值观、兴趣爱好和行为方式。社会学家总结了美国的 7 种社会阶层。

(1) 上上层(不到 1%)：上上层是继承有大量遗产，出身显赫的达官贵人。他们捐巨款给慈善事业，举行初次参加社交活动的舞会，拥有一个以上的宅第，送孩子就读于最好的学校。这些人是珠宝、古玩、住宅和度假用品的主要市场。他们的采购和穿着常较保守，不喜欢炫耀自己，这一阶层人数很少，当其消费决策向下扩散时，往往作为其他阶层的参考群体，并作为他们模仿的榜样。

(2) 上下层(2%左右)：上下层的人由于他们在职业和业务方面能力非凡，因而拥有高薪和大量财产，他们常常来自中产阶级，对社会活动和公共事业颇为积极，喜欢为自己的孩子采购一些与其地位相称的产品，诸如昂贵的住宅、学校、游艇、游泳池和汽车等。他们中有些是暴发户，他们摆阔挥霍的消费形式是为了给低于他们这个阶层的人留下好印象，这一阶层的人的志向在于被接纳入上上层，但情况是，其子女达到的可能性比他们本人来得大。

(3) 中上层(12%)：这一阶层既无高贵的家庭出身，又无多少财产，他们关心的是“职业前途”，已获得了像自由职业者、独立的企业家以及公司经理等职位，他们注重教育，希望其子女成为自由职业者或是管理技术方面的人员，以免落入比自己低的阶层。这个阶层的人善于构思和接触“高级文化”，参加各种社会组织，有高度的公德心。他们是优良住宅、衣服、家具和家用器具的最适宜的市场，同时，他们也追求家庭布置，以招待朋友和同事。

(4) 中间层(32%)：中间层是中等收入的白领和蓝领工人，他们居住在“城市中较好的一侧”，并且力图“干一些与身份相符的事”。他们通常购买“赶潮流”的产品。25%的人拥有进口汽车，其中大部分看重时尚，追求“一种良好品牌”，其理想居住条件是“在城市中较好一侧”，有个“好邻居”的“一所好住宅”，还要有“好的学校”。中间层认为有必要为他们的子女在“值得的见识”方面花较多的钱，要求他们的子女接受大学教育。

(5) 劳动阶层(38%)：劳动阶层包括中等收入的蓝领人和那些过着“劳动阶层生活方式”的人，而不论他们的收入多高、学校背景及职业怎样。劳动阶层主要依靠亲朋好友在经济上和道义上的援助，依靠他们介绍就业机会，购物听从他们的忠告，困难时期依靠他们的帮助。度假对于劳动阶层来说，指的是“待在城里”，“外出”指的是到湖边去，或常去不到两小时远的地方。劳动阶层仍然保持着明显的性别分工和陈旧习惯，他们偏好的汽车包括标准型号或较大型号的汽车，对国内外的小型汽车并不问津。

(6) 下上层(9%)：下上层的工作与财富无缘，虽然他们的生活水平刚好在贫困线之上，他们无时不在追求较高的阶层，却干着那些无技能的劳动，工资低得可怜。下上层往往缺少教育，虽然他们几乎落到贫困线上，但他们千方百计“表现出一副严格自律的形象”，并“努力保持清洁”。

(7) 下下层(7%)：下下层与财富不沾边，一看就知道贫穷不堪，常常失业或干“最肮脏的工作”，他们对寻找工作不感兴趣，长期依靠公众或慈善机构救济。他们的住宅、衣着、财物是“脏的”、“不协调的”和“破的”。

社会阶层具有以下特点：一是同一社会阶层内的人，其行为要比来自两个不同社会阶层的人行为更加相似；二是人们以自己所处的社会阶层来判断各自在社会中占有的高低地位；三是某人所处的社会阶层并非由一个变量决定，而是受到职业、所得、财富、教育和价值观等多种变量的制约；四是个人能够在一生中改变自己所处的阶层，既可以向高阶层迈进，也可以跌至低阶层。但是，这种变化的变动程度因某一社会的层次森严程度不同而不同。

2002年，以陆学艺为首的课题组推出了《当代中国社会阶层研究报告》，鲜明提出了中国社会已经由两个阶级一个阶层(工人、农民、知识分子)分化成十大社会阶层(国家和社会管理者、经理人员、私营企业主、专业技术人员、办事人员、个体工商户、商业服务人员、产业工人、农业劳动者和城乡无业失业半失业者)，引起了海内外的极大关注。而作为续篇的《当代中国社会流动》，则重点研究了这十大社会阶层是如何分化演变而成的，到底是什么因素在影响一个人从社会底层向上流动，比如哪些人最有可能成为官员。

职业是干部、企业管理人员和企业主的人，其子女100个人中约有7人成为国家和社会管理者。专业技术人员和办事人员家庭出身的人，在这方面也有优势，100人中大约各有3人能成为国家和社会管理者。自雇劳动者和小业主家庭出身的人，100人中大约有两人进入这一阶层。而工人家庭子女，100人中只有1人。农民家庭子女，100人中连1人也不到。

从分析来看，国家与社会管理者阶层在某种程度上是一个多进少出的阶层。换句话说，在社会流动链条中，国家与社会管理者阶层通常是流动的最终目的地，人们流动进入此阶层后不想再流往其他阶层。按通常规律，社会流动越畅通，社会流动率越高，就越能调动各个阶层尤其是中低阶层的积极性，使他们充满希望，通过后致性规则也即通过个人的后天奋斗，实现上升到更高层次的社会地位的愿望。这样的社会，称为开放性社会。

总体而言，在封闭社会，先赋性规则(家庭出身、阶级成分等)是主要的社会流动规则；而在开放性社会，后致性规则(个人教育程度等)是主要的社会流动规则。

改革开放20多年来，中国已经初步形成了一个现代社会流动机制的模式，那些标志着社会区隔的重大制度和政策，诸如阶级成分、单位制、城乡二元体制，或者退出历史舞台，或者式微。那些先赋性要素和个人的教育程度，在社会成员的地位获得上的作用力大幅度地此消彼长，现在，对于社会上绝大多数人们而言，他们不是通过国家安排工作，而是通过自己的努力和奋斗而决定自己的事业。这一切可以说明，中国社会的开放程度正在提高。

与此同时，当前中国的社会转型过程中，依然存有一些既不合理又欠公平的制度歧视，如城乡义务教育资源分配的畸重畸轻、户籍制度造成的城乡隔离等问题需要进一步有针对性地解决。中国的经济发展正处于关键时期。应该意识到，经济持续发展要依靠公平而合理的社会关系加以保障。只有进一步打破对社会成员流动的一些不公正的制度性歧视，中国社会的开放与公平程度才能进一步提高。

5.2.2 社会因素

消费者的购买行为同样也受到一系列社会因素的影响，如相关群体、家庭和社会角色地位。

1. 相关群体

一个人的行为受到许多群体的影响。

某些成员群众是主要群体(Primary Groups)，如家庭、朋友、邻居与同事，与他们之间接触频繁并相互影响。

人们还属于次要群体(Secondary Groups)，如宗教、职业和贸易协会，这些一般更为正式但相互影响较少。

人们至少在3方面受他们的相关群体(Reference Groups)的重大影响。

(1) 相关群体使一个人受到新的行为和生活方式的影响。

(2) 相关群体还影响个人的态度和自我概念，因为人们通常希望能迎合群体。

(3) 相关群体还产生某种趋于一致的压力，它会影响个人的实际产品选择和品牌选择。

人们还受到他们并不是其中成员的一些群体的影响。

(1) 崇拜群体(Aspirational Group)：凡是一个人希望去从属的群体，被称为崇拜群体。

(2) 隔离群体(Dissociative Groups)：是一种其价值观和行为被一个人所拒绝接受的群体。

对受到相关群体影响大的产品和品牌制造商来说，必须想法去接触和影响有关相关群体中的意见带头人(Opinion Leader)。意见带头人是对一个特定的产品或产品种类，非正式地对它传播，提供意见或信息的人。营销者力图通过认识并掌握与意见带头人有关的一些人文和心理特征，确定他们所阅读的新闻媒体，并直接向他们传递信息。

2. 家庭

家庭是社会上最重要的消费者购买组织，因此对它要作广泛的研究。购买者家庭成员对购买者行为影响很大，在购买者生活中可区分为两种家庭类型。

婚前家庭包括一个人的双亲，每个人都从其父母那里得到有关宗教、政治、经济、个人抱负、自我价值和爱情等方面的指导。即使购买者与他的双亲之间的相互影响已经不太大了，但双亲对购买者无意识的购买行为的影响仍然是重要的。

在许多父母和子女共同生活在一起的国家里，父母的影响力非常大。对日常购买行为有更直接影响的是有子女的家庭，即夫妻加上其子女。

营销人员对夫妻及子女在各种商品和劳务采购中所起的不同作用和相互之间的影响深感兴趣。典型的产品支配形式如下：一是丈夫支配型，比如人身保险、汽车、电视机；二是妻子支配型，比如洗衣机、地毯、家具、厨房用品；三是共同支配型，比如度假、住宅、户外娱乐。随着妇女工作地位的提高，特别是在那些新型行业中，传统家庭的购买模式也在逐步地改变着。

在购买形式中，另一个值得注意的变化是孩子的花费在日益增加的影响。非传统型营销者现在总结出最快的到达妈妈和爸爸钱包的办法就是通过他们的孩子。

3. 角色与地位

一个人在一生中会参加许多群体，如家庭、俱乐部以及各类组织。然而，每个人在各群体中的位置可用角色和地位来确定。

角色(Role)是一个人所期望做的活动内容。每一角色都伴随着一种地位(Status)。最高法院法官这个角色要比销售经理角色地位高；同样，销售经理角色的地位比一般职员地位高。人们在购买商品时往往结合自己在社会中所处的地位和角色来考虑。

5.2.3 个人因素

购买者决策也受其个人特征的影响，特别是受其年龄和生命周期阶段、职业、经济环境、生活方式、个性以及自我概念的影响。

1. 年龄和生命周期阶段

人们在一生中购买的商品和服务是不断变化的，幼年时吃婴儿食品，发育和成熟时期吃各种食物，晚年吃保健食品。同样，人们对衣服、家具和娱乐的爱好也同年龄有关。

消费还根据家庭生命周期来安排。下面列示了美国家庭生命周期的 9 个阶段，根据各阶段的财务收支情况，处在每一阶段上的家庭都有自己最感兴趣的产品。

(1) 单身阶段：年轻、不住在家里。几乎没有经济负担，新观念的带头人，娱乐导向。购买一般厨房用品和家具、汽车、模型游戏设备、度假。

(2) 新婚阶段：年轻、无子女。经济比上一阶段要好，购买力最强，耐用品购买力高。购买汽车、冰箱、电炉、家用家具、耐用家具、度假。

(3) 满巢阶段Ⅰ：最年幼的子女不到 6 岁。家庭用品采购的高峰期，流动资产少，不满足现有经济状态。储蓄部分钱，喜欢新产品，如广告宣传的产品。购买洗衣机、烘干机、电视机、婴儿食品、咳嗽药、维生素、玩具娃娃、手推车、雪橇和冰鞋。

(4) 满巢阶段Ⅱ：最年幼的子女 6 岁或超过 6 岁。经济状况较好，有的妻子有工作，对广告不敏感，购买大包装商品，配套购买。购买各式食品、清洁用品、自行车、音乐课本、钢琴。

(5) 满巢阶段Ⅲ：年长的夫妇和尚未独立的子女同住。经济状况仍然较好，许多妻子有工作，一些子女也有工作，对广告不敏感，耐用品购买力强。购买新颖别致的家具、汽车、游泳用品、非必需品、船、牙齿保健服务、杂志。

(6) 空巢阶段Ⅰ：年长的夫妇，无子女同住，户主仍在工作。大量拥有自己的住宅，经济富裕有储蓄，对旅游、娱乐、自我教育尤感兴趣，愿意施舍和捐献，对新产品无兴趣。购买度假用品、奢侈品、家用装修用品。

(7) 空巢阶段Ⅱ：年老的夫妇，无子女同住，户主已退休。收入锐减，赋闲在家。购买有助于健康、睡眠和消化的医用护理保健产品。

(8) 鳏寡阶段Ⅰ：尚在业余工作。收入仍较可观，但也许会出售房子。

(9) 鳏寡阶段Ⅱ：完全退休。需要与其他退休群体相仿的医疗用品，收入锐减，特别需要得到关注、情感和安全保健。

营销者也应该把目标市场对准单身居住者和非家庭居住者的身上。近年来，一些研究认为，人类存在心理生命周期阶段。成年人在一生中会经历数次过渡时期和转化阶段。营销者应该注意成年人生活状况的变化，如离婚、丧偶和再婚对消费的影响。

2. 职业和经济环境

一个人的职业也影响其消费模式。蓝领工人会买工作服、工作鞋、午餐盒，玩保龄球游戏。公司的总裁则会买贵重的西装，空中旅行，做乡村俱乐部的会员，拥有大游艇等。营销者试图识别那些对其产品和服务比一般人有更多兴趣的一些职业群体。公司甚至专门为某一特定的职业群体制定它所需要的产品。

经济环境会严重影响其产品选择。人们的经济环境包括：可花费的收入(收入水平、稳定性和花费的时间)，储蓄和资产(包括流动资产比例)，债务，借款能力以及对花费与储蓄的态度等。对营销某些收入敏感型产品的人员来说，应该不断注意到每个人的收入、储蓄和利率的发展趋势。如果经济指标显示经济衰退时，营销者就可以通过对产品重新设计、重新定位和重新定价，以便继续吸引目标顾客。

3. 生活方式

生活方式是指一个人在世界上的生活模式，用以表达其活动、兴趣和看法。人们的生活方式描述出他同所处环境的相互交互的“完整的个性”。

来自相同的亚文化群、社会阶层，甚至来自相同职业的人们，也可能具有不同的生活方式。

营销人员要研究他们的产品和品牌与具有不同生活方式的各群体之间的相互关系。

例如，生产服装的公司把女性分为朴素的女性、追求时髦的女性、职业女性等。

4. 个性和自我概念

每个人都有影响他或她的购买行为的独特个性。个性(Personality)是指一个人所特有的心理特征，它导致一个人对他或她所处的环境的相对一致和持续不断的响应。

一个人的个性通常可用自信、控制欲、自主、顺从、交际、保守和适应等性格特征来加以描绘。

调查发现：某些个性类型同产品或品牌选择之间关系密切。

如果品牌也有个性，把品牌个性定义为可以归属于被人类的个性特征所吸引的一个品牌特质的组合体。

美国有一个学者珍妮弗·阿卡对品牌个性作了调查，列出了5种特质：一是坦诚(实际的、诚实的、有益的和愉悦的)；二是活力(勇敢的、有精神的、富有想象的和时髦的)；三是实力(可靠的、智慧的和成功的)；四是老练(上流社会的和有魄力的)；五是坚韧(积极的和坚强的)。她分析了一些著名的品牌，发现它们当中很多显示了很强的某一特质：李维斯是坚韧，CNN是实力。这就暗示了这些品牌将吸引那些在同样特质上表现很强的人们。

营销者努力开发品牌个性，使之与目标市场的自我概念相一致，但自我概念经常不可捉摸。人的实际自我概念(Person's Actual Self-Concept，他如何看待自己)与他的理想自我概念(Ideal Self-Concept，他希望如何看待自己)和他的他人自我概念(Other-Self-Concept，他认为别人是如何看他自己的)是截然不同的。以上哪一个自我是他购买时要满足的？这个问题很难回答。

5.2.4 心理因素

一个人的购买选择受4种主要心理因素的影响：动机、认知、学习、信念和态度。

1. 动机

在任何时期，每个人总有许多需要。有些需要是由生理状况引起，比如饥饿、口渴、不安等。另外一些需要是心理性的。它是由心理状况而引起的，例如，认识、尊重和归属。当需要升华到足够的强度水平时，这种需要会转变为动机。动机也是一种需要，它能够产生足够的压力去驱使人行动。

心理学家已经提出了人类动机理论，最流行的有3种，即西格蒙德·弗洛伊德的动机理论、亚伯拉罕·马斯洛的动机理论和弗雷德里克·赫茨伯格的动机理论。

1）弗洛伊德的动机理论

弗洛伊德假定，形成人们行为的真正心理因素大多是无意识的。

无意识动机理论建立在3个体系基础之上：本我、自我和超我。

本我是心理体系中最原始的、与生俱来的、无意识的结构部分，由遗传的本能、冲动、欲望等组成。

自我是从本我中分化出来并得到发展的那一部分，处于本我和外部世界之间，是与外界接触的体系，统管个人的行为。

超我是在人格诸领域中最后形成的，反映社会的各项准则，由理想、道德、良心等组成。

它们之间的关系是：本我是生长进化的产物，是生理遗传的心理表现；自我是客观现实相互作用的产物，是较高级的精神活动过程；超我是社会化的产物，是文化传统的运载工具。

2）马斯洛的动机理论

亚伯拉罕·马斯洛试图说明在某一特定阶段人们为什么受到各种具体需要的驱使。为什么一个人要花费大量时间和精力用于个人安全和追求别人的尊重呢？马斯洛认为，人类的需要可按层次排列，先满足最迫切的需要，然后再满足其他需要。这些需要按其重要程度排列，分别为生理需要、安全需要、社会需要、尊重需要和自我实现需要，如图5.2所示。一个人总是首先满足最重要的需要，但当他满足了最重要的需要之后，就转向满足下一个重要的需要。当然不排除有时会出现跳跃性的情况。

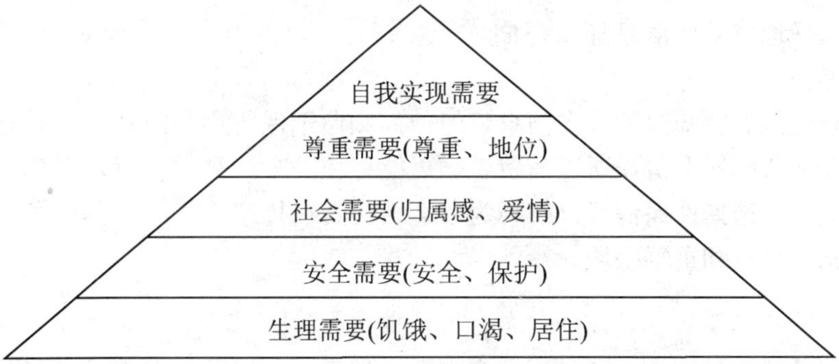

图5.2　马斯洛的需要层次论

马斯洛理论可以帮助营销者了解各种产品如何才能适应潜在消费者的计划、目标和生活。

3）赫茨伯格的动机理论

弗雷德里克·赫茨伯格提出了动机双因素理论。这个理论区别了两种不同因素，即不满意因素(保健因素)和满意因素(动机因素)。仅避免不满意因素是不够的，还必须刺激引起购买的满意因素。假设一台电脑不附有保单，也许就是一个不满意因素。然而，即使有了产品保单，也还不能断定它就是购买产品的满意因素或激励因素，因为保单并非是对电脑真正满意的本质因素。它必须在使用上保证满意。

赫茨伯格动机理论有两层含义：第一是销售商应该尽最大努力防止影响购买者的各种

不满意因素。例如，不符合要求的使用训练手册和不好的产品维修服务政策。尽管这些事情对计算机的出售不起促进作用，但会起影响出售的作用。第二是指在市场上，生产厂商要仔细识别消费者购买产品的各种主要满意因素和激励因素，并对此深加研究。但是，这些因素会随着消费者购买计算机产品的不同而发生很大的差异。

2. 认知

一个被激励的人随时准备行动。然而，他如何行动则受他对情况认知程度的影响。认知是个人选择、组织并解释信息投入，以便创造一个有意义的世界图像的过程。认知不但取决于刺激物的特征，而且还依赖于刺激物同周围环境的关系以及个人所处的状况。

人们会对同一刺激物产生 3 种认知过程：选择性注意、选择性扭曲和选择性保留过程。

人们在日常生活中会面对众多刺激物，一个人不可能对所有刺激物都加以注意，其中多半被筛选掉。这个过程被称为选择性注意。它意味着营销必须努力注意消费者的意见。而真正的挑战在于人们会注意哪些刺激物，下面是一些调研结果。

人们会更多地注意那些与当前需要有关的刺激物。

人们会更多地注意他们期待的刺激物。

人们会更多地注意跟刺激物的正常大小相比有较大差别的刺激物。

尽管人们筛选掉很多周围环境的刺激物，但还是会遇到许多意外的影响，例如，邮件中的意外样品，销售员的访问电话。营销者可以有选择地促销商品。

即使是消费者注意的刺激物，也并不一定会与传播者预期的方式相吻合。选择性扭曲就是人们有选择地将某些信息加以扭曲，使之符合自己的意向。然而对于选择性的扭曲，营销人员无能为力。

人们会忘记他们所知道的许多信息，但他们倾向于保留那些能够支持其态度和信念的信息。由于存在选择性保留，所以消费者很可能记住一个产品的优点，而忘记了竞争对手同类产品的优点。选择性保留可以解释为什么营销者在传递信息给目标市场的过程中需要选用大量戏剧性手段和重复手段。

3. 学习

人们要行动就得学习，人类行为大多来源于学习。学习是指由于经验而引起的个人行为的改变。学习论者认为，一个人的学习是通过驱动力、刺激物、诱因、反应和强化的相互影响而形成的。

驱动力是指促成行动的一种强烈的内在刺激。所谓诱因是指那些决定一个人何时、何地以及如何做出反应的次要刺激物。假设一个消费者买了一台联想计算机。如果他的经验证实是值得的，那么，他对联想和计算机的肯定性反应也随之加强。然后，他也许又想买一台打印机，由于他认为联想公司既然能生产最好的计算机，就进而推断它也能生产最好的打印机。换言之，他把对计算机的反应扩散到类似刺激物上。扩散的相反倾向是辨别。辨别意味着一个人已经学会了在一系列同类刺激物中认识其中的差异，并能据此调整自己的反应。

对营销人员来说，可以通过把学习与强烈驱动力联系起来，运用刺激性暗示和提供强化等手段来建立对消费者产品的需求。

4. 信念和态度

通过实践和学习，人们获得了自己的信念和态度，它们又转过来影响人们的购买行为。

信念是指一个人对某些事物所持有的描述性想法。营销者对于产品和品牌在人们头脑中持有的信念很感兴趣。品牌信念存在于消费者的记忆中，联系网络的记忆模式表明记忆是由结点和联结链构成的。通过传播活动记忆就能够重建。当植入一个特别的结点时，人们就会回忆到信息，继而通过联结链回忆进一步的联系性信息。由此，特定品牌由结点触发反应。营销者可以研究不同消费者对特定品牌的记忆网络，从而描绘出其中的主要联系，以及它们的相关强度和频率。

态度是指一个人对某些事物或观念长期持有的好与不好的认识上的评价、情感上的感受和行动倾向。

人们几乎对所有事物都持有态度。例如宗教、政治、衣着、音乐、食物等。

态度导致人们对某一事物产生好感或厌恶，亲近或疏远的心情态度能使人们对相似的事物产生相当一致的行为。态度是难以变更的。

所以营销者最好使其产品与消费者的既有态度相一致，而不要试图改变人们的态度。当然，如果改变一种态度所花费的昂贵费用能得到补偿时，则另当别论。

营销视野

追逐高档商品(低档商品)：新型消费者

根据《消费升级》(Trading UP)一书的作者迈克尔 西弗斯坦(Michael Silverstein)和内尔·弗斯克(Neil Fiske)的观点，近年形成了一种新的消费者行为模式。大量的中产阶级消费者定期消费他们称之为"新奢侈品"的产品服务，这些产品和服务"和同产品类别中其他商品相比，具有更高水平的质量、品位和热情，但也没有贵得无法触及"。例如，这些消费者由于能在交易中获得情感利益而可能追逐一瓶法国进口葡萄酒、优质护肤霜或假期时在豪华宾馆里小住数日。2003年，96%的美国消费者承认他们愿意为至少一种产品支付溢价。作者认为这个数字意味着这个数字意味着几乎1.22亿美国消费者愿意而有能力追逐高档商品。

他们还为此发展趋势做出了大量的人口统计学和文化上的解释。总之，和过去相比，人们花费金钱更多。过去30年里，美国家庭的平均收入实现了增长，20%家庭的收入增长速度最高，即每年超过8.2万美元。越来越多的妇女参与工作而且获得更高的薪水收入。她们有权利花费她们赚取的收入；而她们要负责任意花费中的75%。而且，当生育高峰期出生的小孩发现他们处于空巢期，成人继续晚婚和离婚者越来越多的时候，典型的美国消费者需要负担的成员减少。2003年，仅仅24%的家庭是有结婚夫妇及其孩子组成的。最后，今天的美国消费者受到更好的教育，也能更轻松地分析和满足他们的情感需求，这也是新型奢侈商品的主要目标市场。因此，作者认为典型的美国消费者已经转变为"有着高度热情，大量购买力和影响力的高雅的、有见识的消费者"。

由于这种对高档商品的追逐趋势，尽管价格高于传统的中等市场商品，新型奢侈商品比传统奢侈商品的销量却更高。作者指出了新型奢侈商品的3个主要类型。

(1) 易接近的超级溢价商品，例如维多利亚的秘密(Victoria's Secret)内衣和Kettle Gourmet薯条，相对中等市场的品牌来说有明显的溢价，而消费者由于这是负担得起的品类中价格相对较低的商品，因此也容易追逐它们。

(2) 传统奢侈品品牌的新系列，传统奢侈品品牌由高端向低端市场扩张，但依旧保有其特征，例如奔驰C系列和美国运通蓝卡。

(3) 大众商品，例如契尔氏(Kiehi's)护肤品和Kendall-Jackson酒的定价位于平均中等市场品牌和超级溢价的传统奢侈品之间。它们“总是以感情为基础，消费者对它们有着更强的情感维系”。

作者指出为了追逐能提供情感利益的品牌，消费者通过在沃尔玛和好市多的折扣店购买没有情感利益但仍然能传递质量和功能的必需商品来“追逐低档商品”。在后续著作*Treasure Hunt*中，西弗斯坦指出82%的美国消费者在超过5类商品中追逐低档商品(他称之为“寻宝”)，而62%的消费者追逐最能提供情感利益的两类高档商品。从而造成新型消费者是“部分受难者加部分享乐主义者”，即为了体验从少量的购买中增强利益，愿意牺牲一些购买量。

西弗斯坦推论说追逐高档商品的细分市场期望从2006年的6050亿美元增加到2010年的1万亿美元，而追逐低档商品的细分市场预计从1.1万亿美元同期增长到1.5万亿美元，提供这两种价值：新型奢侈品和“寻宝”的公司会获得成功。占据中间市场的其他公司将继续面临市场份额的萎缩，就像“被困于中央”。传统的杂货商和百货店的市场份额已经减少了30%和50%。西弗斯坦认为大多数中等市场的公司没有提供现代消费者寻求的经济的、功能的和情感的价值。提供追逐高档商品机会的品牌，例如Coach、维多利亚的秘密、Grey Goose和Bath & Body Works，或追逐低档商品的品牌，例如Best Value Inn、Kohi's、Dollar General和宜家，能为现代消费者传递他们需求的价值。

5.3 消费者购买决策过程

营销者除了了解对购买者产生影响的各种因素之外，还应了解消费者是如何作出购买决策的。具体地说，营销者必须明确谁作出了购买决策、购买决策的类型以及购买过程中的步骤。

5.3.1 消费者购买决策过程的参与者

在一个购买决策中可以区分出5个角色。

发起者：发起者是指首先提出或有意想购买某一产品或服务的人。

影响者：影响者是指其看法或建议对最后决策具有一定影响的人。

决策者：决策者是指在是否买、为何买、哪里买等方面的购买决策做出完全或部分最后决定的人。

购买者：购买者是指实际进行采购的人。

使用者：使用者是指实际消费或使用产品或服务的人。

5.3.2 消费者购买行为类型

消费者购买决策随其购买决策类型的不同而变化。

阿萨尔根据购买者在购买过程中参与者的介入程度和品牌间差异程度，区分了消费者购买行为的4种类型：复杂的购买行为(Complex Buying Behavior)、减少失调的购买行为(Dissonance-Reducing Buying Behavior)、习惯性的购买行为(Habitual Buying Behavior)和寻求多样化的购买行为。

1. 复杂的购买行为

复杂的购买行为包括 3 个步骤：第一，购买者产生对产品的信念；第二，他或她对这个产品形成态度；第三，他或她做出慎重的购买选择。当消费者专门仔细地购买，并注意现有各品牌间的重要差别时，他们也就在进行复杂的购买行为。

高度介入产品的营销者必须懂得对高度介入的消费者收集信息并评估其行为。有必要发展一些营销战略，以便协助购买者学习有关产品类别属性、它们之间的重要关系以及其品牌在比较重要的属性方面的名望。另外，营销者还有必要区别其品牌的特征，利用一些主要的印刷媒体和内容叙述较长的广告文稿来描述产品的优点。同时，寻求商店销售人员和购买者的熟人的支持，以影响购买者最后的品牌选择。

2. 减少失调的购买行为

有时，消费者对于各种品牌看起来没有什么差别的产品的购买也持慎重态度。高度介入的购买行为是又一次基于这样的事实，即：花钱很多的产品、偶尔购买的产品和风险产品。

产品购买后，消费者有时会产生一种购买后不协调感觉。例如，因为他注意到了地毯上的一些使他感到烦恼的缺点，或是听了有关其他地毯的一些优点。于是，他开始学习更多东西，在这种情况下，营销沟通的主要作用在于增强信念，使购买者对自己品牌在购买之后有一种满意的感觉。

3. 习惯性的购买行为

许多产品的购买是在消费者低度介入、无大差别的情况下完成的。消费者对大多数价格低廉、经常购买的产品介入程度很低。

营销人员发现，对于低度介入的产品，运用价格和销售促进作为产品试销的刺激是有效的。电视广告比印刷品广告也更有效。

营销人员也可以通过 4 种技术使低度介入产品转变为较高度介入产品：第一，可以通过将产品跟与之有关的问题相联系来完成；第二，产品也可同某些涉及个人具体情况相联系；第三，营销人员可以通过广告活动来吸引顾客，因为这一活动可以触发与一个人的价值观念和自我防御有关的强烈情感；第四，在一般产品上增加一种重要特色来吸引顾客。

4. 寻求多样化的购买行为

某些购买情况是以消费者低度介入但品牌差异很大为特征的。在这种情况下，消费者被看成是会经常改变品牌选择的。品牌的选择变化常常起因于产品的多品种，而不是起因于对产品的不满意。

5.3.3 购买决策过程的各个阶段

营销者研究了购买者决策过程的阶段模式，如图 5.3 所示。消费者会经历 5 个阶段：问题认识、信息收集、对可供选择方案的评价、购买决策和购后行为。有一点要说明的是，并不是所有的购买过程都经历这 5 个过程，但因为这一模式阐述了一个消费者面对一项高度介入的新采购时所发生的全部思考过程。

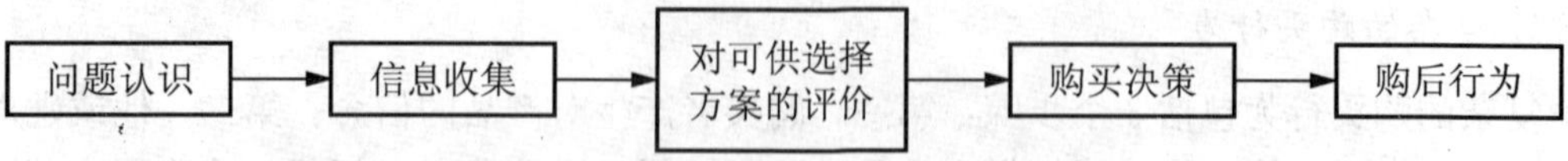

图 5.3　购买过程的 5 个阶段

1. 问题认识

购买过程从购买者对某一问题或需求的认识开始。消费者在内在的刺激因素或外在的刺激下都可能形成需求。

营销者需要去识别引起消费者某种需求的环境。通过从一些消费者那里收集的信息，营销者就能识别一些会对产品感兴趣的常见的刺激因素。这样，营销者就可以制订引起消费者兴趣的各种营销战略。

2. 信息收集

一位被唤起需求的消费者可能会去寻求更多的信息。消费者收集信息的层次分为两种：一是适度的收集状态；另一种是积极的收集状态。

适度的收集状态，称为加强注意。在这种状态下，一个人对一个产品的信息变得更加关心。

下一步，这个人可能会进入积极收集信息状态。在这种状态下，他会寻找阅读材料，与朋友电话联系和进行其他活动来收集产品信息。营销者最感兴趣的是消费者需要的各种主要信息来源，以及每种信息对今后的购买决策的相对影响。消费者信息来源可分为 4 种。

(1) 个人来源：家庭、朋友、邻居、熟人。

(2) 商业来源：广告、推销员、经销商、包装、展览。

(3) 公共来源：大众传播媒体、消费者评审组织。

(4) 经验来源：处理、检查和使用产品。

以上这些信息来源的相对影响随着产品的类别和购买者特征而变化。一般说来，就某一产品而言，消费者最多的信息来源是商业来源，即营销者所控制的来源。另一方面，最有效的信息展现来自个人。每一个信息来源对于购买决策的影响会起到不同的作用。商业来源一般起到通知的作用，个人信息来源起着对做出购买决定是否合理或评价的作用。

通过收集信息，消费者熟悉了市场上的一些竞争者品牌和特征。当消费者收集了这类品牌的大量信息之后，只有少数品牌被作为重点选择。消费者根据自己经历的决策评价过程，从选择组中做出最后决策。

3. 对可供选择方案的评价

消费者怎样在选择品牌组内众多可供选择的品牌中加以选择，并做出最后的价值判断？至今还没有一种能为所有消费者或只是一个消费者在各种购买情况下可使用的简明单一的信息评价程序。目前最常用的是认识导向，即营销者认为消费者对产品的判断大都建立在自觉的和理性的基础之上。消费者的评价一般涉及 3 个方面。

(1) 产品属性。指产品所具有的能够满足消费者需要的特性。一些消费者感兴趣的属性分类如下。

照相机：照片清晰度，摄影速度，相机大小，价格。

旅馆：位置，清洁度，气氛，费用。

漱口剂：颜色，效力，杀菌能力，价格，味道。

轮胎：安全，耐磨寿命，行驶质量，价格。

消费者将根据其关联或特征来区别这些产品的属性。他们会密切注意与其需要相关的产品属性。产品市场常常可根据各不相同的消费者群所感兴趣的属性来进行细分。

(2) 品牌信念。品牌建立在各自的属性之上，消费者据此会发展出一组品牌信念(Brand Beliefs)。消费者对某一品牌所具有的一组信念称为品牌形象(Brand Image)，品牌形象由于个人经验和选择性注意、选择性曲解和选择性保留的影响，有可能与产品的真实属性不一致。

(3) 效用要求。大多数购买者会考虑几个属性，但对这些属性却做出重要性不同的权数。假设一个消费者想要购买一台电脑，他面临 4 种选择，再假定他对电脑的 4 种主要属性感兴趣，即储存能力、图像显示能力、大小与重量和价格。表 5 - 2 显示了他根据这 4 种属性对每一品牌如何进行打分的信念。如果他最看重的是储存能力，他会选择 A 品牌；如果他想要最好的图像显示能力，他就会选择 B 品牌；等等。

表 5 - 2　电脑品牌比较

电　脑	储存能力	图像显示能力	大小与重量	价　格
A	10	8	6	4
B	8	9	8	3
C	6	8	10	5
D	4	3	7	8

大多数购买者在做出购买决策时会考虑几个属性。如果知道一个消费者分配给 4 种属性的重要性权数，就可以更可靠地进行预测。假定他对电脑储存能力确定的重要性是 40%，图像显示能力是 30%，大小与重量是 20%，价格是 10%。由此可以得出以下认识值。

计算机 A=0.4(10)+0.3(8)+0.2(6)+0.1(4)=8.0

计算机 B=0.4(8)+0.3(9)+0.2(8)+0.1(3)=7.8

计算机 C=0.4(6)+0.3(8)+0.2(10)+0.1(5)=7.3

计算机 D=0.4(4)+0.3(3)+0.2(7)+0.1(8)=4.7

经过权数分析认知价值最高者为 8.0，可以推测消费者将喜欢 A 品牌计算机。

相应而言，计算机生产厂商可以采用如下战略。

① 改进现有计算机，这个技术称为实际再定位。

② 改变品牌信念。

③ 改变竞争对手品牌的信念。

④ 改变重要性权数。

⑤ 唤起对被忽视属性的注意。

⑥ 改变购买者的理想品牌。

4. 购买决策

在评价阶段，消费者会在选择组的各种品牌之间形成一种偏好。然而，在购买意图与购买决策之间，有两种因素会相互作用(如图 5.4 所示)。

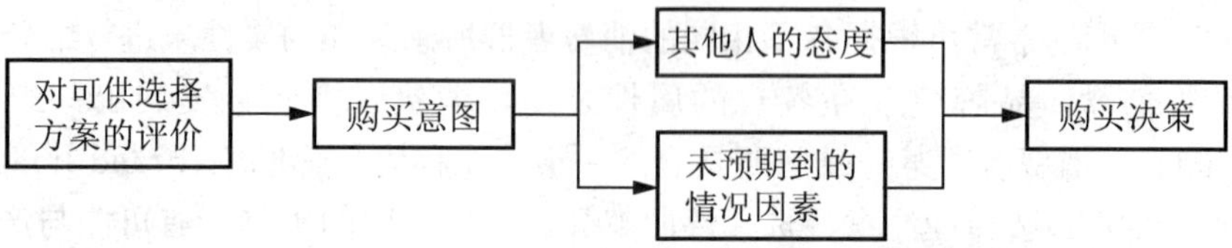

图 5.4　供选择方案的评价和购买决策之间的步骤

第一个因素是其他人的态度。另一些人的态度会影响一个人所喜爱的选择，其程度取决于两件事：一是其他人对购买者所喜好的品牌持否定态度的强烈程度；二是购买者对遵从其他人的愿望和动机。

信息媒体起着公开各种观点和评论的作用。消费者毫无疑问地会受到这些形形色色的评价的影响。

第二个因素是未预期到的情况因素的影响。某些突发事件可能会改变消费者的购买意图。

消费者修正、推迟或者回避做出某一购买决定还受到可认知风险的重大影响。可觉察风险的大小随着冒这一风险所支付的货币数量、不确定属性的比例以及消费者的自信程度而变化。营销者必须了解引起消费者风险感觉的这些因素，为他们提供信息及帮助以减少那些可觉察的风险。

决定实施某项购买意图的消费者会做出 5 种购买子决策：品牌决策、卖主决策、数量决策、时间决策和支付方式决策。

5. 购后行为

消费者在购买产品之后会体验某种程度的满意感和不满意感。在产品被购买以后，营销者的工作并没有结束。营销者必须监视购买满意、购后行动、购后产品的使用和处置。

1）购买满意

决定购买者对一项采购感到满意或不满意的因素是什么呢？购买者的满意感是其产品期望和该产品可认知绩效之间的函数。如果产品不符合期望，购买者就会失望；如果产品符合期望，购买者就会满意；如果超过期望，购买者就会感到欣喜。这些感觉在顾客是否再次购买产品时存在不同的效果，并且他们会把对该产品的好恶态度告诉他人。

消费者根据自己从卖主、朋友以及其他信息来源所获得的信息来形成他们的期望。实际绩效与期望的差距越大，消费者的不满意感也就越大。这时，消费者的反应方式就会起作用。当产品不完善时，有些消费者就会扩大这种差距，他们就对该产品表示极大的不满，而另外一些消费者则会缩小这种差距，对该产品表示较少的不满。给予营销者的启示是，卖主应使其产品真正体现产品绩效的要求。有些卖主可能夸大地宣传绩效水平，结果使消费者对其产品有了更高的期望。

2）购后行动

消费者对产品的满意或不满意感会影响以后的购买行为。如果他们对产品满意，则会在下一次的购买中将极可能继续购买该产品。具有满意感的顾客会向其他人说该产品的好话，正如营销者所说的那样："满意的顾客就是我们的广告。"

有不满意感的顾客可以放弃或退货，以寻求确定产品的高价值的信息。他们可以采取公开行动包括向公司发出抱怨，提出投诉，或者干脆停止购买该产品或告诫朋友。在所有这些场合中，卖主都会因为满足消费者的工作没有做好而有所损失。

对购买者来说，购后沟通可以减少退货和撤销订单的现象。另外，他们还可以为顾客的投诉提供良好的渠道。

3）购后产品的使用和处置

营销者还应观察购买者是怎样使用和处置该产品的。如果消费者将产品搁在一边几乎不用，那它就是一种不会令人满意的产品，消费者对产品的口头传播也就不会强烈。如果消费者将该产品出售或交换，那么就会阻碍公司新产品的销售。如果消费者发现了一个产品的新用途，营销者就应该用广告来宣传这种用途。如果消费者要丢掉产品，营销者应了解他们是怎样丢弃它的，特别是会造成环境污染的产品。

应用案例

向上科技：小桌子闹革命

中国学生近视率全球第二。教育部2002年学生体质健康监测数据显示，中国小学生视力不良率约为27%，初中生视力不良率超过53%，高中生视力不良率为超过72%，大学生的视力不良检出率近78%，其中85%是近视。

面对庞大的近视预防市场，向上科技认为中国学生长时间的学习、坐姿不良是主要原因。为了矫正学生们的坐姿，向上科技将目光瞄准了学生最常用的课桌。

向上科技把平面课桌改成了斜面，从而让学生在阅读的时候，能够保持合理的视距；为了缓解长时间学习双臂悬空带来的疲劳，向上科技在桌面上加上了托肘板；凹进的桌面还能强迫孩子们在读书的时候直起腰来。向上科技认为这种全新的课桌能够预防近视驼背，并提高学习效率。

尽管这些都只是很小的改良，但是2001年这种全新概念的课桌——"学习桌"推出后，很快就受到了家长们的欢迎。

针对学习桌没有现成的渠道，向上科技开拓了"专卖店＋重点终端"铺货的渠道方案；针对学习桌产品差异化显著的特点，向上科技推出了"试坐"等促销方案，只用了很低的成本，就快速启动了市场……向上科技一系列的营销创新，快速催生了全新的学习桌行业。现在各地学习桌品牌多达几十个，尽管跟风者众多，但向上科技却能凭借不断推陈出新的产品，牢牢占据学习桌行业第一品牌。

向上科技还将学习桌的成功经验嫁接到了新领域。注意到很多购买电脑的家庭有小孩；而且电脑用户上网娱乐的时间越来越长，电脑桌的健康需求亟待满足，向上科技推出了能够缓解疲劳、保护视力的"健康"电脑桌。又一个全新的市场，出现在人们面前。

思考题：

1. 向上科技是如何开发新产品的？
2. 结合案例谈谈研究消费者市场的重要性。

点评：课桌是极其普通的产品，然而向上科技通过满足消费者的健康需求，开拓了一个全新的市场——尽管这些改动并不大。传统电脑桌的功能只是满足电脑摆放的要求，但向上科技却敏锐地发现了“摆放”背后的健康需求。向上科技入选，是因为它对消费者需求的深刻理解和杰出的营销创新能力。

本章小结

消费者市场是个人或家庭为了生活消费而购买产品和服务的市场，具有与组织市场显著不同的特点。影响消费者购买行为的因素主要有文化因素、社会因素、个人因素和心理因素。根据消费者购买产品参与程度和同类产品品牌差异大小，消费者的购买行为可分为复杂的购买行为、减少失调的购买行为、习惯性的购买行为和寻求多样化的购买行为4种类型。

消费者决策的一般过程可分为问题认识、信息收集、对可供选择方案的评价、购买决策和购后行为5个阶段。营销人员的任务是了解消费者在购买决策不同阶段的行为特点，制定有效的市场营销策略，促进购买和提高消费者的购后满意度。

习　题

一、单选题

1.（　　）是人类欲望行为最基本的决定因素。

A. 文化　　B. 性格　　C. 国家　　D. 社会

2. 消费者的购买单位是个人或（　　）。

A. 集体　　B. 家庭　　C. 社会　　D. 单位

3. 大多数消费者只能根据个人好恶和（　　）做出购买决策。

A. 智慧　　B. 经验　　C. 感觉　　D. 能力

4. 某种相关群体的有影响力的任务称为（　　）。

A.“意见领袖”　　B.“道德领袖”　　C.“精神领袖”　　D.“经济领导者”

5. 一个人的（　　）影响着消费需求和对市场营销因素的反应。

A. 能力　　B. 个性　　C. 联系　　D. 精神

6. 不同生活方式（　　）对产品和品牌有不同的需求。

A. 群体　　B. 社会　　C. 模型　　D. 艺术

7. 马斯洛认为需要按其重要程度分，最低层次需要是指（　　）。

A. 生理需要　　B. 社会需要　　C. 尊重需要　　D. 安全需要

8.（　　）在人格诸领域中最后形成，反映社会的各项准则，由理想、道德、良心组成。

A. 本我　　B. 超我　　C. 自我　　D. 含我

9.（　　）指存在于人体内驱使人们产生行为的内在刺激力，即内在需要。

A. 刺激物　　B. 诱因　　C. 反应　　D. 驱使力

10. 消费者购买过程是消费者购买动机转化为（　　）的过程。

A. 购买心理　　B. 购买意志　　C. 购买行动　　D. 购买意向

11. 体育明星和电影明星是其崇拜者的（　　）。

A. 成员群体　　B. 直接参照群体　　C. 厌恶群体　　D. 向往群体

12. 下列哪个因素不是影响消费者购买行为的主要因素？（　　）

A. 文化因素　　B. 社会因素　　C. 自然因素　　D. 个人因素

13. 对于减少失调的购买行为，营销者要提供完善的(　　)，通过各种途径提供有利于本企业和产品的信息，使顾客确信自己购买决定的正确性。

A. 售前服务　　B. 售后服务　　C. 售中服务　　D. 无偿服务

14. 在复杂的购买行为中，消费者购买决策过程的第三个阶段是(　　)。

A. 确认　　B. 收集信息　　C. 备选产品评估　　D. 决定购买

15. 有些产品品牌差异明显，但消费者不愿花长时间来选择和估价，而是不断交换所购产品的品牌，这种购买行为称为(　　)。

A. 习惯性的购买行为　　B. 多样性的购买行为

C. 减少失调感的购买行为　　D. 复杂的购买行为

二、多选题

1. 消费者市场的主要特点有(　　)。

A. 广泛性　　B. 分散性　　C. 复杂性

D. 易变性　　E. 发展性

2. 一个国家的文化包括的亚文化群主要有(　　)。

A. 语言亚文化群　　B. 宗教亚文化群　　C. 民族亚文化群

D. 种族亚文化群　　E. 地理亚文化群

3. 消费者对产品的评价主要涵盖(　　)。

A. 产品属性　　B. 属性权重　　C. 品牌信念

D. 效用要求　　E. 评价模型

4. 弗洛伊德的无意识动机理论建立在(　　)等体系的基础之上。

A. 本我　　B. 忘我　　C. 自我

D. 超我　　E. 有我

5. 人们对刺激物产生的知觉有(　　)等几种层次的理解。

A. 选择性注意　　B. 选择性扭曲　　C. 选择性保留

D. 选择性淘汰　　E. 选择性理解

8. 对于寻求多样化的购买行为，市场领导者力图通过(　　)等方式鼓励消费者形成习惯性购买行为。

A. 占有货架　　B. 避免脱销　　C. 降价

D. 提醒购买的广告　　E. 折扣

9. 同一社会阶层的成员具有类似的(　　)。

A. 收入　　B. 个性　　C. 价值观

D. 兴趣　　E. 行为

三、判断题

1. 一般而言，人类的需要由低层次向高层次发展。　　(　　)

2. 家人、亲属、朋友和伙伴等是最典型的、主要的非正式群体。　　(　　)

3. 随着科学技术的不断发展，市场供应日益丰富，企业竞争日趋激烈，消费者的选择性增多，消费风潮的变化加快，流行周期加长。　　(　　)

4. 人们倾向于保留那些与其态度和信念相符的信息。　　(　　)

5. 消费品尽管种类繁多，但不同品种甚至不同品牌之间不能相互替代。　　(　　)

6. 研究消费者购买行为的理论中最有代表性的是刺激—反应模式。　　(　　)

7. 不同亚文化群的消费者有相同的生活方式。 （ ）
8. 消费者市场的“易变性”说明变化的必然性和长期趋势。 （ ）
9. 消费者通常会买那些与否定群体有关的产品。 （ ）
10. 家庭不同成员对购买决策的影响往往由家庭特点决定。 （ ）
11. 归属于不同生活方式群体的人，对产品和品牌有着相同的需求。 （ ）
12. 消费者的需求与动机成正比，即需要越强烈，动机也越强烈。 （ ）
13. 通常，保龄球馆不会向节俭者群体推广保龄球运动。 （ ）
14. 环保产品的目标市场是自我意识强的消费者。 （ ）
15. 自我实现的需要是赫茨伯格双因素理论的最高需求层次。 （ ）
16. 顾客的信念并不决定企业和产品在顾客心目中的形象，也不决定他的购买行为。 （ ）
17. 通常企业并不试图去改变消费者对其产品、服务的态度，而是使自己的产品、服务和营销策略符合消费者的既有态度。 （ ）
18. 消费者复杂性购买行为是指消费者购买时介入程度低且没法弄清品牌之间差异的购买行为。 （ ）
19. 在价格不变条件下，一个产品有更多的性能会吸引更多的顾客购买。 （ ）
20. 消费者对其购买产品满意与否直接决定着以后的购买行为。 （ ）

四、简答题

1. 消费者购买决策过程的主要阶段是什么？
2. 简答相关群体对消费行为的影响。
3. 简述赫兹伯格的双因素理论。
4. 简述社会阶层的特点。

五、论述题

1. 试述习惯性购买行为的主要营销策略。
2. 试述在消费者购买决策过程的信息收集阶段，企业需要做哪些方面的营销工作？

第6章

组织市场和购买行为分析

教学目标

掌握组织市场、生产者市场、中间商市场、非营利组织市场和政府市场的一般概念；掌握生产者市场、中间商市场、非营利组织市场和政府市场的特点；深入理解生产者市场、中间商市场、非营利组织市场和政府市场购买决策的影响因素。

教学要求

知识要点	能力要求	相关知识
组织市场的类型与特点	(1) 准确理解各类组织市场的概念 (2) 了解各类组织市场类型	(1) 生产者市场 (2) 中间商市场 (3) 非营利组织市场和政府市场
组织市场购买的影响因素	(1) 了解各类组织市场购买模式 (2) 理解购买的影响因素	(1) 生产者市场购买模式和影响因素 (2) 中间商市场购买模式和影响因素 (3) 非营利组织市场和政府市场购买模式和影响因素

基本概念

组织市场；生产者组织；中间商组织；非营利组织；政府组织

■引　例

请关注企业在销售过程中的以下现象。

(1) 企业、政府部门、社会团体等各类组织都会发生大量的购买行为，成为企业产品销售的重要组成部分。

(2) 有些企业的产品是某种原材料、生产设备或办公设备，购买者是有关企业、政府部门和社会团体。

(3) 有些企业虽然生产最终消费品，但是并不直接卖给消费者，而是经由商业部门转卖出去，其产品的直接购买者是商业部门。

(4) 有些企业的产品既可以作为消费品为消费者所购买，又可以作为组织用品为各类组织所购买。

引例点评：组织市场的购买者是企业重要的营销对象，企业应充分了解他们的特点和购买行为，为制定正确的营销策略提供依据。

本章将对生产者市场、中间商市场、非营利组织市场和政府市场做出详细的介绍。

6.1　组织市场的类型与特点

6.1.1　组织市场的一般概念

消费者市场是产品的最终市场，几乎一切企业都要研究消费者的需要。但是，对大多数生产企业来说，并不能直接把产品卖给消费者，而必须先卖给组织采购者，然后再由他们提供给消费市场。在某些方面，向组织采购者出售产品与向消费者出售产品面临类似的问题，都要回答：“谁是购买者?”“他们需要什么?”“他们怎样做决策?”等。但对这些问题的答案却有所不同。因此，向组织市场出售产品或劳务的企业将面临新的挑战，它需要了解组织采购者复杂的采购动机和决策过程，研究组织采购者行为的特点和影响他们决策的因素，并找到行之有效的营销战略和战术。

组织市场(Organizational Market)包括什么呢？概括地说，组织市场由那些采购产品或劳务的正式组织构成，这些组织包括：生产企业、中间商和政府机构。

组织市场是一非常庞大的市场，比消费者市场规模大得多，以生产和销售一双简单的皮鞋为例，说明产品在组织间的交易过程：皮革商将兽皮卖给制革商；制革商把鞣好的皮革卖给制鞋商；最后由制鞋商将鞋卖给批发商；批发商再将鞋卖给零售商；最后由零售商将鞋卖给消费者。同时，在这一交易过程的每一环节还需要购买许多其他产品和劳务。一双皮鞋在卖给消费者之前，已经在组织市场上发生了几倍于它价值的交易额。组织市场的规模由此可见一斑。

6.1.2　组织市场的类型

组织市场包括以下 3 种类型。

(1) 产业市场(Industrial Market)。产业市场亦称“生产者市场”，由所有这样的个体和组织构成：它们采购货物和劳务的目的是为了加工生产其他产品或劳务，供出售或出租以从中营利。在美国，产业市场由大约1400万个组织构成，每年购买的货物和劳务超过3万亿美元。因此，产业市场是最庞大和多样化的组织市场。

(2) 中间商市场(Reseller Market)。中间商市场亦称“转卖者市场”，由所有以营利为目的从事转卖或租赁业务的个体和组织构成。中间商包括批发商和零售商两个部分。在美国，中间商市场约有39.6万家批发商和192万家零售商，它们的年销售总额约为2万亿美元。由于中间商采购目的是为了转售，所以他们为其顾客充当了采购代理人。在较发达的商品经济条件下，大多数商品都是由中间商经营的，只有少数商品由生产者直接卖给消费者。

(3) 政府市场(Government Market)。政府市场由需要采购货物和劳务的各级政府机构构成，它们采购的目的是为了执行政府机构的职能。1987年，美国的政府机构购买了价值8920亿美元的产品和劳务，其中，联邦政府的购买额占政府总购买额的41%，是最大的政府采购者。政府采购的产品和劳务门类广泛，从炸弹、雕塑、黑板、家具到服装、汽车、燃料，五花八门应有尽有。对任何一个制造商或中间商来说，政府机构都意味着一个巨大的市场。在西方国家，政府采购者的行为与一般民间采购者有所不同，因此，需要对政府市场作专门的研究。

6.1.3 组织市场的特点

在某种意义上，组织市场同消费者市场具有相似性，二者都由人充当购买者并做出决策。但是它们又有很大区别，组织市场有一些不同于消费者市场的特点，主要在于市场结构和需求特性、购买者的成分，以及购买者决策的类型和决策过程等方面。

1. 市场结构和需求特性

组织市场在其结构和需求方面主要有以下特点。

(1) 组织市场通常比消费者市场的购买者数量少得多，而购买规模却大得多。例如，美国通用发动机公司在消费者市场上，面对着超过1亿人的小汽车所有者，而在组织市场上，它只要从少数几家大汽车公司获得一份订单就足够了。

(2) 组织市场在地理位置上更为集中。在西方国家由于竞争导致生产分布上的集中。例如，美国制造业用户的大约一半以下都集中在纽约、加利福尼亚等几个州。尤其是钢铁、橡胶、石油、汽车等行业更为集中。

(3) 组织市场的需求具有派生性，即最终取决于消费者市场的需求。例如，汽车公司采购钢材是因为消费者需要汽车。如果消费者市场对汽车的需求下降，那么，汽车公司对钢材和其他用于制造汽车产品的需求也将下降。

(4) 组织市场的许多需求缺乏弹性。这就是说，组织市场的需求一般不受价格变动的影响，特别是在短时期内。例如，皮革价格下降并不会导致制鞋商购买较多的皮革，除非皮鞋价格受皮革价格的影响也下降，从而引起消费者需求增加。

(5) 组织市场的需求有较明显的波动性。因为组织市场的需求是一种派生的需求，所以消费者市场需求的小量波动，会导致组织市场需求的巨大波动，如有时消费者市场需求只有10%的升降，却可能使组织市场的需求升降200%。

2. 购买者的成分

与消费者市场相比，组织市场的购买者涉及的人较多，并多为受过专门训练的内行专业人员。涉及复杂重要的购买决策时，还会有更多的人直至公司最高主管参与决策。这就意味着，在组织市场上必须由同样受过良好训练的推销人员，来与买方的专业人员洽谈生意。

3. 购买者决策的类型和决策过程

组织市场购买者的决策，通常比消费者的决策更复杂，涉及更大数额的款项、更复杂的技术和经济问题。因此，往往需要花费更多的时间反复论证，如为了购买一个大型计算机系统可能需用数月甚至一年时间来选择较好的机型。

组织购买者的决策行为也远比消费者更规范。组织大规模的购买通常要求详细的产品规格，写成文字的购买清单，对供应者的认真的调查，以及正式的审批程序。

4. 买方和卖方的关系

在组织市场上，买卖双方往往倾向于建立长期业务关系，相互依托。在购买者决策过程的各阶段，从帮助客户确定需求，寻找能满足这些需求的产品和劳务，直到售后服务，买方要始终参与并同客户密切合作。甚至还要经常性地按客户要求的品种、规格定期提供产品和劳务。从长期看，组织市场上的营销者要通过为客户提供可靠的服务及预测他们眼前和未来的需要，来与客户建立持久的关系，从而保持自身的销售额。

5. 其他特点

除以上几点外，组织市场还包括以下特点。

(1) 直接销售。组织市场的购买者通常直接向生产者购买，而不经过经销商。特别是那些技术复杂，价格高昂的产品，或需要按特定规格制造的产品。

(2) 互惠贸易。即购买者和供应者互相购买对方的产品，互相给予优惠。如造纸厂买化工厂的化工原料，化工厂买造纸厂的纸张，这样便可建立固定的产销关系，使彼此的销路都有保障。但美国法律规定，这种互惠购买只能在符合竞争原则、双方真正自愿的前提下实行。

(3) 租赁业务。产业用户常通过租赁形式取得某些产业用品的使用权，一般适于价值较高的机器设备、交通工具等。由于要节约资金，同时也由于技术更新加快，第二次世界大战后西方国家租赁业务发展很快，这对促进生产发展和技术进步，有很大好处。近年来，租赁业务在我国的产业市场上也正在兴起，租赁形式主要有回租、服务性租赁、金融性租赁等。

6.1.4 组织采购者行为的模式

组织市场的营销者为了更好地开展业务，必须了解用户采购者行为的特点。这里是一个简单的组织者行为的模式，表明了他们对各种环境刺激的反应。环境因素可分为营销刺激和其他刺激两部分：营销刺激包括产品、定价分销和促销；其他刺激因素则主要是经济、技术、政治、文化和竞争等环境因素。所有这些刺激因素被输入准备采购的组织，然后转化为采购者行为：选择产品或劳务，选择供应商，确定采购数量以及交货条件和时间、服务条款和付款方式等。

为了制定有效的市场营销策略，营销人员还必须了解，在外部刺激转化为采购决策的过程中，用户的采购组织里是怎样活动的。

在用户采购组织内，主要包括两部分：采购中心(由所有参与购买决策的人组成)和采购决策过程。采购中心和采购决策过程除受组织内各部门之间关系、采购中心人际关系和参与决策的各人特性的影响外，还要受外部环境因素的影响，采购决策就是在这些影响下形成的。

6.2　生产者市场和购买行为分析

6.2.1　生产者市场的一般概念

生产者市场由所有这样的个体和组织构成：它们采购货币或劳务的目的是加工生产其他产品供出售或出租，以从中盈利。换言之，这个市场购买者的目的是通过加工来盈利，而不是为了个人消费。

特别提示

生产者市场主要由以下产业构成：农、林、渔、牧业；采矿业；制造业；建筑业；运输业；通信业；公用事业；银行、金融、保险业；服务业。所有这些产业对生产用品的需求，都属于生产者市场。以生产者市场为服务目标的企业，必须深入研究这个市场的特点，并分析其购买者行为，从而才能取得营销的成功。

6.2.2　生产者市场购买者业务的主要类型

1. 直接的重购

用户按既定方案不作任何修订直接进行的采购业务。这是一种重复性的采购活动，供应者、购买对象、购买方式等都不变，按一定程序办理即可，基本上不用作新的决策。

2. 修订的重购

产业用户为了更好地完成采购任务，修订采购方案，改变产品的规格、型号、价格等条件，或寻求更合适的供应者。

3. 新购

产业用户第一次对某种产品或劳务的采购，这是最复杂的采购业务。

这 3 类采购业务的决策，以直接重购最简单，新购最复杂。新购的决策必须包括以下全部内容：产品规格、价格幅度、交货条件和交货时间、服务条款、付款方式、订购数量、可考虑的供应者名单及选定的供应者等。

6.2.3 生产者市场的主要特点

生产者市场同消费者市场相比，具有一定的相似性，二者都是由人做出购买决策并担当购买者。但它们又有很大差别，生产者市场有一些自己独有的特点，主要表现在市场结构和需求特性、购买者成分、买卖双方的关系和经营方式等方面。此外，产业市场的购买者行为也呈现不同特点。

(1) 购买者的数量少而购买规模大。例如，美国固特异(轮胎)公司在消费者市场上面对1亿以上的汽车所有者，而在产业市场上它只要从少数几家大公司如通用、福特等公司获得一份订单，就足以维持生存和发展。又如，我国瓦房店轴承厂(最大轴承厂之一)供给长春第一汽车制造厂一家的产品，就占其全部产品的10%左右。因此，产业市场上的营销者要处理好与客户特别是大客户的关系，有时两三家客户的去留就能决定一个企业的命运。

(2) 地理位置集中。商品经济的发展，必然在竞争中导致生产分布上的集中。例如，美国制造业大约一半以上集中于纽约、加利福尼亚等几个州，特别是钢铁、橡胶、石油、汽车等行业更加集中；我国现代化大工业多分布于东北、华北和东南沿海一带。生产的集中又必然导致市场的集中，这是商品经济发展的一种必然趋势。

(3) 需求具有派生性。所谓派生性(或引申性)需求，即产业市场需求是由消费者市场需求派生出来的。例如，制鞋公司采购皮革是由于消费者需要皮鞋，如果消费者市场对皮鞋的需求增加，产业市场对皮革及其他有关材料的需求也会相应地增长。

派生性需求这一特点，要求产业市场的营销者不但要了解直接服务对象的需求情况，而且还要了解自己的产品最终市场(消费者市场)的需求动向；同时，营销者还可通过刺激最终市场的需求来扩大自己的销路。例如，生产太空棉的厂家，不但要了解直接客户——服装公司的需求，而且要了解消费者对太空棉服装的需求动向，并且可通过广告宣传刺激消费者需求，从而间接达到扩大太空棉销售的目的。

(4) 需求具有显著的波动性。由于产业市场需求是一种派生性需求，是由消费者市场需求引申出来的，所以消费者市场需求的小量波动会引起产业市场的巨大波动。有时消费者市场需求量只有10%的上升或下降，会导致下期产业市场200%的升降，最后还可能导致整个社会经济的繁荣或衰退。

(5) 需求缺乏弹性。产业市场的需求对价格不甚敏感，一般不受市场价格变动的影响，特别是短期需求。因为生产者的需求不可能像消费者那样随价格的变动而任意改变投向，生产工艺、原材料的配方在短期内是难以改变的。例如，建筑业不能因水泥涨价而减少用量，也不能因塑料降价就立刻用塑料代替钢材。此外，在总成本中占比重很小的零配件，其需求的价格弹性更小，如鞋眼、鞋钉涨价对制成品皮鞋的成本影响微乎其微，因而不会影响其需求量。

(6) 购买者专业化。产业市场的购买者涉及的人员较多，并且多是由受过专门训练的专业人员承担采购任务，复杂重要的采购项目还会涉及更多的人员，甚至企业最高主管参与决策。这就意味着，产业市场上的营销者必须选派受过良好训练的专业推销人员，来与买方的专业人员洽谈生意。

(7) 购买者决策过程复杂。产业用户的购买行为是以营利为目的，均属理性行为，基本上没有冲动性的购买。其决策过程比消费者决策要复杂得多，要涉及许多复杂的技术问题和经济问题，往往需要花费很多时间反复论证。如果是购买大型复杂设备，可能需要几个月甚至一两年的时间来选择和决策。

产业用户的决策过程也远比消费者规范，大规模的采购通常要求编写购物清单，注明详细的产品规格型号，对供应者认真调查比较，以及正式的申报和审批程序等。

(8) 买方和卖方保持长期业务关系。产业市场上买卖双方倾向于建立长期业务关系，相互依托。卖方在客户购买决策过程的各个阶段，往往要参与合作，帮助客户寻找能满足其需要的产品和劳务，甚至按客户要求的品种、规格和时间，定期向客户供货，并提供售后服务。产业市场的营销者通过有效的服务，与客户保持长期业务关系，从而保持自己产品的市场占有率。

6.2.4　生产者市场购买采购决策的参与者

(1) 使用者。所有采购物品的实际使用者。通常采购某种物品的要求是由他们首先提出来的，他们在规格型号的决定上起直接作用。

(2) 影响者。企业内外直接或间接影响采购决策的人，其中技术人员是特别重要的影响者。

(3) 采购者。具体执行采购任务的人员，他们负责选择供应者并与之谈判签约。在比较重要的采购工作中，通常还有企业的高层管理人员参加。

(4) 决策者。企业里有权决定采购项目和供应者的人。在日常的采购中，采购者就是决策者；在复杂的采购中，决策者通常是企业的主管。

(5) 控制者。可控制信息流向的人员，他们可控制外界与采购有关的信息流入企业。例如，采购代理往往有权阻止供应商的推销人员与使用者或决策者见面。

6.2.5　影响生产者市场购买者采购决策的主要因素

在正常情况下，影响生产者市场用户采购决策的主要因素，可归纳为以下 4 大类(如图 6.1 所示)：环境因素、组织因素、人际因素和个人因素。

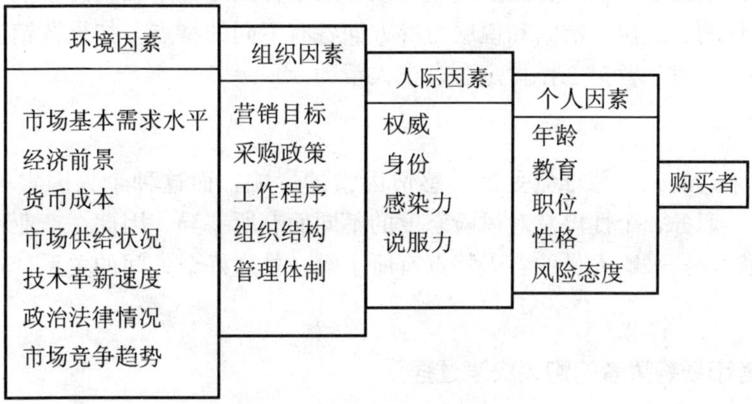

图 6.1　影响采购的决策因素

1. 环境因素

市场环境和经济前景对产业的发展影响甚大，从而也必然影响到产业用户的采购计划。例如，当经济前景不佳，风险较大时，产业用户必然要缩减投资，减少采购，这时供应者只有减价到一定程度，才能有足够的刺激，使用户愿意购买并承担一定风险。

原料的供给状况是否紧张，也是影响产业用户采购的一个重要的环境因素。一般企业都愿购买并储存较多的紧缺物资，因为保证供应不断是采购部门的主要职责。此外，技术、政法、竞争等环境因素的变化，也都会影响产业市场的采购，营销者应密切注意，设法将问题转化成机会。

2. 组织因素

每个产业用户的采购部门的组织，都各有其目标、政策、作业程序、组织结构和制度，产业市场营销者应尽力了解各种采购组织，细心搜集和累积有关资料。近年来在美国有以下 5 种趋势。

(1) 采购部门升级。采购部门在组织结构中过去属于低层次的部门，近年来由于采购工作的重要性增加，有许多公司不断提高采购部门的地位，有些大公司甚至将采购负责人提到副总裁的地位。

(2) 集中采购。有许多大公司为了降低成本把原来各部门分散进行采购，集中起来统一进行。对供应者来说，这意味着将面对人数较少而职位较高的采购者，肯定比原来的分散采购要复杂得多。

(3) 长期合同。许多产业用户愿同所信任的供应者签订长期合同，双方通过电传联系，订单直接打入计算机。

(4) 评估和奖励采购工作。许多公司对采购工作实行奖励，促使采购人员致力于寻求对公司最有利的供应条件，这就给营销者增加了压力。

(5) 准时生产系统。准时生产系统的出现已极大地影响了生产企业的采购政策，即由于供货准时几乎不需要库存。

3. 人际因素

产业用户的采购工作往往受到正式组织以外的各种人际关系因素的影响，采购中心的各个参与者在权利、地位、情绪和说服力等方面各有不同的特点，如果营销者能充分了解用户的各种特点，对于营销工作肯定会有很大帮助。

4. 个人因素

每个参与采购的人，总难免受个人感情因素的影响，而这种个人因素又因个人的年龄、教育水平、职务、个性以及对风险态度的不同而有所差异。因此，产业市场营销者必须对他们的顾客——采购人员的各人特点有所了解，处理好个人间的关系，这将有助于营销业务的开展。

6.2.6 生产者市场购买者的购买决策过程

产业购买者购买过程的阶段多少，取决于产业购买者购买情况的复杂程度，见表 6－1。

表 6-1　产业用户采购过程的阶段

购买阶段 \ 购买类型	新　购	修订的重购	直接的重购
提出需要	需要	可能需要	不必
确定总体需要	需要	可能需要	不必
评述产品规格	需要	需要	需要
查询供应者	需要	可能需要	不必
征求供应信息	需要	可能需要	不必
选择供应者	需要	可能需要	不必
发出正式订单	需要	可能需要	不必
评估履约情况	需要	需要	需要

6.3　中间商市场和购买行为分析

6.3.1　中间商市场的一般概念

中间商市场，亦称转卖者市场。它是由所有以营利为目的从事转卖或租赁业务的个体和组织构成，包括批发商和零售商两部分，由于中间商采购商品是为了转卖，所以他们实质上是其顾客的采购代理，在较发达的商品经济的条件下，市场上大多数商品都是由中间商经营的，只有少数商品是生产者直接销售的。

中间商在地理分布上比生产者分散，比消费者集中。产业市场的特点大部分对中间商市场也适用，二者都属于组织市场，有许多相似之处。

中间商购买行为同产业购买者行为也有许多相似之处，如中间商的采购决策也有若干人参与；其决策过程也是从提出需要开始，以决定向谁进货告终；购买者行为同样受环境、组织等因素的影响，但中间商的采购业务和采购决策还有其特点。

6.3.2　中间商采购业务的类型

中间商的采购业务一般有 3 种类型，各具特点。

1. 新品种的购买

这与前述生产者的新购不同，生产者对某种新产品如有需要，非买不可，只能选择供应者；而中间商对某种新产品则可根据其销路好坏，决定是否购进。

2. 选择最佳供应者

中间商需要经营的产品确定后，更经常要考虑的是选择最佳的供应者，即向谁进货。这种情况发生在：①中间商限于条件，不能经营所有供应者的产品，而只能从中选择一部分；②中间商准备用自己的品牌推销商品，正在寻找有一定水平又愿合作的供应者，如美国大零售商西尔斯公司和A&P公司经营的商品，绝大部分是用自己的品牌，它们采购工作的主要问题就是选择合作者。

3. 寻求较好的供应条件

有些中间商不需要更换供应者，但希望从原有的供应者获得更有利的供货条件。例如，更多的服务、较合适的信贷条件、较大的价格折扣等。

不同类型的采购业务，其决策的复杂程度不同，营销者只有了解自己客户的采购业务的类型和采购决策的主要内容，有针对性地采取促销措施，才能扩大自己产品的销路。

6.3.3 中间商的主要采购决策

如上所述，中间商是其顾客的采购代理。因此，他们必须按照顾客的需求来制订采购计划。中间商的采购计划包括3个主要决策：①经营范围和商品搭配战略；②选择什么样的供应者；③以什么样的价格和条件采购。

搭配战略是最主要的决策，它决定中间商的市场地位，批发商和零售商可选择的搭配战略有以下4种。

1. 独家产品

只经营一家厂商制造的产品，如专门经营“松下”电视机。

2. 深度搭配

经营各厂家制造的同类产品，如经营“松下”、“日立”、“康佳”、“熊猫”等许多厂商制造的各种型号的电视机。

3. 广泛搭配

经营范围十分广泛，但并没有超越企业既定的类型，例如不仅经营各种牌号的电视机，而且还经营VCD、录像机、组合音响、磁带、唱片等各种音像设备。

4. 混合搭配

经营各种无连带关系的商品，如不仅经营各种音像设备，而且还经营电冰箱、洗衣机、微波炉、吸尘器等。

中间商在采购时特别注重价格谈判，这也是营销者必须予以注意的。尤其是当中间商的经营成本上升或消费者需求突然下降导致边际利润减少时，更注意进货价格。因此，中间商在决定是否采购某种新产品或选择某家供应者时，通常要考虑的主要因素是：商品价格和利润率；商品的独特性和受顾客欢迎的程度；供应者对该产品的市场定位及营销策略；供应者为该产品提供的广告和促销补贴；供应者的声誉或企业形象等。

6.3.4 中间商的采购决策过程及其影响因素

中间商的采购决策过程与产业用户类似，不再赘述。由于科学技术的发展，西方商业企业大量采用电子计算机和电子通信设备来处理采购业务，如控制库存量、计算合理的订购量、处理订单、要求卖方报价等。有些产品还实行无库存式的采购，即采购者利用电子计算机系统向供应者发要货通知，供应者根据要货通知随时供货，中间商特别是零售商不用建立自己的仓库即可随时得到供应，这对加速资金周转和降低经营费用有重要意义。

中间商的采购者同产业用户一样，也要受到环境因素、组织因素、人际因素和个人因素的影响。此外，采购人员的采购组织风格，也要予以考虑。美国有人把中间商的采购者分为如下 7 种类型。

(1) 忠实采购者。这种采购者年复一年地忠实于同一货源，不轻易更换供应者。

(2) 机会采购者。这种采购者善于从备选的几个符合其长期利益和发展前途的供应者中，随时选择最有利的货源，而不固定于任何一个。

(3) 最佳交易采购者。这种采购者专门选择与一定时间内能给予最佳交易条件的供应者成交。

(4) 创造型采购者。这种采购者向供应者提出他所要求的产品、服务和价格，希望以他的条件成交。

(5) 广告型采购者。这种采购者在每一笔交易中都要求供应者补贴广告费。

(6) 吝啬型采购者。这种采购者在交易中总是要求供应者给予价格折扣，并且只同给予最大价格折扣的供应者成交。

(7) 精明干练采购者。这种采购者选择的产品，都是最物美价廉的、品种搭配最好的。

中间商市场的营销者如果了解买方采购者的特点，就可因人制宜，促成交易。

6.3.5　中间商的地位和作用

1. 关于中间商的地位和作用，社会上有一种“中间商衰退论”的说法

这一观点认为，随着科技的进步和社会的发展，生产商和最终消费者的直接交易已成趋势，中间商将逐渐衰亡。其理由有以下几点。

(1) 电子商务被称为“直接经济”，生产厂商和最终消费者可以通过网络直接进行商品交易，使产需更加直接和自由化。电子商务的直接网上交易，使消费者可以直接对商品款式、价格、功能等提出要求。消费者直接参与了生产和流通，减少了市场不确定因素，生产者也更容易掌握市场需求。这一过程的推进，会使传统商业部分职能逐步弱化。

(2) 电子商务全新时空优势，大大突破了传统商业的销售范围和消费群体，也冲破了原定的地理半径和交通条件划界的营销模式。产品订货没有了地点和统一时间的概念，取而代之的是一个网址和客户所希望的任何时间，传统商业克服产需时空矛盾的部分职能被剥夺。

(3) 电子商务的交货链突破了传统商业的“等客上门”模式，在消费者希望的时间、地点把所需商品送到消费者手中。

(4) 生产厂商为了直接了解市场信息，加大推销力度，提供面对面的服务，也为了摆

脱流通企业的控制，纷纷跳过中间商，构筑销售直通道。生产厂商自销的范围和深度都在加大，并且已成趋势，不可逆转。

尽管如此，在整个经济生活中，批发商和零售商的地位仍然不可缺少，他们仍是企业营销中重要的环境因素和分销系统的一个重要环节。这是因为以下几方面原因。

(1) 适合电子商务系统的商品和服务有限，不可能覆盖一切领域。

表6-2表明，无形服务产品的生产过程和消费过程一般是同时进行的，不存在物流过程，这类产品很适合网上销售。对于知识产品和高科技产品而言，一般消费者在购买决策时无需对商品进行尝试和直接观察，即商品的物理外表无关紧要，其内容可以用其品牌来代理，消费者只需在网上了解它们的品牌和内容即可做出购买决策。对于实物产品而言，一般要符合下述条件才能在网上销售，即价格优势、物流方便、超越现有技术要求的感官要求。在上述3类产品之外的大量的市场空间，传统商业大有活动余地。

表6-2　适合电子商务的商品

商品类别	营销方式	实　例
实物商品	网上产品目录浏览和订货，厂方送货上门	消费品(服装、食品)、电脑及设备
数字化商品	提供信息	数据检查、金融信息查询 网上新闻、杂志、研究报告、论文
	销售数字化服务产品	电脑游戏、软件下载、书籍、影视产品下载
联机服务	网上预订服务	航空、音乐会订票、电子彩票、医院挂号、预约
	交互式服务	电脑游戏、法律、医疗咨询

(2) 网络销售的优势在于能够提供网上附加价值，包括有更多的选择品种、价格更便宜、物流更方便等。当消费者无法获得上述附加价值时，他们宁可去百货商场和超市购买商品，去实实在在地挑选、比较、试穿、触摸等，是网上购物所不能取代的。而且，对于不少消费者来说，逛商场也是一种休闲的好方式。

(3) 生产厂商在选择销售渠道时，并非一味选择直销，而是要综合考虑市场因素、产品因素、竞争因素等。当生产厂商在比较诸方面因素时，有时会感到利用中间商更有利。事实上，包括通用机械公司、美孚石油公司、联合利华公司等著名跨国公司主要是依靠中间商来分销其产品的。

2. 对中间商的协调

一般地说，与供应商相比，中间商更为重要。这是因为中间商处在一种十分灵活和可以选择的地位，当一种商品滞销，中间商可以转向另一家生产厂商进货。尤其在供大于求的市场态势下，对于许多生产厂商而言，中间商关系的协调仍是十分紧迫的。

与中间商的协调是一个复杂的系统工程，包括中间商的选择、激励、监督、调整、评价等。这些内容将在以后有关章节详细介绍，这里不再赘述。

6.4 非营利组织市场和购买行为分析

6.4.1 非营利组织市场的含义和构成

20 世纪 80 年代以来，非营利组织在全球范围内得到了迅猛的发展，例如，美国学者莱斯特·萨拉蒙所言："我们正置身于一场全球性的'结社革命'之中。历史将证明，这场革命对 20 世纪后期世界的重要性丝毫不亚于民族国家的兴起对于 19 世纪后期世界的重要性。其结果是，出现了一种全球性的第三部门即数量众多的自我管理的私人组织，他们不是致力于分配利润给股东或董事，而是在正式的国家机关之外追求公共目标"。基于对 41 个国家的分析，萨拉蒙发现非营利组织的平均规模大约是：经济贡献占各国 GDP 的 4.6%，就业人口占非农就业人口的 5%，占服务就业人口的 10%，相当于公共部门就业人口的 27%。而在一些发达国家，如荷兰、爱尔兰等国家，非营利部门经济贡献占到其 GDP、就业人口占非农就业人口的 10%以上。

我国的非营利组织正在发展之中。近年来，随着我国政治体制改革的深入，政府从"全能政府"转向"有限政府"，为非营利组织的发展提供了广阔的体制空间。非营利组织，一方面可以有效弥补作为第一部门的国家体系缺乏效率的缺陷，并且能很好地承接那些"有限政府"交给社会的职能；另一方面，还可以克服作为市场体系缺乏公平的弊端，进而解决市场的自利问题。

非营利组织的发展根植于市场经济和民主政治体制，欧美发达国家的市场经济有上百年的发展历史，其非营利组织的发展中有一些较为共通的东西和成熟的经验，是值得人们学习和借鉴的。

特别提示

具体的非营利性组织有以下几种类型。

(1) 履行国家职能：指服务于国家和社会，以实现社会整体利益为目的的有关组织，包括各级政府和下属各部门、保卫国家安全的军队、保障社会公共安全的警察和消防队、管制和改造罪犯的监狱等。

(2) 促进群体交流：指促进某群体内成员之间的交流，沟通思想和情感，宣传普及某种知识和观念，推动某项事业的发展，维护群体利益的各种组织，包括各种职业团体、业余团体、宗教组织、专业学会和行业协会等。

(3) 提供社会服务：指为某些公众的特定需要提供服务的非营利组织，包括学校、医院、红十字会、卫生保健组织、新闻机构、图书馆、博物馆、文艺团体、基金会、福利和慈善机构等。

6.4.2 非营利组织的购买行为与决策

非营利性组织的购买行为受到该组织经费来源、经营目的和管理者决策能力的影响。决策过程取决于该组织的计划、组织程序审批、经费约束等因素的综合作用。非营利组织一般由学校、医院、疗养院等为公众提供商品或服务的部门组成。

1. 非营利组织的购买行为与决策特点

(1) 限制总额：非营利组织的采购经费总额是既定的，不能随意突破。

(2) 价格低廉：非营利组织大多数不具有宽裕的经费，在采购中要求商品价格低廉。

(3) 保证质量：非营利组织购买商品不是为了转售，也不是使成本最小化，而是维持组织运行和履行组织职能，所购商品的质量和性能必须保证实现这一目的。

(4) 受到控制：为了使有限的资金发挥更大的效用，非营利组织采购人员受到较多地控制，只能按照规定的条件购买，缺乏自主性。

(5) 程序复杂：非营利组织购买过程的参与者多，程序也较为复杂。

2. 非营利组织的购买行为与决策方式

(1) 公开招标选购：即非营利组织的采购部门通过传播媒体发布广告或发出信函，说明拟采购商品的名称、规格、数量和有关要求，邀请供应商在规定的期限内投标。非营利组织处于主动地位，供应商之间却会产生激烈竞争。

(2) 议价合约选购：即非营利组织的采购部门同时和若干供应商就某一采购项目的价格和有关交易条件展开谈判，最后与符合要求的供应商签订合同，达成交易。

(3) 日常性采购：指非营利组织为了维持日常办公和组织运行的需要而进行采购。

6.4.3 政府市场购买行为的特点

政府市场是为满足各级政府部门的日常工作及公共消费需要而购买产品和服务的市场。其购买行为具有以下特点。

1. 需求受到较强的政策制约

一国的经济政策对政府集团的消费影响较大，财政开支紧缩时，需求减少；反之，则相应增加。

2. 需求计划性较强

一国政府开支要列入财政预算，各级政府部门购买什么、购买多少都要受到财政预算的限制，且要制订购买计划，还要经过预算、审批等过程。

3. 购买方式多样

政府市场购买方式明显区别于消费者市场或中间商市场，较为复杂。对日用办公品购买，往往先选定供应商，然后采取连续再购买的形式定期购买；对价格昂贵的大宗商品，如飞机、汽车等，采用公开招标的方式竞购；对公共福利品，则容易受到推销商的影响等。

4. 购买需求受到社会公众的监督

各级政府机构的开支来自财政拨款，财政拨款来自于社会公众的税收，社会公众有权以各种形式对政府机构的购买活动加以监督，要求政府富有效率、公正、廉洁、能以最低标准的购物数量实现政府的各项职能。正如消费者和产业采购者一样，政府采购者也受环境、组织、人际关系、各人特性等因素的影响，不过有一点特殊之处，即还受到社会公众的制约。例如，在政府，一个监督者是国会，议员们经常抨击政府的浪费行为，另一个监督者是预算局，它负责审查政府的开支，并寻求使开支更有效率的途径。此外，许多公众团体也在监视政府机构，看它们怎样花掉纳税人的钱。

5. 购买目标的多重性

由其社会职能决定，政府在购买时除了考虑价格较低等经济性因素外，还要追求其他政治性、军事性、社会性目标。如国防用品、军火的采购，关系到两国或多国之间政治与外交关系的购买行为，对某些地区、某些产业的产品的扶持性购买等。

6.4.4　政府采购的方式和程序

政府采购者的决策过程通常是相当复杂的，其中包括太多的文书档案工作，各种的规则，以及政策的多变。不过，与政府做生意的诀窍也并不难掌握。非营利组织通常向商界提供它所需购买商品的信息，实际上政府寻找新供应者的热切心态与供应者急于寻找顾客没有什么两样。例如，美国政府就有一个小册子介绍它们经常要购买的商品的目录、最近打算发出的订货项目，并告诉供应者应怎样与政府机构做生意，各种贸易杂志和协会也提供与学校、医院、交通管理部门等其他政府机构有关的做生意的信息。越来越多的企业为了获得政府的订货单而建立专门的营销部门，如柯达公司和固特异公司。这些公司积极准备投标，它们不仅答复提出的要求，而且还主动提出适合政府需要的多项建议，并通过强大的信息网向政府显示公司的实力，以争取更多的政府订货。

政府机构购买商品是为了有效地履行其维护社会安全，保护社会公众利益，建设与维护公共设施等项职能，购买的商品种类繁多，数量巨大，购买行为深受社会密切关注，购买方式也较为特殊。

1. 公开招标竞购

公开招标竞购指政府部门以向社会公开招标的方式择优购买商品和服务。一般的程序是先由政府的采购机构在媒体上刊登广告或发出信函，说明要采购的商品的名称、品种、规格、数量等具体要求，邀请供应商在规定的期限内投标。然后由自愿投标的供应商在规定的期限内按投标人规定填写标书，写明可供商品的名称、品种、规格、数量、交货日期、价格、付款方式等，密封后送达政府采购机构。最后由政府的采购机构在规定的日期开标，选择报价最低又符合要求的供应商。

2. 议价合约选购

议价合约选购指政府采购机构和一个或几个供应商接触，经过谈判协商，最后只和其中一个符合条件的供应商签订合同，进行交易。一般而言，当政府的采购业务涉及复杂的计划、风险较大、竞争性较小时，比较适合采用这种购买方式。

3. 例行选购

政府部门对维持日常政务运转所需的办公用品、易耗物品和福利性用品等商品，多为经常性、常规性连续购买，花色品种、规格、价格、付款方式等都相对稳定，大多采取例行选购的方式，向熟悉的和有固定业务联系的供应商购买。

政府市场也为许多企业提供了大量的营销机会。例如，在美国，联邦政府和地方政府合计约有 8.2 万个以上的采购单位。有些企业只是偶尔向政府组织出售产品或劳务，而另一些企业却主要是依靠政府订货，如军工企业。

政府采购者行为与产业采购者行为有很多相似之处，但也有所不同。主要的仍然是要了解谁参与政府的采购决策，影响政府采购决策的主要因素是什么，以及政府采购的决策过程。

应用案例

戴尔怎样采购

戴尔采购工作最主要的任务是寻找合适的供应商，并保证产品的产量、品质及价格方面在满足订单时，有利于戴尔公司。采购经理的位置很重要。戴尔的采购部门有很多职位设计是做采购计划、预测采购需求，联络潜在的符合戴尔需要的供应商。因此，采购部门安排了较多的人。采购计划职位的作用是什么呢？就是尽量把问题在前端就解决了。戴尔采购部门的主要工作是管理和整合零配件供应商，而不是把自己变成零配件的专家。戴尔有一些采购人员在做预测，确保需求与供应的平衡，在所有的问题从前端完成之后，戴尔在工厂这一阶段很少有供应问题，只是按照订单计划生产高质量的产品就可以了。所以，戴尔通过完整的结构设置，来实现高效率的采购，完成用低库存来满足供应的连续性。戴尔认为，低库存并不等于供应会有问题，但它确实意味着运作的效率必须提高。

精确预测是保持较低库存水平的关键，既要保证充分的供应，又不能使库存太多，这在戴尔内部被称之为没有剩余的货底。在 IT 行业，技术日新月异，产品更新换代非常快，厂商最基本的要求是要保证精确的产品过渡，不能有剩余的货底留下来。戴尔要求采购部门做好精确预测，并把采购预测上升为购买层次进行考核，这是一个比较困难的事情，但必须精细化，必须落实。

“戴尔公司可以给你提供精确的订货信息、正确的订货信息及稳定的订单”，一位戴尔客户经理说，“条件是，你必须改变观念，要按戴尔的需求送货；要按订货量决定你的库存量；要用批量小，但频率高的方式送货；要能够做到随要随送，这样你和戴尔才有合作的基础”。事实上，在部件供应方面，戴尔利用自己的强势地位，通过互联网与全球各地优秀供应商保持着紧密的联系。这种“虚拟整合”的关系使供应商们可以从网上获取戴尔对零部件的需求信息，戴尔也能实时了解合作伙伴的供货和报价信息，并对生产进行调整，从而最大限度地实现供需平衡。

给戴尔做配套，或者作为戴尔零部件的供应商，都要接受戴尔的严格考核。

戴尔的考核要点如下。

(1) 供应商计分卡。在卡片明确订出标准，如瑕疵率、市场表现、生产线表现、运送表现以及做生意的容易度，戴尔要的是结果和表现，据此进行打分。(瑕疵品容忍度：戴尔考核供应商的瑕疵率不是以每 100 件为样本，而是以每 100 万件为样本，早期是每 100 万件的瑕疵率低于 1000 件，后来质量标准升级为 6-Sigma 标准)。

(2) 综合评估。戴尔经常会评估供应商的成本、运输、科技含量、库存周转速度、对戴尔的全球支持度以及网络的利用状况等。

(3) 适应性指标。戴尔要求供应商应支持自己所有的重要目标，主要是策略和战略方面的。戴尔通过确定量化指标，让供应商了解自己的期望；戴尔给供应商提供定期的进度报告，让供应商了解自己的表现。

(4) 品质管理指标。戴尔对供应商有品质方面的综合考核，要求供应商应“屡创品质、效率、物流、优质的新高。”

(5) 每3天出一个计划。戴尔的库存之所以比较少，主要在于其执行了强有力的规划措施，每3天出一个计划，这就保证了戴尔对市场反应的速度和准确度。供应链管理第一个动作是做什么呢？就是做计划。预测是龙头，企业的销售计划决定利润计划和库存计划，俗话说“龙头变龙尾——跟着变”。这也就是所谓的“长鞭效应”。

迈克尔说过，供应商迟一点，意味着太迟了。这说明了戴尔对供应商供货准确、准时的考核非常严格。为了达到戴尔的送货标准，大多数供应商每天要向戴尔工厂送几次货。漏送一次就会让这个工厂停工。因此，如果供应商感到疲倦和迷茫，半途而废，其后果是戴尔无法承受的，任何供应商打个嗝就可能使戴尔的供应链体系遭受重创。然而，戴尔的强势订单凝聚能力又使任何与之合作的供应商尽一切可能规定的要求来送货，按需求变化的策略来调整自己的生产。

在物料库存方面，戴尔比较理想的情况是维持4天的库存水平，这是业界最低的库存记录。戴尔是如何实现库存管理运作效率的呢？

(1) 拥有直接模式的信用优势，合作的供应商相信戴尔的实力。

(2) 具有强大的订单凝聚能力，大订单可以驱使供应商按照戴尔的要求去主动保障供应。

(3) 供应商在戴尔工厂附近租赁或者自建仓库，能够确保及时送货。

戴尔可以形成相当于对手9个星期的库存领先优势，并使之转化为成本领先优势。在IT行业，技术日新月异，原材料的成本和价值在每个星期都是下降的。根据过去5年的历史平均值计算，每个星期原材料成本下降的幅度在0.3%～0.9%。如果取得一个中间值的0.6%，然后乘上9个星期的库存优势，戴尔就可以得到一个特殊的结构，可以得到5.5%的优势，这就是戴尔运作效率的来源。

戴尔很重视与供应商建立密切的关系。“必须与供应商无私地分享公司的策略和目标”，迈克尔说。通过结盟打造与供应商的合作关系，也是戴尔公司非常重视的基本方面。在每个季度，戴尔总要对供应商进行一次标准的评估。事实上，戴尔让供应商降低库存，他们彼此之间的忠诚度很高。从2001年到2004年，戴尔遍及全球的400多家供应商名单里，最大的供应商只变动了两三家。

戴尔也存在供应商管理问题，并已练就出良好的供应链管理沟通技巧，在有问题出现时，可以迅速地化解。当客户需求增长时，戴尔会向长期合作的供应商确认对方是否可能增加下一次发货数量。如果问题涉及硬盘之类的通用部件，而签约供应商难以解决，就转而与后备供应商商量，所有的一切，都会在几个小时内完成。一旦穷尽了所有供应渠道也依然无法解决问题，那么就要与销售和营销人员进行磋商，立即回复客户，这样的需求无法满足。

“我们不愿意用其他人的方式来作业，因为他们的方法在我们的公司行不通”，迈克尔说。戴尔通过自行创造需求的方法，并取得供应商的认同，已经取得了很好的成绩。戴尔要求供应商不光要提供配件，还要负责后面的即时配送。对一般的供应商来看，这个要求是“太高了”，或者是“太过分了”。但是，戴尔一年200亿美元的采购订单，足以使所有的供应商心动。一些供应商尽管起初不是很愿意，但最后还是满足了戴尔的及时配送要求。戴尔的业务做得越大，对供应商的影响就越大，供应商在与戴尔合作中能够提出的要求会更少。戴尔公司需要的大量硬件、软件与周边设备，都是采取随时需要，随时由供应商提供送货服务。

供应商要按戴尔的订单要求，把自己的原材料转移到第三方仓库，在这里原材料的物权还属于供应商。戴尔根据自己的订单确定生产计划，并将数据传递给本地供应商，让其根据戴尔的生产要求把零配件提出来放在戴尔工厂附近的仓库，做好送货的前期准备。戴尔根据具体的订单需要，通知第三方物流仓库，通知本地的供应商，让他把原材料送到戴尔的工厂，戴尔工厂在8小时之内把产品生产出来，然后送到客户手中。整个物料流动的速度是非常快的。

资料来源：http://www.beijing-hyundai.com.cn.

思考题：

戴尔在采购过程中对其供应商有何要求？

简要评析：一是保证供应商供应的连续性。也就是戴尔在需要原料的时候，供应商能够按照戴尔的需求及时送到。二是保证供应商在生产成本方面有一定的领先性。戴尔需要持续地降低在原材料方面的成本以便给客户带来更多的价值。三是要保证供应商产品的品质。四是与供应商建立战略联盟关系。在戴尔公司眼里，供应商是自己的同盟和助手。戴尔会把好的东西毫不吝啬地传授给供应商，以此与供应商建立战略联盟关系。

本章小结

本章主要论述了组织市场和购买行为，首先介绍了生产者市场，然后介绍了中间商市场。最后简介了非营利组织市场和政府市场。

习　题

一、单选题

1. 某企业决定增加一条生产线，从而引起对新设备、新零部件及原材料的需求，此时该企业所采用的购买行为属于(　　)。

A. 直接重购型　B. 更改重购型　C. 间接重购型　D. 新购型

2. 在(　　)情况下，产业购买者估做出的购买决策最少？

A. 直接重购　B. 修正重购　C. 新购　D. 变更购买

3. 在产业采购中心的影响者中，(　　)是最主要的影响者。

A. 采购员　B. 经理　C. 技术人员　D. 财务人员

4. 组织市场包括(　　)。

A. 生产者市场　B. 中间商市场

C. 非营利组织市场和政府市场　D. 以上都是

5. 有权决定买与不买，决定产品规格、购买数量和选择供应商的人员称为(　　)。

A. 影响者　B. 批准者　C. 决策者　D. 采购者

6. 影响生产者购买决策的基础性因素是(　　)。

A. 商品质量　B. 价格　C. 服务　D. 以上都是

7. 组织市场需求的波动幅度(　　)消费者市场需求的波动幅度。

A. 小于　B. 大于　C. 等于　D. 都不是

8. 认识需要是生产者用户购买决策的(　　)。

A. 终点　B. 中间点　C. 起点　D. 中介点

9. 非营利组织的采购人员只能按照规定的条件购买，(　　)。

A. 有较大自由　B. 缺乏自主性　C. 受控制少　D. 可任意选购

10. 产业购买者购买过程中在新购的情况下要经过几个阶段？(　　)

A. 1　B. 2　C. 8　D. 2或8

二、多选题

1. 即使是直接重复购买型的决策也需要经过(　　)阶段。

A. 认识需要　　B. 寻找供应者　　C. 确定产品规格
D. 确定订货　　E. 评价合同执行情况

2. 通过生产者用户对各个供应商的绩效评价，以决定(　　)供货关系。
A. 建立　　B. 维持　　C. 修正
D. 中止　　E. 构建

3. 中间商决定购买数量的主要依据是(　　)。
A. 现有的存货状况　　B. 预期的需求水平　　C. 符合中间商的要求
D. 成本/效益比较　　E. 有没有折扣

4. 生产者用户的需要可以由(　　)引起。
A. 内在刺激　　B. 外在刺激　　C. 精神刺激
D. 物质刺激　　E. 以上全是

5. 政府购买方式有(　　)。
A. 公开招标选购　　B. 议价合约选购　　C. 直接购买
D. 日常性采购　　E. 专家购买

三、判断题

1. 组织市场的需求是派生需求。(　　)
2. 生产者用户大多愿意采取有效长期合同形式。(　　)
3. 采购者个人的购买风格对中间商购买行为影响较小。(　　)
4. 物色供应商是在任何购买情况下者必经的一个阶段。(　　)
5. 修正重购的购买决策比直接重购要少。(　　)
6. 直接重购经“门外的供货企业”提供了市场机会。(　　)
7. 所有参与购买决策过程的人员构成采购组织的决策单位，市场营销学称之为采购中心。(　　)
8. 产业购买者往往通过租赁方式取得产业用品。(　　)
9. 产业市场的需求富有弹性。(　　)
10. 产业市场上购买者数量多，规模小。(　　)

四、案例分析题

北京现代，挺进政府用车及出租车市场

2002 年 10 月 16 日，由北京汽车投资有限公司和韩国现代自动车株式会社共同出资设立的北京现代汽车有限公司正式成立，它是一个国务院批准的“不限投资额度、不限生产车型”的合资汽车生产企业。到 2004 年，中国汽车市场在不断的降价中前行，上海通用、广州本田等各大公司各显神通，抢占市场，但整体销量仍不尽如人意。据相关数据显示，2002 年前 10 个月我国轿车销量同比增长为 15%，与近两年中国车市超过 100%的年增长幅度相比，已是不可同日而语。然而以北京现代为首的市场强者却给人们展现了亮丽的色彩。2002 年前十个月，北京现代销量达到 11.09 万辆，同比增长 162%，轿车销售排名已经超过上海通用和广州本田，排在一汽大众和上海大众之后，位列第三名，进入了中国汽车企业的第一梯队。

在市场大环境不尽如人意的情况下，是什么让北京现代有如此的业绩呢？除了充分利用其新产品优势外，清晰的市场定位同样功不可没。清晰、灵活的市场策略使北京现代可以在灵活应对纷繁多变的中国车市的同时，集中兵力，在每一目标市场，占据领先。

作为一种流行的汽车消费模式，汽车批量采购多年来被政府机关、出租车采购、大型企业等所采用，以前批量采购的品牌仅局限于红旗、奥迪、桑塔纳等品牌，但现在北京现代的索纳塔等中高档型轿车不

但在家庭购车领域风光无限，在批量采购领域也受到政府部门和出租行业的热捧，在国内市场中的竞争地位日益提升，市场份额逐步扩大。

大家知道，政府公务车虽不局限于某个品牌，但也有着一些严格的限制和具体的规定。相关部门统计表明，价格在25万元以内、排量在2.0左右的中档轿车占政府采购车辆总数的95%以上。不仅如此，政府用车在性能、外观、内饰、安全等方面的要求也十分严格。一直以来，在公务车市场中，奥迪、红旗等中高档2.0升轿车都有良好的表现。要从政府采购这一市场分一杯羹也不容易。

北京现代自其成立之初，就根据中国的市场情况，结合韩国现代“产品技术全球同步”的产品策略，推出了全球畅销的成功车型——索纳塔。这种车型是在韩国现代索纳塔第6代基础上改造而来，是目前世界流行的车型之一，这相对一些欧美品牌把本土将淘汰的车型引入中国市场的做法，北京现代可谓把韩国车的精髓奉献给了中国消费者。同时，更从消费者实际需求出发，结合中国实际路况等具体情况，对引进产品进行改进、完善工艺、提高品质、强化服务，努力创造精品和用户满意的品牌价值，而绝不是照抄照搬，或者追大求全，投放多种品牌的车型。在外观上，其独特超前的边缘设计，巧妙地融合了多种鲜明的设计元素，赋予索纳塔一种稳重、大气的感觉，体现公务用车身份者的尊贵，同时也代表了充满创新精神、与时俱进的新时代的政府和企业形象；在内饰上，索纳塔精雕细刻每一个细节，满足对显赫和华贵的渴望；在空间上，依据唯美主义和人体工程学原理，给驾乘者提供一个舒适的空间，后备箱容积398升的超大容量足以傲视同侪；在要求苛刻的制动技术和安全方面，索纳塔更是非同凡响。如前后部内置防撞区，加固了顶、底、门、内外侧的防撞杠等，更侧重对驾乘者全方位的安全保护。这些极具人性化的设计，完全满足了政府公务用车的需求。

与此同时，北京现代利用在北京的优势，利用关系营销、体育营销等方式，积极同政府等工作单位联系公关，并积极参与中国的各项公益事业。投巨资赞助了北京国安足球俱乐部，成立了北京现代足球队，赞助“女足世界杯”、中超联赛、“迷你”足球世界杯、亚洲杯足球锦标赛，投资与相关部门联合主办了“携手北京现代，共创绿色未来——2004北京现代—大学生绿色环保夏令营”活动等，进一步提升了北京现代的品牌知名度与美誉度。这些活动也得到了回报，早在2002年12月新车投产之际，政府采购就开始看好北京现代索纳塔。当时共接受订单5000多份，其中首批交付的政府采购约700辆，此后有部分政府机关的采购计划因为索纳塔的缺货而一度搁浅；2003年1月，河北省公安交通管理局采购索纳塔手动挡轿车16辆；2003年7月，索纳塔仅在四川绵阳市政府采购中就一举中标20辆……此外，在要求严格的公安领域索纳塔也表现出色。北京现代索纳塔中标了2003年北京市公安局等警用车采购项目。2004年5月，在北京—新疆红云杯中国(首都)警察越野追击技术演练赛活动中，北京现代的5部索纳塔轿车为参赛车辆担当开道和新闻采访车，与参赛近80部越野车辆共同经历了13000多千米的考验，再次印证了这款车型作为首都警用车主力的优秀品质，也因此引起了全国的公安系统的多家单位的广泛关注。

在出租车行业市场上，目前运营的主力军一直是奥拓、普桑、捷达、夏利等普通车型，目前出于城市发展、树立良好的城市形象的需要，各地出租汽车的更新换代步伐已逐步加快。一般来说，出租车车型至少要符合以下要求：形象好、性能好、舒适、时尚，同时必须经济、环保、安全可靠。北京现代公司在发展公务车和私家车的基础上，也一直对出租车市场保持高度的关注和研究。

为了打入出租车市场，他们不断改良索塔纳车型，作为出租汽车行业量身定做的液化石油气(LPG)作燃料的专用索纳塔车型，不仅维持了其外观时尚、内部空间大的特点，还突出了人文环保意识，尾气排放指标大大低于普通出租车，达到了我国地方环保要求，也降低了燃料使用成本。与此同时，在使用与维护成本方面，索纳塔也有明显的优势。索纳塔的配件价格较之同级产品低20%以上。据调查，索纳塔出租车一般百千米耗油与其他品牌相比要节约5元，按每班300千米计算，每班可节省油费15元，一天可省30元，全年就可省一万多元。同时，配件及维修也相对比较便宜。

2004年年初，北京现代推出了“零距离”售后服务，免费为索纳塔车提供多达5大项20小项的汽车检查和工时等方面的优惠。同时，北京现代还推出了一年4次的免费检测活动，于每季交替的时候进行，并且长年执行。这些优惠活动，就为车主们节省了一大笔费用。据有关媒体对市场上的帕萨特、新雅阁、君威、索纳塔、蒙迪欧以及马自达6等6款同级别的中高档轿车使用成本的调查报告显示，对比5万千米内的保养、燃油、易损件和事故件成本，按从低到高顺序索纳塔排在第二。报告认为索纳塔的确是一款性价比非常高的车。

按照行业要求和技术标准，索纳塔迅速进入了出租车市场。2003年年初北京现代索纳塔刚下线2个月，北汽集团就购置了300辆新车，首都出租汽车公司也购进150辆。并在全国两会期间作代表专用车和警务车使用。两会结束后，这些索纳塔被全部投放北京出租车市场。在杭州、义乌、宁波、南京等地的出租车市场上北京现代索纳塔受到空前热烈的欢迎：杭州已经有超过1500辆索纳塔出租车投入运营，而义乌市在出租车更新换代的工作中全部选定了索纳塔作为他们的换代车型。目前，已经有超过3000辆索纳塔出租车活跃在全国各地的大街小巷。

据了解，北京市政府出租车换型初步方案中，索纳塔车型将成为第一批幸运儿。北京现有6.6万辆出租车中接近50%将被替换，索塔纳车型将占三分之一以上，低调奢华的索纳塔已经成为出租车领域的旗舰车型。

北京现代公司通过认真的分析市场需求，清晰的市场定位赢得了市场，赢得了广大消费者的信任，因此在2004年有如此的成绩是必然的。

资料来源：http://www.beijing-hyundai.com.cn.

思考题：

1. 针对北京现代的“集中兵力，在每一目标市场，占据领先”这个目标，他们是怎样做的？
2. 面对政府采购的大好商机，企业应采取何种策略？

第7章

目标市场战略

教学目标

重点掌握市场细分的含义和作用；认识消费者市场和产业市场细分的标准和方法；掌握目标市场选择的模式、市场营销战略和影响目标市场选择的因素；深刻把握市场定位的含义、方法、步骤。

教学要求

知识要点	能力要求	相关知识
市场细分	(1) 理解市场细分的含义和作用 (2) 掌握消费者市场细分的方法和程序	(1) STP 营销 (2) 产业市场细分
目标市场	(1) 理解目标市场选择的含义 (2) 掌握目标市场选择的模式和战略	(1) 目标市场选择模式 (2) 目标市场战略
市场定位	(1) 掌握市场定位的含义 (2) 熟悉市场定位的方法、步骤和战略	(1) 迎头定位、避强定位和重新定位 (2) 竞争差异化、定位传播，以及成功定位的要求

基本概念

市场细分；消费者市场；产业市场；目标市场；无差异营销战略；差异性营销战略；集中性营销战略；市场定位

引　例

富士(Fuji)新的市场选择

2012年1月份柯达(Kodak)公司传来了申请破产保护的消息，让人们不禁为昔日的胶片帝国叹惜的同时，又自然会发出这样的疑问：富士现在又怎么样?

其实，早在21世纪初，富士就面临着胶片业务逐渐边缘化的尴尬局面。随后几年，全球彩色胶卷市场更是每况愈下，需求量每年下滑25%。为此，富士做出了市场策略的调整，一是收缩全球胶卷生产线，保持到市场规模需求相适应的水平；二是根据自身技术上条件，进入成长性较好的新的领域，开拓新目标市场。经历了几次尝试和转型后，现在富士胶片的事业范围已经从原来单一的传统胶片领域逐步扩大到影像、信息、文件处理三大领域，这其中涵盖了医疗、印刷、护肤品、数码相机、光学元器件、高性能材料等多细分市场。2011年，富士3个市场所占销售比分别为15%、41%、44%。

新的市场的选择能否成功，这谁也不能预见。而在市场投入与营销努力方面是可以观察得到的。近一年内，北京、上海很多地铁内投放了富士化妆品和数码相机的广告。富士旗下化妆品品牌艾诗缇也加大了宣传力度，包括在柜台和网上商店的各种促销活动。2011年初，富士推出了富士相机X系列Pro-1高端产品，引起了市场的极高关注。值得一提是化妆品是富士中国公司2012年第一季度市场增长较快的业务之一。尽管艾诗缇在中国市场推出只有一年半，但已获得了较高的认知度。

对于富士未来发展的关注，也许是一个很吸引人的事情。因为，富士的市场转型成功与否都将成为一个经典的营销案例。

资料来源：袁连生，成颖．市场营销学：理论、案例与实训[M]. 北京：北京大学出版社，2012.

本章将对市场细分、目标市场战略选择和市场定位战略进行具体介绍。

现代企业营销战略的核心被称为“STP”营销，即细分市场(Segmenting)、选择目标市场(Targeting)和市场定位(Positioning)。从营销过程考察，它们是紧密相连的几个环节。其中，市场细分实质是按照企业要求对营销调研信息做更深入具体的剖析；选择目标市场则是以企业的市场细分为依据，寻找最合适的服务对象；当服务对象确定之后，企业必须在知己知彼的基础上，解决塑造何种形象，产品向何种方向发展，采用何种与众不同的战略、策略等问题，这就是市场定位。面对激烈竞争的市场，企业经营已进入定位时代，可以说，市场定位是否科学，直接决定着企业在市场中的生存和发展。

“STP”营销即目标市场营销，能够帮助企业更好地识别市场机会，从而为每个目标市场提供适销对路的产品。市场细分是目标市场选择和市场定位的必要前提，而目标市场选择和市场定位是市场细分的必然结果。

7.1　市场细分

7.1.1　市场细分战略的产生和发展

市场细分是20世纪50年代中期美国市场营销学家温德尔·斯密提出的，其产生与发展经历了以下阶段。

1. 大规模营销阶段

19 世纪末 20 世纪初，此时企业面对所有消费者大量生产、分销、促销单一产品。企业的理由是：这种战略可使成本最低、价格最低，从而创立最大的潜在市场，获得更多的利润。

2. 产品差异性营销阶段

20 世纪 30 年代，发生了震撼世界的资本主义经济危机，市场迫使企业转变经营观念，营销方式就从大量营销转向产品差异化营销。这时企业生产销售多种具有不同特点、外观、式样、质量、规格的产品。产品差异化营销与大规模营销相比是一种进步，但企业并未研究顾客需求，缺乏明确的目标市场。

3. 目标市场营销阶段

20 世纪 50 年代以后，在科学技术革命的推动下，因产品差异化营销已不能解决企业所面临的市场问题，则由产品差异化营销转向以市场需求为导向的目标市场营销。这时企业首先要分清众多细分市场之间的差别，然后从中确定一个或几个作为目标市场，最后根据每一目标市场的特点来制订产品计划和营销计划。于是，市场细分战略应运而生。

目标市场营销需要经历 3 个步骤，如图 7.1 所示。

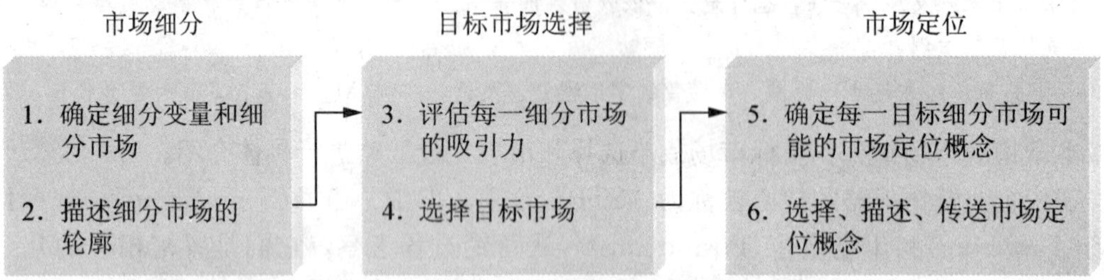

图 7.1　目标市场营销的步骤

7.1.2　市场细分的含义和依据

1. 市场细分的含义

市场细分(Marketing Segmentation)是指营销者利用一定可区分需求差别的因素，把某一产品整体市场消费者划分为若干具有不同需求差别的群体的过程或行为。营销者细分市场的过程亦称市场细分化。

2. 市场细分的理论依据

1）顾客需求的差异性是市场细分的内在依据

消费者的需要、动机和购买行为是多元性的，由此产生 3 种不同偏好的模式。

(1) 同质型偏好：指一个市场上所有购买者的偏好大致相同，企业可提供一种产品满足他们。如果市场上的消费都表现出对酒的香型为适中，酒精浓度也适中，这样所有的消费者具有大致相同的白酒偏好，它不存在自然形成的细分市场。可以预见，在同质偏好的市场上，现有的品牌基本相似，且集中在偏好的中央。对于这类市场企业通常采用无差异营销策略。

(2) 分散型偏好：指消费者偏好可能在空间平均分散而无任何集中，表示消费者对于产品的需求存在极大差异。“萝卜白菜各有所爱”，消费者各自的需求偏好相差很大。企业无论欲将产品定位于何处都只能使很少部分消费者得到很好满足，而其他消费者的需要满足程度极低。这时企业如果只推出一种产品则难以满足所有顾客，就会存在以下几种情况。

① 市场上有一个位于中心的品牌，可使所有消费者总的不满为最小(宝洁的洗发水)。

② 市场上新进入的竞争者，可能把它的品牌设置在原先的品牌附近，从而引发一种争夺市场份额的战斗(如舒蕾洗发水)。

③ 企业把它的品牌设置在某一个角落里，以赢得对市场中心品牌不满的消费者群体(如奥妮等洗发水品牌)。

④ 如果市场上有好几个品牌，它们很可能定位于整个空间的各处，各显示其实质差异来迎合消费者偏好的差异(如联合利华)。

(3) 集群型偏好：指市场上出现了若干具有不同偏好的消费群体，客观上形成不同的细分市场。第一个进入此市场的公司有 3 种选择。

① 将产品定位于中心，以迎合所有的群体。

② 将产品定位在最大的细分市场上。

③ 推出几个品牌分别定位于不同的细分市场内。

显而易见，如果公司只发展一种品牌，那么竞争者就会进入其他的细分市场，并在那里引进许多品牌。

2) 企业资源的限制和进行有效的竞争是市场细分的外在强制条件

(1) 现代企业规模再大都不可能占有人、财、物及信息的一切资源，不可能向市场提供所有产品，满足所有顾客的整体需求，都不可能在市场营销中占据绝对优势。因此，必须要进行市场细分。

(2) 为了进行有效的竞争，企业必须进行市场细分，从而选择目标市场，确定市场定位，集中一切资源投放到最有效的市场，以便取得和扩大竞争优势。

3. 市场细分的原则

(1) 可衡量性。指各个分市场的购买力和规模大小能被衡量(用包括定量的或非定量的标志值度量)的程度。有些细分因素是很难衡量的。譬如，年轻人饮料细分市场究竟有多大，就不易衡量。各细分市场要有明显的区别，如易识别的组成人员、共同的特征、标志或资料等。

(2) 可实现性。应该是企业能够占领并能开展有效经营活动的市场。企业利用现有或可掌握的技术或营销做法，能够为这样的需求提供或提高产品服务。如果超过技术可能或营销条件，则这样细分后的市场中，企业根本不可能进入任何细分市场。

(3) 可营利性。指企业选定的细分市场的规模和购买力足以使企业有利可图，取得经济效益。

(4) 可区分性。细分后的市场应该存在明显的区别，即这种区分是能够被很容易认识和掌握的。如果差别不明显，就难以设计出有不同反应的营销组合来。实际上仅仅是观念上认为两个细分市场不同，但在做法上却只能一样，这等于没有细分。

7.1.3 市场细分的作用

1. 有利于发掘和利用新的市场机会

通过市场细分，营销者可以有效地分析和了解各个消费者群的需求满足的程度和市场竞争状况，发现哪些消费需求已经满足，哪类需求满足不够，哪类需求尚需适销的产品去满足；发现哪些细分市场竞争激烈，哪些较少竞争，哪些尚待细分市场开发。而满足水平低的市场部分，通常存在着极好的市场机会，不仅销售潜力大，竞争者也较少。抓住这样的市场机会，结合企业资源状况，从中形成并确立宜于自身发展的目标市场，并以此为出发点设计出相应的营销战略，就可能迅速赢得市场优势地位，提高市场占有率。通过市场细分，可发现未得到满足的需求，了解市场机会，选择最有效的目标市场，制定最佳营销战略。

据美国市场调查，美国市场对手表的需求有 3 种不同的消费者群。

(1) 23%的消费者对手表的要求是：能计时、价格低廉。

(2) 46%的消费者的要求是：计时基本准确、耐用、价格适中。

(3) 31%的消费者追求象征性价值，要求名贵，计时精确(名人名表)。

美国素有盛名的钟表厂商和瑞士手表，一向注重第三类细分市场 31%的消费者群，着重经营名牌优质手表。这样，第一、二类细分市场近 70%的消费者需求未得到充分满足。日本钟表公司发现了这个市场机会，迅速打进这两个细分市场，尤其是日本精工电子表款式新颖、价格便宜，并提供方便的免费修理，很快在美国市场上取得较大市场份额。目前日本有一家企业专门生产那种外观漂亮而寿命只有 9 个月的纸质手表，价格在 3.5 美元左右，很快就打开了市场。

2. 有利于制定市场营销组合策略

企业在市场营销活动中，是依据相应的营销组合的工具，即产品、价格、地点和促销来进行的。使用这些营销工具，只有能对消费者提供使之满意的服务，才是有效的。设计这些营销组合，必须依据细分市场的要求，即消费者或顾客的需求来进行。市场细分有助于产品开发的科学性和适用性，价格的合理性和渠道选择的针对性，促销方式的有效性。在现代市场活动中，没有细分市场，就不可能设计出合适的营销组合。前些年，我国曾向欧美市场出口真丝花绸，消费者是上流社会的女性。由于我国外贸出口部门没有认真进行市场细分，没有掌握目标市场的需求特点，因此发生失误。

(1) 产品配色不协调、不柔和，不能赢得消费者喜爱。

(2) 低价策略与目标顾客的社会地位不相适应。

(3) 销售渠道选择的是街角商店、杂货店，大大降低了产品的“华贵”地位。

(4) 广告宣传流于一般。

以上说明市场细分对于制定营销组合策略非常重要。

3. 有利于掌握目标市场的特点

不进行市场细分就无法确定目标市场。我国出口日本的冻鸡，原先主要面对消费者市场，以超市、专业食品店为主要销售渠道。随着市场竞争的加剧，销售量呈下降趋势。为此我国重新对日本冻鸡市场进一步细分以掌握不同细分市场的需求特点。从购买者区分，目标市场有以下 3 种类型。

(1) 饮食业用户：对冻鸡的品质要求较高，但对价格的敏感度低于家庭主妇市场。

(2) 团体用户：基本同于饮食业用户。

(3) 家庭主妇：对冻鸡的品质、外观、包装均有较高要求，同时要求价格合理、挑选性强。

根据这些特点，我国出口冻鸡的企业重新选择了目标市场，以饮食业和团体用户为主要顾客，并据此调整了产品、渠道等营销组合策略，出口量大幅度增长。

4. 有助于提高企业的竞争能力和经济效益

市场细分能够提高企业的适应能力和应变能力，在较小的细分市场上，即子市场开展营销活动可以增强市场调研的针对性，市场信息反馈较快，企业易于掌握消费需求的特点及其变化，这有利于及时、正确地规划和调整产品结构、产品价格、销售渠道和促销活动，使产品保持适销对路并迅速达到目标市场，扩大销售。建立在市场细分化基础上的企业营销，避免了在整体市场上分散使用力量，企业有限的财力、人力、物力资源能够集中使用于一个或几个细分市场，扬长避短，有的放矢地开展针对性营销，不仅费用低，竞争能力也会因此而得以提高。进行市场细分，易于看清楚每一个细分市场上各个竞争者的优点和弱点，有利于企业避实就虚地确定自己的目标市场，这也有利于增强竞争能力，提高经济效益。另外，市场细分活动也能帮助企业脱离一些不适当的细分市场，因而可以减少企业营销风险。

5. 增进社会效益，推动社会进步

市场细分有利于满足不断变化的、千差万别的社会需要。众多的企业奉行市场细分化策略，尚未满足的消费需求就会逐步成为企业一个又一个的市场机会，即目标市场。这样新的产品(服务)就会层出不穷，同类产品的花色品种就会丰富繁多，消费者或用户也就有可能在市场上购买到各自称心如意的商品。

7.1.4 消费者市场细分标准

1. 地理细分

所谓地理细分，是指企业根据消费者所在的地理位置、地形气候等因素来细分市场，然后选择其中一个或几个分市场或子市场作为目标市场。对于销路广阔的消费品，地理细分往往是进行市场细分的第一步。尤其对于我国，幅员辽阔，人口和民族众多，风俗差异很大，则更是这样。

(1) 地区细分。按照地理位置或经济区域，可以分为华东、中南、西南、西北、华北、东北或内地、沿海等；按照行政区划分又可以分为省、市、自治区、县等；按自然条件，可以分为山区、平原、丘陵、湖泊、草原等。由于地理位置的不同，消费者的需求有很大差异。例如食品，不同地区有不同的口味，所谓“东甜南辣西酸北咸”；南方以米饭为主食，北方以面粉为主食。

(2) 城镇细分。工商业与交通的发达与否，人口密度的稠密或稀疏，是区分大中小城市的主要依据。通常可分为大城市、中小城市、乡镇、农村。大城市与中小城市，城市与农村、城市与乡镇等，都有不同的消费需要。譬如化妆品，就目前情况看，城市是以美容为主，农村是以护肤为主。

(3) 人口密度细分。在我国，东部沿海地区人口稠密，商业网点以及大的商业中心居多，而西部内陆每平方千米 10 人左右，大商业中心和商业网点较少。

(4) 地形气候条件细分。按地形可分为山区、平原、丘陵；按气温可分为热带、温带、寒带；按湿度可分为干旱区、多雨区。地形的不同，对许多消费品都有不同的要求。譬如收音机，山区由于接收电波的阻碍大，要求灵敏度高，而平原则要求选择性好。又譬如对于室内空气的处理要求，通常北方地区需要使用加湿机，以使干燥的空气能够湿润以增加居室内的舒适度；而南方潮湿地区则需要抽湿机。干燥地区与潮湿地区、严寒地区与温暖地区，防潮与御寒用品有很大差异。

2. 人口细分

所谓人口细分，就是企业按照人口调查统计的内容，如年龄、性别、收入、职业、教育水平、家庭大小、生活阶段、宗教信仰等“人口因素”来细分市场。由于消费者的欲望和使用程度与人口因素有因果关系，而且人口因素比其他因素更容易衡量，因此，人口因素一直是细分市场的重要依据。

(1) 年龄。根据我国的习惯，年龄大致可分为学龄前，小学生，大、中学生，青年，中年和老年几个阶段。学龄前通常是指不满六周岁，小学生一般是 6～12 岁，中学和大学生是 13～24 岁。至于青年、中青年和老年很难截然划分，从消费品的消费区别划分，通常为 16 岁以下为未成年儿童、16～35 岁为青年、35～60 岁为中年、60 岁以上算老年。经营服装、食品、书刊等的企业，往往是以年龄来细分市场的。就拿服装来说，学龄前和小学生对服装的要求实际上是由父母提出的；进入中学和大学后，有了自己的喜爱，一般是趋向于轻便的运动员式服装，显得生气勃勃；24 岁以上青年时期，正是求偶阶段，这时的服装要求就讲究款式新颖、色泽鲜明；进入中年后，对款式和色泽要求庄重大方，与各自的身份相协调；而老年服装则首先要求宽松舒适，然后考虑款式、色泽。

(2) 性别。性别虽然只是分为男性和女性两类，但性别细分对服装、鞋帽、化妆品、杂志等市场的细分一直具有特别的意义。譬如化妆品，过去一提到化妆品，好像就是女用的，近几年来，已细分出男用化妆品市场。

(3) 收入。收入是反映购买力的主要指标。对高、中、低档商品的需求具有很大的关联性。按照当前的平均收入水平，简单地可区分为高收入、中等收入和低收入。需要时，可以就一种产品可能形成的购买力来确定收入水平。比如，对于电视机来说，家庭月收入达到 1000 元，就可以算有购买能力了，但是对于像汽车、住宅，家庭月收入达到 3000 元，也不具备购买能力，因此，划分不同等级高收入标准必定不同。细分时，应该通过市场或顾客调查，来确定哪种收入水平是适合的细分市场顾客。因为有支付能力的购买力有时又与收入不是按同一比例增减的。

(4) 职业。职业不同，需求偏好则不同。

(5) 教育。消费者受教育程度不同，对商品的文化要求则不一样。

(6) 家庭大小。家庭规模的大小对生活用品需求量的大小有直接的影响。由于控制人口成为我国的一项基本国策，目前在我国，核心家庭一般为 3 口人。同时，因为传统文化影响，我国社会仍有大量的复合式家庭存在，人口多至 10 多人。一般可把家庭分成 2 人以下、3～4 人、5～6 人和 6 人以上等类。像炊具和电冰箱，就和家庭大小密切关联。新婚小家庭，需要的炊具是小口径的，电冰箱在 200L 左右也可以了；而 6 人以上的大家庭就需要大口径炊具，电冰箱则至少 250L。过去我国 6 人以上的大家庭很多，还有许多“三代同堂”甚至“四代同堂”的。细分任何市场，需要了解核心家庭的人口数量，因为这是家庭主要的形式。

(7) 民族与国籍。各民族都有自己的生活习俗(服装、饮食、文化等)；国籍不同需求各有差异。

(8) 宗教与种族。佛教、道教、基督教、天主教、伊斯兰教等都有不同的教规教义，黄种人、白种人、黑种人等不同种族有不同的风俗与文化。

3. 心理细分

所谓心理细分，是指企业以社会阶层、生活方式以及个性等变数作为划分消费者群的基础。一个人口因素相同的群体，可以展示出不同的心理现象。

(1) 社会阶层。通常是其职业、教育、收入和价值观诸因素共同作用的结果。不同的社会阶层具有不同的价值观念、不同的生活方式及不同的兴趣爱好，因而有不同的购买心理和购买行为。社会阶层对于人们在汽车、服装、家具、闲暇活动、阅读习惯等方面的偏好有较强的影响。有些企业专为特殊的社会阶层设计产品或提供家务，建立足以吸引目标社会阶层的某些特色。

(2) 生活方式。是指一个人或群体对消费、工作和娱乐的特定习惯和倾向性的方式。生活方式影响了人们对各种产品的兴趣，而他们所消费的产品也反映出他们的生活方式。各种不同产品和品牌的生产企业是根据消费者的生活方式进而细分市场的。例如，有的汽车制造商就按生活方式设计了汽车。他们为“奉公守法”者设计制造了强调经济、安全和污染环境程度较小的汽车；为“玩车者”设计制造了操纵灵敏度高的、花哨的汽车。又如，有些妇女服装企业为“朴素型妇女”、“时髦型妇女”和“有男子气质的妇女”分别设计和生产不同的款式和颜色的服装。生产化妆品、酒类饮料以及家具等，也都是以生活方式来细分市场的。追求现代和激进生活方式的人与那些维护传统和保守生活方式的人在交际、休闲、娱乐、购物等方面，对新产品、新品牌、新式样的兴趣，以及对时间、金钱的看法都有很大的区别。

(3) 个性。指个人特性的组合。这种个性模式导致消费者在生活中力求捍卫和保护他们的自我形象。他的举止、衣着和购买商品必须符合他自认为那种虚幻的形象。企业经营者们使用个性因素来细分市场，他们试图赋予其产品以适合消费者个性的“品牌个性”，以树立品牌形象。20世纪50年代后期，美国的福特和通用两家汽车公司就以不同的“个性”进行促销宣传。福特车的购买者被认为是“独立的、易冲动的、男子气概的、机灵善变和自信的”消费者；而通用公司的雪佛兰车的拥有者被认为是“保守的、节俭的、计较信誉的、较少男子气概的和避免狂热的”消费者。

4. 行为细分

所谓行为细分，是指企业以消费者对产品的知识、态度、使用或反应为基础来划分消费者群。不少经营者相信行为变数是创建细分市场的最佳起点。

(1) 时机。消费者产生需要、购买或使用产品的时机不同，对季节性产品、节假日产品或服务市场的细分具有特殊的意义(结婚、升学、就业、购房、黄金周等)。

(2) 追求利益。就是根据购买者对产品所追求的不同利益所形成的另一种有效的细分方式。不同消费者对购买同一产品所追求利益有很大差别(牙膏：味道、洁齿、防病、经济实惠等)。例如，同样是购买牙膏，有的消费者重视保护牙齿、防止龋齿的作用，有的追求保持牙齿的洁白光泽，有的对牙膏的味道很注意，有的则强调经济实惠。因此，生产牙膏的企业，假如要以追求利益来细分市场，就必须使自己的牙膏突出某种特性，并分别确定各自的品牌，最大限度地吸引某一个或几个消费者群。

(3) 使用者情况。有许多市场可以按照使用者对产品的使用情况细分为：从未使用者、曾经使用者、潜在使用者、首次使用者、经常使用者。对不同的使用者，企业要采取不同的市场营销组合，吸引新顾客，稳定老顾客，招揽潜在顾客。对于不同的使用者情况，企业在促销工作中，显然要采用不同的手段和内容。一般来说，市场占有率较高的企业，致力于使潜在使用者变为实际使用者；而规模较小的企业则希望使用者从竞争者的品牌转向本企业的品牌。

(4) 使用量。依据产品购买、使用或消费的数量将顾客分为：少量、中量、大量使用者，也可称为“数量细分”。大量使用者通常占市场总人数的比重不大，但其消费量占消费总量的比重却很大。以美国的啤酒为例，在被调查对象中，不喝啤酒的占68%，而喝啤酒的32%中，有一半人只是少量喝些，其消费量占消费总量的12%；另一半人是大量喝啤酒者，其消费量却占消费总量的88%，即7倍于少量喝啤酒者的消费者。显然，啤酒公司宁愿以它的品牌去吸引一个大量喝啤酒者而不是几个少量喝啤酒者。美国的有关部门还发现，“大量喝啤酒者”大多数是工人，年龄在25～50岁之间，他们每天收看电视3～5个小时，而且对电视体育节目有偏好。企业的经营者掌握了这种市场信息，就有助于合理定价、撰写广告词和选择广告媒体。

(5) 品牌忠诚度。市场可以根据消费者的品牌忠诚度来细分。现在假设市场上有A、B、C、D、E五种品牌，根据消费者对品牌的忠诚程度，可将它们分为四类。

第一类，绝对忠诚者。任何时候都只购买某一种品牌，对其所钟爱的品牌忠贞不二，其购买模式为A、A、A、A、A、A。

第二类，不稳定的忠诚者。同时忠诚于两三种品牌，经常在几种固定的品牌中选择，其购买模式为A、B、A、A、B、B。

第三类，转移忠诚者。从忠诚于某一品牌转移到忠诚于另一品牌，属见异思迁者，其购买模式为A、A、A、B、B、B。

第四类，易变者。没有任何品牌忠诚度可言，游离于各种品牌之间，其购买模式为A、B、C、D、E。

每个市场都包含有上述不同程度的4种消费者群的类型。购买者中如果坚定的品牌忠诚者比重大，这就是“品牌忠诚市场”，牙膏和啤酒市场基本上属于这一类。显然，要进入这种市场是困难的，即使已进入，要提高市场占有率也不容易。企业通过对忠诚类型的分析可以采取不同的措施。对于了解了坚定的品牌忠诚者所属的阶层后，可以精确地确定目标市场。对于不稳定的品牌忠诚者，企业可以掌握哪些品牌对本企业品牌有竞争力，就可针对性地改进其定位。如果发现有转移的忠诚者，企业可以改进本企业市场营销策略的薄弱环节。对于不忠诚者，企业也应采取措施吸引他们，使本企业品牌得以销售。但是，企业应该了解对于品牌忠诚的购买类型很可能是“购买习惯”、“不关心”、“低价”或“不能得到”其他品牌等的反映。因此，品牌忠诚的概念有时有些模棱两可，必须慎用。因此，对企业而言，提高顾客品牌忠诚度就是提高顾客的重复购买频率，就是让顾客满意，并取得经济效益。

(6) 待购阶段。消费者总是处于购买某种产品的不同准备阶段，有的消费者不知道有这种产品，有的已知道，有的已得到信息，有的感兴趣，有的想买，而有的正准备买。企业按照处于不同购前阶段的消费者进行细分，然后运用适当的市场营销措施。例如，对于不知道本企业产品的消费者，要加强广告宣传，以引起他们的注意；对于已经知道本企业产品的消费者，着重宣传使用本企业产品带给他们的利益；对于感兴趣的、想买的或准备买的消费者，要告诉他们经销商店、地点及服务项目。

(7) 对产品的态度。企业还可以按消费者对产品的热情服务来细分市场。通常可分成5种态度：热情的、肯定的、漠不关心的、否定的和敌对的。企业对待不同态度的消费者应当分别采取不同的市场营销措施。譬如，对热情者和肯定者，感谢他们的支持；对漠不关心者，通过适当的媒体进行宣传介绍，使他们转为关心；对于否定和敌对的，也应进行必要的宣传解释，以缓和他们的情绪和改变他们的态度。

营销视野

欧莱雅集团的市场细分

首先，欧莱雅公司从产品的使用对象进行市场细分，主要分成普通消费者用化妆品、专业使用的化妆品。其中，专业使用的化妆品主要是指美容院等专业经营场所所使用的产品。

其次，公司将化妆产品的品种进行细分，如彩妆、护肤、染发护发等。同时，对每一品种按照化妆部位、颜色等再进一步细分，如按照人体部位不同将彩妆分为口红、眼膏、睫毛膏等。再就口红而言，进一步按照颜色细分为粉红、大红、无色等。此外，还按照口红性质差异将其分为保湿型、明亮型、滋润型等。如此步步细分，光美宝莲口红就达到150多种，而且基本保持每1～2个月就向市场推出新的款式，从而将化妆品的品种细分几乎推向极限地步。

然后，按照中国地域广阔特征，鉴于南北、东西地区气候、习俗、文化等的不同，人们对化妆品的偏好具有明显的差异。如南方由于气温高，人们一般比较少做白日妆或者喜欢使用清淡的装饰，因此较倾向于淡妆；而北方由于气候干燥以及文化习俗的缘故，一般都比较喜欢浓妆。同样东西地区由于经济、观念、气候等的缘故，人们对化妆品也有不同的要求。所以欧莱雅集团敏锐地意识到了这一点，按照地区推出不同的主打产品。

最后，又采用了其他相关细分方法，如按照原材料的不同有专门的纯自然产品，按照年龄细分等。

总之．通过对中国化妆品市场的环境分析，欧莱雅公司采取多品牌战略对所有细分市场进行全面覆盖策略，按照欧莱雅中国总经理盖保罗所说的金字塔理论，欧莱雅在中国的品牌框架包括了高端、中端和低端3个部分。

欧莱雅公司对中国市场分析到位、定位明晰。欧莱雅中国对外发布了2010年的在华业绩，公司在中国的销售额突破10亿欧元，达10.13亿欧元，增幅为17.6%，折合人民币90.85亿元，较2009年增长11.1%。中国成为欧莱雅在全球第三大市场。兰蔻在高档化妆品市场、薇姿在通过药房销售的活性化妆品市场、美宝莲在彩妆市场、欧莱雅染发在染发的高端市场已经占据了第一的位置。

资料来源：巴黎(欧莱雅)中国有限公司，http://www.chinacsrmap.org.

7.1.5 消费者市场细分的方法和程序

1. 市场细分方法

(1) 单一因素法：根据影响消费者需求的某一种因素进行市场细分。如根据年龄，可把儿童玩具市场划分为若干子市场：1～3周岁、3～5周岁、5～7周岁、7～10周岁、10～12周岁、12周岁以上。

(2) 综合因素法：即运用两个或两个以上的因素，同时从多个角度对市场进行细分。比如依据性别、收入、年龄3个因素细分服装市场，就可得到24(2×3×4)个分市场。这种方法适合于消费者需求差别较为复杂，需从多方面分析、认识市场。

(3) 系列因素法：按影响消费者需求的各种因素，由大到小、由粗到细地进行系列划分。

由此可知，市场细分的标准具有静态性和动态性，静态是相对的，动态是绝对的。这就是说，各种标准和具体因素是不断变化的，比如年龄、受教育程度和职业将随时间的流逝而有所变化，所以对市场细分要有动态观念，并注意目标市场的随时调整。

2. 市场细分程序

市场细分是企业决定目标市场和设计市场营销组合的重要前提。参照美国学者伊·杰·麦卡锡(E. Jerome. Mccarthy)的市场细分程序，结合实例，就可以得到一套逻辑性强、粗略直观却很有实用价值的简易步骤。

(1) 选定产品的市场范围。每一个企业，都有自己的任务和追求的目标，作为制订发展战略的依据。它一旦决定进入哪一个行业，接着便要考虑选定可能的产品市场范围。产品市场范围应以市场的需求而不是产品特性来定。比如一家住宅出租公司，打算建造一幢简朴的小公寓。从产品特性如房间大小、简朴程度等出发，它可能认为这幢小公寓是以低收入家庭为对象的，但从市场需求的角度来分析，便可看到许多并非低收入的家庭，也是潜在顾客。举例来说，有的人收入并不低，市区已有宽敞舒适的居室，但又希望在宁静的空间再有一套房间，作为周末生活的去处，所以，企业要把这幢普通的小公寓，看作整个住宅出租业的一部分，而不应孤立看成只是提供低收入家庭居住的房子。

(2) 列举潜在顾客的基本需求。选定产品市场范围以后，市场人员可以通过“头脑风暴法”，从地理因素、行为和心理因素几个方面，大致估算一下潜在的顾客有哪些需求，进一步能掌握的情况有可能不那么全面，但却为以后的深入分析提供了基本资料。比如，这家住宅出租公司可能会发现，人们希望小公寓住房满足的基本需求包括遮蔽风雨，停放车辆，安全，经济，设计良好，方便工作、学习与生活，不受外来干扰，足够的起居空间，满意的内部装修，公寓管理和维护等。

(3) 分析不同潜在顾客的不同需求。确定潜在需求后，企业就可依据人口因素做抽样调查，向不同的潜在顾客了解，上述需求哪些对他们更为重要。

(4) 移去潜在顾客的共同需求。现在企业需求移去各分市场或各顾客群的共同需求。这些共同需求固然很重要，但只能作为设计市场营销组合的参考，不能作为市场细分的基础。

(5) 划分相应的市场群，为不同的子市场暂定一个称谓。企业对各分市场剩下的需求要做进一步分析，并结合各分市场的顾客特点，暂时安排一个名称。

(6) 进一步认识各子市场的特点，决定再度细分或合并。现在，企业还要对每一个分市场的顾客需求及其行为做更深入的考察。看看各分市场的特点掌握了哪些，还要了解哪些，以便进一步明确各分市场有没有必要再细分或重新合并。

(7) 测量各子市场的规模与潜力。

以上步骤基本决定了各分市场的类型。企业紧接着应把每个分市场同人口因素结合起来分析，以测量各分市场潜在顾客的数量。因为企业进行市场细分，是为了寻找获利的机会，这又取决于各分市场的销售潜力。

7.1.6 产业市场细分标准

细分产业市场的因素，有一些与用来细分消费者市场的因素相同。产业市场的购买者可以按地区以及行为因素细分。

1. 最终用户细分

最终用户就是生产资料的使用者。

由于产品市场的客户购买生产资料的目的是为了满足科研、制造、修理、转售等生产业务上的需要，对所需的生产资料都有特殊的或不同的采购要求，因此，卖方必须充分考虑买方的需求特点或追求利益的重点来形成不同的细分市场。

(1) 用户规模。客户规模大，其购买力就高，每次购买数量多，购买周期长，购买品种较稳定；客户规模小，其购买力就较低，每次购买数量少，购买周期和品种不够稳定。

(2) 用户性质。最终用户的性质不同，决定对产品质量服务的标准有所不同。如农用拖拉机制造商、汽车制造商、飞机制造商所需要的轮胎在档次与安全标准上显然不同。

2. 地理细分

按地理位置细分市场，目的是节约流通费用。

每个国家或地区一般都根据物产、气候、历史等原因形成若干个工业区，因而产生不同的投资需求，并且生产者市场比消费者市场更为集中。如煤炭、水泥等产品，价廉量大，运费高，一般宜选择附近地区或交通方便的用户作为目标市场；上海、江浙地区，轻纺工业发达，因此就成为纺织机械设备制造企业的一个分市场。

3. 个人细分

个人细分指购买决策中各类人员的不同情况。购买者担负角色不同，如决策者、影响者、使用者，其对购买行为的关注焦点就有差别；购买者的年龄、受教育程度、个性特征、社会经历不同，也使购买行为发生差异。

4. 组织行为细分

组织行为细分指购买状况是直接购买、修正购买还是新购买在购买行为上的差异。

图 7.2 以钢铁公司使用多种标准细分市场为例加以说明。

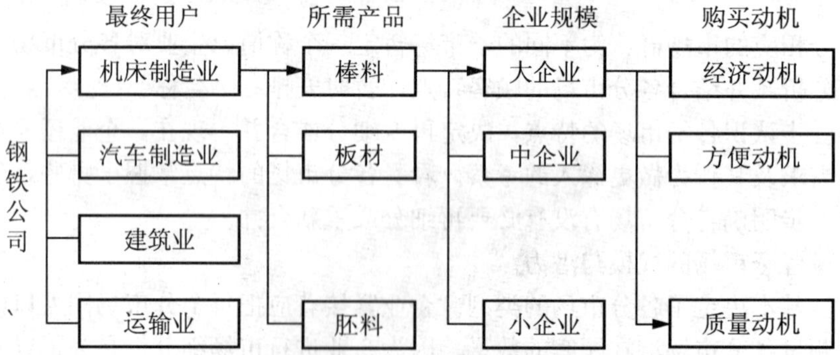

图 7.2 钢铁公司细分市场

(1) 公司按最终用户需要把市场分为 4 个小市场，而后选择机床制造业为目标市场。

(2) 按所需产品又分为 3 个小市场，公司选择棒料为目标市场。

(3) 再按企业规模细分为大、中、小 3 个小市场，公司选择大型企业为目标市场。

(4) 最后按购买动机细分为质量动机、经济动机、方便动机，公司选择质量动机为目标市场。

7.2 目标市场选择战略

细分市场以后，公司营销决策层就要考虑进入哪些细分市场提供产品或服务，并希望得到什么样的营销收益。这就是进入目标市场的选择和在目标市场上的营销战略的决策。

7.2.1 目标市场

1. 目标市场(Target Market)

目标市场是企业打算进入并实施相应营销组合的细分市场，或打算满足的具有某一需求的顾客群体。

对一个整体市场来说，一个特定企业所选择的目标市场，可能是覆盖全部市场，也可能只是其中的一个或若干个细分市场。

随着社会生产力的提高和科学技术的进步，消费者的需要和欲望得以满足的程度越来越高，尤其是买方市场的到来，竞争加剧，一个企业受到其资源和能力的限制，不可能满足消费者的多方面要求，或为一个市场的所有消费者提供使其满意的商品或服务，为此，进入 20 世纪 50 年代以后，在细分市场的基础上进行目标市场的选择，即目标市场营销成为现代市场经济条件下企业最普遍的营销活动方式。

2. 目标市场与市场细分的联系与区别

联系：市场细分是选择目标市场的前提和条件；目标市场是市场细分的目的和归宿。

区别：市场细分是发现市场上未满足的需求及划分消费者群的过程；目标市场是企业根据自身条件和特点选择一个或几个细分市场作为营销对象的过程。

3. 目标市场应具备的条件

（1）必须与企业的战略目标相一致。

（2）必须与企业资源相适应。

（3）必须能使企业在竞争中取得绝对或相对优势。

（4）必须能给企业带来较高的利润。有一定的购买力，目标市场才具有实际意义；有足够的营业额，目标市场才有开发价值。

7.2.2　目标市场选择模式

企业通过市场细分后，根据自己的任务、目标资源和特长等，权衡利弊，然后决定进入哪个或哪些分市场或子市场。企业决定进入的分市场或子市场，就是该企业的目标市场。企业可考虑的目标市场模式有 5 种，如图 7.3 所示。

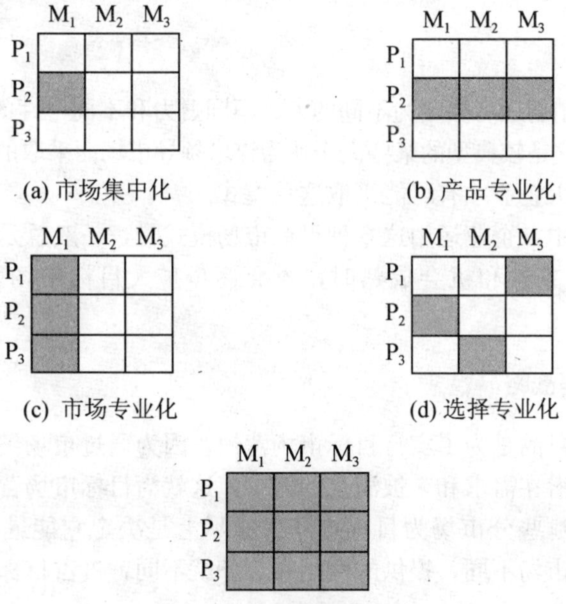

图 7.3　目标市场选择的 5 种模式

1. 市场集中化

市场集中化是最简单的目标市场模式。指企业的目标市场都高度集中在一个市场面上，企业只生产一种产品，供应一个顾客群，如图 7.3(a)所示。小企业通常选择这种战略。其优点为经营对象单一，可集中力量在一个细分市场上取得较高市场份额。但因目标市场狭窄，经营风险较高。

2. 产品专业化

产品专业化指企业的市场营销管理者决定向各种不同的顾客群提供它生产的同一种产品，如图 7.3(b)所示。可在特定的产品领域树立良好信誉(绿箭口香糖)。但如果这一领域发展出全新的替代技术，该企业则面临经营滑坡的危险。

3. 市场专业化

市场专业化指企业的市场营销管理者决定向某一个顾客群提供它所生产的各种产品，如图 7.3(c)所示。美国一家公司专门为喜爱男装的女性提供她们所需的各种产品：服装、鞋帽、手包和化妆品等，有助于发展和利用与顾客之间的关系，降低交易成本，树立良好形象，分散经营风险。但该顾客群需求一旦下降，企业会遇到收益下降的危险。

4. 选择专业化

选择专业化指企业的市场营销管理者决定同时进入若干互不相关的分市场，因为这些分市场都能提供有吸引力的市场机会。这种形式往往是一种市场机会增长战略的产物，如图 7.3(d)所示，实际上是一种多角化经营模式，能分散企业风险。企业须具有较强的资源和营销实力。

5. 市场全面化

指企业的市场营销管理者决定为不同的人、不同财力和不同个性的顾客群提供它所生产的各种不同的产品。这是较典型的某些大企业为谋求领导市场而采取的战略，如图 7.3(e)所示，只有实力雄厚的大企业才有可能采取这种模式。

在现实经济生活中，企业运用这 5 种目标市场模式时，一般总是首先进入最有利可图的细分市场，只有在条件和机会成熟时，才会逐步扩大目标市场范围，进入其他细分市场。

7.2.3 目标市场营销战略

企业细分市场的目的是为了实行目标市场营销。因为通过市场细分，可以发现一些理想的市场机会，诸如潜在需求和未被满足的需求，这就为目标市场营销准备了选择市场的条件。企业决定选择哪些分市场为目标市场，实际上是决定它能进入哪些目标市场的战略。企业选择的目标市场不同，提供的商品和劳务就不同，进占目标市场的营销策略也就不同。

1. 无差异市场营销

无差异市场营销指企业把整个市场看成一个大的目标市场，不进行市场细分，用一种产品、统一的市场营销组合对待整体市场。也就是说，企业权衡利弊得失，不去考虑细分市场的特性，而注重细分市场的共性，决定只推出单一产品，运用单一的市场营销组合，力求在一定程度上适合尽可能多的顾客的需求。采用这种战略的优点是成本的经济性。产品的品种、规格、款式简单，有利于标准化与大规模生产，对提高工效，降低成本，储存、运输、调研、促销等费用也大为节省。而其主要的缺点是局限性大，只对少数产品使用，单一产品要以同样的方式广泛销售并能受到所有的购买者欢迎，这几乎是不可能的。特别是当同行业中如果有数家企业都实行无差别市场营销时，在较大的分市场中的竞争将会日益激烈，而在较小的分市场的需求就得不到满足。

2. 差异性市场营销

差异性市场营销指企业决定同时在几个子市场上进行经营活动，针对不同的目标市场，提供不同的商品及营销组合方案，以满足不同消费者的不同需求。企业决定同时为几个细分市场服务，设计不同的产品，并在渠道、促销和定价等方面都加以相应的改变，以适应各个细分市场的需要。采用这种战略的优点是：一方面能以产品和经营策略的多样化，提高市场占有率，增强竞争能力；另一方面可以分散企业经营风险。例如，美国通用汽车公司针对各种不同的财力、目的和个性的消费者试产标准车、赛车、豪华车、小型车、超小型车等各种不同的汽车，通过推出新型汽车和运用不同的市场营销组合，期望达到高销售额，以及在各个分市场中的比较稳固的定位。企业的产品种类如果同时在几个分市场都占有优势，就会提高消费者对企业的信任感。目前有越来越多的企业采用差别市场营销。但是，这种战略由于增加了企业的产品种类和市场营销组合的多样化，会使企业的生产成本和市场营销费用相应增加，譬如产品翻改费用、生产费用 、管理费用、存货费用以及促销费用等。

3. 集中性市场营销

集中性市场营销指企业集中所有力量，以一个或少数几个子市场作为目标市场，集中企业的营销力量，实行专业化生产和经营，为的是在较小的市场上拥有较大的市场份额。前面提到的无差别市场营销和差别市场营销，都是以整体市场作为目标市场；而集中市场营销，就是企业集中所有力量，以一个或几个性质相似的分市场或子市场作为目标市场。实行集中市场营销的企业，一般是本身资源力量有限的中小型企业，或是大企业初次进入一个新市场。由于它们的经营对象比较集中，对一个或几个特定的分市场有较深的了解，而且在生产和市场营销方面进行专业化，就比较容易在这一特定市场取得有利地位。因此，分市场选择得恰当的话，企业可以获得较高的投资收益率。但是，另一方面，实行集中市场营销有较大的风险性，因为这个目标市场范围比较狭窄，一旦市场情况突然变坏，如消费者的偏好发生转移，价格猛跌，或者出现强有力的竞争者等，企业就可能陷入困境。所以，许多企业宁可实行多角化经营，把目标分散到几个分市场中去，以减少风险。

7.2.4　影响目标市场选择因素

企业在确定采用何种目标市场战略时应考虑如下因素。

1. 企业资源

当企业的人力、物力、财力、信息等资源不足，无力把整体市场作为自己的目标市场时，最好采用集中性市场营销；如果企业的资源雄厚，就可以考虑采用差异性市场营销。

2. 产品特点

对于同质产品，其差异较小，如钢铁、大米、食盐等，比较适用于无差异市场营销。对于异质产品，设计变化较多，如照相机、汽车、服装、食品等，则适合采用差异性市场营销或集中性市场营销。

3. 市场特点

如果所有的购买者其爱好相似，每一时期的购买数量相近，对市场营销刺激的反应也相同，这说明市场是同质的或相似的，企业可以采用无差异市场营销；反之，则宜于采用差异性市场营销或集中性市场营销。

4. 产品所处的生命周期阶段

当企业向市场推出新产品时，通常只介绍单一款式，因此适宜于采用无差别的市场营销或者集中性市场营销。当产品进入成熟阶段后，企业应转向差异性市场营销，以开拓新的市场。

5. 竞争对手的营销做法

当竞争对手已进行积极的市场细分，即已经实行差别市场营销时，企业如果再采用无差别市场营销来竞争，则风险较大。此时企业应当用更为有效的市场细分，寻找新的市场机会，实行差异性市场营销或集中市场营销。反之，当竞争对手采用无差异市场营销，企业“跟踪追击”，实行差异性市场营销或集中性市场营销将有所得。当然，如果竞争对手较弱时，企业也可以实行无差别市场营销。

7.3 市场定位

企业一旦选择了目标市场，就要在目标市场进行产品定位。市场定位的最终目标是提供差异的产品或服务，使之区别和优越于竞争对手的产品或服务。反过来讲，在细分市场的基础上实现产品或服务的差异化是产品定位前提，没有差异化就谈不上产品的定位。差异化和市场定位是企业全面战略计划中的重要组成部分，它关系到企业及其产品是如何与众不同，与竞争者相比是多么突出。营销企业向目标市场提供的产品都会在消费者的心目中有一个看法和印象，这主要取决于企业如何实现产品或服务的差异化和市场定位。通常，定位是在目标市场上争取顾客的做法，但是定位是在差异化基础上实现的。差异化是实现定位的基础；定位则是差异化的传播和实现。

7.3.1 市场定位的含义

市场定位也称为产品定位或竞争性定位，是根据竞争者现有产品在细分市场上所处的地位和顾客对产品某些属性的重视程度，塑造出本企业产品与众不同的鲜明个性或形象并传递给目标顾客，使该产品在细分市场上占有强有力的竞争位置。其实，市场定位就是塑造一种产品在细分市场上的位置，勾画企业形象和所提供的价值，以使市场全面理解和正确认识本企业有别于其竞争者的行为。

随着生产力的提高和商品经济的发展，在同一市场上有许多同一品种的产品出现。企业为了使自己生产或销售的产品获得稳定的销路，要从各方面为产品培养一定的特色，树立一定的市场形象，以求在顾客心目中形成一种特殊的偏爱。此外，市场定位也有助于企业明确市场营销组合的目标。

7.3.2　市场定位的方法

1. 迎头定位(对抗性定位、针对性定位)

迎头定位指企业选择靠近于现有竞争者或与其重合的市场位置，争夺同样的顾客。彼此在产品、价格、分销及促销各个方面的区别不大。

2. 避强定位(创新式定位)

避强定位指企业回避与目标市场上竞争者直接对抗，将其位置定在市场上某处空白领地或“空隙”，开发并销售目前市场上还没有的具有某种特色的产品，开拓新产品市场。

3. 重新定位

重新定位指企业变动产品特色，改变目标顾客对其原有的印象，使目标顾客对其产品新形象有一个重新的认识过程。

企业的产品在市场上的定位即使很恰当，但遇到以下情况时就应考虑重新定位。

(1) 竞争者推出的产品定位于本企业产品的附近，侵占了本企业品牌的部分市场，使市场占有率下降(伊利的重新定位就是因为蒙牛、乐百氏、均瑶等都在打草原牌，定位于伊利附近，因此伊利才使伊利牛变成中国牛)。

(2) 消费者的偏好发生变化，从喜爱本企业品牌转移到喜爱竞争者的品牌。

但是，企业在重新定位前必须慎重考虑两个问题。

(1) 企业将自己的品牌定位从一个分市场转移到另一个分市场时的全部费用。

(2) 企业将自己的品牌定位在新的位置上的收入所得有多少。其取决于：这个分市场的购买者和竞争者有多少；平均购买率有多大；销售价格能定多高等。

7.3.3　市场定位的步骤

1. 确认本企业的竞争优势

要确认本企业的竞争优势，中心任务是回答3大问题。

(1) 竞争对手的产品定位如何?

(2) 目标市场上足够数量的顾客欲望满足情况如何及还需要什么?

(3) 企业应该和能够做什么?

2. 准确地选择相对竞争优势

相对竞争优势：表明企业能够胜过竞争者的能力。

通常的方法是：从以下几方面分析、比较企业与竞争者。

1）经营管理方面

考察领导能力、决策水平、计划组织以及个人应变能力等指标。

2）技术开发方面

主要分析技术资源、技术手段、技术人员能力及资金来源是否充足等指标。

3）采购方面

分析采购方法、储存及运输系统、供应商合作及采购人员能力等指标。

4）生产方面

分析生产能力、技术装备、生产过程控制以及职工素质等指标。

5）市场营销方面

分析分销渠道、市场调研、服务与销售战略、广告、营销人员能力等指标。

6）财务方面

分析长期资金和短暂资金来源及资金成本、支付能力、现金流量以及财务制度、人员素质等指标。

7）产品方面

产品的特色、质量、价格、包装、支付条件、服务、市场占有率、信誉等指标。

3. 显示独特的竞争优势

主要任务是一系列的宣传促销活动。

(1) 使目标顾客了解、知道、热爱、认同、喜欢和偏爱本企业的市场定位，建立企业良好形象。

(2) 努力强化目标顾客形象，保持目标顾客的了解、稳定目标顾客的态度和加深感情，巩固形象。

(3) 及时矫正目标顾客理解偏差或企业市场定位宣传失误。

这样，公司才有可能制定有效的市场营销组合为其目标市场服务。

7.3.4 市场定位战略

1. 产品差别化战略

产品差别化是指企业设计和突出一系列产品属性上的差别，使之能与竞争对手产品区别的营销行为，是从产品质量、产品款式等方面实现差别化。

在日趋激烈的买方市场条件下，企业赢得竞争优势的有效途径是产品或服务的差异化。“别人不做的我做，别人没有的我有，别人做不到的地方，我做得到”。产品差别化有助于企业依据为顾客创造附加价值来提高产品竞争能力。企业可以通过4种主要途径来突出产品的差异化，即提供更好、更新、更快、更便宜的产品来创造附加价值。

(1) 更好：是指企业的产品性能、品质优于竞争对手，一般是通过对现有产品稍作改进来实现。

(2) 更新：是指开发前所未有的产品。它比对产品的稍作改进承担更大的风险，但一旦成功，就可以获得更高的收入，例如，生产出能治疗癌症的药物。

(3) 更快：是指企业能减少产品在工作时消耗的时间以及送货上门的时间。例如，佳能印刷机的工作速度比惠普更快。

(4) 更便宜：是指购买相似或相同的产品只需要更低的价格。例如，“高路华”彩色电视机价格相当于同规格索尼彩色电视机价格的一半。

值得指出的是：如果企业只能通过降低成本或价格来突出产品的差别，就容易出现经营错误。

① 产品比竞争对手低廉，易出现“便宜没好货”的感觉，即使是产品质量确实不错。

② 企业为了降低价格会减少服务项目，这会失去部分顾客。

③ 竞争对手可以寻找成本较低的生产基地、提供更便宜的产品，从而使本企业已取得的产品优势丧失。因此，一个企业除了产品价格便宜外，如果没有其他的方法突出产品的差异，那么公司迟早会被竞争对手击败。

2. 服务差别化战略

除了对有形产品实行差别化战略外，公司还可对服务进行差别化。尤其在难以突出有形产品的差别时，竞争成功的关键常取决于服务的数量和质量。区分服务水平的主要因素有送货、安装、顾客培训、咨询服务等。

3. 人员差别化战略

通过聘用和培训比竞争者更为优秀的人员获取差别优势实现差别化。公司可以通过雇用、培训比竞争对手更优秀的员工，来赢得强大的竞争优势。例如，新加坡航空公司的声誉在大部分市场上都很高，因为它们的航空小姐美丽优雅。再如麦当劳的员工十分有礼貌；IBM 公司的员工技术水平很高；迪士尼公司的员工态度非常乐观；大多数日本百货商店都在电梯旁设有一位女士，告知顾客各层销售的商品种类。训练有素的员工应能体现出下面 6 个特征。

(1) 胜任：员工具备必需的技能和知识。

(2) 礼貌：员工对顾客的态度友好，充满敬意，能为顾客着想。

(3) 可信：员工值得公司信任。

(4) 可靠：员工能自始至终准确地提供服务。

(5) 反应敏捷：员工能对顾客的需要和有关问题迅速做出反应。

(6) 善于交流：员工能尽力去理解顾客，并能准确地与顾客沟通。

4. 形象差别化战略

即使其他竞争因素都相同，但由于公司或品牌的形象不同，购买者也会做出不同的反应。品牌可以形成不同的“个性”，供顾客进行识别。形象差别化战略是在产品的核心部分与竞争者类同的情况下塑造不同的产品形象，以获取差别优势，实现差别化。

应用案例

商务通的市场细分

1998年12月18日，在北京香格里拉饭店，北京恒基伟业电子产品有限公司举办新闻发布会，宣布其自主研制与生产的全中文掌上电脑——商务通将全面上市。

自此，商务通在国内许多城市保持了数月的热销。销售量高出其他同类产品十倍甚至数十倍，连续几个月保持了100%的销售增长速度，多个城市的零售商主动上门进货，要求得到商务通的经销权。而且，商务通的畅销带动了竞争企业的同类产品快译通与名人等品牌的生产与销售。

掌上电脑进入国内市场已经有了10余年的历史。1992年，快译通品牌的树立是掌上电脑市场在中国真正启动的标志。随后，好易通、文曲星、神宝与名人等品牌出现，加速了掌上电脑消费市场的成长。然而，掌上电脑市场给消费者与其他业界的人士的感觉一直都是平平淡淡，各企业的销售业绩不温不火。为什么一个培育多年的市场会这样？恒基伟业高层人士的认识是："以往的生产商没有充分认识到掌上电脑的巨大市场潜力，只是把它当作计算机的附属市场来进行开拓，而没有按照开拓一个新行业的要求去做正规的市场推广。"

该公司的营销管理者认为，随着社会经济生活的信息化程度的提高，人们对个人信息处理与数据保存的需求越来越高，尤其是各类企业管理者对市场信息处理的要求更加强烈。所以掌上电脑市场应该是一个具有广泛发展空间的新兴市场。

恒基伟业电子产品有限公司的市场营销管理者将企业的成功归结为恰当的市场切入、产品的市场细分、目标市场确定与市场定位战略以及相关策略的良好运作。

首先，与其他生产商不同的是，商务通完成了产品的技术开发后，并没有立即投放市场，而是在几个月后，寻找了一个恰当的市场切入时机，也就是在手机产品的销售额急剧增长之时，才将商务通推入市场。

其次，与以往的掌上电脑的目标市场不清晰、市场定位模糊不同，恒基伟业的市场营销管理者对商务通的目标市场确定为"为广大工商界企业人士、企业管理人员、政府工作人员以及其他有大量信息需求随时记录和查找的人士"。

再次，在市场定位上，从产品的命名、功能与性能和形象代言人与广告宣传上均突出了产品的"商务工具"这一特色。第一，商务通的命名使消费者对产品的第一印象，就是"商务界或者是从事相关职业的人士"的必备工具，是商界人士身份的象征。伴随着企业的广告攻势，商务通的产品形象更是深入人心。第二，在目标市场确定后，"科技让你更轻松"的设计理念，使商务通的目标顾客对产品的性能有了清晰的市场定位。商务通的"科技"并不会将消费者带入消费过程的"迷宫"，而是使消费者对这一高科技产品可以随意使用，对信息处理等烦琐工作变得轻轻松松。第三，使用李湘这个湖南卫视的当家花旦作为形象代言人，使娱乐节目《快乐大本营》的轻松愉快的特色、节目主持人的清新形象与商务通的"科技让你轻松"的设计理念相互吻合。此外，强势的广告宣传策略为企业迅速树立行业领导的产品形象也起到了极大作用。从中央台到地方台都可以见到商务通的广告，甚至在火车的车厢上，也有李湘笑眯眯的美丽形象。

资料来源：http://www.cctc.net.cn/zyzx.

思考题：

商务通的市场细分战略可能采用的细分变量有哪些？商务通的成功与其市场细分与目标市场战略、市场定位战略的恰当运用有十分密切的关系，试对其进行展开分析。结合你对商务通的产品印象，谈谈该产品的营销战略还需要有什么改进之处。如果你是文曲星的生产商，你需要针对商务通的市场营销战略，做出哪些营销战略上的调整？

本章小结

市场细分是指市场营销人员在全面市场调研的基础上，根据消费者的需要与欲望、购买行为与购买习惯上的差异性，将某产品的市场划分为若干个消费者群的市场分类过程。企业细分市场的前提是消费者的需求存在差异性。企业对市场的细分过程是一个包含多种变量的动态过程。细分消费者市场的标准或细分变量，主要包括地理标准、人文标准、心理标准、行为标准与受益标准。企业确定目标市场的方式不同，所采用的营销战略也会不同，有 3 种不同的目标市场策略可供企业选择，包括无差异性营销、差异性营销与集中性营销。

市场定位旨在帮助企业在目标市场上突出与竞争者的差异，树立独特的企业形象与产品形象。迎头定位、避强定位和重新定位是常用的定位方法。

习　　题

一、单选题

1. 市场细分是 20 世纪 50 年代中期美国市场营销学家(　　)提出的。

A. 基恩·凯洛西尔　　B. 鲍敦

C. 温得尔·斯密　　D. 菲利普·科特勒

2. 同一细分市场的顾客需求具有(　　)。

A. 绝对的共同性　　B. 较多的共同性　　C. 较少的共同性　　D. 较多的差异性

3. (　　)差异的存在是市场细分的客观依据。

A. 产品　　B. 价格　　C. 需求偏好　　D. 细分

4. 依据目前的资源状况能否通过适当的营销组合去占领目标市场，即企业所选择的目标市场是否易于进入，这是市场细分的(　　)原则。

A. 可衡量性　　B. 可实现性　　C. 可营利性　　D. 可区分性

5. 采用无差异性营销战略的最大优点是(　　)。

A. 市场占有率高　　B. 成本的经济性　　C. 市场适应性强　　D. 需求满足程度高

6. 集中性市场战略尤其适合于(　　)。

A. 跨国公司　　B. 大型企业　　C. 中型企业　　D. 小型企业

7. 同质性较高的产品，宜采用(　　)。

A. 产品专业化　　B. 市场专业化　　C. 无差异营销　　D. 差异性营销

8. 市场定位是(　　)在细分市场的定位。

A. 塑造一家企业　　B. 塑造一种产品　　C. 确定目标市场　　D. 分析竞争对手

9. 重新定位，是对销路少、市场反应差的产品进行(　　)定位。

A. 避强　　B. 对抗性　　C. 竞争性　　D. 二次

10. (　　)是企业打算进入并实施相应营销组合的细分市场，或打算满足的具有某一需求的顾客群体。

A. 目标市场　　B. 细分市场　　C. 市场定位　　D. 同质市场

二、多选题

1. 市场细分的原则包括(　　)。

A. 可控制性　B. 可实现性　C. 可区分性
D. 可衡量性　E. 可营利性

2. 属于产业市场细分变量的有(　　)。
A. 最终用户细分　B. 人口细分　C. 个人细分
D. 地理位置　E. 组织行为细分

3. 无差异营销战略(　　)。
A. 具有成本的经济性　B. 不进行市场细分　C. 适宜于绝大多数产品
D. 只强调需求共性　E. 使用于小企业

4. 企业采用差异性营销战略时(　　)。
A. 一般只适合于小企业　B. 要进行市场细分
C. 能有效提高产品的竞争力　D. 具有最好的市场效益保证
E. 以不同的营销组合针对不同的细分市场

5. 市场定位的主要方式有(　　)。
A. CIS　B. POP　C. 避强定位
D. 迎头定位　E. 重新定位

三、判断题

1. 在同类产品市场上，同一细分市场的顾客需求具有较多的共同性。(　　)
2. “反市场细分”就是反对市场细分。(　　)
3. 通过市场细分化的过程，细分出的每一个细分时常对企业市场营销都具有重要的意义。(　　)
4. 同质性产品适合于采用集中性市场营销战略。(　　)
5. 无差异性市场营销战略完全不符合现代市场营销理论。(　　)
6. 综合因素法即运用两个或两个以上的因素，同时从多个角度对市场进行细分。(　　)
7. 企业采用服务差别化的市场定位战略，就可以不再追求技术和质量的提高。(　　)
8. 集中性市场营销指企业决定同时在几个子市场上进行经营活动，针对不同的目标市场，提供不同的商品及营销组合方案，以满足不同消费者的不同需求。(　　)
9. 当竞争对手已进行积极的市场细分，即已经实行差别市场营销时，企业如果再采用无差别市场营销来竞争，则风险较大。(　　)
10. 人员差别化战略是通过聘用和培训比竞争者更为优秀的人员获取差别优势实现差别化。(　　)

四、简答题

1. 简述市场细分战略的产生和发展。
2. 进行消费者市场细分的标准主要有哪些?
3. 简述企业进行市场定位的步骤。

五、论述题

1. 试述企业目标市场战略的3种模式。
2. 分析宝洁公司是如何细分洗发产品市场的。

第8章

竞争性市场营销战略

教学目标

明确如何去识别竞争者、如何判定竞争者的战略与目标、如何评估竞争者的实力与反应；掌握市场竞争战略的内容。

教学要求

知识要点	能力要求	相关知识
竞争者分析	(1) 了解识别竞争者的方法 (2) 学会判定竞争者的战略和目标 (3) 学会评估竞争者的实力和反应	行业结构类型
市场领导者战略	学会识别市场领导者并了解其战略	市场领先者在竞争中的地位及优劣势
市场挑战者战略	学会识别市场挑战者并了解其战略	市场挑战者在竞争中的地位及优劣势
市场跟随者和市场利基者战略	学会识别市场跟随者和利基者并了解其战略	市场跟随者在竞争中的地位及优劣势

基本概念

行业结构；市场竞争；完全垄断；寡头垄断；垄断竞争；完全竞争；市场领导者；市场挑战者；市场跟随者；市场利基者

引 例

竞争——时刻都是在刀口下拼搏

吉列在巴尔的摩瓶盖公司做推销员的时候，有人跟他说，如能发明一种“用完即扔”，顾客反复购买的产品，肯定能发财。1895年盛夏的一个早晨，吉列在剃胡须时，剃须刀将他的下巴变得血糊糊的。他恶狠狠地扔掉剃刀，怨恨道：这哪是在剃胡子，简直是在割肉！一番怨恨之后，他萌发了开发一种新剃刀的念头。

一天，吉列见到田园里一位农夫赶着牛，带着一张耙子，把地耙得又细又平。刹那间，吉列产生了把安全剃须刀设计成耙子形状的灵感。“T”形的架子把刀片夹在中间，架子两边的夹片和中间的刀片几乎在一个平面上。这样，即使粗心、毛躁的人，也不会刮破脸皮。而且中间的刀片可以拆卸、更换，用完即扔。

太好了，吉列立即跑回家里，用木头、竹片细心雕刻出安全剃须刀的模型。然后，他请老相识机械师威廉·尼克森帮助做出了几件样品。吉列拿着样品，苦苦地寻找着投资者。投资者们对吉列拿来的“玩意儿”不感兴趣，看不出它有什么市场前景。但是经过一番奔波，吉列在几个很小的投资者和他妻子的支持下，终于在1901年开发出“用完即扔”的产品，并成立了“吉列安全剃胡刀公司”。

1904年，吉列公司取得安全剃须刀的专利权。同年，吉列公司刀架的销售量达到9万把，刀片的销售量达到了1240万片。到1920年，吉列公司的触角已经伸向全球各地，大约2000万人都在使用吉列的产品。吉列在滚滚的财源中，逐渐变得狂妄和自大。他把公司的成功归于广告。1921年，“吉列”的专利权期限届满，也就意味着竞争的来临。5年后，竞争者果然出现了，他就是在全球行销“自动磨刀安全刮胡刀”的亨利·盖斯曼。

竞争者询问吉列公司，是否愿意购买他发明的新型改良式不易龟裂双面剃胡刀片的专利权，吉列一口回绝了。于是，亨利·盖斯曼决定自己干。并推出Probak刮胡刀与刀片的计划。吉列的反击措施是推出一种新型的横条固定式刮胡刀。与此同时，盖斯曼在吉列新设计的刮胡刀出现后的一周内，就把Probak刮胡刀改成横条固定式，并将刀锋进行退火处理，质量似乎优于吉列。盖斯曼的销售额不断增加，侵占了吉列的市场。

1930年，双方经过若干回合的并购与反并购，“盖斯曼”已经聚集了相当多的吉列公司的股票，并已取得了竞争对手的控制权，用它的产品以及一套新的生产技术，取代了老吉列公司的产品和生产技术。吉列公司以前的管理班底被放逐，吉列本人则忙于清偿债务，被迫放弃所持有的所有吉列公司的股票。1931年，在世界经济大萧条的年代，金·C. 吉列去世了。

吉列公司在金·C. 吉列领导下，走过了30年辉煌的历程。遗憾的是，吉列公司却在一个一手创造和完全控制之下的市场中，被一个小小的竞争者击溃！

资料来源：http://www.doc88.com.

引例点评： 虽然是小小的剃须刀片，但上演的竞争却可以说是刀光剑影，血雨腥风。在市场上，许多弱者都是后来给强者下“绊”的竞争者。对于任何一个企业来说，无视竞争者就意味着死亡。

本章将对市场竞争战略的相关知识进行介绍，并详细讨论市场领导者战略、市场挑战者战略、市场跟随者战略与市场利基者战略。

因为竞争，才有进行营销的必要性。企业在营销中所取得的任何有益成果，都是竞争胜利的成果。真正杰出的企业经理人员，都是有着高超竞争谋略的商业英雄。企业在市场营销中，不仅是提供能满足顾客需要的产品或服务，而且，还要求比竞争对手做得更好。竞争是营销发生的前提条件。如何制定正确的竞争战略，如何战胜竞争对手来达到企业预期的营销目标，是营销管理的重要内容。本章将围绕竞争这个营销与营销管理的关键问题，进行研究。

8.1　竞争者分析

8.1.1　识别竞争者

竞争者一般是指那些与本企业提供的产品或服务相类似，并且有相似目标顾客和相似价格的企业。但从市场竞争的核心来看，竞争者是指所有与本企业争夺同一目标顾客的企业。

1. 行业竞争观念

在市场营销中，我们把买方的集合称为市场，把卖方的集合称为行业。而在竞争者识别的有关范畴中，可以把生产一种或一类可以相互替代的产品的企业集群叫作行业。例如，生产和销售食品的企业群可以称为食品业，生产和销售通信产品的企业群构成了通信业。长虹电视机价格降低会引起康佳电视机需求减少，IBM 计算机价格上升会引起联想计算机需求增加，二者互为密切替代品。影响行业结构的主要因素有下面几点。

1）销售商数量及产品差异程度

根据销售商的数量及产品的差异程度可将行业结构划分为以下类型。

(1) 完全垄断：指在一定地理范围内某一行业只有一家公司供应产品或服务。可能由规章法令、专利权、许可证、规模经济或其他因素造成。分为“政府垄断”和“私人垄断”两种。

(2) 寡头垄断：指某一行业内少数几家大公司提供的产品或服务占据绝大部分市场并相互竞争。分为“完全寡头垄断”(无差别寡头垄断)和“不完全寡头垄断”(差别寡头垄断)。

① 完全寡头垄断：指某一行业内少数几家大公司提供的产品或服务占据绝大部分市场，并且顾客认为各公司产品没有差别，对不同品牌无特殊偏好。西方国家的钢铁、铝、轮胎、石油等行业多为完全寡头垄断。寡头企业之间的相互牵制，导致每一企业只能按照行业的现行价格水平定价，不能随意变动，竞争的主要手段是改进管理、降低成本、增加服务。

② 不完全寡头垄断：指某一行业内少数几家大公司提供的产品或服务占据绝大部分市场，并且顾客认为各公司的产品存在差异，对某些品牌形成特殊偏好，其他品牌不能代替。西方国家的汽车、飞机、电脑等行业多为差别寡头垄断。顾客愿意以高于同类产品的价格购买自己所喜爱的品牌，竞争的焦点不是价格，而是产品特色。

(3) 完全竞争：指某一行业内有许多卖主且相互之间的产品没有差别。

完全竞争行业由许多生产同类产品的企业所构成，不同企业生产的产品不存在任何差别，在这样的行业中，没有任何支配力量存在。市场中的企业数目众多且规模小，每个销售者和购买者提供或需求的产品数量都很少，任何销售者和购买者都不能影响市场价格，市场价格完全是由供求关系决定的。行业不存在任何进入与退出障碍，新企业进入产业或原有企业退出产业有充分的自由，生产要素在产业间的转移没有任何阻力。生产者和消费者掌握市场的全部信息，既了解市场上每个生产者的产品、技术和成本，也了解消费者的喜好和支付能力，企业生产销售活动以及消费者的购买活动的信息完全对称。完全竞争行业是一种理想状态，在现实中并不存在。

(4) 垄断竞争：垄断竞争型的行业中存在数量众多的小企业，每个企业的产量在产业的总产量中只占较小的比例。不同企业生产的产品之间存在差别，但是相互之间的替代弹性较大。产业的进入障碍较低，新企业能够自由进入产业。当产业内的供给量超过需求量而导致企业收益下滑或亏损时，企业也可以退出产业。各个独立的企业之间存在着激烈的竞争，但是由于产品差别的存在，各个企业又可以凭借产品差别特点形成一定程度的垄断。

竞争战略的焦点是扩大本企业品牌与竞争者品牌的差异，突出特色。

2) 进入与流动障碍

(1) 进入障碍：进入一个行业会遇到许多障碍。如缺乏足够的资金、未实现规模经济、无专利和许可证、无场地、原料供应不充分、难以找到愿意合作的分销商、产品市场信誉不易建立等。其中一些障碍是行业本身固有的，另外一些障碍是先期进入并已垄断市场的企业单独或联合设置的，以维护其市场地位和利益。

(2) 流动障碍：即使企业进入了某一行业，向更有吸引力的细分市场流动时，也会遇到流动障碍。各个行业的进入与流动障碍不同。如进入粉笔制造业十分容易，进入飞机制造业则极其困难。某个行业的进入与流动障碍高，先期进入的企业就能获取高于正常水平的利润率；某个行业的进入与流动障碍低，其他企业就会纷纷进入，使该行业的平均利润率降低。

3) 其他障碍

(1) 退出与收缩障碍：如果某个行业利润水平低下甚至亏损，已进入的企业会主动退出，并将人力、物力和财力转向更有吸引力的行业。但退出一个行业也会遇到障碍。如对顾客、债权人或雇员法律上或道义上的义务，政府限制，未发现更有利的市场机会等。

(2) 成本结构：在每个行业里从事业务经营所需的成本及成本结构不同。轧钢业所需成本大而化妆品业所需成本小，但轧钢业所需的制造和原材料成本大，而化妆品业所需分销和促销成本大。因此，轧钢厂将主要成本用于建立最现代化的工厂比用于广告宣传更有利；而化妆品制造商将主要成本用于建立广泛的分销渠道和广告宣传可能比投入生产更有利。

(3) 纵向一体化：在许多行业中，实现向前或向后一体化有利于取得竞争优势。

(4) 全球经营：有些行业局限于地方经营(理发、浴室、影院、歌舞厅等)，有些行业则适宜发展全球经营(飞机、计算机、汽车、电视机等)，可称为全球性行业。在全球从事业务经营，必须开展以全球为基础的竞争，以实现规模经济，赶上最先进的技术。

2. 根据市场上产品替代性程度的强弱分类

(1) 品牌竞争者。所谓品牌竞争者就是指同一行业内以相似的价格向相同的顾客群提供类似产品或服务的所有企业。品牌竞争者是企业在市场上所面临的最直接的竞争对手，它们之间的竞争最为激烈和残酷。

(2) 行业竞争者。行业竞争者是指提供同一类或同一种产品的所有企业。在同一行业中，不同企业所提供产品的型号、档次、价格不同，它们不构成品牌竞争者，但它们之间也存在着竞争。这些企业之间的竞争就构成了行业竞争者之间的竞争。例如，富康、哈飞、奇瑞是低档车的品牌；丰田、本田是中档车的品牌；宝马、奔驰是高档车的品牌，同档次品牌之间构成了品牌竞争者，不同档次的品牌之间则构成了行业竞争者。

(3) 需要竞争者。需要竞争者是指满足和实现消费者同一需要的企业。企业分析竞争对手的时候，不仅要关注品牌竞争者和行业竞争者，而且要关注需要竞争者，需要竞争者也会对企业的市场构成有效的威胁。例如，消费者有出行的需要，飞机、长途汽车、火车、私家车都可以满足这种需要，它们之间就构成了需要竞争。现代市场营销理念要求企业扩大市场定义的范围，将这些需要竞争者都纳入考虑范围。

(4) 消费竞争者。消费竞争者是指生产不同产品，但目标顾客相同的企业。例如，消费者的积蓄可以用于购置房产、购买汽车、旅游消费，那么所有提供以上产品或服务的企业就构成了消费竞争者。

3. 根据竞争者在目标市场内的地位分类

根据在同一目标市场内，企业的实力、规模和市场份额不同，就形成了企业在目标市场内不同的竞争地位。根据企业在目标市场内的地位，可以把竞争者划分为：市场领导者、市场挑战者、市场追随者和市场补缺者。

(1) 市场领导者。市场领导者就是占市场份额最大的企业。例如，可口可乐是可乐市场的领导者，宝洁是日用化工产品市场的领导者，格兰仕是微波炉市场的领导者。市场领导者在市场上拥有很大的影响力，其他企业要么向它发出挑战，要么采取跟随战略对市场领导者的战略进行模仿。

(2) 市场挑战者。市场挑战者是指在目标市场上位居第二、第三或名次稍低的企业。例如，百事可乐是可乐市场的挑战者，高露洁是日用化工产品市场的挑战者。市场挑战者通常作为市场领导者的挑战者存在，它们总是试图寻找进攻机会，扩大市场份额。

(3) 市场追随者。市场追随者是指在目标市场上位于第二、第三或稍后名次，在战略上追随市场领导者的企业。市场追随者不对市场领导者发起直接的进攻，而是密切关注市场领导者的战略选择，在产品开发、价格、分销和促销等方面与市场领导者保持一致。与此同时，市场追随者也具有自己的特色，从而保持自己的市场份额。

(4) 市场补缺者。市场补缺者主要是指行业中实力相对弱小的中小企业。这些中小企业无力与大企业相抗衡，它们专注于大企业所忽视的市场空白地带，为目标市场提供专门的产品或服务，从而谋得自己的生存与发展。

8.1.2　判定竞争者的战略和目标

1. 判定竞争者的目标

了解竞争者的战略目标及其组合可以判断他们对不同竞争行为的反应。了解竞争对手的战略目标是分析竞争对手其他方面情况的基础。任何一个企业，在营销活动中，采取什么样的营销组合(4P)，其资源如何配置，都受其营销战略目标的制约。就竞争而言，凡是有利于一个竞争对手的战略目标顺利实现的竞争领域，竞争对手就会在这样的领域中表现出更大的进攻性或做出更多、更大的营销努力。

分析竞争对手的战略目标，也可以预见竞争对手的营销发展方向和未来的变化情况；并可帮助企业更好地理解竞争对手当前所采取的竞争策略和发展意图，以便本企业做出恰当的应对措施。

2. 判定竞争者的战略

公司最直接的竞争者是那些处于同一行业同一战略群体的公司。

战略群体指在某一特定行业内推行相同战略的一组公司。战略的差别表现在目标市场、产品档次、性能、技术水平、价格、销售范围等方面。区分战略群体有助于认识以下3个问题。

(1) 不同战略群体的进入与流动障碍不同。

(2) 同一战略群体内的竞争者最为激烈。

(3) 不同战略群体之间存在现实或潜在的竞争：不同战略群体的顾客会有交叉；每个战略群体都试图扩大自己的市场，涉足其他战略群体的领地，在企业实力相当和流动障碍小的情况下尤其如此。

8.1.3 评估竞争者的优势和劣势

任何企业的优势和弱势都是相比较而言的，应将优势和弱势放在竞争企业所实行的营销战略下面进行考量，才能得出正确结论。比如，按家电业界的一般认识，日本松下公司的科研开发能力在同业大型企业里中是比较弱的，索尼公司的科研开发能力公认是最强的。但是，松下公司奉行的是和索尼公司完全不同的营销战略。松下公司依靠的是将实用化的新产品用最低的生产成本生产出来。许多业内人士认为，只要某种新产品出现后，进入了松下公司生产线，这种产品的市场价格就会很快降下来。所以，松下公司被说成是“低成本生产专家”。由此可知，松下公司的所谓的“科研开发能力弱”，并不是其“致命弱点”。对竞争对手实力进行分析，主要应从以下方面着手。

1. 产品组合

竞争对手产品组合广度，说明其经营范围的大小和经营的多样化情况，同时也表明一个竞争对手抵御市场风险的能力；竞争对手的产品组合深度，表明其产品线的完善程度和其对市场需求的覆盖程度。

2. 营销地位

一个企业的营销地位是指该企业在市场中的营销效率和市场号召力。理论上可用每单位的营销费用和取得的营销收益的比值来对不同企业进行比较分析。但这种比较方法的实用性不太好，因为绝大多数企业的营销收益和营销费用都是“商业秘密”，取得有关数据极难。较实用的方法是评价不同的竞争对手品牌的地位或品牌知名度。品牌知名度高的企业，其营销地位一般就高，因为这样的企业可以利用品牌的市场认可性和号召力，很容易推出新产品或是向某个竞争对手发动进攻。

除了品牌地位外，还需要考察企业本身的市场声誉，与可使用的渠道机构(批发、零售与实体分配等企业)的关系、与供应商的关系、一般公众印象。需要时，还要考察竞争对手与政府部门的关系。

分析竞争对手的营销地位的时候，在传统上，很多企业都比较看重市场份额的对比。从简单分析要求来说，比较市场份额也是可行的。但是在比较市场份额时，需要与主要竞争对手进行比较，即与市场相似的竞争对手进行比较；不同的市场定位和处于不同细分市场的竞争者相互之间的市场份额应该没有可比性。特别是，比较市场份额的做法，往往误导经理人员去过度或背离营销战略目标要求追求市场份额，特别是不惜采用价格战的方法去提升市场份额。

因此，企业在分析市场份额的时候，需要分析 3 种市场份额。

(1) 一般市场份额：竞争者在市场中拥有的销售份额。

(2) 心理份额：当提及能够想到的公司和产品时，首先回答某公司和产品的顾客占被调查顾客的比例。

(3) 情感份额：顾客在表达最喜欢的公司和产品的时候，所提到的公司和产品。

实际上，经过研究，只有当公司的心理份额和情感份额占有率高时，其一般市场份额才有望保持和提升；相反，如果一般市场份额占有率高的公司，如果心理份额和情感份额在下降，或迟或早，其一般市场份额一定会下降。

3. 生产经营规模

一个竞争对手的生产经营规模表明该竞争对手向市场提供产品表现在数量上的扩大能力，也反映该竞争对手在一个行业的投资量。通过分析竞争对手的经营规模，在一定的程度上能摸清竞争对手的资金实力。竞争对手的生产经营规模又可分为当前规模和最大(潜在)规模。当出现新的市场机会时，生产规模越大的企业，捕捉到新机会的几率比生产经营规模小的企业大。

生产经营规模包括现实经营规模与潜在经营规模。潜在经营规模是比较容易忽视的问题。潜在经营规模大的竞争对手，就是拥有大量的富余资金或强大筹资能力的竞争对手，他们一旦发现市场机会，可极快动员自己的资金与资源来扩大相应产品生产能力，给其他竞争企业发展带来困难。如果不对竞争对手的潜在经营规模给予足够注意甚至在分析时忽略了，将得到错误的结论并且产生出不可靠甚至是错误的战略计划。

4. 技术

行业不同，技术方面分析内容也有极大的不同，归纳起来主要有 3 类。

(1) 常规技术：包括生产成本情况，设备新旧度、专利技术运用情况、生产作业单位所在地拥有的要素优势(如劳动力、运输、供应物品的价格)、纵向整合能力(指对供、产、销环节的统筹、控制的能力)等。

(2) 研究开发能力：主要包括专利技术的拥有量、研究开发新产品的能力、吸收与消化新的工艺技术和其他产品技术的能力、基础研究的能力、联合社会研究开发机构的能力或支撑度(指社会研究机构是否愿意同其合作及合作的关系)。

(3) 成本情况：总成本、成本优势、降低成本的潜力以及经验曲线的状况。

5. 资金实力(财务实力)

分析竞争对手的资金实力，可全面了解竞争对手的营销实力和竞争实力。分析资金实力主要应从资金存量和资金流量来进行。可能的话，应了解竞争对手财务状况。如果竞争对手是上市公司，则其资金潜力还应该包括其股票现值、股票的增长潜力。因为竞争对手如果有很好的股市声誉，就能够很快通过公共筹资渠道筹集到发展新业务所需的资金。

竞争对手资金实力的另外一个方面是现有资产的变现能力。如果拥有的实物资产变现容易，则竞争对手就能通过调整现有资产构成来增强某项业务上的竞争实力。

6. 管理能力

管理能力包括竞争对手决策人员的素质、职工素质、管理水平、管理效力等。其中比较重要的内容有：组织的价值观、经营观念、管理阶层的素质与结构、职工的培训方式与制度、主要的经理人员已取得的业绩与能力、文化程度等。

7. 其他

竞争对手的定价偏好、销售渠道情况、资源供应情况、公众形象等，都应随本企业制定的市场竞争战略的需要及具体市场情况，加以分析研究。

8.1.4 评估竞争者的反应模式

1. 从容型竞争者

从容型竞争者指对某些特定的攻击行为没有迅速反应或强烈反应。

2. 选择型竞争者

选择型竞争者指只对某些类型的攻击做出反应，而对其他类型的攻击无动于衷。一般地讲，选择型竞争者对于攻击行动的敏感部分应该来自于对其市场营销目标威胁最大的部分。因此，分析竞争者的营销目标和本企业竞争行为对其的影响所在，可以预知竞争者会对哪些方面做出反应，这为公司提供了制订最有效的竞争策略的基础。

3. 凶狠型竞争者

凶狠型竞争者指对所有的攻击行为都做出迅速而强烈的反应。企业在面对这类竞争者时，必须对自己的进攻行为作正面抗衡分析，如果竞争行动想建立在对方不反击的预案上，是非常不切实际的。如果没有实力与这类竞争者抗衡，唯一的方法是不要触动它，或能够迷惑它。

4. 随机型竞争者

随机型竞争者指对竞争攻击的反应具有随机性，有无反应和反应强弱无法根据其以往的情况加以预测。这类竞争者一般没有固定的反应行为，它们在同样的时间和场合对同样的攻击反应都有差别。一般讲，小公司往往是这种竞争者。对付这类竞争者需要公司在特定的细分市场相机行动即可。

8.1.5　选择对策：进攻或回避

企业明确了谁是主要竞争者并分析了竞争者的优势、劣势和反应模式之后，就要决定自己的竞争对策——进攻或回避：进攻谁、回避谁，可根据以下情况做出决定。

1. 强竞争者与弱竞争者

多数企业认为应以较弱的竞争者为进攻目标，因为这可以节省时间和资源，事半功倍，但是获利较少；反之，有些企业认为应以较强的竞争者为进攻目标，因为这可以提高自己的竞争能力并且获利较多，而且即使是强者也总会有弱点。

2. 近竞争者和远竞争者

多数企业主张与相近似的竞争者展开竞争，但同时又认为应避免摧毁相近似的竞争者，因为结果可能对自己反而不利。例如，美国博士伦眼镜公司在 20 世纪 70 年代末与其他同样生产隐形眼镜的公司竞争大获全胜，导致竞争者完全失败而相继将企业卖给了竞争力更强的大公司，使博士伦公司面对更强大的竞争者，处境更困难。

3. “好”竞争者与“坏”竞争者

有时竞争者的存在对企业是必要的和有益的，具有战略意义。竞争者可能有助于增加市场总需求，可分担市场开发和产品开发的成本，并有助于使新技术合法化；竞争者为吸引力较小的细分市场提供产品，可导致产品差异性的增加；最后，竞争者还加强企业同政府管理者或同职工的谈判力量。

但是每个行业中的竞争者通常都有表现良好和具破坏性的两种类型。

(1)“好”竞争者的特点。表现良好的竞争者按行业规则行动，按合理的成本定价，有利于行业的稳定和健康发展；他们激励其他企业降低成本或增加产品差异性；他们接受合理的市场占有率与利润水平。

(2)“坏”竞争者的特点。具有破坏性的竞争者则不遵守行业规则，他们常常不顾一切地去冒险，或用不正当手段(如收买贿赂买方采购人员等)扩大市场占有率等，从而扰乱了行业的均衡。例如，IBM 公司看到克雷研究公司是表现良好的竞争者，因为它遵守行业规则，固守它的超级电脑细分市场，不攻击 IBM 的核心市场。然而，IBM 却看到日本富士通公司是具有破坏性的竞争者，因为它以补贴价格和差异很小的产品攻击 IBM 的核心市场。

8.2　市场领导者战略

随着一个行业市场步入成熟，企业在行业市场上所占市场份额逐渐拉开，并维持一个相对稳定的局面，不同市场份额者之间进行比较长久的竞争。因此，研究市场领导者、挑战者、跟随者和补缺者的竞争战略，对于掌握一般的竞争方法，有重要意义。

市场领导者是指在相关产品的市场上占有率最高的企业。一般来说，大多数行业都有一家企业被认为是市场领导者。它在价格变动、新产品开发、分销渠道的宽度和促销力量等方面处于主宰地位，为同行业所公认。它是市场竞争的先导者，也是其他企业挑战、效仿或回避的对象。

如美国汽车市场的通用公司、计算机软件市场的微软公司、照相机行业的尼康公司、推土机市场的卡特比勒公司、软饮料市场的可口可乐公司、剃须刀市场的吉列公司以及快餐市场的麦当劳公司等，中国家电市场的海尔集团、烟草行业的红塔集团、计算机行业的联想集团等。这种领导者几乎各行各业都有，它们的地位是在竞争中自然形成的，但不是固定不变的。

市场领导者为了维护自己的优势，保住自己的领导地位，通常可采取以下 3 种战略。

8.2.1 扩大市场需求总量

当一种产品的市场需求总量扩大时，受益最大的是处于领先地位的企业。例如：美国消费者如果增加拍照片的数量，受益最大的将是柯达公司，因为它占有美国胶卷市场的70%以上；中国消费者如果增加穿羊绒衫的数量，受益最大的将是鄂尔多斯羊绒集团，其羊绒生产和营销能力占到中国的 40%和世界的 30%，是世界上规模最大、实力最雄厚的羊绒加工企业。

一般来说，市场领先者可从 3 个方面扩大市场需求量。

1. 开发新用户

是使那些尚未使用本行业的人开始使用，把潜在顾客转变为现实顾客。每种产品都有吸引新用户、增加用户数量的潜力。制造商可从 3 个方面找到新用户。

(1) 转变未使用者。这是对现有细分市场中还未用产品的顾客，或只偶尔使用的顾客，采用降价、劝诱和加大促销力度等方法，促使他们采用产品。如口服滋补品的营销者强调产品日常保健功能，使顾客认为不是只有患病才要使用。

(2) 进入新的细分市场。针对未用产品的群体用户(一个新的细分市场)，说服他们采用产品。

(3) 地理扩展战略。即将产品销售到国外或是其他地区市场去。

2. 开辟新用途

现有产品的市场可以通过发现产品新用途并推广这些新用途来扩大市场对产品的需求。开辟新用途，可扩大需求量并使产品销路久畅不衰。

美国杜邦公司的尼龙最先应用于军事，第二次世界大战后转为民用。每一种新用途都使该产品进入新的生命周期：降落伞的合成纤维——女性丝袜——男女衬衣原料——汽车轮胎、沙发椅套——地毯、窗帘。由此使产品久畅不衰。

凡士林最初问世时用作机器润滑油，之后，一些使用者才发现凡士林还可用作润肤脂、药膏和发胶等。

3. 增加使用量

促进用户增加使用量是扩大需求的一种重要手段。

(1) 增加每次使用量。宝洁公司劝告消费者将洗发水使用量增加一倍效果更好；日本铃木公司曾将味精的小瓶盖打了许多小孔，既方便了消费者，又增加了使用量。

（2）提高使用频率。

（3）增加使用场所。电视机生产商宣传在卧室和客厅等不同房间摆放电视机的好处，打破只买一台电视机的习惯。

8.2.2 保护市场占有率

处于领先地位的企业，必须时刻防备竞争者的挑战，保卫自己的市场阵地。例如：可口可乐公司要防备百事可乐，柯达公司要提防富士公司，吉列公司要警惕毕克公司，丰田公司要小心日产公司等。这些挑战者都很有实力，领先者不注意就可能被取而代之。

1. 阵地防御

阵地防御就是在现有的阵地周围建立防线，是一种静态防御，是防御的基本形式，但不能作为唯一的形式。对企业来说，单纯采用消极的静态防御，只保卫自己目前的市场和产品，是一种“市场营销近视症”。

当年，亨利·福特对他的“T”形车的近视症就造成了严重的后果，使得年盈利 10 亿美元的福特公司从顶峰跌到了濒临破产的边缘。现在，虽然可口可乐公司已经发展到年产量占全球软饮料半数左右的规模，但仍然积极从事多角化经营，如打入酒类市场，兼并水果饮料公司，从事塑料和海水淡化设备等工业行业。

2. 侧翼防御

侧翼防御指市场领先者除保卫自己的阵地外，还应建立某些辅助性的基地作为防御阵地，或必要时作为反攻基地。特别是注意保卫自己较弱的侧翼，防止对手乘虚而入。

20 世纪 70 年代，美国几大汽车公司就因没注意侧翼防御，遭到日本小型汽车的无情攻击，失去了大片阵地。而大荣公司是日本最大的超市连锁公司，它运用在城镇外开设新店、销售更多的进口商品等策略狠狠地报复了那些企图与之竞争的折扣商店。在菲律宾，生力啤酒公司的白威士忌受到亚洲啤酒公司“虎”牌啤酒的挑战，生力公司为应付这一挑战，推出了侧翼品牌“金鹰”，结果取得了防御的成功。

3. 以攻为守

以攻为守是一种“先发制人”式的防御，即在竞争者尚未进攻之前先主动攻击它。这种战略主张是：预防胜于治疗，事半功倍。如日本精工表把它的 2300 多个款式的手表分销到世界各地，造成全方位的威胁。

4. 反击防御

当遭到对手进攻时，不能只是被动应战，应主动反攻入侵者的主要市场阵地。

远在 1899 年，具有 100 多年历史的柯达公司已开始垄断日本市场。但在第二次世界大战后，为了使日本能及早恢复经济和重振民族工业，柯达公司和许多外国企业一样被迫迁出日本。以后 40 年中，富士胶卷公司取得很大进展，占据了日本 70%的市场。同时，富士公司还在包括美国在内的世界各地处处显示出咄咄逼人之势。1985 年，柯达公司总部开始意识到富士猛烈的攻势已威胁到自己的生存，并决定予以反击。日本是世界最大的胶卷市场，柯达公司决定“以其人之道还治其人之身”，打入日本本土。于是，柯达公司急忙赴东京开办分公司，并进行大规模投资，共达500万美元。6年来，柯达公司的产品在日本的销量上升了6倍多，1990年营业额竟达13亿美元。

2000年青啤进军京城收购毗邻北京的廊坊啤酒厂，接着收购五星和中策，这套组合拳打到了燕啤的心口上。再加上全国媒体对青啤扩张战略的爆炒，终于使燕京坐不住了。2001年3月20日，燕京啤酒(曲阜三孔)有限责任公司正式挂牌，使青啤统一天下的概念终于流产。

5. 运动防御

运动防御指不仅要防御目前的阵地，而且还要扩展到新的市场阵地，作为未来防御和进攻的中心。市场扩展通过两种方式实现。

(1) 市场扩大化。即一个公司将其注意焦点从现行产品转移到主要的基本需要和对该需要相关联的整套技术进行研究开发。

“石油公司”被要求把它们改为“能源公司”，这个含义是它们的研究应该扩大到石油、煤炭、天然气、水利、原子能和化学工业。意味着市场范围扩大了，不限于一种能源(石油)，而是要覆盖整个能源市场。但是，市场扩大化必须有一个适当的限度，否则将发生“市场营销远视症”。

(2) 市场多样化。即进入不相关行业。

鄂尔多斯煤炭集团以蒙西高新材料股份公司为依托，积极创办蒙新高新技术工业园区。与此同时，进入以甘草为主要原料的医疗、保健等制品的研究开发，创办了内蒙古神农甘草开发公司。

6. 收缩防御

收缩防御即放弃某些疲软的市场阵地，把力量集中用到主要的市场阵地上去。是一种巩固公司在市场上的竞争实力和集中兵力于中枢地位上的行动(集中优势兵力打歼灭战)。

美国西屋电气公司将其电冰箱的品种由40个减少到30个，撤销了10个品种，竞争力反而增强；松下公司将其产品由5000个大类削减到1200个；而五十铃公司则放弃了轿车市场，转而集中生产占优势地位的卡车。

8.2.3 提高市场占有率

美国一项研究表明：市场占有率是与投资收益率有关的最重要的变量之一。市场占有率越高，投资收益率也越大。市场占有率高于40%的企业其平均投资收益率相当于市场占有率低于10%企业的3倍。因此导致许多公司把扩大它们的市场份额作为行动目标。通用电气公司已决定，它要求在每一个市场中至少应成为第一位或第二位，否则就退出。通用电气公司摆脱掉了它的计算机业务和空调业务，因为它不能在这些行业中取得领先地位。

但是，提高市场占有率时应考虑以下3个因素。

(1) 引起反垄断活动的可能性。许多国家有反垄断法，当企业的市场占有率超过一定限度时，就有可能受到指控和制裁。

最有名的恐怕是微软公司的比尔·盖茨，1999—2000 年他多次受到美国政府的指控和制裁，要求将其公司一分为二。比尔·盖茨多次上诉，使得此案不断审理和升级，2002 年又重提此案。

(2) 为提高市场占有率所付出的成本。当市场占有率已达到一定水平时，再要求进一步的提高就要付出很大的代价，结果可能得不偿失。

美国的另一项研究表明，企业的最佳市场占有率是 50%。因此，有时为了保持市场领先地位，甚至要在较疲软的市场上主动放弃一些份额。

(3) 争夺市场占有率时所采用的市场营销组合战略。有些市场营销手段对提高市场占有率很有效，却不一定能增加收益。只有在以下两种情况下市场占有率同效益率成正比。

① 单位成本随市场占有率的提高而下降。

② 在提供优质产品时，销售价格的提高大大超过为提高质量所投入的成本。

总之，市场领导者必须善于扩大市场需求总量，保卫自己的市场阵地，防御挑战者的进攻，并在保证收益增加的前提下，提高市场占有率，这样才能持久地占据市场领先地位。

保持市场领先地位，可举宝洁公司这一极为出色的例子来说明。宝洁公司被认为是美国最熟练的消费包装商品的市场营销者。在 8 个重要的商品类别中，其品牌销售量均居第一位：免洗婴儿尿布、洗洁剂、卫生纸、纸巾、软化剂、牙膏、洗发精和漱口水。宝洁的市场领先地位的取得依靠的经验如下所述。

① 产品创新。宝洁是积极的产品创新者和利益细分者，推出的产品为消费者提供新的利益。

② 质量战略。宝洁设计的产品质量无可挑剔，并随时、持续地改进质量。

③ 产品侧翼。宝洁的品牌有多种规格和形式，以满足不同的消费偏好。

④ 多品牌战略。宝洁是在相同产品类型中推出几个品牌的艺术的创始者，每种品牌在顾客心目中以某些差别进行定位。

⑤ 品牌拓展。宝洁经常使用强有力的品牌推出新产品，以得到较快的承认和较多的信赖度。

⑥ 大量广告。宝洁是美国最大的消费包装商品广告主，每年广告开销 6.72 亿美元。

⑦ 积极进取的销售队伍。宝洁拥有一流外勤销售队伍，在促销上非常有效。

⑧ 有效的促销。宝洁有一个销售促进部，为品牌经理提供关于如何进行最有效地促销以达到特定目标的咨询。

⑨ 顽强的竞争。宝洁在限制入侵者时，愿花费巨资对抗新的竞争品牌，并防止它们在市场上获得立足点。

⑩ 制造效率。宝洁花费大量的资金发展和改进生产作业，以在行业中保持最低成本。

⑪ 品牌管理系统。宝洁是品牌管理系统的创始者，在这一系统中一个经理负责一个品牌。

由此可见，宝洁公司的市场领先地位并不只是做好一件事，而是成功地把市场领先的全部因素都融合协调起来。

营销视野

汇丰银行

汇丰银行(HSBC)希望以“世界的本土银行”而闻名。反映出汇丰作为全球发展的金融机构而关注于服务本土市场的定位。汇丰成立于1865年，其前身是香港和上海银行有限公司，主要从事为中国和英国间往来贸易提供服务。它现已成为世界第二大银行。在79个国家通过9500个分行服务于1亿多顾客，汇丰为了维系在每个地区本土的地位和知识而努力工作。和顾客保持联系是其最基本的运营战略。正如汇丰的主席约翰·邦德(John Bond)爵士所说，“我们作为‘世界的本土银行’的定位，能让我们将本土知识与世界范围的运营平台融合在一起，并以独特的方法接近每一个国家。”

“世界的本土银行”的广告用两种不同的文化来解释相同对象或事件。在一个电视广告上，一名美国商人在日本和他的日本对手在高尔夫球赛中一杆进洞。他很惊讶地发现按日本习俗他必须为他的球友买很贵重的礼物，而不同于在美国要在俱乐部买一轮饮品。随后一轮广告显示日本运动员穿着看起来很贵重的全新服装和手表运动，而穿着商务服装的美国人把他的球座向树瞄准，使它直接跳进洞。根据不同的广告代理商，广告活动也由于地区而不同，“每个国家在最初想法上已经培育了自己的变化”。

汇丰通过营销努力展示了其对特定地方的本土知识。例如，2005年，它着手向疲倦的纽约人证明这家总部在伦敦的金融巨鳄具备本土知识。公司举办“纽约市知识最丰富的出租车司机”竞赛，获胜的司机受聘驾驶汇丰冠名的出租车全职开车一年。汇丰的顾客也可以参与。任何一个出示汇丰银行卡、支票簿或银行对账单的顾客能免费乘坐银行出租车一次。汇丰也运作过一个强调纽约人多样化的整合活动，这出现在地铁、出租车、公共汽车候车亭、报摊、咖啡杯和时代广场的广告牌还有印刷品、收音机和电视上。

在8000多英里之外，汇丰通过一个“支持香港”的活动来振兴被2003年“非典”重创后的本土经济。首先，汇丰延迟收取在受“非典”影响最重的行业(剧院、旅馆、餐馆和旅游公司)从业的顾客的个人贷款利息。其次，银行为汇丰信用卡用户在购物和外出吃饭时提供折扣和贴现。超过1500名当地商户参与了此次促销活动。

汇丰也采用独特的产品和服务以利基市场的消费者为目标对象。例如，不为人知的宠物保险业以每年125%的速度增长。银行现在通过它的汇丰保险公司在全国范围内为其储户的宠物购买保险。在马来西亚，汇丰通过特别的“溢价中心”银行分行为困难学生细分市场提供“智能卡”，为以高价值为目标的顾客提供没有噱头的信用卡。

该银行以“世界的本土银行”为口号把世界范围内业务整合在单一的全球品牌下。其目标在于把它的国际化规模和它在运营的每个国家里的紧密关系连接起来。汇丰每年花费6亿美元用于全球营销，它于2004年统一了WPP集团旗下的办事处。如果进展顺利，它将寻求作为“世界的本土银行”和提升其价值116亿美元的品牌价值，其品牌价值在2006年Interbrand/《商业周刊》(*Bussiness Week*)全球品牌排名上位列第18名。

8.3 市场挑战者战略

市场挑战者是指那些在市场上处于次要地位、并主动向竞争者或市场领先者挑战的企业或公司。处于次要地位的企业可采取两种战略。

(1) 争取市场主动地位，向竞争者挑战，即市场挑战者。

（2）安于次要地位，在“共处”的状态下求得尽可能多的收益，即市场跟随者。

如果“挑战”，首先必须确定自己的战略目标和挑战对象，然后选择适当的进攻战略。

8.3.1　确定战略目标和挑战对象

战略目标同进攻对象密切相关，对不同的对象有不同的目标和战略。

1. 攻击市场领导者

攻击市场领导者，即找到领导者的弱点和失误，作为自己进攻的目标。这是一个既有高度风险又有潜在高报偿的战略。

芭比娃娃在市场上已经 40 多年经久不衰，早已成为一个世界知名品牌，而以“专为亚洲女性设计”为口号的靳羽西推出羽西娃娃与之挑战，仅一款“中国新娘”价值就在 2888 元。

（1）提供更好的服务。为了向亚洲的主要金融市场东京发起挑战，中国香港和新加坡采取的策略是向顾客收取更低的费用，提供更自由的管理，努力克服官僚主义作风等。

（2）开发出超过领导企业的新产品，以更好的产品来夺取市场的领先地位。施乐公司开发出更好的复印技术，就从 3M 公司手中夺取了复印机市场；后来，佳能公司也如法炮制，通过开发台式复印机夺取了施乐公司的一大块市场。

（3）发现消费者的需要和不满。米勒公司在啤酒市场发动的攻击非常成功，因为它一开始就指向了未被发现的许多消费者市场，即发现有许多消费者需要较淡的啤酒。

2. 攻击与自己实力相当者

挑战者对一些与自己势均力敌的企业，可选择其中经营不善、发生亏损者作为进攻的对象，设法夺取它们的阵地。

3. 攻击地方性小企业

对于地方性小企业中经营不善、财务困难者，可夺取它们的顾客，甚至吞并这些小企业。

总之，战略目标决定于进攻对象，如果以领先者为进攻对象，其目标是夺取某些市场份额；如果以小企业为对象，其目标是将它们吞并或逐出市场。但无论在何种情况下，如果要发动攻势进行挑战，就必须遵守一条军事上的原则：每一项军事行动都必须有一个明确的和可能达到的目标。

8.3.2　选择进攻战略

在确定了进攻战略和进攻对象之后，挑战者还需要考虑采取什么进攻策略。

1. 正面进攻

正面进攻就是集中全力向对手的主要阵地发动进攻，即进攻对手的强项而不是弱点。正面进攻的胜负取决于双方力量的对比，取决于谁有更大的实力和持久力。进攻者必须在产品、广告、价格等主要方面大大超过对手，才有可能成功，否则不能采取这种进攻战略。

正面进攻常见的方法有以下 3 种。

(1) 采用产品对比。将自己的产品与竞争对手的产品用“竞争立法”允许的形式进行各方面的对比，使竞争者的顾客重新考虑是否有必要更换品牌。

(2) 采用攻击性广告。使用同竞争者相同的广告媒体，拟订对比性广告，针对竞争者进行攻击。如巴西占市场份额第一的剃须刀片制造商在向世界第一位的美国吉列公司发动进攻时，用了这样的广告：“它的价格是最低的吗?”“不!”“它的包装是最好的吗?”“不!”“它是最耐用的吗?”“不!”“它给经销商最优惠的折扣吗?”“不!”表现出咄咄逼人的攻势。

(3) 采用价格战。价格战是市场挑战者在比较极端的情况下仍会考虑采用的竞争战略。价格战可能使参战的双方都受到严重的损失。发动价格战时，要求企业能够做到：必须在提高质量的同时，能有效地降低成本，以便能够保持原来的赢利水平；必须能使顾客相信企业的产品具有较高的价值或继续有相应价值的感觉，使顾客认为本企业产品的质量的确是高于竞争者的；必须是“反倾销立法”所允许的。日本公司和韩国公司广泛使用这种涉及价格和降低成本的正面进攻策略。

2. 侧翼进攻

集中优势力量攻击对手的弱点，有时可采取“声东击西”的战略，佯装正面，实际攻击侧面或背面。

(1) 地理性侧翼进攻。即在全国或全世界寻找对手力量薄弱地区，在这些地区发动进攻。

八佰伴公司避开在日本同实力雄厚的三越和西武等公司的直接交锋，而是在它们力量薄弱的海外市场发起进攻。到 1994 年，八佰伴公司拥有遍布 16 个国家的 380 家商场。

(2) 细分性侧翼进攻。即寻找领先企业尚未为之服务的细分市场，在这些小市场上迅速填空补缺。

德国和日本的汽车制造商选择了一条不与美国汽车制造商生产大的、华丽的、耗油的汽车相竞争的道路，虽然这些曾经被认为是美国顾客所偏好的。相反，他们认识到有一个尚未有厂商服务的细分市场，即顾客需要小型、省油和效率高的汽车。他们生机勃勃地进入了这一市场空当，获得了满意的结果，使底特律汽车城大为吃惊。嗜好较小的、省油的和高效率的汽车的美国人日益增多，从而成为汽车市场的一个重要组成部分。

因此，侧翼进攻符合现代市场营销观念——发现需要并设法满足它。侧翼进攻也是一种最有效的和最经济的战略形式，比正面进攻有更多的机会。

3. 包围进攻

包围进攻是一个全方位、大规模的进攻战略，包围涉及几条战线上同时发动一个大的进攻，使对手必须同时保卫它的前方、边线和后方。进攻者可以向市场提供比对手多的各种东西，致使这种提供无法拒绝。

当一个进攻者比对手具有资源优势，并相信包围将可完全和足够快地击破对方的抵抗意志时，可采用这种策略。

日本精工公司对手表市场的进攻就是一个包围战略的实例。多年来，精工公司已经获得了在每一个主要的手表网点上分销产品，并用众多种类不断变化的式样压倒了它的竞争者，征服了消费者。在美国，它提供了约 400 种式样，但它的营销实力的背景是在全世界生产和销售 2400 种式样。一位钦佩它的美国竞争公司的副总经理说："他们在式样、特征、用户偏好和任何可以刺激消费者的东西上都击中目标"。

4. 迂回进攻

迂回进攻是一种最间接的进攻战略，完全避开对手的现有阵地而迂回进攻。

(1) 实行产品多样化。多样化的经营无关联的产品。

在美国，科尔加特公司常常在宝洁公司的阴影下艰苦奋斗。福斯特任科尔加特公司的主要领导以来，认识到任何与宝洁公司的正面交战都是徒劳的。于是，科尔加特公司绕道进攻宝洁公司。福斯特说："他们在商店的水平上处于 3∶1 的优势，在研究人员上也是三个对我们一个"。福斯特的战略很简单：增加科尔加特在国外销售的领先地位，在国内实行多样化，进入宝洁公司未进入的市场，绕道进攻宝洁公司。科尔加特在纺织和医院产品、化妆品、各种运动用品和食品上，开展了一系列的获取战略。结论是，在它的营业额的 3/4 中，是在宝洁公司全然不经营的产品中获得。

(2) 实行市场多样化。以现有产品进入新地区的市场。

日本丰田汽车打入美国市场主要选择西海岸的 4 个城市：洛杉矶、旧金山、波特兰和西雅图，当建立起滩头阵地后，便开始对美国市场全线进攻。

(3) 发展新技术、新产品取代现有产品。

海尔生产出不用洗衣粉的洗衣机取代传统洗衣机。

5. 游击进攻

游击进攻主要是用于规模较小、力量较弱的企业的一种战略。目的在于以小型的、间断性的进攻，干扰对手的士气，以占据长久性的立足点。必要条件：对方的消耗将不相称地大于自己。

(1) 袭击对手的供应线。

(2) 地区性进攻。

(3) 消灭或造成对方兵力不相称的损失。

(4) 使对方开展无益的进攻。

(5) 使对方兵力分散过广。

(6) 至少耗竭它的士气和实体能量。

上面的进攻战略是非常概括性的。作为市场挑战者，必须把几个特定战略组成一个总体战略才更有效。适合于市场挑战者的几个特定的进攻战略如下。

(1) 价格折扣战略。用较低的价格向购买者提供可与领先者的产品相较量的产品。

富士公司就是用这种战略来攻击柯达公司在照相纸领域内的显著地位的。富士照相纸与柯达质量相当，但定价却低于柯达 10%，结果获得了侵占柯达市场份额的良机。柯达公司 CEO 邓凯达强悍、充满活力和进攻性，他是从营销部门提拔上来的全球 CEO。他说："我非常喜欢富士，但是我更喜欢打败它!"

(2) 廉价品战略。用低得多的价格向市场提供一般质量或低质量的产品(革质、纸质皮鞋等)。

(3) 威望商品战略。推出较高质量的商品和收取比领导者高的价格，以充分发挥制造高质量商品的特殊优势。

(4) 产品扩散战略。推出大量的产品品种给消费者以更多的选择来同领先者竞争(联合利华)。

(5) 产品创新战略。产品创新战略可给消费者最多的利益，并使企业长盛不衰。

(6) 改进服务战略。找到为顾客提供新的或更好的服务的方法。

(7) 分销创新战略。发现或发展新的分销渠道。美国天美时手表公司不再只利用珠宝店，而是通过大众化的销售渠道，并且价格低廉，取得了巨大成功。

(8) 制造成本降低战略。靠有效的材料采购、较低的人工成本和更现代化的生产设备，来求得比竞争对手较低的制造成本。这一战略是日本成功地侵入各种世界市场的关键。

(9) 密集广告促销。增加广告和促销费用，向领先者发动进攻。

因此，一个挑战者如果只依靠一种战略要素，它几乎无法成功地改进它的市场份额，它的成功取决于设计出一套能随着时间的推移而改进其地位的总体战略。

8.4 市场跟随者和市场利基者的竞争战略

8.4.1 市场跟随者战略

1. 市场跟随者的含义

市场跟随者指在行业中占据第二及以后位次，但在产品、技术、价格、渠道和促销等大多数营销战略上模仿或跟随市场领导者的公司。

市场跟随者与挑战者不同，它不向领先者发动进攻，而是跟随在领导者之后自觉地维持共处局面。这种“自觉共处”状态在资本密集且产品同质的行业(钢铁、肥料、化工等)非常普遍，因而市场占有率相当稳定。

2. 市场跟随者的战略

市场跟随者不是被动的单纯追随领先者，它必须找到一条不致引起竞争性报复的发展战略。

有3种战略可供选择。

(1) 紧密跟随。是在各个细分市场和市场营销组合方面，尽可能仿效领先者。

这种跟随者有时好像挑战者，但只要它不从根本上侵犯到领先者的地位，就不会发生直接冲突，有时甚至被看成是靠拾取领先者残余谋生的寄生者。

(2) 距离跟随。与领先者保持某些距离，但又在主要市场和产品创新、一般价格水平和分销上追随领先者。这种追随者可通过兼并小企业使自己发展壮大。

(3) 选择跟随。在某些方面紧跟领先者，但有时又走自己的路，是选择跟随而不进行直接的竞争。这种追随者常能成为未来的挑战者。

市场跟随者占有的市场份额比领先者低，但他们可能赚钱，甚至赚得更多。因为它们：①能主动细分和集中市场；②有效的研究和开发；③着重于盈利而不着重于市场份额；④有坚强的高层管理当局。

8.4.2　市场利基者战略

1. 市场利基者的含义

利基是指从更为狭窄的角度定义的、寻求独特利益组合的消费者群体。营销者确定利基的方法通常是把细分市场再细分。市场利基者是指专门为规模较小的或大公司不感兴趣的细分市场提供产品和服务的公司。市场利基者只是通过专业化经营来占据有利的市场位置，也就是在大企业的夹缝中求得生存和发展。这种有利的市场位置在西方称为“Niche”(利基)。例如，当赫兹(Hertz)、安飞士(Avis)、阿拉莫(Alamo)和其他一些公司都专注于为机场的商务游客和休闲游客提供汽车租赁时，Enterprise 公司则进入到了低端的保险替代品市场，它们为那些汽车被毁坏或被偷窃的顾客提供汽车租赁服务。在这个被忽视的利基市场(Niche Market)中，Enterprise 通过低成本与方便性的独特结合获得了很高的利润。

2. 理想的利基者应具有的特征

具有吸引力的利基市场是什么样子的呢？该利基市场的顾客具有一系列独特的需要；他们为了选择最能满足其需要的公司，愿意支付溢价；利基市场具有足够的规模、利润和成长潜力，而且不会吸引其他竞争者的注意力；利基营销者通过专门化来获得一定的经济利益。

像 IBM 这样的大公司，可能输给一些追求利基市场的厂商：这称为“游击队对抗正规军”。在在线社交网络市场上，也存在这种现象，MySpace 和 FaceBook 正在成长为成熟的服务提供商。

营销视野

MySpace 与 FaceBook

巨大的访问量使 MySpace 和 FaceBook 成为美国最大的社交网站。这两个网站分别拥有 1.3 亿和 1200 万的用户。这些网站主要依靠广告作为收入来源，面临的风险则是想为所有人提供所有一切。大量的社交网站利基者希望抓住个人想要和其他人共享自己特殊爱好的机会。例如：现在已有的 1Up.com 就是一个包含很多内容的社交网站，那些网络游戏迷可以分享游戏秘籍、轶事、观念和闲谈。Gather.com 是一个被称为 NPR 群体的社交网站：这些人都有着很好的职业，与学生不同，他们有着足够的收入来烧钱。此外还有 Dogster，这是一个极端利基的网站，它共有 3500 个为养狗者提供的社区，并且已经吸引了大量的广告客户。

3. 市场利基者竞争战略

市场利基者竞争战略的关键概念是专业化市场营销，公司必须在市场、顾客、产品或营销组合上实行专业化。市场利基者担负着专家的使命。

1）最终用户专业化

企业专门为最终使用的用户提供服务或配套产品。如一些较小的计算机软件公司专门提供防病毒软件，成为“防病毒专家”。一个律师事务所，专门为民事或刑事市场服务等。

2）纵向专业化

企业专门在营销链的某个环节上提供产品或服务。如专业性的设备搬运公司、清洗公司等。

3）特定顾客专业化

企业集中力量专为某类顾客服务。如在产业用品的市场上，存在许多为大企业所忽视的小客户，市场补缺企业专为这些小客户服务。某些小型装修公司，专门承接家庭用户的住房装修业务，这些是大型装修公司所不愿意为之的。美国有许多公司把它们的产品全部出售给一个公司——西尔斯公司或通用公司。

4）地理区域专业化

企业专为国内外某一地区或地点服务。企业将营销范围集中在比较小的地理区域，这些地理区域往往具有交通不便的特点，为大企业所不愿经营。

5）产品或产品线专业化

企业专门生产一种产品或是一条产品线。而所涉及的这些产品，是被大企业看作市场需求不够，达不到经济生产批量要求放弃的。这就为市场利基者留下很好的发展空缺。如家用电器维修安装业务。

6）定制专业化

企业专门按客户订单生产预定的产品。当市场领导者或是市场挑战者比较追求规模经济效益时，市场利基者往往可以碰到许多希望接受定制业务的顾客。专门为这类客户提供服务，构成一个很有希望市场。近年来，我国城市中的许多家庭，在住房装修、家具等产品和服务方面，越来越倾向于定制，就为许多小企业或个体业主提供了虽然分散、却数量极大的营销机会。

7）质量价格专业化

专门生产高质高价产品或低质低价产品。

8）服务项目专业化

专门提供一种或几种其他公司没有的服务项目。近年来我国城市中出现的许多“搬家服务公司”、“家教服务中心”；农村中的“农技服务公司”、“种子服务公司”等，就是小企业采用这类专业化发展的做法和实例。

9）分销渠道专业化

专门服务于某一类分销渠道。有些公司专门生产适于超市销售的产品；有的则专门为航空公司的旅客提供食品。

营销视野

追逐长尾理论

根据 Wired 杂志总编及《长尾理论》作者克里斯·安德森的观点，技术使以 Amazon.com，iTunes

和 Netflix 为缩影的电子商务企业的出现成为可能，电子商务已经引起消费者购物模式的转变。

在大多数市场中，产品销售的流通符合一条曲线，其权重偏向一侧——“头”——大部分的销售额来自于少数产品。该曲线快速地向零下降并且随着 X 轴的延伸徘徊在零之上——“长尾”——绝大多数产品带来非常小的销售额。传统的大众市场关注于如何产生组成头的“风行”产品，蔑视形成尾巴的低销售收入利基市场。

安德森认为，作为消费者拥护互联网为购物媒介的结果，明显地，长尾比之前更具有价值。事实上，安德森认为，互联网直接促进需求“偏向下降的尾巴，从风行向利基转变，这包括音乐、书、服装和电影在内的大量产品”。

他在自己的博客上简短地说明了如下观点：“长尾方程式是简单的：①流通成本越低，你越能无需预测需求而经济型供给；②供给越多，你越有可能挖掘传统零售无法触及的对少数品位的潜在需求；③聚集充足的少数品位，你往往会发现一个大的新市场。”

安德森识别出促成这种转换的互联网购物的两个因素：一，增加的库存和更多的花色品种提供了更多的选择。如果让消费者从 10 个里面挑选 1 个。然而，如果选择集扩大至 1000 个，最风行产品这 10 个产品被挑中的频率会下降。二，由于网上能获得丰富的信息，再加上商家能提供的用户偏好和来自互联网用户口碑的产品推荐，寻找相关新产品的“搜索成本”被降低。

安德森发现长尾效应在媒体中尤其明显，传统上媒体是以风行产品为导向的，但现在却从网上购物的这两个因素中获利颇丰。他指出如畅销书《触及巅峰》，化学实验基地乐队(My Chemical Romance)、纪录片《追逐弗罗曼家族》等利基市场性质的产品的成功之处都得益于网络购物的选择和信息组织化因素，使其获得远远高于预期的成功。

麻省理工学院的埃里克(Erk Brynjoifsson)和于·杰弗里·胡，以及卡耐基梅隆大学的迈克尔·史密斯都支持长尾理论，他们通过指导两个网上与网下对比的书籍售卖和服装零售的研究来测量长尾。书籍售卖研究得出结论为：2000 年网上书店提供的日益增加的产品种类使得消费者福利从 7.31 亿美元增长到 10.3 亿美元。在网上服装零售案例中，研究发现同时采用网络和中等规模零售商目录渠道的消费者的购买量高于通过目录渠道畅通的产品量。

同样原先只关注创造风行产品的公司开始开发推进长尾中利基市场。例如，2006 年环境唱片集团在互联网上提供了 3000 张只供下载的绝版欧洲数字唱片，该活动造成歌曲的单首下载量达到 25 万次，在备受鼓舞的开端之后，环球计划最终发布超过 10 万张绝版唱片。环球甚至在新闻发布会上宣布：“总体来看，结果使作者安德森的长尾理论更可信。”

但像环球这样的公司很快面临来自非传统的竞争，安德森预言，随着免费用户生成内容的激增，像 YouTube 引发的多种创造的流行，长尾的一端会变得“无利可图”。

反驳者指出，尤其在娱乐业，聚集风行产品的“头”对消费者有价值，而不仅仅对内容创造者有价值。《经济学人》曾载一文说“大部分风行产品流行的原因是其高质量”，《纽约客》上评论指出组成长尾的大多数产品和服务来源于“长尾集成者”的小聚集网站，如 Amazon. com，eBay，iTunes 和 Netflix。这种现象向安德森所提议的老业务已经改变的前提提出了挑战。

应用案例

可乐争霸战

可口可乐(市场领先者)VS 百事可乐(市场挑战者)

挑战途径：攻击市场领先者。

挑战策略：以价格战手段进行的正面进攻＋以细分市场为手段进行的侧翼进攻＋以地理性侧翼进攻将战火蔓延到全世界。

挑战结果：百事可乐与可口可乐的销售差距从1960年的2.5∶1，缩小到1985年的1.15∶1，可口可乐的领导地位首次出现危机。在1985年年底，百事可乐的销售额一度超过了可口可乐，到1986年年底可口可乐才夺回宝座。

在软饮料行业，可口可乐和百事可乐一个是市场领导者，一个是市场挑战者。世界上第一瓶可口可乐于1886年诞生于美国，距今已有一百多年的历史。这种神奇的饮料以它不可抗拒的魅力征服了全世界数以亿计的消费者，成为“世界饮料之王”。作为市场后起者，有两种战略可供选择：向市场领导者发起攻击以夺取更多的市场份额——挑战者战略；或者是参与竞争，但不让市场份额发生重大改变——追随者战略。显然，经过近半个世纪的实践，百事可乐深刻地意识到，后一种选择连公司的生存都不能保障，是行不通的。于是，百事可乐向可口可乐发出强有力的挑战，并在与可口可乐的交锋中越战越强，最终形成分庭抗礼之势。

1902年可口可乐公司投下12万美元广告费，使可口可乐成为最知名的品牌。次年，可口可乐改变配方，除掉古柯碱成分。由于受到广告刺激与禁酒运动的影响，可口可乐快速成长起来。

1915年，来自印第安纳州霍特市的一位设计师推出了6.5盎司的新瓶装，使得可口可乐与其他仿冒品相比，显得不同。此后，这种新瓶装约生产了60亿瓶。

百事可乐最早是以Me-too(我也是)的策略进入市场，你是可乐，我也是可乐。CocaCola的命名是取可乐倒进杯中，喀啦喀啦的声音，Pepsicola的命名则是取打开瓶盖可乐冒气“啪嘘”的声音，两种可乐音同而首字不同。

在1970年后，可口可乐公司的宣传重点从“清凉顺畅、心旷神怡”的软性诉求，转向“只有可口可乐，才是真正可乐”的防御策略。提醒消费者可口可乐才是真正的创始者，其他都是仿冒品。后来更进一步将CocaCola浓缩为Coke一字，以摆脱百事可乐的同名干扰。这样店老板再也不会搞不清是拿可口可乐还是拿百事可乐。这是领导性品牌围、追、堵的很好策略。

百事可乐成长于20世纪30年代经济大恐慌时期，由于消费者对价格很敏感，因此1934年百事可乐推出了12盎司装的瓶子，但与可口可乐6.5盎司的价格一样，也是5分。百事可乐利用电台广告做为宣传“同样价格、双倍享受”的利益点。它成功地击中了目标，尤其是年轻人的市场，因为他们只重量不重质。

1954年可口可乐销售量降低了3%，百事可乐上升12%。1955年可口可乐不得不发动反击，同时推出10盎司、12盎司及16盎司新包装。但为时已晚。可口可乐从20世纪50年代以5∶1的悬殊销售比领先百事可乐，到60年代百事可乐已将比例缩小到一半。

百事可乐的另一个成功策略是抓住了“新一代”。从1961年开始，广告强调“现在，百事可乐献给自认为年轻的朋友”，1964年喊出“奋起吧！你是百事的一代”，使这个观念更明确风行，大大影响了年轻人的传统意识。百事可乐广告的成功，在于充分掌握了年轻人的喜好，使电影和音乐的魅力再现于广告影片中。百事可乐先后以“大白鲨”、“ET”、“回到未来”等主题拍摄饶富趣味的CF，特别是以流行音乐制作CM CONG，引起广大青年人的共鸣。他们还率先聘请当代知名的摇滚红歌星如麦克·杰克逊、莱诺·李奇、蒂拉·透娜等作为电视广告主角，最近又与“迈阿密风云”男主角唐强生(Don Johnson)签约演出新CF，声势更大。这一系列广告影片，风靡了全世界的新一代，使其品牌形象不断上升，甚至有凌驾可口可乐之上的趋势。

百事可乐不仅在美国国内市场上向可口可乐发起了最有力的挑战，还在世界各国市场上向可口可乐挑战。在美国市场，百事可乐因为可口可乐的先入优势已经没有多少空间。百事可乐的战略就是进入可口可乐公司尚未进入或进入失败的“真空地带”，当时公司的董事长唐纳德·肯特经过深入考察调研，发现苏联、中国以及亚洲、非洲还有大片空白地区可以有所作为。

1959年，美国展览会在莫斯科召开，肯特利用他与当时的美国副总统尼克松之间的特殊关系，要求尼克松“想办法让苏联领导人喝一杯百事可乐”。于是在各国记者的镜头前，赫鲁晓夫手举百事可乐，露出一脸心满意足的表情。这是最特殊的广告，百事可乐从此在苏联站稳了脚跟。1975年，百事可乐公司以帮助苏联销售伏特加酒为条件，取得了在苏联建立生产工厂并垄断其销售的权力，成为美国闯进苏联市场的第一家民间企业。这一事件立即在美国引起轰动，各家主要报刊均以头条报道了这条消息。

在以色列，可口可乐抢占了先机，先行设立了分厂。但是，此举引起了阿拉伯各国的联合抵制。百事可乐见有机可乘，立即放弃本来得不到好处的以色列，一举取得中东其他市场并占领了阿拉伯海周围的每一个角落，使百事可乐成了阿拉伯语中的日常词汇。

20世纪70年代末，印度政府宣布，只有可口可乐公布其配方，它才能在印度经销，结果双方无法达成一致，可口可乐撤出了印度。百事可乐因此乘机以建立粮食加工厂、增加农产品出口等作为交换条件，打入了这个重要的市场。

在与可口可乐角逐国际市场时，百事可乐很善于依靠政界，抓住特殊机会，利用独特的手段从可口可乐手中抢夺市场。

资料来源：http://www.ce.cn/ztpd/hqmt/gnmt/cgyx/more/t20031204_235551.shtml.

思考题：

1. 百事可乐在竞争中处于什么竞争地位？
2. 百事可乐在竞争中采取了哪些竞争策略？效果如何？
3. 你认为可口可乐应该采取什么策略进行防御？

本章小结

本章着重论述了竞争者分析、市场领导者战略、市场挑战者战略、市场追随者战略和市场利基者战略。竞争者分析主要包括竞争者识别、竞争者的战略和目标、竞争者的优势与劣势、竞争者的反应模式、进攻与回避对象的选择。市场领导者指占有最大的市场份额，在价格变化、新产品开发、分销渠道建设和促销战略等方面对本行业其他公司起着领导作用的公司。市场挑战者指在行业中占据第二位及以后位次，有能力对市场领导者和其他竞争者采取攻击行动，希望夺取市场领导者地位的公司。市场追随者指那些在产品、技术、价格、渠道和促销等大多数营销战略上模仿或跟随市场领导者的公司。市场利基者指专门为规模较小的或大公司不感兴趣的细分市场提供产品和服务的公司。另外，企业在密切关注竞争者的同时，还要密切关注顾客需求，实现顾客导向与竞争导向的平衡。

习　　题

一、单选题

1. 某一行业内有许多卖主且相互之间的产品有差别，顾客对某些品牌有特殊偏好，不同的卖主以产品的差异性吸引顾客，开展竞争，这属于(　　)。

A. 完全竞争　　B. 完全垄断　　C. 不完全垄断　　D. 垄断竞争

2. 对某些特定的攻击行为没有迅速反应的竞争者属于(　　)。

A. 从容型竞争者　　B. 选择型竞争者　　C. 凶狠型竞争者　　D. 随机型竞争者

3. 违反行业规则，打破了行业平衡，生产能力过剩仍然继续投资的竞争者属于(　　)。

A. 强竞争者　　B. 近竞争者　　C. 弱竞争者　　D. “坏”竞争者

4. 一般说来，“好”的竞争者的存在会给企业(　　)。

A. 增加市场开发成本　　B. 带来一些战略利益

C. 降低产品差别　　D. 必然造成战略利益损失

5. 下面哪一个选项不是决定行业结构的因素？(　　)

A. 成本结构　　B. 销售量及产品差异程度

C. 进入与流动障碍　　D. 社会变化

6. 市场总需求扩大时受益也最多的是(　　)。

A. 近竞争者　　B. 市场追随者　　C. 市场领导者　　D. 市场利基者

7. 有能力对市场领导者采取攻击行为，有望夺取市场领导者地位的公司属于(　　)。

A. 强竞争者　　B. 市场挑战者　　C. 市场利基者　　D. 好竞争者

8. (　　)是指专门为规模较小的或大公司不感兴趣的细分市场提供产品和服务的公司。

A. 市场利基者　　B. 市场竞争者　　C. 市场领导者　　D. 市场挑战者

9. (　　)是挑战者集中全力向对手的主要阵地发动进攻，即进攻对手的强项而不是弱点。

A. 侧翼进攻　　B. 包围进攻　　C. 正面进攻　　D. 迂回进攻

10. (　　)指市场领导者不仅要防御目前的阵地，而且还要扩展到新的市场阵地，作为未来防御和进攻的重心。

A. 阵地防御　　B. 以攻为守　　C. 侧翼防御　　D. 运动防御

二、多选题

1. 市场领导者主战略包括(　　)。

A. 阻止市场总需求增加　B. 保护市场占有率　　C. 提高市场占有率

D. 谋求垄断　　E. 扩大市场需求总量

2. 根据销售商的数量及产品的差异程度可将行业结构划分为(　　)。

A. 完全垄断　　B. 完全竞争　　C. 完全寡头垄断

D. 垄断竞争　　E. 不完全寡头垄断

3. 市场领导者扩大总需求的途径有(　　)。

A. 攻击挑战者　　B. 开发新用户　　C. 击倒利基者

D. 开辟新用途　　E. 增加使用量

4. 业务范围技术导向型企业把所有(　　)的企业视为竞争对手。

A. 使用同一技术　　B. 满足顾客同种需求　　C. 满足同一顾客群需求

D. 生产同类产品　　E. 产品售价相同

5. 在确定了进攻战略和进攻对象之后，挑战者还需要考虑采取(　　)进攻策略。

A. 正面进攻　　B. 侧翼进攻　　C. 包围进攻

D. 迂回进攻　　E. 游击进攻

三、判断题

1. 如果某个行业具有高的利润吸引力，其他企业会设法进入。　(　　)

2. 行业竞争结构不会随时间的推移而变化。　(　　)

3. 公司最直接的竞争者是那些同一行业、同一战略群体的公司。　(　　)

4. 所有竞争者的目标都是追求利润最大化。　(　　)

5. “好”竞争者的存在会给公司带来一些战略利益。　(　　)

6. 通过扩大总需求，市场挑战者往往收益最多。（　）
7. 市场领导者要保护市场份额，就必须正面攻击市场挑战者。（　）
8. 采用追随战略要冒很大的风险。（　）
9. 市场跟随者不是被动的单纯追随领先者，它必须找到一条不致引起竞争性报复的发展战略。（　）

10. 市场利基者竞争战略的关键概念是专业化市场营销，公司必须在市场、顾客、产品或营销组合上实行专业化。（　）

四、简答题

1. 竞争者的竞争反应模式有哪几种类型？分析竞争者反应模式有何意义？
2. 市场领导者的防御战略有哪些？
3. 市场挑战者的进攻战略有哪些？主要的进攻对象是谁？
4. 市场追随者有哪些可供选择的追随战略？

五、论述题

1. 确定企业业务范围的导向有哪几种？不同导向如何识别竞争者，分别适用于何种条件？
2. 简述竞争者分析的步骤与内容。

第9章

产品策略

教学目标

明确产品整体概念；明确产品组合及其相关概念；掌握产品线决策的内容；明确产品生命周期的概念及各阶段的市场特征和营销策略。

教学要求

知识要点	能力要求	相关知识
产品整体概念	(1) 了解产品及产品整体概念 (2) 熟悉产品分类的方法	产品整体概念的三层说与五层说
产品组合	(1) 了解产品组合及其相关概念 (2) 掌握产品组合决策的方法	优化产品组合的分析
产品生命周期	(1) 了解产品生命周期的概念 (2) 掌握产品生命周期各阶段的特点及营销对策	产品生命周期的其他形态
新产品开发	(1) 了解新产品的概念 (2) 掌握新产品市场扩散的规律	新产品开发的程序
包装策略	(1) 掌握产品包装策略 (2) 了解标签	包装要求与原则

基本概念

产品；产品整体概念；产品组合；产品线；产品项目；产品生命周期；新产品开发；包装；标签

引 例

娃哈哈产品策略是与非

如今，娃哈哈集团已生产销售乳饮料、瓶装水、碳酸饮料、茶饮料、果汁饮料、罐头食品、医药保健品、休闲食品8大类近300个品种的产品，2007年销售额达200多亿元，占据中国饮料业产量的六分之一，是中国饮料业当之无愧的老大。娃哈哈每年的新品销售贡献率平均达20%～30%，涌现出营养快线等多款经典产品。某种程度上说，娃哈哈的成功是产品策略的成功。

总结娃哈哈的产品策略，其适当跟进、适当创新、上市速度和节奏的把握都值得借鉴。但是，其虎头蛇尾的产品管理与组织，则值得人们反思。

1. 正向：创新、速度

1）跟进中创新

模仿跟进，是娃哈哈产品策略中的核心词汇。娃哈哈八宝粥、非常可乐、果汁饮料、瓜子、激活等产品属于典型跟进型产品。但仅仅是跟进策略，很难解释娃哈哈的许多产品能够后来居上。跟进中创新，既减少市场风险，同时又差异化创新发展，这才是娃哈哈产品跟进策略的真正核心。

1991年，娃哈哈跟进广东果奶儿童饮料。对手只有两种口味；娃哈哈则一下子推出了菠萝、荔枝、哈密瓜、草莓、苹果、葡萄6种口味，6种口味为一组打包销售，增加了顾客购买的便利性和选择性，再加上大手笔的电视广告轰炸，销售量很快后来居上；对手推出钙奶，娃哈哈马上又推出AD钙奶，“维生素A+D更有助于钙的吸收”诉求更到位，迅速赶超对手。

这种跟进中的创新仅仅是小伎俩，不高明，但有效，不一定能塑造长期的竞争优势，但一定能够迅速提升产品的短期销量。

在娃哈哈庞大的产品体系中，跟进中创新的产品销售贡献占比并不高，占高销售额的、利润贡献大的，都是抢先入市的创新产品。当年娃哈哈纯净水的成功，主要靠“抢先入市，抢先传播”，而产品本身并没有什么创新。近两年，娃哈哈相继成功推出的“爽歪歪”、“营养快线”则是产品成分配方的创新。这两类产品入市已经几年了，目前还没有强有力的竞争对手出来挑战，与其中的科技创新壁垒有关。

在经费投入上，娃哈哈每年至少提取销售收入的3%作为开发经费，每年技术开发经费达数亿元。强大的研发体系、技术力量成为娃哈哈产品不断推陈出新、继续发展的原动力。

2）速度制胜

这里的速度有3层含义：一是产品从研发到上市的跟进速度，娃哈哈AD钙奶、果汁饮料等，均在对手产品上市的一两个月内完成，跟进速度之快令业界瞠目；二是产品铺市速度，只要宗庆后一声令下，依靠2000多家经销商、上万家二批商，一月之内，产品可铺到全国数百万个零售点，这种铺市速度唯有康师傅可以匹敌；三是指节奏，娃哈哈新产品上市的节奏不可过快，也不可过慢，要因事而异，因时而异。

“眼睛看着一个，手里拿着一个，心里想着一个”。纵观娃哈哈的发展，一两年推出新产品或者一年推出一两个产品，企业有时间、有精力、有资源，成功的概率比较大。反过来，在1995年，宗庆后一时躁动，加快了新品上市步伐，十余类新品同步推出，“胡子眉毛一把抓”，每个产品从规划定位到营销推广，做得都不到位，没有一个成功。2004年，与1995年不可同日而语的娃哈哈，“好了伤疤忘了痛”，一下子又推出三大类产品——激活功能饮料、娃哈哈香瓜子、大厨艺方便面，结果远没有达到预期目标。2007年，宗庆后一边与达能战斗，一边接连上市了思慕C、呦呦奶茶、泡泡乐茶饮料，产品定位有问题，市场推广不系统，新品前景并不妙。

2. 反向：管理、组织

1）虎头蛇尾的产品管理

一般而言，产品上市的导入期、成长期与产品成熟期的产品策略、推广策略很不一样。前者注重消费者教育、产品铺市、USP卖点、促销活动；后者注重细分化产品跟进、品牌形象的塑造和培养、竞争品的对抗、渠道的维护等。

娃哈哈没有严谨的产品、品牌管理体系，没有专业人士跟进维护、提升产品、品牌的发展，一切都由宗庆后一人决定。可是，宗庆后有创业、打天下的激情，却不一定有维护产品的心思，何况面临8大类近300个品种的产品的发展、维护、管理，宗庆后一定也是力不从心。现在，某些产品的危机已经显现。

比如，十年来位居中国瓶装水业首位的娃哈哈纯净水，已经受到“健康多一点”康师傅水的正面攻击，也受到善于类别营销与炒作的农夫山泉“水分两种，弱碱性，弱酸性”的侧面攻击，不知娃哈哈怎样应对。

再比如，2007年娃哈哈推出了思慕C，市场前景也不太被看好。思慕C果汁牛奶混合饮品与营养快线有什么本质区别？“本是同根生，相煎何太急”。营养快线仍在快速成长期，却急忙推新品牌，自相残杀，自我替代，太着急。

2）混乱的产品组织

自2001年起，娃哈哈即定位于“全方位饮料公司”。围绕此定位，娃哈哈果汁饮料、茶饮料、功能饮料、混合饮料的产品线扩展方面做得很不错。但是，既然决定了战略定位，就应该坚定地执行，随后推出的瓜子、方便面、维生素片等产品大类，不知跟“全方位饮料公司”定位有什么关联？

宗庆后的理由是“饮料销售有季节性，瓜子、方便面上市，可以平衡淡旺季”。照此推理，娃哈哈还要不断地上马饼干、糖果等冬季消费量大的系列食品。这些产品虽然渠道销售有互补性，但市场运作手法不同。如果娃哈哈一定要发展这些食品，最好采用独立运作的事业部制，类似于康师傅旗下的方便面事业部、饮料事业部和糕点事业部，三大事业部的产供销体系完全独立，三支销售队伍各自独立发展。

显然，这么大的集团，8大类相关产品线，相对于康师傅、统一等集团，总数量不算多。但由于宗庆后采用高度集权式管理，分身乏术，一个人怎么可能经营好这么多的产品大类？娃哈哈必须作出抉择：或者分层授权，一些产品线独立经营；或者放弃一些不重要的产品类别。否则，无论宗庆后怎样日理万机，一定是顾此失彼，很难“百花齐放，齐头并进”。

资料来源：经济导报20080702期。

引例点评：产品是市场营销组合中最重要、最基本的因素。企业必须根据目标市场的情况决定发展什么样的产品，以满足特定顾客的需求。同时也必须注意到，必须注重产品的管理工作，并结合市场状况，做好新产品的开发工作。

本章将系统阐述产品的整体概念及其营销意义，介绍产品组合策略和产品生命周期的阶段特征及其营销策略。包装策略是企业产品策略的又一重要内容，本章也将对它们进行详细讨论。

产品是营销组合中最重要的因素，也是营销战略的基础因素。无论营销的具体方式如何改变，也无论社会发展到什么阶段，企业都首先需要生产出产品。营销企业是通过向市场提供产品，来换得企业组织所需要的货币或其他利益的。本章对营销管理中有关产品的这些问题进行研究。

9.1 产品整体概念

9.1.1 产品及产品整体概念

在现代市场营销学中，产品是指通过交换而满足人们需要和欲望的因素或手段，包括提供给市场、能够满足消费者或用户某一需求或欲望的任何有形产品和无形产品。

营销企业在准备提供给市场产品时，需要考虑提供什么顾客价值。当这些产品的价值能够比竞争对手的更好，或者能够用更低的价格销售与竞争者相同顾客价值的产品时，营销者所提供的产品就具有了使产品能顺利实现的竞争价值。在计划提供什么顾客价值这个问题上，学术界曾用3个层次描述产品，即核心产品、形式产品、延伸产品。但近年来，菲利普·科特勒等学者更倾向于用5个层次(图9.1)描述产品的整体概念。每个层次都增加了更多的顾客价值。这5个层次构成了顾客价值层级。

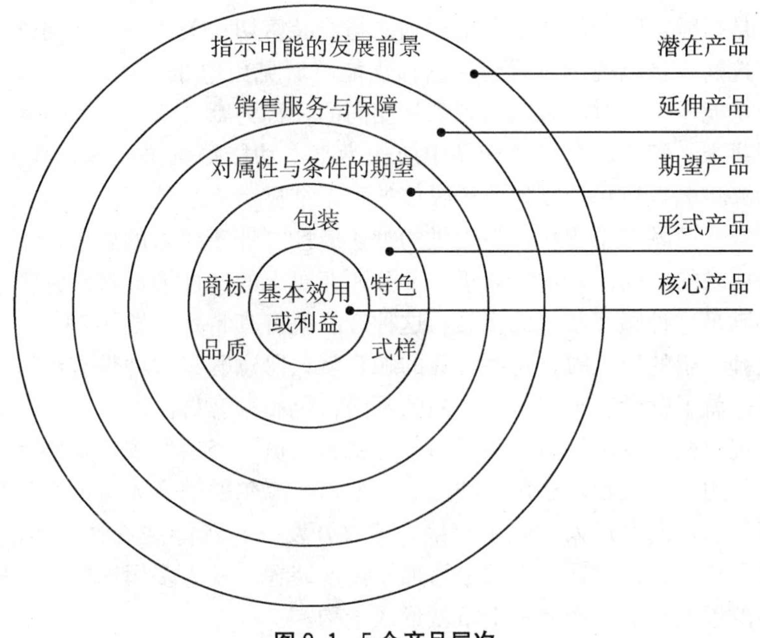

图9.1 5个产品层次

1. *核心产品*

产品的第一层次为核心产品或核心利益，即产品的实用价值(基本效用或利益)，它能为消费者提供直接的利益，以某种使用价值满足消费者的需要。

核心产品回答了“顾客真正要购买什么”的问题。顾客购买空调，购买的是舒适的气温和室内空气；购买普通的汽车，则是购买快捷方便的交通；如果购买昂贵的汽车，则购买的是能够体现其身份地位的一种象征物。一般地讲，这种由产品具备的功能或作用所提供给顾客需要的解决途径就是核心产品。所以，营销者在形式上是出售产品，但在本质上出售的是顾客的核心利益或服务；通过出售产品，营销者成为顾客利益的提供者。核心产品在形式上不能独立于产品的实体或服务的活动方式存在，因此它是无形的，只有使用或消费产品时，才能表现出来。

2. *形式产品*

营销者要出售核心产品给顾客，必须有一个“承载体”，通过其将所谓的需要解决的方案输送到顾客那里去，这就是形式产品，即核心产品借以实现的形式。形式产品由5个特征所构成，即品质、式样、特征、商标及包装。产品的基本效用必须通过特定形式才能实现，企业应努力寻求更加完善的外在形式以满足顾客的需要。形式产品起的就是这种传输核心产品的作用。形式产品对于有实物形体的产品来讲，就是有形产品，如一台电视机、一台洗衣机、一部电话机。而就服务这种没有实物形体的产品来讲，就是进行这项服务所采用的活动方式(服务流程)，如医生在医院给病人的看病方法；教师在课堂给学生讲课的形式和方法等。

3. 期望产品

期望产品是指顾客购买产品时期望得到的与产品密切相关的一整套属性和条件。一般情况下，顾客选购一台电视机，就要求它提供能够看见由电子方式转送过来的电视图像，并听到声音的功能——这对所有购买者都是相同的，称为默认属性。默认属性，是顾客没有偏好的共同要求，营销者在提供产品中应作为基本功能提供给顾客。顾客购买电视机，或许还希望能够将电视机作为其他电子媒体处理系统显示终端使用，如接到个人电脑上用于玩电子游戏等。而顾客希望在产品提供的默认属性之外还要求的属性，不是每个购买电视机的顾客都要求的。因此，这种对于一部分顾客要求的属性形成特定的需求差别，如果专门提供能够满足这种顾客希望的产品，这种产品就有其特殊的购买对象——当其他营销者不能提供这种希望的属性时，这些特殊的顾客就只愿意购买这种带有细分需求差别特点的产品。这就造就了营销者与竞争者产品的不同特色和顾客群。如“海尔”集团在四川农村地区销售的洗衣机，发现故障率相当高，经销售人员调查后发现，这些地区的农民使用洗衣机时，不仅用来洗衣物，还用来洗土豆、地瓜，海尔的销售人员没有指责用户不正确使用产品，回厂后，向经理人员做了汇报，建议开发一种既能洗衣物也能洗土豆、地瓜、水果的洗衣机。这样，在普通洗衣机上增加了排沙装置，成为多用途的洗衣机销往这些地区，受到顾客的极大欢迎，产品一上市就形成抢购。

4. 延伸产品

延伸产品，指产品附带的各种利益的总和。包括保证、维修、送货、技术培训等所有服务项目，给消费者以更多的利益，从而推动企业发展和提高竞争力。

通常，对于实体产品来讲，这些增加提供的利益或服务，是不包含在产品实体或是服务的主流程中并“额外”提供的：如附赠的其他产品(电子产品所附送的电源设备，旅馆提供给顾客的免费早餐)、安装、免费运送、维修服务、质量保证等。

一般情况下，营销者在出售产品时，如果不增加提供这些附加利益或服务，顾客也可享用核心产品；但是，当增加提供这些利益和服务后，就可使顾客更好地享受到核心产品。可见，延伸产品主要的意义就在于能使顾客更好享受到核心产品或增加顾客购买产品时得到的利益。因此，延伸产品虽不是得到核心产品所必需的，即顾客不必一定要通过附加产品才能得到核心产品，但顾客能得到附加产品，就可更好地享用核心产品。在今天的营销活动中，竞争主要发生在产品的附加层次上面。这使得营销企业必须注意产品的整体消费系统，即购买产品并使用产品的顾客想要完成的整体任务和解决方法。比如，冰箱不仅提供冷储藏食物的方法，对于购买它的顾客来说，还想解决的问题是通过集中购买和储藏食物，来减轻家务劳动消耗的时间。为此，如果营销者将更多的保鲜食物技术运用到冰箱产品上，就可更好解决顾客的这项整体任务。

延伸产品是构成产品差异化的重要基础，因此是竞争中很重要的层面，在营销管理中，经理人员需高度重视产品差异化的决策问题。

5. 潜在产品

潜在产品指现有产品可能发展成为未来最终产品的潜在状态的产品，指出了现有产品可能的演变趋势和前景。如彩色电视机可能发展为录放映机、电脑终端机等。

当一个产品以现在形式出现时，会因为竞争、技术进步等原因，不断在上面进行附加，实现产品功能的扩展。如今天的电视机已经比10年前的电视机具有更多的特色和功能。它能够提供更好的图像和声音，还能成为许多家用影视产品的终端装置。这种对一个现有产品可能进行的附加与扩展，就是这个产品的潜在产品。但是，对一个采用特定技术的产品进行的这种附加与扩展，终会有一个极限。如现在的电视机采用的是模拟技术，是不能实现接受数字化传送的信息的。并且，因为消费者将来需要的电视机要求能与计算机融合，通过附加机顶盒这类装置，成为能够使用 Internet 的通信工具。潜在产品表示，现有产品在明天可能的发展方向，而当潜在产品提供完了以后，这个产品将会结束其生命。

许多企业在通过不断提供潜在产品，所给予顾客的就不仅仅是满意，还能使顾客在获得这些新功能的时候，感到愉悦，得到意外的惊喜。因此，也使顾客对于产品的期望越来越高。要求企业不断将潜在产品变成现实的产品，才能满足需要与欲望越来越高的顾客。20年前，国外的汽车公司能够将在别的市场上淘汰的汽车拿到中国市场上来赚钱，但是到了今天，当有些合资公司还想这样做的时候，就会遭到市场的抵制。由此可见，市场产品的含义十分广泛，它是指向消费者提供一个整体性的满足。

9.1.2 产品的分类

按营销活动的需要，应当对产品进行分类。分类的目的是将产品的不同特征或特点区分开来，为每一类产品制定合适的营销战略或策略。对产品进行分类，可使用不同的分类标准。

1. 耐用性和有形性

产品可以根据其耐用性和是否有形而分为3类。

(1) 非用品。它是有形的，在一定的时期内只能一次或有限几次使用的产品耐。非耐用品的使用时间较短，消费速度快，重复购买率高。如绝大部分日常生活用品都属于此类。非耐用品的特点决定了其适合的营销策略是：定价中单位产品的毛利率低、销售网点要多、多作提醒性广告，以培养消费者的品牌偏好。

(2) 耐用品。它是有形的，在一定的时期，能充分多次地使用，而且使用期长的产品。耐用品使用时间长，重复购买率低，单位产品毛利和定价高。适合的营销策略是：要提供更多的附加服务、应有质量保证、营销者要向顾客提供更多的担保条件和售后服务、需要更多的介绍性广告。

(3) 服务。它是无形的、不可分割的、可变的、不能储存的产品。因此，服务更需要治疗控制，提供者的可信度以及适应性。如理发、医疗服务、企业咨询等。

2. 消费品分类

凡是为家庭和个人的消费需要而进行购买和使用的产品或服务，都是消费品。消费品是最终产品，它是社会生产的目的所在。按购买习惯分类，是营销管理中对消费品最重要的一种分类方法。因为在营销活动中，营销者必须更多地根据消费者的购买习惯组织营销，并据之制定有效的营销策略。

(1) 便利品。便利品是指顾客经常要购买的和(或)基本不列入购买计划，想到了就要购买的产品。在购买中，顾客也不会为之努力。便利品可进一步分为以下3种。

① 日用品，指与日常生活有关的、经常要购买的产品。

② 冲动品，指消费者没有经过计划和寻找，在听到、看到或突然想到就购买的产品，如旅游地的小旅游纪念品、书报零售摊的某些杂志、报纸、书刊等。

③ 应急品，指消费者在有紧急的需要时，要购买的产品，如身体突然不适购买的药品，下雨天购买的雨伞，以及肚子饥饿购买的快餐食品等。

对于便利品来说，合适的营销做法是：营销者需要广设销售网点，以满足消费者的日常所需。营销者还需对便利品经常地作提醒性的广告，以培育消费者的品牌偏好或是增加消费者对营销者品牌的熟悉程度。因为消费者为求购买的方便，往往是选择其所熟悉的品牌购买，这显然要比选择一个生疏的品牌购买省力得多。

(2) 选购品。指顾客在购买过程中，要对产品的适用性、质量、特色、样式和价格进行有针对性的比较、挑选后才购买的产品。耐用消费品一般属于这一分类，如冰箱、家具、服装等。选购品进一步可分为两种。

① 同质品。指消费者认为在有关的产品属性上，如质量、外观等方面没有什么差别的产品。这类产品对消费者来说，之所以有选购的必要，是因为消费者认为经过自己的"购买努力"，可寻找到销售价格最低的产品。所以，顾客在选购这类产品时，实际是进行市场的"价格寻租"活动。因此，对于同质品，价格是非常有效的促销工具。

② 异质品。指消费者认为在有关的产品属性上，具有差别，因此，要按照自己所好进行挑选的产品。比如购买服装，不同的消费者对不同的式样有个人偏好。异质品对于顾客来说，产品差异比产品价格更为重要。比如，用同样的质料制作的服装，消费者首先挑选的是服装样式而不是价格，因此，购买价格昂贵而式样满意的服装产品，在服装市场上是很常见的购买行为。营销异质品，要求营销者应该更重视产品质量、花色、品种、特色、附加产品等，将顾客最为看重的产品特点作为营销者的产品特点，提供给顾客(俗称的产品要有一个"卖点")。营销过程中，对选购品提供售中、售后服务要比便利品更多。选购品一般对于购买的方便性要求不高，因此，通过少设销售网点的方法可以节约营销费用开支。

(3) 特殊品。指有独特特征和(或)有品牌标志的产品。这类产品，绝大多数顾客愿意为之做出特殊的购买努力。像具有特殊的产地特征的产品，如法国的"波尔多"葡萄酒、中国的"茅台"酒、"五粮液"酒等。顾客购买这类产品的时候，最关心的是能否购买到真正的产品。顾客购买特殊品时，并不涉及产品比较问题，顾客所做出的购买努力，即所花费的购买时间与精力，在于要购买到"正宗"真实的产品，因此需对产品进行"确认"。

经营特殊品的营销者应该更多地采取独家经销和专门委托经销的方法，以使消费者能够有效地对产品“验明正身”。

(4) 非渴求品。指消费者没有听说或听说了也不想购买的产品。最为典型的是殡葬用品。对于大多数新产品来讲，在营销初期，因为顾客对其不了解，会表现出这种分类特征。企业如果营销的是消费者没见过或完全不了解的产品，仅凭一般的广告，难以说服目标顾客购买产品。因此往往要求营销者采用刺激营销的做法，创造出需求来。也就是说，需要营销者做出大量的推销努力，使顾客在了解、熟悉产品的基础上产生消费欲望。

3. 产业用品分类

凡是为了生产和销售其他的产品或服务而购买的产品和服务，就是产业用品。产业用品是为了生产销售最终产品而购买的，一般来说，产业用品是中间产品。产业用品分为3类，主要是根据这些产品是否进入和以什么方式进入最终产品(或被转移到的其他中间产品)。

(1) 完全进入最终产品的产业用品。完全进入最终产品的产业用品指在生产中，这类产品的物质实体和价值是一次就转移到生产的最终产品或其他的中间产品中去。包含下面两大类。

① 原材料。原材料是指不经过工业加工的产品。又可分为农产品和自然产品。

农产品。是由农业生产提供出来，给工业和其他行业使用的产品，如米、面、棉花、甘蔗等。作为工业生产使用的农产品，其物质实体都要进入最终产品，因而农产品的全部价值都要转移到最终产品中去。农产品的价格，直接影响最终产品成本。农产品受农业生产周期、每年气候影响很大，在短期内难以扩大供给量。农产品一般还具有易腐、体积大、运输困难的特点，需要有特殊的营销措施。比如，对于容易供给过剩的农产品，往往需要事先与购买者签订相应的订销合同。而对于难以长久保存的农产品，需要为其紧密安排储运事务。

自然产品。自然产品是指没有经过人类工业生产加工，而只进行采集、整理、运输等活动而获得的中间产品，如石油、天然气、煤炭、各种矿石等。与农产品一样，自然产品作为工业生产的投入品，要完全进入最终(或其他中间)产品中。自然产品的体积大，单位产品的价值低(因为没有多少附加价值)。但是，由于使用广泛和替代品少，因而稀缺。自然产品的同质性决定了其营销者几乎没有市场需求的创造活动；自然产品的地理分布的相对集中性决定了其营销者具有供给垄断地位。自然产品的购买者，往往需就产品品质(有效含量)、交货的可靠性和供给的价格进行选择。对于垄断性较强的自然产品，因其关系“国计民生”，政府往往对其进行严格的市场控制。

② 零部件。零部件一般是经过工业生产加工的中间产品。在使用中，零部件的物质实体和其价值同原材料一样，会完全转移到最终产品或由其生产的中间产品中。零部件进一步分为半成品和部件。

半成品。半成品在用于其他产品生产时，还需进一步的对其进行加工，如生铁、粗钢、棉纱等。

部件。可以直接用在被生产加工的产品中，如汽车的轮胎、电动机、显像管、计算机芯片等。

零部件的用户是特定的，往往要事先提出订货，并有严格的质量要求。他们选择供应商，主要是根据供货的质量、合同的履约程度、价格和服务。竞争中，最主要的是价格与服务因素，品牌与广告显得不太必要。

(2) 部分进入最终产品的产业用品。部分进入最终产品的产业用品，是指这类产品在用作工业生产时，其物质实体和价值不是一次而是多次转移到最终产品或被加工生产的其他中间商品中去的，分为下面两类。

① 主要设备。包括建筑物(如厂房)和固定设备(如机床、电梯等)。用户一般直接在营销者那里购买这类产品，而无需或很少通过中间环节采购。购买中需要较长时间的交易谈判。要求营销者能提供长期的质量保证和售后服务。

② 附属设备。包括手工工具、办公用品(我国习惯称为“低值易耗品”)。这些产品的使用寿命短、用户采购量大或采购频繁。要求营销者广泛设立销售网点，提供方便的销售服务和相应的质量保证。

(3) 完全不进入最终产品的产业用品。完全不进入最终产品的产业用品，指与产品生产过程无直接关系，产品的物质实体根本就不会进入最终产品；产品的价值，主要是通过“管理费用”项目综合分摊进最终产品，分为下面两类。

① 供应品。供应品有两类：一是作业用品，如非生产用的燃料、纸张、笔墨等；二是维修用品，如油漆、清洁工具等。供应品是产业用品中的方便品。产品的单位价值低，重复购买率高，用户很少为之做出购买努力。价格和服务因素是顾客购买时主要考虑的因素。营销者一般需通过中间商销售这类产品，以适应顾客购买分散的特点。

② 产业服务。产业服务分为作业服务和咨询服务两类。像维修、专业清洗、设备安装等属于作业服务；像法律咨询、管理咨询、委托的市场调查等属于咨询服务。用户往往根据营销者的声誉和供应能力及服务的质量来挑选供应商。

由产品的分类可以看出，产品的自身特征和用户的使用和购买特征，是决定营销策略的重要因素之一。

9.2 产品组合

在营销组合层次上对产品进行管理，第一个方面就是对产品组合进行管理。

9.2.1 产品组合及相关概念

1. 产品组合

(1) 产品组合。指企业生产经营的全部产品的有机结合方式。是一个企业提供给市场的全部产品线和产品项目的组合或结构，即企业的业务经营范围。产品组合中包括若干产品线，产品线中又包含若干产品项目。

(2) 产品线。指产品组合中的某一产品大类，是一组密切相关的产品。也就是具有相同使用功能而规格型号不同的一组类似的产品项目。所谓“密切相关”是指：①这些产品使用相同的生产技术进行生产；②这些产品以类似的方式发挥作用；③销售给同类的顾客群，因此可以通过同类的销售渠道销售；④售价在一定幅度内变动。如对一家家电生产企业来说，可以有电视机产品线、电冰箱产品线等。

(3) 产品项目。指产品线中不同品种、规格、质量和价格以及同一品种不同品牌的特定产品。产品项目是构成产品组合和产品线的最小产品单位。

(4) 产品组合的宽度。指企业产品组合中所拥有的产品线的数目。产品组合中包括产品线数越多，产品组合就越宽。

(5) 产品组合的长度。指产品组合中产品项目的总数。通常，为了在不同的企业之间进行比较，也用平均线长来表示产品组合的长度。平均线长是产品项目总数与产品线数目的算术平均值。

(6) 产品组合的深度。指每条产品线的长度，即每条产品线所包含的产品项目或产品规格、品种的数目。或是指产品项目中每一品牌所含不同花色、规格的产品数目的多少。

(7) 产品组合的关联度。指产品组合中各条产品线在最终用途、生产条件和技术、分销渠道以及营销活动中要控制的因素相近或相互关联的程度。如化妆品生产企业的产品线可能很多，但使用者相同，生产技术条件没有差异，都可以通过百货公司和化妆品商店销售，所以产品组合关联性好，或说相容程度高；而化工产品生产企业，如果既生产产业用化工产品，也生产家用化工产品，最终用户不同，销售渠道不同，产品关联性就差。产品组合的关联性好，企业的营销管理难度就小，但经营范围窄，营销风险要大些；反之，企业产品组合的关联性差，营销管理难度大，经营的范围广，风险相对要小些。

2. 优化产品组合分析

在产品线中，每个产品项目的销售量和利润贡献是不同的。企业要经常对产品组合进行分析、评估和调整，力求保持最佳的产品组合。优化产品组合包括两个重要步骤。

(1) 产品项目销售额和利润分析。即分析、评价现行产品线上不同产品项目所提供的销售额和利润水平。

(2) 产品项目市场地位分析。即将产品线中各产品项目与竞争者的同类产品作对比分析，全面衡量各产品项目的市场地位。

9.2.2 产品组合决策

企业在调整和优化产品组合时，依据情况的不同，可选择如下策略。

1. 扩大产品组合策略

扩大产品组合策略，即增加产品组合的宽度和深度，也就是增加产品线或产品项目，扩展经营范围，生产经营更多的产品以满足市场需要。

鄂尔多斯羊绒集团为增强产品竞争力，提高经济效益，引进日本、意大利等国的先进设备，增加了羊绒大衣、围巾、衬衫、披巾等产品线(宽度)；在增加了产品宽度的同时，也增加了产品项目总数(长度)，有不同规格、色泽、款式等；又开发出绒+棉、绒+麻、绒+丝、绒+纤等系列。

2. 缩减产品组合策略

缩减产品组合策略，即取消一些产品线或产品项目，集中力量生产经营一个系列的产品或少数产品项目，实行高度专业化。

3. 产品线延伸策略

产品线延伸策略，指突破原有经营档次的范围，使产品线加长。

(1) 向下延伸。即在原有的产品线中增加低品位的产品项目。如果企业在高档产品市场上面对需求不足或发展困难的问题；或者企业已经通过经营高档产品项目而树立了市场声誉，容易在低档市场上谋求发展；或者在低档产品市场存在有明显的空白点时，应予填补，可采取此策略。

(2) 向上延伸。即在原有的产品线中增加高品位的产品项目。如果企业面对的市场对高档产品的需求增长较快；如果在高档产品市场存在有明显的产品空白点；如果企业通过经营低档产品，积累了经验，就能够有效改善生产技术和产品质量，可采取此种做法。

(3) 双向延伸。如果同时在以上两方面存在市场机会，企业又具有营销优势，可以同时采取向下和向上延伸的做法。

上海通用汽车公司最开始在中国生产提供的是高档车型(别克)，之后在 2000 年开始提供经济车型(赛欧)，到 2003 年又开始提供中档车型(凯越)。在这样的扩展过程中，始终根据的是市场需求的变化情况，将最大或最有增长潜力的市场需求作为扩张方向，保证企业获得希望的收益。

4. 产品线的填补

公司也可以通过现有范围内增加产品来拉长自己的产品线。产品线填补有几个动机：获得增长的利润，试图满足那些抱怨因产品线内产品不全而损失销售额的经销商，试着利用过剩的产能，试着成为领先的全产品线公司，以及想要封锁缺口以防竞争者侵入。

营销视野

宝马(BMW)

在 4 年时间里，宝马从 1 个品牌、5 种车型的汽车制造商转变成 3 个品牌、10 种车型的汽车业佼佼者。宝马不仅用 MINI Cooper 品牌和其小型的 1 系列车型向下拓展了产品空间，还有劳斯莱斯向上扩充了产品线，填补了 X3 和 X5 高性能运动型多功能车、Z3 和 Z4 跑车和 6 系轿车之间的市场空隙。公司成功地使用产品线填补，提高了其对富有者、超级富有者和追求富有的人的吸引力，而所有这些都离不开它纯粹的溢价定位。

资料来源：菲利普·科特勒，等. 营销管理[M]. 王永贵，等. 译. 上海：格致出版社，上海人民出版社，2009.

5. 产品线更新决策

产品线的长度也许是合适的，但企业有时仍会发现，现在所经营的产品线盈利在不断降低，销售量在不断减少。这说明该产品线已经老化，各产品项目在功能、风格、样式、技术等方面，可能比竞争对手差。因此，需要进行产品线更新。比如，因特尔和AMD这样的微处理器公司，以及像微软和甲骨文这样的软件公司都不断地推出更高版本产品。产品线更新决策时要考虑的是逐步更新还是一步到位式的更新。逐步更新，企业可以占用较少的资金进行，也可避免对有较大存货量的老式产品的冲击。但是，由于更新的速度较慢，可能被竞争对手抢占市场机会。一步到位的更新，需要企业在短时间内筹备较多的资金，或者占用企业数量极大的供目前流转的资金。但是，企业却获得了抢占有利的市场机会的条件，或者是加速技术的进步。

6. 产品线特色策略

产品线特色就是在每条产品线中推出一个与几个有特色的产品项目，以吸引顾客，适应不同细分市场的需要。一般是推出低档与最高档的产品来形成自己的特色。常见的做法有以下两种。

(1)"号召"项目。即在产品线中，推出具有最高的、市场上所有产品都没有的性能，采用极高的标价，但企业不指望这种性能的产品项目能售出多少，只是用来表明企业产品质量水平，使购买者对企业一般产品质量更具有信心，提高整体产品形象，由此带动普通售价的产品项目的销售。近年来许多计算机整机制造厂家较常用这样的做法。世界上不少的汽车生产厂家也常采用这种做法。

(2)"经济性"项目。在产品线中推出一种定价很低的，质量较低或性能较差的产品项目，吸引顾客前来惠顾。以此带动一般定价产品项目的销售。这对于那些常用高定价企业来说，也是一种占领市场的做法。如罗尔斯·罗依斯汽车推出过178000美元的经济车，与一般的售价达310000的产品相比，可以使那些向往购买这种品牌的顾客有足够的勇气购买心仪已久的该企业的汽车产品。

7. 产品线削减决策

对于那些占用资金较多而利润贡献较少或者是已经没有市场发展前景、当前的市场需求在急剧下降的产品线，营销决策人员应做出产品线的削减决策。这就好比给一个花园除去杂草，这样阳光和空气有可能被最好的花朵吸收。削减一条产品线时，应当把握的条件是：如果立即削减，就可明显改善资金流量，可有其他的产品线能够马上填补因削减了的产品线而多余出来的生产能力，就应立即进行；如果在当前，这条产品线尚存有一定的市场销量，而且企业在削减后填补空余生产能力上存在困难，应采取逐步削减的做法。

9.3 产品生命周期

企业所营销的产品，从产品开发或进入市场销售开始，就需要多次进行营销战略的修改，其中重要的一个原因就是产品具有生命周期。

9.3.1 产品生命周期的概念

1. 产品生命周期

产品生命周期(Product Life Cycle，PLC)是指产品从开始进入市场直到退出市场所经历的时间过程。在这一时间过程内，产品的销售量和利润都会发生一定规律性的变化。因此，需要有不同的营销战略。产品生命周期是由需求和技术的生命周期决定的。

产品生命周期主要描述了 4 个营销现象：①任何产品营销时间是有限的，或者说，产品有一个有限的生命；②产品在生命周期内，面对不同的竞争情况；③产品在生命周期内的销售量和利润经历有高有低的变化；④由于引起销售量和利润的变化的市场原因不同，因此需要不同的市场营销战略。或者说，不可能有一个自始至终都能适应不同生命周期阶段的市场营销战略存在。

2. 产品生命周期的时期划分

产品生命周期，按产品在市场上销售量的变化情况划分为 4 个时期，如图 9.2 所示。

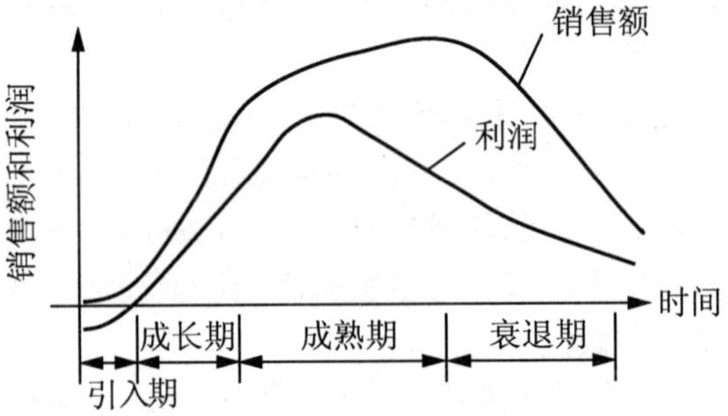

图 9.2　产品生命周期

(1) 引入期(Introduction Stage)：在这一时期，销售量增加很慢，产品刚进入市场，需开支巨额的促销费用，利润很小。

(2) 成长期(Growth Stage)：产品被市场快速大量接受，销量和利润增加都很快。

(3) 成熟期(Maturity Stage)：产品已被市场大量接受，增长放慢，销量和利润都达到最大。

(4) 衰退期(Decline Stage)：销量急剧减少，利润不断下降直到为负值。

3. 产品生命周期的其他形态

(1)“成长—衰退—成熟”形态：即产品进入市场后，很快就有增长，销售量迅速上升，之后，将稳定在一个接受水平上，保持很长时期，如图 9.3 所示。之所以销售量可以长期稳定在一个水平上，是因为这种产品的后期购买者才开始购买，而那些早期购买者已在进行第二次购买了。但是，二次购买的规模不如首次购买。像小型办公用家具、厨房用具等有此种情况。

(2) 再循环形态：指产品销售进入衰退期后，由于市场需求的变化或厂商投入更多的促销费用而使产品进入第二个成长阶段，如图 9.4 所示。

(3) 多循环形态：亦称“扇形”或波浪形循环形态，如图 9.5 所示。是产品进入成熟期后，厂商通过制订和实施正确的营销策略，使产品销售量不断达到新的高潮。

一般而言，产品种类(香烟)、产品形式(过滤嘴香烟)、产品品牌(中华)的寿命期各不相同，产品种类具有最长的生命周期。

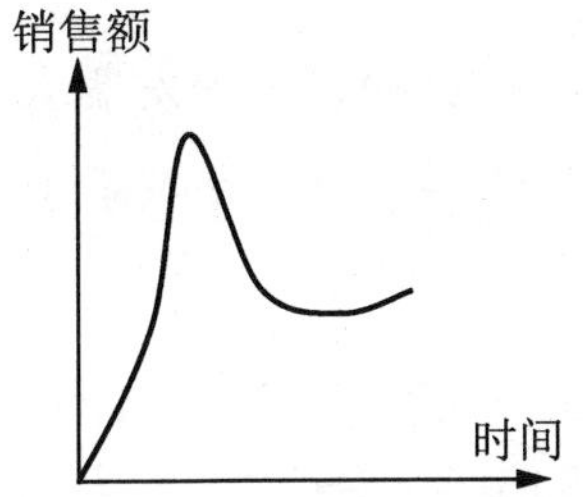

图9.3 “成长—衰退—成熟”形态

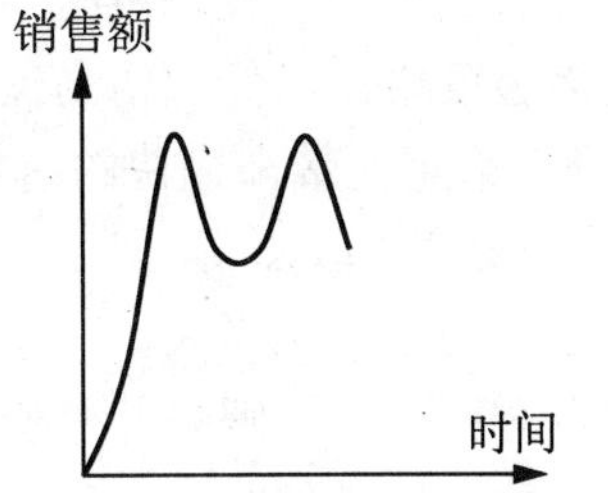

图9.4 “再循环”形态

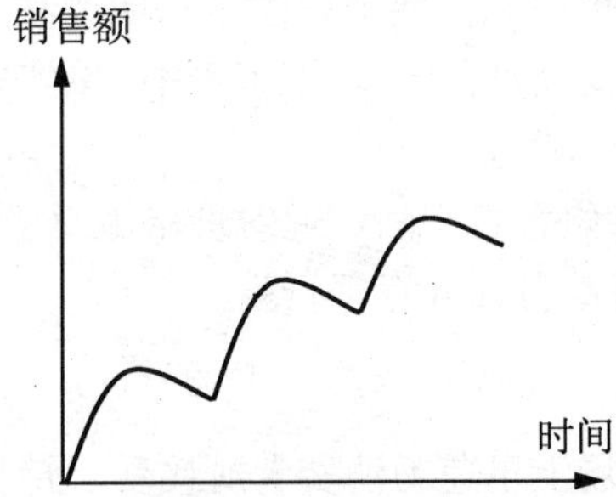

图9.5 “扇形”形态

9.3.2 产品生命周期各阶段特点及营销策略

1. 引入期的市场特点与营销策略

引入期，指新产品首次正式上市后销售呈缓慢增长状态的阶段。引入期的市场特点如下。

(1) 产品销量小，单位成本较高。

(2) 尚未建立理想的营销渠道和高效率的分配模式。

(3) 价格决策难以确立。

(4) 营销费用开支较大。

(5) 产品的技术、性能不够完善。

(6) 利润较少甚至亏损，市场风险最大。

引入期的市场营销策略如下。

(1) 快速掠取策略：以高价格和高促销费用推出新产品。

高价格：在每一单位销售额中获取最大利润；高促销费用：可加快市场渗透，取得较高市场占有率。这一策略必备的市场条件如下。

① 市场上有较大需求潜力。

② 目标顾客求新心理强，急于购买新产品并愿意付高价。

③ 企业面临潜在竞争者的威胁，需及早树立名牌。

(2) 缓慢掠取策略：以高价格低促销费用推出新产品。高价低促销可使企业获更多利润。具备的市场条件如下。

① 产品市场面较小，消费对象相对集中。

② 消费者需求迫切，竞争威胁不大。

③ 快速渗透策略：以低价格高促销费用推出新产品，目的在于先发制人，以最快的速度打入市场，给企业带来最快的市场渗透率和最高的市场占有率。

具备的市场条件如下。

① 该产品市场容量相当大。

② 消费者对产品不了解，并对价格十分敏感。

③ 潜在竞争比较激烈。

④ 随着生产规模的扩大，降低了单位生产成本。

(3) 缓慢渗透策略：以低价格和低促销费用推出新产品。

低价格：为使市场迅速接受新产品；低促销费用：以实现更多净利。具备的市场条件如下。

① 市场容量很大，消费者熟悉新产品，但对价格敏感。

② 有相当多的潜在竞争者准备加入竞争行列。

2. 成长期的市场特点与营销策略

成长期指该产品已经在市场上迅速为消费者所接受、销售额迅速上升的阶段。成长期的市场特点如下。

(1) 商品销售额迅速上升。

(2) 生产、销售成本大幅度下降，质量稳定。

(3) 价格趋于下降，利润上升，竞争者加入。

成长期的市场营销策略：核心是尽可能延长产品的成长阶段，使获取最大利润的时间得以延长。

(1) 改善产品品质。不断提高产品质量，努力发展新款式、新用途，提高竞争能力。

(2) 寻找新的细分市场。找到尚未满足的细分市场迅速进入。

(3) 改变广告宣传的重点。从介绍产品转到建立产品形象上来，树立品牌。

(4) 选择适当时机调整价格，争取更多顾客。

3. 成熟期的市场特点与营销策略

成熟期指大多数购买者已经接受该项产品，市场销售额缓慢增长或下降的阶段。成熟期的市场特点如下。

(1) 产品销售量逐步达到最高峰，然后缓慢下降。

(2) 销售利润也从成长期的最高点开始下降。

(3) 市场竞争非常激烈，各种品牌、各种款式的同类产品不断涌现。

成熟期的市场营销策略如下。

(1) 市场改良策略。也叫市场多元化策略，就是开发新市场、寻求新用户。一是开发产品新用途、寻求新的细分市场；二是刺激现有顾客，增加使用频率；三是重新定位，寻求新的买主。

(2) 产品改良策略。也称产品再推出，包括以下几点。

① 品质改进策略：增加产品功能。

② 特性改进策略：增加产品新特性(高效性、安全性、方便性)。

③ 式样改进策略：基于美学观点进行改变。

④ 服务改进策略：提供更好的服务。

美国一家咨询公司在调查中发现，顾客从一家企业转向另一家企业，70%的原因是服务。他们认为，企业员工怠慢了一个顾客，就会影响40名潜在顾客。“在竞争焦点上，服务因素已逐步取代产品质量和价格，世界经济已进入服务经济时代。”正是基于这样的认识，美国IBM公司公开表示自己不是电脑制造商，而是服务性公司。该公司总裁说：“IBM并不卖电脑，而是卖服务。”

(3) 市场营销组合改良策略。即通过对产品、定价、渠道、促销4个市场营销组合因素的综合改革，刺激销售量回升。

成立于1903年的哈雷机车公司，是美国知名的机车制造商，专门生产重型摩托车，这个品牌所代表的意义相当广泛，它是一种情绪、一种感觉，甚至是一个梦想，更成为美国年轻人梦寐以求的对象。然而进入20世纪70年代，由于公司管理不善，又遭到日本摩托车的猛烈攻击，哈雷濒临破产的边缘，经营权两次易主。自20世纪80年代以来，哈雷开展了一场反击战。到今天，哈雷不仅成功击退日本的竞争者，更建立了忠诚的顾客群，成为全球知名品牌。哈雷机车如何浴火重生？从层层重围中杀出一条生路？其做法则是市场营销组合改良策略，包括以下几点。

① 建立“接单后生产”制造系统。

② 坚持品质第一的信念。

③ 建立全球经销商咨询网络。

④ 成立哈雷俱乐部，全球有36万多名会员。

⑤ 延伸品牌资产：从皮衣、夹克、牛仔裤、手刀、打火机、餐厅等应有尽有，每年创造近1亿美元的销售收入。

⑥ 全力争取“露脸”机会：哈雷公司大方出借旗下20款不同的摩托车，让广告公司利用“哈雷”拍广告，让电影公司拍电影，为公司赢得了良好的品牌形象。

4. 衰退期的市场特点与营销策略

衰退期，指销售额急剧下降的阶段。衰退期的市场特点如下。

(1) 产品销售量急剧下降，价格降到最低水平，获得的利润很低甚至为零。

(2) 大量的竞争者退出市场，留下的企业削减服务及促销。

衰退期的市场营销策略如下。

(1) 维持策略：即保持原有的细分市场，沿用过去的营销组合策略，把销售维持在一个低水平上，待适当时机便停止该产品的经营，退出市场。

(2) 集中策略：即把企业能力和资源集中使用在最有利的细分市场、最有效的销售渠道和最易销售的品种、款式上。概括地说，就是缩短战线，以最有利的市场赢得尽可能多的利润。

(3) 收缩策略：即大幅度降低销售费用，以增加眼前利润，通常作为停产前的过渡策略。

(4) 放弃策略：即对于衰落比较迅速的产品，应当机立断，放弃经营，转向其他产品。产品生命周期各阶段特征、销售和利润见表 9－1。

表 9－1　产品生命周期各阶段特征、销售和利润

阶段 / 项目	引入期	成长期	成熟期	衰退期
销售额	低	迅速增长	缓慢增长	减少
利润	波动	大量增加	由高转低	少或无
现金流量	负数	适度	大量	小量
顾客	试用者	多数	多数	保守者
竞争者	少数	渐多	最多	渐少

9.4　新产品开发

9.4.1　新产品的概念

在结构、材质、工艺等某一个方面或几个方面对老产品有明显改变，或采用新技术原理、新设计构思，从而显著提高产品的性能或扩大了使用功能的产品称为新产品。

新产品可划分为以下几类。

(1) 全新产品：是应用新技术、新原理、新结构和新材料研制成功的前所未有的新产品，它是科学技术上的新发明，在生产上的新应用。要经国家科学技术管理部门的鉴定批准，可申请专利，受法律保护。

蒸汽机、电灯、电话、收音机、飞机、电视机、计算机、化纤、抗菌药等的研制成功并投入使用则是全新产品。这类新产品的问世，往往都是随着科学技术的重大突破而诞生的。

(2) 换代型新产品：是在原有产品的基础上，采用或部分采用新材料、新技术、新结构制造出来的新产品，标志着产品的性能有了重大突破。

电子计算机问世以来，经过 40 多年的时间，经历了以电子管为主要元件的第一代，以晶体管为主要元件的第二代，以集成电路为主要元件的第三代，以大规模集成电路和超大规模集成电路为主要元件的第四代，具有人工智能的第五代产品，标志着产品的性能有了重大突破。

(3) 改进型新产品。有两种情况：一是对原有产品进行适当的改进；二是原有产品派生出来的变形产品。其目的是：实质性能更加良好，结构更加合理，精度更加提高，功能更加齐全，或采用新工艺设备，使成本有较大幅度降低。

9.4.2 开发新产品的意义及应遵循的原则

1. 开发新产品的意义：创新是企业生命之所在

（1）有利于避免产品线老化，以适应市场不断变化和日益增长的需要。

（2）有利于企业及时采用新技术、新材料，不断推陈出新，使市场上商品日益丰富多彩。

（3）有利于充分利用企业资源和生产能力，提高经济效益。

（4）有利于加强企业生产经营的稳定性，减少因老产品滞销带来的经济收益的下降。

（5）有利于企业提高声誉，增强竞争能力。

1996年3月，舒蕾洗发水上市，短短数年便飞速成长起来。1997年在全国重点商场洗发水市场占有率排名第七位，1998年与1999年排名第三位，2000年8月排名第二位，以市场占有率超过15%的骄人业绩，打破了被宝洁和联合利华所垄断的中国洗发水市场的格局。正是舒蕾的创新观念，提出“头发头皮双重护理”的独特概念，并根据中国消费者特有的需求开发出“焗油博士”洗发水，从容应对未来市场的挑战。

2. 开发新产品应遵循的原则

（1）根据市场需要开发适销对路的产品，是新产品开发成功与否的关键。

（2）根据本企业资源、技术等能力确定开发方向：既符合市场需要，又能发挥本企业优势。

（3）必须采用国际标准：为我国产品打入国际市场创造有利条件。

（4）必须有良好的经济效益：使衡量新产品开发成功与失败的标志。

（5）量力而行，选择切实可行的开发方案。

① 引进技术：购买专利、合资经营。

② 引进与改进相结合：引进国外先进技术再加以改进创新。

③ 自行研制：开展独创性研究，风险大但能给企业提供高速发展的机会。

9.4.3 新产品开发程序

1. 寻求创意

所谓创意，就是指开发新产品的设想。寻求创意主要有以下几种方法。

（1）聚会激励创新法。即激发企业内部人员的热情寻求创意；组织专门研究和技术攻关。

（2）征集意见法。即向外界征集创意：顾客、专家、市场研究公司、大学、广告代理商等。

（3）产品属性排列法。即列出现有产品属性，然后寻求改进每一种属性的方法改良产品。

（4）强行关系法。即先列举若干不同的产品，然后把某一产品与另一产品或几种产品强行结合起来，产生一种新的构想。

（5）多角分析法。即分析其他企业的先进产品。

营销视野

来自于竞争对手的创意

福特公司在设计其高度成功的捷豹牌汽车时，拆看了50多种竞争品牌汽车，一层一层地寻找可以复制或改善的地方。捷豹采用了奥迪的加速器踏板“触角”、丰田Supra车型的油耗表、宝马528e轮胎和千斤顶储存系统以及其他400种类似优点。福特公司在1992年重新设计美洲虎汽车时采用了同样的方法。

资料来源：王吉方，陈雪梅．市场营销[M]．北京：机械工业出版社，2010.

2. 甄别创意

取得足够创意之后，要对这些创意加以评估，研究其可行性，并挑选出可行性较高的创意，使公司有限的资源集中于成功机会较大的创意上，要考虑两个因素。

(1) 该创意是否与企业的战略目标相适应(利润目标、销售目标、销售增长目标、形象目标)。

(2) 企业有无足够的能力开发这种创意(资金能力、技术能力、人力资源、销售能力等)。

3. 形成产品概念和测试

经过甄别后保留下来的创意还要进一步发展成为产品概念。产品概念是指能够用文字、图像和模型等寓意清晰表述的已经成型的产品构思，使之在顾客心目中形成一种潜在的产品形象。在这里，首先应当明确产品创意、产品概念和产品形象之间的区别。

(1) 产品创意。指企业从自己角度考虑的它能够向市场提供的可能产品的构想。

(2) 产品概念。指企业从消费者角度对这种创意所做的详尽的描述。

(3) 产品形象。指消费者对某种现实产品或潜在产品所形成的特定形象。

(4) 产品概念试验。指用文字图画描述或用实物将产品概念展示于目标顾客面前，观察反应。

如电视机的生产：从企业角度考虑主要是显像管、制造过程、管理方法及成本因素等；从消费者角度考虑则是电视机的清晰度、价格、外形、售后服务等因素。作为企业，必须根据消费者的要求把产品创意发展为产品概念，并确定最佳产品概念，进行产品和品牌的市场定位后，再对产品概念进行试验。

营销视野

通用汽车公司电动汽车产品概念

通用汽车公司的实验电动汽车时速为每小时80公里，在再次充电之前可行驶90公里。该公司估计这种汽车的使用成本大约为普通汽车的一半。通用汽车公司的任务是使这种新产品演变成可供选择的产品概念，找到每种概念对顾客的吸引程度，并选择最佳的一个。为此，通用汽车公司为电动汽车设立了以下几种产品概念。

概念1：不昂贵的超小型汽车，作为在城市使用的第二类家庭汽车。该车是理想的代步和访友工具。

概念2：中等价格、中等型号的汽车，作为各种用途的家庭汽车。

概念3：中等价格的运动小型车，用来吸引年轻人。

概念4：不昂贵的超小型汽车，用来吸引认真谨慎的人，这些人要求基本的交通功能、低燃料成本和低污染。

资料来源：王吉方，陈雪梅．市场营销[M]．北京：机械工业出版社，2010.

4. 初拟营销计划

形成产品概念之后，需要拟定一个将新产品投放市场的初步的市场营销计划，由3个部分组成。

(1) 描述目标市场的规模、结构、行为，新产品在目标市场上的定位，头几年的销售额、市场占有率、利润目标等。

(2) 略述新产品的计划价格、分销战略及第一年的市场营销预算。

(3) 阐述计划期销售额和目标利润及不同时间的市场营销组合。

5. 商业分析

企业市场营销管理者要复查新产品将来的销售额、成本和利润估计，看是否符合企业目标，如果符合就可以进行新产品研制。

6. 新产品研制

通过营业分析，研究与开发部门及工程技术部门就可以把产品概念转变为产品，进入试制阶段，只有在这一阶段，文字、图表及模型等描述的产品设计才能变为确实的物质产品。

7. 市场试销

新产品开发结果满意，就着手用品牌、包装和初步市场营销方案把这种新产品装扮起来，推上真正的消费者舞台。市场试销的规模决定于两个方面。

(1) 投资费用和风险大小。投资费用和风险越高的新产品，试销的规模应越大一些。

(2) 市场试销费用和时间。市场试验费用越多、时间越长的新产品，试销的规模应越小些。

西方企业常用的试销方法有3种。

(1) 标准试销法。将新产品在实际的条件下推出，企业选定几个试销城市，推销人员说服当地中间商协助开展试销，并将新产品摆到货架的最好位置上。

(2) 控制试销法。即通过专门的市场调研机构开展试销工作。企业只讲明所要进行试销的商店数目及地理位置，所有的事项由该机构负责安排。

(3) 模拟试销法。选择一家现有的商店，首先让参加试销的顾客看到广告，然后发给他们少许钱，让他们随意购买，并询问买或不买的理由。

8. 商业性投放

新产品试销成功后，就可以正式批量生产全面推向市场，但必须预先做好下列决策：①投放时机。②投放区域。③目标市场。④营销组合。

9.4.4 新产品市场扩散

1. 新产品特征与市场扩散

(1) 新产品的相对优越性。如果新产品的性能明显优越于现有产品，对它的采用率就会高。

(2) 新产品的适应性。如果这种新产品较适合人们的价值观和经验，就会有更多的人采用。

(3) 新品的简易性。如果一种新产品比较复杂，难以理解和操作，采用率就低。

(4) 新产品的可试性。如果允许顾客在一定条件下试用新产品，采用率就高。

(5) 新产品信息的沟通性(明确性)。如果新产品的使用效果可以被观察、描述和传播，采用率就高。

2. 购买行为与市场扩散

(1) 认知。这是个人获得新产品信息的初始阶段。新产品信息情报的主要来源是广告，或者通过其他间接的渠道获得，如商品说明书、技术资料等。显然，人们在此阶段所获得的情报还不够系统，只是一般性的了解。

(2) 兴趣。消费者已对新产品发生兴趣，并开始积极寻找有关资料进行对比分析。

(3) 评价。消费者根据有关信息对产品进行评价，并考虑是否试用这种产品。

(4) 试用。消费者少量试用，并改进了他们对产品价值的估计。

(5) 采用。消费者经过试用，决定充分地使用这一产品。

以上就是消费者在采用一种新产品时，通常经过的 5 个阶段。新产品营销者应设法促使消费者尽快通过这 5 个阶段，缩短他们的采用过程。

3. 新产品采用者类型与市场扩散

在新产品的市场扩散过程中，由于个人性格、文化背景、受教育程度和社会地位等因素的影响，不同的消费者对新产品接受的快慢程度不同。美国营销学者罗杰斯根据这种接受快慢的差异，把采用者划分为 5 种类型，如图 9.6 所示。

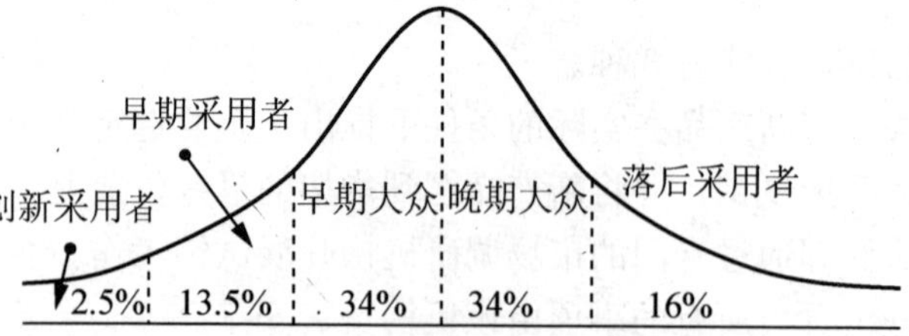

图 9.6 新产品的市场扩散图

(1) 创新采用者。也称为\“消费先驱”。占全部采用者的 2.5%，他们的特征是：富有个性，勇于冒险，性格活跃，收入水平、社会地位和受教育程度较高；易受广告及促销手段影响，是企业投放新产品的极好目标。企业营销人员在向市场推出新产品时，应把促销手段和传播工具集中于他们身上。

(2) 早期采用者。一般是年轻人，交际广泛，信息灵通，富于探索，对新事物比较敏感并有较强的适应性，经济状况良好，对早期采用新产品有自豪感。这类群体占全部潜在采用者的13.5%。

(3) 早期大众。占有34%的份额，这部分消费者的特征是深思熟虑，态度谨慎，决策时间较长，受过一定教育；有较好的工作环境和固定的收入；对舆论领袖的消费行为有较强的模仿心理，不甘落后潮流。但由于特定的经济地位所限，购买高档产品时持非常谨慎的态度。研究他们的心理状态、消费习惯，对提高产品的市场份额具有很大意义。

(4) 晚期大众。占有34%的份额，他们的工作岗位，受教育水平及收入状况比早期大众略差，对新事物、新环境多持怀疑的态度或观望态度。往往在产品成熟阶段才加入购买。

(5) 落后采用者。他们占有16%的份额，这些人受传统思想束缚很深，思想非常保守，怀疑任何变化，对新事物、新变化多持反对态度，固守传统消费行为方式，在产品进入成熟期后期以至衰退期才能接受。

9.5 包装策略

9.5.1 包装

1. 包装的含义

包装是指对某一品牌商品设计并制作容器或包扎物的一系列活动，其构成要素如下。

(1) 商标、品牌。这是包装中最主要的构成要素，应占据突出位置。

(2) 形状。这是包装中必不可少的组合要素，有利于储运、陈列及销售。

(3) 色彩。这是包装中最具刺激销售作用的构成要素，对顾客有强烈的感召力。

(4) 图案。在包装中，其作用如同广告中的画面。

(5) 材料。包装材料的选择，影响包装成本，也影响市场竞争力。

2. 包装的种类

(1) 运输包装(外包装或大包装)。主要用于保护产品品质安全和数量完整。

(2) 销售包装(内包装或小包装)。实际上是零售包装，不仅要保护商品，更重要的是要美化和宣传商品，便于陈列，吸引顾客，方便消费者认识、选购、携带和使用。

3. 包装的作用

(1) 保护商品。保证产品从出厂到消费整个过程中不致损坏、散失、溢出或变质。不仅要保护产品本身，还要注意环境安全保护。

(2) 促进销售。包装具有识别和推销功能。美观大方、漂亮得体的包装不仅能够吸引顾客，而且能够刺激消费者的购买欲望。

据美国杜邦公司研究发现，63%的消费者是根据商品包装做出购买决策，因此说，包装是“沉默的推销员”。

(3) 增加盈利。优良、美观的包装往往可抬高商品的身价，使顾客愿意付出较高的价格购买。

苏州生产的檀香扇，在中国香港市场上原价是 65 元一把，后来改用成本是 5 元钱的锦盒包装，售价达 165 元一把，结果销量还大幅度提高。

(4) 便于储运。包装便于商品装卸，节约运力，加速流转，保护质量。

4. 包装的要求

在市场营销中，为适应竞争的需要，包装要考虑不同对象的要求。

(1) 消费者的要求。由于社会文化环境不同，不同的国家和地区对产品的包装要求不同。因此，包装的颜色、图案、形状、大小、语言等要考虑不同国家、地区、民族等的消费者的习惯和要求。

(2) 运输商的要求。运输商考虑的主要因素是商品能否以最少的成本安全到达目的地。所以要求包装必须便于装卸、结实、安全，不至于在到达目的地前就损坏。

(3) 分销商的要求。分销商不仅要求外包装便于装卸、结实、防盗，而且包装的设计要合理、美观，能有效利用货架，容易拿放，同时能吸引顾客。

(4) 政府的要求。随着人们绿色环保意识的加强，要求企业包装材料的选择要符合政府的环保标准，节约资源，减少污染，禁止使用有害包装材料，实施绿色包装战略。同时要求标签符合政府的有关法律和规定。

5. 包装的设计原则

(1) 安全。

(2) 适于运输，便于保管与陈列，便于携带和使用。

(3) 美观大方，突出特色。

(4) 与商品价值和质量水平相匹配。

(5) 尊重消费者的宗教信仰和风俗习惯。

(6) 符合法律规定，兼顾社会利益。

6. 包装策略

(1) 类似包装策略。指企业生产的各种产品，在包装上采用相同的图案、相近的颜色，体现出共同的特点，也叫产品线包装。该策略的优点是：可以节约设计和印刷成本；易树立企业形象，提高企业声誉及新产品推销。但某一产品质量下降会影响到类似包装的其他产品的销路。

(2) 等级包装策略。该策略可以表现为以下两类。

① 不同质量等级的产品分别使用不同包装，表里一致；高档优质包装，普通一般包装。

② 同一商品采用不同等级包装，以适应不同购买力水平或不同顾客的购买心理。

(3) 异类包装策略。指企业各种产品都有自己独特的包装，设计上采用不同风格、不同色调、不同材料。该策略不致因某一种商品营销失败而影响其他商品的市场声誉。但增加了包装设计费用，新产品进入市场时需更多的销售推广费用。

(4) 配套包装策略。在同一个包装物内，包装系列不是关联产品，就是组合包装。如牙膏牙刷包装在一起；一组化妆用品包装在一起等。组合包装具有的优点是：可增加企业的产品销量，因顾客在需要购买关联产品时，并不是只认定一个企业的产品购买，大部分情况是分别买几个企业的产品。采用组合包装，使顾客购买系列产品时，尽量是在购买本企业的产品；组合包装也适应顾客以馈赠为目的的购买。因作礼品相送，显出其周到性。但是，组合包装也存在缺点：一是包装物的材质比非组合包装要好才行，因为组合包装的产品总重量增加了；二是对顾客的购买意图或目的掌握不当时，会使顾客产生硬性“搭配”的看法，反而影响产品的销路。

(5) 再使用包装策略。指包装物内商品用完之后，包装物本身还可用作其他用途。该策略通过给消费者额外的利益而扩大销售，同时包装物的再使用可起到延伸宣传的作用。但这种刺激只能收到短期效果。

(6) 附赠品包装策略。指在包装物内附有赠品以诱发消费者重复购买，是一种有效的营业推广方式。

(7) 更新包装策略。指企业的包装策略随市场需求的变化而改变的做法。可以改变商品在消费者心目中的地位，进而收到迅速恢复企业声誉之佳效。

9.5.2 标签

早在1700年，欧洲印制出了用在药品和布匹上作为商品识别的第一批标签。标签是挂在产品上的简单标头，或者是精心设计的作为包装一部分的图案。标签含有大量商品信息：印有包装内容和产品所含主要成分、品牌标志、产品质量等级、生产厂家、生产日期、有效期和使用方法等。标签上的标识包括以下4种。

(1) 指示性标识。例如：向上、小心轻放、防潮等。

(2) 解释性标识。例如：速溶咖啡——无咖啡因，罐头——无防腐剂等。

(3) 警告性标识。例如：易爆品、有毒品，吸烟有害健康等。

(4) 鼓励性标识。例如：真香等。

尽管销售者喜欢一个简单的标签，但法律要求提供更多内容。具体可参照国家质量技术监督局发布的《产品标识标注规定》。

产品标识标注规定

(国家质量技术监督局技监局监发[1997]172号 1997年11月7日发布)

为了进一步规范产品标识，引导企业正确地标注产品的标识，明示产品质量信息，保护企业、用户、消费者的合法权益，根据《中华人民共和国产品质量法》等法律、法规的规定，制定本规定。

第一条 为了进一步规范产品标识，引导企业正确地标注产品的标识，明示产品质量信息，保护企业、用户、消费者的合法权益，根据《中华人民共和国产品质量法》等法律、法规的规定，制定本规定。

第二条 本规定所称产品标识是指用于识别产品及其质量、数量、特征、特性和使用方法所做的各种表示的统称。产品标识可以用文字、符号、数字、图案以及其他说明物等表示。

第三条 在中华人民共和国境内生产、销售的产品，其标识的标注，应当遵守本规定。法律、法规、规章和强制性国家标准、行业标准对产品标识的标注另有规定的，应当同时遵守其规定。

第四条 产品应当具有标识。裸装食品和其他根据产品的特点难以附加标识的裸装产品，可以不附加产品标识。

第五条　除产品使用说明外，产品标识应当标注在产品或者产品的销售包装上。产品或者产品销售包装的最大表面的面积小于10平方厘米的，在产品或者产品销售包装上可以仅标注产品名称、生产者名称；限期使用的产品，在产品或者产品的包装上还应当标注生产日期和安全使用期或者失效日期。本规定的其他标识内容可以标注在产品的其他说明物上。

第六条　产品标识所用文字应当为规范中文。可以同时使用汉语拼音或者外文，汉语拼音和外文应当小于相应中文。产品标识使用的汉字、数字和字母，其字体高度不得小于1.8毫米。

第七条　产品标识应当清晰、牢固，易于识别。

第八条　产品标识应当有产品名称。产品名称应当表明产品的真实属性，并符合下列要求。

(一) 国家标准、行业标准对产品名称有规定的，应当采用国家标准、行业标准规定的名称。

(二) 国家标准、行业标准对产品名称没有规定的，应当使用不会引起用户、消费者误解和混淆的常用名称或者俗名。

(三) 如标注“奇特名称”、“商标名称”时，应当在同一部位明显标注本条(一)、(二)项规定的一个名称。

第九条　产品标识应当有生产者的名称和地址。生产者的名称和地址应当是依法登记注册的，能承担产品质量责任的生产者名称和地址。进口产品可以不标原生产者的名称、地址，但应当标明该产品的原产地(国家/地区，下同)，以及代理商或者进口商或者销售商在中国依法登记注册的名称和地址。进口产品的原产地，依据《中华人民共和国海关关于进口货物原产地的暂行规定》予以确定。

有下列情形之一的，按照下列规定相应予以标注。

(一) 依法独立承担法律责任的集团公司或者其子公司，对其生产的产品，应当标注各自的名称、地址。

(二) 依法不能独立承担法律责任的集团公司的分公司或者集团公司的生产基地，对其生产的产品，可以标注集团公司和分公司或者生产基地的名称、地址，也可以仅标注集团公司的名称、地址。

(三) 按照合同或者协议的约定相互协作，但又各自独立经营的企业，在其生产的产品上应当标注各自的生产者名称、地址。

(四) 受委托的企业为委托人加工产品，且不负责对外销售的，在该产品上应当标注委托人的名称和地址。

(五) 在中国设立办事机构的外国企业，其生产的产品可以标注该办事机构在中国依法登记注册的名称和地址。

第十条　国内生产的合格产品应当附有产品质量检验合格证明。

第十一条　国内生产并在国内销售的产品，应当标明企业所执行的国家标准、行业标准、地方标准或者经备案的企业标准的编号。

第十二条　产品标识中使用的计量单位，应当是法定计量单位。

第十三条　实行生产许可证管理的产品，应当标明有效的生产许可证标记和编号。

第十四条　根据产品的特点和使用要求，需要标明产品的规格、等级、数量、净含量、所含主要成分的名称和含量以及其他技术要求，应当相应予以标明。净含量的标注应当符合《定量包装商品计量监督规定》的要求。

第十五条　限期使用的产品，应当标明生产日期和安全使用期或者失效日期。日期的表示方法应当符合国家标准规定或者采用“年、月、日”表示。生产日期和安全使用期或者失效日期应当印制在产品或者产品的销售包装上。

第十六条　使用不当，容易造成产品本身损坏或者可能危及人体健康和人身、财产安全的产品，应当有警示标志或者中文警示说明。剧毒、放射性、危险、易碎、怕压、需要防潮、不能倒置以及有其他特殊要求的产品，其包装应当符合法律、法规、合同规定的要求，应当标注警示标志或者中文警示说明，标明储运注意事项。

第十七条　性能、结构及使用方法复杂、不易安装使用的产品，应当根据该产品的国家标准、行业标准、地方标准的规定，有详细的安装、维护及使用说明。

第十八条　生产者标注的产品的产地应当是真实的。产品的产地应当按照行政区划的地域概念进行标注。本规定所称产地，是指产品的最终制作地、加工地或者组装地。产品形成后，又在异地进行辅助性加工的，应当按照本条第二款的规定确定产地。法律、行政法规对产品产地的认定另有规定的，从其规定。

第十九条　获得质量认证的产品，可以在认证有效期内生产的该种产品上标注认证标志。

第二十条　获得国家认可的名优称号或者名优标志的产品，可以标注名优称号或者名优标志。标注名优称号或者名优标志时，应明确标明获得时间和有效期间。

第二十一条　产品标识标注的产品条码，应当是有效的产品条码。

第二十二条　生产者按照合同为用户特制的不直接用于销售的产品，其产品标识可以按照合同的要求标注。

第二十三条　销售者销售的商品的标识应当符合本办法的规定。

第二十四条　生产者、销售者不得伪造或者冒用他人的名称和地址；不得伪造产品的产地、生产日期和失效日期，不得伪造或者冒用生产许可证标志、产品条码和认证标志、名优标志等质量标志以及其他质量证明。

第二十五条　本规定下列用语的含义。

(一) 奇特名称是指以不按常规的命名方法，而使用用户、消费者不易理解、不能识别产品的产品名称。

(二) 商标名称是指产品的商标命名的产品名称。

第二十六条　本规定由国家技术监督局负责解释。

第二十七条　本规定自发布之日起施行。

标签承担很多功能。首先，标签识别产品或者品牌，比如，橙子上贴上“新奇士”标签。标签或许还可以为产品分级。罐装的桃子是用标签分为A、B、C三个等级。标签还描述产品：谁生产的，在哪里生产的，何时生产的，产品的成分是什么，如何使用，怎样安全使用。最后，标签可能通过吸引人的图案促进产品的销售。新技术允许采用360度的收缩薄膜标签来包裹整个包装物，带有闪亮的图案并适合在包装上提供更多的产品信息，取代了粘贴在罐头或瓶子上的纸质标签。

9.5.3 条形码

条形码是20世纪80年代以来在发达国家普遍使用的一种自动识别技术。最早被打上条形码的产品是箭牌口香糖。条形码技术最早产生在风声鹤唳的20世纪20年代，诞生于威斯汀豪斯(Westinghouse)的实验室里。条形码是由粗细不等，间隔不等的黑色线条组成的供计算机自动阅读和识别的特殊代码。每一线条代表一个数字，一个信息，共13位数。

通用商品条形码一般由前缀部分、制造厂商代码、商品代码和校验码组成。商品条形码中的前缀码是用来标识国家或地区的代码，赋码权在国际物品编码协会，如00～09代表美国、加拿大；45、49代表日本，69代表中国大陆，471代表中国台湾地区，489代表中国香港特区。制造厂商代码的赋权在各个国家或地区的物品编码组织，中国由国家物品编码中心赋予制造厂商代码。商品代码是用来标识商品的代码，赋码权由产品生产企业自己行使。商品条形码最后用1位校验码来校验商品条形码中左起第1～12数字代码的正确性。商品条形码是指由一组规则排列的条、空及其对应字符组成的标识，用以表示一定的商品信息的符号。其中条为深色、空为浅色，用于条形码识读设备的扫描识读。其对应字符由一组阿拉伯数字组成，供人们直接识读或通过键盘向计算机输入数据使用。这一组条空和相应的字符所表示的信息是相同的。

条形码对于提高企业现代化管理也具有促进作用。商品有了条形码，企业营销系统就要安置条形码电子扫描系统，迫使企业加强现代化管理设施的建设。企业有了条形码电子扫描系统，就可以科学地控制商品的销售量和商品类别，企业营销系统的管理就可以免除月末盘点等落后的手段，而采用现代化的先进电脑控制管理。

应用案例

诺基亚的产品策略

1998年，人们惊闻：北欧小国芬兰有一家名叫诺基亚的公司，其手机销售量超过了全球通信巨无霸摩托罗拉，一跃而成为移动电话制造业中的世界冠军！

芬兰，北欧的弹丸小国，以冰天雪地、森林茂密和独特的芬兰浴而出名，工业资源贫瘠，市场狭小，国内人口不过500万人。

但现在，诺基亚使芬兰名扬天下。诺基亚名列“世界最有价值的品牌排名”第11位，排在万宝路之后。2008年4月中旬，其股票总值达到了2500亿美元，是欧洲最有实力的公司之一。

虽然在全球市场上，诺基亚的市值只有美国思科、微软、英特尔等的一半，但大家都视诺基亚为目前最强劲的无线互联网世界的开拓者。它制造的新一代WAP手机完全有可能取代个人计算机，成为未来信息时代的大众装备；它正高举着“把互联网放进每个人的口袋里”的迷人旗帜，后来居上，把摩托罗拉等高科技巨人们挤在一边。

1. 开枪自杀的前任总裁

诺基亚能取得今天的成就，应该是从乔马·奥利拉(Jorma Ollila)1992年临危受命开始的。但诺基亚能从生产胶鞋等传统产品转型为一家高技术公司，却不能不提到其前任总裁卡瑞·凯雷莫(Kari Kairamo)。

1865年，工程师弗雷德里克(Fredrik)在芬兰南部的诺基亚河畔修建了一个木材加工厂，加工木板和纸浆。后来这个加工厂就取名为“诺基亚”。

1922年，木材加工厂与附近一家生产胶鞋和胶胎的芬兰橡胶制品厂以及另一家生产电线的芬兰线缆厂合并。

1967年，诺基亚扩充为诺基亚集团。它生产的尿布、胶鞋和用于小船上的胶胎是芬兰人最为熟悉的产品。

1977年，凯雷莫成为诺基亚新总裁。

1981年，在凯雷莫的率领下，诺基亚成功地把简陋的无线通信器，发展为一种成熟的移动通信系统，也就是今天说的手机。诺基亚开发出来的手机，尽管不是世界上的第一个，但它具有许多实用的优点，所以受到了市场的欢迎，成为诺基亚的一个盈利点。

于是凯雷莫把目光瞄准了当时那些炙手可热的产品：家用电器、计算机、BP机等，他开始像一个赌徒似的，把股东的钱大把大把地花出去，先后购买了德国的一家电视机生产厂、瑞典的一家计算机公司、美国的一家传呼机公司……

但他这一把却赌输了！日本索尼、荷兰飞利浦、美国IBM等竞争对手是那么强大，诺基亚节节败退，大量的钱花出去，连泡泡都不冒一个，世界上几乎没有人知道，芬兰的诺基亚曾经生产过电视机、计算机、传呼机或其他电器产品。

更可怕的是，美国通信巨人摩托罗拉只花了很短的时间，就在无线通信技术上后来居上，研制出了第一代手机模拟机，并大批量生产，使唯一能给诺基亚带来盈利的手机产品在市场上处处碰壁，公司开始亏损。

股东们怒气冲冲，诘问中夹杂着侮辱，一起向执行总裁凯雷莫压来。

凯雷莫承受着常人难以理解的思想重负。他寝食难安，精神接近崩溃。“砰”的一声枪响，1988 年 12 月 2 日，凯雷莫自杀。

1991 年，是诺基亚最耻辱的时刻。诺基亚最大的股东——一家投资银行，竟乞求爱立信廉价收购诺基亚，遭到爱立信轻蔑的拒绝。

2. 新总裁受命于危难之际

1990 年 2 月，诺基亚董事会想把手机生产业务卖出。他们把刚上任的手机部负责人、38 岁的奥利拉找来，焦灼地命令他：“听着，只给你 6 个月，你必须给我们一个明确的答案，到底我们要不要把手机卖了？怎么卖出？”然后又无可奈何地补充了一句：“……或者，还有什么其他办法？”

经过周密的调查和思考，4 个月后，奥利拉给了董事会一个出乎意料的否定回答：“No！我们不能放弃手机业务，我们要继续生产和销售诺基亚手机，并且要全力以赴！”正是这个语气坚决的 No，改变了诺基亚的命运。

今天，大家都在评价，前任总裁凯雷莫为诺基亚所作出的最大贡献，就是把奥利拉招进了诺基亚。

在手机研发部的项目档案中，他发现诺基亚有一个未被注意的、为 GSM 标准开发相应手机产品的项目。当时，GSM 远不是一个成熟的数字化手机通信标准，奥利拉顿时凭直觉预见到，它很可能成为继模拟方式之后的第二代手机标准。

奥利拉一边拟定详细计划呈报董事会，一边组织科研人员，全力向 GSM 手机进攻。

1992 年，出乎意料的事情发生。事前没有任何预兆，董事会在一次神秘会议之后，突然宣布奥利拉为诺基亚的新任总裁。

对这突如其来的任命，奥利拉深感意外。后来他推测原因：在诺基亚目前岌岌可危、一片低沉的呻吟声中，唯有奥利拉勇于进取高唱战歌。

3. 跳入冰水中的感悟

复活节一周后，奥利拉带着妻子儿女驱车前往赫尔辛基北面的布卡拉湖去度假散心，想暂时摆脱一下沉重的负担。孩子们突然跟他开玩笑：伟大的老爹，你敢不敢跳入湖水中。这句随口而出的戏言，却使奥利拉愣住了：又是一个致命的挑战！我敢不敢？他竟然较起真来。迟疑了一下，他突然脱去罩衣，赤身裸体地“扑通”一声投入湖中。孩子们惊呆了。

但他却毫发无损。一旦肌肤与湖水全面接触，原来的一切恐惧都突然消失。冰水里并不如想象得那么使人害怕。此刻，他脑海里灵光一闪，不可思议地跳出一句话来“置之死地而后生”……

豁然开朗的奥利拉开始在冰水里欢快地畅游起来。赶回赫尔辛基，他立即着手决战前的准备。第一件事是调兵遣将，他把新生代那些有创造精神并与他同时代进诺基亚的年轻人，放在了关键位置上，和他们共商发展大计。他说：“我想看见更多虎头虎脑的家伙！”

和伙伴们密谋数月，得出两个结论：①诺基亚将只以手机和手机网络设备为发展方向，其中以 GSM 手机为重点，全力以赴，做全球市场，做增值产品，做增值服务；②如果他们思虑周密，保证自己的每一步都不出错，就能够打败强敌，成为行业领导者。

他们决定，诺基亚的传统产品将一个不留。最先是造纸和橡胶制品被扫地出门，然后是电线电缆停产。至于牵涉重大的电视机和电脑产品，虽不能立即停产，但已不再作为发展方向，而是逐步淡出。数年以后，诺基亚果然完全和电视机与电脑生产脱钩。

同时，奥利拉和他们伙伴们全力推进GSM通信标准手机的研发和生产，不断扩大着诺基亚的技术优势。

1994年，诺基亚终于在美国成功上市，吸纳到大量投资。此后，随着诺基亚手机的每一步成功，又接连不断从美国股市获得资金。到1997年上半年，诺基亚的主要股份基本上全落入热情极高的美国人手里。

4. 血战摩托罗拉与爱立信

在不断地提升战斗力增加胜算的同时，诺基亚与摩托罗拉和爱立信的决战其实已经打响。

奥利拉把诺基亚的命运整个押在GSM标准上，其实也冒着很大的风险。当时，已成形的下一代手机通信新标准很多，到底应采用哪一种作为全球通用标准，各国为了自己的切身利益，争论不休，且各行其是。

正是这种纷乱无休的争论，使领导世界通信潮流的摩托罗拉也没有看清发展方向，同时，由于对自己的科技研发力量过于自信，所以摩托罗拉采取了静观其变的决策，准备再次扮演后来居上后发制人的角色。

而且，传统的模拟手机通信标准正在美国大行其道，一向很霸气的摩托罗拉正忙于对美国市场上的竞争对手穷追猛打。他们一方面对沉醉于已有的成就里，一方面忘情于开发新的模拟手机技术上，比如怎样把模拟手机做得更小巧、功能更多、外表更靓。所以，摩托罗拉对手机通信标准由模拟向数字化转换持抵抗心态，实不愿再采用新的手机通信标准，而使已有的优势化为乌有。

上述两层原因，导致摩托罗拉极大地贻误了战机，等同于不战而退，把数字化手机的开发权拱手送给了诺基亚。

天赐良机，诺基亚抓紧时间，推动GSM手机和手机通信系统设备的研发，为即将出现的市场需求巨变作好充分准备。

1993年年底，局面渐渐明朗，欧洲各国先后开始采用GSM数字手机通信标准为新的统一标准。恰当其时，诺基亚把它精心准备的突破性产品2100系列手机推向市场。这种手机，当然是采用了新潮的数字通信标准，音质清晰而稳定。另外，它也没有忘记顺便“偷取”了摩托罗拉模拟机小巧玲珑的特点。

而与GSM技术标准同样重要的是，它设计上有两点突破性创新：①借鉴了电视机的外形设计，首次采用了大比例显示屏面，显得豪华而气派；②巧取了电脑上的用户界面设计思路，首次采用可翻滚文字菜单，使原本复杂的操作变得简单。

拿着诺基亚的这款新型手机，全球用户们赞不绝口，欣喜不已，并把他们的深刻印象和诺基亚的名字牢牢地绑在一起。这就是消费心理学上所说的“用户首次认同”。

诺基亚原定的2100机型销售目标是4万只，没想到一下就卖出了2000万只！巨大的成功使诺基亚一举扭亏为盈，声名大振。

竞争对手的眼红和惶急可想而知。爱立信和摩托罗拉赶紧布置重兵搞GSM手机的研发，欲与诺基亚一决雌雄。

但是市场讲究先入为主，正是用户对诺基亚GSM新型手机的首次认同，人们对奋起直追的摩托罗拉和爱立信推出的GSM手机青睐程度显然不如诺基亚，尽管它们的手机外形、界面也一样出色，技术上甚至还在某些方面超过了诺基亚。

奥利拉自然不容历史剧重演。在追求更完美的技术的同时，诺基亚高举“手机不再是昂贵奢侈品，而是一种时尚装饰物和易用工具”的旗帜，和对手展开了创新速度、设计、价格大赛。

诺基亚手机平均每隔35天就推出一个新品种，并且带动手机价格在数年内一再下跌。

它的7110系列手机，是世界上第一款支持WAP无线上网协议的手机。

为了适用于全球市场，诺基亚推出了具有不同内核以分别适用于以下3种数字通信标准的手机：欧洲大陆的GSM标准、美国很可能采用的TDMA标准、日本的PDS标准。手机界面根据不同地区设置不同的语言环境。但是所有机种在外形特征上保持一致，都有着鲜明的诺基亚特色。

这一招打得摩托罗拉慌了手脚。其总裁克里斯托夫·高尔文脸色阴沉地承认：“摩托罗拉原来的模拟手机已日落西山。”

诺基亚6100系列手机在美国市场大获成功，想购买的用户纷涌而来，以至诺基亚在美国的最大代理商——美国电报电话公司手里的现货断档。电报电话公司总裁迈克尔·阿姆斯特朗不得不安慰用户：“我已经和诺基亚总裁进行了私人接洽。他们已拟定了一个迅速供货的计划。”

至1998年，诺基亚取得全面胜利。在全球手机市场份额中，它一举拔得头筹，占22.5%，摩托罗拉占19.5%，爱立信占15.1%。在中国、亚洲地区，以及南美等新兴市场，诺基亚手机也占领了领先位置。

至1999年，战果继续扩大，诺基亚销量增长近1倍，又从两个竞争对手手中抢得了大量市场份额。新的比例是：诺基亚26.9%，摩托罗拉16.9%，爱立信10.5%。

资料来源：http://www.docin.com.

【案例思考】

1. 从诺基亚的新产品开发中，你有什么体会？
2. 新产品设计与开发的出发点在哪里？
3. 当今市场上的所有产品几乎都供大于求，你认为新产品开发的出路在哪里？

本章小结

本章系统阐述了产品的整体概念及其营销意义，介绍了产品组合策略和产品生命周期的阶段特征及其营销策略，帮助读者学习了如何应用新产品开发过程、新产品的采用与扩散过程的知识以及产品生命周期理论解决企业实践中的有关问题。品牌策略和包装策略是企业产品策略的重要组成内容。品牌策略是品牌运营的做法与技巧。包装是产品生产过程在流通领域的延续，包装的营销作用主要表现在保护商品、便于储运、促进销售和增加盈利。

习　题

一、单选题

1. 形式产品是指(　　)借以实现的形式或目标市场对某一需求的特定满足形式。

A. 期望产品　　B. 延伸产品　　C. 核心产品　　D. 潜在产品

2. 延伸产品是指顾客购买某类产品时，附带获得的各种(　　)的总和。

A. 功能　　B. 利益　　C. 属性　　D. 用途

3. 产品组合的宽度是指产品组合中所拥有(　　)的数目。

A. 产品项目　　B. 产品线　　C. 产品种类　　D. 产品品牌

4. 产品组合的长度是指(　　)的总数。

A. 产品项目　　B. 产品品种　　C. 产品规格　　D. 产品品牌

5. 产品生命周期由(　　)的生命周期决定的。

A. 企业与市场　　B. 需要与技术　　C. 质量与价格　　D. 促销与服务

6. 产品概念是指能够用文字、图像和模型等寓意清晰表述的已经成型的(　　)，使之在顾客心目中形成一种潜在的产品形象。

A. 物理产品　　B. 化学产品　　C. 产品构思　　D. 产成品

7.（　　），指消费者没有听说或听说了也不想购买的产品。

A. 便利品　　B. 非渴求商品　　C. 选购品　　D. 特殊品

8. 以下哪一策略是不适合产品生命周期的衰退期的？（　　）

A. 缩小企业生产规模，只维持适当的生产

B. 降低生产成本，增加产品功能，提高产品质量

C. 及时开发新产品，淘汰老产品

D. 改进产品及服务质量，加强广告投入，创立品牌地位

二、多选题

1. 产品可根据其耐用性和是否有形进行分类，大致可分为(　　)。

A. 高档消费品　　B. 低档消费品　　C. 耐用品

D. 非耐用品　　E. 服务

2. 产品组合包括的变数是(　　)。

A. 适应度　　B. 长度　　C. 关联度

D. 宽度　　E. 深度

3. 快速渗透策略，指企业以(　　)推出新产品。

A. 高品质　　B. 高促销　　C. 低促销

D. 高价格　　E. 低价格

4. 对于产品生命周期衰退阶段的产品，可供选择的营销策略是(　　)。

A. 集中策略　　B. 扩张策略　　C. 维持策略

D. 竞争策略　　E. 放弃策略

三、判断题

1. 核心产品是顾客购买有形产品时所获得的全部服务和利益，包括提供信贷、免费送货、保证、安装、售后服务等。（　　）

2. 产品是市场营销组合中最重要的因素，其他因素，如价格、分销和促销等必须以产品为基础进行决策。（　　）

3. 产品整体概念的内涵和外延都是以追求优质产品为标准的。（　　）

4. 企业高层领导人员，如果没有产品整体概念，就不可能有现代市场营销观念。（　　）

5. 产品项目是指产品线中不同的品种、规格、品牌、价格的特定产品，例如，某商店经营的服装、食品和化妆品等。（　　）

6. 实行多角化经营的企业，其产品组合中各条产品线在最终用途、生产条件、分配渠道或其他方面相互关联的程度高。（　　）

7. 产品品牌的生命周期比产品种类的生命周期长。（　　）

8. 新产品处于引入期时，竞争形势并不严峻，而企业承担的市场风险却最大。（　　）

四、简答题

1. 简述产品整体概念的含义。

2. 产品组合有哪几种主要策略？

3. 简述新产品开发的主要程序。

五、论述题

1. 试述在产品成长期，企业应采取怎样的市场营销策略。

2. 试述产品生命周期理论对企业开展营销活动的意义和启示。

3. 试述企业成功开发新产品应注意哪几个方面的问题？

第10章

品牌策略

教学目标

明确品牌概念及其6个方面的内涵；明确品牌资产概念；掌握品牌资产相关模型；明确品牌策略及其运用。

教学要求

知识要点	能力要求	相关知识
品牌的基本概念	(1) 掌握品牌概念 (2) 了解品牌作用	品牌概念的透视
品牌资产	(1) 了解品牌资产概念 (2) 掌握品牌资产相关模型	品牌资产模型
品牌策略	掌握品牌策略	品牌化决策、品牌统分决策、品牌延伸决策、品牌归属决策、品牌重新定位决策

基本概念

品牌；品牌资产；品牌化决策；品牌统分决策；品牌延伸决策；品牌归属决策；品牌重新定位决策

引　例

中国移动稳定中见成熟

整个业界公认，在品牌规划方面，中国移动是所有运营商中做得最好的。

在中国所有的运营商中，中国移动第一个形成了“全球通”、“神州行”、“动感地带”三大全国统一的主导客户品牌，分别涵盖高端用户、流动性较强的用户和收益潜力大的潜在中高端用户；此外还有大量针对区域市场而推出的临时性品牌。与其他运营商的不断进行大规模品牌梳理、整合不同，中国移动的这一品牌体系从始至终只进行过宣传重点和形象定位的微调，框架上一直保持稳定，这首先就是一种成功的体现。

在品牌宣传方面，中国移动也开创了中国运营商中的众多先河，电信专家徐静告诉记者：“从中可以看到一种‘步步为营’发展的整体思路，每个阶段每个品牌营销都显出了自身特色。”

从2002年起，“动感地带”一经推出，就提出了“我的地盘我作主”的口号，这得到了许多青少年的认同。分析人士认为，当时中国移动在市场上居于主导地位，这一口号有效地避免了大众“被胁迫”的感觉，提升了这个品牌的亲和力，开创了运营品牌“角色换位”的先河。

在2004年，中国移动又给全球通贴上“我能”的“标签”，这也是一个得意之作。“我能”意味着中国移动已经从以前以产品为本进行宣传，发展到从客户出发，进而对人生态度，生活模式的一种倡导。

从2005年开始，中国移动通信旗下的另一品牌“神州行”也开始展开系统化、大规模的品牌营销工作，去年提出“轻松由我”，尤其是今年提出的“神州行，我看行”宣传，在全社会引起了广泛反响，有效体现了精明、朴实的品牌形象定位。

到现在为止，中国移动通信的三大客户品牌已经对移动通信市场实现全面合围。

资料来源：http://www.enet.com.cn/article/2006/1012/A20061012243213.shtml

引例点评：品牌有着丰富的内涵，品牌对顾客和企业都起到非常重要的作用。从“动感地带”的“我的地盘我做主”开始，中国移动就在打造一种“情感品牌”，它的优点是能够博得用户认可，突出客户体验。

本章将系统阐述品牌的内涵及其作用，介绍品牌资产的相关理论及模型。品牌策略是企业产品策略的又一重要内容，本章也将对品牌策略进行详细讨论。

10.1　品牌的内涵

10.1.1　品牌的含义

品牌是用以识别某个销售者或某群销售者的产品或服务，并使之与竞争对手的产品或服务区别开来的商业名称及其标志，通常由文字、标记、符号、图案和颜色等要素或这些要素的组合构成。就其实质来讲，它代表着销售者对交付给买者的产品特征、利益和服务的一贯性的承诺。

品牌名称：指品牌中可以用语言称谓表达的部分——李宁、耐克、麦当劳。

品牌标志：指品牌中可被认出、易于记忆但不能用言语称呼的部分。

一个品牌可从以下6个方面透视：

1. 属性

属性是品牌最基本的含义，品牌首先代表着特定的商品属性，一个品牌对于顾客来讲，首先给他或她带来的是使用这个品牌的产品属性。如“奔驰”代表高档、制作优良、耐用性好、昂贵和有声誉；“海尔”代表适用、质量和服务等。属性是顾客判断品牌接受性的第一个因素。因此，在为品牌定位的时候，营销者要首先考虑为品牌赋予恰当的属性，因为顾客购买任何品牌的产品首先是要适合自己使用的需要。

2. 利益

品牌体现了特定的利益。顾客不是在买属性而是买利益，这就需要属性转化为功能性或情感性的利益。因此，品牌的每种属性，需要体现顾客利益。为什么顾客要购买“耐用”这个属性，因为他(她)认为这“可以用很长时间”，“这才节约了我的购买价格”。显然，“耐用”作为一个属性体现了“减少购买实际支付”的顾客利益。根据这个原理，营销者在考虑赋予品牌属性的时候，应根据顾客购买特定产品所要求的利益再决策和选择。越是顾客看重的利益，越是能用品牌所代表的属性体现，此品牌的地位就越高。就奔驰而言，“工艺精湛、制造优良”可转化为“安全”的利益，“昂贵”可转化为“令人羡慕、受人尊重”的利益。

3. 价值

品牌在提供属性和利益时，也包含营销价值和顾客价值。就营销价值来说，就是市场上的“品牌效应”。即一个品牌如果越被目标顾客喜爱，用它来标记任何产品，营销时就越省劲，营销者不必再为此过多花费促销费用。当品牌能够起到节约营销费用甚至决定产品市场命运时，持有品牌的品牌主如果将此品牌转让，就可以卖出很高价格，即品牌在这里作为一种资产有了转让价值。如果品牌有较高的营销价值和转让价值，那么品牌的资产价值就高。

4. 文化

品牌可附加象征一种文化或文化中某种令人喜欢或热衷的东西。文化中，最能使品牌得到高度市场认可和赞同的是体现文化的核心价值观。“可口可乐”代表美国人的崇尚个人自由的文化；“奔驰”代表日耳曼民族的严谨、纪律和追求效能的文化；“联想”能够代表科技发展无限性；“海尔”能够代表中国文化中追求的和祥亲善；“长虹”则能体现出更多的中华民族自尊自强要求。

5. 个性

不同的品牌会使人们产生不同的联想，这是由品牌个性所决定的。“奔驰”让人想到一位严谨的老板，“红旗”则让人想到一位严肃的领导。品牌可以具有一种共性，也可以使之具有个性。品牌的个性表现为它就是“这样的”，使使用者也能具有对“这样的”个性的认同或归属感。“可口可乐”那种随意挥洒的字体造型，给人一种追求“尽情享乐”的自我个性；“海尔”那两个拥抱的儿童的标记，使人想到人际间的亲情和睦。品牌塑造个性，通常用联想、暗示、喻义等方法来实现。

6. 用户

品牌暗示了购买或使用产品的消费者类型。品牌通过上述各层次的综合，形成特定的品牌形象，必然表现为它应该有特定的使用者。品牌一旦归属到特定的使用者后，一方面限制了其用户群；另一方面也能够造就出品牌忠诚者。

品牌的6个层次指明了企业经理人员在营销活动中，应从什么角度塑造品牌的特征和整体性的提供可被目标顾客很好辨识的品牌——这是品牌得以成功的基础。菲利普·科特勒认为，品牌引入的基础是属性，但如果仅仅促销品牌的属性是非常靠不住的，因为竞争者很快可以复制这些属性，并且今天对顾客有利益的属性，明天可能不再有利益，因而成为无价值的属性。而品牌最持久的因素是它的价值、文化和个性，由它们确定了品牌的基础。当受众可识别品牌的6个方面时，称之为深度品牌，否则只是一个肤浅品牌。品牌最持久的含义是其价值、文化、个性，它们构成了品牌的实质。

营销视野

品牌的前世今生

品牌的英文单词Brand，源出古挪威文Brandr，意思是“烧灼”。人们用这种方式来标记家畜等需要与其他人相区别的私有财产。到了中世纪的欧洲(476—1492年)，Brand这个名词诞生，手工艺人用这种打烙印的方法在自己的手工艺品上烙下标记，以便顾客识别产品的产地和生产者。这就产生了最初的商标，并以此为消费者提供担保，同时向生产者提供法律保护。1266年，英国法律要求在每一块面包上做记号。16世纪早期，蒸馏威士忌的生产商将威士忌装入烙有生产名字的木桶中、以防不法商人偷梁换柱。1597年，已有颁布法律对冒用他人标记的人规定严厉惩罚。至19世纪下半期，品牌的产品已成为必要。

资料来源：王学东．营销策划——方法与实务．北京：清华大学出版社，2010.

10.1.2 品牌的作用

品牌的作用可从多个方面来研究。下面，我们分别从品牌对消费者和企业的积极作用进行阐释。

品牌给消费者带来的益处有以下几方面。

(1) 识别功能。有助于消费者识别产品的来源或产品的制造厂家，区别于同类产品，从而更有效的选择或购买产品。

(2) 导购功能。品牌可以帮助消费者迅速找到所需要的产品，从而减少消费者在搜寻过程中花费的时间和精力。

(3) 降低购买风险功能。消费者都希望买到自己称心如意的产品，同时还希望能得到周围人的认同。选择信誉好的品牌则可以帮助消费者降低精神风险和金钱风险。

(4) 契约功能。品牌是为消费者提供稳定优质产品和服务的保障，消费者则用长期忠诚的购买回报制造商，双方最终通过品牌形成一种相互信任的契约关系。

(5) 个性展现功能。品牌经过多年的发展，能积累独特的个性和丰富的内涵，而消费者可以通过购买与自己个性气质相吻合的品牌来展现自我。好的品牌对消费者具有很强的吸引力，有利于消费者形成品牌偏好，满足消费者的精神需求。

品牌对于企业的作用有以下几方面。

(1) 存储功能。品牌可以帮助企业存储商誉、形象。“品牌就是一个创造、存储、再创造、再存储的经营过程。”

(2) 维权功能。通过注册专利和商标，品牌可以受到法律的保护，防止他人损害品牌的声誉或非法盗用品牌。

(3) 增值功能。品牌是企业的一种无形资产，它所包含的价值、个性、品质等特征都能给产品带来重要的价值。即使是同样的产品，贴上不同的品牌标识，也会产生悬殊的价格。

(4) 形象塑造功能。品牌是企业塑造形象、知名度和美誉度的基石，在产品同质化的今天，为企业和产品赋予个性、文化等许多特殊的意义。

(5) 降低成本功能。平均而言，赢得一个新客户所花的成本是保持一个既有客户成本的6倍，而品牌则可以通过与顾客建立品牌偏好，有效降低宣传和新产品开发的成本。有助于新品的开发，节约产品投入成本，借助成功或成名的品牌，扩大企业的产品组合或延伸产品线。

营销视野

海尔

如果有一家公司能够打破中国公司只会生产低价劣质产品的形象的话，那么这个公司就应该是白色家电的生产商海尔。吸取了日本、韩国公司成功的经验，海尔进入了竞争激烈的海外市场。自1999年进入美国市场，海尔的可放置于大学宿舍的迷你冰箱成为销售业绩最好的品牌。海尔坚持不断创新，其自由立式家庭冷藏酒柜，是专门为日益增长的酒爱好者而设计的冷藏酒柜。海尔又向美国市场推出一系列生态友好的、高科技含量的电器，价格在600～1500美元，而普通的白家电价位只在200～300美元。在它的最新产品中，Genesis洗衣机和洗碟机带有粒子传感器，能够探测到衣服和碟子洗净的时间，同时自动关闭以节省能源。海尔的产品创新获得了市场的认可，赢得了消费者对其品牌的喜爱。

资料来源：菲利普·科特勒．营销管理．13版．上海：格致出版社，上海人民出版社，2009.

10.1.3 品牌与商标

品牌的英文名为Brand，商标的英文名是Trade Mark，是不同的两个概念。商标是产品文字名称、图案记号，或两者相结合的一种设计，是企业在有关部门注册登记后，经批准享有其专用权的标志。商标法规定商标使用的文字、图形或者其组合，应当有显著特征，以便识别。

商标有“注册商标”与“非注册商标”之分。我国习惯上对一切品牌不论其注册与否，统称商标。《中华人民共和国商标法》规定，注册商标是指受法律保护、所有者享有专用权的商标；非注册商标是指未办理注册手续、不受法律保护的商标。国家规定必须使用注册商标，必须申请注册商标，未经核准注册的不得在市场上销售。商标使用人应对其使用商标的商品质量负责。

在我国，国家工商行政总局商标局主管全国商标注册和管理工作，商标一经商标局核准即为注册商标。商标注册人享有商标专用权，受法律保护。假冒商标、仿冒商标、抢先注册都构成商标的侵权。

国际上对商标的认定有两个并行的原则，即“注册优先”和“使用优先”。

(1) 注册优先。注册优先是指品牌或商标的专用权归属于依法首先申请并获准注册的企业。在这种商标权认定原则下，某一品牌不管谁先使用，法律只保护依法首先申请注册该品牌的企业。中国、日本、法国、德国、苏联等国的商标权的认定即坚持这种注册优先的原则。如 1996 年，中国广东卓越空调器厂生产的 SOVA(索华)牌空调器商标在西班牙遭当地代理商泰克公司的恶意抢注，该公司提出厂家可花 38.5 万美元将商标买断，遭到厂家拒绝，结果该品牌空调被迫退出西班牙市场。

(2) 使用优先。使用优先是指品牌或商标的专用权归属于该品牌的首先使用者。在品牌使用(必须是实际使用，而非象征性使用)所达到的地区，法律对其品牌或商标予以保护。美国、加拿大、英国和澳大利亚等国是采用这种原则对商标专用权进行认定的。如中国北京的五星啤酒进入美国市场时，发现美国市场上已有一家美国企业使用了五星商标，中国企业就不能在美国销售五星啤酒，被迫将五星改为九星。

当然，在具体的商标权认定实践中还有对以上两种原则主次搭配、混合使用的“使用优先辅以注册优先”和“注册优先辅以使用优先”两种原则。“使用优先辅以注册优先”是指采用“使用优先”原则的国家也办理商标注册，但这种注册在一定期限内只起一种声明作用，如有首先使用人在此期限内提出首先使用的证明，则这种注册即被撤销只起一种声明作用，如有首先使用人在此期限内提出首先使用的证明，则这种注册即被撤销。过了这一期限，任何人都不能再以首先使用人名义要求撤销这种注册。可见，在采用使用优先原则的国家里，商标注册同样具有不可忽视的重要意义。因为这些国家大部分有“仅限于使用所达到的范围内有效”的规定，他人可以在其未使用的地区抢先注册；“注册优先辅以使用优先”是指采用“注册优先”原则的国家一般也都规定在一定的期限内，其商标连续不使用又无正当理由者将被撤销，这就客观要求经注册获得的商标专用权的企业要坚持不间断地使用已注册的商标，否则，也会失掉商标专用权。在品牌运营的实践中，还应注意商标续展和品牌的自我保护。

商标与品牌既有联系又有区别，其联系主要表现在：它们都是无形资产．都具有一定的专有性，其目的都是为了区别于竞争者，有助于消费者识别，所以商标与品牌经常被混用。有些人误以为两者无本质区别，其实不然。两者的区别主要表现在：品牌无需注册，一经注册，品牌就成为商标了。商标一般都要注册(我国也有未注册商标)，它是受法律保护的一个品牌或品牌的部分，其产权可以转让和买卖；品牌主要标明产品的生产和销售单位，而商标则是区别不同产品的标记。一个企业的品牌和商标可以是相同的，也可以是不相同的；品牌比商标有更广的内涵，品牌代表一定文化，有一定个性，而商标则是一个标记。

10.1.4 品牌与名牌

名牌并无准确的概念，但名牌一定是有一定知名度和美誉度的品牌。名牌代表着优良品质，但名牌并不代表高价位，它可以是高质高价，高质中价，甚至高质低价。比如，“茅台”是高质高价，“大宝”化妆品则是高质低价。另外，名牌是有时效性的，昨日的名牌今日未必是名牌，“柯花”牌洗衣机、“燕京”VCD都曾是昔日的名牌，但如今市场上已很少见到这些品牌。所以品牌可以转化为名牌，名牌若不注意宣传或经营不当就会失去名牌效应，甚至消失。

10.2 品牌资产

10.2.1 品牌资产内涵

品牌资产(brand equity)是赋予产品或服务的附加价值。它反映在消费者有关品牌的想法、感受以及行动的方式上，同样它也反映品牌为公司所带来的价格、市场份额以及盈利能力。

营销人员和研究人员通过许多不同的角度来研究品牌资产。基于顾客的方法是从消费者——无论是个体还是组织——的视角来看待它。基于顾客的品牌资产模型的假设是，品牌力量是来自于顾客在一段时间内对品牌的所看、所读、所听、所学、所想以及所感。

基于顾客的品牌资产(customer-based brand equity)是品牌知识对于消费者对品牌营销的反应所产生的不同影响。与不能被识别相比，当品牌能够被识别时，消费者对产品及其营销方式表现出较多赞许的反应，品牌则具有正面的基于顾客的品牌资产。反之，在同样的环境下，顾客对品牌的营销活动的反应表现出较少赞同，品牌则具有负面的基于顾客的品牌资产。基于顾客的品牌资产有三个关键的构成要素。

(1) 品牌资产来源于消费者反应的差异。如果没有任何差异的话，那么从本质上来说，该品牌产品只是一种大众化产品。此时的竞争主要围绕价格展开。

(2) 反应的差异源自消费者所拥有的品牌知识不同。品牌知识(brand knowledge)由与该品牌有关的所有想法、感受、印象、体验、信念等等组成。尤其是，品牌必须与顾客建立强大、赞许以及独特的品牌联想，如沃尔沃(安全)，哈雷-戴维森(冒险)。

(3) 构成品牌资产的消费者不同反应体现在感知、偏好和行为等与品牌营销所有相关的方面。品牌越强大，带来的收益越多。表10-1总结了品牌资产的一些关键利益。

对营销人员来说，建立一个强势品牌的挑战在于确保顾客对产品、服务和营销方案拥有正确的体验，从而创建符合期望的品牌知识。

表10-1 强势品牌的营销优势

产品性能的感知改善
更大的忠诚度
更不易受到竞争性营销行为的影响
更不易受到营销危机的影响
更大的边际利润

续表

消费者对涨价的反应较少弹性
消费者对降价的反应较多弹性
更强大的贸易合作和支持
提升营销沟通的效益
可能的特许经营的机会
额外的品牌延伸机会

营销视野

苹果电脑(Apple Computer)

苹果公司是建设强势品牌的大师，其品牌引起的共鸣跨越了不同代系和国家疆界。藉由传递首席执行官史蒂文·乔布斯(Steven Jobs)所界定的使命——“为改变人们生活而创造伟大事物”，苹果公司获得了难以置信的品牌忠诚。该公司创造了大批苹果的布道者，这并不仅仅是因为它有出色的广告，而且还在于公司做任何事情都是为消费者着想。公司的创新产品都是高端设计功能与风格的结合体，最成功的例子莫过于现在广受欢迎的 iPod 音乐播放器。苹果公司在全世界拥有 150 家零售店为品牌助燃。建立零售店是考虑有更多的人能够看到并接触到苹果的产品，看看苹果公司能够为他们做点什么，从而更可能提高它的市场份额。

资料来源：菲利普·科物勒等．营销管理．13 版．王永贵等译．上海：格致出版社；上海人民出版社，2009.11.

10.2.2 品牌资产的构成

品牌资产是一个系统概念，它是由几个既有联系又有区别的部分组成。品牌名称和品牌标识物是品牌资产的物质载体，品牌知名度、品牌美誉度、品牌认知、品牌联想、品牌忠诚度和附着在品牌上的其他资产是品牌资产的有机构成。

1. 品牌知名度

品牌知名度是指消费者想到某一种类的产品时，脑海中能想起或辨识某一品牌的程度，其由低到高依次分为四级．即无知名度、提示知名度、未提示知名度、第一提及知名度，它反映的是顾客关系的广度，与销售呈正相关关系。消费者购买决策过程是从认识产品和品牌开始的，只有认识了品牌，才有可能喜欢品牌，才有可能产生购买行为，直至重复购买，最终成为忠实的购买者。因此，知名度是品牌资产的首要条件，如果没有知名度，就没有其他品牌资产要素。品牌知名度的大小是相对而言的，名牌就是相对高知名度的品牌。高知名度可以引发消费者的好感，体现品牌背后的实力。因此，往往知名度越高，可转移的资产就越多，品牌延伸就越容易成功。

例如，将国内外一些品牌拿到我国的消费者中去测试发现，国际品牌的公众知名度是非常高的，如饮料品牌中，可口可乐的认知度达到 90.2%；汽车品牌中，桑塔纳达到

89.6%的认知度。品牌知名度不完全等同于品牌资产。中央电视台的黄金时间档广告，可以一夜之间造就一个知名度很高的品牌，但它却不能造就一批十分忠诚于该品牌的消费者。

2. 品牌美誉度

与品牌知名度相关的一个概念是品牌美誉度。有了知名度并不意味着就有了美誉度。品牌的美誉度是指品牌获得公众信任、支持和赞许的程度。如果说品牌知名度是一个量的指标，那么品牌美誉度就是一个质的标准，它反映某品牌社会影响的好坏。品牌美誉度的资产价值体现在“口碑效应”上，即通过人们的口头称赞，一传十，十传百，引发源源不断的销售。品牌的美誉度越高，“口碑效应”就越明显，品牌的资产价值也就越高。

3. 品牌认知

品牌认知是指消费者对某一品牌在品质上的整体印象，是消费者的主观认识。它的内涵包括功能、特点、可信赖度、耐用度、服务度、高品质的外观等。品牌认知可以产生价值，是品牌的重要资产。在我国商品经济的初级阶段，市场上的产品质量仍为消费者最为关心的因素之一时，品牌认知尤为重要。它是品牌差异化定价、高价位和品牌延伸的基础。美国相关咨询机构所做的调查结果显示：购买商品时，认为品质比价格重要的消费者呈明显上升趋势。国外研究表明质量出众的品质其延伸成功概率往往大于一般品质的品牌延伸。因此，对于企业建立品牌资产而言，应该提供品质的认知度，改善和提高消费者对自己品牌的品质印象。

4. 品牌联想

品牌联想是指透过品牌而产生的与品牌相连的联想，比如产品特点、使用场合、品牌个性等。这些联想往往能组合出一些新意，形成品牌形象。它是通过独特销售点传播和品牌定位沟通的结果，它提供了购买的理由和品牌延伸的依据。品牌联想源于企业的品牌传播、口碑和消费者的品牌体验。美好、积极的品牌意味着品牌的被接受、认可、喜爱、有竞争力及成功，增强了消费者的购买信心，极大地丰富了品牌的价值和品牌资产。品牌所具有的联想可以用于其他产品上，因为它们可以共享同种种联想，从而成为品牌延伸的基础。

5. 品牌忠诚度

品牌忠诚度是指消费者对品牌的满意度，并坚持使用该品牌的程度。它是一种行为过程，也是一种心理过程，是测量消费者对所用品牌的依恋程度，反映出消费者转向另一个品牌的可能性，它是品牌资产的核心。品牌忠诚度分为五个层次：无品牌忠诚者、习惯购买者、满意购买者、情感购买者和承诺购买者。品牌忠诚度与品牌知名度、品牌品质认识和品牌联想及消费者数字产品使用的经历有关。维护并提升品牌知名度是企业经营和发展的法则，也是企业的终极目标。品牌知名度可以通过广告迅速建立，但品牌忠诚度则需要长期不懈的投入。消费者忠诚度越高，说明品牌越有价值，消费者越容易产生“爱屋及乌”心理，喜欢甚至忠诚于延伸品牌，因此延伸策略越容易取得成功。

10.2.3 品牌资产模型

尽管营销人员对基本的品牌化原理已经有了共识，但还是有一些品牌资产模型提供了不同的视角。下面重点介绍4种受到较多认可的模型。

1. 品牌资产评估器

广告代理商扬罗必凯(Young and Rubicam，Y&R)开发出一个称为品牌资产评估器(Brand Asset Valuator，BAV)的品牌资产模型。通过对44个国家大约50万消费者的调查，BAV为成百上千的不同品类中的成千上万的品牌提供了一个可以比较的品牌资产测量方法。根据BAV，品牌资产中有五个关键性成分(支柱)：①差异，测量该品牌与其他品牌不同的程度；②活力，测量品牌的动力感；③关联，测量品牌吸引力的宽度；④尊重，测量品牌被关注及受尊重的程度；⑤知识，测量消费者对品牌的熟悉和亲密度。

差异、活力和关联联合决定了品牌活力强度(Energized Brand Strength)。这三大支柱指向品牌的未来价值。尊重和知识同时决定了品牌水平(Brand Stature)，比较像一种对过去业绩的"报告卡"。

这些维度之间的关系——品牌的支柱方式——很大程度上揭示了品牌现在以及将来的状况。品牌活力强度和品牌水平构成了力量方格(Power Grid)，它描述的是在连续的象限中，品牌循环发展的各个阶段，在每个阶段都有自己典型的支柱方式。强势新品牌的差异和活力都比关联的水平高，而尊重和知识则比较低。领导品牌在所有要素上都显示出了高水平。最后，衰退的品牌显示高水平的知识(这是过去业绩的证据)和低水平的尊重，甚至低水平的关联、活力和差异。

2. BRANDZ

营销研究顾问米尔伍德·布朗(Millward Brown)和WPP发展了品牌强度模型BRANDZ，它的核心是品牌动力(Brand Dynamics)金字塔。根据这个模型，品牌建立遵循一系列连续的步骤，每一个步骤都是以上一个步骤的成功为基础的(图10.1)。

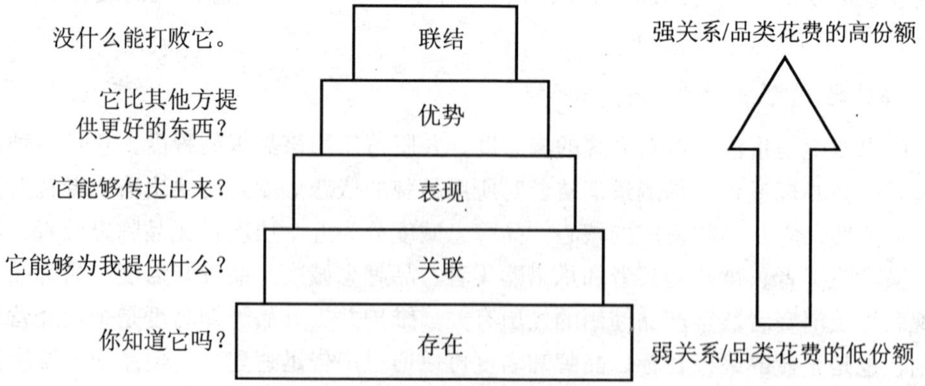

图10.1 品牌动力金字塔

"联结的"消费者在金字塔的顶端，他们与品牌建立了牢固的关系，比在较低层次的消费者花费更多。当然，更多的消费者处于较低层次。而营销人员的挑战就是如何通过营销活动和方案来帮助消费者爬上金字塔的顶端。

3. Aaker 模型

加州大学伯克利分校前营销学教授大卫·阿克(David Aaker)认为，品牌资产是品牌意识、品牌忠诚和品牌联想的结合，它可以增加或减少产品或服务所带来的价值。根据阿克所述，品牌管理先是发展品牌识别(brand identity)——品牌联想的独特集合，它呈现出品牌代表的是什么和对顾客的承诺，以及一种渴望的品牌形象。品牌识别包括 8～12 个典型的要素，包括产品范围、产品属性、质量/价值、用途、用户、原产地、组织属性、品牌个性及象征。这其中可以驱动品牌创建方案的重要部分是核心识别要素(Core Identity Elements)。其他则是延伸识别要素(Exterldedidentity Elements)，是附加的构成与指引。此外，品牌精髓(Brand Esserme)能够用简洁且鼓舞人心的方式来传播品牌识别。

举个例子，根据阿克所述，一家大型工业服务公司 Ajax，其品牌精髓是"对卓越的承诺——不管何时、何地、所做何事"；核心识别是"卓越的精神"、"团队方案"和"贴合的科技"；延伸识别是"善于处世但不拘小节"、"自信与胜任"、"开放的交流者"、"当地专家的全球性网络"以及"世界健康的支持者"。核心识别要素"团队方案"对由一些自治部门组成的公司来说是非常渴望得到的，且对战略推进的支持是必不可少的。

阿克主张识别应该在一些维度上表现出差异，这意味着在其他方面有共性，应该与顾客产生共鸣，驱动品牌创建方案，反映企业的战略及文化，并且是可信的。可信性建立的基础可以是支撑点，流动资产或方案或战略主动性，或对新的、激活的资产或方案的投资。

4. 品牌共鸣模型

品牌共鸣模型(Brand Resorlance Model)也认为品牌建设是由一系列上升的步骤组成的，自下往上分别是：①确保顾客的品牌识别性，以及在顾客的头脑中与特定品类或顾客需求有关的品牌联想；②藉由将大量有形无形的品牌联想战略性地联系起来，在消费者心中稳固地建立品牌的全部意义；③根据与品牌相关的判断和感受引出顾客的正面反应；④将对品牌的反应转化成消费者和品牌之间紧密而活跃的忠诚关系。

根据这个模型，四个步骤的制定同时也意味着与消费者建立一个由六个"品牌建立模块"组成的金字塔，如图 10.2 所示。这个模型强调了品牌的二元性——品牌建设的理性路线是在金字塔的左边，感性路线在右边。

万事达卡(MasterCard)就是品牌拥有二元性的一个例子。它既强调信用卡的理财优势——世界范围内的可接受性，同时也强调感性优势——在屡获殊荣的"无价"广告战役中，表达人们购物是为达到某个特定目标。目标本身(一种感受、一项成就，或其他无形的东西)都是"无价"的。

要创建有效的品牌资产就必须达到品牌金字塔的顶端或塔尖，只有把恰当的品牌创建模块放在金字塔模型的合适位置才能实现。

(1) 品牌突出性：在各种购买和消费情境中，顾客如何经常和轻易地想到该品牌。

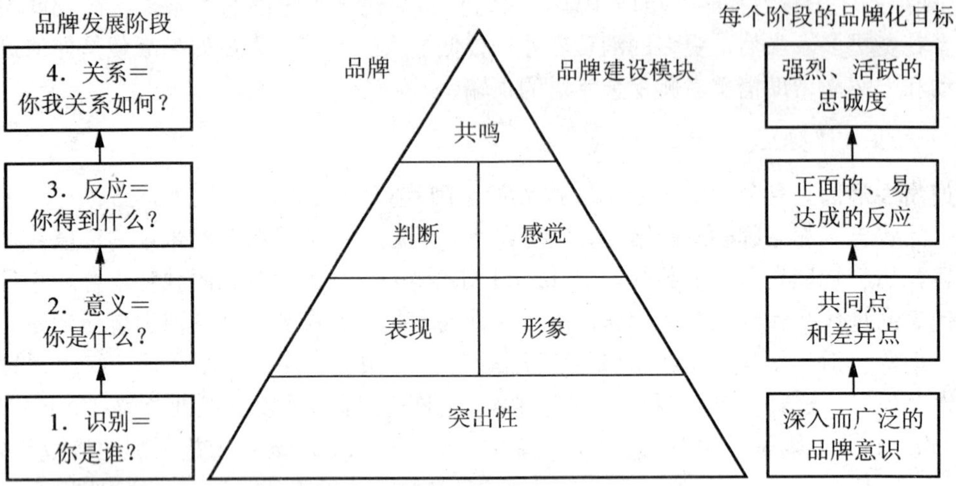

图 10.2　品牌共鸣金字塔

(2) 品牌表现：产品或服务如何能够满足顾客的功能性需求。

(3) 品牌形象：描述的是产品或服务的外在特性，包括品牌试图满足顾客的心理或社会需求的方式。

(4) 品牌判断：聚焦于顾客自己的个人观点和评价。

(5) 品牌感觉：顾客对品牌有关的情绪性响应和反应。

(6) 品牌共鸣：指顾客与品牌关系的性质，反映他们感觉双方“同步”的程度。

共鸣是顾客与品牌之间的心理纽带的强度或深度，同时也反映了这种忠诚造成的行为水平。拥有高共鸣性的品牌有哈雷-戴维森、苹果和 eBay。福克斯新闻发现营销计划造成的共鸣和参与的较高水平，常常导致广告产生较强的回忆度。

10.3　品 牌 策 略

品牌能够给企业带来许多好处，所以大多数企业都致力于建立自己的品牌和商标实施名牌战略，但是名牌的建立需要大量的人力、物力、财力，因此企业应根据自己的实际情况，考虑产品性质、企业实力企业发展战略目标等进行品牌化决策。

10.3.1　品牌化决策

有关品牌的第一个决策就是决定是否给产品加上一个品牌。企业有两种可能的做法：一是给产品标上品牌，这叫品牌化做法；其次是产品不标用品牌，这是非品牌化做法。一般来说，使用品牌具有积极的作用，既有对营销者的作用，也有对消费者和市场的作用。

品牌所起的作用在商品经济高度发达的今天体现得十分突出。一方面，越来越多传统上不用品牌的商品纷纷品牌化(例如，草原兴发肉鸡)；另一方面，品牌也成为一种无形资产。品牌是产品质量的反映，是企业信誉的标志，它可以去收购、兼并别人的有形资产，从而扩大自己。世界一流企业无不是以品牌打天下，美国的可口可乐、德国的奔驰、日本的丰田等。海尔品牌价值在2001年年底为430亿，它先后兼并了18家企业，盘活了15亿资产。2001年第二期美国《家电》杂志对全球前十位家电制造商进行了排名，中国海尔集团名列第9位。排在第一位的是美国惠尔浦公司。海尔在海内外营业额突破400亿元，在全球建立了7个工业园区、46个工厂、18个设计中心，产品销往160多个国家和地区，搭建了一座国际化海尔的框架。

营销者也可以采用非品牌化的做法。直到目前为止，绝大部分的农产品，都是非品牌化的。工业产品中，采掘业的产品，如煤、石油、各种矿石等，也一直是非品牌化的。非品牌化的做法，具有如下优点：一是可以降低营销费用，因为企业可不必对品牌进行市场宣传和促销，还可以省去品牌的设计、包装、注册登记等费用；二是产品具有价格竞争力，营销费用降低后，企业可用低价销售产品，这对于寻求价格好处的消费者具有极大的吸引力，尽管这类无品牌的产品可能质量较为低劣。一般而言，当具备以下情况或条件时，营销企业可考虑采用非品牌化的做法：①当产品的同质性较好时，如铁、钢、煤等，一般都无必要实行品牌化；②当购买者可以有效地鉴别产品的有效成分或愿意自己直接鉴别产品的质量时，绝大多数农产品的购买者，都是自己鉴别产品的质量，而不关心或注意产品的生产者是谁；③营销者认为确无必要为产品建立市场信誉时，往往是企业对于过时或没有达到相应质量标准的产品进行一次性处理；或者企业在某些新产品的试销过程中，都采用无品牌销售的做法。

营销视野

“中国元素”提升品牌体验价值

古色古香的两层木屋，高高的红漆木板凳，门店旁红红的两串灯笼……只是这里并非中国茶馆，而是地地道道的舶来品牌“星巴克”。这种将中国元素和外来咖啡融合的策略，让消费者不仅仅可以体验异国的咖啡文化，还可以体验中国式的休闲生活。纵观市场，不难发现“中国元素”已经被广泛运用到玩具、服装、手表等产品设计当中，甚至店面装修．广告设计之中也频频出现，而且总是能带给消费者耳目一新的感觉。在看惯了洋品牌所带来的西式设计和风格之后，中国元素往往能让消费者感受到真正的品位。例如BASEL2011钟表展推出以中国元素为背景的珐琅腕表，分别取材于100年前发生在中国的辛亥革命和博大精深的紫禁城建筑文化；在大众新甲壳虫平面广告中，画面上由经典转向现代的太师椅以及由传统转向时尚的旗袍装，在耐人寻味的同时彰显出“经典非只在既往，时尚不限于当下”的寓意。

如今，几乎所有的跨国公司都在努力推行全球本土化战略，它们都不约而同地意识到面对不同的文化群体和亚文化群体时，必须重视和考虑受众的特性，实施相应的本土化战略。一方面，企业将消费者日常所熟悉和认同的元素注入产品或广告当中，能更有效地激发、唤醒消费者的本土文化意识，与消费者普遍的民族心理合拍，进一步促进他们的“符号消费”(符号消费是现代社会的核心消费方式，即人们购买产品不仅仅是为了实用价值，更是为了享受丰富的品牌内涵)。另一方面，随着市场经济的日益成熟，产品的同质化情形愈加明显，竞争越来越激烈，商家争夺市场的重心基本已从“产品功能的推陈出新”转向“品牌形象差异化的建立”，而中国元素的运用则是实施这一差异化竞争的重要手段。

资料来源：朱翊敏．《销售与市场》．2011.

10.3.2 品牌归属决策

品牌归属决策是指使用哪家品牌。企业决定使用品牌以后，就要涉及采用何种品牌，一般有三种选择：一种是采用本企业的品牌，这种品牌叫企业品牌、制造商品牌、全国性品牌；第二种是中间商品牌，也叫私人品牌，也就是说企业可以决定将其产品大批量地卖给中间商，中间商再用自己的品牌将货物转卖出去；第三种是混合品牌，即一部分产品使用生产者品牌，另一部分使用中间商品牌。

1. 使用制造商品牌

制造商具有良好市场信誉，拥有较大市场份额时，则使用制造商品牌。绝大多数生产者都使用自己的品牌，制造商品牌长期以来一直支配着市场。虽然生产者使用自己的品牌要花费一定的费用，但品牌作为企业不可忽视的一笔无形资产，可以为企业带来很大的利益。生产者使用自己的品牌，可以获得品牌带来的全部利益。制造商所拥有的注册商标是一种工业产权，它的价值由商标信誉的大小所决定。享有盛誉的著名商标常可租借给别人使用，而收取一定的特许权使用费。如具有良好声誉的永久牌自行车商标已在全国若干家自行车的产品上使用，从此使产品销量大增。

2. 使用中间商品牌

中间商在某一市场领域拥有良好品牌信誉及庞大完善的销售系统时，那些新进入市场的中小企业往往借助于中间商商标。

西方国家已有越来越多的中间商使用自己的品牌。美国著名的大零售商西尔斯公司已有 90%以上的产品使用自己的品牌。中间商品牌能够发展主要是因为：(1)一些资金薄弱、市场经验不足的企业，为集中力量更有效地运用其有限的资源，宁可采用中间商品牌：(2)顾客对所需产品不一定有充分的选购知识，所以顾客在选购时不仅把制造商品牌作为选购的依据，还经常依据中间商品牌在信誉良好的商店购买。中间商使用自己的品牌有许多好处，主要包括：①中间商有了自己的品牌不但可以加强对价格的控制能力，还可以在一定程度上控制生产商；②中间商找到一些生产能力过剩、无力创立品牌或不愿自立品牌的厂家，使其使用中间商的品牌制造产品，这样可以减少一些不必要的费用，中间商可以降低产品售价，提高产品的生产竞争力，同时还能保证得到较多的利润。生产者是使用自己的品牌还是中间商的品牌，主要根据品牌在市场上的声誉。如果一个企业对市场不熟悉或者自己的品牌声誉远不及中间商的品牌声誉，就可以考虑使用中间商品牌，以便集中自己有限的资源去做对企业来说更有利的事情。

3. 制造商品牌与中间商品牌混合使用

这种情况下有 3 种使用方式：①生产者部分使用自己的品牌，部分批量卖给经销商使用经销商品牌，这样既能保持本企业品牌的特色又能扩大销路。②为了进入新市场，企业先使用中间商的品牌，取得一定市场地位后再使用自己的品牌。如日本索尼公司的电视机初次进入美国市场时，在美国最大的零售商店西尔斯(S·R)出售，用的是 S·R 品牌。当索尼公司发现其产品很受美国人的欢迎以后，就改用自己的品牌出售了。③两种品牌并用，即一种制造商品牌与一种中间商品牌或另一种制造商品牌同时用于一种产品，以达到说明某些不同特点或发挥两个品牌优点的目的。许多大型零售商店，如上海中百一店、北京王府井百货大楼均出售数以万计的商品，有不少商品同时使用两种品牌。商品上除了使用制造商品牌外，还标明上海中百一店或北京王府井百货公司监制或经销。这种混合品牌策略对产品进入国外市场也很有帮助。

企业究竟应该使用自己的品牌还是中间两的品牌，必须全面地权衡利弊。

10.3.3 品牌统分决策

品牌统分决策是指企业大部分或全部产品使用一个品牌，还是分别使用不同品牌的策略。制造商决定使用自己的品牌时，各产品分别使用不同的品牌还是使用一个统一的品牌或几个品牌？可供选择的策略有以下几种。

(1) 统一品牌策略。企业所有产品统一使用一个品牌，也称为整体的家族品牌。即企业将所生产的全部产品都用统一的品牌名称。例如“海尔”系列产品，单一的家族品牌一般运用在价格和目标市场大致相同的产品上。运用家族品牌策略有以下优点：①建立一个品牌信誉可以带动许多产品，并可以显示企业的实力，提高企业的威望，在消费者心中更好地树立企业形象；②有助于新产品进入目标市场，因为已有的品牌信誉有利于解除顾客对新产品的不信任感。例如飞利浦公司的所有产品(包括音响、电视、灯管、显示器等)都以“PHILIPS”为品牌，佳能公司生产的照相机、传真机、复印机等所有产品都统一使用“Canon”品牌。家族品牌有许多产品，因而可以运用各种广告媒体，集中宣传一个品牌形象，节约广告费用，收到更大的推销效果。在一个家族品牌下的各种产品可以互相声援，扩大销售。但企业采用家族品牌策略是有条件的，这种品牌必须在市场上已获得了一定的信誉；采用统一家族品牌的各种产品应具有相同的质量水平。

而这种策略的缺点是若某一产品因某种原因出现质量问题，就可能牵连全部产品和企业信誉。但企业采用家族品牌策略是有条件的，这种品牌必须在市场上已获得了一定的信誉；采用统一家族品牌的各种产品应具有相同的质量水平。如果各类产品的质量水平不同，使用统一家族品牌就会影响品牌信誉，特别是有损于较高质量产品的信誉。

(2) 个别品牌策略。个别品牌是指企业对不同的产品分别使用不同的品牌名称。企业各种不同的产品分别使用不同的品牌。其优点有：①有利于企业扩充高、中、低档各类产品，以适应市场不同需求；②产品各自发展，在市场竞争中加大了安全感。宝洁公司生产的各种日化产品，分别使用汰渍、奥妙、碧浪等不同品牌；并创造了飘柔、海飞丝、潘婷、沙萱、润妍等不同洗发水品牌。从1988年进入中国以来，宝洁实在是一个难以企及的神话，足以使人们对宝洁的行为——品牌塑造模式与市场推广模式——产生崇拜。

(3) 分类品牌策略。分类品牌是指企业对各类产品分别命名，每一类产品都使用不同的品牌名称。包括以下情况：各产品线分别使用不同品牌，避免发生混淆。如西尔斯公司所经营的器具类产品、妇女服装类产品、主要家庭设备类产品分别使用不同的品牌名称；美国斯维夫特公司同时生产火腿和化肥两种截然不同的产品，分别使用普利姆和肥高洛的品牌名称。

生产或销售同类型的产品，但质量水平有差异，也使用不同品牌以便于识别。如巴盟河套酒业公司生产的白酒，一等品的品牌名称是河套王，以下依次是：河套老窖、河套人家等300多个名称。

(4) 企业名称加个别品牌。企业名称加个别品牌是指企业对其不同的产品分别使用不同的品牌，而且在各种产品的品牌前面还冠以企业名称。这是统一品牌与个别品牌同时并行的一种方式。在产品的品牌名称前冠以企业名称，可使产品正统化，既享有企业已有的信誉，又可使产品各具特色。

美国通用汽车公司(GM)所生产的各种小轿车分别使用不同的品牌：卡迪拉克、土星、欧宝、别克、奥斯莫比、潘蒂克、雪佛莱等，每个品牌上都另加“GM”两个字母，以表示通用汽车公司的产品。

10.3.4 品牌延伸决策

企业利用其成功品牌的声誉来推出新产品或改良产品的策略。

营销实践告诉人们，在中国，品牌延伸有其顽强的生命力，是企业发展的加速器。因为即使在竞争中处于重量级的美国等发达国家市场，品牌延伸还是十分盛行并取得了很大成功的决策。有人比喻：在西方国家，品牌延伸就像当年成吉思汗横扫欧亚大陆一样，席卷了整个广告和营销界。过去十年来，十分成功的品牌有 2/3 属于延伸品牌，而不是新品牌。

品牌延伸的优势：①可以加快新产品的定位，保证新产品投资决策的快捷准确；②有助于减少新产品的市场风险；③品牌延伸有助于强化品牌效应，增加品牌这一无形资产的经济价值；④品牌延伸能够增强核心品牌的形象，能够提高整体品牌组合的投资效益。

品牌延伸的缺点：①如果某一产品出现问题就会损害原有品牌形象，一损俱损；②有悖消费心理，实行延伸会影响原有强势品牌在消费者心目中的特定心理定位；③容易形成此消彼长的“跷跷板”现象。

营销实践表明，品牌延伸与否的决策，要充分考虑以下原则。

(1) 品牌是否具有知名度和声誉。品牌延伸的目的就是要借助已有企业形象和产品品牌的声誉迅速扩展市场，因此品牌扩张的前提就是这一企业和产品具有较高的知名度和美誉度，在消费者心目中有很高的地位。只有这样，品牌联想效应才得以发挥，“爱屋及乌”的心理才会发挥作用。

(2) 品牌的基本元素是否还适用。如果扩张产品是以不同的价值为基础，消费者就不会理解两种不同的产品为何存在同一品牌识别下。品牌的基本元素包括商品质量、品牌形象、目标市场、品牌风格等。品牌延伸一般主张其主要元素成分相同，以建立一种良好的品牌联想。如果品牌联想不成功，原有品牌的个性就会因此而稀释。例如派克笔本来是高档产品，是体面身份的标志，但彼特森上任后不是把精力放在改进派克笔的款式和质量，巩固发展已有的高档产品市场，而是热衷于品牌扩张，将“派克”这一金子般品牌用于每支售价 3 美元以下钢笔上，结果“钢笔之王”的形象和声誉大受损害。

(3) 品牌资产是否可以转移。品牌的资产就是品牌的最大优点，这个优点必须能沿用到延伸的新产品中去。如原品牌的品质、性能、售后服务等，应在新产品中充分体现出来。

(4) 服务系统是否一致。服务系统一致指延伸产品与原产品的售前和售后服务应该相似，这样消费者不会产生差异感，这样的扩张就不会伤害到核心品牌的定位。否则，必然导致消费者改变对核心品牌原有价值的认知。

（5）销售渠道是否相同。延伸品牌的目的是要达到一个企业各个产品之间相辅相成的整体效果，使消费者在接触到延伸产品时能够联想到整个系列品牌的共性。如果销售渠道不同，在品牌延伸时还得另建销售网络，这就增加了成本，加大了风险，也就与品牌延伸策略的初衷背道而驰了。

10.3.5 品牌重新定位决策

某一个品牌在市场上的最初定位即使很好，随着时间推移也必须重新定位。这主要是因为以下情况发生了变化：①竞争者推出一个品牌，把它定位于本企业的品牌旁边，侵占本企业的品牌的一部分市场定位，使本企业的品牌的市场占有率下降，这种情况要求企业进行品牌重新定位；②有些消费者的偏好发生了变化，他们原来喜欢本企业的品牌，现在喜欢其他企业的品牌，因而市场对本企业的品牌的需求减少，这种市场情况变化也要求企业进行品牌重新定位。

品牌的重新定位，需要企业的管理部门作出两个方面的权衡，即费用与收益之间的对比状况。一是企业将某种品牌转移到另一细分市场上时所需要支付的费用状况，包括品质改变费、包装费、广告费等。一般来说，重新定位离品牌的原有位置越远，所需的费用就会越高；企业改进品牌形象的必要性越大，所需的投资也就越多。二是企业用新品牌定位于新细分市场时的收益状况。一般收益的大小要取决于细分市场的人数、细分市场上的消费者平均购买率、同一细分市场上的竞争对手数量与实力等。王老吉的重新定位事件可谓是营销案例中的经典。王老吉原来的定位是“中药凉茶”，而消费者普遍认为“药”是无须也不能经常饮用的。为此，王老吉跳出药茶行业，赋予自己一张饮料的面孔——“预防上火的饮料”，一举实现突破式发展，红遍大江南北。

应用案例

云南白药牙膏：红海中的蓝海产品

中国牙膏市场具有高度垄断和激烈竞争的双重特点。2005年，以高露洁、佳洁士、中华、黑人为代表的外资、合资品牌牢牢把持第一阵营，市场份额超过2/3，且增长势头强劲。虽然中国牙膏市场垄断程度较高，但由于进入门槛低，不断有新企业进入或新品牌诞生，使得市场竞争非常剧烈。其直接后果是，经过多年的残酷竞争磨砺，日化企业在组织运营、市场调研、渠道建设、宣传推广等方面都已达到了相当高的竞争能力。在这种背景下，任何一家新企业或者新的品牌，要想在这片红海中打拼出一片新天地，虽然并非绝对不可能，但其难度可想而知。

在这样的市场环境中，毫无日化产品销售经验和渠道的云南白药，却推出了一支售价高达20多元的牙膏与“洋牙膏们”竞争，在许多人看来，接近于“不可能的任务”。毕竟，从价格区间来看，中国市场上的牙膏价格一般为3～8元，12元以上的牙膏就已属于高端产品了。

然而，白药牙膏硬是完成了这项“不可能的任务”。2004年第四季度，白药牙膏在云南开始试销，在没有进行大量宣传推广、同时销售渠道也主要限于药店的情况下，单季度单省的销售额便突破200万元。初战告捷，令白药人大为振奋。2005年，白药牙膏向全国铺开，当年销售额即达到8000万元，年增长40倍。2006年，这个数字达到2.2亿；随后几年，销售额依然保持快速增长状态，到2008年，销售额已达到5个亿。

奇迹的背后

白药牙膏给我们留下最深刻印象的，其实并非其在短短几年之内便取得了11亿元的销售额、利润达一亿的惊人业绩，令我们更为惊讶的是，“白药牙膏项目整个启动投资仅为数百万元，主要是一些产品研发费用和试销费用。以后的投资主要来自前面盈利的滚动投入”（云南白药董事长王明辉语）。若按40倍市盈率计算，云南白药来自白药牙膏业务的市值增长为40亿，也就是说，云南白药仅以数百万的投资便在短短几年内获得了40亿的价值回报。这样的高回报率，真可以算得上一个商业奇迹。那么，奇迹究竟是怎样诞生的呢?

独特精准的产品定位

在白药牙膏上市之前，云南白药的团队经过调研，发现传统牙膏解决的大多是牙齿的问题，即注重防蛀、清洁和美白的作用，而很少关注口腔健康问题。然而，中国90%的成年人都有不同程度的口腔问题。无论是专业的医学统计数据还是白药牙膏的策划公司的调研，都发现随着饮食习惯的改变(麻、辣、烫)和工作压力的增大，口腔溃疡、牙龈肿痛、出血、萎缩等口腔问题正快速蔓延。这些口腔“小问题”虽然不足以去医院，却极大困扰了人们的情绪，由此产生了潜在巨大的针对口腔问题的消费需求。

这些传统牙膏所不能解决的、又存在巨大潜在需求的“空白点”，恰恰是云南白药牙膏能填补的优势点。云南白药作为中国仅有的三个中药绝密品种，已被实践证明具有极好的止血化淤等功效。借助白药的核心技术，云南白药牙膏不但对牙龈出血效果显著，而且能有效防治口腔溃疡、牙龈肿痛、牙龈萎缩、牙龈炎、牙周炎、口臭、蛀牙等常见口腔问题。相比于一般的草本汉方牙膏，云南白药因属于国家中成药绝密配方，白药牙膏独含云南白药六大活性因子，具有“一修二养三提高”的功效(“修”是指修复口腔损伤和减轻炎症;“养”是指云南白药活性成分能从根本上提高牙龈和口腔组织的营养供给能力，达到营养和保健牙龈和口腔的作用;“提高”是指提高口腔整体健康的目的)，这些独特卖点在同类产品中显得出类拔萃。因此，自面世以来，白药牙膏便成为人们解决口腔问题的首选产品。

借力百年品牌快速占据消费者心智

一切营销活动的最终目的，是要占据消费者心智，建立起消费者对产品的认知度和忠诚度，进而促进产品销售。

云南白药百年品牌的影响力，使得白药牙膏刚一面世，便在消费者心智中占据了独一无二的地位。1902年，云南名医曲焕章根据明、清流传于云南民间的中草药物，创制出具有止血止痛、活血化瘀、解毒消肿、防腐生肌的“曲焕章百宝丹”。这个功效奇特的产品一经问世，就因其独特疗效被广为称许、口碑相传，并在历次革命战争中救死扶伤，发挥了重大作用。1995年，云南白药被评为国家中药一级保护品种，配方属于国家机密，为中国仅有的三个中药绝密品种之一。自白药创始以来，民间几乎已经形成了“白药即是止血、止血首选白药”的认知。因此，当云南白药把白药的止血化淤功效移植到白药牙膏时，消费者便很自然地接受了其产品特性和理念，并带动白药牙膏销售。

虽然以药品名称来命名牙膏，在一定程度上对品牌形象塑造带来了某些障碍和挑战(例如消费者可能认为这是药品而非快速消费品)，但云南白药显然更看重百年品牌在降低品牌认知阻力方面的价值。利弊相权，促使云南白药最终采用“云南白药”作为其牙膏的品牌。相比之下，虽然一些汉方草本牙膏也试图推出治理口腔炎症的类似产品，但由于不具备云南白药如此强的消费者认知价值，暂时还无法撼动白药牙膏在该领域的优势地位。不过，云南白药也意识到了过分强调白药品牌所带来的可能的负面效应。针对更年轻、以预防为主和对药品敏感的用户，白药牙膏则采用了另一个品牌“金口健”，以便淡化药品色彩，增强时尚和快速消费品的形象。

“高价值、高价格、高端形象”的“三高”营销策略

在借助云南白药百年品牌、推出极具针对性的蓝海产品之后，云南白药的下一个决策是采取怎样的4P组合来营销白药牙膏的?在这个策略选择上，云南白药经过反复研讨，最终决定采取“高价值、高价格、高端形象”的“三高”营销策略。高价值的定位，既是云南白药牙膏自身技术含量的体现，也是制药企业对产品质量严格要求的必然结果。白药作为伤科领域的旗帜性产品，注定与其相关的衍生产品不能走低端路线，否则有可能危及到云南白药本身的品牌定位和价值。而制药企业的文化基因里，天生就有对品质的严格要求，毕竟制药企业从事的是与生命健康有关的业务，来不得半点马虎和忽悠。自然地，当他们涉足日化产品时，也将这种文化基因带入了新产品开发中。这一切，都决定了白药牙膏只能走高价值路线。

高定价则是确保该项目良性发展的必然要求。由于白药牙膏的高价值定位，自然将极大抬高产品成本。通过年报里披露的有关财务数据，我们推算出云南白药牙膏的单位生产成本应该不低于零售价的40%，考虑到还需要支付营销费用和给中间商的折扣，显然只能走高价格路线。同时，由于该产品针对的是对口腔健康要求较高的人群，其收入水平较高，价格弹性较低，高价也不会导致大幅度的目标客户流失。

当然，对云南白药来说，这种高举高打的定价策略，也具有重要的溢价基础。从国外的消费趋势来看，护理型牙膏已经渐成主流，中国的高端消费者也具有了接受“护理”概念的基础。此外，在功能方面，白药牙膏能够防治牙龈出血，治疗口腔疾病；在心理方面，白药牙膏为消费者带来的满意度、舒适性、可靠性和品牌信任度，这都是其能制定高价的重要基础。

配合“高价值、高价格”的产品定位，云南白药在产品推广上也一以贯之地努力塑造“高端形象”。2008年1月，白药牙膏以濮存昕为形象代言人的广告在中央电视台播出。同云南白药气雾剂、云南白药酊一样，白药牙膏的代言人也是经过云南白药高层慎重考虑才决定的。云南白药决策层显然认为濮存昕的形象与云南白药的形象定位高度一致。“濮存昕在大众心中，不仅具有广泛的知名度和极好的美誉度，他还是北京人民艺术剧院副院长、全国政协委员，这种身份会使他更重视自己的声誉。选他作为白药牙膏的代言人，就不会担心我们的品牌形象受到影响。”白药牙膏事业部副总经理黄卫东说。

同时，为了彰显白药牙膏的独特功效，白药牙膏除了利用传统的大卖场进行销售外，还特意通过药房渠道进行销售。一般而言，能够进入药房的产品或多或少都具有一定的疗效，此举进一步强化了白药牙膏具有独特功效的高端形象。

在白药牙膏发展历程中，还有一段至今仍为白药人所津津乐道的故事。2005年7月，一位国家领导人到云南白药视察时，对云南白药的创新深表赞同，他发现白药牙膏正是理想的中秋礼品：它既具有高价值，体现了对老干部和老党员健康的关怀，同时20元左右的价格作为礼品也比较适合。于是，决定将白药牙膏带回北京，作为中秋礼物送给老同志们。此时，白药牙膏还没有进入北京市场，不知从哪里听到消息的经销商们临时从其他地区采购白药牙膏进入北京。2005年秋天，北京市场上的白药牙膏零售价一度达到50元一支。此举令白药牙膏一举进入最难打开局面的北京市场，并顺利奠定高端品牌形象。

【案例思考】

论述云南白药品牌对云南白药牙膏的成功启示。

本章小结

品牌是形式产品的重要组成部分，包括品牌名称、品牌标志，商标是品牌的法律术语。品牌的基本功能是区分不同企业的同类产品。品牌资产反映在消费者有关品牌的想法、感受以及行动的方式上，同样它也反映品牌为公司所带来的价格、市场份额以及盈利能力。本章介绍了品牌资产评估器、BRANDZ、Aaker模型和品牌共鸣模型四种品牌资产模型。企业的品牌策略包括品牌有无策略、品牌归属策略、品牌统决策、品牌延伸策略和品牌重新定位策略。

习　题

一、单选题

1. 品牌中可以用语言称呼——即能发出声音的部分叫作(　　)

A. 厂牌　　B. 品牌名称　　C. 品牌标记　　D. 商标

2. 企业的几大类产品使用同一品牌，这种决策是(　　)

A. 统一的个别品牌　　B. 个别品牌　　C. 统一品牌　　D. 个别的统一品牌

3. 企业将产品大批量卖给中间商，中间商再用自己的品牌将货物转卖出去，这种策略叫作(　　)

A. 生产者品牌　　B. 销售商品牌　　C. 第二者品牌　　D. 个别品牌

4. 某家化企业在销售洗发精的基础上，推出同一品牌牙膏等产品，采取的是(　　)

A. 统一品牌策略　　B. 个别品牌策略　　C. 品牌延伸策略　　D. 多品牌策略

5. 商标是企业的(　　)

A. 版权　　B. 商业秘密　　C. 无形资产　　D. 有形资产

6. 品牌最基本的含义是品牌代表着特定的(　　)。

A. 消费者类型　　B. 文化　　C. 利益　　D. 商品属性

二、多选题

1. 品牌是一个集合概念，它包括(　　)。

A. 商标　　B. 包装　　C. 品牌名称

D. 标签　　E. 品牌标志

2. 品牌统分策略包括(　　)

A. 统一品牌策略　　B. 销售者品牌　　C. 个别品牌策略

D. 分类品牌　　E. 企业名称加个别品牌策略

3. 品牌对于卖主的好处有(　　)

A. 可使卖主易于管理订货

B. 使卖主有可能吸引更多的品牌忠诚者

C. 注册商标可使企业的产品特色受到法律保护，防止别人模仿、抄袭

D. 有助于市场细分

E. 有助于树立良好的企业形象

4. 企业的家族品牌决策有(　　)

A. 个别品牌名称

B. 统一品牌名称

C. 各大类产品单独使用不同的品牌名称

D. 企业名称与个别品牌名称并用

E. 不使用品牌

三、判断题

1. 不同产品采用不同品牌比所有产品采用同一品牌风险要大。(　　)

2. 品牌与商标的区别在于前者是一个商业名称；后者是一个法律名称。(　　)

3. 对于企业来说，使用自己的品牌比使用中间商的品牌费用要多。(　　)

4. 品牌有助于提高购买者的效率。(　　)

5. 搞好产品的包装，可增加商品的价值。 ( )

6. 联想计算机中的“联想”二字是品牌名称。 ( )

7. 法律保护的商标权是有时间限制的，世界各国对此的法律规定是相同的品牌资产通过为消费者和企业提供服务来体现其价值。 ( )

8. 品牌的实质是卖者对交付给买者的产品特征、利益和服务的一惯性的承诺。 ( )

9. 凡在市场上有一定知名度商标都可以申请认定驰名商标。 ( )

10. 品牌资产常常在利用中增值。 ( )

第11章

价格策略

教学目标

明确制定价格的具体步骤；掌握修订价格的具体策略；明确价格变更的条件、顾客和竞争者对它的反应。

教学要求

知识要点	能力要求	相关知识
制定价格	了解制定价格的一般步骤	影响定价的主要因素
修订价格	掌握常用的价格策略	确定基本价格的一般方法
变更价格	掌握价格变更的方法以及市场对价格变动的反应	价格调整的原因

基本概念

成本导向定价；需求导向定价；竞争导向定价；折扣定价；地区定价；声望定价；差别定价；撇脂定价；渗透定价；尾数定价；招徕定价

引　　例

一幅画到底值多少钱

在比利时的一间画廊里，一位美国画商正和一位印度画家在讨价还价，争辩得很激烈。其实，印度画家的每幅画底价仅为10～100美元。但当印度画家看出美国画商购画心切时，对其所看中的3幅画单价非要250美元不可。美国画商对印度画家敲竹杠的宰客行为很不满意，吹胡子瞪眼睛要求降价成交。印度画家也毫不示弱，竟将其中的一幅画用火柴点燃，烧掉了。美国画商亲眼看着自己喜爱的画被焚烧，很是惋惜，随即又问剩下的两幅画卖多少钱。印度画家仍然坚持每幅画要卖250元。从对方的表情中，印度画家看出美国画商还是不愿意接受这个价格。这时，印度画家气愤地点燃火柴，竟然又烧了另一幅画。至此，酷爱收藏的画商再也沉不住气了，态度和蔼多了，乞求说“请不要再烧最后一幅画了，我愿意出高价买下。”最后，竟以800美元的价格成交。

引例点评： 价格是公司经营者最重要的决策之一，是市场营销组合中唯一为公司提供收益的因素，是市场竞争中的一种重要手段。在大多数情况下，就商品型产品而言，价格一直是购买者选择的主要决定因素。确定合理的定价和价格政策，是各类公司经营者面临的具有现实意义的重大策划课题。

本章系统将阐述价格制定的方法与步骤，介绍企业修订价格的方法，讨论价格变更以及市场对价格变更的反应。

企业的价格策略是市场营销组合中最活跃的因素，是竞争的主要手段，受多因素的综合影响，关系到企业营销目标的实现。它直接关系到产品能否为消费者所接受，企业市场占有率的高低及利润的多少。因此，在日益激烈的市场竞争中，要充分认识到价格策略在营销组合中的地位和作用，合理制定企业的定价目标和程序，深刻认识影响定价的各种因素，科学地运用基本的定价策略和方法。在营销管理中，价格决策涉及3个方面问题：一是如何定价，这主要是对企业新营销的产品；二是修订价格，即根据不同细分市场情况，对标准价格进行修改以成为在一个细分市场能具体和实际执行的价格；三是变动价格，即当环境因素、营销条件、营销目标变化时，对价格进行调整，包括发起降价或提价。

11.1　制定价格

当企业研发出一种新产品，或将原有产品引入新的分销渠道、新的地区，或者决定新合同投标时，企业都必须制定价格。企业在制定其价格政策时，必须考虑许多因素。图11.1是制定价格的6个步骤。

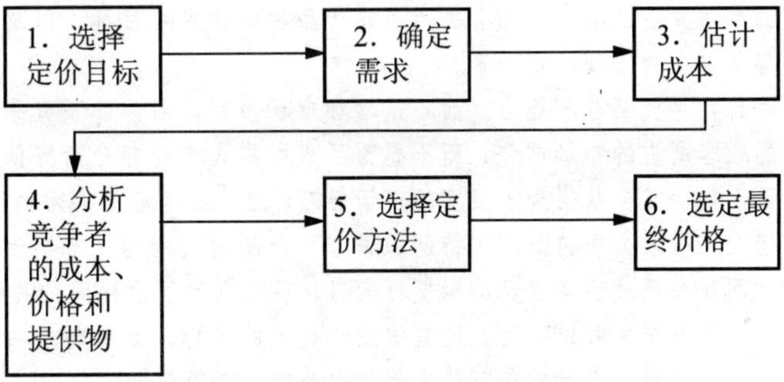

图11.1　制定价格步骤

11.1.1 选择定价目标

企业必须首先决定它的产品定位。一个企业对它追求的目标越是清楚，制定价格就越容易。一个企业通常通过制定价格来追求以下目标。

(1) 维持生存：如果企业遇上生产力过剩或激烈竞争或者要改变消费者的需求时，它们要把维持生存作为其主要目标。生存是一个短期目标，从长期来看，企业必须学会如何创造价值和应对绝境。

(2) 当期利润最大化：许多企业想制定一个能达到最大当期利润的价格，它们估计需求和成本，并据此选择出一个价格，这个价格能产生最大的当期利润、现金流量或投资回报率。如果过分强调当前的表现，就会忽视其他营销组合变量的作用、竞争者的反应和价格上的法律限制等，从而牺牲了企业的长远利益。

(3) 市场份额最大化：企业往往认为销售量越高，产品和单位成本就越低，长期利润就越高。它们假定市场对价格是敏感的，并把价格定得尽可能低。下列因素有利于企业制定低价：市场对价格非常敏感，低价可刺激市场份额进一步扩大；随着生产经验的积累，生产和分销成本将会降低；低价抑制了现实的和潜在的竞争对手进入市场，进而达到市场份额最大化。

(4) 最大市场撇脂：许多企业喜欢制定高价来“撇脂”市场。如索尼 1993 年推出一台 28 英寸高清电视机需要 6000 美元，而在 2007 年一台 40 英寸的索尼高清电视机只需要 1200 美元。符合下列条件，企业的市场撇脂定价容易奏效：顾客的人数足以构成当前的高需求；小批量生产的单位成本不至高到无法从交易中获得好处的程度；开始的高价未能吸引更多竞争者进入；高价有助于树立优质产品的形象。

(5) 产品—质量领先：一个企业致力于树立在市场上成为产品质量领袖地位的目标。许多品牌都想成为“买得起的奢侈品”，它们被认为具有很高的质量、品位和地位，价格虽高但没有超出消费者的购买能力。

(6) 其他目标。如最高当期收入：有些企业建立一个最高销售收入的价格。

营销视野

定价策略：部分是艺术，部分是科学

对一家公司来说最难办的事情之一就是给一种产品或服务制定适当的价格。

在定价方面，你的相对竞争处境、你的有关产品或产品种类的战略目标，以及产品在自身生命周期中所处的阶段，这些都是重要的宏观决定因素。

如果你的主要战略目标是提高盈利能力，而不是增加市场份额，则你就不宜杀价，而是应当寻求那些愿意接受你的要价的顾客所占的市场部分，而不要为了吸引更大市场部分而降低价格。在竞争激烈的市场上，既要使利润最大化，又要获得最大限度的市场份额，这十分不合乎实际的期望。

在网络浏览器市场上，微软公司将其“因特网探索者”产品白白赠送。对扩大市场份额来说，这是一种所向披靡的战略。网景公司过去拿自己的浏览器卖钱，现在则为了生存而将其免费提供。

显然，必须记住的不仅有交叉补助，而且还有短期和长期的目标。如果赠送一种产品有助于今后为其他产品建设顾客基础，则短期的轰动效应可能会使你在长期里获得很大收益。

你的主要目标是使顾客满意吗？你是否认为满意的顾客将会形成市场份额和利润？如果是这样，那么定价的含义就是对顾客采取长期观点，在一个较长时期里实现利润。

谁是你的顾客？你若不能明确回答这个问题，你不能阐明合理的定价策略。营销的基本要素是明白你所追求的是谁(市场分割和选定目标)、你如何追求他们(找准位置)和你应当使用什么工具(包括定价在内的营销混合)。

资料来源：美国西北大学营销学教授克里什纳莫蒂“定价：部分是艺术，部分是科学”，英国《金融时报》，2001.9.28。

11.1.2 确定需求

1. 影响价格敏感度的9个因素

(1) 独特价值效应：产品越是独特，顾客对价格越不敏感。

(2) 替代品知名效应：顾客对替代品知之越少，他们对价格的敏感性越低。

(3) 难以比较效应：如果顾客难以对替代品的质量进行比较，他们对价格就不敏感。

(4) 总开支效应：开支在顾客收入中所占比重越小，他们对价格的敏感性越低。

(5) 最终利益效应：开支在最终产品的全部成本的费用中所占比例越低，顾客的价格敏感性越低。

(6) 分摊成本效应：如果一部分成本由另一方分摊，顾客的价格敏感性就低。

(7) 积累投资效应：如果产品与以前购买的资产合在一起使用，顾客对价格不敏感。

(8) 价格质量效应：假设顾客认为某种产品质量更优、声望更高或是更高档，他们对价格的敏感性就越低。

(9) 存货效应：顾客如无法储存商品，他们对价格的敏感性就低。

2. 估计需求趋势的方法

(1) 第一种方法是统计分析法。用统计方法分析过去的价格，销售数量和其他因素的数据来估算它们之间的关系。这种数据分析可以是纵向的(随时间变化)或横向的(在同一时间不同的地点)。建立合适的模型和用适当的统计技术来处理数据需要相当高的技能。

(2) 第二种方法是价格实验法。贝内特和威尔金森利用一种在商店内估算需求线的方法，在一个折扣商店里系统地变动几个销售产品的价格，并观察其结果。用这种方法反复地在相类似地区变化不同的价格，研究价格是怎样影响销售的。

(3) 第三种方法是询问判断法。询问购买者在不同的价格水平，会买多少产品。这种方法的主要问题是在购买者认为价格较高时会降低他们的购买愿望，这迫使公司不能制定高价格。

3. 需求的价格弹性(Price Elasticity of Demand)

在下面这几种情况下，需求只有很小的弹性。

(1) 代用品很少或没有，或没有竞争者。

(2) 买者对较高的价格不敏感。

(3) 买者对改变他们的购买习惯和寻找较低价格表现迟缓。

(4) 买者认为由于质量改进，正常的通货膨胀和其他一些因素，该较高的价格是公道的。

11.1.3 估计成本

1. 成本的类型

(1) 固定成本。指在既定生产经营规模范围内，不随产品种类及数量的变化而变化的成本费用。包括：照明空调、产品设计、市场调研、管理人员工资等项支出。

(2) 变动成本。指随产品种类及数量的变化而相应变动的成本费用。包括：原材料、原料、运输、储存支出及生产工人工资、部分市场营销费用。

(3) 总成本。指全部固定与变动成本费用之和。定价时要使总成本费用得到补偿，这就要求价格不能低于平均成本费用。

(4) 平均成本。即单位产品的平均成本费用。价格不能低于平均成本费用，这仅是获利的前提条件。平均成本费用＝总成本费用/总产量。

为了明智地定价，管理层必须了解不同的生产水平下，其成本是怎样变化的。

2. 差别营销报价的成本行为

今天的企业努力使它们的报价和合同条款适应不同的购买者。因此，制造商对每个零售商渠道的成本不一样，其利润也就不同。为了估算不同零售商的实际盈利水平，该制造商必须应用基于活动的成本(Activity-Based Cost)会计，而不是标准成本会计。

3. 目标成本法

用市场研究方法确定一个新产品的开发设计功能。然后，根据销售诉求和竞争价格确定该产品的定价。从价格中减去设计毛利，而该目标成本是必须达到的。然后，检查每一个成本项目——设计费、工程费、制造费、销售费等，并把它们分解为进一步的细目。他们考虑的是调整细目，减少功能和降低供应商成本的方法。其整个目标是使最后的成本项目在目标成本之内。

11.1.4 分析竞争者成本、价格和提供物

在由市场需求和成本所决定的可能价格的范围内，竞争者的成本、价格和可能的价格反应也在帮助企业制定它的价格。企业需要对它的成本和竞争者的成本进行比较，以了解它有没有竞争优势。公司还要了解竞争者的价格和提供物的质量。

一旦公司知道了竞争者的价格和所提供的东西，它能够利用它们作为制定自己价格的一个起点。如果企业提供的东西与一个主要竞争者提供的东西相似，那么企业必须把价格定得接近竞争者，否则就要失去销售额。倘若企业提供的东西是优越的，企业索要的价格就可比竞争者高。然而，企业必须知道，竞争者可能针对本企业的价格做出反应。

11.1.5 选择定价方法

依据需求表、成本函数、竞争者价格，企业就可以选定一个价格了。产品成本规定了企业定价的底线，竞争者的价格和替代品的价格提供了企业在制定价格时必须考虑的标定点，企业独特的产品特点是其定价的最高限度。

企业通过考虑在这 3 种因素中的一个或几个来选定定价方法以解决定价问题。企业可以选择的定价方法有：成本加成定价法、目标利润定价法、认知价值定价法、通行价格定价法、密封投标定价法。

1. 成本加成定价法

在产品的成本上加一个标准的加成，是最基本的定价方法。

例如，一个厂商期望的成本和销售额如下：变动成本 10 元，固定成本 300000 元，预计单位销售量 50000 件。

该制造商的单位成本：

单位成本＝变动成本＋固定成本/单位销售量＝10＋300000/50000＝16 元

现在该制造商想要在销售额中有 20％的利润加成。其加成价格为：

加成价格＝单位成本/(1－销售额中的预计利润)＝16/(1－0.2)＝20 元

加成率有两种：一是加成(毛利)率由“毛利(加成)/售价”得到；二是加成(毛利)率由“毛利(加成)/进货成本”得到。

用成本加成定价法来定价是否符合逻辑，答案是否定的。任何忽视当前的需求、认知价值和竞争关系的定价方法都不大可能制定出一个最适宜的价格。

但成本加成定价法仍被普遍应用，原因是：卖方对成本比对需求能做出更多的肯定。把价格同成本结合在一起，卖方可以简化他们自己的定价任务；当需求变化时，他们无须频繁地调整价格。

当行业的所有企业都使用这种定价方法时，他们的价格就会趋于相似。因而价格竞争就会减少到最小。如果他们在定价时注意需求的变化，那么价格竞争就不可能减少到最低。

许多人感到成本加成定价法对买方和卖方来讲都比较公平。在买方的需求变得急迫时，卖方不利用这一有利条件谋求额外利益，而仍能获得公平的投资报酬。

2. 目标利润定价法

企业试图确定这样一个价格：它能带来企业正在追求的利润。

假设上述制造商在企业中投资 100 万元，想要制定能获得 20％投资收益的价格，即 20 元，下列公式可求出目标利润价格。

目标收益价格＝单位成本＋(目标利润×投资成本)/销售量

＝16＋0.2×1000000/50000＝20 元

但如果销售量达不到 50000 件怎么办？这家制造商可绘制一张保本图(Break-Even Chart)，如图 11.2，以便了解在其他销售水平上会发生什么情况，不论销售量是多少，固定成本总是 300000 元。

总收入曲线和总成本曲线在 30000 单位处相交，这就是保本点，保本点销售量计算公式如下。

保本销售量＝固定成本/(价格－变动成本)＝300000/(20－10)＝30000 件

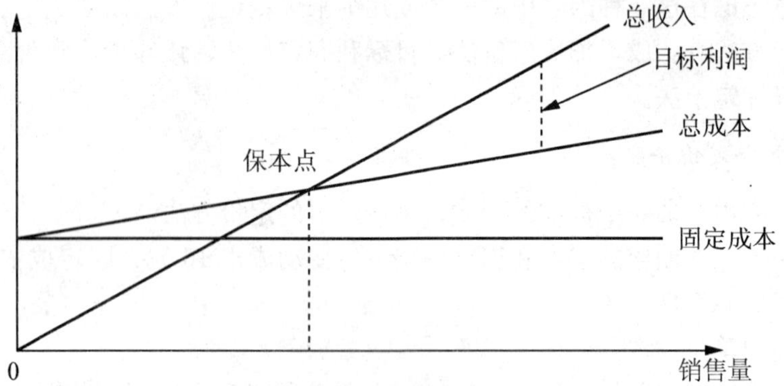

图 11.2 目标收益定价

3. 认知价值定价法

日益增多的公司把它们的价格建立在产品的认知价值的基础上。他们明白，作为定价的关键，不是卖方的成本，而是买方对价值的认知。

认知的价值由很多因素构成，包括顾客对产品功用的预期、分销渠道、产品质量、售后服务和其他软件方面的标准，如供应商的声誉和可信度等。进一步地说，不同顾客对于上述各个因素的重视程度是不同的，有些顾客看重价格，有些顾客看重价值，而有些顾客比较忠诚于品牌。针对不同的顾客群，企业需要制定不同的价格策略。

例如，卡特彼勒的经销商能向顾客解释为什么卡特彼勒的拖拉机贵于竞争者。它可能定价一台拖拉机为 100000 美元，虽然竞争者同样的产品定价为 90000 美元。

90000 美元拖拉机的价格，这仅是相当于竞争者的价格。

3000 美元为卡特彼勒产品优越的耐用性增收的溢价。

3000 美元为卡特彼勒产品优越的可靠性增收的溢价。

3000 美元为卡特彼勒优越的服务增收的溢价。

2000 美元为卡特彼勒零配件的较长期的担保增收的溢价。

以上共 11000 美元，包括一揽子价值的价格。

－10000 美元为折扣额。

100000 美元为最终价格。

认知价值定价法的关键在于提供并向潜在顾客展示比竞争者更高的价值。最基本的是，企业要了解顾客的价值取向和顾客的决策过程。

4. 边际成本定价法

边际成本是指每增加或减少单位产品所引起的总成本的变化量。边际成本定价法又称边际贡献法，其基本思想是只考虑变动成本，不考虑固定成本，以预期的边际贡献补偿固定成本并获得盈利。采用边际成本定价法时是以单位产品变动成本作为定价依据和可接受价格的最低界限。在价格高于变动成本的情况下，企业出售产品的收入除完全补偿变动成本外，尚可用来补偿一部分固定成本，甚至可能提供利润。其公式为：

单位产品价格＝单位产品变动成本＋单位产品边际贡献

其中单位产品边际贡献是指企业增加一个单位的销售，所获得的收入减去边际成本的数值。边际贡献＝销售收入－变动成本，若边际贡献大于固定成本，企业就有盈利；若边际贡献小于固定成本，企业就会亏本；若边际贡献等于固定成本，企业盈亏平衡。只要边际贡献≥0，企业就可以考虑生产。这种定价方法适合于企业存在生产能力过剩、市场供过于求等的情况。

5. 随行就市定价法

随行就市定价法，又称流行水准定价法，是指在一个竞争比较激烈的行业或部门中，某个企业根据市场竞争格局，跟随行业或部门中主要竞争者的价格，或各企业的平均价格，或市场上一般采用的价格，来确定自己产品的价格的方法。即企业按照行业的平均现行价格水平来定价。采用随行就市定价法，企业就不必去全面了解消费者对不同价差的反应，也不会引起价格波动，从而为营销、定价人员节约了很多时间。

在这几种情况下往往采取随行就市定价法：(1)难以估算成本；(2)主要适合同质产品市场，其目的是为了与同行业企业和平共处，避免发生激烈的竞争；(3)如果另行定价，很难了解购买者和竞争者对本企业的价格的反应；(4)在完全竞争与寡头竞争的条件下，这种定价方法经常使用。

但值得注意：这种定价法以竞争对手的价格为依据，并不否认本企业商品的成本、质量等因素对价格形成的直接作用。

6. 拍卖定价法

拍卖定价法是由卖方预先发表公告，展示拍卖物品，买方预先看货，在规定时间公开拍卖，由买方公开叫价，不再有人竞争的最高价格即为成交价格，卖方按此价格拍板成交。拍卖式定价越来越被广泛地使用，其作用之一是处置积压商品或旧货。有以下三种主要的拍卖形式。

(1) 英国式拍卖：一个卖方和多个买方，是一种加价拍卖方式。卖方出示一个商品，买方不断加价竞标，直到达到最高价格。英国式拍卖经常被用来出售古董、家畜、不动产和旧设备、车辆。

(2) 荷兰式拍卖：一个卖方多个买方，或者一个买方多个卖方，是一种降价拍卖方式。在一个卖方多个买方情况下，拍卖人宣布一个最高的价格然后逐渐降低价格直至出价人接受为止；在一个买方多个卖方情况下，买方宣布他想买的商品，多个卖方不断压低价格以寻求最后中标。每个卖方都能看到当前最低价格，从而决定是否继续降价。

(3) 封闭式投标拍卖：供应商只能提供一份报价，并且不知道其他人的报价如何。供应商不会低于自己的成本报价，但是考虑到可能失去订单也不会报得太高。政府部门经常利用这种方法采购。

竞争的定价法也支配一些对工程进行投标的企业。企业定价的基点与其说是依赖对企业成本或需求的密切联系，不如说是取决于预期的竞争者将制定怎样的价格。某企业想要赢得某个合同，就需要他制定比其他企业较低的价格。同时，公司不能将价格定得低于成本，以致恶化它的地位。

表11-1是一个供应商密封投标报价的例子，他只能提供一份报价，并且不知道其他

人的报价。一般情况下，他会选择期望利润为216万元的报价方案。

表 11－1 供应商密封投标报价实例

公司的投标/万元	公司的利润/万元	投标中标率(假定)	期望利润/万元
9500	100	0.81	81
10000	600	0.36	216
10500	1100	0.09	99
11000	1600	0.01	16

11.1.6 选定最终价格

企业在考虑经营目标、需求、成本、竞争者的基础上，利用前述定价方法选定最终的价格范围。在最后确定价格时，还应该考虑下列因素。

(1) 心理定价法：如许多顾客把价格作为是质量的指标，还有顾客的参考价格因素(参考其他同类产品价格)，价格尾数效果等。

(2) 其他营销因素对价格的影响：品牌因素、产品质量、促销方式、渠道因素(在高级的购物环境必须设定高价)等。

(3) 公司定价政策：拟定的价格必须与公司的定价政策保持一致。

(4) 价格对其他各方的影响：企业必须了解其他方面对定价的反应，如经销商、供应商、推销人员、竞争者、顾客、公众以及政府的反应。在定价时应避免共谋定价、欺骗定价、价格歧视、掠夺定价等。

营销视野

eBay

伊朗裔法籍移民皮埃尔·奥米迪亚(Pierre Omidayar)创立了eBay，帮助他的女朋友出售和交易她的贝滋(Pez)糖果售卖机。很快这个网站就成长为更大型的拍卖网站，消费者可以在这里拍卖棒球卡和芭比娃娃等收藏品。很快小企业发现通过eBay可以使他们很便捷地接触到消费者和其他企业。大公司则将它视为销售大量滞销存货的好机会。

通过帮助买家得到最佳价格，并让他们决定他们愿意支付的价格，eBay发起了一场定价革命。顾客拥有了选择价格的权利，而网站的效率和广泛的影响范围又让卖家获得了很高的利润。

2006年eBay在36类商品中所得到的总收入达到60亿美元。网站拥有2.22亿注册用户，每月有4300万次访问量。超过100万的会员通过该网站谋生。但是，eBay自身并不购买任何存货或商品。它从拍卖交易中收取费用，在交易达成时收取1%到5%的交易额作为佣金，形成它的收入来源，而各企业获得40%的利润率。eBay的业务已延伸到其他各类产品，从船只、汽车、旅行、车票到保健、美容、家居和园艺，收藏品的交易额现在只占eBay总销售额的13%。

顾客的信任是eBay取得成功的关键因素。通过每次交易后的反馈，它追踪并展示了卖方和买方的信誉度。通过“顾客的声音”方案，大量的顾客在eBay做出重要决策时都可以发表自己的意见。每隔几个月eBay就会邀请十几个买家和卖家，询问他们关于网站的使用情况和eBay需要改善的地方。eBay每周至少召开两次长达一小时的电话会议，对网站的新特色或政策等进行民意调查。其结果是用户(eBay的顾客)感觉像主人，他们有动力帮助公司开辟新的领域。

虽然eBay是拍卖网站起家，但是它也提供固定价格“立即购买”的选择，以满足那些不想等待拍卖且愿意支付卖方所定价格的顾客。多年来，卖方和买方都将eBay视为产品市场价值的一个非正式指南。消费者、商人甚至拥有新产品的公司，如果想知道从复印机到新的DVD播放器的各种产品的现行价格，都可以到eBay试试。

eBay现任首席执行官梅格·惠特曼(Meg Whitman)认为eBay在2002年对贝宝(PayPal)在线支付业务的收购、2005年对Skype互联语音和视频通讯服务的收购，都极大地增加了公司的拍卖能力和收入来源。eBay的买方和卖方可以通过Skype通话(为eBay带来收入)；Skype的用户又用贝宝支付电话费；并进一步促进贝宝的全球扩张成为国际巨头。一部分是国际交易场所，一部分是全球制造商和零售商的交流中心。

2007年兼并的在线比较购物网shopping.com、2005年租房网rent.com以及2007年收购的票务公司StubHub的在线票务服务业务都极大地增加eBay的多样性，但当eBay进行全球扩张，进入中国市场时，却遭到了来自(Google)的激烈竞争和其他新的挑战。eBay需要不断改进其在线交易市场以保持持久的成功。

11.2 定价策略

企业在营销活动中，对一个产品，不能只制定单一的价格，而是需要对不同的情况，如产品线中的不同品牌或产品项目、不同时间、不同的地区、不同的细分市场，以及进行不同的促销等，都有不同的价格。因此，在制定了标准价格的基础上，要针对不同市场情况与营销目的，对价格进行修订，产生一个可执行的价格。

11.2.1 折扣定价策略

折扣定价策略是企业为了鼓励顾客及早付清货款、大量购买、淡季购买而酌情降低基本价格的策略。

1. 现金折扣

现金折扣是企业给那些按约定日期付款或提前付款的顾客一定的折扣。

2. 数量折扣

数量折扣指企业根据购买数量的多少分别给予大小不同的折扣，以鼓励大量购买。

(1) 非累计数量折扣：指对在一次性购买或订货时，达到一定数量或金额的买主给予折扣优待(各大商场的促销买100元商品送50元的购物券)。

(2) 累计数量折扣：指在一定时期内，按照购货累计达到的数量和金额的大小给予不同的折扣。例如：报纸给当地零售商提供优待，凡一年内在该报刊登整版广告10次者，有10%减价优待，超过20次为15%，超过30次为20%。

3. 季节折扣

季节折扣指企业对在销售淡季购买产品的客户提供的价格优惠。

例如：旅行社和航空公司，在旅游淡季通常都给顾客一定的折扣优待。目的是使自己的设备能够充分利用，提高经济效益。

4. 功能折扣

功能折扣又称为贸易折扣，是制造商给某些批发商和零售商的一种额外折扣，促使他们执行某种市场营销功能。制造商常常根据各类中间商在市场营销中作用的不同，给予大小不同的折扣。按照美国的商业习惯，最普通的办法是按照价目表价格给予 40%和 10%的职能回扣。例如：制造商报价为 400 美元，零售商就应给批发商 240 美元(400－400×40%)，批发商应给制造商 216 美元(240－240×10%)。后一个价格以前一个为基础计算折扣。总之，给批发商的折扣较大，可使批发商乐于大量购买，并有可能开展转批业务；给零售商较大折扣，就使它有可能用低于价目表的价格出售商品，争取顾客。

5. 价格折让

(1) 以旧换新折让：企业收进顾客同类商品的旧货，在新货价格上给予折让。

例如：一台新洗衣机 800 元，顾客交回本企业生产的旧洗衣机仍值 200 元，那么再付 600 元就可购新货。

(2) 促销折让：制造商给予参加其促销活动的中间商的一种减价。

例如：一个零售商在电视上刊登某个牌子的服装广告，这家服装厂因此为他支付一定比例的广告费用。

11.2.2 地区定价策略

1. FOB 原产地定价

FOB 原产地定价指买方按照出厂价格购买某种产品，卖方只负责将产品运到产地某种运载工具上交货，由买方承担其后所发生的全部费用和风险。原地交货定价法，使企业能有一个统一的出厂价格，对于上门采购的买主，报价方便。对所有的顾客来说，公平地分摊了产品运输费用。但企业将没有统一的订单价格，对于外地询价的买主，须根据其距离远近给以不同报价。因此，对于距离较远的买主，就将是实行高价位的卖主，不利于与顾客距离较近的竞争对手进行竞争。在现代大生产条件下，企业一般都远离其产品主要消费地，所以，这种定价方法在现代营销活动中采用得并不多。

2. 统一交货定价(邮资定价)

统一交货定价指企业对于卖给不同地区顾客的产品均按照厂价加平均运费定价。这种定价，比较有利于企业维持一个统一的全国广告价格和对所有的销售人员和经销商进行价格管理。但是，对于距离较远的买主来说，得到了一个运费补贴；而对于距离较近的买主来说，则额外支付了较多的运费，因此，对于争取离企业较近的顾客不利。

日本人盛行穿布袜子，石桥便专门生产经销布袜子。当时由于大小、布料和颜色的不同，袜子的品种多达 100 多种，价格也是一式一价，买卖很不方便。有一次，石桥乘电车时，发现无论远近，车费一律都是 0.05 日元。由此他产生灵感，如果袜子都以同样的价格出售，必定能大开销路。然而当他试行这种方法时，同行全都嘲笑他。认为如果价格一样，大家便会买大号袜子，小号的则会滞销，那么石桥必赔本无疑。但石桥胸有成竹，力排众议，仍然坚持统一定价。由于统一定价方便了买卖双方，深受顾客欢迎，布袜子的销量达到空前的数额。

3. 分区定价

分区定价指卖主将市场划分为若干价格区，以每一个区域与卖主距离的远近分别制定不同的地区价格，在各区域内则实行统一定价。企业设立两个或两个以上的定价区域，在一个区域内，实行统一的价格，在不同的区域之间，实行不同的价格。区域定价法在顾客分担运费的合理性，介于上述两种方法之间，可以部分解决以上两种方法产生的一些矛盾。但是，对于处于两个区域边缘而落在高价区域的顾客来说，仍会产生价格不合理的感觉。

4. 基点定价

基点定价指卖主选定某些城市作为基点，然后按一定的厂价加上从基点城市到顾客所在地的运费来定价，而不管货实际上是从哪个城市起运的。有些公司为了提高灵活性，选定许多个基点城市，按照顾客最近的基点计算运费。

企业以某一城市为定价基点(企业本身可以在这个城市，也可以不在这个城市)，无论货物实际是从哪里运到该基点的，在基点，对所有的买主实行统一的价格。但由基点到顾客要求的交货地方，将视距离的远近，收取不同的费用。基点定价法，企业一般选取的定价基点是中心城市或是主要的商品集散地。因此，顾客或是企业产品的主要购买者，应该绝大部分离基点较近或者是愿意在基点接受货物。因此，对于绝大部分顾客来说，在运费等的负担上，不会产生太大的矛盾。但是基点定价法，可能造成对企业所在地顾客支付价格高的矛盾，不利于争取企业附近的顾客。同时，如果某一城市被更多的同行企业选为定价基点的话，易与“反垄断”立法发生冲突，即这种定价在企业普遍采用时，容易被视为有“价格同盟”的。

5. 运费免收定价

运费免收定价指为了减轻远地购买者的运费负担，保护市场占有率，由卖方负担一部分或全部运费。无论顾客距离远近，均由企业自己承担运费。这样，企业就能对所有的购买者实行相同的价格。企业只能希望通过扩大交易量的方法，来提高产出量，从而得到低于平均成本的企业营销成本来抵偿运费。承担运费定价法，对企业应付激烈的市场竞争，争取扩大市场占有率有利。但竞争对手往往视这种定价法为发起价格挑战的信号或行动。

11.2.3 心理定价策略

1. 声望定价

声望定价指针对消费者“价高质必优”的心理，对在消费者心目中享有声望，具有信誉的产品制订较高的价格。即如果顾客购买产品要求具有相应档次的话，那么，本来得到的产品价格是95元，可以定将其定为100元。据一些营销学者研究，化妆品的定价中，绝大部分顾客宁愿购买高价化妆品而不购买低价化妆品，因此经常会有商家将10元一瓶的香水定价为100元一瓶的情况。

2. 尾数定价

尾数定价指保留价格尾数，采用零头标价，给人以便宜感和信赖感，往往会带来大量需求。如一商品定价是998元而不是1000元，使人感觉价格保留在较低档次，并感觉标价精确而便宜。一商品定价为1000元而不是998元，就使价格上升到较高一级档次，借以满足消费者高消费的心理。

3. 招徕定价

为促进商品销售，将价格定得低于价目表，甚至低于成本费用，以吸引顾客购买，并带动其他正常定价商品的销售。

11.2.4 差别定价策略

差别定价策略指企业按照两种或两种以上不反映成本费用的比例差异的价格销售某种产品或服务。

1. 顾客差别定价

企业按照不同的价格把同一种产品卖给不同的顾客。因职业、年龄、阶层等原因，顾客有不同的需求，企业定价时给予相应优惠或采用相应提高价格的策略。西方国家的许多博物馆制定的对学生和老人的票价较低，其他人则较高，我国目前对待老年人有很多优惠，乘公共汽车、参观各类展览馆均免费。

2. 产品形式差别定价

产品款式不同或型号不同则有不同的价格。例如：某企业生产两种电熨斗，一种比另一种仅多一个显示热度的小红灯，尽管两者成本的差额不到1元，但价格差异为5元。

3. 地点差别定价

同一种商品在不同地理位置的市场上定价有差异。在实际生活中，同一种商品在不同地理位置的市场上，其需求强度是不同的，因此可制定不同价格。我国传统出口产品茶叶、生丝、桐油、猪鬃等在国际市场上需求十分强烈，因此价格比国内高得多。

4. 销售时间差别定价

对于不同季节、不同时期甚至不同时间的产品或服务分别制定不同的价格。如长途电话、电报白天用户多所以定价高，晚上用户少所以定价低(21点以后半价，0点以后30%)。

5. 用途差别定价

顾客购买产品或劳务的用途不同，也给予不同定价，以鼓励某一方面需求的增长。如我国对工业用电和民用电、工业用水和民用水都定不同价格。

11.2.5 新产品定价策略

新产品定价关系到新产品能否顺利进入市场，企业能否站稳脚跟，能否取得较大的经济效益。常见的新产品定价策略主要有三种，即撇脂定价策略、渗透定价策略和满意定价策略。

1. 撇脂定价策略

又称取脂定价策略，指新产品上市之初，将其价格定得较高，以便在短期内获取厚利，迅速收回投资，减少经营风险，待竞争者进入市场，再按正常价格水平定价。这一定价策略有如从鲜奶中撇取其中所含的奶油一样，取其精华，所以称为“撇脂定价”策略。

一般而言，对于全新产品、受专利保护的产品、需求的价格弹性小的产品、流行产品、未来市场形势难以测定的产品等，可以采用取脂定价策略，其优点表现为以下几点。

① 新产品上市之初，顾客对其尚无理性认识，此时的购买动机多属于求新求奇，利用较高价格可以提高产品身份，适应顾客求新心理，创造高价、优质、名牌的印象，有助于开拓市场。

② 主动性大，先制定较高的价格，在其新产品进入成熟期后可以拥有较大的调价余地，不仅可以通过逐步降价保持企业的竞争力，而且可以从现有的目标市场上吸引潜在需求者，甚至可以争取到低收入阶层和对价格比较敏感的顾客。

③ 在新产品开发之初，由于资金、技术、资源、人力等条件的限制，企业很难以现有的规模满足所有的需求，利用高价可以限制需求的过快增长，缓解产品供不应求状况，并且可以利用高价获取的高额利润进行投资，逐步扩大生产规模，使之与需求状况相适应。

④ 在短期内可以收回大量资金，用作新的投资。

撇脂定价策略也存在以下缺点。

① 高价产品的需求规模毕竟有限，过高的价格不利于市场开拓、增加销量。

② 不利于占领和稳定市场，容易导致新产品开发失败。

③ 高价高利容易引来大量的竞争者，仿制品、替代品迅速出现，从而迫使价格急剧下降。此时若无其他有效策略相配合，则企业苦心营造的高价优质形象可能会受到损害，失去一部分消费者。

④ 价格远远高于价值，在某种程度上损害了消费者利益，容易招致公众的反对和消费者抵制，甚至会被当作暴利来加以取缔，诱发公共关系问题。

2. 渗透定价策略

这是与取脂定价相反的一种定价策略，即企业在新产品上市之初将其价格定得较低，吸引大量的购买者，借以打开产品销路，扩大市场占有率，谋求较长时期的市场领先地位。

当新产品没有显著特色，竞争激烈，需求弹性较大时宜采用渗透定价法。优点是：①低价可以使产品迅速为市场所接受，并借助大批量销售来降低成本，获得长期稳定的市场地位；②微利可以阻止竞争对手的进入，减缓竞争，获得一定市场优势。缺点是：投资回收期较长，见效慢，风险大。

利用渗透定价的前提条件有：新产品的需求价格弹性较大、新产品存在着规模经济效益。对于企业来说，采取撇脂定价还是渗透定价，需要综合考虑市场需求、竞争、供给、市场潜力、价格弹性、产品特性，企业发展战略等因素。

3. 满意定价策略

满意定价策略，又称为适中定价策略：一种介于撇脂定价与渗透定价之间的定价策略，以获取社会平均利润为目标。它既不是利用价格来获取高额利润，也不是让价格制约占领市场，而是尽量降低价格在营销手段中的地位，重视其他在产品市场中更有效的营销手段，是一种较为公平、正常的定价策略。当不存在适合于采用取脂定价或渗透定价的环境时，企业一般采取满意定价。

优点：①产品能较快为市场接受且不会引起竞争对手的对抗；②可以适当延长产品的生命周期；③有利于企业树立信誉，稳步调价并使顾客满意。

缺点：虽然与取脂定价或渗透定价相比，满意定价策略缺乏主动进攻性，但并不是说正确执行它就非常容易。满意定价没有必要将价格定的与竞争者一样或者接近平均水平。与取脂价格和渗透价格类似，满意价格也是参考产品的经济价值决定的。当大多数潜在的购买者认为产品的价值与价格相当时，纵使价格很高也属适中价格。

11.2.6 产品组合定价策略

1. 产品大类定价

一组相互关联的产品定价(产品线定价)，在安排价格差额时应考虑：它们之间的成本差额、顾客对这些产品不同外观的评价、竞争者的价格。

2. 选择品定价

与主要产品密切关联的任意选择的产品定价，任选品定价较高，靠它独立盈利多赚钱。任选品定价较低，把它作为招徕生意的项目。例如：有的餐馆饭菜定价较低，以其销售收入抵偿经营开支；而酒水类定价较高，以此来赚钱。还有的餐馆饭菜定价较高，酒水类价格较低，以此来吸引爱喝酒的顾客。

3. 连带产品(互补产品)定价

必须和主要产品一同使用的产品定价，在市场经营中，很多企业往往把主要产品的价格定得较低，而把连带产品价格定得较高，如柯达公司就是这样，照相机价格低，而靠胶卷来赚钱。

4. 副产品定价

企业在生产过程中(石油、肉类、化工产品)往往有一些副产品，企业必须为这些副产品寻找市场。只要价格能抵偿副产品的储运费用开支即可。

5. 分部定价

服务性企业经常收取一笔固定费用，再加上可变的使用费。

6. 产品组合定价

企业以某一价格出售一组产品，这一组产品的价格低于单独购买其中每一产品的费用总和。

11.3 价格变更和对它的反应

由于各种营销环境因素不断变化，企业需要对已有的产品价格进行必要的调整和改变。即通常说的“提价”和“降价”。在营销管理中，需要对价格变动的时机、条件、竞争者可能对价格变动做出的反应等进行分析，才能保证价格变动达到预定的营销目标。

11.3.1 提高价格

1. 提价动因

通常情况下，提价能够增加收入，因此能够增加利润。但也存在一些非利润追求的提价因素，提价主要原因有以下几点。

(1) 成本提高。导致成本提高的原因很多，如通货膨胀、原材料短缺、生产技术改变、法律(如环保立法)改变等。一般而言，单个企业的成本提高，将不会构成可以支撑提价的理由；但是，行业性的成本提高，营销企业提价的可能性就存在了。

(2) 供不应求。在这种情况下，企业有足够的理由和市场基础可以提价。通过提价，可得到两个明显的提价好处：一是可以减轻市场对供给的压力；二是可以使企业迅速得到更多的回流资金和利润，以扩大供给能力。

(3) 通货膨胀。通货膨胀会造成企业成本增高，还由于货币贬值，减少企业的收入，企业通过提价来保持真实价值实现。因此，在通货膨胀期间，企业往往采取提高价格的办法来对付这种不正常的经营环境。

(4) 市场领先者发动提价。当市场领先者不论什么原因发动了提价，对于许多实行市场跟进策略的中小企业来说，就会跟随提价。当然，在这种情况下，企业提价也为了不改变与领先者所保持的竞争距离。

2. 提价策略

企业提价也是具有风险的，如果提价导致更多的目标顾客拒买产品，则提价的目的将很难实现，因此应根据不同的顾客情况和竞争企业反应情况，采用适当的提价策略。

1) 单步提价策略

企业一次就把产品价格提高到企业欲涨到的价位水平。操作上讲，这最简单。具体做法有以下几种。

(1) 推迟报价定价(Delayed Quoting Pricing)。指企业对于现在订货的买主，暂不确定交货时的价格，只以“参考价”或“意向价格”的形式写在订货合同相关条款中。在产品完工或到了交货期时，才最后看“行情”来定价。这适合生产周期较长，顾客一般习惯于依据当时的行情定价(因为买主在这样的订货合同中也可指望有降价的机会)。

(2) 自动调整条款定价(Escalator Clause Pricing)。即企业在交货合同上，对使用的价格做出附加规定：交货时，买卖双方同意按某一物品(通常是生产产品需要使用的主要原材料或零部件)的市场价格上升指数、成本上升指数、通货膨胀指数等调整接货价格。

(3) 挂牌提价。即企业通过直接更换价格标签的形式，将价格一次提高。商业企业大都采用这种做法。

单步提价策略的主要优点是：①迅速抵消不利环境对企业造成的影响(如通货膨胀期间，原材料的供应价格已经大幅度提高，企业的生产成本将大幅度上升，提价后，就可以保持原有的生产规模，保持原有的利润水平)；②有利于企业保护自己现有的销售渠道和维持原有的销售措施。因为如果企业面对的是供不应求的局面，有些中间投机商就可能利用企业定价与能够出手的实际市场价格之差，进行加价销售、倒卖倒买，这将导致破坏企业声誉的结果；③有一定的促销作用。指对于那些先行提价的企业，可能会使企业受到关注，同时在消费者“买涨不买降”心理的驱使下，可能会及时购买。

单步提价的主要缺点有：①在一定时期可能削弱企业产品的市场竞争力；②如果导致企业利润分享者(如某些政府部门、股东、供应商等)提出多分享利润要求，提价的预期好处将不会理想；严重时，甚至得不偿失；③容易成为政府价格管制的制裁对象，尤其对营销的是顾客价格敏感产品的企业，更是这样。

2）分步提价策略

企业在一段时间内，分几次涨价，将企业的产品价格从原来的价格提高到企业所希望提到的价格水平。

分步策略的主要优点是：①企业如果根据行业内其他企业的价格变动情况，逐步上调价格，同时如果始终保持比别的企业提价的一定滞后性，这不易引起顾客反感，反而会被认为是“迫不得已”之事，减少了提价后来自顾客的阻力；②一定程度上可保持价格变动的主动性，当别的企业提价遇到市场反应不利时，企业可相机停止提价，以免陷入被动；③避免企业利润的直接分享者提出增加分享利润的要求；④保持与目标顾客关系的灵活性。

分步策略的主要缺点是：①企业需要比较强的市场预测能力，如果缺乏能力，企业面对的又是营销环境异常剧烈的变化，即企业每一轮调价刚实行，市场价格又普遍上升，将很难再次实行调价，若不动价格，将面临较大的利益损失；②难以统筹不同营销环节的价格变动量，易为渠道中的投机商“钻空子”；③由于不能对长期的市场收益作出估计，企业难以制定长期营销策略。

实行分步提价策略，企业需要考虑的主要策略要点有：①是等额等时提价还是相机进行决策？前种方法缺乏相应的提价灵活性，但较宜安排市场营销活动；后者则正好相反；②各销售环节是同步进行还是异步进行？③提价到位(目标)的时间？时间越短，越接近单步提价策略，会带有单步策略的缺点；分步太多，时间太长，意味着企业可能要在较长的时间内容忍成本升高对利润的侵蚀。

3）保持名义价格不变策略

保持名义价格不变的提价策略是一种“隐性(隐蔽)提价策略”。如果有这些情况存在：目标市场的消费者对价格敏感会反对涨价时；由于政府价格行为干涉频繁且缺少清楚的管理条文规定；因为要与主要竞争对手保持相应的竞争对比关系，而对手还没有提价迹象时都可以考虑采用这种提价策略。这种提价的主要方法是，企业不改变产品名义(现有的市场销售)价格，但通过取消某些不收费服务项目或附加产品；减少价格折扣数量；适当降低产品质量；减少产品的特色或附加服务；降低包装档次，或减少一个包装物内产品数量等方法来实现提价。

保持名义价格不变策略优点有：①只要做得适当，即能使顾客对产品的认知价值不发生较大变化，容易为顾客接受，因此对产品的市场竞争力不会有太大的不利影响；②企业可以在一定时期，既能减少对市场产品的有效供给，又能做到避免失去过多的用户；③企业原有的促销效果或效应可以继续发挥作用，如广告价格可以保持不变；④可回避企业利润分享者对直接提价将提高的分享利润的要求。

保持名义价格不变的提价策略的主要缺点：①对于价格非常敏感的顾客，隐蔽性的提价，会被视为是一种“欺诈”行为，因此使企业将面临丢失信誉的市场风险；②当市场涨价压力过大或者涨价频繁时，这种策略在涨价跟进上比较被动。比如刚改小的包装就不能立即再改小。

采用这种策略，企业需要对所冒市场风险做充分估计，对于市场信誉要求特别高的产品或服务，不应采用这种策略。

11.3.2 降低价格

1. 降价动因

由于下列原因，会使企业考虑降低已有的产品价格。

(1) 价格战的需要。当竞争对手发起了价格战，企业在许多情况下将不得不应战；另一种可能就是估计竞争对手将会发起价格战，为了阻止竞争对手，企业先发制人，先于竞争对手主动降低价格。

(2) 生产能力过剩。当企业的产成品库存过多，或者目前开工不足时，需要通过降价来扩大销售量，或是使存货能尽快地脱手，需要采用降价措施。

(3) 为阻止市场占有额下降或为争取到一个更大的市场份额。如美国的汽车行业，为了阻止日本汽车向美国和世界市场进攻，连续10年，采用不断降低美国汽车价格的办法。中国的长虹电视，在1996年率先发动彩电降价，引起中国整个彩色电视机行业的震动。

(4) 行业性的衰退或产品进入了衰退期。特别是衰退的速度快，企业已经准备转向别的行业或退出现在所在行业。

2. 降价策略

降价对企业来说，很可能冒价格战的风险，尤其是在市场上竞争力量比较均衡(势力相当)时。价格战的结果，往往导致两败俱伤。因此，需要对引起价格战的后果作慎重考虑。一般在技术的更新和发展比较快的行业，降价是较常采用的做法，以便使已经属于落后的技术所生产的产品尽快脱手。20世纪90年代以后，像通信、计算机等行业，因为技术进步极快，产品降价是比较常见的现象；而在技术比较成熟又没有较大技术突破的行业，一般极少采用降价的措施；企业在决定降价时，还要注意防止使消费者的价值感觉降低。因为在消费者价值感觉降低时，企业就可能难以达到降价目的。

主要的降价策略主要有以下几种。

(1) 让利降价。即企业确实是通过削减自己的预期利润来调低产品价格。通常，许多企业采用通告的形式，公布让利幅度，意在通知竞争者，这种做法并没有什么甜头，同时使顾客也能知道，企业向市场提供的产品在质量和功能等方面没有任何改变，防止消费者的认知价值降低。

(2) 加大折扣比例或放宽折扣条件。如原来购买 100 件产品给予 5%的折扣，现在给予 10%的折扣；或者，原来需要购买 100 件才能享受折扣，现在可以购买 50 件就享受折扣。

(3) 心理性降价。企业对于新推出的产品，先用很高的价格上市，但并没有寄希望在这个价位上能够卖出多少产品，经过一段消费者对产品或价格习惯后，降低到市场可以接受的价格水平，使产品能很快打开销路。多年来，计算机行业的许多产品均采用了这种方法。

(4) 增加价值的变相降价。不少企业经理人员喜欢将这种方法称为“加量不加价”。就是说，企业采用增加产品服务提供内容，如汽车增加更多的配置，包装物中增加产品数量，更长的服务时间，但价格保持不变。这种方式，能够起到安抚已购买产品的顾客和避免刺激竞争对手的作用。

(5) 增加延期支付的时间。如原规定 10 天内付清全部货款，现在可以规定 30 天内付清。对于那些资金周转比较困难的顾客，此法有较大的吸引力。

(6) 按变动成本定价。这意味着企业连边际利润也不索取，是最低定价，目的是为了能快速处理存货或者摆脱经营困境。

(7) 拍卖。拍卖是企业不对产品事先定价，通过买主叫价过程的竞价，与出价最高者成交来销售产品。

11.3.3 分析价格变动的反应

1. 顾客对价格变动的反应

顾客对于企业产品价格的反应，无疑会直接影响价格变动的目的能否实现。通常，顾客对于价格变动的反应，可以通过顾客对原来购买的产品数量的增减反映出来。但是，在企业变动价格之前，需要确定价格在顾客决定购买这种产品时，所起的作用有多大。如果顾客对于价格很敏感，营销这样的产品，一般提价的阻力大而降价时的预期效果很容易达到。相反，如果价格敏感度低，降价时，必须防止顾客价值感觉降低，才能达到降价目的。因此，预测或弄清价格变动时，对顾客价值感觉的影响，是考察顾客对价格变动会如何反应的最好方法。

2. 竞争者对价格变动的反应

当企业准备进行价格变动的时候，还必须认真考虑竞争者可能会有什么反应。因为，竞争者通过改变它的价格和其他营销方法，不仅会造成对企业价格变动效果的影响，甚至对于整个竞争局势也发生重要影响。一般来讲，竞争者对于企业价格的变动的反应可以归结为以下 3 类：①跟进，竞争者的跟进，指它也出台同样的价格变动的措施。当企业发动降价可能对竞争者的市场份额有威胁时，或者企业提价，竞争者能看到有明显的市场回应或好处时，都可能跟进；②不变，竞争者在下面一些情况下，可能在企业变动价格的时候，保持现有价格：当降价企业所占市场份额很小，声誉较低时，降价对于竞争者来说，就不会感到有多少威胁；竞争者拥有比较稳定的忠诚顾客群；竞争者想避免打“价格战”；或者，竞争者认为整个市场增长潜力太小，变动价格没有什么意义时。③战斗，战斗的意思就是竞争者将针锋相对地进行价格调整或价值变化，不惜与发动价格变动的企业打“价格战”。往往在下列情况下竞争者可能做出这样的反应：竞争者认为企业价格变动本身是针对自己来的，并且因为变动价格的企业对自己的市场地位会产生威胁；竞争者是市场中的领先企业，不愿意放弃自己的领导地位；竞争者相当看好当前的市场，将通过包括价格竞争在内的方法排挤掉对手图谋长远利益。战斗的具体形式很多，可以直接降价，可以增加廉价的产品项目，可以用更大的折扣优惠，可以采用战斗品牌等。

无论竞争者会做出什么反应，企业应该事先掌握竞争对手的可能的反应，并且能够估计竞争者的这种反应对于企业的营销活动有哪些不利的影响，如果有不利影响，应该考虑制定相应的应对措施。

3. 企业对价格变动的反应

如果改变价格的不是企业而是竞争者的话，那么企业应怎样应对呢？一般来说，对于竞争对手改变价格的时候，企业有以下一些应对方法：①在同质产品市场上，如果竞争对手降价，企业一般应该跟进，因为如果企业不跟进的话，顾客一定是购买价格便宜的产品，因而会造成企业产品滞销；②在非同质产品市场上，竞争对手提价时，这时企业应该好好分析一下，竞争对手提价，是否与它的产品具有很高的顾客评价价值或受欢迎的特点而本企业不具备这些特点；如果情况相反，那种有较高顾客评价特点的竞争对手发动降价，企业除非能够改进自己的产品来维持原价，否则应该考虑降价；③如果企业的份额已受到较大威胁时，以“不打价格战”死守自己价格，这种反应则可能置企业于最危险境地。

在做出反应前，企业应该考虑的问题有：①为什么竞争者会变动价格？即变动价格的主要目的是什么？②竞争者计划做出这个价格变动是临时的还是长期的措施？③如果企业对此不做出反应，对企业的市场份额和利润会有什么影响？④企业对付价格变动的措施，将会使竞争者再出现什么反应？对价格变动做出反应，对企业来说，主要的困难来自于时间，即竞争者如果主动地变动价格，可能已经为之作了很长的筹划和准备。而当其价格政策出台后，企业却需要很快地做出反应才行。因此，最好的解决方法是企业能够建立一种程序性的价格反应机制，依赖经常性市场信息收集，企业的市场信息系统应能经常就当前竞争者的价格情况进行监控和分析。

应用案例

奥克斯——一场彻头彻尾的价格战

【案情简介】

在《成功营销·新生代2002—2003年度品牌竞争力排行榜》上，在空调行业正式发力才两三年时间的奥克斯，市场保有率已经上升到第6位，与在空调行业浸泡10多年的第一名仅有7个百分点之差，并以140多的成长指数，位居空调业最具成长力品牌第二名。

1. 企业介绍

奥克斯的母公司——浙江宁波三星集团成立于1986年，靠做电能表起家，1994年进入空调业，当时他们的市场定位是国内市场缺乏的高档空调，然而，由于此类产品的市场尚未成熟，奥克斯迟迟未能在市场上站稳脚跟。2000年后，奥克斯以优质平价的“急先锋”面孔在空调市场频频亮相。根据奥克斯方面提供的数据，2003年全年，奥克斯空调总出货量250万台，销售额近50亿元，进入行业三甲之列。

2. 正文

也许是进军高档空调的失利使奥克斯大彻大悟，公布空调“成本白皮书”，树立平价形象；公布空调“技术白皮书”，粉碎竞争对手技术突围的企图；提供用户每年的免费检查，将空调业的服务战也拖入价格战围栏。凭借资金实力，奥克斯打了一场血淋淋、彻底的价格战，令人心惊胆颤，也不免有些疑问——奥克斯价格战的底线是什么？奥克斯吸引住了什么样的消费者？在低价格的笼罩下，消费者脑海中的奥克斯能否树立“优质”的品牌形象？奥克斯能否将已盘踞多年的空调巨头拖垮，从而实现对空调业的洗牌？如果中国的空调业果真被奥克斯困囿于价格战，行业的未来又会怎样？

3. 迎合市场点燃价格战火

2001年前，空调在国内的普及率相当低，不是不存在需求，而是高昂的价格让大部分消费者望而却步。正是在这种背景下，奥克斯迎合市场对平价优质空调的需求，扛起降价的大旗，取得了三年三大跨越的业绩。

2001年2月，刚进入中国质检总局首批20家空调免检产品行列的奥克斯打出“免检是爹、平价是娘”的降价宣言。3月，借三星奥克斯智能工业城落成典礼，抛出“舍江山夺美人”计划。将其40多款机型全线降价，降价幅度高达30%。到了年末，奥克斯又出新招，聘请当时如日中天的中国国家男足队主教练米卢作为其产品形象代言人，通过米卢的国际知名度来提升自己的品牌形象。2001年度，奥克斯空调销量达到90.23万台、完成销售近20亿元，成为当年度销量升幅最大的二线品牌之一。

2002年奥克斯最漂亮的两场价格战是公布价格白皮书和进攻广东市场。2002年4月，奥克斯在宣布其主力机型降价的同时，公布空调“成本白皮书”，列举了空调的各项成本构成，使得各大媒体争相分析各主流品牌产品的价位合理性，一时间，奥克斯产品的价格甚至成了市场上同型号空调的市场标准价，奥克斯成功地塑造了平价空调的形象。

广东是空调消费的大省，历来有得广东者得天下之说，但广东本身也是空调制造大省，不仅有美的、格力等领导者，还有和奥克斯一样擅长价格战的行业新秀格兰仕。但就是在这样一个龙盘虎踞的市场里，奥克斯先在11月下旬发动“一分钱空调”促销攻势，从几个强大的竞争者手中抢走了超过8%的份额。

进入2003年，奥克斯继续主导价格战。

如此连绵不断的价格战，使得奥克斯连续几年名列空调行业成长指数的前列。奥克斯空调全国市场总监李晓龙坦言：没有价格战，就没有今天的奥克斯。

4. 将对手拖死在价格战泥潭

市场是一个博弈过程，价格战是奥克斯的法宝，但这并不是市场唯一的竞争手段。对于其他一些不能或者不想参与价格战的企业来说，跳出价格战的怪圈是必然的选择。但奥克斯并没有给竞争对手突围的机会，它通过系列行为，使空调行业困囿于价格战的泥潭中。

就在奥克斯价格战进行得如火如荼的时候，一些空调厂商接连推出高价位的富氧、红外线传感、温度传感和换新风等新概念空调。企图将空调提升到技术战的层面，反制奥克斯的价格战。

但令这些空调厂商大感意外的是，2003年4月23日，奥克斯再度扮演“反叛者”的角色，召集各地几十家媒体，在宁波发布中国空调行业技术白皮书。爆出空调行业炒作技术概念的种种“家丑”。奥克斯空调公司总经理吴方亮在会上措辞严厉地批评了行业内盛行的将空调的附加应用技术，炒作成高科技牟取高额利润、误导行业和消费者的不诚信做法。在白皮书上，奥克斯一一介绍了空调富氧技术、红外传感技术、温度传感技术、换新风等新功能的技术成本及各采用此类新功能空调的销售价格。一些空调企业因为采用了十余元的温度传感器，而将销售价格提升几百元的行为立即成为各大媒体相继报道的热门话题。

继连续推出“成本白皮书”、“技术白皮书”之后，奥克斯在2003年12月又与中国科学院联手推出“红皮书”，对目前空调市场上爆炒的“健康空调”再次进行抨击，并对外宣布，奥克斯之所以首次启动最高警戒等级的“红色”，就是要给破坏中国空调业诚信体系的品牌给予沉重警告。

5. 空调技术战被奥克斯轻易地扼杀了

业内人士都承认，空调生产出来还只是“半成品”，“买空调三分产品七分服务”已经成为一句俗话。2003年1月1日，中国首部《家用电器维修服务部等级评定规范》行业标准开始实施，为不愿意参与价格战的空调企业多了一种竞争手段——服务战。

在这之前的2002年12月18日，广东华凌针对《规范》的出台，迅速地做出了反应，启动的全新服务体系包括：重新整合全线家电产品服务、全国首创“绿色快车”服务平台、成立华凌用户俱乐部、推出“保险套餐”服务等举措。

但将价格战运用得炉火纯青的奥克斯又一次将市场竞争方式扭回到它所熟悉的领域。2003年3月11日，奥克斯在北京宣布，将投入3000万元人民币，向全国推出空调年检服务，并承诺将在每年年初都对奥克斯空调用户进行免费检查。这表面看来是奥克斯升级了空调服务战，但3000万人民币的投入、每年的免费检查，已经成为一个门槛，让那些没有资金实力的厂商不敢再提服务战，这也成为一个变相的价格战。

6. 打价格战的资本

至于为什么奥克斯能够有实力发动价格战，李晓龙的总结是：雄厚的资金支持和成本优势。

奥克斯的母公司宁波三星集团经过10多年的发展，已经成为拥有25亿总资产、总销售额突破50个亿(截至2003年8月)的大企业。集团旗下的最大产品——电能表的年生产能力达2500万台，位居全球第一。吴方亮曾经放言，有此后盾，奥克斯足以抗衡空调业的任何风浪。

李晓龙对记者说，奥克斯的成本优势主要体现在以下几个方面。

90%的零部件自己生产，而同类企业一般不超过50%，相当一部分企业甚至是绝大部分零部件来自外部采购，自己仅是进行简单组装。技术和成本，无疑是制造企业竞争力核心的两个部分。对于空调行业而言，技术的趋同性使得成本控制在竞争中的意义更加突出。构成空调的主要配件共有60余种，只要每种成本通过自制比外购低1元，就是60余元，如果产量达到200万套，就是1.2亿元，当然实际数字还远不仅此。奥克斯一位高层主管曾经说过：“奥克斯每一种自制件，成本都比外购低，而且要低得多!”他举了空调四大件之一冷凝器和蒸发器的例子：从2000年年初自建二器分厂以来，这种关键元器件的成本就下降至原来外购时的3/5左右，而且质量还更好。“元器件成本在空调总成本中是个‘大头’，占80%以上的比重。我们90%以上配套件的成本都不同程度地降下来后，整机的成本优势自然也就显现出来了。”

灵活的民营企业机制、年轻的企业架构是奥克斯成本优势的第二个原因。吴方亮说：“传统老企业除了设备陈旧外，还输在企业包袱沉重。以1.5匹机为例，我们的成本就要比他们便宜200元左右”。李晓龙进一步补充说，奥克斯因为是新办的企业，没有下岗职工，没有离退休人员，没有任何负担。而国有企业中有学校、下岗、离退休职工，企业包袱负担重，经营成本自然就高于奥克斯。

奥克斯成本的降低，还得益于它借鉴了美国零售巨头沃尔玛的天天平价模式——国际大采购。在奥克斯，加工蒸发器和冷凝器的自动生产设备是来自日本的；保证镀层10年不脱皮泛锈的瓦格纳喷涂设备是引进自德国的；制造空调塑壳的ABS粉料是来自韩国的，机身上的所有接插件是购自美国的。这些设备和原料共有的特点是，品质在全球范围内相对较好，价格相对最低。

中国加入WTO后，随着关税的降低，通过国际化采购，奥克斯得以用更低的代价，获得更多的全球资源。这就是价格战的资本。

资料来源：《成功营销》2004年第1期.

【案例思考】

1. 从奥克斯的低成本战略中，你有什么体会？
2. 国内空调业在当下为什么可以大打价格战？
3. 随着市场环境的改变，除了打价格战外，你认为奥克斯还可以从哪些方面制定价格策略？

本章小结

影响定价的因素包括定价目标、成本、需求、竞争者的价格水平以及政府的政策法规等。企业定价目标主要有维持生存、当期利润最大化、市场占有率最大化、产品质量最优化。企业定价有3种导向，即成本导向、需求导向和竞争导向。企业定价策略包括折扣定价策略、地区定价策略、心理定价策略、差别定价策略、新产品策略以及产品组合定价策略。另外，企业处于不断变化的环境中，有时候需要主动降价或提价，有时候又需要对竞争者的变价做出适当反应。

习　题

一、单选题

1. 随行就市定价法是(　　)市场的惯用定价方法。

A. 完全垄断　　B. 异质产品　　C. 同质产品　　D. 垄断竞争

2. (　　)是企业把全国分为若干价格区，对于卖给不同价格区顾客的某种产品，分别制定不同的地区价格。

A. FOB原产地价格　　B. 分区定价　　C. 统一交货定价　　D. 基点定价

3. 某服装售货员把相同的服装以100元卖给顾客A，以200元卖给顾客B，该服装店的定价属于(　　)。

A. 顾客差别定价　　B. 产品形式差别定价

C. 产品部位差别定价　　D. 销售时间差别定价

4. 为鼓励顾客购买更多物品，企业给那些大量购买产品的顾客的一种减价称为(　　)。

A. 功能折扣　　B. 数量折扣　　C. 季节折扣　　D. 现金折扣

5. 如果企业按FOB价出售产品，那么产品从产地到目的地发生的一切短损都将由(　　)承担。

A. 企业　　B. 顾客　　C. 承运人　　D. 保险公司

6. 企业利用消费者具有仰慕名牌商品或名店声望所产生的某种心理，对质量不易鉴别的商品的定价最适宜用(　　)法。

A. 尾数定价　　B. 招徕定价　　C. 声望定价　　D. 反向定价

7. 当产品市场需求富有弹性且生产成本和经营费用随着生产经营经验的增加而下降时，企业便具备了(　　)的可能性。

A. 渗透定价　　B. 撇脂定价　　C. 尾数定价　　D. 招徕定价

8. 按照单位成本加上一定百分比的加成来制定产品销售价格的定价方法称为(　　)定价法。

A. 成本加成　　B. 目标　　C. 认知价值　　D. 诊断

9. 在强大竞争者的压力之下，企业的市场占有率(　　)，在这种情况下，企业就需考虑降价。

A. 下降　　B. 上升　　C. 波动　　D. 不变

10. (　　)又称为贸易折扣，是制造商给某些批发商和零售商的一种额外折扣。

A. 功能折扣　　B. 数量折扣　　C. 现金折扣　　D. 价格折让

二、多选题

1. 差别定价的主要形式有(　　)。

A. 顾客差别定价　　B. 产品形式差别定价　　C. 地点差别定价

D. 销售时间差别定价　　E. 用途差别定价

2. 地区定价的形式有(　　)等。

A. FOB 原产地定价　　B. 分区定价　　C. 补充产品定价

D. 基点定价　　E. 运费免收定价

3. 企业定价目标主要有(　　)等。

A. 维持生存　　B. 当期利润最大化　　C. 最高当期收入

D. 产品质量领先　　E. 成本最小化

4. 价格折扣主要有(　　)等类型。

A. 现金折扣　　B. 数量折扣　　C. 功能折扣

D. 季节折扣　　E. 价格折让

5. 引起企业提价主要有(　　)等原因。

A. 通货膨胀　　B. 成本提高　　C. 产品供不应求

D. 企业成本费用比竞争者低　　E. 产品生产能力过剩

三、判断题

1. 竞争导向定价法包括随行就市定价法和需求差异定价法。　(　　)

2. 基点定价是企业选定某些城市作为基点，然后按一定的厂价加上从基点城市到顾客所在地的运费来定价，按照顾客最远的基点计算运费。　(　　)

3. 当采取认知定价法时，如果企业过高地估计认知价值，便会定出偏低的价格。　(　　)

4. 产品差异化使购买者对价格差异的存在不甚敏感。因此，在异质产品市场上企业有较大的自由度决定其价格。　(　　)

5. 基础价格是单位产品在计入折扣、运费等之后的生产地或经销地价格。　(　　)

6. 顾客对产品的降价既可能理解为这种产品有某些缺点，也可能认为这种产品很有价值。　(　　)

7. 采用运费免费收定价会使产品成本增加，不但给企业市场渗透带来困难，甚至难以在激烈的市场竞争中站住脚。　(　　)

8. 面对激烈的竞争，企业为了生存和发展，在任何时候都应始终坚持只降价不提价的原则。(　　)

9. 提价会引起消费者、经销商和企业推销人员的不满，因此提价不仅不会使企业的利润增加，反而导致利润的下降。　(　　)

10. 假设竞争对手采取老一套的办法来对付本企业的价格变动，在这种情况下，竞争对手的反应是能够预测的。　(　　)

四、简答题

1. 简述定价的主要方法。

2. 简述撇脂定价及其适用条件。

3. 简述价格折扣的主要类型及影响折扣策略的主要因素。

五、论述题

1. 试述企业选定最后的价格时需考虑哪些因素。

2. 试述企业在哪些情况下可能需要采取降价策略。

第12章

渠道策略

教学目标

掌握分销渠道的概念、模式；明确如何进行渠道管理；明确如何管理零售商、批发商与市场物流。

教学要求

知识要点	能力要求	相关知识
营销渠道	了解营销渠道的定义、类型及其功能	使用中间商的原因
渠道管理	(1) 掌握渠道成员选择、培训、激励和评价的方法 (2) 掌握渠道冲突及其管理	窜货问题的产生与解决
零售、批发与市场物流	掌握零售商、批发商与市场物流的相关知识	批发商的类型与营销决策

基本概念

营销渠道；渠道级数；中间商；渠道管理；零售商；批发商；物流

■ 引 例

格力空调：离开国美，走自己的路

珠海格力集团公司是珠海市目前规模最大、实力最强的企业之一。集团拥有的“格力”“罗西尼”两大品牌于1999年1月和2004年2月被国家工商局认定为中国驰名商标。2003年，格力集团共实现营业收入198.42亿元，位列中国企业500强第88名。集团下属的珠海格力电器股份有限公司是中国目前生产规模最大的空调生产基地，现有固定资产7.6亿元，拥有年产空调器250万台(套)的能力。经过多年的发展，格力空调已奠定了国内空调市场的领导者地位，格力品牌在消费者中享有较高的声誉。据国家轻工业局、央视调查中心的统计数据，从1996年起，格力空调连续数年产销量、市场占有率均居行业第一。现在，格力空调产品覆盖全国并远销世界100多个国家和地区。

多年以来，格力空调一直采取的是厂家——经销商/代理商——零售商的渠道策略，并在这种渠道模式下取得了较高的市场占有率。然而近年来，一批优秀的渠道商经过多年发展历程，已经成长为市场上的一支非常重要的力量。其中尤以北京国美、山东三联、南京苏宁为代表的大型专业家电连锁企业的表现最为抢眼。这些超级终端浮出水面，甚至公开和制造企业“叫板”。自2000年以来，这些大型专业连锁企业开始在全国各大中城市攻城略地，在整个家电市场中的销量份额大幅度提高，其地位也直线上升。

2004年2月，成都国美为启动淡季空调市场，在相关媒体上刊发广告，把格力两款畅销空调的价格大幅度下降，零售价原为1680元的1P挂机被降为1000元，零售价原为3650元的2P柜机被降为2650元。格力认为国美电器在未经自己同意的情况下擅自降低了格力空调的价格，破坏了格力空调在市场中长期稳定、统一的价格体系，导致其他众多经销商的强烈不满，并有损于其一线品牌的良好形象，因此要求国美立即终止低价销售行为。格力在交涉未果后，决定正式停止向国美供货，并要求国美电器给个说法。“格力拒供国美”事件传出，不由让人联想起2003年7月份发生在南京家乐福的春兰空调大幅降价事件，二者如出一辙，都是商家擅自将厂家的产品进行“低价倾销”，引起厂家的抗议。

2004年3月10日，四川格力开始将产品全线撤出成都国美6大卖场。四川格力表示，这是一次全国统一行动，格力在全国有20多家销售分公司，其中有5家公司与国美有合作，产品直接在国美销售，导致这次撤柜的主要原因是与国美在2004年度的空调销售政策上未能达成共识。3月11日，国美北京总部向全国分公司下达通知，要求各门店清理格力空调库存。通知称，格力代理商模式、价格等已经不能满足国美的市场经营需求，要求国美各地分公司做好将格力空调撤场的准备。

面对国美的“封杀令”，格力的态度并没有退让。格力空调北京销售公司副总经理金杰表示：“国美不是格力的关键渠道，格力在北京有400多个专卖性质的分销点，他们才是核心。谁抛弃谁，消费者说了算。”格力空调珠海总部新闻发言人黄芳华表示，在渠道策略上，格力不会随大流。格力空调连续数年全国销量第一，渠道模式好与坏，市场是最好的检验。格力电器公司总经理董明珠接受《广州日报》记者采访时表示，格力只与国美的少数分店有合作，此事对格力空调的销售几乎没有什么影响，自己的销售方式也不会为此做出改变。对一个企业来说，对任何经销商都应该是一个态度，不能因为以大欺小，格力对不同的经销商价格都是一样的。格力在各地设立自己的销售公司主要是为了在各个区域进行市场规范管理，保持自己的品牌形象，而销售公司靠服务取得合理利润，价格一直贴近市场，格力空调去年500万台的销量就证明了这一点，因此格力不会改变这种销售方式。对于今后能否与国美继续合作，格力坚持厂商之间的合作必须建立在平等公正的基础上，违背这种合作原则只能一拍即散。

事实上，在国美、苏宁等全国性专业连锁企业势力逐渐强盛的今天，格力电器依然坚持以依靠自身经销网点为主要销售渠道。格力是从2001年下半年才开始进入国美、苏宁等大型家电卖场中的。与一些家电企业完全或很大程度地依赖家电卖场渠道不同的是，格力只是把这些卖场当作自己的普通经销网点，与其他众多经销商一视同仁，因此在对国美的供货价格上也与其他经销商一样，这是格力电器在全国的推广模式，也是保障各级经销商利益的方式。以北京地区为例，格力拥有着1200多家经销商。2003年度格力在北京的总销售额为3亿元，而通过国美等大卖场的销售额不过10%。由于零售业市场格局的变化，格力的确已经意识到原来单纯依靠自己的经销网络已经不适应市场的发展，因此从2001年开始进入大卖场，但格力以自有营销网络作为主体的战略并没有改变。

而在国美方面，国美电器销售中心副总经理何阳青认为，格力目前奉行的股份制区域性销售公司的“渠道模式”在经营思路以及实际操作上与国美的渠道理念是相抵触的。国美表示，格力的营销模式是通过中间商的代理，然后国美再从中间商那里购货。这种模式中间增加了一道代理商，它必定是要增加销售成本的，因为代理商也要有它的利润。格力的这种营销模式直接导致了空调销售价格的抬高，同品质的空调，格力要比其他品牌贵150元左右，这与国美一直推行的厂家直接供货、薄利多销的大卖场模式相去甚远。国美与制造商一般是签定全国性的销售合同，而由于现在格力采取的是股份制区域性销售公司的经营模式，与格力合作时就不得不采取区域合作的方式，这与国美的经营模式也是不相符合的。

思考题：

1. 格力空调和国美电器之间的渠道冲突反映了新时期厂商和渠道商之间新型的博弈关系。你认为现在厂商和渠道商之间的力量对比如何？二者之间的关系应当如何处理？

2. 格力空调现在所采取的渠道策略正确吗？你认为可以从什么方面加以改进？

资料来源：http://course.shufe.edu.cn/course/marketing/allanli/geli.htm

引例点评： 1. 格力空调与国美电器之间的博弈体现了新时期厂商之间的关系，力量对比充分体现竞争是市场经济的法则，成者为王。二者之间的关系以一种竞合且双赢的关系比较合适。

2. 格力空调所采取的渠道策略在新的市场环境下需要动态调整，因环境变化产生冲突是市场竞争的必然结果，因为格力与国美是完全不同的连锁经营模式、相差甚远的营销渠道理念、目标不统一产生利益冲突、沟通不当导致矛盾加深。格力可以从以下两下方面：加以改进，一是格力不能丢掉一级市场。短期内，尽快寻找其他有实力的零售商；长期要改变渠道模式，使渠道“扁平化”，取消一级代理，使格力更具有价格优势。国美也不要操之过急，要给格力一定的“缓冲”时间改变其传统的渠道模式；二是格力需要适应渠道力量新的均衡。随着国美、苏宁等家电连锁零售商的发展，经销商对制造商的依赖越来越小，“渠道领袖”的地位开始转移。格力应该认识到这一点，应尽快放下“渠道老大”的架子，积极与经销商寻找新的合作方法。避免其他空调制造商“乘虚而入”。

本章将系统阐述渠道策略，介绍企业实施渠道管理，讨论零售商、批发商和市场物流的管理。

大多数制造商并不是直接将商品销售给最终买主的，而是利用了“中介机构”来完成产品的最终销售。这是在工业经济社会所找到的解决生产集中化与消费分散化矛盾的营销方式。在4P组合中，渠道是企业涉及外部机构的因素。但中间商因为最接近消费者，在竞争激烈的产品与服务的同质化趋向越来越明显的今天，中间商对市场主导作用也更加明显，不能很好利用中间商的那些企业，其市场生存能力也将越来越差——因此，“得渠道者得天下”之说被广泛认可。

企业界最高管理当局之所以重视渠道决策，是基于两个原因：第一，公司产品营销渠道选定后，将经常地影响其他营销决策。譬如公司的定价决策常取决于是选择少数但能赚得较高利润的大经销商，还是选择能大量销售产品的普通经销商；公司的广告决策也常据渠道中各成员的合作程度而定；企业是否采用人员推销或人员推销的力度也决定于是否需要将产品卖给零售商，还是运用销售代表。当然，这并不意味着渠道决策一定优先于其他营销决策，但是，它对其他营销决策最具影响力是不可否认的；第二，公司的渠道决策还包括一个对其他公司建立的比较长期的承诺。譬如，当一个汽车制造商与一独立的特约经销商签订了销售汽车协约，无论什么原因导致情况发生变更，企业也不能随便或轻易地以自己的销售机构取代已建立经销关系的销售商。一般而言，在渠道安排上，常有趋向于维持“现状”的特性；因此，管理当局在开始设计时，就应着眼于未来的发展，而非现状。

12.1 制定渠道策略

12.1.1 营销渠道的定义

每一个生产者都要利用一系列营销中介机构，来完成公司的销售及盈利目标。这一系列营销中介机构组成“营销渠道(Marketing-Channel)”(也称“交易渠道(Trade-Channel)”或“分销渠道(Distribution-Channel)”)。营销渠道是促使产品或服务顺利地被使用或消费而相互配合起来的一系列独立组织。在生产者与消费者之间，任何有营销能力的机构，若与生产者达成一份能将产品销往预定市场顾客的合约，就可以说某一营销渠道被建立起来了。虽然不同行业及公司所采用的营销渠道，在名称形态上有所不同，但为彼此利益而努力的本质则相同，所以合作是渠道能够存在和执行其功能的基本因素。

营销视野

外资品牌为何抛弃中国消费市场

2013年年底美国彩妆品牌露华浓表示将全面撤出中国市场，新年伊始又传出欧莱雅正将旗下的大众化妆品牌卡尼尔撤出中国市场的消息。去年，英国零售商乐购将其中国业务变成一家与本土合作伙伴组建的合资公司，德国的麦德龙也关闭了其在中国的MediaSaturn电子产品卖场。

2013年前11个月，外商在中国新设立企业同比下降9.2%，外商固定资产投资增幅仅4.7%。这一增幅远不及2012年全年的外商固定资产投资增幅14.5%。中国大众市场的广阔前景曾一度为所看好。率先进军中国市场的企业如联合利华股价一路上涨。而进军步伐缓慢的公司如宝洁则股价表现不佳。

2013年前三季度，已在中国内地有37年经营历史的露华浓在中国内地和香港地区为代表的亚太市场营收衰退3.5%，衰退幅度居全球七大市场之首。美国化妆品巨头雅芳在中国市场的营收同比大幅下降67%。欧莱雅和宝洁则均在亚太市场罕有地出现了1.2%的营收下滑。衰退的业绩使外资公司开始重新审视中国市场的价值。

一直存在的原因是中国消费需求增长不足，私人消费占GDP的比重近年来徘徊在35%左右，远低于亚洲新兴经济体平均55%的水平；同时，中国缺乏对知识产权的保护导致假货泛滥。统计显示，达芙妮产品在网上的销售额是官方网店的4倍。额外的销量可能来自加盟商在线上的销售门店，更大的可能是各种假货泛滥。同时，在大众消费品领域，消费者更看重价格而非品牌，国外公司受到了日益崛起的中国本土品牌挑战。

但这些问题均由来已久。近两年外资企业业绩突然受挫除了受中国人力成本上升影响外，随房地产泡沫连带飙涨的店铺租金也成为一大贡献。一般商铺租金占销售额5%～8%为合理区间，但目前连不少三线城市商铺租金都已占销售额的10%。飙涨的还削弱了工薪阶层的实际消费能力，因此不仅是外资企业，本土品牌也将受此拖累。

资料来源：张达.http://money.163.com/14/0114/16/9IIH9SDS00254LAG.html

12.1.2 渠道级数

任何一个营销渠道都能以在生产者与最终购买者之间所含中间销售机构的层次多少来划分，生产者和消费者也都承担了某些工作，他们也是渠道的组成部分。用中介机构的级数来表示渠道的长度，即渠道级数(Marketing Levels)。

(1) 零级渠道。所谓零级营销渠道即直接销售渠道。指生产制造企业直接将产品销售给最终购买者，之间没有其他第三方机构参与。直接销售的主要方式有：上门推销、邮购、电话营销、电视直销和制造商自办商店等。

(2) 一级渠道。所谓一级营销渠道是指在生产制造企业与目标顾客之间只有一个中间商的中介机构的渠道。在消费者市场中，这个中间商通常是零售商；而在产业市场中，则通常是指销售代理商。

(3) 二级渠道。所谓二级营销渠道是指包含两个中间商的渠道。在消费市场上，其中一个是批发商，另一个是零售商；在产业市场上，则可能是代理商和批发商。

(4) 三级渠道。所谓三级营销渠道是指包含3个中间商的渠道。例如，在肉类或食品罐头业，中转商、专业批发商或小批发商是介于大批发商与零售商之间的一类批发商(Jobber)。中转商从批发商处进货，然后将产品转售给不能从批发商处取得货品的零售商。更多级数的营销渠道也存在，但在国内市场的营销中比较少，而在国际贸易中，则存在地区或国际的国际批发商，就是级数更多的渠道。但就生产者的立场而言，当整个渠道级数过多时，其对渠道的控制将愈困难，所以企业通常并不偏好更多级数的渠道，除非有特殊的需要，如国际为了解决市场的准入问题，就需要使用更多级数的渠道。

产业市场与消费者市场营销渠道的区别主要有3个方面。

(1) 从流通规律来看，产业用品的流通是为生产过程提供可靠的便于购买的产品。是联结生产与生产消费的桥梁。供需双方存在着密切的协作关系，渠道比较固定。消费品的流通，联结的是生产与生活消费，购买者数量大，分布广，渠道变化大。

(2) 从渠道的构成看，产业用品营销渠道较短，直接销售和只有批发环节的销售是两种最主要的形式。而消费品的营销渠道较长，中间环节较多，广泛和大量采用零售商及批发商是渠道的重要特点。

(3) 从与中间商关系来看，产业用品供应企业一般只使用很少的具有专业能力的批发商，他们间相互关系密切，依赖程度高。而消费品的销售，由于采用中间商较多，这些中间商经营多种的产品，制造商与中间商的关系较松散，制造商不易控制渠道。

12.1.3 使用中间商的原因

生产者一般都将一部分的销售工作授权给中间商执行，这种授权意味着放弃对产品的销售方法和销售对象的部分控制。如此，生产者似乎把自己的命运系于中间商之手。

本来，制造商有充分的自由把产品直接销售给最终顾客，然而中间商却能至今依然存在，为什么现代营销活动中，制造商要普遍采用中间商来销售产品呢?

广泛使用中间商的原因有以下几个方面。

(1) 弥补制造商财力的不足。大部分的生产者都没有足够财力和资源从事直接经销，就以美国通用汽车这家世界最大的公司来说，其生产的新汽车，基本要通过了18000家以上的独立经销商才得以顺利上市，而无法以公司本身的财力建立遍布各地的分销处，从事直接经销活动。

(2) 获取大规模分销的经济性。若真要实行直接营销，并达到大规模的营销效率，则有许多制造商必须变成经营互补产品的中间商，同时经销其他制造商所生产的产品。一个口香糖制造商会发现，去建立自己的零售网，或用推销员登门推销，或用邮购订货等方式来销售口香糖都是不切实际的方法。事实上，最实效的方法是把口香糖和其他零售类产品都摆在一起，由独立杂货或食品商店销售。

(3) 使制造商获得更丰厚的回报。即使那些有自行发展全国销售网能力的公司，也常会发现若将资金投于其他方面，比投资于自己的销售网，更能获得较高的投资报酬率。如果有一个公司能从生产作业中获得20%的收益率，但若从事零售网建立只能获得10%的收益率，则该公司绝不会自己经营零售业务。

(4) 提高营销效率。就中间商而言，中间商被使用的最大原因是在执行基本营销工作与功能上，先天具有优越的效率。通过他们的经验、专业才能、接洽范围和规模，中间商所做的营销工作较制造商自己来做更为有效。

12.1.4 营销渠道的功能

中间商能提供一些制造商不能取代的功能。中间商提供的功能可分为3类：交易功能、运筹功能和促进功能。

(1) 中间商的交易功能可以提供两大利益：①中间商可使营销成本减低，因为中间商订货量较大和作业标准化，可以降低成本；②中间商向制造商购买产品再转售给消费者，中间商分担制造商一部分风险，如损毁、过期、退货等风险。

(2) 中间商的运筹功能包括储运产品和分装等。运筹功能使得消费者可从定点的中间商(如超级市场)买到蔬菜、水果、面包、米、奶油、糖、洗衣粉、洗发精、牙膏和卫生纸等不同来源的产品，而且非常方便。

(3) 中间商的促进功能包含财务支援、产品分级、收集市场情报和促销，这些功能给予制造商重要支持。

为了协调生产者与购买者间的关系，在营销活动中完成上述功能是必需的。所有这些功能中都有3个共通之处：①它们都需要使用有限的资源；②它们可通过专业化机构做得更好；③它们可在渠道成员之间转移。若由生产者来执行，必然导致其成本上长，而售价也跟着提高。若这些功能授权给中间商完成，则生产者的成本及价格将较低廉，但中间商也必会加上部分费用，作为使用其有限资源的代价。至于应由谁来执行不同的渠道任务，则应以相对的效率与效果来决定。

12.2 实施渠道管理

渠道管理的任务主要有3个方面：一是对中间商进行选择、培训、激励和评价；二是要解决渠道中存在的冲突，提高渠道成员的满意度和营销积极性，促进渠道的协调性，提高效率；三是随着时间和环境的变化，要对渠道进行必要的调整。

12.2.1 渠道成员的选择、培训、激励和评价

1. 渠道成员的选择

当渠道方案决定以后，就应该根据营销的需要，选择理想的中间商作为渠道成员，并说服中间商经销自己的产品。中间商的选择关系到能否实现渠道目标和效率的问题，因而应十分慎重。由于渠道的长度与宽度的不同，企业选择的标准也有差异。但一般来说，较理想的中间商应具备以下条件。

(1) 与制造商的目标顾客有较密切的关系。

(2) 经营场所的地理位置较理想。

(3) 市场渗透能力较强。

(4) 有较强的经营实力。包括有足够的支付能力，训练有素的销售队伍，必要的流通设施。

(5) 在用户中声誉较好。

企业不一定能够选择到理想的经销商，但只要条件允许和可能，则应按这些条件评价和选择。

应当指出，渠道的决策和建立不是一件容易的事。一个制造商有时无法独自作出全部决策。可以选择批发商和零售商，而零售商和批发商也可以自由选择进货渠道。所以，渠道决策往往是由所有渠道成员共同做出的，是一个决策、协商、修正、再决策的过程。营销渠道一经建立，有必要维持稳定和加强管理。

2. 渠道成员的培训与激励

企业应该有计划地、定期地对中间商进行系统的培训，让其掌握并精通企业产品的特殊知识、技术知识、目标顾客知识、服务及维修知识、市场调研知识、相关的推销知识，等等。还应对培训的师资、方法、器材和地点进行精心安排。培训可以改进和提高中间商的工作业绩。激励是企业与中间商建立和维持良好合作关系的基础。企业应该一如既往地把中间商当作合伙人看待，与他们一起共同努力以取悦最终消费者。

首先，企业要想激励渠道成员出色地执行任务，必须从尽力了解各个中间商的不同需要和欲望做起。要了解他们对待顾客及供应商的看法和理念，他们的兴趣和工作的程序，对各种刺激的态度，对企业的产品、价格、促销计划的评价等。还应真正了解中间商的实力、问题和弱点。

其次，要采用不同的激励手段并加以执行，以设法获得中间商的合作。企业可以采用正面的激励，如较高的毛利、特殊优惠、各种奖金、合作性广告补助、提供培训、陈列津贴及推销竞赛等。有时也可采取反面制裁，如威胁要降低毛利、放慢交货或者终止关系等。

最后，企业应有选择地与分销商结成长期的合伙关系(Partnership)。这超越了把中间商当作顾客看待的观念，有利于建立更高水准的合作关系。一些先进的企业发展了一种称作“分销计划(Distribution Programming)”的与分销商合作的方式。它的定义为：建立一个有计划的、专业管理的纵向营销系统，把制造商和分销商的需要结合起来。制造商在

公司内部设立一个“分销商关系计划”(Distributor-Relations Planning)。它的任务是探求分销商的各种需要和制定推销方案，以帮助每个分销商经营尽可能达到最佳水平。该部门与分销商联合规定销售目标、存货水平、铺面空间和商品陈列显示安排、销售培训要求以及广告促销计划等。其目的是要让分销商把自己看成工作伙伴而非顾客，以结成强大的战略伙伴关系。

3. 渠道成员的评价

渠道的管理者还须定期评价渠道成员的绩效。当发现某一成员的绩效低于既定标准时，要找出主要的原因及补救的方法。实在不能令人满意的成员，还可考虑剔除或更换。评价的标准因渠道的性质、特点和经营要求的不同而有差异。主要标准有以下几点。

(1) 销售指标的完成情况。

(2) 营销的热情及态度。

(3) 对用户的服务水平。

(4) 平均存货水平及按时交货情况。

(5) 促销活动情况。

(6) 与其他成员的配合程度。

(7) 满意度的高低。

12.2.2 营销渠道冲突管理

1. 营销渠道冲突的原因及表现

营销渠道是一系列独立的经济组织的结合体，是一个高度复杂的社会有机系统。在这个系统中，既有制造商，又有中间商，构成了一个复杂的行动整体。这些经济组织由于所有权的差别，在社会再生产过程中所处的地位不同。因此，它们的目标、任务往往存在矛盾。当成员对计划、任务、目标、交易条件等出现分歧时，就必然出现冲突。成员之间的冲突是利益关系的反映，每个渠道成员都是独立的经济组织，获取尽可能大的经济利益，必然成为成员追求的重要目标。然而，利益在成员之间又有一种分配关系，具有此长彼短的特点，都希望多分得利益，少承担任务和风险。因此，冲突的产生是不可避免的。只是冲突的大小、表现方式不同而已。渠道冲突主要有3种类型，即垂直、水平和多渠道冲突。

(1) 垂直渠道冲突(Vertical Channel Conflict)是同一营销渠道内不同层次之间的冲突。例如，零售商抱怨制造商产品品质不良，或者批发商不遵守制造商制定的价格政策等。

(2) 水平渠道冲突(Horizontal Channel Conflict)是同一营销渠道内同一层次的各公司之间的冲突。例如，某家制造商的一些批发商可能指控同地区的另一些批发商随意降低价格，扰乱了市场。

(3) 多渠道冲突(Multichannel Conflict)是指一个制造商建立了两条或两条以上的渠道向同一市场出售其产品而引发的冲突。例如，服装制造商自己开设商店会招致其他服装商店的不满，电视机制造商决定通过大型综合商店出售其产品会招致独立的专业商店的不满等。

任何营销渠道都会程度不同地存在着冲突。但合作必然是营销渠道的主旨，是大家能够结合在一起的基础。合作意味着相辅相成去获取较单独经营更高的经济效益。只有促进合作，才能使渠道的整体活动效率最大，也是解决冲突的基本方法。

2. 渠道成员的类型

渠道成员是很复杂的。根据渠道成员对经营产品的热情和兴趣，以及在渠道中的地位，渠道成员大体可分为4种类型。

(1) 主导成员。这是渠道中实力最雄厚，对渠道具有较大控制能力的企业。可能是制造商，也可能是中间商。有的渠道只有一个主导成员，有的则可能有几个主导成员，各自控制一定的业务。对主导成员来说，渠道运行的效果，对它们影响最大。

(2) 坚定成员。它们的经营实力较强，对渠道的依赖性高，有强烈的维持渠道的愿望。它们在渠道中享有较优越的地位。

(3) 一般成员。它们在渠道中只具有一般地位，对渠道的运转没有突出的重要性。但只要能保证自己的利益，也能尽量配合。

(4) 动摇成员。它们并不忠于现有渠道，不愿为渠道做出过多努力。稍遇困难，就可能退出现有渠道，加入有利可图的新渠道。渠道成员的复杂性，也就增加了冲突的复杂性。

3. 渠道中的权力决定因素与权力类型

营销渠道是一个没有正式领导人的社会系统，在这个系统中，成员各自发挥功能和作用。彼此相互依存，各尽所能，各得其所。但是，一条渠道中，权力结构总是存在的。权力是让别人屈服的力量，渠道权力就是控制渠道的能力和地位。每个成员都十分重视自己在渠道中的权力，它是实现企业目标的重要保证。权力的决定因素有4个。

(1) 企业的实力。一般来说，规模大、资金雄厚、技术实力强的企业，通常拥有较大权力。例如，日本松下电器公司，它就统率着整个销售系统。美国的西尔斯百货公司，它的网点遍布世界各地，拥有大量顾客和制造商不易了解和掌握的信息，在渠道中处于统治地位。

(2) 购销业务量大小。即一条渠道中，产品销售量占制造商和中间商总销售量的比重。例如，一种产品的销售量占制造商总销售量的50%，而仅占某一中间商的1%。显然，产品销售对制造商关系重大，而对中间商无足轻重，中间商权力就大。

(3) 竞争状况。对制造商来说，如具有独特的技术(技术垄断)、独特的资源(资源垄断)、独家供应(产品垄断)，在渠道中必然拥有很大权力。相反，供应者很多、竞争激烈的产品，制造商在渠道中的权力就小。对中间商来说，如果在一个地区享有很高声誉，控制了制造商无法了解的信息，或拥有特许经营权，那么，它在渠道中的权力就大。反之，这一地区中间商很多，竞争激烈，则它的权力就小。

(4) 信誉与形象。如制造商已经通过广告和营销努力，建立起了顾客对产品的偏爱和信任，需求量大，中间商都乐意经销，它就必然处于优越的地位。作为中间商，特别是大型中间商，如已建立起良好的商誉，拥有广泛的顾客，也可以拥有渠道中较大的权力。

在管理与分销商的关系时，制造商可以应用以下类型的权力形式(或称力量形式)以获取合作。

(1) 强制力量(Coercive Power)。当中间商不合作的话，制造商就威胁停止某些资源的供应或终止关系。在中间商紧密依赖制造商的情况下，这种方法是相当有效的。

(2) 报酬力量(Reward Power)。是指为中间商执行特定活动时，制造商给予的附加利益。报酬力量通常比压力效果更好，但开支过高。而且，当制造商有一定要求时，中间商会越来越多地不断要求报酬。如果报酬后来被取消的话，中间商会有受骗的感觉。

(3) 法律力量(Legitimate Power)。是指制造商依据合同载明的规定或从属关系，要求中间商有所行动。制造商认为这是自己的权利，也是中间商的义务。一旦中间商认为制造商在法律方面占主导地位，法律力量就起作用了。

(4) 专家力量(Expert Power)。是指制造商拥有的专门技术。而这些专门技术对于中间商有着较高的价值，如果中间商得不到制造商的帮助，他就会出现经营问题。但这种专门技术一旦被中间商所掌握，该力量的基础就会被削弱。所以，要求制造商要不断发展新的专门技术，以增强对中间商的控制。

(5) 相关力量(Referent Power)。是指制造商的品牌或产品已获得市场和社会相当高的认同，中间商能够与之合作是一件非常自豪的事情。这就产生了相关力量。中间商只有遵从才能取得合作的资格。例如IBM、麦当劳、惠普等著名公司就有高度的相关力量。经验告诉人们，如果企业依次培养相关力量、专家力量、法律力量和报酬力量的话，他们将获得最成功的合作，但最好应避免或谨慎采用强制力量。

4. 减少或消除冲突的方法

首先是要发现和分析冲突产生的原因，才能找到解决冲突的有效方法。特别是渠道的主导成员，要经常设法关注渠道中存在的冲突，发现已经显露的问题和潜在的问题所在。诸如成员之间的相互抱怨、延迟付款、不按计划完成自己的任务等。并要经常了解渠道成员的满意程度和收集提出的改进意见。然后要制定出解决冲突的方法。主要有5种可采用的方法。

(1) 激励。对工作不负责任和较懒散的成员，可采用提高它们的利润、补贴、展示与宣传津贴、组织销售竞赛以及奖励成绩显著的成员等方法，以激励他们努力工作。

(2) 说服协商。成员之间相互将问题摆出来，共同研究协商，沟通意见，以便寻求一个大家都能接受的方案来消除分歧。

(3) 惩罚。这往往是在激励、说服协商不起作用的情况下使用的消极方法。可利用团体规范，通过警告、减少服务、降低经营上的援助，甚至取消合作关系等方法实现。

(4) 分享管理权。这是一种行之有效的方法。一种方式是建立契约性的纵向销售组织。即将自主活动的制造商、批发商和零售商，以契约的形式联合起来，实行有计划的专业化管理。合作确定销售目标、存货水平、商品陈列、销售训练要求、广告与销售促进计划，以减少成员内部的冲突。另一种形式是成立渠道管理委员会。由主导成员定期召集其他成员的代表，共同商议并决定管理事项。这也是减少冲突，增进相互理解支持的有效方法。

(5) 主动合作。中间商一般都是代表用户需要向制造商采购商品，往往以用户的采购人自居。因此，它们最关心的是用户的需要和购买。而且，他们一般都经营许多制造商的产品，对某一个制造商的需要(如各种产品销售情况的记录、市场信息的收集与反馈等)是不太重视的。所以在渠道合作关系中，制造商起着主导的作用。制造商要争取中间商的配合，必须把中间商作为用户来对待。制造商可采用以下方法来支持中间商，以提高他们的满意度，密切双方的合作关系。

① 提供适销对路的产品。适销对路，是指在产品数量、质量、品种、规格、价格及交货期等方面能满足消费者的需要。能提供顾客喜爱的产品，就给中间商创造了良好的销售条件，这是良好合作关系的基础。

② 加强广告宣传。这是中间商十分欢迎的。广告宣传的结果，可使每个经销者得到好处，减少了中间商的销售阻力。

③ 援助中间商的促销活动。例如：协助搞好产品陈列，帮助训练推销人员，提供产品目录，产品说明书和其他宣传品等。

④ 协助中间商进行市场调查。

⑤ 财务支持。如延长付款期限等。

⑥ 协助搞好经营管理。当然，中间商也要认真搞好市场调查与预测，采取有效的促销方式，积极推销产品，及时将市场信息反馈给制造商，才能减少冲突，促进合作。

12.2.3 渠道的改进

虽然渠道的决策和建立是长期的，但环境是变化的。企业为了应付变化了的情况，有时需要对渠道加以改进，使营销渠道更为理想。改进的策略有以下 3 种。

(1) 增减渠道中的个别中间商。对效率低下、经营不善，对渠道整体运行有严重影响的中间商，可考虑予以剔除。有必要的话，还可考虑另选合格的中间商加入渠道。有时因竞争者的渠道宽度扩大，使自己的销售量减少，也应增加中间商的数量。

(2) 增减某一营销渠道。企业有时会发现随市场的变化，自己的营销渠道过多，有的渠道作用不大。从提高营销效率与集中有限力量等方面考虑，可以适当缩减一些营销渠道。相反，当发现现有渠道过少，不能使产品有效抵达目标市场，影响了产品销路，则可增加新的营销渠道。

(3) 改进整个营销渠道。这意味着原有营销渠道的解体。或因原有渠道冲突无法解决，造成了极大混乱；或因企业战略目标和营销组合实行了重大调整，都可能对营销渠道进行重新设计和建立。例如，制造商产品由自销改为由商业或物资部门经销，或由商业、物资部门经销改为自销就属这类情况。企业必须认真进行调查研究，权衡利弊，做出决策。

12.2.4 窜货问题的产生与解决

1. 窜货

制造商与经销商的矛盾与冲突的根本原因在于利益的不同。当不同利益者需要寻求相同活动来实现利益的时候，就具有了共同点，冲突可以得到协调和避免。但是，如果可由不同活动寻求更大利益时，就会导致冲突。因此，就营销渠道管理与控制来说，将实现利益的机制共同化，是解决冲突的基本原理和思想。

窜货属于营销渠道管理问题中对经销商控制方法和冲突解决的问题。即制造商需要利用各种正确和有效的措施和手段，实施对经销商的激励和约束，以规范经销商的市场行为。窜货，也称“倒货”或“冲货”，其基本含义是指在超出经销商规定的活动和销售区域进行销售。

2. 窜货原因分析

造成窜货的原因，直接的解释是利益问题，但从营销管理方面来讲，其原因归纳起来，主要有以下几点。

1）经销商动机

（1）当制造商主要以销售实物量进行考核并给予奖励时，经销商为完成销售任务指标，取得销售业绩来图谋奖励，将货物倒给其他经销商，或降低价格让售给其他经销商。

（2）制造商为了实行差别定价或为了实行特定营销计划(如分主市场和次级市场)，对不同经销商给予不同的供货价格，享受到低价供货的经销商，会向高定价的地区，将低价进货的商品倒出，在高价市场以高于原来销售地区的价格但低于窜货地区的价格出售。这会使高价地区的经销商的销售计划和任务难以实现。

（3）货物积压较多时，经销商在本地区认为难以实现销售数量要求，或急于处理存货，将货物倒向有市场需求的地方或供货不充足的地方。

（4）经销商为谋取更多利润，将假冒伪劣商品与正品混同销售，再通过倒货，达到模糊假冒伪劣商品的来源和责任。这样，将使制造商承担商品质量和形象受损的后果。

（5）经销商本来就想通过倒货实行行骗目的。即将正常甚至高价进货的商品，用低价不分地区快速甩卖后，携款潜逃——这就是所谓“跳楼”销售方式。

2）制造商渠道管理

（1）对经销商的优惠政策不同，但又不能控制享有优惠政策的经销商的行为。

（2）对经销商的销售情况不了解，或根本不能掌握。

（3）物流技术不佳或设计存在问题，造成经销商有多渠道进货的可能。

（4）对经销商规定的任务过高，迫使经销商采取“鱼死网破”的抗争行为。

（5）对经销商的允诺过于草率，但又经常不予兑现，使经销商不相信所宣布的激励措施。

（6）竞争对手的影响。如降价，导致原定的销售任务难以完成；如通过给用户更大回扣，争夺原来的用户等，但经销商认为不能得到制造商的调整政策时，自行其是。

3. 窜货的危害

窜货对于制造商而言，短期看，后果可能严重，也可能并不严重。但是从长期看，其引起的后果将是致命的。其可能造成的危害主要有以下几点。

（1）制造商制订的统一的渠道计划甚至营销计划将受到破坏。例如，制造商如果对于不同的细分市场有不同的营销组合计划，其中包括销售价格、提供服务的内容是不同的，但是一旦发生窜货，这些计划就根本无法执行了。如对于提供更多服务项目的细分市场采用了高售价，但低价窜货一旦发生，则这种与其他营销措施配合的价格策略或者品牌培育计划将被彻底打乱。

(2) 制造商货款回收困难。因为窜货，经销商的销售记录将变得很难查清，应收回的货款也因为无法进行正确统计核查，难以据实催收，甚至成为呆账死账。

(3) 制造商的声誉严重受损。窜货如果发生在需要提供更多售后服务的经销商负责的市场上，在需要提供质量保证或需要处理退货时，各经销商之间就往往会因为责任不清，相互推诿，造成顾客对制造商产品和服务失去信任或信心。再如，制造商向市场公布的营销政策或举措，因为窜货，将得不到真正的执行。如广州某合资汽车公司 2003 年宣布一款新车价格，因为其一级经销商利用市场需求缺口，向别的经销商窜货，致使顾客需在公布的价格上加价 8 万元才能购买到，形成舆论的一致谴责。这些窜货所引起的顾客不满，最终会使制造商本身的声誉或品牌声誉严重受损。

(4) 容易给假冒伪劣产品提供保护。不但进行窜货的经销商本身可能搭售假冒伪劣产品，就是那些原来并不准备销售假冒伪劣产品的经销商，因为窜货，难以辨别货物真伪，也会在不知情的情况下销售这类产品。而且因为多次窜货，查找假冒伪劣产品将变得非常困难。

(5) 窜货也危害经销商自己的利益。除了因为会导致经销商在窜货中不能按照事先约定经营(如享受低价的经销商窜货，使那些没有这种特权的经销商不能正常开展业务)以外，更重要的是，因为增加了制造商对经销商的不信任，制造商势必采取更多防范措施，由此必然增加经销商成本。如要求经销商交高额保证金，要求经销商必须"现款现货"，或要求经销商必须结清全部货款(不顾是否有必须及时抓住的营销机会)后才能重新发货等。

总之，窜货不但会使正常的营销计划无法实行，也增加了市场混乱，抬高整个营销系统的成本，丢失营销机会，同时使市场经济运行要特别依赖的诚信丢失，恶化了营销环境。

4. 治理窜货的方法

中国已有不少企业尝到窜货危害。提倡商业道德和诚信，虽为根本，但不能替代有效的管理方法。只有两方面结合，才能真正使窜货得到控制和消灭。不同行业市场，控制窜货的具体方法应有不同，下列一些渠道和营销管理措施，在大部分情况都可运用。

(1) 慎选经销商。其实，无论一个企业对于渠道的依赖度有多高，如果"饥不择食"，来者不拒，就往往为那些不守规矩或目无法纪者打开了方便之门。即使纳入了很多经销商，但是这些无诚信的经销商最后因为窜货，不但没有解决企业渠道问题，反而制造了更多的麻烦。"宁肯少些，但要好些"是一句永不过时的忠告。

(2) 考虑经销商的实际情况，留出合理利润空间。经销商从事经营，也是为了获取利润。如果制定那些非常苛刻的经销措施或管理制度，而不考虑按照这样的方法能否使经销商获利，将最终形成"官逼民反"的效果。一般来讲，企业的销售如果分为多级，需要为每级渠道商都留出正常的利润空间。与这点相关的是，营销环境是不断变化的，如果原来留出的利润空间因为环境变化而所剩无几了，应该及时修改。因为理解而得到经销商的感激，可能对于制造商来讲也是创造了更有竞争力的渠道资源。

(3) 如果没有实际的方法或条件实行差异化营销或渠道策略，就不要勉强实行。比如，过去在中国，许多地方因为道路、通信等基础建设落后，不同区域的市场是可以被很好区隔的。但是现在因为交通通信的发展，这些地方已经能够互通有无了。如果再在这些地区实行所谓“价格歧视”，将埋下窜货的隐患。因此，在不能有效实行区隔的地理区域内，不轻易使用差别化营销方式，应是营销经理人员的常识。按照这样的思路，在经销商力量强于制造商的市场或行业里，实行“买断经营”而不实行差别经营几乎是唯一可选的措施。对此，不要有其他侥幸心理存在。

(4) 建立能够有效识别货物专属地区或专属经销商的识别方法。比如，对出厂的产品建立流水编号，发往不同经销商的货物都记录其编号，这种编号附加到产品身上使之不能被破坏或撤换。一旦窜货发生，就能很容易查清源头和责任者。这就为企业执行相关的政策和奖惩措施提供了依据。再如，利用专用识别条码，配合专门的读取工具或仪器。读取工具和仪器只有制造商有，条码在包装或产品身上。

(5) 在签订经销合同时，应该对窜货制定明确的惩罚条例，使以后实施对窜货者的惩罚时，有法律依据。市场经济是法治经济而非人情经济，讲人情而疏于法律，与市场经济普遍需要遵守的游戏规则是水火不容的。与此相关，一旦发现窜货出现，就应该执行惩罚，一次的姑息可能为更多的窜货开放绿灯。

(6) 如果产品的销售区域很广，尽量采用地区总代理制或总经销制的方法。管理和对付几个总代理商或总(一级)经销商，要比管理成千上万个小经销商容易得多。尽管可能单位产品的毛利很低，但比起可能因为窜货发生的损失，还是符合“欲取之必先予之”的思维的。

(7) 附加性返利。近几年，在中国市场的窜货之所以多，一个原因是许多企业的营销经理人员采取了单纯鼓励经销商增加销量的方法。只要销量多，就给予返利奖励。有时，甚至返利的水平高于经销毛利。这种只要结果不问过程的做法，是形成经销商破坏企业推行营销计划、策略或措施的一个管理弊病。因为就最简单的营销原理讲，短期的销量增加与长期保持稳定销量之间并非是相同的结果。如采取对顾客欺骗、责任推诿等方法，经销商很容易增加本期销量，那么下期或后来的销量，就将因为顾客不满意增多而下降。窜货本身就是窜货的经销商为增加当期销量的“不法之举”。如果实行这种奖励刺激措施，附加一些制约条件，比如要求返利的销量必须是在规定地区实现(应扣除其他地区的销量)；比如顾客投诉或不满意率必须低于某个水平等。如果附加这些约束条件，相当于对经销商业绩的考核和奖励是多方面而非单方面的，才能杜绝其“抓住一点不计其余”行为。

12.3 管理零售、批发与市场物流

12.3.1 零售商

1. 零售商概念和性质

零售是将货物和服务直接出售给最终消费者的所有活动。任何从事这种销售的组织，

无论是生产者，还是批发商和零售商，都是在开展零售业务。但零售商是指主要从事零售业务的企业。它们是距离消费者或用户最近的市场营销中介机构，是商业流通的最终环节。

零售商的主要任务是为最终消费者服务，它们不仅将购入的产品拆零出售，还为顾客提供多种服务。零售商数量庞大，分布广泛，商店类型繁多。零售业相对来说难以集中和垄断，竞争比较激烈。

2. 零售商的类型

零售商形式繁多，并不断有新的形式出现，划分的标准也不统一。在这里，将讨论商店零售商、无店铺零售和零售组织。

1) 商店零售商

商店零售商可以划分为专业商店、百货商店、超级市场、联合商店、超级商店、特级市场、方便商店、折扣商店、仓库商店、目录销售陈列室等主要类型。

(1) 专业商店。这类商店专门经营某一类产品或某一类产品中的部分品种。如服装商店、家具商店、书店等，它们经营单一种类的产品；男子服装店、妇女服装店等，它们经营一类产品中的部分产品线；而男子定制衬衣商店、运动员鞋店(专售运动鞋)等，则专业化程度更高，西方称为超专业商店。专业商店能有效满足特定目标市场的需要。

(2) 百货商店。百货商店经营的产品种类很多，商店按产品类别布局和管理，一般都设在城市的闹市区，规模较大，装修考究，能为顾客提供完善的服务，能满足顾客在同一地点选购多种商品的需要。百货商店的组织形式有3种：①独立的百货商店，即一家百货商店独立经营，别无分店；②连锁百货商店，即一家百货商店在各地开设若干百货商店，它们是这家总公司的分号或联号，属总公司所有，由总公司集中管理；③百货商店所有权集团，即原来若干独立的百货商店联合组成百货商店集团，实行统一管理。

(3) 超级市场。超级市场主要经营便于携带的食品和一些家庭日常用品。其特点是顾客自我服务；奉行较低价格、低成本和大量销售的原则；经营场地较大(一般为1980m^2左右)，陈列和辅助设施齐全；花色品种齐全，为顾客的多品目购买提供方便。有资料表明，在美国有四分之三的食品是通过超级市场出售的。超级市场面临大量的创新者的挑战，如方便食品店、折扣食品店和超级商店等。超级市场目前已向多方向发展，以增强竞争力。商店规模越来越大，经营的品种和数量越来越多。

(4) 超级商店、联合商店和特级市场。这是3种与超级市场类似，但规模更大的商店。超级商店营业面积为3000m^2左右，经营产品广泛，能满足消费者包括食品在内的一切日常用品的需要，而且还经营诸如洗衣、修鞋、廉价午餐等服务项目。能使顾客一次买齐日常所需的一切消费品和服务。联合商店是20世纪70年代出现于美国的一种新兴联合企业。它实际上是一个超级市场和一个非食品零售商店(通常是药店)在一个核算组织内的结合。联合商店营业面积在2700～5000m^2，非食品销售额约占25%，比一般的超级市场更具战略优势。巨型超级商店，也叫特级市场，它规模更大，营业面积在7400～20000m^2。它采取超级市场、廉价商店和仓库售货的经营原则，廉价出售品种繁多的食品和非食品，其中包括家具、重轻型器具、各类服装和许多其他物品。

(5) 方便商店。方便商店与超级市场经营的商品类似，也是以经营食品为主，但经营种类有限，商店较小，价格比超级市场高。购买时迅速方便，以及营业时间长是它们的主要特点。

(6) 折扣商店。折扣商店不是指那些有时削价出售商品的商店，也不是指那些低价出售劣质品的商店。折扣商店的主要特征是：①一贯以低于那些毛利高、周转慢的商店的价格出售产品；②着重经营名牌产品，因而低价并不意味着质量差；③实行自我服务，尽量减少雇员；④设备简陋而实用；⑤商店一般设在低租金地段。正因如此，折扣商店以低成本保证了低价格，以低价格赢得了较大的销售量和较快的资金周转。使其成为第二次世界大战后零售业中的一个创新。

(7) 仓库商店。是类似仓库的零售商店。这种商店装饰布置简陋，设在低租金区，场地也多是由仓库改建而成，经营品种较多，规模较大，是一种典型的薄利多销的零售方式。

(8) 目录销售陈列室。它是将商店目录和折扣原则应用于大量可选择的毛利高、周转快的有品牌商品的销售。其中包括珠宝饰物、摄影器材、皮箱、电动工具等。这些商店是20 世纪 60 年代后期出现的，现已成为西方零售业极其走红的零售方式。目录销售陈列室与传统的商品目录销售有所不同，后者主要供消费者在家购物，没有折扣，而顾客要过几天甚至更长的时间才能收到商品。目录销售陈列室每年要发行长达几百页的彩色商品目录(图册)，每个品种都注有“目录价格”和“折扣价格”，顾客可用电话订购商品，并支付运费，或开车去陈列室看样选购。

2) 无店铺零售

无店铺零售主要包括：直接销售、直接市场营销、自动售货、邮购和电话订购、上门零售等。

(1) 直接销售。这是利用推销员或推销代表(或视为公司雇用的外围推销员)挨门挨户推销，或上办公室等其他场合推销的零售方式。直接销售的变种是多层传销，如安利公司征召独立的商人作为该公司的分销商，这些分销商又去征召下线分销商并向他们销售，下线分销商再去征召别人销售其产品。分销商的报酬中包括由他征召的分销商总销售额的一定百分比以及直接向零售顾客销售的利润。这种体系也被称作“金字塔式销售”。直接销售成本高昂，销售人员的佣金为 20％～50％，而且还需支付雇用、训练、管理和激励销售人员的费用。

(2) 直接市场营销。直接市场营销起源于邮购销售，但今天已经发展到电话营销、电视直销、商品目录营销、电子购物等。

(3) 自动售货。即通过自动售货机向顾客出售商品的零售方式。这种方式在美国、日本等经济发达国家运用较为普遍。在这些国家，自动销售已经被用在相当多的商品上，包括具有高度方便价值的冲动购买品(如香烟、软饮料、糖果、报纸和热饮料等)和其他产品(袜子、化妆品、点心、热汤和食品、平装书、唱片、胶卷、T 恤、保险、鞋油甚至还有作鱼饵用的虫食)。在工厂、办公室、大型零售商店、加油站甚至铁路餐车上都有售货机。自动售货机向顾客提供 24 小时售货、自我服务和无需搬运商品的便利条件。自动售货机提供的服务越来越多，如弹子机、投币式自动点唱机和新型计算机游艺机等。银行采用的自动柜员机(ATM)是一种高度专业化机器，采用这种机器可为银行顾客提供昼夜24小时开支票、存款、提款和资金转账等项服务。同时，自动售货也是一条相当昂贵的渠道，售货机销售商品的价格往往要高15%～20%。销售成本高的原因是要经常给非常分散的机器补充存货，机器常遭破坏，在某些地区失窃率高。

3) 零售组织

尽管许多零售商店拥有独立的所有权，但是越来越多的商店正在采用某种团体零售形式。团体零售有5种主要类型：公司连锁商店、自愿连锁商店和零售店合作社、消费者合作社、特许经营组织和销售联合大企业。

(1) 公司连锁商店。连锁店包括两个或者更多的共同所有和共同管理的商店，它们实行集中采购和销售相似产品线的产品。公司连锁店出现在各种零售类型里，食品店、药店、鞋店等，但在百货商店中力量最为强大。公司连锁店比起独立商店有很多优势。由于规模较大，因此可大量进货，以便充分利用数量折扣和运输费用低这个优势。连锁店能够雇用优秀管理人员。在销售额预测、存货控制、定价和促销等方面制定科学的管理程序。连锁店可以综合批发和零售的功能，而独立的零售商却必须与许多批发商打交道。连锁店所做的广告可使各个分店都能受益，而且其费用可由分店分摊，从而做到促销方面的经济节约。有些连锁店允许各分店享有某种程度的自由，以适应消费者不同的偏好和对付当地市场的竞争。

(2) 自愿连锁商店和零售商合作社。连锁店带来的竞争使得独立商店开始组成两种联盟：一种是自愿连锁商店，是由批发商牵头组成的独立零售商店集团，它们从事大量采购和共同销售业务。另一种是零售商合作社，这是由一群独立的零售商店组成的一个集中采购组织，采取联合促销行动。这些组织在销售商品方面可达到一定的经济节约要求，而且能够有效地迎接公司连锁店的价格挑战。

(3) 消费者合作社。消费者合作社是一种消费者自身拥有的零售公司。社区的居民觉得当地的零售商店服务欠佳，或者是价格太高，或是提供的产品质量低劣，于是他们便自发组织起消费者合作社。这些居民出资开设自己的商店，采用投票方式进行决策，并推选出一些人对合作社进行管理。这些店可以定价较低，也可以正常价格销售，根据每个人的购货多寡给予惠顾红利。

(4) 特许经营组织。特许经营组织是在特许人(生产商、批发商或服务机构)和被特许人(购买特许经营系统中一个或若干个品种的所有权和经营权的独立商人)之间的契约式联合。特许经营组织的基础一般是独特的产品、服务或者是做生意的独特方式、商标名、专利或者是特许人已经树立的良好声誉。在西方国家，快餐、音像商店、保健中心、理发、汽车租赁、汽车旅馆、旅行社、不动产等几十个产品和服务业主要使用特许经营这一方式。特许人通过下列要素得到补偿：首期使用费、按总销售额计算的特许权使用费、对其提供的设备装置核收的租金、利润分成，同时还收取定期特许执照费。

12.3.2 批发商的类型与营销决策

1. 批发的性质和作用

批发是将货物或服务销售给为了转卖或者商业用途而进行购买的人或组织的活动。

批发商与零售商性质有所不同：①批发商服务的对象都是非最终消费者的组织或个人；②批发商的业务特点是成批购进和成批售出，业务量比较大，而零售商则是将购进的商品分零出售，以适应个人或家庭的需要；③由于批发商在商品流通中地位不同，服务对象不同，一般都主要集中在工业、商业、金融业、交通运输业较发达的大城市以及地方性的经济中心(中小城市)，其数量比零售商少，其分布也远不及零售商那样广；④批发业务往往比零售业务量大，覆盖的地区一般比零售商广；⑤政府对批发商和零售商分别采取不同的法律和税收政策。

批发商之所以能生存和发展，是因为以社会分工为基础的社会化大生产和大规模流通需要批发这个中间环节。首先，批发商能卓有成效地为数量众多的小型零售商和制造商提供服务。因为这些小型企业需要从很多供应者那里购进多种产品，以满足销售和生产的需要，但由于地理、资金、时间、运输等各方面的限制，往往没有力量直接或大批量购进。有了批发商，大量的零售商和工业用户能就近、及时地买到商品，并减少了买方的储存、运输、市场信息等多方面的麻烦和费用。其次，批发商能为供应者(制造厂商)，完成多方面的职能。制造商的优势在生产方面，但在储存、运输、销售，以及估计零售商的销售潜力、价格变化和服务需求方面就大为逊色了。大多数消费品制造商只有通过分布广而数量多的小型零售商，才能完成要求出售的数量。因此，批发商的介入，可以高效率地为制造商完成运输、储存、市场信息、信用和分销等方面的职能。不难看出，批发商对买方和卖方(供应者)的作用是多方面的。在商品流通的过程中，他们担负着繁重的集散各地产品的任务，起着调节市场供求的蓄水池作用。

2. 批发商的类型

批发商可以划分为3大类：商人批发商、代理商及经纪商、制造商自设的批发机构。

1) 商人批发商

他们是独立的企业，对经营的商品拥有所有权。也就是自己购进并销售产品的批发机构。独立批发商无论是在数量还是销售额上，在批发业中均居重要的地位。独立批发商可分为两类：完全服务批发商和有限服务批发商。

(1) 完全服务批发商。完全服务批发商向顾客提供全方位的服务。主要包括在较狭窄的产品范围内为顾客提供较专业的选择和专门的技术知识和服务。它们服务的对象主要是大型零售商、专业商店和产业用户。完全服务批发商又分为批发商人和产业分销商两类。批发商人主要向零售商销售，并提供广泛的服务。产业分销商是指向制造商保持存货、雇用固定的销售人员、提供信贷、送货、协助管理。他们还可分为以下几类。

① 综合批发商。他们经营的商品种类很多，包括食品杂货、服装、家具等许多特别是小型零售商需经常购进的商品。有人称他们是从事批发业的“百货商店”。

② 单一种类或整类商品批发商。他们从事批发某一特定种类的商品，且在品种、规格、品牌等方面具有相当的完善性。同时还经营一些与这类商品密切关联的商品。

③ 专业批发商。他们只经营一个产品类别中的部分品种，专业化程度较高。他们精通产品的专业知识而不是零售商销售的独立批发商。他们为制造商提供全面服务，经营的商品类别有多有少，但每类商品的品种、规格、品牌都很齐全。便于买主一次就可买到所

需的各种商品。

(2) 有限服务批发商。有限服务批发商向其供应商和顾客提供的服务较少。主要有以下类型。

① 货架批发商。他们在超级市场和其他杂货商店设置自己的货架，商品卖出后，零售商才付给货款。这是零售商所欢迎的寄售方式，但也是一种费用较大的批发业务。

② 现款交易批发商。顾客购货时，当场支付货款，并当场提走货物。这种批发商既不赊销也不送货，也没有推销。服务对象主要是食品杂货业中的小型零售商。

③ 邮购批发商。他们是通过邮寄接受订货，然后将商品以邮寄、寄运等方式送货的批发商。它们的主要顾客是边远地区的小零售商等。

④ 卡车批发商。他们主要是执行销售和送货职能。经营品种主要是易腐，需周转很快的食品、饮料、水果等。卡车既是送货的工具，又是活动的仓库。

⑤ 承销批发商。他们主要经营的是大宗产品，如煤和木材等。他们既不储存也不送货，而是得到订单后，产品直接从制造商运到买主所在地，因此经营费用很低，销售对象主要是工业用户和其他中间商。

2) 代理商及经纪商

(1) 代理商。代理商是指为委托人(通常是供应者)服务的批发机构。他们不拥有产品所有权，只代表卖方与买方进行磋商，主要功能是促进买卖。产品销售后，按销售量由委托单位付给一定的佣金。代理商最大的优势是熟悉行情，有专业知识，推销努力，且收费较低。因而许多制造商愿意采用代理商销售产品。特别是打入新市场时，代理商更具有特殊作用。

代理商主要有以下类型。

① 制造商代理商。是指受制造商委托，在一定区域内出售制造商产品的代理商。通常，制造商在特定区域可以同时利用几个这类代理商销售产品，而代理商也常常代销若干个制造商的产品，但经营的产品应是互补的而不是相互竞争的。代理商分别和每个制造商签订有关定价政策、销售区域、订单处理程序、送货服务、各种保证及佣金比例等方面的合同。大多数制造商的代理商都是小企业，雇用的销售人员少，但都极为干练。许多无力组织销售队伍的小公司常雇用这种代理商。有些大公司在开拓新市场或者在难以雇用专职销售人员的地区也常用其充当代表。制造商代理商主要从事推销职能，起着补充制造商推销人员的作用。

② 销售代理商。他是受制造商委托，负责销售制造商某些特定产品或全部产品的代理商，他不受地区限制，并对定价、销售条件、广告、产品设计等有决定性的发言权。销售代理商通常与两个以上的委托人签订合同，但一个制造商只能对全部产品或一个产品类别使用一个代理商。这种代理商在纺织、木材、某些金属产品、某些食品、服装行业中使用较多。这种代理商事实上取代了制造商的全部销售职能，而不像制造商的代理商那样只起补充的作用。销售代理商主要适用于那些没有力量推销自己产品的小制造商。

③ 佣金商。指对商品实体具有控制力，并处理商品销售的代理商。他们与委托人一般没有长期关系。在西方，大多数佣金商从事农产品的代销业务，他们用卡车将农产品运送到中心市场，以最好的价格出售，然后扣去佣金和各项开支，将余款汇给生产者。

④ 拍卖行。指为买卖双方提供交易场所和各种服务项目，以公开拍卖形式决定价格，组织买卖成交的代理商。

⑤ 进出口代理商。指在主要口岸设有办事处，专门替委托人从国外寻找供应来源和向国外推销产品的代理商。

(2) 经纪人。经纪人与代理商有些类似，他们也不拥有产品所有权，不控制产品实物、价格以及销售条件。经纪人的主要作用是为买卖双方牵线搭桥，协助谈判，促成交易。交易完成后，由委托方付给佣金。他们与买卖双方没有固定关系。最常见的有食品经纪人、不动产经纪人、保险经纪人和证券经纪人等。

3) 制造商自设的批发机构

他们的所有权和经营权都属制造商。包括设置在各地的分销机构和销售办事处，分销机构承担着征集订单、储存和送货等多种业务。销售办事处则主要是征集和传递订单。此外，制造商还可在展销会和批发市场上长年租赁展台、场地，设立批发窗口。

营销视野

企业渠道分销模式选择路径

适合企业产品销售的渠道分销模式应该是什么样的？如何选择最佳渠道达到销售绩效最大化？现在探讨这些有关渠道的问题诚然是老生常谈，然而我接触过的几百个企业，反而是关于渠道分销这个最简单的问题让很多企业走向歧途，导致企业在销售的过程中既浪费资源也没有取得理想的效果，想着做好市场结果却是兵败如山倒，更有甚者企业走向衰退或破产。原因何在？就在于这些企业完全凭借经验设计渠道分销模式，缺乏科学的、规范的渠道分销模式的管理。基于此，我总结多年来的从业和咨询经验，提出解决渠道分销问题的“四步管理”路径，希望能够帮助企业优化渠道。

第一步：全面设计渠道分销模式

诚然，企业在规划渠道模式的时候，能够考虑到更多的渠道路径能够为企业的销售业绩增长做出积极的贡献，规划企业的渠道模式，应该分别从市场需求满足的维度、内部资源和管理满足的维度、显示与竞争和未来与创新的“四只眼”规划和设计自己的渠道模式。两种维度的方向进行组合，分别形成了分销多样化、管理集约化、关系紧密化和模式创新化四大渠道模式的设计路径。

为了更好地理解上述概念，我以人们最常接触的大米产品来说明。

分销多样化：就是要考虑产品销售的多途径。我们知道，我们吃的大米，有的是在现代终端购买，有的是别人送，或者到餐饮店、机关单位食堂购买。其次，我们还可以通过机构发放的福利获取，客户或会议召集人发放的礼品等等。逆向思考，我们知道大米企业的渠道可以有现代终端，KA、BC类连锁终端店；可以有粮油店和批发店；可以有团购、礼品、机关福利；可以有餐饮终端等。当然，上述渠道模式都可以由厂家进行直营操作，可以由经销商、代理商或者二级分销商进行操作。

管理集约化：实现管理资源的集约化。如果企业主要进行生产和原料供应，所以可以对一家品牌运营公司授权销售，或者搭建B2B或B2C电子商务平台，实现销售渠道的管理简约化。

关系紧密化：直接拉近企业与终端的关系。厂家可以考虑自己成立专卖店，或者连锁专营店，既可以在农贸市场和社区内开设，也可以在消费者聚集的现代商超、现代农产品专营店内设立店中店的专营区。当然这些店的设立，厂家可以直营，也可以通过品牌运营商进行操作。

模式创新化：通过企业、消费者和渠道商的关联性成员进行创新性渠道模式的规划和设计。考虑企业的关联性，如大米作为原料的企业客户，作为国家粮食安全的储备粮机构，都可以成为大米的销售渠道，大米可以和粮油一起捆绑销售，共同搭建新的销售通路。考虑渠道商的关联性，如医药店可以将大米作为礼品赠送也可以作为商品销售，这样看来，凡是靠近社区的经营店铺都有可能成为大米的销售通路，如纯净水销售机构、牛奶定制销售机构等。考虑消费者的需求关联性，可以考虑厨房产品的销售单位作为大米销售的通路。除了这些思考外，我们还可以从产品的关联性进行渠道的规划，大米是在农田生长的，借鉴现代体验农业的概念，可以通过“基地定制”销售大米。对于此，需要企业进行附加服务的支出。

按照上述思考维度进行枚举法列举出所有能够进行操作的渠道模式后，我们还要按照渠道操作特性进行分类，以便于我们组织专业化的销售人员进行运营操作。

第二步：精确选定渠道分销模式

按照上述内容不难看出，产品的渠道分销模式可以有许多种，但具体有哪些渠道分销模式适合企业呢？或者是企业可以操作的呢？对此，我们要采取切断式的管理思维进行选择。渠道分销模式的实践是为了达到营销绩效最大化，根据平衡计分卡的绩效管理原则，不难发现，阶段性渠道分销模式的产出量、投入费用率、退出风险性、资源匹配性、运营能力要求、市场竞争激烈程度、分销模式影响力等都对营销绩效(品牌绩效)产生关键而直接的影响。而企业能够选择什么样的渠道分销模式，则要对上述关键因素进行权重评估。

第三步：渠道分销模式实施策略

精确选定渠道分销模式后，不见的是分数越高的越应该优先实施。这是因为什么呢？根据我之前研究的渠道分销模式共振原理，我们还要看渠道的优先选择性实施的充分和必要条件，因为分销模式之间有着促进和引导的作用，或者迟滞和阻碍的作用。对此，我们可以用下表进行优先性评估。

操作介绍：以列的模式对行的模式进行评估，如果有促进和引导的作用则填写“2”，没有影响填写“1”，具有迟滞和阻碍的作用则填写“0”，最后得出合计数。

按照商标内容评估后，可以看出得分越高的分销模式对于其他渠道分销模式有更多的促进和引导作用。这样在后续的实践中，首先拓展该分销模式，对其他模式的拓展有着积极的影响作用，对于整体的拓展和品牌建立有着事半功倍的作用。

之后，将各渠道分销模式按照重要性和优先性的维度放入波士顿矩阵中，就可以获取渠道的最佳实践路径。

选择路径后，企业在实践的过程中，按照从右上角到左下角的渠道分销模式定位逐步进行策略性的实施。

资料来源：律德启．http://www.yingxiao360.com/htm/2013122/9894.htm.

12.3.3 市场物流

市场物流活动包括运输管理、订单处理、存货决策和仓储决策。

1. 运输管理

运输管理主要考虑的是用最低廉的费用得到最高效的运输工具。厂商在选择运输工具时，考虑的是费用、交货是否准时和产品的情况 3 项要素。

有五类运输方式可供选择，即铁路运输、水路运输、卡车运输、管道运输及航空运输。厂商在为产品选择运输方式时，除了考虑产品本身的特性外，还需考虑速度、方便性、可靠性、运送能力及频次 5 项因素。若考虑速度，可在空运及卡车运输之间选择，若考虑低成本，可选择水运。

2. 订单处理

物流始于顾客的订单。订单由公司的销售代表、经销商和顾客送达公司。公司的订单处理部门，需编制一式多份提货单分送各有关部门，货品交运，需随附装箱单及交运单等文件。

订单处理的关键问题是迅速和准确。要做到快速传递、快速处理、快速发货、快速收款。在这个作业循环中，应用计算机管理是很有必要的。

3. 存货决策

公司的存货水平，是影响顾客满足的另一类重要的决策。销售人员都希望公司能尽量提高存量，能随时应付顾客的订货。但这又不符合成本效益的原则。因此，公司应了解销量及利润的增加是否足以抵销存货增高的成本。

存货的决策，包括两个步骤：一是决定应何时订货以补充存量；二是决定应订货多少。产品存量因销售而下降，便应开具新的订货单。开具新的订货单时的存量水准，称为“订货点”。如订货点为20，即表示某一产品存货下降至仅有20件时，便应订货。另一项决策是订货的数量。即订货量越高，则订货的次数越少。这个问题可利用“经济订购量模式”来解决。存货决策在考虑订货数量时主要根据订货处理成本和存货维持成本而定。订货处理成本包括制造商生产某一产品所需的生产准备成本和生产操作成本。若生产准备成本不大，制造商可经常生产这种产品，平均每件的成本相当稳定，与生产操作成本相近。但在生产准备成本很大时，制造商可以一次生产较多数量，维持较高的存货，以降低平均每件的成本。

订货处理成本应与存货维持成本比较。维持的平均存货越多，则存货维持成本越高。存货维持成本包括：仓储费用、资金成本、税收及保险费、资产折旧及产品过期损失等。存货维持成本有时可能高达存货本身价值的30%之巨。因此，要维持较高的存量，应该能够产生较高的销量及额外的毛利，足以吸收因存量增高而提高的存货维持成本。将两种成本相加，即可求得最适量的订货数量。即经济订货量。订货处理成本随存货数量的增高而降低，存货维持成本随存货数量的增高而增高。

4. 仓储决策

公司产品经制造完成后，需分存各地待售。由于生产过程与消费过程的不一致，因此公司需有仓储部门。

公司首先应决定仓库设置的地点和数量。仓库和数目越多，对顾客的发货越迅速，这正是营销部门的希望。但这样，仓储成本也将增高。故仓库的数目应作审慎的决定，以求顾客交货服务与分销成本的平衡。

公司存货除部分存放于工厂内，必须分存于市场各地。公司可以自行设置仓库，称为“自用仓库”；也可以租用他人的仓库，称为“公共仓库”。运用自用仓库，公司能有效地实施控制。但缺点是占用资金多，同时在需要更换仓库地点时缺乏弹性。反之，公司使用公共仓库，只需按使用空间大小支付费用，且公共仓库常为公司提供其他额外服务，如货品检查、包装、代运、提供办公场所和电话等。公司如决定租用公共仓库，就需要对仓库地点和类型加以选择，而且要有专业性的仓库可用，例如：冷藏仓库、散装仓库等。

公司使用的仓库有两种类型：一种为储存仓库，是供产品储存较长时间之用；另一种为分销仓库，是供各公司短期存放，作为收货、存放及迅速对顾客交货的场地。利用分销仓库，公司可获得极大的便利。

应用案例

中国PC三巨头分销渠道之比较

【案情简介】

我国IT产业发展40余年来，计算机市场始终是IT业的先行者。计算机工业从无到有，从科研试制走向大规模工业化生产，引导着IT产业飞速向前发展。随着科技的进步、竞争的激烈，分销渠道在PC行业的发展中占据着越来越重要的地位，几乎所有的厂商和分销商都意识到渠道建设的重要性。分销渠道如今已成为PC企业间竞争的一个重要砝码。畅通的销售渠道意味着成本的降低、效率的提高和利润的增加，这一点在与国际接轨的计算机行业中表现得尤为突出。

计算机市场的分销渠道由厂商(供应商)、分销商、(各级)代理商、经销商及用户等组成。其中，分销商主要承担实体分销(如储运等)任务，将商流和物流有机地结合起来，而代理商则更偏重于市场开拓、运作和满足用户需求(经销商所起的作用与代理商十分相似，两者的差别只在于是否对商品持有所有权，本文并不刻意对它们进行区分)。在PC厂商的渠道建设中，协调好这几方面的关系是保证渠道畅通的重要因素。

追溯起来，我国的计算机产业最早是从PC市场起步的，其主流分销渠道也是随着PC行业的不断发展而形成的。在这里，将从PC行业几家著名企业的发展入手，分析我国计算机行业主流分销渠道的特色。

一、联想集团——渠道是立身之本

联想集团是目前中国唯一能够以市场份额表达自己国际市场地位的高科技企业。这家十几年前由中国科学院计算机所的20多名员工，靠20万元人民币起家的国有民营企业，在发展战略上有一个十分清晰的脉络：由计算机服务资本到联想汉卡解决西文汉化，再由联想汉卡促动外国品牌电脑的分销继而到推出联想电脑，逐步形成国内电脑整机产销，在海外则通过做配套制造业进入国际市场。十几年来，联想就是沿着这样的思路，学习了国外一些先进的企业如何做市场，如何做渠道，一步步走到今天的。尤其是在1988年，联想在完全有能力推出自己品牌的电脑时，却毅然选择了代理美国的AST产品，原因就在于他们清醒地认识到，联想当时还很幼稚，它的资本和营销渠道的运作能力还远远不够，仍需要进一步学习。在历时10年的学习过程中，他们积累的经验教训为联想的渠道管理打下了良好的基础。

开始，联想电脑一部分走直销，但当利润下降、规模效应起来后，联想与其代理商之间的矛盾越来越明朗。为了解决这个问题，联想最终决定彻底放弃直销，建起了一条与国际模式相似的渠道。如今，其商用机的经销渠道模式为：厂商→一级代理→二级代理→用户。(这是目前我国PC业一种主流的渠道模式，它的特点在于重在区域的划分，一级代理相当于地区经销商，只负责本地区的销售，这样使每一个地区的分销都有其相对独立的发展区域。一般来说，使用这种方式能够较为有效地避免渠道间的冲突，避免地区间代理商的恶性竞争，但也存在着信息沟通相对较弱的问题。)

联想集团在发展过程中，为适应市场竞争的规模化需要，及时推出了“大联想”渠道策略，即在与代理伙伴相互融合的基础上，进一步加强一体化建设，不仅将代理商纳入自己的销售服务体系，而且将其纳入培训体系，强调作为厂商的联想集团与代理商及其他合作伙伴共同发展，共同成长。这种大市场与大渠道的模式，将保证渠道随时的、无限制的扩张力(包括代理品牌的数量、产品的数量与规模及渠道覆盖面等)，同时也确保了渠道的畅通无阻。

据IDC(一家世界著名的市场调查公司)统计，联想电脑连续三年居中国市场第一位，在亚太市场的占有率排名上升为第三位，1998年在全球PC市场上以0.6%的份额排名第十五位。作为目前中国最大的分销商，联想科技公司与多家国外著名企业有着不同层次的合作关系，同时代理10多个国外著名品牌的信息产品。有1000多家二级代理商队伍，拥有着雄厚的分销实力。

面对如此巨大的成绩，联想人指出，联想这几年最大的成功不是联想PC卖了多少台，不是联想在中国IT业排第一位，更重要的是联想摸索出了一套在中国如何做企业、如何做高科技企业的经验，那就是“产品是立命之本，渠道是立身之本”。

二、北大方正——渠道亟需培育

与联想不同的是，北大方正立足点是软件企业的形象。拥有自己的技术，并由此形成自己的拳头产品，是方正不同于其他企业的地方，也是方正最重要的东西，方正的发展抓住了这一点。作为一个学校企业，方正并没有太多贸易的经验，它是从销售自己的软件产品开始的。因此，可以说是技术上的优势带动了销售，弥补了销售的不足，打开了一方市场，并使方正在实践当中逐渐积累了做贸易的经验。

最初方正并没有自己的PC。在销售软件的过程中，方正发现许多客户有这方面的需求，因此它选择了代理Digital PC。这个机会带动了方正整个销售水平的发展，也带动了方正软件的销售。在代理Digital PC的1995—1996年，方正建立了大量的销售网点，形成了自己很有特色的销售渠道，使Digital PC在短短的一年中销售量进入中国市场前5名。至今，这个优秀的渠道仍对方正起着举足轻重的作用：厂商→代理商→用户。(北大方正的销售网络是建立在其全国各地34家分公司的基础之上的，由34家分公司的计算机部门出面发展代理商，建立代理网络。这34家分公司支持代理商的工作，是方正集团本地化的直接平台，因此，不存在各总代理和一级、二级代理的区别。这种渠道有利于提高效率，在打开各地的大用户方面。这个销售网络具有明显的优势，是目前比较流行的短渠道模式。)

有了畅通的营销渠道，再加上资金、销售经验以及技术的积累。方正终于实现了“拥有自有品牌”的愿望，成功地完成了从代理商向产品制造商身份的转化，并建立了现代企业管理模式。1998年方正电脑总销量超过28万台，与1997年相比，年产销量增长率超过100%，被美国商业周刊评价为“中国市场最有价值的两个国产电脑品牌”之一。

方正人把方正电脑销量的高增长归功于1998年进行的两次渠道调整。1998年初，北大方正将全国方正电脑公司的分支机构从销售部门变为对经销渠道的支持和服务部门，成功实现了分公司由营销机构向厂商身份的转变，缩短了原有的销售渠道；1998年9月，方正电脑又以北京北大方正电子有限公司计算机系统工程分公司为核心，组建了北大方正集团计算机事业部，北大方正各地分公司的方正电脑市场营销部和技术服务队伍也全部纳入方正集团计算机事业部旗下，从而实现了从中央市场到区域市场全方位的统一，有效地提高了企业的管理效率和资源利用率。这两次成功的渠道调整，将34家分公司纳入方正电脑总部的利润核算体系，使分公司摆脱了利润的压力，从而使全力对代理商进行支持成为方正电脑短渠道的优势所在。

如今，方正的渠道还在不断建设之中，随着时间的流逝和销售能力的分化，他们将对代理商进行分级管理，对各个分公司也将进行统一管理和控制，在不断的调整中使渠道建设更加完善。

三、长城集团——独具特色的专卖店体系

与联想和方正不同的是，长城集团首先选择了创立自有品牌这条路。长城PC最初的销量十分喜人，当时长城GW0520CH的目标是年销售量达到1万台，仅仅依靠国家的计划是不可能完成销售的，于是规模经济决定了长城在1986年最先提出代理制。而当长城电脑在一年之内发展了8家代理商之后，代理制与直销之间的矛盾产生了。采用代理制还是分公司制？最终，长城电脑还是采用了分公司——代理——

用户的模式，在全国建立了7个分公司。1990年，长城0520已经拥有了50家代理商。但分公司与代理商之间的冲突日趋激烈，因为分公司也有利润的压力，不可避免地与代理商争夺客户，对代理商的积极性打击很大。为了解决这个问题，长城集团对其分销渠道做了一系列的调整改进，最终采用了如下的模式：厂商→总代理→二级代理→用户。(这是中国PC业最基本的渠道模式，也几乎为所有国外的品牌厂商所采用。与联想集团的一级代理相比，长城集团在全国所设总代理的数量要少很多，它们之间也没有明显的区域划分。在以前市场相对弱小的时候，此种渠道构架发挥了重大的作用，能迅速打开市场。但值得注意的是，这种渠道使厂商与代理商的沟通难以进行。)

但是长城并不满足于走大众化的道路，于是"金长城"建起了国内IT业最早的专卖体系，即"专卖，专家卖，专门卖"，树立了鲜明的品牌形象，摸索出了大量的市场经验，取得了良好的经营效果。如今，在"金长城"整个渠道体系中，专卖店起着举足轻重的作用(整个专卖店体系的出货量在零售市场已占"金长城"全部出货量的70%，在批发市场亦占到50%以上)。如此一来，"金长城"电脑的销售网络便建立在全国各地的总代理以及总代理之下的各级电脑代理商、专卖店、授权维修中心的基础上，通过总代理之下的零售店直接面对和接触消费者，同时设立大客户部与大客户直接联系，建立了长城特色的专卖店体系。另外，长城还在广州、武汉、上海、成都、西安、沈阳等地设立了办事处，以配合代理商的工作。

作为我国PC行业的佼佼者，这三家企业在成长过程中逐步形成的分销渠道代表了我国计算机业目前的主流渠道模式。联想的销售渠道特点在于地区的划分，有效地避免了地区代理间的恶性竞争。方正的渠道，作为目前较为流行的短渠道，它大大提高了渠道效率，而方正集团的分公司机构则进一步加强了对代理商的支持。长城的渠道是最基本的渠道模式，长城集团在此基础上加入了自己的专卖店特色，使专卖店体系起到了带动市场的作用，提高了"金长城"品牌的知名度。这三家国内厂商的销售渠道在企业的成长过程中都发挥了不可忽视的作用，同时这些分销渠道也随着企业的成长而不断发展和完善。

事实上，无论是对IT界还是其他业界人士，这三家企业的渠道模式都可为大家所借鉴。各企业可根据自身情况的不同，从中选择适合于自身发展的渠道模式，但最重要的就是要具有自己的经营特色。在激烈竞争的社会里，只有特色化经营才是自己的生存之道。这从上述三家PC企业的发展过程中也可见一斑。当然，分销渠道的特色化只是其中之一，其他还有如运作方法的特色化，代理产品的特色化以及集成方案的特色化等。只要符合市场需求和发展，自己也会有很好的发展机会。而那些规模既小又无特色的经销商，将越来越没有生存空间，最终将被市场所淘汰。

【案例思考】

1. 联想、方正与长城的分销渠道的主要区别是什么？
2. 在分销计算机产品时，需要考虑的制约因素有哪些？
3. 根据所学的知识，结合三家企业的实际情况，分别给他们的渠道策略提出合理化建议。

本章小结

分销渠道是指产品和服务在从生产者向消费者转移过程中，取得这种产品和服务的所有权或帮助所有权转移的所有企业和个人。企业必须对个别中间商进行选择、激励与定期评估。窜货是指经销商置经销协议和制造商长期利益于不顾而进行的产品跨地区低价销售，企业应加强渠道管理和对窜货的根治。批发是指一切将物品或服务销售给为了转卖或者商业用途而进行购买的人的活动。物流作为市场营销的一部分，不仅包括产品运输、保管、装卸、包装，而且包括在开展这些活动时所伴随的信息传播。

习 题

一、单选题

1. 分销渠道的每个层次使用同种类型中间商数目的多少，被称为分销渠道的(　　)。

A. 宽度　　B. 长度　　C. 深度　　D. 关联度

2. (　　)是距离消费者或用户最近的市场营销中介机构，是商业流通的最终环节。

A. 零售　　B. 批发　　C. 代理　　D. 经销

3. (　　)经营的产品种类很多，商店按产品类别布局和管理，一般都设在城市的闹市区，规模较大，装修考究，能为顾客提供完善的服务，能满足顾客在同一地点选购多种商品的需要。

A. 百货商店　　B. 超市　　C. 专业商店　　D. 折扣商店

4. (　　)是利用推销员或推销代表(或视为公司雇用的外围推销员)挨门挨户推销，或上办公室等其他场合推销的零售方式。

A. 直接销售　　B. 自动售货　　C. 直接市场营销　　D. 电子购物

5. (　　)是将货物或服务销售给为了转卖或者商业用途而进行购买的人或组织的活动。

A. 批发　　B. 直销　　C. 零售　　D. 直复营销

6. (　　)是独立的企业，对经营的商品拥有所有权。

A. 商人批发商　　B. 代理商　　C. 经纪商　　D. A和B

7. (　　)与代理商有些类似，他们也不拥有产品所有权，不控制产品实物、价格以及销售条件。

A. 经纪人　　B. 零售商　　C. 批发商　　D. 批发机构

8. 批发商的最主要类型是(　　)。

A. 商人批发商　　B. 经纪人

C. 代理商　　D. 制造商销售办事处

9. 物流的主要职能是将产品由其生产地转移到消费地，从而创造(　　)。

A. 时间效用　　B. 形式效用　　C. 地点效用　　D. 占有效用

10. 当目标顾客人数众多时，生产者倾向于利用(　　)。

A. 长而宽的渠道　　B. 短渠道　　C. 窄渠道　　D. 直接渠道

二、多选题

1. 分销渠道包括(　　)。

A. 生产者　　B. 商人中间商　　C. 代理商

D. 供应商　　E. 消费者

2. 下面属于零售商的是(　　)。

A. 百货商店　　B. 自动售货　　C. 超级市场

D. 电视直销　　E. 经纪人

3. 窜货的危害有(　　)。

A. 制造商制订的统一的渠道计划甚至营销计划将受到破坏

B. 制造商货款回收困难

C. 制造商的声誉严重受损

D. 窜货危害经销商自己的利益

E. 容易给假冒伪劣产品提供保护

4. 经纪人或代理商主要分为(　　)。

A. 产品经纪人　　B. 制造商代表　　C. 销售代理商

D. 采购代理商　　E. 佣金商

5. 无门市零售的主要形式是(　　)。

A. 直复市场营销　　B. 直接销售　　C. 自动售货

D. 购物服务公司　　E. 传销

三、判断题

1. 确定企业所要达到的目标市场是渠道有效设计的起点。(　　)

2. 自己进货，并取得产品所有权后再出售的商业企业是经纪人或代理商。(　　)

3. 佣金商对生产者委托代销的物品没有经营权。(　　)

4. 经纪人是从事购买或销售或二者兼备的洽商工作，并取得产品所有权的商业单位。(　　)

5. 由于广告拉力过大而渠道建设没有跟上等原因，很容易产生地区窜货现象。(　　)

6. 真正折扣商店是以低价销售产品，所以其经营的产品品质一般不会很高。(　　)

7. 自动售货机能向顾客提供24小时服务和无需搬运产品等便利条件。(　　)

8. 从市场观点来看，物流规划应从工厂开始考虑，并将所获得的信息反馈到原料的需求来源。(　　)

9. 当中间商是销售代理商时，生产者除了评估其经营时间的长短及其成长记录、清偿能力、合作态度、声望以外，还应评估其经销的其他用品大类的数量与性质、推销人员的素质与质量。(　　)

10. 物流活动包括运输管理、存货管理和仓库管理。(　　)

四、简答题

1. 市场营销渠道与分销渠道有何区别?

2. 经纪人或代理商与商人批发商有何异同?

3. 如何整治窜货现象?

五、案例分析题

戴尔计算机的直销模式

计算机销售最常见的方式就是由庞大的分销商进行转销。而戴尔却抗拒这种潮流，决定通过网络直销PC，并接受直接订货，精彩地演绎了IT界的经典故事。

戴尔公司从1988年正式宣告直销模式开始，其核心理念为“消除中间人，以更有效率的方式来提供电脑”。

直销模式使戴尔公司能够提供最有价值的技术解决方案：系统配置强大而丰富，无与伦比的性能价格比。这也使戴尔公司能以富于竞争力的价格推出最新的相关技术。

按单定制的直销模式使戴尔公司真正实现了“零库存、高周转”。由于戴尔公司按单定做，它的库存一年可周转15次。相比之下，其他依靠分销商和转销商进行销售的竞争对手，其周转次数还不到戴尔公司的一半。对此，波士顿著名产业分析家威廉·格利说：“对于零部件成本每年下降15%以上的产业，这种快速的周转意味着总利润可以多出1.8%～3.3%。”

现象：随着市场竞争的加剧，冗长的销售渠道使信息传递速度放慢，市场反馈迟钝。位于较下游的分销商无法跟上厂家的步伐，而厂家也无法快速对市场变化做出反应。同时，在传统分销网络经常面临这样的问题：“窜货”使市场一片混乱；经销商仿佛永远难以喂饱——不断增加的各种费用的要求大大增加了企业的营销成本及经营风险；经销商忠诚度、信用度在下降；在与厂家合作过程中表现出明显的投机性、功利性；渠道成员普遍缺乏营销意识，难以真正形成信息共享利益共享的营销网络。

另一方面，在中国，买方市场的形成，人们消费能力的增强，使得消费者在交易中的地位愈来愈重要。这一客观事实的一个直接结果就是，使得与消费者直接联系的零售终端(特别是在日用消费品市场)，如连锁超市、超级大卖场、便利店的分销销售能力不断增强，同时在整个销售渠道中的作用日益增强。制造商或代理商日益重视零售终端战术的运用。不少企业提出了“决胜在终端”的口号。最典型的例子莫过于丝宝集团舒蕾洗发水品牌的“终端制胜”战术。丝宝正是利用这个“法宝”，制造了与宝洁、联合利华销量名列三甲的“神话”。更多的日用消费品企业犹如看到救命的稻草，纷纷仿效，采用终端上强大的人力和物力的投入来扩大自己的市场份额。

所以，有人说告别经销商时代已来临！

资料来源：http://www.zh09.com/mqyj/dell/200612/134361_2.html.

问题：通过以上案例及当前销售市场存在的渠道现象，给人们什么样的启示，你是否认为告别经销商的时代真的已到来？

第13章

促销策略

教学目标

了解现代促销活动一般的规律；掌握促销组合决策的基本内容；熟悉广告媒体的选择与广告效果的测量；了解人员推销的特点；熟悉销售促进和公共关系策略的基本原理。

教学要求

知识要点	能力要求	相关知识
促销与促销组合	了解促销的含义、作用及促销组合策略	推式策略、拉式策略
人员推销与广告策略	(1) 掌握人员推销的概念与管理 (2) 掌握广告策略的相关知识	推销人员应具备的素质，推销人员的奖励、考核与评价
公共关系与营业推广	(1) 掌握公共关系的作用与工作程序 (2) 掌握营业推广的形式与控制	公共关系的概念，营业推广的概念和特点

基本概念

促销；促销组合；推式策略；拉式策略；人员推销；广告；广告媒体；公共关系；营业推广

引　例

广告与天安门广场

1995年6月28日一大早，首都天安门广场彩旗飘扬，锣鼓震天，数百人组成的腰鼓队、秧歌队、高跷队、歌舞队的精彩表演，引得了不少人驻足瞩目。上午九时，当北京和国家有关部门的领导同志，宣布“逛北京、爱北京、建北京”大型旅游文化活动正式开始时，数千只信鸽飞向天空。人们惊讶地看到：12个巨大鲜亮的彩色汽球下面，拖着一条长长的布幅，微风吹来，条幅上鲜红的大字上刺目——“华懋双汇集团漯河肉联厂祝逛北京活动圆满成功!”

新中国成立以来企业广告首次进入天安门广场——这件事引起了人们的极大兴趣。北京是祖国的圣地，而天安门正是这块圣地的“心脏”，一直被视为企业广告的禁区。而靠生产“双汇”牌火腿肠而闻名遐迩的漯河肉联厂首次打破这一禁区的“壮举”，不能不令人品头论足，议论纷纷。一位四十岁的知识分子模样的中年妇女说：“能不能在天安门广场做广告，似乎已经争论好久，今天终于有了先例。这倒也是意料中早晚的事情，可我怎么也没想到，首开天安门广告先河的，竟是来自河南的火腿肠厂家。”一位夹着旅行包、操着南方口音的年轻人说：“这件事很棒！能在天安门广场做这样的广告，花多少钱也值!”

笔者在熙熙攘攘的人群中，找到了华懋双汇集团漯河肉联厂的公关部部长肖兆林和该厂驻京办事处主任谭晓丰。当问到该厂耗资数十万仅能换得“双汇”广告气球在广场飘扬三天的做法是否值得时，肖兆林说：“十分值得！这笔支出在我厂每年2000万元的广告费中，只是小数目。但它的意义已远远大于广告本身的价值。比起花上百万买个报纸头版做广告的效果，我们可以称得上是花小钱办大事!”谭晓丰接着说：“去年我厂火腿肠在北京的销售量占总量的十分之一。今年我厂总产值将达到15亿元，产量在10万吨以上。这次在天安门做广告，也是表达我们对北京市民与日俱增的‘双汇情结’的一片感激之情。”

试析：此企业选择天安门广场做广告你认为成功吗？成功之处何在？

引例点评：天安门广场历来被视为圣地，封建社会，这里是皇室贵族活动的场所。中华人民共和国开国大典也在这里举行，国庆大典、大型阅兵式、迎接外国元首的仪式都在这里举行，天安门成为中央政府举行国家级重大政治活动、文化活动、外交活动的特殊场所，天安门广场也因之在中国政治生活中占有特殊地位。

出人意料的是，双汇集团漯河肉联厂成功地将广告做到了这里。这一广告的成功之处就在于一个极普通的广告选择了极不普通的场所，因而，增强了这一广告的重要性和轰动效应。这一举动所产生的争议效应也将是长期的，虽然气球飘扬了三天，而有关双汇火腿的话题将是长期的，对天安门广场的开发策划也将是长期的，更为重要的是，天安门广场作为广告将作为一个极成功的企业广告策划写入中国广告史，其意义远远超出商业行为本身。

这一活动另一成功之处是选择了较好的时机。北京是国际大都市，是中国政治、经济、文化中心，也是一个重要旅游胜地。这一地位决定了在这里的每一个大型活动都会成为新闻媒体关注的目标。漯河肉联厂选择了“逛北京、爱北京、建北京”大型旅游文化活动开始之际，并为这一活动提供几十万元赞助，因而，该厂在受到媒体关注的同时也获得了较好的美誉。

资料来源：http://wenku.baidu.com/

成功的市场营销活动不仅需要制造适宜品质的产品、制定适当的价格、选择合适的分销渠道向市场提供令人满意的产品，而且需要采取适当的方式进行促销。本章将在介绍促销与促销策略的基础上，系统阐述人员推销策略、广告策略、公共关系策略和营业推广策略。

从买卖交易原理来说，买卖双方沟通信息是买卖得以进行的必备条件之一。由于现代市场经济中，生产的集中性造成了生产与消费的隔离，就造成了市场买卖双方联系的困难。但是，无论存在什么困难，企业都需要与目标顾客取得有效的信息沟通与联系，因此就需要寻找到有效的沟通方法；同时，在面对竞争的情况下，还需要有说服和刺激顾客产生购买本企业产品的愿望。所有这些，都需要企业经理人员掌握在营销活动中如何开展有效的促销活动的原理与说服艺术，以实现企业既定的营销目标。

促销策略是营销组合4P组合的一个重要组成部分。在现代经济社会，生产者与消费者之间的沟通是基本的营销活动即企业必须传播有关产品与服务的信息，并且克服因为地理距离，销售环节增多所增加的沟通障碍。因此，营销活动也是营销沟通活动。特别在信息技术发达的当今社会，如何将有利的产品信息传递给目标顾客，在很大程度上就决定了整个营销活动的成败，同时，企业还需要利用其营销价值链上的其他伙伴，如中间商来传播促销信息，使顾客喜爱以致偏爱本公司所提供的产品和服务。

13.1 促销与促销组合

13.1.1 促销的含义

促销即促进商品销售，具体地说，是企业通过人员和非人员的方式，企业与消费者之间沟通信息，引发、刺激消费者的消费欲望和兴趣，促使其产生购买行为的活动。

(1) 促销工作的核心是沟通信息。

(2) 促销的目的是引发、刺激消费者产生购买行为。

(3) 促销的方式有人员促销和非人员促销两类。

13.1.2 促销的作用

(1) 传递信息，强化认知。销售产品是市场营销活动的中心任务，信息传递是产品顺利销售的保证。信息传递有单向和双向之分。

① 单向信息传递：指卖方发出信息，买方接受信息，它是间接促销的主要方式，产品在尚未进入市场之前，企业应及时向中间商和消费者提供产品情报，引起他们的注意与兴趣，中间商也要向消费者传递信息，争取他们成为现实的购买者。

② 双向信息传递：买卖双方互通信息，双方都是信息的发出者和接受者，直接促销往往有此功效。在促销过程中，卖方向买方发出企业和产品的信息，买方向卖方反馈对产品价格、质量和服务等有关信息，促使生产者、经营者取长补短，更好地满足消费者的需求。

(2) 突出特点，诱导需求。在同类商品竞争日益激烈的形势下，许多产品只有细微的差别，仿制品也不断出现，消费者往往不易察觉，企业通过促销活动可以做到：告知消费者本企业产品与竞争产品的不同特点，给消费者和用户带来特殊利益，使消费者乐于购买本企业产品，这样不仅可以唤起需求，还可以创造需求，增加或恢复需求，收到扩大销售的效果。

(3) 指导消费，扩大销售。在促销活动中，营销者循循善诱地介绍产品知识，一定程度上对消费者起到了教育指导作用，从而有利于激发消费者的需求欲望，变潜在需求为现实需求，实现扩大销售之功效。

(4) 形成偏爱，稳定销售。在激烈的市场竞争中，企业产品的市场地位常不稳定，致使有些企业的产品销售此起彼伏、波动较大。企业运用适当的促销方式，开展促销活动，可使较多的消费者对本企业的产品滋生偏爱，进而稳住已占领的市场，实现稳定销售目的。

13.1.3 促销组合及促销策略

1. 促销组合

(1) 概念：就是企业根据产品的特点和营销目标，综合各种影响因素，对各种促销方式的选择、编配和运用。

(2) 促销的手段：广告、人员推销、公共关系、营业推广。

2. 促销策略

(1) 推式策略：侧重运用人员推销的方式，把产品推向市场，即从生产企业推向中间商，再由中间商推给消费者。推式策略一般适合于单位价值较高的产品，性能复杂、需要做示范的产品，根据用户需求特点设计的产品，流通环节较少、流通渠道较短的产品，市场比较集中的产品等。

(2) 拉式策略：是指企业运用非人员推销方式把顾客拉过来，使其对本企业的产品产生需求，以扩大销售。对单位价值较低、市场比较分散的日常用品，流通环节较多、流通渠道较长的产品，市场范围较广、市场需求较大的产品，常采用拉式策略。

3. 制定促销组合策略应考虑的因素

1) 促销目标

企业在不同时期及不同的市场环境下执行的特定促销活动，都有其特定的促销目标。促销目标不同，促销组合也就有差异。

(1) 在一定时期内，如果企业的营销目标是在某一市场迅速增加销售量，扩大企业的市场份额。那么该企业强调的是近期效益，属于短期目标。促销组合则应选择和配置更多的“广告+营业推广”。

(2) 企业的营销目标是在市场树立企业形象，为其产品今后占领市场，赢得有利的竞争地位奠定基础。那么企业需要制定一个较长远的促销组合方案，建立广泛的公共关系非常重要，与之配合的应是广告宣传。

2) 产品因素

(1) 产品性质。不同性质的产品，购买者和购买目的不相同，因此，对不同性质的产品必须采用不同的促销组合和促销策略。一般来说，在消费者市场，因市场范围广而更多地采用拉式策略，尤其以广告和营业推广形式促销为多；在生产者市场，因购买者购买批量较大，市场相对集中，则以人员推销为主要形式。

(2) 产品生命周期。同一种产品处于不同生命周期则应采取不同的促销组合策略。

① 投入期。多采用广告，目标是引起人们的注意和增进人们对商品品牌、特性、功能、服务的了解。

② 成长期。着重宣传企业产品的特色，树立品牌，形成偏爱，广告仍是主要方式，辅以人员推销。

③ 成熟期。产品已全面打入市场，竞争激烈。采用“广告＋营业推广”的方式。

④ 衰退期。替代性的新产品已上市，用户兴趣开始转移。促销目标是：提醒顾客，使其产生信任。促销组合：以营业推广为主，辅之以提示性广告和公共关系。

3）市场条件

市场范围、类型、规模不同，促销组合策略则有差异。

① 目标市场范围：如果地域范围大(全国或国际)，以广告促销为主；如果是小规模本地市场，以人员推销为主。

② 目标市场类型：消费者市场以广告为主；生产者市场以人员推销为主。

4）促销预算

在满足促销目标的前提下，要做到效果好而费用低。企业确定的促销预算额应该是企业有能力负担的，并且是能够适应竞争需要的。

营销视野

如何正确地策划促销活动?

促销作为传统营销理论的四个支柱之一，其重要性也被企业深刻认识，而且已经成为企业运用最广泛的营销手段。消费者随时都会被促销信息包围，在任何时候走进超市，都可以看到悬挂的促销招贴画，周末的各地报纸必然被大量的促销信息所占据。“搞促销”已经成为中国企业在经营中使用最多的词语。但是大量的促销活动中，有哪些是真正必须开展的，有多少资源被浪费了，就很难说清楚了。

一、盲目的促销是怎样开始的

企业的促销活动有的是根据以往的经验判断，认为应该在某个时间搞促销，有的时候则完全由于对手的一些举措而临时决定。不论是凭经验还是根据对手的情况的临时决定，不少促销活动都有盲目的成分。

1.“销售旺季要来了，我要搞个促销”

在我国市场有几个明显的销售旺季，比如五一、十一、春节前后都是大部分消费的高峰期。由于这个时间消费者的购买意愿比较强，各个厂家也都把这几个时点当作重点。但是当各个厂家都在这个时候花大力气促销的时候，其影响力一定程度上相互抵消。事实证明，在这些时候搞促销，花费了极大的力气，效果反而未必如人意。国内某家电厂家的销售人员意识到这个问题，就把原定于五一的促销活动提前一周开展，取得了极好的效果，还打乱了竞争对手的销售节奏。

事实上旺季企业的生产能力处于紧绷状态，或者市场本身就处于高涨状态，这个时候搞促销未必适合，也许更应该把资源预留到淡季去搞，或者留在别的企业不重视的时间搞促销，反而会有出其不意的效果。营销人员必须清楚，促销活动是要“雪中送炭”，还是要“锦上添花”，这个问题没有固定的答案，必须根据市场的实际情况来决定。

2.“对手在搞促销，我们也要搞促销”

不少销售人员一看到对手在搞促销活动，很担心会影响自己的销量，就向上级要求自己也搞活动。

无论是上级还是销售人员都不愿为可能发生的业绩下滑负责，于是就仓促地跟着对手搞活动。事实上，如果完全看对手的表现来决定自己的决策，就会被对手牵着鼻子走。各自企业的具体情况不同，所面临的市场背景不同，可以运用的资源也不同，各自产品的实际销售状况也不同，一定要实事求是的分析具体情况，再做决策。这样盲目的按照对手的动向来调整自己的作法正是在促销上缺乏整体考虑的体现。

3. “目前销售状况不令人满意，搞个促销刺激一下”

造成一定时期销售业绩不佳的原因很可能是多方面的，而企业里从上到下很容易把促销当作包治百病的灵丹妙药，而不愿去深入分析造成销售业绩不佳的根本原因。我国市场总体上供大于求，消费者面对同类产品往往有很多选择，而且其他各种因素都可能会对销售产生影响。在很多情况下，不恰当的促销即使是取得一时的业绩，也是在透支市场，把困难留给将来。而且过于频繁的促销会把降低顾客的吸引力，最终销售人员发现没有促销就根本卖不动，而且促销的效果也越来越差。

4. “某个产品滞销，不如作为赠品帮助其他产品提升业绩”

纯粹为处理滞销品而进行促销是危险的，这种看似一举两得的做法有可能伤害企业：一方面不受欢迎的赠品有可能影响促销品的正常销售；另一方面不当的赠品会导致购买者对企业的不信任，当广告上宣传赠品的价值为一百元时，顾客拿到手只认为其值二十元，消费者难免有上当的感觉。处理滞销品应该从滞销品发生滞销的原因出发，从对滞销品本身功能和利益的再发掘来寻找新的卖点。或者结合市场机会来处理，即使是直接降价也比作为不恰当的赠品强。

以上几种想法都是营销人员在开展促销时的常见出发点，都是需要避免的。

二、促销要有明确的目的和整体安排

促销是通过提供给购买者正常销售外的附加利益来刺激购买者的需求，所以促销总是要付出一定代价的，促销也必须要求相应的回报，比如企业希望一元钱的促销费用要产生十五元的销售收入。不过，不同的促销活动对投入产出的要求不同，也不完全体现在销售收入上，作为促销活动的设计者必须对某次促销的目的有清晰的认识，才好确定具体的促销目标。总之，每一次促销活动都要有明确的目的和清晰的目标，这样才能有效地设计促销活动，才能对促销的效果进行评估。

然而，相当部分企业在具体操作促销活动时的目的往往是模糊的，比如只是笼统地讲要“提升销量，扩大市场占有率”，在如此模糊的目的下，也就不会有清晰的目标，整个促销活动缺乏控制和指引，也无法为将来的促销活动提供更多的借鉴。

企业的促销活动必须根据年初的制定的策略有整体的安排，大约投入多少资源进行促销，大约在哪个时间段进行，要留出多少资源来应对意外的变化，要安排多少资源用以扰乱竞争对手。具体说来，规划促销可从以下几个方面来考虑：

1. 根据产品本身的销售规律，以促销实现淡季和旺季的平衡

不少产品都有淡旺季的区别，比如空调、电扇、杀虫剂等。强烈的淡旺季落差会使得企业生产能力、资金调度难以协调，而且销售人员旺季忙死、淡季又闲死，所以需要利用促销来尽量平衡淡旺季。具体的作法可以通过在淡季给予经销商较为优厚的销售政策，吸引经销商帮助分担库存压力和提前打款，也可以进行适度的反季节销售来刺激消费者的购买热情。

另外，我国幅员辽阔，不同区域气候相差极大，淡旺季的时间差也非常明显。企业要学会利用这样的时间差，销售政策的制定显示出必要的灵活性，总体上处于淡季的时候，对于仍处旺季的区域给予特殊的政策和资源支持，提升其在总销量的比例，从而平衡公司的销售节奏。

2. 在重要的时间段造势，帮助提升品牌影响力

在我国，重要的节庆是零售市场的旺季，但并不是每一种商品在节庆日都旺销。在此期间，消费者购买热情高涨，常常会有意识的去搜集各种促销信息。这个时候即使不是本企业产品的旺季，也可以开展一些促销活动来吸引消费者的注意力，为消费者日后选择本企业的产品打下基础。

另外，像企业的纪念日、产品生产总量达到某一数字的日子都是开展促销的时机，这个时候开展促

销的目的并不仅仅是提升销量，还是为了让消费者更多的了解企业，相信企业的实力，这个时候往往是“促销之意不在‘量’”了。这个时候与其说是在“促销”，不如说是在进行“推广”，而且这个时候没有其他企业进行类似的活动，也比较容易吸引消费者的眼球。

3. 配合新品推出的促销活动

不断地推出新品是企业得以长久发展的基础，因为新品最终会替代老产品成为企业的收入主要来源。相当多的企业对于新品上市不太重视，悄无声息的就上市了。有的企业也十分重视新品上市，希望通过大力度的促销来帮助消费者尽快认识和接受新品。以这样的指导思想来设计促销，往往局限在买赠、品尝、试用等常规作法。从更深的层次考虑，将新品高调推出除了让消费者尽快购买之外，还包括以推出新品为契机宣示企业的理念、目标和研发实力。企业在新品上市时策划大力度的促销行为实际上是企业整体推广策略的一部分，这是为迎接新品上市进行的促销活动就不仅仅是增加销量了。

所以，这些更深的企图还必须让企业的营销人员理解。促销策划人员也必须善于从更高的眼光来安排促销活动。

4. 根据对手的促销活动，有针对性的安排促销活动给予阻击

有时候，竞争对手采取的促销活动取得了良好的效果，形成了好的销售势头，我们必须紧急采取对应行动给予阻止。这种情况会经常发生，有些营销人员只习惯于按照预先安排的行事，对突发的变化不敏感，或者看到对方的活动，但由于事先没有预案，一时拿不出有力的反击，仓促中搞了针对性的活动却效果不明显。在市场竞争中，不是主动就是被动，只有时时掌握主动才能游刃有余，业绩提升。这也要求营销人员熟悉各类不同的促销活动，能够很快地拿出应对方案。

另外，企业在进行促销规划的时候，要留有部分预备资源在关键的时候使用。而且企业必须意识到，任何严密的计划都有不足之处，同时也必须设想一旦出现了最不愿意看到的情况该如何应对的预案，只有做好了各种准备，才不会在突如其来的变故前手足无措。

5. 打乱对手的销售节奏，冲击对手的市场

孙子兵法中强调“水无常形，兵无常势”，同样的道理，市场竞争也没有绝对的东西。竞争对手会按照某类产品常规的销售规律来操作市场，我们就可以反其道而行之，把对手搞得别扭。比如，在西南市场上彩虹的电蚊香片一直占有主导地位，2004 年华东某品牌突然以大力度促销强行冲击西南市场，彩虹的市场份额很大，如果跟随其采取同样的大力度促销，则要付出极大的代价。在彩虹的举棋不定中，市场份额被大量蚕食，华东某品牌在西南市场的知名度急速提高，2004 年在西南市场虽然没有挣钱，却为 2005 年的销售打下良好的市场基础。

促销是企业整体营销策划中重要一环，企业必须全盘规划促销活动，使整个促销活动相互衔接，形成整体的力量，避免为了促销而促销，把每次促销活动搞成了单个的互不关联的促销。营销人员必须牢记，整体性和目的性是策划出成功促销活动的两个基本点。

资料来源：于虎 . http://www. yingxiao360. com/htm/20101128/2753. htm.

13.2 人员推销策略

13.2.1 人员推销的概念及特点

1. 概念

企业运用推销人员直接向顾客推销商品和劳务的一种促销活动。

2. 特点

1）信息传递双向性

这是区别于其他促销手段的重要标志：一方面，推销员向顾客介绍商品本身和与商品有关的信息，从而促进销售；另一方面，推销员把从顾客那里了解到的有关信息反馈给企业，为决策提供依据。推销员承担了整个销售阶段的工作，人员推销可以直接促成购买行为，具有双向的信息沟通。

2）推销目的双重性

在满足顾客需要的同时，达到卖出商品的目的。在人员推销活动中，不仅通过交往、鼓动、讨价还价将商品卖出去；还要通过宣传、说服、微笑、服务使顾客在购买中得到满足和满意。

3）推销过程灵活性

推销员能与顾客保持直接联系，当面洽谈而有针对性地进行推销；可立即获得顾客反应，解答顾客疑问，使之产生信任；推销员作为企业代表，除完成推销任务外，还可提供其他营销功能：装配、简单的维修、调查顾客反应。

4）友谊、协作的长期性

一个有经验的推销员，为了达到促销的目的，可使单纯的买卖关系发展到建立深厚的友谊，彼此信任、谅解，这种情感有助于推销工作的开展，实际上起到了公共关系的作用。

13.2.2 推销人员应具备的素质

1. 态度热忱，勇于进取

就是服务态度好。了解顾客的需要，解决顾客的困难，当好顾客的顾问，创造推销的机会。

2. 求知欲强，知识广博

也就是业务知识丰富，应具备下列知识：①企业知识：历史和现状、地位、规划、利润目标、产品及定价策略。②产品知识：产品性能、用途、用法、维修及管理程序。③用户知识：购买动机、习惯、时间、地点、方式。④市场知识：现实用户和潜在用户数量、需求量及趋势、市场竞争情况。

3. 文明礼貌，善于表达

也就是推销技术熟练，具有良好的举止风度和工作作风。首先要创造魅力，推销人员的魅力在于博闻强记、能言善道，谈话是以聊天为目的，并不是以追求真理为目的；其次要有修养(十条)：要自我管理，要有必胜的信心，要设定目标，要有责任感，要有礼貌，喜怒不形于色，具有成本意识，守时守信，遵守公司规定，要有推销眼力。

4. 富于应变，技巧娴熟

也就是能针对不同的市场环境采用恰当的推销方式。推销员要能恰当地选定推销对象；要善于说服顾客；善于选择恰当的洽谈时机等。

13.2.3 推销员的选拔与培训

1. 选拔

企业推销员主要来自以下几个方面：一是从企业内部的技术人员和管理人员中选拔：他们熟悉企业的生产工艺过程，并具备产品知识；二是从企业外部公开招聘，选贤任能；三是从各类学校的毕业生中挑选，加以实际培训。

选拔程序：申请→面谈→测验→调查→体检→安排工作。

其中，最主要的是面试，面试有利于保证质量，可以了解被选拔对象的工作态度、语言能力、仪表风度、理解能力、解决问题的能力、控制能力、反应的灵敏度以及知识的深度和广度。

2. 培训

被选拔的推销员需经过一定的训练，才能进行工作。

培训目标：①提高思想觉悟、业务技术水平和政策水平；②以最小的成本实现最大的商品销售。

培训内容：国家方针政策、产品知识、企业知识、市场知识、推销技巧、公共关系及人际关系。

培训方法：讲授、模拟、实践。

13.2.4 人员推销的形式、对象、策略

1. 人员推销的形式

(1) 上门推销。上门推销是最常见的人员推销方式。它是由推销人员携带产品的样品、说明书和订单等走访顾客，推销产品。

(2) 柜台推销。又称门市推销，是指企业在适当地点设置固定的门市，由营业员接待进入门市的顾客，推销产品。门市的营业员是广义的推销人员。

(3) 会议推销。它指的是利用各种会议向与会人员宣传和介绍产品，开展推销活动。例如，在订货会、交易会、展览会、物资交流会等会议上推销产品均属会议推销。

2. 人员推销的对象

人员推销的对象是人员推销活动中接受推销的主体，是推销人员说服的对象。推销对象有消费者、生产用户和中间商3类。

3. 人员推销的基本策略

(1) “试探性”策略。指在推销员尚未了解顾客性格、文化、职业、需要等的特征情况下所采取的一种策略。

推销员通过渗透性交谈，观察顾客反应，了解需求后刺激、诱发购买动机，引导其产生购买行为，这种策略也叫“刺激—反应”策略。

(2)“针对性”策略。指推销员针对顾客的现实需求与潜在需求开展积极主动的洽谈，以引起顾客兴趣，达到促成交易的目的，所以也叫“配方—成交”策略。

(3)“诱导性”策略。指通过交谈，看对方对哪些商品感兴趣，对哪些知识的需求最迫切，然后因势利导，诱发他们对感兴趣的商品和技术知识产生购买动机，并抓住时机介绍本企业营销的同类商品或相关商品，实现购买行为以达成交易，所以也叫“需求—满足”策略，它属于“创造性推销”策略。

13.2.5 人员推销的奖励、考核与评价

1. 奖励

(1) 薪金制。指无论推销员的业绩如何，都按固定的工资标准支付报酬，有利于控制推销员，收入稳定，有利于调动积极性。

(2) 佣金制。根据推销员完成一定数量的销售额，支付一定比例的佣金，超额给予奖励金，有利于调动积极性。

(3) 混合制。薪金和佣金混合使用及各种机动待遇，目的在于鼓励工作热情。

通常，推销员的固定工资占70%，机动工资待遇占30%，在美国，28%的企业采用全部固定工资制，21%的企业是佣金制，50%的企业是工资和佣金综合制。

2. 考核与评价

(1) 考评资料的收集：包括推销人员销售工作报告、企业销售记录、顾客及社会公众的评价、企业内部员工的意见。

(2) 考评标准的建立。

① 基于成果的考核：销售量、毛利、访问率、访问成功率、平均订单数目、销售费用及费用率、新客户数目。

② 基于行为的考核：销售技巧、销售计划的管理、收集信息、客户服务、团队精神、企业规章制度的执行等。

13.3 广告策略

13.3.1 广告的概念与种类

1. 广告的概念

在现代社会，人们生活在广告的包围之中，说起广告已是无人不知，然而要给广告下个明确的定义却又是众说纷纭。多年来，业界人士便从种种角度，对广告进行了不尽相同的解释。本书采用得到公认的，由美国市场营销协会(AMA)对广告下的定义。广告是由明确的广告主(发布者)，以公开付费的方式，对产品(或服务，甚至是某项行动的意见和想法)进行非人员接触的任何形式的介绍、推荐活动。通常，人们很容易把广告和人员推销或一般的宣传混淆，这个定义的区别就很明显了。

(1) 广告要有可以识别的主体。广告是企业为实现一定的营销目标而向现实或潜在的购买者传递商业信息所进行的活动，所以，产生广告行为的企业被称为“广告主”，任何广告均有明确的广告主。

(2) 广告的内容是商品、劳务或观念等信息。

(3) 广告的传播方式是非人员的大众传播方式。与人员推销时的人际传播不一样，广告是通过大众传播媒体进行的信息沟通，因此，它不以个人而是以群体作为传播对象。

(4) 广告需要支付费用。广告主必须为使用媒介和制作付出费用。如果不是这样，广告和一般的宣传就没有区别了。因为宣传即非公开付费且不一定总能够识别其制作者。需要注意的是，现在有些媒体和社会组织发布的一些“公益广告”对政府、组织等提倡的事或观点进行宣传，也采用“广告”这一称谓，但是按照上述广告的严格定义，或从营销学的角度来看，这不是真正意义的广告，而是一种社会宣传，因而“公益广告”就无须付费。

(5) 广告具有明确的针对性和目的性。广告的对象是消费者或目标顾客，其目的是刺激消费者的欲望，形成对企业的商品、劳务的需求或对企业有利的反应。

2. 广告的种类

1) 根据广告的内容和目的划分

(1) 产品广告。它是针对商品销售开展的大众传播活动。产品广告按其目的不同可分为3种类型：一是开拓性广告，亦称报道性广告。它是以激发顾客对产品的初始需求为目标，主要介绍刚刚进入投入期的产品的用途、性能、质量、价格等有关情况，以促使新产品进入目标市场。二是劝告性广告，又叫竞争性广告。它是以激发顾客对产品产生兴趣为目标，增进“选择性需求”为目标，对进入成长期和成熟前期的产品所做的各种传播活动。三是提醒性广告，也叫备忘性广告或提示性广告。它是指对已进入成熟后期或衰退期的产品所进行的广告宣传，目的是在于提醒顾客，使其产生“惯性”需求。

(2) 企业广告。又称商业广告。这类广告着重向社会介绍企业名称、企业精神、企业概况(包括厂史、生产能力、服务项目等情况)等有关企业信息，其目的是提高企业的声望、名誉和形象。

2) 根据广告的传播区域划分

(1) 全国性广告。它是指针对全国市场，采用信息传播能覆盖全国的媒体所做的广告，以此激发全国消费者对所做广告的产品产生需求。在全国发行的报纸、杂志以及广播、电视、网络等媒体上所做的广告，均属全国性广告。这种广告要求广告产品是适合全国通用的产品，并且，因其费用较高，所以只适合生产规模较大、服务范围较广的大企业，而对实力较弱的小企业实用性较差。

(2) 地区性广告。它指的是针对某一地方市场，采用信息传播只能覆盖这一区域的媒体所做的广告，借以刺激某些特定地区消费者对产品的需求。在省、县报纸，杂志，广播，电视上所做的广告，均属此类；路牌、霓虹灯上的广告也属地区性广告。此类广告传播范围小，多适合于生产规模小、产品通用性差的企业和产品。

3) 根据广告的媒体划分

报纸广告、杂志广告、广播广告、电视广告、网络广告等其他媒体广告。

13.3.2 广告媒体

广告媒体就是广告主体与广告接受者之间起媒介作用的物质。广告必须借助一定的媒体，才能把企业的信息传递到消费者中去。

1. 广告媒体的分类与特征

1）印刷广告

各种报纸、期刊、杂志等印刷媒体，是最普遍、最有效的传播媒体。

(1) 报纸有以下几个特性。

① 读者较稳定，宣传覆盖率高。

② 传播迅速，反应及时。

③ 自由选择刊登日期，费用较低。

④ 能对产品进行详细说明。

⑤ 保存性较差，画面清晰度差。

(2) 期刊特性：促销对象明确，保存率和阅读率高；画面鲜明，易引人注目。

2）视听广告

(1) 广播：传播及时，对象广泛，成本较低，费用是电视广告的1/4。但速度快，不便记忆，无处查阅。

(2) 电视：具有视、听、读综合效果；宣传作用大、涉及范围广、可连续重播、记忆深刻、生动灵活多形式。但费用高、竞争者多。

3）邮寄广告

广告主将印刷的广告物(商品样本、目录、说明书、广告函)直接寄给买主、中间商或代理人。

优点：广告对象明确、选择性好、信息全面、准确、说服力强、效果显著。

局限性：传播面较小。

4）户外广告

多用作辅助性推广媒体，地点多选择在闹市、交通要道或公共场所，通常有招贴、广告牌、交通广告以及霓虹灯广告等。

优点：鲜明、醒目、美观，既宣传又美化环境、内容简明易记、使人印象深刻。

局限性：受空间限制、不易表达复杂内容，不能动态化。

5）网络广告

网络广告的特点：一是传播范围广，无时空限制；定向与分类明确；交换性强，灵活的互动性和选择性；二是精确有效地统计；内容丰富、形象生动、感官性强；易于实时修改；三是投放成本低，传播的被动性；创意的局限性；可供选择的广告位有限。

优点：

① 覆盖范围广。

传统媒体无论电视、报刊、广播还是灯箱海报都不能跨越地域的限制，只能对某一特定地区产生影响。但任何信息一旦进入 Internet 网，分布在世界各地的国际互联网的用户都可以在他的计算机屏幕上看到。从这个意义上说，Internet 网络将会是具有全球影响的高科技媒体。

② 费用低廉。

电台电视台的广告虽然以秒计算，但费用也动辄成千上万；报刊广告也价格不菲，超出多数单位、个人的承受力。Internet 电脑网络由于节省了报刊的印刷和电台电视台昂贵的制作费用，成本大大降低，使绝大多数单位、个人都可以承受。

③ 成交概率高。

广告受众对于传统媒介的广告大多是被动接受，不易产生效果，可能 95%的观众没有任何兴趣，看完后马上忘得一干二净。但在 Internet 上，大多数来访问广告的人都是抱着求购的愿望而查询的，成交的可能性极高。

④ 多媒体动感。

Internet 网上广告可以应商家要求做成集声、像、动画于一体的多媒体广告。这是其他报刊，电台广告所无法比拟的。与电视多媒体广告相比，其价格之差显而易见。

⑤ 迅捷性。

这一点一方面指的是信息的发布，另一方面指的是信息的反馈和更换。对于广告运作来说，从材料的提交到发布，所需时间可以是数小时或更短。

⑥ 互动性。

这种互动性的另一个显著特点是一对一的直接沟通。

⑦ 巨大的信息承载量。

这一点同传统媒介中的纸媒介相似。只不过互联网的呈现方式不是翻阅，而是一层层的点击。

缺点：

① 网络广告的覆盖率低。

统计资料表明，即使在北京，网络广告的覆盖率也只是城市人口的 8%，上海只有 2%。其覆盖率的增长将在相当长的一段时间里受制于计算机和电话的普及。

② 效果评估困难。

在中国至今尚未有一家公认的第三方机构可以提供量化的评估标准和方法。当一个媒体不具备可评估的时候，我们从媒介作业的角度就完全有理由去质疑它的可选用性。目前对网络广告效果的评估主要是基于网站提供的数据，而这些数据的准确性、公正性一直受到某些广告主和代理商的质疑。

6）销售现场广告(POP 广告)

橱窗、货架，以强化零售终端对消费者的影响力。

2. 选择广告媒体的依据

1）产品性质

(1) 有色泽、式样要求的产品，需要展示(服装广告)以增加美观和吸引力——电视机、杂志或网络。

(2) 高档耐用消费品，需了解外观、性能、规格(冰箱、洗衣机等)——电视机或网络。

(3) 通过听觉就可了解的产品(药品广告)——广播或网络。

2) 消费者媒体习惯

(1) 妇女杂志(女友、家庭医生、中外妇女等)，读者主要是妇女，宜登女性用品广告。

(2) 学龄前儿童用品广告，最好的媒体是电视。

3) 媒体传播范围

不同的媒体所能传播的范围有大有小，所能接触的人口有多有少。

行销全国的商品：宜选择全国性报纸、杂志、中央人民广播电台、中央电视台、网络。

局部地区销售的商品：宜选择地方性报纸、杂志、地方广播电台、地方电视台、广告牌。

4) 媒体影响力

媒体影响力指报纸、杂志的发行量，广播、电视、网络的听众数或观众数，媒体的频率及声誉。

全国性报纸、杂志、广播、电视、网络影响力大；地方性报纸、杂志、广播、电视影响力小。

5) 媒体费用

广告媒体还要考虑费用与效果的关系，依据自己的财力选择相应的媒体。

营销视野

用品牌做游戏

基于视频游戏在年轻消费者中间的爆炸流行，许多广告商采用了“你不能打败它们，就加入它们”的态度。网络游戏有着广泛的吸引力。在美国，现在有1.32亿名少年和成人玩游戏，但是只有一半家庭有游戏机，玩游戏的人中只有40%是女性。

一个顶级的“广告游戏”的开发费用在10万～50万美元之间。在出资者的公司主页、游戏端口甚或餐厅里，都可以玩到此种游戏。七喜(7－UP)、麦当劳和保时捷(Porsche)公司都曾在游戏中出现过。本田公司开发了一款游戏，可以让玩家选择一辆汽车并在标有本田标识的城市街道上行驶。在开始的3个月内，78000人平均玩了8分钟的游戏。每千人的成本是7美元，相对于黄金时段的11.65美元还是划算的。营销者在玩家注册的过程中能收集到有价值的顾客信息，而且经常可以被允许发送电子邮件。在福特Escape SUV出资的游戏玩家中，有54%的登记者愿意接收电子邮件。

营销者在视频游戏中也在扮演明星的角色。在多人游戏“无限试驾”中，玩家可以在竞赛途中休息，去逛商店，这时他们可以遇到至少10个现实世界的品牌，例如雷克萨斯和夏威夷航空(Hawaiian Airlines)。《古墓丽影》(Tomb Raider)中的劳拉·克劳馥(Lara Craft)驾驶了一辆吉普指挥官(Jeep Commander)汽车。主流营销者，像苹果、宝洁、丰田和Visa公司都开始使用游戏广告。在游戏广告和产品内置上的支出预计将从2005年的5600万美元增加到2010年的7.3亿美元，每千人的费用为30美元。

“第二人生”(Second Life)和其他虚拟社区的逐渐流行纵营销者创造了新的机会。可口可乐、H&R Block、IBM和丰田是首批建立虚拟空间的公司。NBA在“第二人生”开设了一家NBA总部，包括一家商店和由三家目前的合作伙伴——思科、T-Mobile和丰田资助的场所和活动。想起步很容易，只需花费1675美元加上每个月295美元的费用就可以拥有一个小岛。这让广告商感到兴奋，因为可以有机会接触到难以达到的7100万18～34岁以及其他年龄层的注册用户。但是“第二人生”也因为大量过激的、种族的内容和行为而出名。就像一位网络代理经理指出的，“如果品牌进入了像这样的空间，它们应该睁大双眼警惕可能不得不处理的危险。”

资料来源：“Virtual Worlds Generate Real-Life Benefits for Properties，Sponsors，” *IEG Sponsorship Report*，June 11，2007，1，8；Allison Fass，“Sex，Pranks，and Reality，” *Forbes*，July 2，2007，48；Erika Brown，“Game On!” *Forbes*，July 24，2006，84-86；David Radd，“Advergaming：You Got It，” *Business Week*，October 11，2006；Stuart Elliott，“Madison's Avenue's Full-Cort Pitch to Video Gamers，” *New York Times*，October 16，2005；“Women Get in the Game，” www. microsoft. com. January 8，2004.

13.3.3 广告的设计原则

1. 真实性

广告的生命在于真实。虚伪、欺骗性的广告，必然会丧失企业的信誉。广告的真实性体现在两方面：一方面，广告的内容要真实；另一方面，广告主与广告商品也必须是真实的。企业必须依据真实性原则设计广告，这也是一种商业道德和社会责任。

2. 社会性

广告是一种信息传递。在传播经济信息的同时，也传播一定的思想意识，必然会潜移默化地影响社会文化、社会风气。从一定意义上说，广告不仅是一种促销形式，而且是一种具有鲜明思想性的社会意识形态。广告的社会性表现为广告必须符合社会文化、思想道德的客观要求。

3. 针对性

广告的内容和形式要富有针对性，即对不同的商品、不同的目标市场要有不同的内容，采取不同的表现手法。广告主要根据不同的广告对象来决定广告的内容，采用与之相适应的形式。

4. 艺术性

广告是一门科学，也是一门艺术。广告把真实性、思想性、针对性寓于艺术性之中。利用科学技术，吸收文学、戏剧、音乐、美术等各学科的艺术特点，把真实的、富有思想性、针对性的广告内容通过完善的艺术形式表现出来。

13.3.4 广告促销效果测定

迄今为止，广告效果的评价还是一个没有很好解决的问题，企业进行广告活动，总是希望实现一定的销售目标，广告对销售目标的贡献，一般表现为销售额的增长，或者防止销售额的减少，但是，这种贡献是广告与其他营销功能共同作用的结果，同时广告的作用既可能是即时的也可能是延迟的，因此在这种情况下，要想测出广告对销售目标的直接贡献是困难的。

多年来，业界人士总倾向于从广告信息传播效果的角度评价广告效果，并且建立和发展了评价这种广告效果的步骤和方法，评价广告效果的步骤分为3个阶段，即事前测定、事中测定、事后测定，各个阶段具有相适应的评价方法。

1. 事前测定

事前测定就是通过对广告进行传播前的测定来了解广告信息，在未来的传播过程中会引起消费者什么样的反应与行为。

(1) 销售实验法。即模拟一个销售环境，通过实验的方法来检验效果。比如，通过电视媒体，将录制好的广告内容在典型的购物环境中进行播放，观察所造成的销售效果。

(2) 消费者评定法。这种方法就是将若干广告方案，交由选出来的消费者代表进行效果评定，并请消费者从中择优。

(3) 检查表测验法。检查表测验法又称要点采分法。采用这种方法需要事先设计一个广告要点采分表(也叫广告效果评价表)，然后请消费者就提出的广告要点评分，由此测定广告效果。

2. 事中测定

事中测定就是在广告的执行过程中，对广告进行效果的测定。

(1) 销售地区实验法。这是实地测验法的一种，采用这种方法旨在直接检测广告的销售效果。具体方法是先将销售地区分为实验城市与控制城市，然后在实验城市进行广告活动，经过一个时期，再将实验城市的销售情况与控制城市的销售情况做一对比，以此了解孰优孰劣，广告效果自见分晓。

(2) 分割测定法。分割测定法的具体做法是将一则广告刊登在报纸或杂志的一半版面上，将另一则广告刊登在同期的另一半版面上，然后将二者平均寄给读者，将信息反馈统计后，即可得出两则广告销售效果的比较值。

3. 事后测定

事后测定就是对广告活动进行之后的状况进行评定与检查。

(1) 事前事后法。即将广告活动前后的销售情况，比如将销售额、利润额与广告费用结合起来，比较和衡量广告效果。

(2) 认知测定法。即对刊播过的广告进行消费者认知状况调查。通过认知程度的高低判断广告效果的好坏。

(3) 态度测定法。即通过调查问卷，检查表测验、语意差别法、量表等调查工具，检测人们对广告的态度或看法，经统计处理后，判断广告效果的好坏。

13.4 公共关系策略

13.4.1 公共关系的概念及特征

1. 公共关系的概念

公共关系是指企业在从事市场营销活动中正确处理企业与公众的关系，以便树立企业的良好形象，从而促进产品销售的一种活动。它是20世纪30年代发展起来的，是企业经营管理的一个重要方法。

2. 公共关系的基本特征

(1) 公共关系是一定社会组织与其相关的社会公众之间的相互关系。

(2) 公共关系活动的主体是一定的组织(企业、机关、团体等)。

(3) 公共关系活动的对象是企业的公众，构成企业活动的客体。

(4) 公共关系活动的过程是信息的传播和沟通。

(5) 公共关系的目标是为企业广结良缘，创造良好形象和社会声誉。

(6) 公共关系活动的基本原则是真诚合作、平等互利、长期发展。

(7) 公共关系是一种信息沟通、创造人和的艺术。

(8) 公共关系是一种长期活动。

13.4.2 公共关系的作用

1. 收集信息，监测环境

(1) 产品形象信息。

消费者对本企业产品的各种反应与评价，是企业形象的基础。

(2) 企业形象。

企业形象，是社会公众和企业职工对企业整体的印象和评价。企业信誉高，形象自然就好，良好的社会形象是企业的无形资产和财富，是用金钱买不到的。公共关系的主要任务就是通过恰当的措施树立企业的良好形象。

(3) 企业内部公众的信息——掌握职工对企业的期望。

(4) 其他信息。

公共关系作为社会经济趋势的监测者，应广泛收集有关社会经济信息：投资者的投资意向、竞争者动态、顾客的需求变化、其他社会公众对企业的要求以及国内外政治、经济、文化、科技等方面的重大变化，供决策者参考。

2. 咨询建议，决策参考

(1) 利用收集的信息进行综合分析，考察企业决策和行为在公众中产生的效应及影响程度。

(2) 预测企业决策和行为与公众可能意向之间的吻合程度。

(3) 及时、准确地向企业的决策者进行咨询，提出合理而可行的建议。

3. 舆论宣传，创造气氛

(1) 将企业有关信息及时、准确、有效地传送给特定的公众对象，创造良好舆论气氛。

(2) 有利于企业消除公众误解，传播正确信息。企业被公众误解时，是一个严峻的时刻，而良好的公共关系能够帮助企业消除形象危机。

4. 交往沟通，协调关系

(1) 交往沟通是公共关系的基础。

(2) 有利于增强企业内在的凝聚力，协调与外界的关系。

一个企业要顺利地发展，内部就要充满生机和活力，良好的公共关系有利于企业人员积极性、智慧和创造性的发挥。

5. 教育引导，社会服务

通过广泛、细致、耐心的劝服性教育和实惠性、赞助性服务，诱导公众对企业产生好感。

(1) 向企业内部人员输入公关意识，诱导其重视企业整体形象和声誉。

(2) 通过劝服性教育和实惠性服务，使社会公众对企业的行为、产品等产生认同和接受。

13.4.3 公共关系的活动方式和工作程序

1. 活动方式

1) 宣传型公共关系

运用报纸、杂志、广播、电视、网络等各种传播媒介，采用撰写新闻稿、演讲稿、报告等形式，向社会各界传播企业有关信息，以形成有利的社会舆论，创造良好气氛的活动。这种方式传播面广，推广企业形象效果较好。企业应当争取一切机会和新闻界建立联系，及时将具有新闻价值的信息提供给新闻媒介，以此扩大企业在消费者中的影响，引导公众意向。

2) 征询型公共关系

这种公共关系方式主要是通过开办各种咨询业务、制定调查问卷、进行民意测验、设立热线电话、聘请兼职信息人员、举办信息交流会等各种形式，连续不断地努力，逐步形成效果良好的信息网络，再将获取的信息进行分析研究，为经营管理决策提供依据，为社会公众服务。

① 听取和收集对本企业产品、人事、政策等方面的建议和意见。

② 迅速处理公众意见，消除导致公众抱怨的原因。

③ 建立与消费者的联系制度，回答询问。

④ 与有关民间团体保持联系，向他们提供企业有关资料，回答他们的各种问题。

⑤ 与政府机构、中间商和有影响的人士建立公开的信息关系。

3) 交际型公共关系

这种方式是通过语言、文字的沟通，广结良缘，巩固传播效果。可采用宴会、座谈会、招待会、谈判、专访、慰问、电话、信函等形式。交际性公共关系具有直接、灵活、亲密、富有人情味等特点，能够深化企业与公众的感情。

4) 服务型公共关系

通过各种实惠性服务，以行动去获取公众的了解、信任和好评，以实现既有利于促销又有利于树立和维护企业形象与声誉的活动。企业可以以各种方式为公众提供服务，如消费指导、消费培训、免费修理等。事实上，只有把服务提到公共关系这一层面上来，才能真正做好服务工作，也才能真正把公共关系转化为企业全员行为。

5）社会型公共关系

社会性公共关系是通过赞助文化、教育、体育、卫生、慈善等事业，支持社区福利事业，参与国家、社区重大社会活动等形式来提高企业的社会知名度和美誉度，塑造企业的良好形象。这种公共关系方式，公益性强，影响力大，有长期效益，企业能从中得到特殊的利益，建立一心为大众服务的形象。

6）建设型公共关系

多用于一个企业的开创时期，或某一发展时期的起步阶段，或新产品问世，争取良好、深刻的第一印象，提高知名度。把握时机，创造条件，不断在特定公众中进行新颖、别致的“曝光”、“亮相”。

7）维系型公共关系

在顺利、稳定发展时期，为保持声誉，稳定良好关系，长期不断施以不落痕迹的影响。

8）进攻型公共关系

目标与客观环境冲突、摩擦之际，以攻为守，改变对原环境的过分依赖，摆脱被动。

2. 工作程序

(1) 公共关系调查。公共关系的调查是开展公共关系工作的基础和起点，主要包括：企业基本状况、公众意见及社会环境三方面的内容。

(2) 公共关系策划。公共关系计划是公共关系工作持续高效的重要保证。

(3) 公共关系实施。公共关系计划的实施是整个公共关系活动的“高潮”。

(4) 公共关系评估。公共关系实施效果的检测，主要是依据社会公众的评价。

13.5 营业推广策略

13.5.1 营业推广的概念和特点

1. 概念

营业推广又称销售促进，是指企业运用各种短期诱因鼓励消费者和中间商购买、经销(代理)企业产品或服务的促销活动。

2. 特点

1）促销效果明显

在开展营业推广活动中，可选用的方式多种多样。一般来说，只要能选择合理的营业推广方式，就会很快收到明显的增销效果，而不像广告和公共关系那样需要一个较长的时期才能见效。因此，营业推广适合于在一定时期、一定任务的短期性的促销活动中使用。

2）是一种辅助性促销方式

人员推销、广告和公共关系都是常规性的促销方式，而多数营业推广方式则是非正规性和非经常性的，只能是它们的补充方式。亦即，使用营业推广方式开展促销活动，虽能在短期内取得明显的效果，但它一般不能单独使用，常常配合其他促销方式使用。营业推广方式的运用能使与其配合的促销方式更好地发挥作用。

3）有贬低产品之意

采用营业推广方式促销，似乎迫使顾客产生“机不可失、时不再来”之感，进而能打破消费者需求动机的衰变和购买行为的惰性。不过，营业推广的一些做法也常使顾客认为卖者有急于抛售的意图。若频繁使用或使用不当，往往会引起顾客对产品质量、价格的怀疑。因此，企业在开展营业推广活动时，要注意选择恰当的方式和时机。

13.5.2 营业推广的形式

1. 对消费者的营业推广形式

1）对消费者的营业推广目的

对消费者的营业推广目的有以下几点。

(1) 鼓励购买。

(2) 促进新用户试用。

(3) 鼓励使用者购买新包装商品。

(4) 吸引购买其他同类产品的顾客。

2）对消费者的营业推广形式

对消费者的营业推广有以下几种形式。

(1) 赠品。通过赠送便宜商品或免费品，使顾客得到实惠，又可刺激顾客的购买行为。馈赠的物品主要是一些能够向消费者传递企业有关信息的精美小物品。

形式有：①随货赠送；②批量购买赠送；③随货中彩奖品。

(2) 赠券或印花。当顾客购买某一商品时，企业给予一定张数的交易赠券或印花，积累到一定数额时，可到指定地点换取赠品。

(3) 价格折扣。产品推销者发放优惠券，消费者凭优惠券购买商品时可得到一定的价格折扣。

(4) 展销。使消费者了解商品，增加销售的机会。如：季节性商品展销、名优产品展销、新产品展销。

(5) 服务促销。通过周到的服务使顾客得到实惠，在相互信任的基础上长期开展交易，有售前、售中、售后服务，培训服务，保险、咨询服务，订购服务、邮寄服务等。

(6) 消费者竞赛。即通过募集歌词、歌谱，摄影比赛，企业或商品命名，征求创意，广告语等竞争活动，提高产品劳务或企业的知晓程度。

(7) 讲座。即有计划有组织地长期进行商品讲座活动，以期消费者增加商品知识。

2. 对中间商的营业推广形式

1）对中间商的营业推广目的

对中间商的营业推广有以下几个目的。

(1) 吸引中间商购买新产品。

(2) 刺激中间商大量购买。

(3) 鼓励购买落令商品。

(4) 促使中间商成为本企业忠实顾客。

2) 对中间商的营业推广形式

对中间商的营业推广形式有以下几种。

(1) 购买折扣。指中间商购货达到一定数量时，按计划金额给予一定的折扣。

(2) 资助。企业为中间商提供陈列商品费用、部分广告费用和运费等补贴或津贴。

(3) 经销津贴。为鼓励中间商购进产品开展促销而给予中间商一定津贴。主要有：新产品津贴、广告津贴、清货津贴、降价津贴。

3. 对推销人员的营业推广形式

1) 对推销人员的营业推广目的

对推销人员的营业推广目的有以下三点。

(1) 鼓励推销人员大力推销新产品。

(2) 刺激推销人员推销落令商品。

(3) 促使推销人员开拓市场。

2) 对推销人员的营业推广形式

对推销人员的营业推广形式有以下几种。

(1) 红利提成。一是固定工资不变，季末或年终从企业销售利润中提取一定比例金额奖励推销员；二是无固定工资，每达成一笔交易，按销售利润多少提取一定比例金额，利润越大提成越多。

(2) 特别推销会。企业给予推销人员一定钱款、礼品或本企业产品以鼓励其努力推销。

(3) 推销竞赛。推销竞赛包括推销数额、推销费用、市场渗透、推销服务等，对成绩突出、贡献大者，给予现金、旅游、奖品、休假、晋升、精神奖励等。

13.5.3 营业推广的控制

1. 选择适当的方式

营业推广的方式很多，且各种方式都有其各自的适应性。选择好的营业推广方式是促销获得成功的关键。一般来说，结合产品的性质、不同方式的特点以及消费者的接受习惯等因素选择合适的营业推广方式。

2. 确定合理的期限

推广时间过短——不少潜在买主可能没有买到；推广时间过长——会使消费者认为是一种变相降价从而失去吸引力，甚至会对商品质量产生怀疑。

据美国的有关调查证明，每一季度开展三星期左右的营业推广较为合适，至于每一次推广的期限，以消费者的平均再购周期为标准较恰当。

3. 禁忌弄虚作假

营业推广的主要对象是企业的潜在顾客，因此，企业在推广全过程中，一定要坚决杜绝徇私舞弊的短视行为发生。本来营业推广这种促销方式就有贬低商品之意，如果再不严格约束企业行为，那将会产生失去企业长期利益的巨大风险。

4. 注重中后期宣传

在营业推广活动的中后期，企业面临的十分重要的宣传内容是营业推广中的企业兑现行为。这是消费者验证企业推广行为是否具有可信性的重要信息源。所以，令消费者感到可信的企业兑现行为，一方面有利于唤起消费者的购买欲望，另一个更重要的方面是可以换来社会公众对企业良好的口碑，维护企业良好形象。

应用案例

脑白金广告策略

【案情简介】

在很多人看来，脑白金广告一无是处，更有业内人士骂其毫无创意、“土得令人恶心”。有趣的是，就靠着这在网上被传为“第一恶俗”的广告，为脑白金创下了几十亿的销售额，在2001年，更是每月平均销售额高达2亿，“巨人”史玉柱也翻了身，再次踌躇满志地重出江湖。土广告打下大市场，不是用偶然性能解释的。对其广告策略进行剖析，对人们一定能有不少启示。

1. 定位礼品VS曲线救国

20世纪70年代，莱斯和屈特提出了奠定他们营销大师地位的广告定位论。他们认为，广告应该在消费者心智上下功夫，力争创造一个心理独有的位置，特别是“第一说法、第一事件、第一位置”等，创造第一，才能在消费者心中造成难以忘记的、不易混淆的优势效果。而“今年过节不收礼，收礼只收脑白金”的广告语就抢占了这么一个独一无二的定位——既与传统中用以送礼的烟酒等“不健康礼品”立有高下之分，又从主要把目标市场锁定在寻求保健效果者本人的其他保健品中凸现出来！正是这充满霸气地同礼品之间划上的等号，塑造出脑白金与众不同的形象，使得消费者想到礼品，不由就想到脑白金。在我们这样一个礼仪之邦，礼品市场有多大？这个等号的价值又有多大呢？其实，脑白金敢于划这个等号也只是洞悉了一个简单事实：由于我国经济水平的限制，保健品本身就存在“买的不用，用的不买”的购买者与使用者分离的现象，保健品需求变成购买力在很大程度上是间接的。至于功效颇有争议的脑白金，走直接道路更加困难，所以礼品定位真是不得不走的“曲线救国”之路。

启示：定位可以说是广告的灵魂，相比之下，设计不过是躯壳而已。一旦确定了有优势的定位，就把握几分胜算了。

2. 感性路线VS理性路线

因为是保健食品的缘故，按法律规定，脑白金不能在广告中宣传治疗功效。所以，脑白金除在软文广告中打打擦边球以外，其他广告对功用的宣传力度都很小。作为不可避免的结果，脑白金购买者对其持信任态度的仅为6.2%。也就是说，大部分消费者怀疑其功效却还趋之若鹜。态度与行动背离的这种现象用传统的“广告→认知→态度→购买行为”的消费者行为学模型是无法解释的。是消费者不理性？非也！美国营销学家米盖尔·L. 雷认为，某些产品，消费者没有获取其信息的动机或缺少分析产品信息的能力，在这种消费者低参与度的情况下，广告就能超越态度改变而直接诱发购买行为，即“广告→认知→行为”。作为礼品的脑白金，购买者往往关心的是其档次、蕴含的祝福，甚至于包装等，对其功效反而并不太关心了。这很容易理解，俗话说礼到情意到，礼品送出去就发挥了对购买者的价值了，至于到了最终使用者那里如何，就是厂家的责任了。况且，对于这些医药保健药品，普通老百姓也确实没有能力参详透彻。所以脑白金作为消费者低参与度产品，出现态度与行为的分离也就不奇怪了。

启示：做广告策划，一定要了解产品属于消费者高参与度还是低参与度产品，然后对症下药。消费者高参与度的，就要通过广告使消费者清楚了解产品，打理性牌。消费者低参与度的，则要使用感性武器，用名人代言的效果都远远好过说教。譬如脑白金，做广告就不能当成给消费者上医学知识普及课。

3. 集中诉求 VS 升华卖点

广告之父大卫·奥格威一直告诫广告人，广告一定要谨守单一诉求。可惜许多广告人总是置其忠告于不顾，只恨不得把商品的一切卖点都罗列于广告之上。经验已经证明，成功的广告总是只向消费者承诺一个利益点，因为消费者从一个广告里只能记住一个强烈的概念。如英国政治家丘吉尔所言：说得愈多，领悟得愈少。少说些、锁定焦点，才能带来较好的广告效果。脑白金广告虽简单，却也谨守了这一金科玉律，只通过姜昆、大山以及后来的老头、老太太等的表演，形象地传递出以脑白金为礼物可达到收礼者开心的效果。想想看，如果脑白金广告中不仅宣传自己是送礼首选，还孜孜不倦地讲解自己改善睡眠、畅通大便的好处，消费者恐怕也难以清晰地记得“收礼只收脑白金”了。

启示：广告必须提出购买商品后可获得什么利益的主张，并且这个主张一定是强有力的，聚集于一个点上的，这样才能集中打动、感动和吸引消费者来购买商品。

4. 频频亮相 VS 有效展露

重复是记忆之母。刘易斯·卡罗尔的《猎鲨》中有这么一句：“我已经说过三遍了，无论什么，只要我说过三遍，就是真的!”这用来描述广告的投放效果似乎也很合适。广告专家艾尔文·阿肯保姆曾在1977年提出了有效展示(Effective Exposure)的概念，指出广告展示存在一个下限，低于这个下限，广告信息与消费者就无法建立牢固的联系，广告就会浪费。研究同时发现，同样的广告播放多次会增加20%～200%的记住率。特别对于消费者低参与度的产品，广告展示的频次需要更高才能达到诱发购买的目标。脑白金绝对是认识到了这一点，极有魄力地一年就在广告上甩出十几亿。显然，没有媒体上的高投入、高投放，其广告显然达不到满意的效果。但是重复也要注意时机和次数的适当。据研究，广告展示的频次增加到一定程度，很可能引发消费者的负面心理，反而拖产品销售的后腿。如脑白金在1999年3～6月保健品淡季，也疯狂加大电视投入，费用花了一亿多元，可销售并未相应增加，反而引起消费者的普遍反感，真是弄巧成拙。

启示：如何安排媒体投放，在广告管理中的重要性绝不低于设计。只有合理安排广告投放的媒体以及投放密度，才能保证广告最大限度地发挥作用，使广告主的钱落在实处。

5. 阳春白雪 VS 下里巴人

常有商贩以“洋气”来形容自己卖的衣服设计超凡脱俗、卓尔不群。这也是许多广告人追求的目标，“土气”则成了大忌。在消费者被浩如烟海的信息包围的今天，平庸单调的广告是很难引起消费者注意、达到广告效果的。故而有些广告人就沉溺于别出心裁、哗众取宠的效果，结果往往是消费者记住了广告，却忽视了是什么产品的广告，广告创意人的声誉提高了，产品的销售却不升反降。以世界级的CLLO大奖为例，历届大奖作品的广告主中，将近一半在获奖后破产或是更换了广告人，因为设计太过阳春白雪的广告并没有帮助销售。还是奥格威说得好，“广告为什么一定要像广告呢？如果能卖出东西，我希望消费者记住广告中的产品而不是记住了广告本身。”创意必须与广告受众的欣赏水平、审美观、消费心理等相适应，即必须有度，过了这个“度”会让广告受众不知所云，就只能孤芳自赏了。按“黑猫白猫，能抓住老鼠就是好猫”的说法，也可以说，“洋广告土广告，能促进销售就是好广告”。衡量创意好坏得用市场说话，千万别用专家的眼光替消费者做判断，毕竟广告是服务于产品的。脑白金的CF片，无论是“大山版”，还是“老头版”，都是直白、俗气，演员一副娘娘腔调，市侩形象十足，但却很有生活气息，易于理解，成为促进销售最好的力量。因而从广告服务产品的角度说，脑白金广告是成功的。当然，若由主张处理方式内容同等重要的广告大师威廉·伯恩巴赫评判，恐怕他还会要求脑白金广告在创意上多下点功夫，以取得更好的效果。

启示：创意对广告能否给消费者留下深刻印象起着重要作用，但广告不是纯艺术，所以创意决不能只用艺术的标准评价，不要忽视消费者的眼光，评价创意的最终标准是市场。

脑白金的广告并不完美，应该说存在很大缺陷。在几年的市场开拓中，没有注意培养品牌的内涵价值，知名度高而美誉度不高，导致缺少忠诚消费者。如今市场上出现愈来愈多企图在礼品市场瓜分蛋糕的公司，脑白金的定位优势已经大大减弱。如海王金樽在春节前喊出了"不送礼品送新意"的口号、某PDA厂家叫着"送礼就送短讯王"等，无疑是针锋相对地向脑白金叫板。海王金樽们或许正击在脑白金的软肋之上，因为崇尚时尚性的礼品市场，总是喜新厌旧的。在众多新品的冲击下，脑白金还能凭借它的土广告坚守住阵地么？

资料来源：http://club.news.sohu.com/read_elite.php?b=zunyishi&a=5037759.

【案例思考】

试评价脑白金的广告策略，并根据所学的知识，给其广告策略提出合理化建议。

本章小结

促销作为一项重要的营销活动，其实质与核心就是沟通信息，目的是引发、刺激消费者产生购买欲望。促销的主要形式有人员推销、广告、公共关系和营业推广。人员推销具有信息传递、推销目的双重性、推销过程灵活性等优点。广告是重要的促销方式。公共关系是企业正确处理企业与社会的关系，以便树立企业的良好形象，从而促进产品销售的一种长期活动。营业推广的促销效果显著，但有贬低产品或品牌之意，因此它是一种辅助性促销方式。

习　题

一、单选题

1. 促销工作的核心是(　　)。

A. 出售商品　　B. 沟通信息　　C. 建立良好关系　　D. 寻找顾客

2. 促销的目的是引发刺激消费者产生(　　)。

A. 购买行为　　B. 购买兴趣　　C. 购买决定　　D. 购买倾向

3. 对单位价值低、市场比较分散的日常用品，通常采用(　　)策略。

A. 广告　　B. 公共关系　　C. 推式　　D. 拉式

4. 人员推销的缺点主要表现为(　　)。

A. 成本低，顾客量大　　B. 成本高，顾客量大

C. 成本低，顾客有限　　D. 成本高，顾客有限

5. 在产品生命周期的投入期，消费品的促销目标主要是宣传介绍产品，刺激购买欲望的产生，因而主要应采用(　　)促销方式。

A. 广告　　B. 人员推销　　C. 价格折扣　　D. 营业推广

6. 在人员推销中，常采用的"刺激—反应"策略，也就是(　　)策略。

A. 针对性　　B. 诱导性　　C. 等待性　　D. 试探性

7. (　　)通过橱窗、货架，以强化零售终端对消费者的影响力。

A. 户外广告　B. 视听广告　C. POP广告　D. 邮寄广告

8. (　　)是通过赞助文化、教育、体育、卫生等事业，支持社区福利事业，参与国家、社区重大社会活动等形式来提高企业的社会知名度和美誉度，塑造企业的良好形象。

A. 社会性公共关系　B. 宣传性公共关系　C. 征询性公共关系　D. 服务性公共关系

9. 对于生产经营生产资料的企业来说，最主要的促销手段是(　　)。

A. 人员推销　B. 营业推广　C. 广告宣传　D. 公共关系

10. 企业邀请记者参观考察企业，记者撰写了一篇报道企业的文章刊登在报纸上，这种活动叫作(　　)。

A. 人员推销　B. 广告　C. 公共关系　D. 营业推广

二、多选题

1. 促销的具体方式包括(　　)。

A. 市场细分　B. 人员推销　C. 广告

D. 公共关系　E. 销售促进

2. 促销组合和促销策略的制定其影响因素较多，主要应考虑的因素有(　　)。

A. 消费者状况　B. 促销目标　C. 产品因素

D. 市场条件　E. 促销预算

3. 广告最常用的媒体包括(　　)。

A. 报纸　B. 杂志　C. 广播

D. 电影　E. 电视

4. 公共关系的活动可分为(　　)。

A. 宣传性公共关系　B. 征询性公共关系　C. 交际性公共关系

D. 服务性公共关系　E. 社会性公共关系

5. 下面属于对消费者的营业推广形式有(　　)。

A. 赠品　B. 资助　C. 印花

D. 推销竞赛　E. 服务促销

三、判断题

1. 销售产品是市场营销活动的中心任务，信息传递是产品顺利销售的保证。　(　　)

2. 流通环节较多、流通渠道较长的产品，市场范围较广、市场需求较大的产品，常采用推式策略。　(　　)

3. “诱导性”策略指推销员针对顾客的现实需求与潜在需求开展积极主动的洽谈，以引起顾客兴趣，达到促成交易的目的。所以也叫“配方—成交”策略。　(　　)

4. 非人员促销适用于消费者数量多、比较集中的情况。　(　　)

5. 推销员除了要负责为企业推销产品外，还应该成为顾客的顾问。　(　　)

6. 劝告性广告亦称报道性广告，它是以激发顾客对产品的初始需求为目标，主要介绍刚刚进入投入期的产品的用途、性能、质量、价格等有关情况，以促使新产品进入目标市场。　(　　)

7. 甄选推销人员就是指对未从事推销工作的人员进行甄选。　(　　)

8. 广告作为促销方式或促销手段，它是一门带有浓郁商业性的综合艺术。　(　　)

9. 企业应结合产品的性质、不同方式的特点以及消费者的接受习惯等因素选择合适的营业推广方式。　(　　)

10. 公共关系是一种信息沟通、创造人和的艺术，是一种长期活动。　(　　)

四、简答题

1. 促销包含哪几方面的含义?
2. 促销有哪些作用?
3. 人员推销与非人员推销相比，其优点表现在哪些方面?
4. 企业公共关系有哪些作用?

五、论述题

1. 试述企业应怎样开发公共关系和公共宣传。
2. 试述销售促进控制。

第14章 管理整合营销传播

教学目标

重点掌握市场营销信息传播的一般过程和规律，开发有效传播的主要步骤；理解整合营销传播组合决策。

教学要求

知识要点	能力要求	相关知识
信息传播	(1) 理解信息传播的一般过程 (2) 掌握信息传播的一般规律 (3) 了解信息传播的主要步骤	信息传播对营销产品的影响
整合营销传播	(1) 掌握营销整合传播的定义 (2) 理解营销整合传播的组合决策过程	营销传播组合因素分析

基本概念

信息传播；整合营销传播

引　例

中国移动整合营销传播——动感地带品牌

仅仅 15 个月的时间，中国移动新推出的动感地带，就“俘获”了 2000 万目标人群，也就是说，平均每 3 秒钟，就会有一个动感地带新用户诞生。据中国移动 2003 年年末的不完全统计，中国移动启用“动感地带”品牌比未启用“动感地带”品牌：短信流量增长超过 63%；点对点短信业务收入增长超过 30%；短信增值业务收入增长超过 45%。

2001 年 11 月 21 日，广东移动进行动感地带品牌试点。动感地带在全国发起，是 2003 年 3 月，中国移动将动感地带的目标人群定位为了年轻人群。尽管这一部分人群喜欢追新求异，见异思迁，忠诚度不高，并且由于没有收入来源，购买力也有限，但从长远来看，中国父母对独生子女“补贴收入”递增使得年轻人群正成为了一支不可小觑的消费力量，并且恰恰是这部分人群的追新求异，才会让他们勇于尝试新业务，更重要的是，年轻人群是未来主力消费的生力军，在长期潜移默化的熏陶中培养他们对中国移动的品牌情感，也是大有裨益。

经过一番利弊权衡的反复思量，中国移动终于做出了自己的战略抉择：将动感地带作为集团与全球通和神州行并行的第三大子品牌，以全球通为利润品牌，神州行为大路品牌，动感地带为狙击和种子品牌。中国移动启动动感地带，可以用低价的优势大势网络低端人群，给竞争者釜底抽薪式的打击，同时，作为一个未来的战略业务增长点，动感地带弥补了中国移动品牌架构的空缺，为高端品牌全球通打通了一条强劲的输血管道。

资料来源：http://www.172training.com/index.php? controller=Download&action=Show&id=944.

引例点评：现代营销不仅要求企业开发优良的产品，制定有吸引力的价格，使它易于接受。企业还必须与现实的和潜在的利益关系方和公众沟通，进行整合营销传播，那么何为整合营销传播？

本章将对信息传播的一般过程和规律、开发有效传播、整合营销组合传播等相关知识进行具体介绍。

现代营销不仅要求企业开发优良的产品，制定有吸引力的价格，使它易于被接受。企业还必须与现实的和潜在的利益关系方和公众沟通。每个企业都不可避免地担当起传播者和促销者的角色。对大多数企业来说，问题不在于是否要传播，而在于经常说什么、对谁说和怎样说。菲利普·科特勒认为，整合营销传播是一种从接受者的角度考虑全部营销过程的方法。

14.1　开发有效传播

14.1.1　信息传播的要素

1. 发送者

发送者一般是进行促销活动的企业。为使它们的产品能够被消费者所接受，企业往往会试图将一些思想传递给目标市场的消费者，从而成为信息的发送者，也称“信源”。

2. 译出

译出是将发送者的思想转变为可以被传播和为接受者所感知的信息符号的活动。译出的工作可以由企业自己来做，但在大多数情况下，企业往往会委托广告公司等传播代理机构从事这项工作。

3. 信息符号

信息符号是用以反映人们的思想并能被人们传播和感知的讯号。如语言、文字、图画、色彩、表情、动作、标识、象征物等。

4. 媒体

媒体是介于信息的发送者和传播者之间，用以复制和传递信息符号的各种载体。如报纸、杂志、广播、电视、网络等。媒体可在短时间内将信息符号在很大的范围内进行传播和扩散。

5. 译入

译入是指接受者对信息符号进行理解和接受的过程，这往往是传播活动能否成功的关键环节。

6. 接受者

接触、感知、注意或理解企业所传播信息的那部分人，他们可能是企业的目标市场，但也可能是毫不相干的群体。

7. 噪音

噪音是指在信息传播过程中同时存在，并对同一接收群体所进行的其他信息的传播活动。它们对于企业的传播活动具有干扰作用。

14.1.2 信息传播的一般过程及规律

1. 信息传播的一般过程

从图 14.1 中可以看到，信息传播的一般过程包含 5 个要素、3 个阶段。这 5 个要素为：发送者、接受者、信息符号、媒体和噪音。3 个阶段为：信息编码阶段、信息解码阶段和信息反馈阶段。信息传播的一般过程为：信息的发送者将信息编码为信息符号，并通过一定的媒体进行传播；又由接受者将信息符号解码还原为信息并予以接收；接受者对所接收的信息做出反应，并将部分反应反馈给发送者。

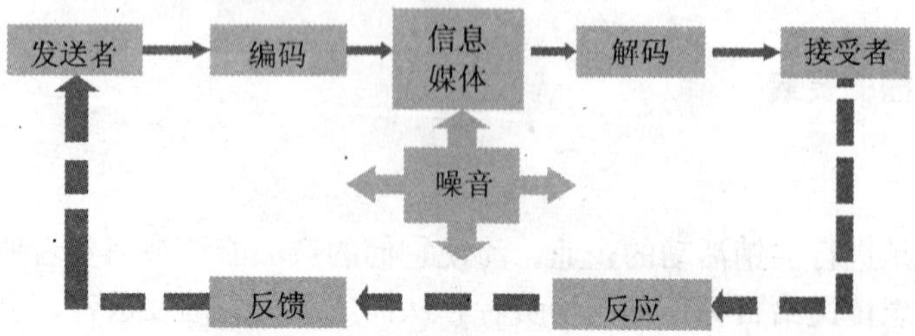

图 14.1 信息传播的一般过程

2. 信息传播的一般规律

从信息传播的几个主要阶段来看，以下一些方面是应当特别予以重视的。

1）信息符号是信息传播的关键要素

信息传播实质上是人们的思想交流活动，而人们的思想却是一种看不见摸不着的东西。要实现人们之间的思想交流，只有借助某种能被人们所感知的东西才能反映其所要进行交流的思想，信息符号发挥的就是这种作用。正因为人们是完全依赖于信息符号来实现思想交流的，所以信息符号对于信息传播和思想交流的程度和质量就有着至关重要的影响。首先，信息符号必须能全面、准确地反映信息发送者的思想，这就是信息传播活动中的“解码”阶段。“解码”的质量决定了信息传播的质量。其次，信息符号必须能为接受者感知和理解，这就是信息传播活动中的“编码”阶段。“感知”的清晰度和“理解”的准确度也影响着信息传播的效果。再次，信息符号必须借助于一定的载体(如声波、光波、电波、报刊、书籍等)在空间进行传递，这决定了信息传播的可能性和范围。最后，信息传播的质量还取决于发送者和接受者双方对于信息符号的共识。双方对于符号的理解越是趋向一致，信息传播的质量就越高。而对信息符号的理解往往取决于各方的经验领域，所以说信息传播双方的经验领域交叉面越大，对于信息符号理解一致的可能性也就越大。

2）噪音的必然性及其防止

在现代社会中，信息是大量存在的，信息的接受者不可能同时接受所有的信息，而必须根据其需要或经验，对其可能接触到的信息有选择地进行接受。这包括选择性注意、选择性理解和选择性记忆。对于某一发送者来讲，社会信息的大量并存和接受者接受信息的选择性，就使得信息传播活动中必然存在着大量噪音。噪音的存在会使发送者的信息最终不被接受或被曲解。要防止噪音，以保证信息传播得以成功，就必须分析影响接受者选择信息的因素。影响接受者选择信息的基本因素有两个方面：一是接受者的需要和经验。信息的接受者往往根据自己的特定需要去选择有关信息，并根据自身的经验去判别和理解信息，这是影响接受者选择信息的内在因素；二是信息刺激的强度。信息的接受者往往会特别注意和记住那些刺激相对比较强烈的信息，这是影响接受者选择信息的外在因素。所以信息的发送者只要根据接受者的需要和经验特点，注意选择适当的信息符号，并努力增强刺激的相对强度，就能比较有效地防止噪音的干扰。

3）信息的反应和反馈

信息的反馈是检验信息传播质量的重要依据，也是信息的发送者同接受者实现思想交流的必要条件。信息的接受者接收信息后就会产生反应，反应的情况同发送者的愿望可能一致，也可能不一致，发送者只有了解了这些反应才能不断调整所发送信息的强度和质量，以促使接受者的反应同发送者的愿望趋向一致。接受者的反应并不全部形成反馈，只有向发送者传送过去，并为发送者所接受的那部分反应才形成反馈。这就使得信息反馈的质量会受到两方面的影响：一是反馈的全面性，即所反馈的部分占接受者实际反应的比重大小。反馈得越全面，反馈的准确度也就越高。二是反馈的相关性，即所反馈的部分是否是接受者反应的本质内容。反馈的相关度大，即使反馈得不全面，也可准确地了解接受者的实际反应，而且还可能降低反馈成本。所以在了解接受者的反应时应尽可能提高信息反馈的相关度，以准确了解接受者对信息的实际反应。

信息传播活动必须重视通过信息传播对接受者(消费者)的行为加以控制和引导，这就要求在信息传播活动中掌握好4个层次：一是要求信息能被目标市场的消费者所感知，引起他们的注意；二是要求信息能被目标市场的消费者所接受，被他们准确理解；三是要求信息能成为目标市场消费者行为的动力，激发他们的购买动机；四是要求信息能引导目标市场消费者的行为方向，使他们的行为能为企业所控制。掌握好这4个层次，才能实现企业同目标市场之间的信息沟通，才能提高企业促销活动的效益。

14.1.3 开发有效传播

开发有效传播有8个主要步骤。营销的信息传播者必须：确定目标受众、确定传播目标、设计信息、选择传播渠道、编制总传播预算、决定传播组合、衡量促销成果、管理和协调整合营销传播过程。

1. 确定目标受众

营销信息的传播过程必须有明确的目标受众：企业产品的潜在购买者、目前使用者、决策者或影响者；受众可能是个人、小组、特殊公众或一般公众。目标受众极大地影响信息传播者的以下决策：准备说什么，打算如何说，什么时候说，在什么地方说，向谁说。

2. 确定传播目标

当确认了目标受众及其特点后，营销信息传播者必须确定所期望的受众反应。营销人员可以寻求目标受众的认知(Cognitive)、情感(Affective)和行为(Behavioral)反应。换言之，营销人员要向消费者头脑中灌输某些东西来改变消费者的态度，或者使消费者行动。

3. 设计信息

明确了期望受众以后，信息传播者就应该开发一个有效的信息。在理想状态下，信息应能引起注意(Attention)、提起兴趣(Interest)、唤起欲望(Desire)、导致行动(Action)这就是典型的AIDA反应模式。在实践中，能使消费者经历从知晓到购买的全过程的信息是没有的，但AIDA框架提出了合乎传播所需要的特性。

制定信息需要解决4个问题：说什么(信息内容)，如何合乎逻辑地叙述(信息结构)，以什么符号进行叙述(信息格式)及谁来说(信息源)。

1）信息内容

在决策信息内容时，管理层在寻找诉求、主题、构思或独特推销计划。其中诉求分为三类：理性、情感和道义。理性诉求是受众自身利益的要求。例如，它们显示产品能产生的功能利益，能展示产品质量、经济、价值或性能的信息。情感诉求是试图激发起受众某种否定或肯定的感情以促使其购买。道义诉求是用来指导受众有意识地分辨什么是正确的和什么是适宜的，它常常被用来规劝人们支持社会事业。

2）信息结构

一个信息的有效性，像它的内容一样也依靠它的结构。耶鲁大学霍夫兰特(Hovland)

的研究已经在提出结论、单面与双面论证以及表达次序方面作了重大阐明。某些早期的实验调查者认为，把结论阐述给受众比让受众自己寻求结论有效，但又有调研指出，最好的广告是提出问题，让读者和观众自己去形成结论。在下列情况下，提出结论可能导致负面的反应：信息传播者被视为不可信，或者，如果问题太简单明了或涉及个人隐私。提出过分明确的结论会限制对这一产品的接受。单面展示产品的优点比暴露产品弱点的双面分析更为有效，但双面信息在某种情况可能会更适合，特别是在这些弱点能被联想到必须被克服的情况。最后，展示次序问题也是很重要的。在单面信息的情况下，一开始就提出最强有力的论点，有助于引起注意和兴趣。这对其受众会不会注意到所有信息的报纸和其他媒体来说尤为重要。

3）信息形式

信息传播者必须为信息设计具有吸引力的形式。在一个印刷广告中，信息传播者还将决定标题、文稿、插图和颜色。如果信息在电台播出，信息传播者还得仔细选择字眼、音质、音调。推销用过的二手汽车的播讲者的声音一定要与推销凯迪拉克新车有所区别。如果信息是通过电视或人员传播的，所有这些因素加上体态语言(非语言表达)，都得加以设计，展示者还须注意他们的脸部表情、举止、服装、姿势和发型，如果信息由产品或它的外包装传播，信息传播者必须注意颜色、质地、气味、尺寸和外形。

4）信息源

有吸引力的信息源发出的信息往往可获得更大的注意与回忆，这就是广告人常用名人作为代言人的原因。当名人把产品的某一主要属性拟人化时，其广告效果大都较好。但代言人的可信程度同等重要。信息由具有较高信誉的信息源进行传播时，就更有说服力。医药公司要医生对它们的产品的良好效能给予鉴定，是因为医生有高的可信度。信息源的可信度是由专长、可靠性和令人喜爱性 3 个因素来衡量，这 3 个因素通常为人们所公认。

4. 选择传播渠道

信息传播者必须选择有效的信息传播渠道来传递信息。信息传播渠道有两大类：人员的和非人员的，这两者中也可以有许多子渠道。

人员传播渠道包括两个或更多的人相互之间直接进行信息传播。他们可能面对面，工作人员对听众，在电话里或通过电子信箱等进行信息传播。人员的信息传播渠道通过个人宣传和反馈的机会取得效益。进一步的区分还有提倡者、专家和社会渠道。

非人员传播渠道有媒体、气氛和事件。媒体由印刷媒体(报纸、杂志、直接邮寄物)、广播媒体(收音机、广播、电视)、电子媒体(录音磁带、录像带、光盘、网络、手机移动终端)和展示媒体(广告牌、指示牌、海报)所组成。气氛是“被包装的环境”，这些环境有产生或增强购买者购买或消费产品的倾向。事件是偶然用来对目标受众传递特别信息的。公共关系部门安排的新闻发布会、开业庆典和赞助体育活动，目标是在每一位目标受众身上获得特殊的信息传播效果。

5. 编制总传播预算

总传播预算通常采用量入为出法、销售百分比法、竞争对等法、目标任务法。量入为出法即在估量了企业所能承担的能力后安排促销预算。销售百分比法是指以一个特定的销售量或销售价(现行的或预测的)百分比来安排自己的促销费用。竞争对等法是指按竞争对手的大致费用来决定自己的促销预算。目标任务法是指营销人员靠明确自己的特定的目标，确定达到这一目标必须完成的任务以及估算完成这些任务所需要的费用，来决定促销预算。

6. 决定传播组合

企业面临着把总的促销预算分摊到5个营销传播组合(Marketing Communications Mix)工具——广告、销售促进、公共关系与宣传、人员推销和直接销售。同一行业中的企业，对如何划分它们的促销预算有着很大的不同。雅芳公司把它的促销资金集中于人员推销，而露华浓公司则着重用于广告。企业总是探索以一种促销工具取代另一种促销工具的方法，以获得更高效率。

7. 衡量促销成果

促销计划贯彻执行后，信息传播者必须衡量它对目标受众的影响，可以询问目标受众：看到它几次，他们记住哪几点，他们对信息的感觉如何，他们对产品和公司过去与现在的态度。信息传播者还应该收集受众反应的行为数据，诸如多少人购买这一产品，多少人喜爱它并与别人谈论过。

8. 管理和协调整合营销传播过程

许多企业主要依赖于一两种传播工具以完成它们的传播目标。它们不顾及市场经济已发生了巨大的变化，特别是大众化市场的非整体性已发展到微型市场的多元化趋势，它们各自要求自己的传播工具、新类型媒体的扩散，并且顾客的复杂性日益增加。名目繁多的通信工具、信息和受众者迫使公司要采用整合营销传播的观念。

营销视野

北京2008奥运会的整合营销传播

2008年8月，第29届奥运会在北京举行。北京2008奥运会的理念是“绿色奥运，科技奥运，人文奥运”。北京2008奥运会的整合营销传播包括两个主要方面：体现奥运理念；向全世界展示中国文化和当代中国社会的发展。综合运用多种媒体、特许商品和邮品、事件活动和公共关系等方式传播奥运形象的元素，提升了北京2008奥运会的影响力。

1. 北京2008奥运的整合营销传播

奥运形象元素是奥运整合营销传播的起点和基础。北京2008奥运的形象元素包括会徽、口号、吉祥物、奖牌和火炬，以及体育项目图标等，这些形象传播元素的设计均充分体现了浓厚的中国文化特色和价值。从印章书法到玉璧祥云，这些体现了中国的特色和奥运精神的元素反复出现在与北京2008奥运相关的各种传播中，增强了世界对北京2008奥运的认知，加深了世界对中国的了解。

• 会徽——中国印·舞动的北京。核心元素——会徽以“中国印·舞动的北京”印章作为主体表现形式，将中国传统的印章和书法等艺术形式与运动牲结合起来，经过艺术手法夸张变形，巧妙地幻化成一个向前奔跑、舞动着迎接胜利的运动人形。人的造型同时形似现代“京”字的神韵，蕴涵着深有的中国韵味。

• 口号——“同一个世界，同一个梦想”(One World，One Dream)。该口号体现了北京2008奥运会的核心理念之一“人文奥运”所蕴含的和谐价值观，体现了“天人合一”、“和为贵”等中国自古以来对人与自然、人与人和谐关系的理想与追求。

• 吉祥物——福娃。吉祥物五个福娃融入了中国特色的造型(鱼、大熊猫、藏羚羊、燕子)和奥林匹克圣火的形象，都有一个朗朗上口的中国名字：贝贝、晶晶、欢欢、迎迎和妮妮。把五个娃娃的名字连在一起，便读出北京对世界盛情邀请：“北京欢迎你。”

• 金玉奖牌。北京2008奥运会奖牌的背面镶嵌着取自中国古代龙纹璧造型的玉璧，背面正中的金属图形上镌刻着北京奥运会会徽。奖牌挂钩由中国传统玉双龙蒲纹璜演变而成。整个奖牌尊贵典雅，中国特色浓郁，既体现了对获得者的礼赞，也形象地诠释了中华民族自古以来以“玉”比“德”的价值观，是中华文明与奥林匹克精神在北京奥运会形象景观工程中的又一次“中西合璧”。

• 奥运火炬。火炬创意灵感来自中国古代“渊源共生，和谐共融”祥云图案。祥云的文化概念在中具有上千年的时间跨度，是具有代表性的中国文化符号。火炬造型的设计灵感来自中国传统的纸卷轴。纸是中国四大文明之一，通过丝绸之路传到西方。人类文明随着纸的出现得以传播。源于汉代的漆红色在火炬上的运用使之明显区别于往届奥运会火炬设计，红银对比的色彩产生醒目的视觉效果，有利于各种形式的媒体传播。火炬上下比例均匀分割，祥云图案和立体浮雕式的工世设计使整个火炬高雅华丽、内涵厚重。

• 体育项目图标。名为“篆书之美”的北京2008奥运会体育项目图标，以篆字笔画为基本形式，融合了中国古代甲骨文、金文等文字的象形意趣和现代图形的简化特征，极具中国文化特色之魅力。

2. 北京2008奥运会的整合传播媒介

北京2008奥运会以多种传播渠道传播其理念和形象，主要采用了以下四类传播路径：

• 特许纪念品专卖。北京2008奥运会的形象元素被制成各式各样的纪念商品展示在全国全国的专卖店里，由各地的游客传递到全世界。北京2008奥运会的特许纪念品包括印有福娃、会徽等标志的服饰、丝绸、胸章、玩具、金属制品，以及鸟巢模型等。

北京奥组委和国家邮政局合作发行以北京2008奥运会为主题的许多套邮票、首日封、纪念封、纪念邮折和邮册等多种邮品，包括会徽和吉祥物、比赛项目、比赛场馆、圣火传递等。这些具有历史收藏价值的纪念邮品将传递到全世界。

• 媒体宣传。通过大众媒体、互联网、出版物和公益广告等传播北京2008奥运会。北京奥组委专门建立了三种语言(中文、英语和法语)的2008北京奥运会官方网站(http://www.beijing2008.cn/)、出版官方中英双语杂志《北京2008》。中央媒体以刘翔等大众熟悉的明星为代言人制作并播放了一大批迎奥运会公益广告。

• 事件与体验。奥组委举办一系列大众参与的体验活动，如北京2008奥林匹克文化节、奥运志愿者招募选拔、国际中小学生“绿色梦想，彩绘奥运”绘画比赛、全民义务植树建设绿色奥运、奥运火炬传递活动、应急救援、大型赛会、海外服务等志愿服务活动。这些活动引导社会公众积极参与“迎奥运”体现中国人民的精神风貌。

• 公共关系。北京2008奥运会的公共关系传播主要包括一系列的新闻发布会和赞助商关系。通过奥运全球合作伙伴在世界各地的活动，将北京2008奥运会的标志和理念带到了全世界。如北京奥组委推动赞助商做好保护地球臭氧层的绿色环保工作。

资料来源：奥运官方网站，www.beijing2008.cn

14.2 营销传播定义及组合决策

14.2.1 整合营销传播的定义

整合营销传播(Integrated Marketing Communication，IMC)也称整合营销沟通。美国广告代理商协会(American Association of Adverting Agencies，4As，1989)认为，“IMC是一个营销传播企划的概念，它注重以下综合计划的增加值，即通过评价广告、直接邮寄、人员推销和公共关系等传播手段的战略作用，以提供明确、一致和最有效的传播影响力。”被誉为“整合营销传播之父”的唐·舒尔茨教授认为，“IMC不是以一种表情、一种声音，而是更多的要素构成的概念性。IMC是以潜在顾客和现在顾客为对象，开发并实行说服性传播的多种形态的过程。”唐·舒尔茨教授所在美国西北大学梅迪尔(Medill)新闻学院，作为整合营销传播理论发源地，对IMC的定义为：“IMC是把品牌等与企业的所有接触点作为信息传达渠道，以直接影响消费者和购买者的购买行为作为目标，从消费者出发，运用所有手段进行有力传播的过程。”

毕业于南开大学的韩国学者申光龙博士综合各家之言，发表自己的见解如下：“IMC是指企业在经营活动过程中，以由外而内战略观点为基础，为了与利害关系者进行有效的沟通，以营销传播管理者为主体所展开的传播战略。即为了对消费者、从业人员、投资者、竞争对手等直接利害关系者和社区、大众媒体、政府、各种社会团体等间接利害关系者进行密切、有机的传播活动，营销传播管理者应该了解它们的需求，并反映到企业经营战略中，持续地提出合适的对策。为此，应首先决定符合企业实情的各种传播手段和方法的优先次序，通过计划、调整、控制等管理过程，有效地、阶段性地整合诸多企业传播活动。”申光龙认为合格的营销传播管理者应该具备多方面的能力，即对新事务的适应能力、传播能力、组织能力、创造能力和调查分析能力，还要有广博的知识和兴趣。

14.2.2 营销传播组合决策

企业在进行营销传播的过程中，总是以一种促销工具取代另一种促销工具，以获得更高效率。许多企业已经用广告、直接邮寄和电讯营销取代某些现场销售活动。其他公司增加了与广告有关的促销费用，以达到更快的销售。在促销工具中的这种替代性，解释了为什么在单个营销部门中的营销职能需要协调的原因。

1. 促销工具

1）广告

由于广告的多种形式和用途，作为促销组合的一个组成部分，要对它所具有的独特性质做出无所不包的概括是极困难的。应注意到广告的公开展示、普及性、夸张的表现力和非人格化等性质。广告一方面能用于建立一个产品的长期形象(如可口可乐广告)；另一方面，它能促进快速销售(如西尔斯的周末广告)。广告的某种形式，如电视广告，需要很大的预算，而其他形式，如报纸广告，只需要很少的预算。广告通过展示对销售产生影响，消费者认为，大量做广告的品牌必然提供“好的价值”。

目前，要注意 4 种新的广告媒体：①广告册，是印刷品广告，它提供编辑内容，并且设计的与报纸和杂志内容没有区别，②信息簇，是电视商业广告，它是连续一段时间的电视节目，但实际是为产品说明或讨论做广告。由于它包括要求观众可用电话订购产品，因此，它可直接衡量销售结果；③广告旗帜(Banners)，是建立在网页上的广告，它向点击旗帜的人提供报价和企业情况；④移动客户端。如 QQ、微信、APP 等在人群中快速复制传播热点商业信息。

2）销售促进

尽管销售促进工具——赠券、竞赛、抽奖等，形式不同，但它们有 3 个共同特征，即传播信息、刺激、邀请。企业使用销售促进工具来产生更强烈、更快速的购买者反应。销售促进能引起短期的效果，例如，戏剧性的产品报价和宣传销售方法。

3）公共关系与宣传

公共关系有 3 个明显特性即高度可信性、能够消除防卫和戏剧化。营销人员倾向于少用公共关系。但公共关系能给组织带来长效的社会效益和良好的形象，一个深思熟虑的公共关系活动，同其他促销组合因素协调起来能取得极大的效果。

4）人员推销

人员推销在购买过程的最后阶段，特别在建立购买者的偏好、信任和行动时，是最有效的工具。人员推销有 3 个明显的特性，即人与人面对面接触、人际关系的培养和反应。

5）直接销售

直接营销的形式多种多样，如直邮、电话营销、网络营销等，但它们都有非公众性、定制、及时和交互反应等特征。

6）网络营销

利用互联网及移动终端进行信息发布与适时互动，一方面，可以进行市场推广和销售促进，另一方面，可以了解市场反馈信息。

2. 建立营销传播组合的因素

企业在设计促销组合时应研讨几个因素：销售产品的市场类型、采用推式还是拉式战略、怎样使有所准备的消费者购买、产品在生命周期中所处的阶段以及企业的市场地位。

1）产品的市场类型

促销费用的分配因消费品市场和产业用品市场的差异而不同。经营消费品的营销者的排列次序是销售促进、广告、人员推销和公共关系。经营产业用品的营销者排列次序是人员推销、销售促进、广告和公共关系。一般来说，人员推销着重于昂贵的、有风险的商品以及为数不多的大卖主市场。

尽管在产业用品市场上，广告比销售促进略为次要，它依然起着重要的作用。广告能起建立知名度、促进理解、有效提醒、产生提示、合法性、再保证等作用。

人员推销在消费品营销中能做出重要贡献。有些消费品的营销人员不重视销售队伍，让他们主要从事收取每周的订单和巡视货架上存货是否充足的工作。一般人都认为：“售货员只是做把产品放到架子上的工作，倒是广告起了将它们销售掉的作用。”然而，一支有效率的、训练有素的销售队伍能做出增加存货位置、提供热忱服务、传播式推销和关键客户管理等重要贡献。

2）推式与拉式战略

促销组合较大程度上受制于企业选择的推式战略还是拉式战略。推式战略要求使用销售队伍和贸易促销，通过销售渠道推出产品，渠道各环节成员分别采取积极的措施，由制造商推销给批发商，再由批发商推销给零售商最后由零售商推销给消费者。拉式战略要求在广告和消费者促销方面使用较多的费用，建立消费者的需要欲望。如果这一战略有效，消费者就会向零售商购买这一产品，零售商就会向批发商购买这一产品，批发商就会向制造商购买这一产品。企业对推式战略和拉式战略有着不同的偏好。

3）购买者准备阶段

促销工具在不同的购买者准备阶段有着不同的成本效益。广告和公共宣传，在创声誉阶段起着十分重要的作用。顾客的理解力主要是受广告和人员推销的影响，顾客的信服大都受人员推销的影响，而广告和销售促进对他们的影响则较少。销售成交主要是受到人员推销和强大的促销的影响。产品的重新订购也大都受人员推销的影响，并且在某种程度上广告的提醒也起了一定的作用。

4）产品的生命周期阶段

在产品生命周期的不同阶段，促销工具有着不同的效应。在导入阶段，广告和宣传推广具有很高的成本效应，随后是人员推销，取得分销覆盖面积和销售促进，以推动产品试用。在成长阶段，由于消费者的相互转告，需求保持增长的势头，所有促销工具都是需要的。在成熟阶段，其重要程度依次为销售促进、广告、人员推销。在衰退阶段，销售促进继续保持较强的势头，广告和宣传的成本效应则降低了，而销售人员只需给产品最低限度的关注便可。

5）公司的市场地位

市场领导者主要从广告而非销售促进中导出更多的利益。与之相反，较小的企业在营销传播组合中使用销售促进的收益较大。

总之，整合营销传播是面对市场的“立体传播”和“整合传播(Integrated Communication)”，从操作层面看，将广告、公共关系、大型活动(Events)、促销(Sales Promotion)、包装设计、企业形象识别系统(CIS)和直效营销(Direct Response)等营销手段进行整合运用，即形成整合营销传播。从观念层面看，整合营销传播的创新在于导入传播概念(Communication Concept)，传播不等于广告。整合营销传播的最大优势在于“以一种声音说话”(To Speak With One Voice)，即用多样化的传播营销手段向消费者传递同一诉求；由于消费者“听见的是一种声音”(To Hear One Voice)，他们能更有效地接受企业所传播的信息，准确地辨认企业及其产品和服务；对于企业来说，这也有助于实现传播资源的合理配置，使其相对低成本的投入产出高效益(Cost-Effectiveness)。

应用案例

“百事可乐”在中国

【案情简介】

一、名人广告

众所周知，百事可乐的广告策略往往别出心裁。在与老对手可口可乐的百年交锋中，百事可乐广告常有好戏出台，使可口可乐倍感压力。其中，百事可乐运用的名人广告，是它的一个重要传播手段。

1983年，百事可乐与美国最红的流行音乐巨星迈克尔·杰克逊签订了一个合约，以500万美元的惊人价格聘请这位明星为“百事巨星”，并连续制作了以迈克尔·杰克逊的流行歌曲为配曲的广告片。“百事可乐，新生代的选择”这一宣传计划获得了巨大的成功。

百事可乐从美国市场上名人广告的巨大成功中尝到了甜头，于是在世界各地如法炮制，寻找当地的名人明星，拍制受当地欢迎的名人广告。

在香港，百事可乐推出张国荣为香港的“百事巨星”，展开了一个中西合璧的音乐营销攻势。不久以后，百事可乐更是聘得美国的世界级走红女歌星麦当娜为世界“百事巨星”，轰动全球。

“每一次选歌和出唱片，我都有自己的选择。追风，那不是我的性格……每一个人都有自己的选择，我选择百事。”中国的不少消费者，也许都听过这段出自刘德华之口的广告语。作为走红于大陆和港台的影视歌星，刘德华的号召力是巨大的。

这是百事可乐为开辟中国饮料市场而做的广告。郭富城与百事的合作始于1998年，其“雨中飞奔为邻家女孩买百事可乐”、“百事蓝罐包装上市”、“与国际巨星珍妮·杰克逊合作”、“与王菲合唱百事主题曲”、“为百事可乐中国足球联赛主唱首支主题曲”、“森林中智取可爱猩猩”等版本广告，成为百事广告的扛鼎之作。在全国各地百事饮料的销售点上，人们永远无法回避的是郭天王执着、坚定、热情的渴望眼神。郭天王高人一筹的号召力和感染力获得了百事的一致认可，并升格成为亚洲区品牌形象代言人。

二、独特的音乐推销

1998年，百事可乐百年之际，百事推出了一系列的营销举措。1998年1月，郭富城成为百事国际巨星，他与百事合作的第一部广告片，是音乐“唱这歌”的MTV情节的一部分。身着蓝色礼服的郭富城以其活力无边的外形和矫健的舞姿，把百事一贯的主题发挥得淋漓尽致。此片在亚洲地区推出后，引起了年青一代的普遍欢迎。1998年9月，百事可乐在全球范围推出其最新的蓝色包装。配合新包装的亮相，郭富城拍摄了广告片“一变倾城”，音乐“一变倾城”也是郭富城新专辑的同名主打歌曲。换了蓝色“新酷装”的百事可乐，借助郭富城“一变倾城”的广告和大量的宣传活动，以“Askformore”为主题，随着珍妮·杰克逊、瑞奇·马丁、王菲和郭富城的联袂出击，掀起了“渴望无限”的蓝色风暴。2002年1月，乐坛天之娇女——郑秀文正式加盟百事家族，成为新一代中国区百事巨星。2002年，F4的“百事可乐”广告成为备受中国消费者欢迎的广告。

音乐的传播与流行得益于听众的传唱，百事的音乐营销成功正在于它感悟到了音乐的沟通魅力，这是一种互动式的沟通。好听的歌曲旋律，打动人心的歌词，都是与消费者沟通的最好语言。有了这样的信息，品牌的理念也就自然而然深入人心了。

三、大手笔公关

长期以来，百事可乐始终致力于建立以“百事可乐基金”为切入点的良好公共关系体系，热心赞助体育赛事以及其他公益事业。例如，赞助“八运会”、赞助中国甲A足球联赛、支持中国申奥成功等。

百事可乐不惜巨资赞助“八运会”，取得了八运会饮料的指定产品的称号，大张旗鼓地掀起了一场沟通高潮，出尽了风头。

百事可乐为庆祝中国申奥成功，把申办前的“渴望无限”和成功后的“终于解渴了”整合在一起，做成全屏广告的形式，具有很大的冲击力，与当时的气氛同频共振，不如此难表激情万丈，不如此不够痛快淋漓。收到了良好的社会效果，品牌的社会形象得以大大提高。

2001年12月，由百事(中国)投资有限公司捐赠，中国妇女发展基金会设立的专项基金——"百事可乐基金"，向内蒙古的准格尔旗捐款。这笔资金将主要用于当地缺水家庭修建"母亲水窖"及贫困失学儿童复学等项目。此类活动大大增加了百事可乐的美誉度。

四、变化多端的营销战术

SP又称为销售促进或营业推广，它可分为针对消费者的、针对经销商的和针对业务员的3种战术。百事可乐取得的成绩与它变化多端、强有力的促销是分不开的。

1. 促销

20世纪90年代初期，为了迅速打开市场，抢占制高点，初创的上海百事果断采用直销模式。当时的饮料市场，计划经济的气氛还相当浓郁，销售人员在办公室里，朝南坐、听电话、接订单，商家要饮料必须到厂里来提货。但是百事可乐一下子招聘了占公司员工相当比例的销售人员。于是，一支庞大的百事销售队伍开始出现在上海的大街小巷。接着，上海百事又花费巨资买进了20辆依维柯，送货上门。从这一天起，客户的皇帝感觉产生了。

1992—1993年，上海百事贷款，陆续从国外以每台数万元的价格进口了1500台散装饮料机，这种集快捷、现场配置、冷冻、一次性饮于诸多优点为一身的方式被上海市民所接受。也就是从那一年起，上海百事这一业务在同行业中始终居于领先地位。20世纪90年代末期，上海百事推出了批发商协作这一模式，不惜贴补部分营运费用，帮助批发商服务于最终客户。

1998—1999年，百事可乐在中国市场分别推出了世界杯足球赛的拉环、瓶盖换领与换购足球明星奖品活动，七喜浪漫小存折换领奖品和澳门旅游活动。这些活动涉及面广，影响力大，对终端促销、提高销售量起到了积极作用。

2. 管理

针对经销商，百事可乐主要采用价格优惠和折扣等政策。在1999年的碳酸饮料销售中，百事可乐的批发价在各竞争品牌中最低，具有很强的竞争力。除直接价格低廉之外，百事可乐还对经销商提供了诸如一个月的赊销支持、免费旅游、季度抽奖、VCD奖励等活动。

百事可乐将广州第一线的销售人员分为WAT(批发协助员)和DSD(直销员)，其中DSD为主要力量，从事广州市场的直销工作。WAT和DSD的工作内容主要包括客户拜访、线路管理、瓶箱管理、冰箱管理、货架摆设、POP张贴、销售与进货情况登记、竞争情况的了解等。

针对业务员，百事可乐采用类似保险推销小组的团队管理方式。业务人员的奖励直接与销售业绩挂钩，在规定的基数前提下，超额完成部分奖励现金，并提供一定的福利奖励。

3. 重点突破的销售策略

百事可乐在各城市的市场表现，两极分化明显，市场渗透率高者甚至超过可口可乐，而低者不足可口可乐的40%。这也恰恰是百事可乐近期所希望看到的结果，因为他们的目的就是抓住可口可乐"满天撒网"战略的弱点，集中优势兵力实施中心突破，并终于在上海、成都、重庆、武汉、深圳等城市的"两乐"之争中胜出。

针对可口可乐的大打广告牌，百事可乐将人力、财力和物力集中在几个重点城市，大肆进行立体式广告宣传进攻，所选择的重点是这些大城市中的高校、名校。年轻人中消费力较高的就是学生。因此，百事可乐在高校内设立自动售货机，出资建立公共设施等——抓住主要矛盾的主要方面，是百事可乐成功的秘密。

五、网络营销

百事可乐建立了与其公司形象和定位完全统一的中英文网站，以游戏、音乐、活动为主题，其背景则依然是创新的标志和年轻的蓝色。

百事可乐的网络营销策略，具体体现在以下3个方面。

1. 媒介策略——与 Yahoo！携手

2000 年 4 月，百事可乐公司首先宣布与 Yahoo！进行全面网络推广合作；在音乐站点，如 MTV.com 的投放力度加大；同时还涉足于体育类网站，例如 NBA.com、美国棒球联盟等。

网络广告投放活动是长期行为，从 2000 年 1 月至今从未间断。每年 3～4 月份随着气温的升高，伴随饮料消费高峰期的来临，网络广告投放高峰期便告开始，通常会延续至当年 11 月。

2. 创意策略——推崇激情

比之可口可乐的传统广告，百事可乐的网络广告较为活泼，无论是画面构图，还是动画运用，都传达着一种“酷”的感觉。在 2000 年这一年间，便有拉丁王子瑞奇·马丁、“小甜甜”布莱妮和乐队 Weezer 先后出现在百事可乐的广告中。从 NBA 到棒球，从奥斯卡到古墓丽影游戏和电影，百事可乐的网络广告总能捕捉到青少年的兴趣点和关注点。

3. 竞争策略——针锋相对

(1) 体育角逐。而百事可乐则利用 NBA 和美国棒球联盟寻找平衡点。在中文网站设有“百事足球世界”、“精彩足球”，包括“2001 年百事可乐足球联赛”、“百事全能挑战足球赛”、“百事预祝十强赛中国足球超越梦想”等。

(2) 音乐角逐。这是百事可乐最精彩的策略之一。包含有百事音乐的主题活动，巨星、新星、音乐卡片、音乐流行榜、竞投场等。

(3) 活动角逐：这是为自己创造吸引品牌注意力的最好机会之一。例如，百事在网上发动网民投票评选“百事可乐最佳电视广告片”等。

问题：试结合有关理论，分析本案例在整合营销传播方面的特点是什么，还有什么不足，如何改进。

资料来源：http://zhidao.baidu.com/question/22539371.html.

【案例点评】

(1) 百事可乐与老对手可口可乐的百年交锋是整合营销传播的一个经典范例，如：广告策略往往别出心裁，常有好戏出台，使可口可乐倍感压力。其中，百事可乐运用中外当红明星做名人广告，是它的一个重要传播手段；独特的音乐推销、建立以“百事可乐基金”为切入点的良好公共关系体系，热心赞助体育赛事以及其他公益事业。例如，赞助“八运会”、赞助中国甲 A 足球联赛、支持中国申奥成功等；变化多端的营销战术：促销、管理、重点突破的销售策略、网络营销：媒介策略——与 Yahoo！携手、创意策略——推崇激情、竞争策略——针锋相对等举措充分展示了百事可乐的成功之作。

(2) 本案例充分说明，一个企业不仅要有过硬的产品，同时还要有营销整合传播活动作为重要支撑才能更好地展示产品，与消费者、经销商和业务员的信息沟通。

本章小结

本章首先介绍了信息传播的一般过程及规律、开发有效传播过程，然后介绍了整合营销传播的定义及其组合传播决策的一般步骤，最后介绍了营销整合传播的因素。

习　题

一、单选题

1. 菲利普·科特勒认为，整合营销传播是一种从(　　)的角度考虑全部营销过程的方法。

A. 发送者　　B. 接受者　　C. 媒体　　D. 信息符号

2. (　　)是信息传播的关键要素。

A. 信息符号　　B. 编码　　C. 解码　　D. 反馈

3. 促销费用的分配因消费品市场和产业用品市场的差异而不同，其中(　　)在消费品市场中促销费用分配是最多的。

A. 人员推销　　B. 销售促进　　C. 广告　　D. 公共关系

4. (　　)要求使用销售队伍和贸易促销，通过销售渠道推出产品，渠道各环节成员分别采取积极的措施，由制造商推销给批发商，再由批发商推销给零售商，最后由零售商推销给消费者。

A. 推式战略　　B. 拉式战略　　C. 成长阶段　　D. 成熟阶段

二、名词解释

整合营销传播

三、简答题

1. 简述信息传播的一般过程及规律。
2. 简述开发有效传播的主要工作步骤。
3. 营销传播组合决策包含哪些内容？
4. 建立营销传播组合应考虑哪些因素？

第15章

市场营销学的新进展

教学目标

理解绿色营销的概念，了解其特点，掌握绿色营销与传统营销的区别；理解关系营销的概念，了解其特点，掌握关系营销与传统营销的区别；理解网络营销的概念，了解其特点并掌握网络营销与传统营销的关系；理解口碑营销的概念，了解其特点。

教学要求

知识要点	能力要求	相关知识
绿色营销	(1) 理解绿色营销概念 (2) 掌握绿色营销与传统营销的区别	传统营销
关系营销	(1) 理解关系营销概念 (2) 掌握关系营销与传统营销的区别	交易营销
网络营销	(1) 理解网络营销概念 (2) 掌握网络营销与传统营销的关系	电子商务
口碑营销	(1) 理解口碑营销概念 (2) 了解口碑营销的特点	口碑传播
新媒体营销	(1) 新媒体营销概念 (2) 了解新媒体营销特点	社区、QQ、微信等移动客户端

基本概念

绿色营销；关系营销；网络营销；口碑营销

引　　例

老槐树的教训

啄木鸟每天都给森林里的树木看病。一天啄木鸟停在老槐树上，它发现树上有几个虫眼，就对老槐树说："槐树老哥，你身上表层有虫子了，让我帮你啄掉吧"。老槐树笑呵呵地回答道："你有点小题大做了，我这条命有好几百年了，风吹雨打，什么灾难没有经历过，区区几个虫眼算什么，过几天就没了。"啄木鸟见老槐树这么说就走了。过了不久，啄木鸟又停在老槐树上，它看见虫眼比以前更多了，而且有些虫眼扎得很深，进入木质层了，就急忙对老槐树说："老槐树，你的虫眼越来越多了，而且都快进入心脏了。"老槐树还是轻蔑地说："没关系的，我的抵抗力好，扎几个虫眼是常有的。"啄木鸟看老槐树这样顽固就不理它了。过了好长一段时间，啄木鸟再停在老槐树上的时候，发现老槐树已经死了。

资料来源：陈志刚，影响人一生的100个营销寓言[M]. 北京：光明日报出版社，2005.

引例点评：老槐树因为相信自己抵抗力好，三番五次地拒绝啄木鸟为它医治，结果小病慢慢发展成大病，最后病死了。面对社会经济的发展变化，"不注重环保和可持续发展"在某些企业看来就是小的"虫眼"，认为不会对自己的发展产生影响。但是，当环保和可持续发展成为发展主流时，小"虫眼"就会阻碍这些企业的生存和发展。

20世纪50年代以来，市场营销学的新概念层出不穷，不仅发展了营销理论，也对营销实践起到了指导作用。近十年来，我国营销学界密切关注营销理论的新进展，中国高等院校市场学研究会从1994年起就组织学者研究跨世纪的市场营销理论研究，提出了有关营销发展的新问题。本章将介绍营销理论的新概念和新成果，主要介绍绿色营销、关系营销、网络营销、口碑营销、新媒体营销等。

15.1 绿色营销

15.1.1 绿色营销的兴起

随着现代工业的大规模发展，人类以空前的规模和速度毁坏自己赖以生存的环境，给自己的生存和发展造成严重的威胁。大自然的报复促使人类猛醒，绿色需求便逐步由潜在转化为现实，由消费需求的满足，转身物质、精神、生态等多种需求和价值并重。有支付能力的绿色需求，是绿色营销赖以形成的推动力并推动了绿色市场的形成与发展。

1968年，在意大利成立的罗马俱乐部指出：人类社会的进步并不等于GDP的上升。1972年6月，联合国首次召开了斯德哥尔摩人类环境会议，通过了全球性环保行动计划和《人类环境宣言》，向全世界发出呼吁：人类只有一个地球。

在20世纪70年代，美国人对环保的狂热引来了地球日的诞生。如今，美国人对环境的热爱范围愈来愈广，并已深深根植于生活的细微之处，许多城市已经大力推行强制回收体系。1978年德国首先执行"蓝色天使"计划，1997年即产生400多种绿色产品，现已达4500多种。在20世纪90年代，一些国家纷纷推出以环保为主题的"绿色计划"。日本在1991年推出"绿色星球计划"和"新地球21"计划；英国于1991年执行"大地环境研究计划"，着重研究温室效应；加拿大于1991年推出五年环保"绿色计划"等。

我国的绿色营销理念始于绿色食品开发，1984 年广州出现在了全国第一家无公害蔬菜生产基地。《中国 21 世纪议程》是 1992 年 7 月编写的关于 21 世纪发展的行动纲要；1995 年初，全国已有 28 种绿色食品的生产和开发，除食品外，其他绿色产品也不断研制成功。随着绿色食品的开发，绿色商店已在一些大城市相继建立。从绿色意识的觉醒、绿色需求的发展、绿色产业的形成、绿色体制的建立到绿色理论的创建，《中国 21 世纪工程》正在行动中。2002 年 8 月，斯德哥尔摩环境研究所会同联合国开发计划署编写的报告认为：通过做出正确的选择，中国有可能不需要经过许多西方国家曾经经历的因工业发展带来环境污染的痛苦的中间阶段，直接跳跃进入环境改革与工业发展同步的发展阶段，从而给全世界带来好处。

15.1.2　绿色营销的内涵

人们对绿色营销的认识是一个演变过程，至今尚无确切统一的定义。有关绿色营销的见解不一而足，有学者统计述及绿色营销的论文 1480 多篇，内容极为丰富。总体来说，广义的绿色营销又称伦理营销，一般认为企业营销活动中体现的社会价值观、伦理道德充分考虑了社会效益，既自觉维护自然生态平衡，更自觉抵制各种有害营销。狭义的绿色营销又称为生态营销或环境营销，主要指企业在营销活动中，谋求消费者利益、企业利益与环境利益的协调，既要充分满足消费者的需求，实现企业利润目标，也要充分注意自然生态平衡。实施绿色营销的企业，对产品的创意、设计和生产以及定价与促销的策划和实施，都要以保护生态环境为前提，力求减少和避免环境污染，保护和节约自然资源，维护人类社会的长远利益，实现经济与市场可持续发展。

15.1.3　绿色营销与传统营销的区别

绿色营销在营销观念、营销目标和营销手段等方面与传统营销具有显著的差异。

1. 营销观念不同

绿色营销观念认为，企业生产经营的关键问题不是在传统营销因素条件下，协调企业、消费者与竞争者三者之间的关系，而是要顺应可持续发展战略的要求，注重地球生态环境保护，促进经济与生态协调发展，以实现企业利益、消费者利益、生态环境利益的统一。而传统营销立足于市场经济条件，其关注与研究的中心是消费者需求、企业自身条件和竞争状况三个方面，并认为只要满足消费者需求、改善企业条件、创造竞争者更有利的优势，就能取得市场营销的成效。

2. 营销目标不同

绿色营销方式追求的是消费需要与有效需求的统一和资源利用边际效益的最大化，即企业不仅要注重自身经济效益，更要考虑全社会的利益。在了解市场需求的同时，更要了解市场需求的满足情况，以避免重复引进，重复生产带来的社会资源的浪费。同时，要注重选择和发展有益于人们身心健康的业务，放弃那些高能耗、高污染、有损消费者身心健康的业务，为促进社会的发展、造福子孙后代做贡献。而传统营销方式注重的是刺激消费，并使其无限扩张，即企业以最大规模求效益，消费者以同等价格获取更多商品为趋向，最终导致的是严重浪费。

3. 营销手段不同

绿色营销更注重企业的社会道德和社会责任，强调营销组合中的“绿色”因素：注重绿色消费需求的调查与引导，注重在生产、消费及废弃物回收过程中降低公害、符合绿色标志的绿色产品的开发和经营，并在定价、渠道选择、促销、服务、企业形象树立等营销全过程中都要考虑以保护生态环境为主要内容的绿色因素，从而促进全社会的绿色文明的发展，而传统营销强调采用各种手段达到营销目标，往往却忽视了营销手段的负面影响。

15.1.4 绿色营销的实施

在绿色营销理论和意识的引导下，实施绿色营销的企业必须制定绿色营销战略和绿色营销组合。

1. 制定绿色营销战略

在经济全球化的市场背景下，随着绿色营销理念的应用及研究，企业基于环境和社会生产单位考虑，制定体现绿色营销内容的战略计划，有利于长期发展。绿色营销战略应明确企业研制绿色产品的计划及必要的资源投入，具体说明环保的努力方向及措施。绿色营销战略应以满足绿色需求为出发点和归宿，既要满足现有与潜在绿色需求，还要促进绿色消费意识和绿色需求的发展。绿色营销带来更高的边际效益，实现合理的“绿色盈利”，长远看是绿色营销战略实施的必然结果。

2. 制定绿色营销组合

绿色产品不仅对社会或环境改善有所贡献，而且能有效地树立良好的企业形象，适应“环保回归”热潮，为企业带来长期效益。绿色产品生产周期分析主要考虑在产品生命周期各阶段产品与包装对环境所造成的破坏和影响，力求减少资源消耗和对环境的污染。正确有效的绿色渠道是绿色营销的关键环节。不仅要慎选信誉好的绿色中间商，而且要选择和改善能避免污染、减少损耗和降低费用的储运条件。绿色价格应反映生态环境成本，包括产品所吸收的环保及环境改善支出的费用，确立环境与生态有价的基本观点，贯彻“污染者付款”原则，促进生态化、低污低耗的绿色技术的开发和应用。绿色促销是绿色媒体传播绿色企业及产品信息的行为。要利用传媒和社会活动，为企业的绿色表现做宣传；通过赞助、捐赠等对有关环保的组织及活动给予经济上的支持。广告要突出绿色产品的特点，突出环保靠全社会的力量对比，靠每个人的贡献。广告投入和广告频率要适度，防止因广告而造成资源浪费和声、光等感官污染。

15.2 关系营销

关系营销是以系统论为基本思想，融合系统论、协同学、传播学等社会学科的思想而发展起来的。关系营销是20世纪70年代首先由北欧的学者提出来的，自20世纪80年代以来，关系营销理论得到了广泛的传播、发展与应用，是一种以科学理论和方法为指导的新型营销观念，其产生是营销理论的又一个里程碑。

15.2.1　关系营销的内涵

“关系营销”(Relationship Marketing)这一术语是 1983 年由贝瑞(L. L. Berry)提出来的。后来有关学者多次对关系营销下过定义，认为关系营销学要认识、解释和管理企业与供应商及顾客之间已有的商业合作关系，而致力于发展和强化连续持久的顾客关系的长期营销战略被称为关系营销。在这方面，芬兰著名的服务营销学专家格鲁诺斯(Gronroos)教授给关系营销所下的定义更具有概括性且易于被接受，即“关系营销是管理市场关系的过程，或可表述为在盈利的基础上为满足各方面的利益而识别、建立、维持和促进及必要时终止与顾客及其他利益相关者的关系的活动，它们最终要通过关系双方相互提出和履行承诺来实现”。

关系营销将建立与发展同所有利益相关者之间的关系作为企业营销的关键变量，把正确处理这些关系作为企业营销的核心。

15.2.2　关系营销的特征

1. 信息沟通的双向性

在关系营销中，交流是双向的，既可以由企业开始，也可以由顾客开始。由企业主动和顾客联系进行双向交流对于加深顾客对企业的认识觉察顾客需求的变化、满足顾客的特殊需求以及维系顾客等方面有重要意义。广泛的信息交流与信息共享，可以赢得顾客的支持与合作。

2. 战略合作的协同性

在关系营销中，企业营销的宗旨从追求每一笔交易的利润最大化转向追求各方利益的最大化，通过与公司营销网络中的成员建立长期、良好、稳定的伙伴关系，保证销售额和利润的稳定增长。不仅仅是企业与顾客之间需要保持良好的合作关系，而且企业与企业之间也需要保持长期合作关系。

3. 营销活动的互利性

关系营销的基础在于交易双方相互之间有利益上的互补。如果没有各自利益的实现和满足，双方就不会建立良好的关系。关系建立在互利的基础上，要求互相了解对方的利益要求，寻求双方利益的共同点，并努力使双方的共同利益得到实现。真正的关系营销是达到关系双方互惠互利的境界。

4. 信息反馈的及时性

关系营销要求建立专门的部门，用以追踪各利益相关者的态度。关系营销应具备一个反馈的循环，用以连接关系双方，企业可由此了解到环境的动态变化，根据合作方提供的信息，以改进产品和技术。信息的及时反馈可使关系营销具有动态的应变性，有利于挖掘新的市场机会。

15.2.3 关系营销与传统营销的区别

关系营销“以客户为中心”与传统营销“以产品为中心”相比，表现在以下几个方面。

首先，关系营销是对关系施加管理。而传统营销中，营销则是计划和实施产品设计、定价、促销和分销的过程，营销的目的是创造交易和满足个人或组织需求的产品和服务。它以单一的产品和服务的销售作为基本分析单位，即传统营销是为销售的达成而开展的营销活动。

其次，从对待买卖双方的关系来看，传统营销把双方看成是对立和冲突的，即一方所得必为另一方损失。而关系营销则把双方的关系视为合作性的，认为合作能够为双方创造价值。

再次，在营销的作用上，传统营销的作用是分配生产部门和单位已创造的价值，关系营销则认为营销本身也是价值创造过程，即与顾客保持关系有利于企业以更高的效率更好地发现和满足顾客需求。

最后，传统营销的重点是吸引新顾客，关系营销是努力留住老顾客；传统营销职能局限于一般的营销组合，关系营销中职能的重点是交互营销；传统营销对内部职能整合的要求不强，关系中的职能整合具有重要意义。

综上所述，关系营销是市场导向的管理过程，而不是一般意义上的营销部门的任务。它是一个全面的过程，而不是一项独立的营销职能。在这一过程中，产品服务的提供者与顾客直接接触，如果接触过程是良好的，关系便得以建立和发展。

15.2.4 关系营销的实施

关系营销把企业内外部的利益相关者都纳入研究范围，并用系统的方法考察企业所有的活动及其相互关系，表现积极参与的一方被称为市场营销者，表现不积极的一方被称为目标公众。

企业与利益相关者结成休戚与共的关系，企业的发展要借助于利益相关者的力量，而后者也要通过企业来谋求自身的利益。

1. 企业内部关系

内部营销起源于把员工当作企业的市场。明智的企业高层领导，心中装有“两个上帝”，一个“上帝”是顾客，另一个“上帝”是员工。企业要进行了有效的营销，首先要具备营销观念的员工，能够正确理解和实施企业的战略目标和营销组合策略，并能自觉地以顾客为导向的方式进行工作。企业要尽力满足员工的合理要求，提高员工的满意度和忠诚度，为关系营销奠定良好基础。

2. 企业与竞争者的关系

企业所拥有的资源条件不尽相同，往往是各有所长、各有所短，为有效地通过资源共享实现发展目标，企业要与竞争对手和睦共处，并与有实力、有良好营销经验的竞争者进行合作。

3. 企业与顾客的关系

顾客是“上帝”，是“财神”，企业要实现盈利目标，必须依赖顾客。企业需要收集和积累大量市场信息，预测目标市场购买潜力，采取适当方式与消费者沟通，变潜在顾客为现实顾客。同时，要致力于建立数据库或以其他方式密切与消费者的关系。对老顾客，要更多地提供产品信息，定期举行联谊活动，加深情感信任，争取将其变为长期顾客，因为举办这些活动所花费的成本，肯定比寻求新顾客更为经济。

4. 企业与供应商的关系

因分工而产生的渠道成员之间的关系是由协作而形成的共同利益关系。合作伙伴难免也存在矛盾，但相互依赖性更为明显。企业必须广泛建立与供应商、经销商之间的密切合作的伙伴关系，以便获得来自供销两个方面的有力支持。

5. 企业与影响者的关系

各种金融机构、新闻媒体、公共事业团体以及政府机构等，对企业营销活动都会产生重要的影响，企业必须以公共关系为主要手段争取它们的理解与支持。例如，社区是以地缘为纽带而连接和聚集的若干社会群体或组织，构成了企业关系营销中不可忽视的一环。企业需要社区提供完善的基础设施和有效率的工作，社区也希望企业为社区建设提供人、财、物的支持。

15.3　网络营销

自 20 世纪末至今，人类已经进入数字化时代，互联网日益改变人们的生产和生活。网络营销也改变了工业化社会传统的物化营销模式。互联网缩短了生产与消费之间的距离，减少了商品在流通中经历的诸多环节，消费者可以直接通过操纵鼠标在网上完成购买行为。网络与经济的结合推动了市场营销进入了崭新的阶段——网络营销阶段。

15.3.1　网络营销的内涵

网络营销在国外有许多称谓，如 Cyber marketing、Internet marketing、network marketing、E-marketing 等。不同的单词词组有着不同的含义。网络营销的起因是 Internet 替代了报刊、邮件、电话、电视等中介媒体，其实质是利用 Internet 对产品的售前、售中、售后各环节进行跟踪服务，它自始至终贯穿在企业经营的全过程中，包括寻找新客户、服务老客户，是企业以现代营销理论为基础，利用 Internet 技术和功能，最大限度地满足客户需求，以达到开拓市场、增加盈利为目标的经营过程。它是直接市场营销的最新方式，是由 Internet 客户、市场调查、客户分析、产品开发、销售策略、反馈信息等环节构成的。

网络营销是以互联网为主要手段、为达到一定的营销目标而进行的营销活动。计算机网络是将各自独立的计算机处理节点通过线路互相连接，节点之间能够彼此通信的系统。互联网络(Internet)则将全球各国的计算机网络群连接起来，成为不属于任一国家或企业所拥有的信息传递系统，使全人类共享信息资源。随着越来越多的企业和个人网络进入互联网络，其在人类生活中的地位日趋重要，也必将使传统营销组合注入新的内容。

15.3.2 网络营销的特点

网络营销具有多媒体化、超前性、拟人化、交互化和跨时空等特点。

1. 多媒体化

互联网可以传输多种媒体信息，使得为达成交易而进行的信息交换可以以多种形式存在和交换，可以充分发挥营销人员的创造性和能动性，表现出营销方式的多媒体化。

2. 超前性

互联网是一种功能最强大的营销工具，兼具渠道、促销、电子交易、互动顾客服务以及市场信息分析等多种功能。它所具备的“一对一”营销能力，正符合定制营销与直复营销的未来趋势，表现出网络营销的超前性。

3. 拟人化

互联网上的促销是“一对一”的、理性的、消费者主导的、非强迫性的和循序渐进式的，而且是一种低成本与人性化的促销，可以避免推销员强势推销的干扰，并通过信息提供与交互式交谈，与消费者建立长期良好的关系，形成了网络营销的拟人化。

4. 交互式

互联网可以展示商品型号，连接资料库提供有关商品信息的查询功能；可以和顾客做互动双向沟通，收集市场情报，进行产品测试与消费者满意调查等，是产品设计、商品信息提供以及服务的最佳工具，反映了网络营销的交互式特点。

5. 跨时空

企业能有更多时间和更大的空间进行营销，每天可以 24 小时随时随地地提供全球性营销服务，体现了网络营销具有跨时空的特点。

15.3.3 网络营销与传统营销的联系

1. 网络营销对传统营销的影响

网络营销对传统营销形成了冲击。作为一种全新的营销理念，网络营销具有很强的实践性，它的发展速度是前所未有的。网络营销既对传统营销战略、营销策略产生深远的影响，对传统营销方式产生巨大冲击，也与传统营销相整合，推动营销理论发展。

1）网络营销对传统营销战略的影响

一方面，互联网具有的平等、自由、随时随地等特性，使得网络营销将降低跨国公司所拥有的规模经济的竞争优势，从而使小企业更易于在全球范围内参与竞争；另一方面，由于人人都能掌握竞争对手的产品信息与营销行为。因此，营销成败的关键在于如何适时获取、分析、运用这些网络上获得的信息，来研究并采用极具优势的竞争战略。同时，营销战略联盟将是网络时代的主要竞争形态，如何运用网络来组成合作联盟，并以联盟所形成的资源规模创造竞争优势，将是未来企业经营的重要手段。

2）网络营销对传统营销策略的影响

主要表现为 3 个方面：①对传统产品策略的冲击。首先对传统标准化产品的冲击；其次是网络营销适应了品牌的全球化管理。②对价格策略的影响。互联网具有先进的网络浏览和服务器会使变化不定的且存在差异的价格水平趋于一致。这对于执行差别化定价策略的公司来说不能不说是一个冲击。③对传统营销渠道策略的冲击。互联网使生产商与最终用户直接联系，中间商的重要性因此有所降低。

3）网络营销对传统营销方式的冲击

随着网络技术迅速向宽带化、智能化和个人化发展，用户可以在更广阔的领域内实现声、图、像、文一体化的多维信息共享和人机互动功能。网络营销将导致大众市场的终结，并逐步体现市场的个性化，最终应以每一个用户的需求来组织生产和销售。

2. 网络营销与传统营销的整合

网络营销作为新的营销理念和策略，凭借互联网络特性对传统经营方式产生了巨大的冲击，但这并不等于说网络营销将完全取代传统营销，网络营销是对传统营销在新的技术条件下的一种整合。随着技术的发展，互联网将逐步克服上述不足，在很长一段时间内将是网络营销与传统营销是相互影响和相互促进的局面，最后实现融洽的内在的统一。

1）传统营销是网络营销的理论基础

网络营销与传统营销的根本差别取决于网络本身的特性和消费者需求的个性。网络营销强化了传统市场营销理论的观念，但在有些地方也改写了工业化大规模生产时代营销理论的一些观点。

2）两种营销理论的整合——网络整合营销理论

网络使顾客这个角色在整个营销过程中的地位得到提高。网络互动性使顾客真正参与到整个营销过程成为可能，顾客不仅参与的主动性增强，而且选择的主动性也得到加强。因为网络上信息丰富，使顾客的选择余地变得很大。网络营销首先要求把顾客整合到营销过程中来，从他们的需求出发开始整合营销过程。

3）两种营销理论的发展——网络“软营销”理论

软营销理论是针对工业经济时代的以大规模生产为主要特征的“强式营销”提出的新理论，它强调企业进行市场营销活动的同时必须尊重消费者的感受和体验，让消费者能舒服地主动接受企业的营销活动。

4）两种营销理论的创新——网络直复营销理论

传统营销理论的直复营销与网络营销相结合，产生了网络直复营销理论。根据美国直复营销协会(ADMA)为直复营销营销下的定义，直复营销是一种为了在任何地方产生可度量的反应和达成交易而使用一种或多种广告媒体的相互作用的市场营销体系。网络作为一种交互式的可以双向沟通的渠道和媒体，它可以很方便地在企业与顾客之间架起桥梁，顾客可以直接通过网络订货和付款，企业可以通过网络接收订单、安排生产，直接将产品送给顾客。

营销视野

数字营销与传统营销的十大区别

数字营销时代已经到来，该革新自己的营销思维了！

数字营销与传统营销在营销类型、传播方向、日程安排、客户交流、时间、成功机会、经验的作用、监督、语言、参与人等十个方面都存在很大区别：

营销类型——传统的平面广告、热线电话、现场互动后，人们更愿意去豆瓣、微博去评价一些商业活动，商家也应该考虑，如何把广告放在顾客群体最多关注的地方，比如微博、社区等。

传播方向——你的产品好不好，再也不是代言明星说了算，在互联网圈子里，大家早就传开了！

日程安排——你的月度、季度活动计划能够赶得上变化吗？数字营销让你一夜上头条。

客户交流——如果可怜的乙方无法说服甲方理解自己对客户需求更加精准的定义，那让甲方自己去看看客户的评论和吐槽吧。

时间——如果没有数字营销，天猫的双“十一”活动是不是限制为“每周一到周五 9:00～17:00”？那么恭喜你，买家们也在上班，350亿数字将真的只是一个神话。

成功机会——不用多说，这是很多小公司向4A公司宣战的好时机，因为即使你没有土豪老板和高端设计师，也是可以借时运一战成名。当然，数字营销战场越来越残酷，传统大牌广告公司也加入其中，明天的霸主是谁呢？

经验的作用——传统营销的经典案例可以放在商学院大学课本里学习几十年，但是新颖的数字营销课堂，每一个人都有可能成为新时代的开启者。BTW，大学生们，多多来关注 SocialBeta 吧，说不定在课堂上可以难倒你的教授。

监督——当商家们最怕的“威胁”从“我要去工商局和消协投诉你”，变成了“我要拍照发微博”，更不幸的是你对门儿的竞争对手还买通段子手转发了这条微博，那么……趁这些没发生，先去学习数字营销时代的危机公关吧。

语言——广告语再也不必让人“不明觉厉”，或许粉丝就是你的最佳内容贡献者。

参与人——传统的企业营销部门逐渐成立社交媒体部门与专员，就连老总们也都纷纷注册账号来关注企业动态，各部门经理大人们十分紧张，数字营销时代就这么影响着每一个企业。

资料来源：Socialbeta. http://www.yingxiao360.com/htm/20131121/9776.htm.

15.4 口碑营销

口碑(Word of Mouth)在人类社会的沟通中扮演着极为重要的角色，甚至是现代社会来临之前最重要的人际沟通渠道。随着社会的进步和商业的发达，人们通过口碑传播的内容日渐丰富。口碑所传达的信息不但能够影响消费者购物前的决策，而且左右了消费者对产品的评价、态度以及使用后的行为。

口碑营销作为一种新型的市场营销策略，同传统价格策略、促销策略和渠道策略一样，都是针对具体的市场情况而采取的创新策略。

15.4.1 口碑营销的内涵

口碑营销就是把口碑的概念应用于营销领域的过程，即吸引消费者、媒体以及大众的自发注意，使之主动谈论你的品牌或你的公司以及产品，并且在谈论的基础上，能够起到引人入胜的一种良好效果，同时得到消费者的一种认可，从而升华为消费者的一种谈论的乐趣。它是具有自发性和主动性的。因而为媒体提供了报道的价值。由此开成这种良好品牌效果的过程就叫作品牌营销。

传统意义上企业营销信息的传播实际上是广告等大众媒体与口碑等人际渠道交互作用的结果，两者的共同作用决定了企业营销信息传播的效果。

在营销活动与口碑传播的关系研究中，早期的学者将目光主要集中在广告和赠品这两种营销活动上。他们的研究结果证明：一方面，广告能够激发消费者针对产品、服务、企业甚至广告本身的口碑传播；另一方面，企业通过向消费者赠送样品或开展免费试用等活动，也能促进他们针对产品的议论和讨论。

早期的研究者普遍将口碑传播当做广告的一种形式，只是广告是企业对消费者(B2C)的传播活动，而口碑传播则是消费者对消费者(C2C)的传播活动。在 20 世纪 80 年代和 90 年代，学者们逐步拓宽了原有研究的范围，开始考虑如何有计划、有步骤地对消费者的口碑传播活动施加影响。例如，贝耶思(Bayus)研究了直接营销手段对消费者口碑传播活动的影响。他们的研究结论表明，上述直接营销手段并不能够对消费者的口碑传播活动产生显著的影响，因此采用直接营销方式很难对消费者的口碑传播活动施加影响。随后，学者们考察了更为直接的口碑诱导方式，即直接向消费者提供奖励，或者诱因，得出的主要结论有：①企业通过向消费者提供诱因的方式可以刺激消费者向朋友和家人推荐本企业的产品或服务；②企业可以通过提供诱因的方式来促进组织内的互惠性推荐行为；③消费者在选择服务时更依赖口碑；④增加客户参与能够对客户的推荐意向和实际推荐行为两个方面产生正面影响。

15.4.2　口碑营销的特点

无论影响口碑营销的因素有哪些，口碑营销都具有以下特征。

1. 面对面的诉说、信服率高

因为口碑经常是依靠亲友、同事或者自己信任的人之间面对面地传播，所以主人信服的概率很高。口碑传播是建立在消费者对产品、服务及观念满意的基础之上，如果缺乏基本的品质保证，就根本谈不上口碑，即使再好的口碑设计也不能形成口碑。因此，能够被人们广为传诵的产品或服务，一般来说都形成了较高的消费者满意度。此外，人际传播中的双方，如家庭、朋友等参照群体，在文化、观念、意见和价值判断上具有相当大的接近性。因此，在消费观念上双方易于理解和认同，信息的传播者所传播的信息对接受方来说比较容易相信和接受。

2. 自发性、主动性强

因为口碑具有强大的可信度以及传播人之间存在某种信任关系，以至形成在人群中自发、主动向外界扩散的效果。比如，许多人购买电子产品的时候喜欢向身边信赖的人进行咨询。

3. 信息的传播者也是接受者

口碑营销传播往往是借助于社会公众之间的人际传播方式而进行的。在这种信息传播的过程中，每个人都是信息的发出者，也是信息的接收者，即在影响别人的同时，也受到他人的影响。互动的个体之间交换信息迅速，来往传递几乎随心所欲，一方发出信息后，不断有机会获得反馈信息，不断有机会检验效果，加以改正，做出解释，答复对方，最终较好地完成传播活动。

4. 能够给接受者以深刻的印象

口碑营销传播的时候大多不是以技术性的讲解开头的，都会带有传播人的某些主观上的看法，同时传播人一般会把自己的亲身感受以故事性的叙说告诉被传播人，这样容易在传播人之间形成深刻的印象。

5. 真实性强

口碑传播的过程就是消费者交流的过程。口碑的传播可以针对被传播者的具体情况，选择适当的传播内容和形式。同时，消费者通过积极的交流回应也能及时地知道自己所关心的消费品种类、品质、价格、市场供给状况及其变动趋势的信息。而对营销者来说，不仅省去越来越高昂的媒体购买费用和广告制作费用，而且传播到达率和投资回报更高。

15.5 新媒体营销

在 Web 2.0 带来巨大革新的年代，营销思维也带来巨大改变，体验性(experience)、沟通性(communicate)、差异性(variation)、创造性(creativity)、关联性(relation)，互联网已经进入新媒体传播 2.0 时代，并且出现了网络杂志、博客、TAG、SNS、RSS、WIKI 等这些新兴的媒体。

15.5.1 新媒体营销概述

1. 新媒体营销的概念

新媒体营销已经开始逐渐成为现代营销模式中最重要的部分，利用互联网、移动电视、手机短信、手机 APP 应用客户端等一系列在高新科技承载下展现出来的媒体形态，被现代人们称为新媒体。

新媒体营销是基于特定产品的概念诉求与问题分析，对消费者进行针对性心理引导的一种营销模式，从本质上来说，它是企业软性渗透的商业策略在新媒体形式上的实现，通常借助媒体表达与舆论传播使消费者认同某种概念、观点和分析思路，从而达到对企业品牌宣传、产品销售的目的。

2. 新媒体营销与传统营销的区别与联系

传统营销(广告以及公关)追求的是所谓的“覆盖量”(或者叫新媒体营销到达率，Reach)，在报刊上就是发行量，在电视广播上就是收视(听)率，在网站上，便是访问量。

将广告或者公关文章加载到覆盖量高的媒体上，便可以得到较多的注意。这个模式称之为：登高一呼式的传播模型，这种传播方式本质上属于宣传模式(Propaganda)，基本上传播路径是单向的。

其缺点也是很明显的：很难探测受众看到广告后有何反应。一方面，广告代理公司递交了厚厚的媒体覆盖量报告的数字以证明这个广告被很多人看到，另一方面商业公司用短期内的销量是否提升来决定这个广告是否达到了目的。但是，一场营销行为和短期销量之间究竟有何关系，至今并没有答案。

基于新媒体的营销模式，则是将 Propaganda 向 Involvement(卷入度)改变。新媒体营销借助于新媒体中的受众广泛且深入的信息发布，达到让他们卷入具体的营销活动中。例如，利用博客或微信所完成的话题讨论：请博客作者们就某一个话题展开讨论，从而扩大商业公司想要推广的主题或品牌的影响范围。

3. 新媒体营销的渠道

新媒体营销的渠道，或称新媒体营销的平台，主要包括但不限于：门户、搜索引擎、微博、SNS、博客、播客、微信、BBS、RSS、WIKI、手机、移动设备、APP 等。新媒体营销并不是单一地通过上面的渠道中的一种进行营销，而是需要多种渠道整合营销，甚至在营销资金充裕的情况下，可以与传统媒介营销相结合，形成全方位立体式营销。

4. 新媒体营销方式

网络杂志、博客以及微信营销是 Web 2.0 下诞生的新媒体的代表，而以他们为代表的新媒体营销已经走出了商业化的步伐，他们所独具的营销模式，已经显露出无限的商机。只是模式的不成熟让其尚无法实现更快的飞跃。而在新媒体的不断挖掘和完善下，新媒体营销模式一旦成熟，必然能够在互联网商业大潮中形成和构建属于自己的一片商业和营销空间。

15.5.2　新媒体营销优势

由于技术不断革新，在媒体领域里总有很多争论，每种媒体都争着说自己是最有效的广告媒介，互联网已经成为营销者的必争之地。互联网已经从电脑迷的专用工具转变为营销者的创意舞台。美国政府的统计数据表明，全美超过 80%的电脑已经与互联网相联。

互联网如何与其他媒体合作以达到最佳的效果，是营销者非常关心的一个问题。2004 年夏天，Yuhmiin Chang 和 Esther Thorson 在《广告期刊》(*Journal of Advertising*)发表了一项研究。在这项研究中，他们比较了不同媒体组合的效果，其中包括电视的单独运用、互联网的单独运用以及电视与互联网的联合运用。此项研究发现，电视与互联网联合运用的效果最好，其优势主要表现为：一是在消费者中赢得更多的关注；二是广告传递的信息更容易被消费者相信；三是消费者更加认同广告产品。

2005 年 6 月，Nigel Hollis 在《广告期刊》上发表了一篇文章，回顾了在过去的 10 年间互联网广告如何建立品牌。Hollis 指出，消费者上网的目的极大地影响着他们对于互联网广告的关注度及反应，而这种影响又会随着消费者处于不同的购买阶段而改变。例如，消费者可能处于打算购买、正在购买、已经购买或者没有购买打算这四种情况。与此同时，消费者对品牌不同程度的感知也会影响他们对广告的关注和反应。

Hollis 在综合考虑了多方面的试验以及研究后得出了一个结论：互联网广告和传统的广告媒体一样可以建立品牌资产。

1. 态度

互联网与其他营销手段之间的影响非常强烈。Brigitte Muller 和 Jean－Louis Chandon 在 2004 年 6 月出版的《营销传播期刊》(*Journal of Marketing Communications*)上发表了一篇文章，文章指出，消费者在访问某品牌网站后将更倾向于对该品牌产生正面联想。

2. 信任度

为了更好地利用互联网，学术界进行了不同的研究。Hong-Youl Ha 在《产品及品牌管理期刊》(*Journal of Product and Brand Management*)2004 年版中探讨了互联网环境下的品牌信任度问题。他指出，在互联网情况下，并不是所有的传统信任建设策略都能发挥作用。网络安全、个人隐私、品牌名称、口碑、消费者上网经验以及广告信息质量，这些因素都对建立品牌信任度产生极大的影响，也只有当这六个因素同时具备时，才能够建立消费者对品牌的信任。

3. 互动性

Wendy Macias 在 2003 年秋季版的《当今热点与广告研究期刊》(*Journal of Current Issues & Research in Advertising*)发表文章，研究网站的互动程度对消费者理解网站内容的影响。经过研究指出，越高的互动程度越有利于消费者理解网站的内容。

4. 娱乐性

Arthur Raney，Laura Arpan，Kartik Pashupati 和 Dale Brill 在 2003 年秋季版的《互动营销期刊》(*Journal of Interactive Marketing*)上发表文章，考察了网站上娱乐和互动内容的效果。研究表明，娱乐元素中加入更多的品牌特征，将提高消费者对品牌的回忆度。此外，网站越有趣，消费者再次访问的机会也就越大。

正当互联网通过电脑不断延伸的同时，手机也逐渐成为营销者建立品牌资产的一项重要工具。

15.5.3 社会营销

网络媒体都已经不可避免加入社交属性，哪怕只是一个分享按钮，只要你能通过一次点击将信息分享给社交网站的好友，通常被认为这个网站就是社会化媒体。于是所有的网络媒体几乎都可以称为社会化媒体。

1. 社会化媒体营销的基础是关系链

社会的构成元素是人和组织，而社会能够称之为社会的关键则是人及人、人与组织及组织与组织之间的关系链。那么在社会化属性日益增强的互联网中，关系链自然是社会化媒体最重要的组成部分。社会化媒体营销的一个显著优势就是用户对于信息的信任度高，而信任度高的原因就是社交关系链。只有很好地利用了用户的社交关系链，才能发挥社会化媒体营销的优势。

2. 增大营销内容的传播动力

关系链对于社会化媒体营销成败起着关键作用，因此要着力考虑利用关系链。可以考虑建立与目标受众之间的关系链，但关系链的建立需要艰难而漫长的过程，显然，更好的手段是利用用户之间既有的关系链，在关系链的某一个点注入信息，通过关系网迅速传播。就像电流需要电压才能传输一样，没有传播动力的内容即使投入关系网中，也不会起到预期的效果。对于社会化媒体营销来讲，最困难和最重要的就是增大营销内容的传播动力。

3. 主体营销内容传播的启动方式多种多样

营销内容有了传播动力，只需要依靠自身的优势资源将内容的“石块”投入用户关系链组成的“池塘”中，涟漪便一圈连一圈甚至一圈叠一圈的迅速传播出去。而营销内容传播的启动方式可以是多样化的，这要看企业的优势和能够利用的资源。可以是电视节目中的曝光，可以是网络媒体的报道，可以是微博大号的转发，可以是大量投放的广告，甚至是靠水军冲上的热门话题榜。只要能启动内容传播的程序，击中关系链中的任意一个点，都可以作为传播的开端，这个开端可以是单点，但最好是多点同步启动传播，这样的叠加效应将很明显。

有了具备传播动力的内容，依托既有的社交关系链进行传播，加上社交关系链附加的高信任度，内容传递带来的营销效果只能让营销人乐得合不拢嘴了。

应用案例

美国医药零售巨头的线上线下之路

【案情简介】

美国的沃尔格林(Walgreen)可谓典型的传统企业，虽然在中国很少被提及，它在美国乃至全球的医药连锁行业可是赫赫有名。从1901年芝加哥一个家庭作坊式的小店开始，经历了百年沧桑，沃尔格林成为世界企业史上的一个传奇，它不仅生存下来，而且还在其他许多知名的竞争对手纷纷落马之时，不断蓬勃发展，创造了连续100多年的赢利神话。

品途咨询研究发现，沃尔格林的业绩超过了英特尔、通用电气、可口可乐和默克公司等世界著名企业，它也凭着自己骄人的业绩频频登上《财富》杂志“最佳业绩与最受推崇的企业”排行榜。2012年的《财富》世界500强里它排名107，美国500强排名32。年销售额721.8亿美元，年利润27亿美元(2012年数据)，连锁门店接近10 000家。这样一家老企业，有什么优势，又是如何拥抱新事物的？品途咨询对此做了分析，给中国的连锁企业带来一个范本。

沃尔格林的线下发展历程

开店速度快：

沃尔格林药店的数量这几十年来成长得非常快，主要靠直接新开药店，近些年来也开始进行大量的收购。2011年药店数量又重新超过了有了几起大收购的CVS，重夺第一的位置。2012年沃尔格林已经收购了超过200家药店，以及英国的联合博姿45%的股份。而且预计未来沃尔格林会继续增加收购行为，并且进行全球化扩张，从而继续提高销售表现。

店面选址好：

沃尔格林不仅仅是在开店，而且是在开好店。沃尔格林开的都是地理位置极佳的“黄金店铺”，选址一般都是在街市十字路口，以确保客流量足够大，凡是客流量不够好的药店，都会被关掉。

特殊服务强：

大部分的店铺都有汽车通过取货通道，24 小时服务的也不在少数，有的药店有 Take Care 诊所，这些设计有效提升了销售额，最根本的，这也还是为了方便顾客，符合连锁药店行业的本质。

沃尔格林的线上发展历程

1981 年，沃尔格林就通过人造卫星的技术将旗下所有药店进行联网，达到信息共享。

1999 年，Walgreens. com 作为沃尔格林的一个全新的、服务完善的电子商务平台开始运营，它可以给客户提供更方便和更隐秘的购买药品和健康护理产品。顾客可以在网上下订单，到实体店取货；或者，在实体店看中诸如轮椅等大件商品可以送货到门。此外该网站还为所有客户带来梅奥诊所健康服务中心所提供的健康护理信息。

2007 年，沃尔格林为公司位于安德森市 600 000 平方英尺的配送中心安装了一套 RFID 系统，该系统在员工将货物装载到错误卡车(送往美国东南部的各零售店)时会发出警报。

2009 年，重启 Walgreens. com，对公司网站进行全面升级。为用户提供各种新的健康生活和产品资源，扩大尚未简化的购物工具和服务。

2010 年，WAG 就开始用手机软件来扫描处方，到了 2011 年，应用软件的使用量获得了将近 5 倍增长。

2011 年，以 4. 29 亿美元收购在线零售商 Drugstore. com。“此次收购提供了一个独特的机会，这将为我们提供超过 300 万访问量，将让我们更接近移动通过新的供应商和合作伙伴的关系，增加约 60 000 种的产品给已经很强大的网上发售。

2012 年 3 月，沃尔格林与基于真实社区的定位社交媒体网站 Foursquare 达成合作协议，推出了一项新的手机优惠券项目。沃尔格林其他的手机应用还包括 PillReminder 以及 Transfer by Scan 计划。

2012 年 4 月，沃尔格林与一家名为 Share-Care 的在线健康管理咨询服务提供商合作推出号称“最大的药品、营养品及健康产品的在线可搜索数据库”。

(品途咨询整理：201307)

沃尔格林如何建立自己的优势

早在老沃尔格林创立这家药房的时候，就通过精细的规划，对老式药房制定了新的游戏规则：通过新颖、明亮的照明设计为客户提供了一个愉悦、温馨的购物环境；货柜走廊率先拓宽营造一个让人舒适的购物空间；商品品类得以优化和丰富，药店首次引入日用百货类商品；商品价格便宜但保证合理的利润。品途网分析在过去的 112 年里，沃尔格林的成功得益于四大要素。

1. 持守核心业务的同时发展丰富的产品系列

在美国，沃尔格林药店以倡导商品多样化著称，从炒锅到食品再到化妆品，沃尔格林药店无不是独领风骚，它作为领袖一直在引导人们的生活习惯。沃尔格林药店的大众化商品种类齐全，日用品、食品、饮料、化妆品、洗相服务等，尤其是洗相服务更是别具一格，首创网上洗相服务，沃尔格林药店的客户可以通过因特网上传相片，并在 1 个小时后在最近的沃尔格林药店取到相片。

沃尔格林药店虽然具有百货商品性质，注重多样化发展，但其处方药销售仍然占据了总销售额的 60%以上，且跟他的竞争对手 CVS 相比，药品处方单的数量仍遥遥领先，覆盖了美国 40%的用药人群。

2. 注重品牌建设

沃尔格林药店在自身品牌的传播方面投入较大，这是该药店经营的传统，从最早在芝加哥创业的时候，就注意宣传自己，传播自己的商品品类、价格、服务等，后来传播的方式也更多更丰富。沃尔格林善于通过各种活动建立自己的品牌形象，如通过在大学设立沃尔格林奖学金，以及 2011 年总裁与第一夫人米歇尔·奥巴马在白宫宣布沃尔格林承诺在未来五年建立至少 1 000 个食品绿洲门店，在社区为无法获得帮助的人们提供服务健康和负担得起的食品，包括水果和蔬菜。品牌建设的结果是客户的忠诚度越来越高。

3. 利润与规模的平衡

沃尔格林药店开店是非常谨慎的，非常关注每一个药店的单店盈利水平，无论是单店的营业面积还是商品品类都大于竞争对手，以及药店的选址也是尽量在街道拐角处，方便客户进出药店，争取客流量及客单价最大化。

在沃尔格林药店的发展史上，没有采取过大的并购行动，而是一直靠自己开新店的模式，将沃尔格林的纯正血统传承下去。沃尔格林药店保持着每年新开 400 多家药店的发展速度，通过这样稳步发展沃尔格林的策略，沃尔格林药店每个单店的运营质量都保持在比较高的水平，它的整体现金流也比较充裕。

4. 拥抱新事物

在 20 世纪 80 年代初，沃尔格林药店就在互联网技术方面投了数亿美元，当时是唯一的一家投资于互联网的医药企业，1981 年沃尔格林药店就通过人造卫星的技术将旗下所有药店进行联网，达到信息共享。沃尔格林药店正是将技术上的领先运用到实际运营管理，不仅可以获得更丰厚的利润，同时还可以加速企业的发展。事实上，沃尔格林药店是美国最大的民用人造卫星客户，仅次于美国联邦政府，通过人造卫星 7 700 多家药店有机的整合在一起。Intercom Plus 系统的使用，让沃尔格林药店的药剂师借助共享的信息更加快捷的服务患者。

公司在脸谱网(Facebook)上已经获得 260 万“like”，而且已经通过移动平台将旗下 7700 多家药店网络整合到脸谱网“地点”定位应用和 Foursquare 地理位置社交网站上。同时沃尔格林也在发展其他社交媒体，包括 Twitter 和 YouTube。

从品途的分析可见，传统连锁企业的成功是由各方因素共同作用而成的。良好的体验，丰富的产品，深入民心的品牌，稳健的经验，新技术的使用，缺一不可。品途网坚信一条，新的技术可以为虎添翼，但首先，你得是一只虎。

资料来源：刘宛岚，张建全 . http://www. yingxiao360. com/htm/2013722/8355. htm.

【案例思考】

从美国医药零售巨头的线上线下营销，你有什么体会?

本章小结

本章描述的内容是市场营销学随着市场环境的变化产生的新概念和新问题，对其新进展主要介绍了绿色营销、关系营销、网络营销、口碑营销及新媒体营销的基本概念、特征，与传统营销的关系。要求理解新概念，并在实际工作中加以运用。

习　题

一、名词解释

1. 绿色营销
2. 关系营销
3. 网络营销
4. 口碑营销
5. 新媒体营销

二、简答题

1. 传统营销与绿色营销的区别。

2. 传统营销与关系营销的区别。
3. 网络营销与传统营销的联系。

三、案例分析

马狮百货集团关系营销的完美体现

马狮百货集团(Marks&Spencer)是英国最大且盈利能力最高的跨国零售集团，以每平方英尺销售额计算，伦敦的马狮公司商店每年都比世界上任何零售商可赚取更多的利润。马狮百货在世界各地有200多家连锁店，“圣米高”牌子货品在30多个国家出售，出口货品数量在英国零售商中居首位。《今日管理》(*Management Today*)的总编罗伯特·海勒(Robert Hellen)曾评论说：“从没有企业能像马狮百货那样，令顾客供应商及竞争对手都心悦诚服。在英国和美国都难找到一种商品牌子像‘圣米高’如此家喻户晓，备受推崇。”这句话正是对马狮在关系营销上取得成功的一个生动写照。

1. 围绕“满足顾客真正需要”建立企业与顾客的稳固关系

有人把关系营销的基本原理简单理解为：“与顾客建立良好的关系，有利的交易自会随之而来”。实际上为建立关系而建立关系，并不是真正意义上的关系营销。关系营销倡导建立企业与顾客之间长期的、稳固的相互信任关系，实际上是企业长期不断地满足顾客需要，实现顾客满意的结果。马狮很早就充分认识到这一点。早在30年代，马狮的顾客以劳动阶层为主，马狮认为顾客真正需要的并不是“零售服务”，而是一些他们有能力购买且品质优越的货品，于是马狮把其宗旨定为“为目标顾客提供他们有能力购买的高品质商品”。

准确地把握顾客的真正需要是建立与顾客良好关系的第一步，而能否长期有效满足顾客的需要则是这种关系建立和存在的基础。马狮认为顾客真正需要的是质量高而价格不贵的日用生活品，而当时这样的货品在市场上并不存在。于是马狮建立起自己的设计队伍，与供应商密切配合，一起设计或重新设计各种产品。为了保证提供给顾客的是高品质货品，马狮实行依规格采购方法，即先把要求的标准详细订下来，然后让制造商一一依循制造。由于马狮能够严格坚持这种依规格采购之法，使得其货品具备优良的品质并能一直保持下去。

马狮要给顾客提供的不仅是高品质的货品，而且是人人力所能及的货品，要让顾客因购买了“物有所值”甚至是“物超所值”的货品而感到满意。因而马狮实行的是以顾客能接受的价格来确定生产成本的方法，而不是相反。为此，马狮把大量的资金投入货品的技术设计和开发，而不是广告宣传，通过实现某种形式的规模经济来降低生产成本，同时不断推行行政改革，提高行政效率以降低整个企业的经营成本。

此外，马狮采用“不问因由”的退款政策，只要顾客对货品感到不满意，不管什么原因都可以退换或退款。这样做的目的是要让顾客觉得从马狮购买的货品都是可以信赖的，而且对其物有所值不抱有丝毫的怀疑。

由于马狮把握住顾客的真正需要，并定下满足顾客需要的严格标准，且又能切实实现这些标准，自然受到顾客青睐，不知不觉中就形成了与顾客的长期信任关系，保持企业长久的不凡业绩。

2. 从“同谋共事”出发建立企业与供应商的合作关系

企业，尤其是零售企业，要想有效实现对顾客需求的满足，自然离不开供应商的协调配合。一般来说，零售商与制造商的关系多建立在短期的相互利益上，马狮则以本身的利益、供应商利益及消费者利益为出发点，建立起长期紧密合作的关系。马狮把其与供应商的关系视为“同谋共事”的伙伴关系。

尽管马狮非常清楚“顾客到底需要什么”，但他们也明白，如果供应商不能生产出所需质优价廉的产品，便无法满足顾客需要，所以马狮非常重视同供应商的关系。前面提到，马狮为了提供“顾客真正需要”的货品而给供应商制订了严格详细的制造和采购标准，为了有效实现这些标准，马狮也尽可能地为供应商提供帮助。如果马狮从某个供应商处采购的货品比批发商处更便宜，其节约的资金部分，马狮将转让给供应商，作为改善货品品质的投入。这样一来，在货品价格不变的情况下，使得零售商提高产品标准的要求与供应商实际提高产品品质取得了一致，最终形成顾客获得“物超所值”的货品，增加了顾客满意度和企业货品对顾客的吸引力。同时，货品品质提高增加销售，马狮与其供应商共同获益，进一步密切了合作关系。从马狮与其供应商的合作时间上便可知这是一种何等重要和稳定的关系。与马狮最早建立合作关系的供应商时间超过 100 年，供应马狮货品超过 50 年的供应商也有 60 家以上，超过 30 年的则不少于 100 家。

3. 以“真心关怀”为内容建立企业与员工的良好关系

企业与顾客建立长期信任关系是作为一个整体出现的，企业具体来说是由若干个员工和管理者组成的，企业内部的关系怎样，直接关系到企业功能的发挥和宗旨的实现。企业内部管理者与员工之间相互信赖和支持的关系是企业作为一个整体与外部顾客建立长期信任关系的基础，离开了前者，后者的建立是不具有操作性的。

马狮向来把员工作为最重要的资产，同时也深信，这些资产是成功压倒竞争对手的关键因素，因此，马狮把建立与员工的相互信赖关系，激发员工的工作热情和潜力作为管理的重要任务。在人事管理上，马狮不仅为不同阶层的员工提供周详和组织严谨的训练，而且为每个员工提供平等优厚的福利待遇，并且做到真心关怀每一个员工。

马狮的一位高级负责人曾说：“我们关心我们的员工，不只是提供福利而已”。这句话概括了马狮为员工提供福利所持的信念的精髓：关心员工是目标，福利和其他措施都只是其中一些手段，最终目的是与员工建立良好的人际关系，而不是以物质打动他们。这种关心通过各级经理、人事经理和高级管理人员真诚的关怀而得到体现。例如，一位员工的父亲突然在美国去世，第二天公司已代他安排好赴美的机票，并送给他足够的费用；一个未婚的营业员生下了一个孩子，她同时要照顾母亲，为此，她两年未能上班，公司却一直发薪给她。

马狮把这种细致关心员工化成是公司的哲学思想，而不因管理层的更替有所变化，由全体管理层人员专心致志地持久奉行。这种对员工真实细致的关心必然导致员工对工作的关心和热情，使得马狮得以实现全面而彻底的品质保证制度，而这正是马狮与顾客建立长期稳固信任关系的基石。

案例思考题：

1. 马狮百货关系营销的成功之处是什么？
2. 马狮百货是如何把关系营销用到与顾客的关系中去的？

第16章

市场营销组织、控制与审计

教学目标

了解市场营销组织的演变与形式；掌握市场营销控制的相关内容；了解市场营销审计的相关内容。

教学要求

知识要点	能力要求	相关知识
市场营销组织	了解市场营销组织的演变与形式	市场营销组织的演变、市场营销组织的形式
市场营销控制	掌握年度计划控制、盈利控制、效率控制和战略控制的内容	年度计划控制、盈利控制、效率控制和战略控制
市场营销审计	了解市场营销审计的相关内容	市场营销环境审计、市场营销战略审计、市场营销组织审计、市场营销系统审计、年度计划审计、盈利水平审计

基本概念

市场营销组织；市场营销控制；市场营销审计

引 例

分粥故事的启示

有7个人曾经住在一起，每天分一大桶粥。要命的是，粥每天都是不够的。

一开始，他们抓阄决定谁来分粥，每天轮一个。于是乎每周下来，他们只有一天是饱的，就是自己分粥的那一天。

后来他们开始推选出一个道德高尚的人出来分粥。强权就会产生腐败，大家开始挖空心思去讨好他，贿赂他，搞得整个小团体乌烟瘴气。

然后大家开始组成三人的分粥委员会及四人的评选委员会，互相攻击扯皮下来，粥吃到嘴里全是凉的。

最后想出来一个方法：轮流分粥，但分粥的人要等其他人都挑完后拿剩下的最后一碗。为了不让自己吃到最少的，每人都尽量分得平均，就算不平，也只能认了。大家快快乐乐，和和气气，日子越过越好。

同样是7个人，不同的分配制度，就会有不同的风气。所以一个单位如果有不好的工作风气，一定是机制问题，一定是没有完全公平公正公开，没有严格地奖勤罚懒。如何制定这样一个好的制度，是每个领导需要考虑的问题。

资料来源：http://news.sohu.com/20080410/n256201641.shtml.

引例点评：分粥的故事告诉人们：好的制度设计能带来公平和效率。在市场营销活动中，组织设计和市场营销活动的控制同样也很重要。

本章将从先前的研究营销战略和战术转入对企业本身的管理。目标是研究企业如何组织、执行、评价和控制营销活动。

16.1 市场营销组织

市场营销组织是制定和实施市场营销计划的职能部门。在不同的企业，市场营销组织往往有不同的称谓，在许多企业，市场营销组织也常常不只是一个机构或科室。

16.1.1 市场营销组织的演变

现代企业的市场营销部门，是随着市场营销观念的发展和企业管理市场营销工作的需要，经长期演变而成的产物。在市场经济发达的西方国家，市场营销组织的发展大体经历了五种典型形态。

1. 单纯的销售部门

小企业的销售部门习惯上由一个副总经理领导，该副总经理既负责管理销售队伍，自己也直接从事某些推销活动。如果企业需要进行市场调研或做广告，这些工作也由主管销售的副总经理聘请外部力量帮助。

2. 兼有营销职能的销售部门

随着企业的成长，企业需要增加市场营销调研、广告和其他促销等职能。这些职能逐步演变为销售部门的专门职能。如有需要企业可以设立市场营销主管的职位来负责这些工作。

3. 独立的市场营销部门

随着企业规模和业务范围的进一步扩大，作为辅助性职能的市场营销工作，比如市场营销调研、新产品开发、促销和顾客服务等，重要性日益增强。市场营销成为一个相对独立的职能。作为市场营销主管的副总经理和负责销售工作的副总经理一样，直接由总经理领导。在这个阶段，销售和营销是企业组织机构里应当密切合作的两个相互独立的职能部门。

4. 现代市场营销部门

销售和市场营销两个机构需要互相协调和配合。但在现实中，它们之间却容易形成互不信任和合作的关系。销售副总经理看中眼前销售量的大小，难免趋向于短期行为；市场营销副总经理着眼于长期效果，侧重于安排适当的计划和制定市场营销战略，满足市场的长期需要。为解决销售部门和市场营销部门之间的矛盾和冲突，市场营销组织逐渐转向统一由市场营销副总经理全面负责，管理所有市场营销职能机构和销售部门。

5. 现代市场营销企业

建立了现代市场的营销部门，并不等同于现代营销企业。市场营销部门不是一个公司的全部，但整个公司最好都是市场营销部门。所以，现代营销企业要成为市场导向型组织，企业所有管理人员，乃至每位员工在这一组织框架内都要“市场导向”。通过信息共享，企业一切部门和每个人的工作都围绕为顾客服务展开，市场营销不仅是一个部门的职能，而且是整个企业的经营哲学和每个员工的生活方式。

16.1.2 市场营销部门的组织形式

现代企业的市场营销部门有各种组织形式。不论企业采用什么形式，从根本上说都必须体现以顾客为中心的指导思想。

1. 职能型组织

这是常见的市场营销组织形式。它是在市场营销副总经理的领导下，集合各种市场营销专业人员，如广告和促销人员、销售人员、市场营销调研人员、新产品开发人员以及顾客服务人员、市场营销策划人员、储运管理人员等。市场营销副总经理负责协调各个市场营销职能部门、人员之间的关系。

当企业只有一种或很少几种产品，或者企业产品的市场营销方式大体相同时，按照这种方法设置组织结构比较有效，因为分工明确，有利于充分调动上述几位部门经理的积极性和创新性。但是，随着产品品种的增多和市场的扩大，这种组织形式就暴露出发展不平衡和难以协调的问题，因为没有一个部门能对某产品的整个市场营销活动负全部责任，而只是负责所有产品和细分市场的某一方面的工作，所以难免产生疏忽个别产品或细分市场的情况，特别是部门经理为使本部门争取到更多的预算、决策权力和重要地位，容易产生部门之间争权夺利的现象，降低营销工作的效率。

2. 地区型组织

业务涉及全国甚至更大范围的企业，可以按照地理区域组织、管理销售人员。比如在销售部门设有中国市场经理，下有华东、华南、华北、西北、西南、东北等大区市场经理，每个大区市场经理下面按省(市、自治区)设置区域市场经理，再往下还可以设置若干地区市场经理和销售代表。

3. 产品(品牌)管理型组织

生产多种产品或拥有多个品牌的企业，往往按产品或品牌建立市场营销组织。通常是在一名总产品(品牌)经理的领导下，按每类产品(品牌)分设一名经理，再按每种具体品种设一名经理，分层管理。在一个企业，如果经营的各种产品差别很大，产品的数量又很多，超过了职能型组织所能控制的范围，就适于建立产品(品牌)管理型组织。

产品(品牌)经理的作用，是制订产品(品牌)计划，监督计划实施，检查执行结果并采取必要的调整措施，同时为自己负责的产品(品牌)制定长期的竞争战略和政策。

这种方法是由专人负责某种具体产品或某一产品线的系列营销工作。负责某一品牌产品的人员称为品牌经理，负责一条或几条产品线的人员称为产品经理。其基本做法是，由一名产品营销经理负责，下设几个产品经理，产品经理之下再设几个品牌经理去具体负责各个产品。

产品组织法在实际应用中是与职能组织法相配合的，只不过是在产品的开发与管理方面增加了层次。

产品组织法的主要特征是突出了产品营销经理的重要性。产品营销经理的职责是制定发展产品的经营战略，并付诸执行，监督其结果和采取改进措施。具体地可分为以下 6 个方面。

(1) 制定发展产品的长期经营和竞争战略。

(2) 编制年度市场营销计划和进行销售预测。

(3) 与广告及营业推广经理一起研究广告的文稿设计和宣传活动。

(4) 激起推销人员和经销商经营该产品的兴趣。

(5) 与市场研究经理协作，搜集产品、市场情报，进行统计分析。

(6) 倡导新产品的开发。

产品型组织形式的优点在于产品主管经理能够有效地协调各种市场营销职能，并对市场变化做出积极反应。同时，由于有专门的产品经理，那些较小品牌的产品可能不会受到忽视。

但是，产品型组织形式也存在不少缺陷。

(1) 缺乏整体观念。在产品型组织中，各个产品经理相互独立，他们会为保持各自产品的利益而发生冲突，因为有些产品可能面临着收缩和淘汰的境地。

(2) 部门容易冲突。产品经理们未必能获得足够的权力，以保证他们有效地履行职责。这就要求他们要采取劝说的方法取得广告部门、销售部门、生产部门和其他部门的配合与支持。

(3) 接受多头领导。由于权力划分不清，下级可能会得到多方面的指令。例如，产品经理在制定广告战略时接受产品主管经理的指导，而在预算、媒体选择等方面又受制于财务经理、广告及营业推广经理。

一般来说，生产食品、化妆品、洗涤用品、化工产品等企业适宜采用产品组织法来组建自己的营销部门。例如，美国宝洁公司就是采用这个方法。

4. 市场管理型组织

如果市场能按顾客特有的购买习惯和偏好细分，也可以建立市场管理型组织。它同产品(品牌)管理型组织相似，由一个总市场经理管辖若干细分市场经理。各个市场经理负责自己所辖市场的年度销售利润计划和长期销售利润计划。这种组织形式的主要优点是，企业可以围绕特定消费者或用户开展一体化的市场营销活动，而不是把重点放在彼此隔离的产品或地区上面。

市场型组织形式的优点在于企业的市场营销活动是按照满足各类不同顾客的需求来组织和安排的，这最能体现企业“以顾客为中心”的经营思想，有利于企业加强销售和市场开拓。

市场型组织形式的主要缺点是存在权责不清和多头领导的矛盾，这和产品型组织类似。

尽管市场型组织方法存在一些不足，但目前在西方国家里，有越来越多的企业按照这种方法组织其营销部门。

5. 产品/市场管理型组织

面向不同市场、生产多种产品的企业，在确定市场营销组织结构时经常面临两难选择：是采用产品管理型，还是市场管理型？能否吸收这两种形式的优点，扬弃它们的缺点？所以，有的企业建立了一种既有产品(品牌)经理，又有市场经理的矩阵组织，以求解决这个难题。但是矩阵组织的管理费用高，容易产生内部冲突，因此又产生了新的两难选择：一是如何组织销售力量，究竟是按每种产品组织销售队伍，还是按各个市场组织销售队伍，或者销售力量不实行专业化；二是由谁负责定价，产品(品牌)经理还是市场经理。

在市场营销管理实践中，矩阵型组织的产生大体分两种情形。

(1) 企业为完成某个跨部门的一次性任务，如产品开发，就从各部门抽调人员组成由经理领导的工作小组来执行该项任务，参加小组的有关人员一般受本部门和小组负责人的共同领导。任务完成后，小组撤销，其成员回到各自的岗位。这种临时性的矩阵型组织又叫小组制。

(2) 企业要求个人对于维持某个产品或商标的利润负责，把产品经理的位置从职能部门中分离出来并固定化，同时，由于经济和技术因素的影响，产品经理还要借助于各职能部门实施管理，这就构成了矩阵。

矩阵组织法的优点在于能加强企业内部之间的协作，能集中各种专业人员的知识、技能，又不增加人员的编制，组建方便，适应性强，有利于提高工作效率。

但是，矩阵组织法也存在缺点，主要表现在双重领导，过于分权化，稳定性差和管理成本较高，这些缺陷多少抵消了一部分营销效率。

6. 公司—事业部组织

随着多产品—多市场公司经营规模的扩大，公司常把各大产品部门或市场部门升格为独立的事业部。事业部下再设自己的职能部门和服务部门。这样就产生一个问题，那就是公司总部应当保留哪些营销服务和营销活动。

在实际运行中，有 4 种基本的方法。

(1) 企业总部一级不设立营销部门，企业的营销活动全部由各事业部负责承担。

(2) 企业总部一级保留适当的营销部门，承担以下职能。

① 协助营销副总经理全面评价企业的营销机会。

② 应事业部要求向其提供咨询。

③ 帮助营销力量不足的事业部解决营销方面的问题。

④ 改变企业其他职能部门的营销观念。

(3) 企业总部一级保留适当的营销部门，除执行(2)中的各项职能外，还向各事业部提供各种营销服务，包括专门的广告服务、促销服务、调研服务、销售行政服务等等。

(4) 企业总部设立一级规模较大的营销部门，深入参加各事业部营销活动的规划与控制。

进入 20 世纪 90 年代以来，市场营销环境发生了巨大变化。电子计算机、网络技术以及无线电通信的不断进步，全球性竞争的日趋激烈，消费者和企业的购买经验的日益丰富，服务性企业的迅速发展等，都要求企业重新考虑如何组织自己营销部门的问题。为适应这些变化，许多企业将自己营销部门的重心放在主要业务或有竞争力的业务上，也有不少企业将其营销部门拓展到其他不熟悉的领域以求新的发展，其中有的成功了，但失败的却是多数，即使它们所投身的行业是一个新兴行业或极具发展潜力的行业。究其失败的原因，大多是由于企业缺乏在该领域激烈竞争中所应具有的技能和知识，其中就包括营销组织的正确设计与选择。

16.1.3　营销部门与其他部门之间的关系

为确保企业整体目标的实现，企业内部各职能部门应密切配合。但实际上，各部门间的关系常常表现为激烈的竞争和明显的不信任，其中有些冲突是由于对企业最高利益的不同看法引起的，有些是由于部门之间的偏见造成的，而有些则是由于部门利益与企业利益相冲突所造成的。

在典型的组织结构中，所有职能部门应该说对顾客的满意程度都有或多或少的影响。在市场营销观念下，企业所有部门都应以“满足消费者的需要”这一原则为中心，致力于消费者需求的满足，而市场营销部门则更应在日常活动中向其他职能部门灌输这一原则。市场营销经理有两大任务：一是协调企业内部市场营销活动；二是在顾客利益方面，协调市场营销部门与企业其他职能部门的关系。然而，很难确定应给予市场营销部门多少权限来与其他部门进行协调合作。

但一般而言，市场营销经理应主要依靠说服而不是权力来进行工作。

例如，航空公司的市场营销经理在致力于提高市场占有率的过程中，是没有具体的权力去影响乘客的满意程度的。他不能雇用或培训机组人员，这是企业人事部门的工作；他也不能决定食品的质量和种类，这是餐饮部门的工作；他还不能确定飞机的安全标准，这是维修部门的工作；他更不能解决价格表问题(不能确定票价)，这是公司业务部和财务部的工作。他只能控制市场研究、销售人员、广告促销等方面，并只能通过与其他部门的协调来努力形成乘客满意的飞行环境。

其他部门经常反对在工作中一切以顾客利益为中心也同样强调他们工作的重要性。显然，这中间的冲突是不可避免的。下面是对企业市场营销部门与其他几个职能部门可能发生的冲突进行的分析。

1. 市场营销部门与研究开发部门

企业希望开发新产品，但常因研究开发部门和市场营销部门关系不好而告失败，关系不好的根本原因在于这两个部门在企业中代表着两种截然不同的观念。

一方面，研究开发部门由科学技术人员构成，他们为生产技术的奇特性和超前性而骄傲，擅长解决技术问题，而不关心眼前的销售利润，喜欢在较少人监督或较少顾虑研究成本的情况下工作。而市场营销部门则由具有商业头脑的人员组成，他们精于对市场领域的了解，喜欢那些对顾客有促销作用的新产品，有一种注重成本的紧迫感。

另一方面，市场营销人员把研究开发人员看作是不切实际的、知识分子味十足的人。相反，研究开发人员把市场营销人员看作是倾向于行骗、唯利是图的“卑鄙小人”，认为他们对产品的销售特色比对产品技术性能更感兴趣。

上述两个方面作用的结果导致企业不是技术导向型的，就是市场导向型的，或二者并重的。在技术导向型的企业中，研究开发人员常研究基本原理问题，寻求重大突破，力求产品尽善尽美。

虽然他们确实会发现一种重要的新产品，但其研究与开发的费用很高，新产品成功率较低。在市场导向型的企业里，研究开发人员为专业市场的需要而设计新产品，绝大多数是对产品的改进和现有技术的应用，新产品的成功率较高，但主要是改进生命周期较短的产品。在技术、市场二者并重的企业中，市场营销部门与研究开发部门已形成有效的组织关系，它们共同负责进行卓有成效的市场创新，研究开发人员不仅负责发明，也负责有希望成功的创新，市场营销人员不只是注意新的销售特色，也协助研究人员寻找能满足市场需求的新途径。

已有研究表明，创新的成功需要研究开发与市场营销的一体化。研究开发部门与市场营销部门的合作，可采用以下几种简便易行的措施。

(1) 联合主办研讨会，以便加强对对方的工作目标、作风和解决问题的方式的理解和尊重。

(2) 每个新项目要同时派给研究开发人员和市场营销人员，他们将在整个项目执行过程中合作，同时研究开发部门与市场营销部门应共同确定市场营销计划与目标。

(3) 研究开发部门与市场营销部门的合作，要一直持续到销售阶段，包括编写技术手册、合办贸易展览、售后调查，甚至参与一些销售工作。

（4）两部门产生的矛盾应由高层管理部门解决。在同一个企业中，研究开发部门与市场营销部门应同时由一个副总经理负责。

2. 市场营销部门与工程部门

工程部门负责运用切实可行的方法，来设计新产品和新的生产工序。工程师们更关心产品技术质量的提高、成本费用的节约，以及制造工艺的简化。如果市场营销人员希望产品多样化，而不是标准化，以突出产品特色，工程师们便会与之发生冲突。他们认为市场营销人员只要求外形美观，而不注重产品内在性能，这些人是一群极易改变工作重心且夸夸其谈之辈，不值得信任。

但在市场营销人员具有工程基础知识并能有效地与工程师们沟通的企业里，一般不会出现上述问题。

3. 市场营销部门与采购部门

采购部门负责以最低的成本买进质量、数量都合适的原材料与零配件。采购部门通常的购买量大且种类较少，但市场营销部门则往往会争取在一条生产线上推出几种型号的产品，这就需要采购数量少、品种多的原材料及配件。这样，采购部门会认为市场营销部门对原材料及其零配件的要求过高，尤其是当市场营销部门的预测发生错误时更为突出，这迫使他们不得不以较高的价格条件购进原材料，有时还会造成库存积压的现象。

4. 市场营销部门与生产部门

生产部门与市场营销部门之间存在着几种潜在的矛盾。

第一，目标上的矛盾。生产人员负责企业的正常运转，以实现用适当的成本，在适当的时间内生产适当数量产品的目的。他们成天忙于处理机器故障、原料不足、劳资纠纷及怠工等问题。

他们认为，市场营销人员过多地以顾客满意为目标，在不了解企业的经济情况及战略的前提下，一味地埋怨企业生产能力不足，生产拖延，质量控制不严，售后服务不佳等，而且还经常做出不正确的销售预测，推荐难于生产的产品，答应给顾客过多不合理的服务项目等。

第二，利益上的矛盾。在生产部门看来，市场营销人员看不到企业的实际困难，只注重顾客提出的问题。例如，顾客希望很快拿到货物，希望得到企业的应有服务等，市场营销部门很少关注为一位顾客服务会加大企业成本的问题。这不仅是两个部门间沟通不好的问题，而且是实际利益冲突的问题。

第三，工作方式上的矛盾。在生产导向型的企业里，人们做的任何一件事情都是为了在降低成本的情况下保证生产顺利进行，生产部门倾向于生产简单的产品，希望生产线窄一些，而生产批量大一些，而市场营销部门则要求产品多样化，并提高生产速度来配合促销活动的开展，不要产生延期交货的情况使顾客不满意。在市场导向型的企业里，人们想尽一切办法来满足顾客的需要，只要市场营销人员一声令下，要求生产什么东西，生产人员就立即行动，而不考虑加班费用，短期生产效应等，其结果是造成生产成本高昂而且成本不固定，产品质量也欠稳定等问题。

企业可采用不同的方法来解决上述问题。一般来说，企业应逐渐向生产导向与市场导向并重的方向发展。在这种并重的企业里，生产部门与市场营销部门可以共同确定企业追求的最佳利益。解决办法包括，召开联合研讨会，以了解双方的观点；设置联合委员会和联络人员，制订人员交流计划；采用分析方法，以确定最有利的行动方案等。

企业的盈利能力很大程度上取决于市场营销部门与生产部门之间良好的协调关系，市场营销人员必须具备较好的了解生产部门的能力。如果企业想通过降低生产成本来取胜，那就需要一种新的生产策略；如果企业想依靠质量优良、品种多样或优质服务来取胜，就需要 3 种不同的生产策略，所以，生产设计和生产能力是由已规划好的产量、成本、质量、品种等所组成的市场营销战略目标来决定的。在产品尚未确定买主之前，当购买者去企业了解生产与管理质量状况时，生产人员和生产部门无疑成了重要的市场营销工具。

5. 市场营销部门与财务部门

财务部门擅长于评估不同业务活动的盈利能力，但每当涉及市场营销经费时就不得不喊“头痛”。市场营销部门在要求将大量预算用于宣传、促销活动和推销人员的开支的同时，却不能具体说明这些费用能带来多少销售利润。财务部门怀疑市场营销部门所做的预测是自己随意编制的，并没有真正考虑成本与利润的关系。他们认为，市场营销部门急于大幅度削价是为了获得订单而不是真正为了盈利。同时，市场营销部门则认为，财务部门控制资金太紧，拒绝把资金投入到具有长期盈利能力的潜在市场中，他们把所有的市场营销经费看作是一种浪费，而不是投资，财务人员过于保守，不愿冒风险，从而使许多机遇失之交臂。

解决这个问题的办法是加强对市场营销人员的财务训练，同时加强对财务人员的市场营销训练。财务人员要运用财务工具和理论，支持对全局有影响的市场营销工作。

6. 市场营销部门与会计部门

会计部门认为市场营销部门不能准时制作销售报表，他们尤其不喜欢销售人员与顾客达成的特殊交易，因为这些交易需要特殊的会计手续；反之，市场营销部门则不喜欢会计部门把固定成本分摊到不同品牌上去。品牌经理认为，他们主管的品牌比预期的更能盈利，但问题在于分摊给产品的间接费用太多，而使得品牌利润率降低，他们还希望会计部门能编制按渠道、区域、订货规模等来划分的各种不同的利润和销售额报表。

7. 市场营销部门与信用部门

信用部门要评估潜在顾客的商品信用等级，拒绝或限制向商品信用不佳的顾客提供信贷。他们认为，市场营销部门把商品出售给任何人，即使是那些连付款都有问题的人。相反，市场营销部门则常常感到信用标准定得太高，他们认为要求“无坏账”实际上意味着企业失去一大笔买卖和利润，并且觉得他们好不容易找到了客户之后，听到的却是因这些顾客的信用不佳而不能与之成交的消息。

16.1.4 市场营销组织的设置

企业种类很多，不可能、也不应该都按一种模式设置市场营销组织。但是，企业建立市场营销组织有一些相同的要求，可以作为一般原则。

1. 整体协调和主导性原则

协调是管理的主要职能之一。设置市场营销机构需要遵循的整体协调和主导性原则，可以从以下方面加以认识。

（1）设置的市场营销机构能够对企业与外部环境，尤其是对市场、顾客之间关系的协调发挥积极作用。企业的目的是创造市场、创造顾客。失去了市场、顾客，企业也就失去了存在的资格和生存的条件。满足市场的需要、创造满意的顾客，是企业最为基本的宗旨和责任。

（2）设置的市场营销机构能够与企业内部的其他机构相互协调，并能协调各个部门之间的关系。

（3）市场营销部门内部的人员机构以及层级设置，也要相互协调，以充分发挥市场营销机构自身的整体效应。只有做到了从自身内部到企业内部，再到企业外部的协调一致，市场营销机构的设置才能说是成功的。

2. 精简以及适当的管理跨度与层级原则

组织建设要精兵简政：一是因事设职、因职设人，人员精干；二是内部层级不宜太多。内部层级少，可以促使信息流通加快，减少阻碍；还能密切员工之间的关系，利于交流思想、沟通情感，提高积极性和效率。在建立机构时能否把握市场营销工作的性质和职能范围，是真正做到精简十分重要的前提。

3. 有效性原则

效率是衡量组织水平的重要标准。一个组织的效率高，说明其结构合理、完善。直观地讲，效率是指一个组织可在一定时间内完成的工作量。机构的效率表现在：能否在必要的时间内完成规定的任务；能否以最少的工作量换取最大成果；能否很好地吸取过去的经验、教训，在业务上不断创新；能否维持机构内部协调，及时适应环境、条件的变化。

16.2　市场营销控制

市场营销组织的任务是规划、实施和控制市场营销活动。当然，在执行计划过程中难免遇到各种意外事件，所以企业要不断对市场营销活动进行监督、评价，以控制发展动向。

市场营销控制包括年度计划控制、盈利控制、效率控制和战略控制。年度计划控制主要检查市场营销活动的结果是否达到了年度计划的要求，在必要时采取调整和纠正措施；盈利控制是为了确认在各产品、地区、顾客群和分销渠道等方面的实际获利能力；效率控制的任务是提高诸如人员推销、广告、促销、分销等工作的效率；战略控制的任务是审计企业的战略、计划是否有效地抓住了市场机会，是否同市场营销环境相适应。

16.2.1　年度计划控制

年度计划控制的内容，是对销售额、市场占有率、费用率等进行控制；年度计划控制的目的，是确保年度计划规定的销售、利润和其他目标的实现。控制过程分 4 个步骤：确定年度计划中的月份目标或季度目标；监督市场营销计划的实施情况；如果市场营销计划在执行过程中有较大偏差，要找出其中原因；采取必要的补救措施，缩小计划与实际之间的差距。

1. 销售分析

销售分析衡量并评估实际销售额与计划销售额的差距。具体有两种方法。

(1) 销售差距分析，主要用来衡量造成销售差距的不同因素的影响程度。

(2) 地区销售量分析，用来衡量导致销售差距的具体产品和地区。

2. 市场占有率分析

销售分析一般不反映企业在竞争中的地位。因此，企业还要分析市场占有率，揭示本企业同竞争者之间的相对关系。比如，一家企业销售额的增长可能是它的市场营销绩效较竞争者有所提高，也可能是因为整个宏观经济环境改善，使得市场上所有的企业都从中受益，而这家企业和对手之间的相对关系并无变化。企业需要密切关注市场占有率的变化情况。

正常情况下，市场占有率上升表示市场营销绩效提高，在竞争中处于优势；反之，说明在竞争中失利。

3. 市场营销费用率分析

年度计划控制要确保企业在达到计划指标时，市场营销费用有没有超支。因此，企业需要分析各项费用率，并控制在一定限度。如果费用率的变化不大，在安全范围内可不采取任何措施；如果变化幅度过大、上升速度过快，接近或超出上限，就必须采取措施。

通过上述分析，若企业发现市场营销实绩与年度计划指标差距太大，就要采取相应措施：或是调整市场营销计划指标，使它更切合实际；或是调整市场营销战略和战术，以利于计划指标的实现。如果指标和战略、战术都没有问题，就要在计划实施过程中查找原因。

16.2.2 盈利控制

企业要从产品、地区、顾客群、分销渠道和订单规模等方面，分别衡量它们的获利能力。获利能力的大小，对市场营销组合决策有重要和直接的影响。

(1) 盈利能力分析。通过对财务报表和数据的处理，把所获利润分摊到诸如产品、地区、渠道、顾客等上面，衡量每个因素对企业最终盈利的贡献大小、获利水平如何。

(2) 最佳调整措施的选择。盈利能力分析的目的在于找出妨碍获利的因素，排除或者削弱这些不利因素的影响。由于可供选择的调整措施很多，企业必须全面考虑，做出定夺。

为了评估和控制市场营销活动，国外有的企业专门设置市场营销控制员岗位。他们一般都在财务管理和市场营销方面受过良好的专业培训，能担负复杂的财务分析以及制定市场营销预算的工作。

16.2.3　效率控制

(1) 销售队伍的效率。包括每次销售访问平均所需时间，平均收入，平均成本、费用及订货单数量；每次销售发展的新客户数量，流失的老客户数量；销售队伍成本占总成本的百分比等。

(2) 广告效率。比如，以每种媒体和工具触及一千人次为标准，广告成本是多少；各种工具引起人们注意、联想和欣喜的程度；受到影响的人在整个受众中所占比重；顾客对广告内容、方法的意见，广告前后对品牌、产品的态度。

(3) 促销效率。包括各种激发顾客兴趣和试用的方式、方法及其效果，每次促销活动的成本及对整个市场营销活动的影响。

(4) 分销效率。例如，分销网点的市场覆盖面，销售渠道各级、各类成员——经销商、制造商代表、经纪人和代理商的作用和潜力，分销系统的结构、布局以及改进方案，存货控制、仓库控制、仓库控制和运输方式的效果等。

16.2.4　战略控制

战略控制的目的是确保企业的目标、政策、战略和措施与市场营销环境相适应。由于在复杂多变的市场和环境中，原来的目标和战略容易落伍、过时，企业有必要通过市场营销审计这一工具，定期地、批判性地重新评估企业的战略、计划及其执行情况。

16.3　市场营销审计

市场营销审计是对环境、目标、战略和市场营销活动等独立、系统、综合地进行定期审计，以发现问题、找出原因，提出改进工作和计划的建议。

16.3.1　市场营销环境审计

1. 宏观环境审计

(1) 人口因素的发展变化，给企业带来哪些机会、威胁；为了适应变化，企业拟采取什么行动。居民收入、储蓄、物价以及银行信贷变化带来的影响，企业准备的相应措施。

(2) 企业所需的资源、能源成本、环保措施、产品技术、加工技术的改进及企业在技术领域中的地位。

(3) 法律法规和政府的有关政策对企业的战略、战术的影响。比如在防治污染、解决就业、安全生产、广告宣传和价格控制等方面，政府有哪些规定会影响到市场营销活动。

(4) 顾客对企业及其产品的态度；他们的生活方式和价值观念，对企业的市场营销活动会产生什么影响。

2. 微观环境审计

(1) 企业产品的市场规模、成长率、地区销售和盈利方面的变化，目标市场的主要特征及其发展趋势。

(2) 顾客对企业声誉、产品质量、服务方式、销售队伍和价格的反应；对企业和竞争者的比较和评价；不同顾客如何做出不同的购买决策。

(3) 企业与竞争者的目标和战略特点，对手的优势所在，市场规模和市场营销动向，市场趋势将会影响企业与竞争者的哪些产品。

(4) 企业的分销系统和主要的销售渠道，销售过程中的各种有利和不利条件，各种渠道的效率和成长潜力。

(5) 企业所需的关键原材料的来源与前景，供应商销售条件变化趋向。

(6) 企业各项服务设施，如运输、仓库和装备的成本和更换情况。

16.3.2 市场营销战略审计

1. 目标方面

(1) 市场营销目标是否符合国家宏观经济状况，是否反映市场需求，是否与环境变化的趋势保持协调，能否与内部资源、企业的应变能力保持平衡。

(2) 市场营销目标能否全面反映市场营销各个环节的正常运转，并足以防止市场脱销或库存积压。

(3) 市场营销目标是否已经区分了轻重缓急，确定了优先次序，能够切实理顺各个目标之间的关系，合理确定各个目标实现的时间顺序，并能抓住有利时机，引导市场营销活动向预期状态发展。

2. 机会方面

(1) 市场有什么需求，愿意付出多高的代价。

(2) 企业在近中期能获得的最低限度的利润是多少，远期能给企业发展提供的机会是什么。

(3) 本企业的产品和相邻产品的关系，会给本企业产品销售造成的影响。

3. 竞争方面

(1) 竞争者的生产规模、地理位置、市场营销战略以及领导班子的素质、决策风格。

(2) 竞争者的产品组合(产品结构)。包括产品线的构成，产品的技术水平、功能、质量、成本、包装、价格、工艺以及生产效率等。

(3) 竞争者的市场地位。包括目标市场、核心定位，销售量及其增长率，市场占有率，市场覆盖面以及发展新产品、新技术、新工艺的力量。

(4) 竞争者的销售系统。包括销售组织，人员构成，分销渠道构成，销售网点分布，各个分销环节的差别，代理商的态度、销售服务项目、服务网点的分布等。

(5) 竞争者的促销活动。

(6) 竞争者的财务状况。包括其产品成本、价格构成，企业资金来源和占用情况，主要经济指标完成情况以及信贷能力和其他筹资能力。

(7) 竞争者的技术素质和管理素质。

(8) 竞争者的自然资源状况、能源供应状况、原材料供应渠道、对于原料价格变动的承受能力。

(9) 潜在竞争者的有关情况。

4. 内部条件和资源方面

(1) 产品评价。通过与竞争者的产品比较，评价本企业产品在质量、技术、功能、价格、服务等方面的优缺点，以确定赶超目标；对照用户的要求，评价产品满足用户要求的程度，明确改进方向；评价产品对企业利润的贡献，弄清每个品种对企业利润的贡献大小和对企业总利润的影响程度；评价产品的前途和风险，即产品的市场需求有没有发展前途，产品在激烈的市场竞争中有没有生存能力，预测各种不利因素给企业会带来什么风险。

(2) 员工队伍的素质及其评价。员工素质在很大程度上决定着企业的兴衰，因此企业必须全面检查、了解本企业的员工的情况，以使市场营销战略与企业人力资源能够更好地相互适应。

(3) 内部物质条件评价。即对企业开展市场营销的物质基础进行审计，包括企业的生产能力、技术水平、原材料来源、信贷和筹款能力、信息灵敏程度等。

5. 企业实力和弱点方面

(1) 评价当前企业的市场位置，即在竞争中的位置。

(2) 分析企业面临的外部环境，即主要的机会和威胁。

(3) 分析企业的主要资源和技术。

(4) 找出存在的差距。

16.3.3　市场营销组织审计

(1) 检查市场营销主管的权责范围及其适应程度，分析市场营销组织的结构与目标是否适应，市场营销部门与其他职能部门的关系是否协调。

(2) 检查市场营销人员的培训、激励、监督和评价的方式方法。

(3) 检查市场营销部门与生产(制造、采购)、人力资源管理、财务和研究与开发等部门，是否保持着良好的沟通和合作。

16.3.4　市场营销系统审计

(1) 检查市场营销信息系统的有效性。即能否及时、正确地提供有关市场、顾客、经销商、竞争者、供应商以及社会舆论和各界公众，对企业、产品、市场发展的信息。

(2) 检查企业能否有效地利用信息系统提供的报告以及运用何种方法进行市场预测和销售预测，效果如何。

(3) 检查市场营销计划系统的有效性。即市场营销年度计划中销售、市场占有率、费用、资金运用和顾客购买行为分析等方面的执行结果，特别是销售预测和市场潜力估计的正确程度；检查销售定额的制定是否体现了先进合理的原则。

(4) 检查市场营销控制系统的有效性。市场营销部门采取什么措施，收集、筛选计划实施中的有关信息；企业如何利用这些信息，对市场营销管理过程、市场营销活动进行监督、调整，检查市场反馈和效果。

16.3.5 市场营销年度计划审计

(1) 检查计划的执行情况。通过销售差异分析和产品、地区、渠道等方面的分析，找出超额完成或者未能完成预定销售额的原因。

(2) 检查市场占有率。通过与竞争者的比较，找出上升或者下降的原因。

(3) 检查市场营销费用率。分别列出销售队伍、广告、促销、调研和管理等项目的费用以及它们各占总销售额的百分比。通过分析比较，找出增减的原因。

(4) 检查资金的运用状况。了解影响企业资产净值报酬率的各项因素，了解企业利润率与总资产比率的升降程度，分析资金结构，研究企业能否和如何改善资产管理。

(5) 检查企业对顾客的反应和变化有何追踪措施。比如，建立听取意见和建议的制度，组织顾客固定样本调查小组，定期通过随机抽样的方法给顾客寄送调查表等，并评价企业措施的成效。

16.3.6 市场营销盈利水平审计

(1) 分析不同产品、市场、地区、渠道和市场营销组织的盈利率，决定对有关细分市场是进入、扩大、收缩还是放弃，其短期和长期和利润将达到什么水平。

(2) 检查分析成本利益，哪些市场营销活动花费过多，哪些费用开支过大，找出成本上升的原因，并提出降低成本的措施。

市场营销审计不只在出了问题时有用，其范围覆盖了整个市场营销环境、市场营销系统及具体的市场营销活动的所有方面。市场营销审计通常由企业内部的相对独立、富有经验的市场营销审计机构客观地进行。市场营销审计需要定期进行，而不是出了问题才采取行动。

应用案例

ABC公司营销计划

ABC公司(化名)是在N市的一家A国外商投资企业。1994年，公司决定向中国市场推出小吃和爆米花两个系列的休闲食品。小吃系列选择了4个品种，爆米花选择了6种颜色、24个口味。根据公司的意图，产品应于1995年4月正式进入市场，并作为公司其他食品的开路先锋，两年内的目标：①在食品市场创立一个知名品牌，原则上两大系列产品的利润可以完全投入品牌建设；②建立公司的分销体系；③完成月平均销售两大系列120万袋的任务，或销售额240万元。ABC公司将此次任务称之为“先锋工程”。

ABC公司认为，中国的休闲市场近年来一直在迅猛发展，休闲服装畅销、各种休闲娱乐风行即为例证。中国传统文化特征之一是重视饮食文化，“民以食为天”且食不厌精、食不厌多(多品种、多口味)，中国的休闲市场必然深深打上这一文化烙印。“旺旺”、“多味花生”等一批厂商的成功，从一个侧面说明该市场的吸引力。目前休闲食品中的名牌多集中于儿童市场，只有少数厂商如“雅士利”注意到成人市场但未有较大动作。大多数休闲食品侧重于雅俗共赏，品位较高的休闲食品仍不多见，它们大都寄希望于老少皆宜，广告等促销力量则以儿童市场为重点。休闲食品市场虽然品牌林立，但是口味接近、有趋同化倾向，不能适应多样化的需求。

同时ABC公司还认为，中国的食品行业，尤其是休闲类小食品行业，是一种介于完全竞争与垄断竞争之间的市场结构，彼此产品有差别但不明显，竞争者甚多。消费者素有“先入为主”的心理定势，市场已有“旺旺”等品牌脱颖而出并已成气候，“后来居上”难度很大。目前休闲食品市场虽有“空隙”，但是风险甚大。存在空隙的原因，可能是为众多厂商所忽视的“盲点”，也可能是缺乏值得关注的市场潜力。

根据公司市场营销部门的报告，小吃在N市、广州和北京市场试销，消费者无不良反映，产品自身的天然风味预计可为建立高美誉度奠定基础。目前销路不畅，原因之一是价格。降价可以刺激需求，公司具备降低价格的潜力。小吃及爆米花系列品种甚多，一起推出可有较高的货架占有率，形成气势。生产和技术等部门也反映，公司设备先进、管理严密，原材料直接由国外进口，可保证生产过程质量的持续稳定；在中国食品行业的独家生产权，也使公司能部分拥有垄断优势。

ABC公司担心的是，两大系列产品虽为进口原料，但与中国现有的某些产品比较，口感上并无突出的特点。公司及产品缺乏知名度，尚未建立相对稳定的分销体系。在N市有若干经销点，在北京、广州有若干代理商，与公司第一期生产能力所要求的分销速度相差甚远。公司在食品市场缺乏市场营销经验。休闲食品的购买随意性强，消费可能有明显的季节性。若不能在短期内大幅度提高知名度，就不能达到预定销售量(额)。

公司管理层和市场营销部门经过分析、思考和讨论，形成以下共识。

(1) 两大系列产品可以先期集中于某一市场，进行密集式渗透，快速取得阶段性成果再向周围扩展。可以实行“打一进二看三”，即集中力量打进第一批市场，同时对第二批市场蔓延，对第三批市场进行观察；占领第一批市场以后，集中力量攻入原来的第二批市场，同时向第三批市场蔓延。根据公司实力，“打一”以1～2个城市为宜。

(2) 市场营销应以推动某种消费时尚为导向，并使这种时尚与公司品牌自然合一，以消费时尚的流行带来公司品牌的流行。产品要以轻松的场合及淡雅的气氛为背景，用于休闲的健康食品为卖点。其中小吃系列应以青春活力为突出特性；爆米花系列则以欢乐、开怀为主要特征，暗示人人皆宜。由于无法从口感上与竞争品牌形成强烈差别，应多从消费心理上建立特色；思路上要力求加大两大系列之间的差别，减少相互替代性；小吃系列给人以新品种的概念，爆米花系列则创立新花色概念。

(3) 早期必须避免与强大对手直接抗争，减少竞争压力。

(4) 小吃系列以16～25岁年龄段为首期目标；爆米花系列以5～15岁人口为切入点，同时突出16～25岁人口，顺势蔓延其他年龄段人口。以16～25岁及5～15岁人口为首要目标市场，按最保守估计仍有足够的市场规模。

(5) 区域市场考虑依次为N市，广州，北京，上海，杭州，南京，郑州。要点是：①以上述城市为中心，向周围城镇蔓延；②稳扎稳打、由易到难，进入一个城市，巩固一方战果，积累经验、锻炼队伍之后发动下一轮战役；③早期力求在N市保本，微利由其他市场提供。

(6) 小吃系列4个品种，大、中、小共计3种规格包装(小包装用于赠送、鼓励试用及儿童消费、休闲娱乐场所消费；中包装为成人一人分量；大包装为成人两人分量。日后逐渐淘汰小包装)。爆米花系列6种颜色、24种口味，分大小两种规格包装(小包装用于赠送、鼓励试用及儿童一人消费、休闲娱乐场所消费；大包装为成人一人分量)。小吃系列先期生产中、小包装，市场形势见好再推出大包装，中小包装比例可为6∶4；爆米花两种规格包装为6∶4。第一个月的生产能力发挥60%，日后递增。产品包装设计简洁、色调明快，能形成强烈视觉冲击。不同品种不同包装和装潢(爆米花系列可以颜色区别)，一定要有明显、突出的联系。小吃系列的风格应有高雅、清新及情趣等特征；爆米花系列突出情趣(老少皆宜)。文字说明突出天然风味，有益健康，厂家为A国独资企业，并可用适当语句提醒公德问题(如：不要随地扔弃包装袋)。

(7) 品牌命名的备选方案：①注册商标 ABC(公司商号)，两大系列产品用名“绿洲”——小吃为绿洲食品休闲系列，爆米花为绿洲食品快乐米花系列；②皆用 ABC 为名，即 ABC 食品休闲系列，ABC 食品快乐米花系列；③注册商标 ABC，两大系列产品用其他名称。无论如何用名，皆应与产品特色(形象)以及拟推动的消费时尚有某种默契。不同品种、不同颜色、不同口味还应有自己的名称。

(8) 通过两大系列产品的销售，初步与中间商建立以产品经销为纽带的合作，为日后发展伙伴式关系奠定基础。原则上先期限于大商场经销(含原有的休闲娱乐场所)，以提高品位；产品进入当地市场一个月以后，向所有愿意经销的零售商供货。

(9) N 市(含周围城镇)的预定销量，立足于为 120 万袋的生产能力保本(核算成本时，厂房、设备及早期促销投资可不计入)。小包装为号召品，相对价格可低一些；中、大包装为盈利产品。制定统一的零售价，略高于竞争者。对经销商实行以累计数量为基础的价格折扣。小吃系列 4 个品种应有品种差价；两大系列在不同区域，定价适当高于 N 市市场。

(10) 通过促销迅速提高知名度(密集式渗透的市场达 50%，蔓延式进入的市场力争 20%)。重点由电视广告形成战略支援力量，对消费者起传达、告知作用，帮助经销商加强信心；现场促销以 POP 为主。推销人员主要用于加强与经销商的联系、强化与售货员的关系。进入市场以后，抓住一切机会突出传播产品天然风味这一特点。

资料来源：http://www1.gdufs.edu.cn/jwc/bestcourse/kecheng.

【案例思考题】

(1) ABC 公司实施“先锋工程”营销计划，需要什么样的市场营销组织结构？

(2) 应当怎样对“先锋工程”的市场营销活动实施控制？

资料来源：吴健安．市场营销学．2 版．北京：高等教育出版社，2003.

本章小结

市场营销组织是实现企业目标，制定、实施营销计划的职能部门。市场营销组织的形式随着企业的成长和经营思想的发展而演变。

市场营销控制通过对市场营销活动经常性地监督、评估，包括年度计划控制、盈利控制、战略控制和效率控制，控制其发展方向。

市场营销审计是对环境、目标、战略和市场营销活动等独立、系统、综合地进行定期审计，以发现问题、找出原因，提出改进工作和计划的建议。它包括市场营销环境审计、市场营销战略审计、市场营销组织审计、市场营销系统审计、年度计划审计、盈利水平审计。

习　题

一、单选题

1. 市场营销管理必须依托于一定的(　　)进行。

A. 财务部门　　B. 人事部门　　C. 主管部门　　D. 营销组织

2. (　　)是最常见的市场营销组织形式。

A. 职能型组织　　B. 产品型组织　　C. 地区型组织　　D. 管理型组织

3. (　　)是指一个组织在一定时间内可以完成的工作量。

A. 效果　B. 效率　C. 能力　D. 百分率

4. 销售差距分析主要用来衡量造成(　　)的不同因素的影响程度。

A. 销售差距　B. 市场营销　C. 营业总额　D. 销售数量

5. 年度计划控制要确保企业在达到(　　)指标时，市场营销费用没有超支。

A. 分配计划　B. 生产计划　C. 长期计划　D. 销售计划

6. 战略控制的目的，是确保企业的目标、政策、战略和措施与(　　)相适应。

A. 市场营销环境　B. 市场营销计划　C. 推销计划　D. 管理人员任期

二、多选题

1. 市场营销战略主要由(　　)几部分构成。

A. 目标市场战略　B. 市场营销组织战略　C. 市场营销控制

D. 市场营销行为　E. 市场营销预算

2. 市场营销控制包括(　　)。

A. 年度计划控制　B. 盈利控制　C. 质量控制

D. 效率控制　E. 战略控制

3. 企业所设置的市场营销部门应当做到(　　)时，能够代表企业；面对企业内部时，又能代表市场、代表顾客；同时具有相互适应的运转机制。

A. 面对员工　B. 面对市场　C. 面对部门

D. 面对顾客　E. 面对领导

4. 市场营销部门的组织形式有(　　)。

A. 职能型组织　B. 产品(品牌)管理型组织

C. 产品/市场管理型组织　D. 地区型组织

E. 市场管理型组织　F. 公司-事业部组织

三、判断题

1. 生产多种产品或拥有多个品牌的企业，通常设置市场管理型组织。(　　)

2. 效率是衡量一个组织的水平的重要标准。(　　)

3. 市场营销组织常常只是一个机构或科室。(　　)

4. 市场营销审计是进行市场营销控制的有效工具，其任务是对企业或经营单位的财务状况进行审查。(　　)

5. 通常情况下，市场占有率上升表示企业营销绩效提高，在市场竞争中处于优势。(　　)

四、简答题

1. 企业市场营销组织的演变经历了哪几种典型形式?

2. 职能型组织的主要特点是什么?

3. 简述市场营销控制的主要内容。

4. 简述市场营销审计的主要内容。

参考文献

[1] [美]菲利普・科特勒等．营销管理[M]. 13版．王永贵，于洪彦，何佳讯，陈荣，译．上海：格致出版社，上海人民出版社，2009.

[2] 吕一林．市场营销学[M]. 4版．北京：中国人民大学出版社，2011.

[3] [美]菲利普・科特勒．营销革命3.0[M]. 华崇毅，译．北京：机械工业出版社，2011.

[4] [美]艾・里斯，杰克・特劳特．定位[M]. 谢伟山，苑爱冬，译．北京：机械工业出版社，2012.

[5] 姚丹，鲍丽娜．市场营销实训教程[M]. 大连：东北财经大学出版社，2009.

[6] 王学东．营销策划——方法与实务[M]. 北京：清华大学出版社，2010.

[7] 刘同利．销售物流管理[M]. 北京：中国物资出版社，2011.

[8] 纪宝成．市场营销学教程[M]. 3版．北京：中国人民大学出版社，2002.

[9] 吕一林．现代市场营销学[M]. 3版．广州：中山大学出版社，2004.

[10] 郭国庆．市场营销学概论[M]. 1版．北京：高等教育出版社，2008.

[11] [美]菲利普・科特勒等．营销管理[M]. 12版．梅清豪，译．上海：上海人民出版社，2006.

[12] [美]沃伦・J. 基坎等．全球营销学[M]. 傅慧芬，改编．北京：中国人民大学出版社，2005.

[13] [美]小威廉・D. 佩罗特等．营销学基础[M]. 9版．梅清豪，译．北京：中国财政经济出版社，2004.

[14] 吴健安．市场营销学[M]. 3版．北京：高等教育出版社，2007.

[15] 甘碧群．市场营销学[M]. 武汉：武汉大学出版社，2002.

[16] 晁纲令．市场营销学[M]. 2版．上海：上海财经大学出版社，2003.

[17] 吴青松．现代营销原理[M]. 上海：复旦大学出版社，2003.

[18] 何永棋，傅汉章．市场学原理[M]. 3版．广州：中山大学出版社，2006.

[19] 王德章．市场营销学[M]. 北京：高等教育出版社，2005.

[20] 李晏墅．市场营销学[M]. 北京：高等教育出版社，2008.

[21] Michael A. Hit. *Strategic Management*：*Concepts and Cases*. Renmin University of China Press，2009.

[22] J. David Hunger. *Essentials of Strategic Management*. Renmin University of China Press，2005.